## Über dieses Buch

Knapp ein halbes Jahrhundert vor der ›Italienischen Reise‹ seines berühmten Sohnes Johann Wolfgang tritt der 30jährige und eben zum Doktor beider Rechte promovierte Johann Caspar Goethe seine Kavalierstour nach Italien an. Die Reiseroute folgt ganz den Empfehlungen der zeitgenössischen Führer: nach Aufenthalten am Reichstag zu Regensburg und am Reichshofrat in Wien kommt J. C. Goethe im Februar 1740 in Venedig an; über Bologna und Rom erreicht er Neapel. Der Rückweg führt ihn erneut nach Rom und Venedig, schließlich nach Verona, Mailand, Turin; in Genua schifft er sich dann nach Marseille ein und kehrt über Paris und Straßburg in seine Heimatstadt Frankfurt am Main zurück.
Johann Caspar Goethe reist mit dem aufgeklärten Blick des universal interessierten Weltbürgers. Er ist bemüht, das fremde Land und seine Sitten genauestens zu erkunden, und hält weder in religiösen noch in sozialen Dingen mit seiner Kritik zurück. Die Stationen und Erlebnisse dieser Reise in fingierten Briefen aufzuzeichnen entspricht dem Geschmack der Zeit, außergewöhnlich aber ist es, daß dies in italienischer Sprache geschieht. Das mehr als 1000seitige Manuskript beschäftigte seinen Verfasser jahrelang und weckte beizeiten das Interesse des Sohnes an Italien. Es ist nicht nur eine einzigartige Quelle für die Geisteshaltung des Dichtervaters, sondern auch Ausdruck und Dokument des Lebensgefühls eines überzeugten Protestanten, eines selbstbewußten Bürgers und eines bildungshungrigen Kunstbetrachters. Der lebensnahe, zuweilen ironisch-satirische und sehr persönliche Bericht war bislang fast ausschließlich aus den autobiographischen Schriften des Sohnes Johann Wolfgang bekannt – nun liegt der ›Viaggio per l'Italia‹ gleichzeitig als praktischer Ratgeber, Kunstführer und Erfahrungsbericht gedacht, erstmals in einer vollständigen und am Originalmanuskript überprüften Übersetzung ins Deutsche vor. Ein umfangreicher Anhang erleichtert den Zugang zu dieser literarhistorischen Fundgrube.

Literatur · Philosophie · Wissenschaft

Johann Caspar Goethe

Reise durch Italien
im Jahre 1740

(Viaggio per l'Italia)

Herausgegeben von der
Deutsch-Italienischen Vereinigung,
Frankfurt am Main

Übersetzt und kommentiert
von Albert Meier

Mit 15 Zeichnungen
von Elmar Hillebrand

Deutscher Taschenbuch Verlag

Vollständige Ausgabe.
Herausgegeben von der Deutsch-Italienischen Vereinigung, e.V.,
Frankfurt a.M.
Aus dem Italienischen übersetzt und kommentiert
von Albert Meier
unter Mitarbeit von Heide Hollmer.
Bearbeitung und Kommentierung der lateinischen Originaltexte
von Anette Syndikus.
Personen- und Ortsregister von Heide Hollmer.

September 1986
Deutscher Taschenbuch Verlag GmbH & Co. KG, München
© 1986 Deutscher Taschenbuch Verlag, München
Umschlaggestaltung: Celestino Piatti unter Verwendung
eine Ölgemäldes von Johann Conrad Seekatz, 1762
Umschlagrückseite: Wappen Johann Caspar Goethes zum
Haus ›Zu den drei Leyern‹ (1755)
Gesamtherstellung: C.H. Beck'sche Buchdruckerei,
Nördlingen
Printed in Germany · ISBN 3-423-02179-9

# VIAGGIO
## per
## l'ITALIA
### fatto
### nel anno MDCCXL.
### ed
### in XLII. Lettere
### descritto
### da
# J. C. G.

(Aus: J. C. Lavater, Physiognomische Fragmente, Dritter Versuch, Leipzig und Winterthur 1777, S. 221)

## Vorrede zu nachstehenden Briefen

Es ist mir zwar nicht unbekannt, daß schon viele Autoren, alte wie neuere, das wundervolle Italien bereist und ihre Aufzeichnungen um die Wette veröffentlicht haben, aber ich glaube dennoch nichts Unrechtes zu tun, wenn nun auch ich meine Beobachtungen niederschreibe, da ich ebenfalls das Glück gehabt habe, den Giro zu machen. Ich will damit freilich nicht vor das Publikum treten, vor diesen obersten und gar zu strengen Richter, weil ich wohl weiß, daß es meinen unbedeutenden Gedanken an den dazu erforderlichen Voraussetzungen fehlt. Ich hatte damals nämlich keine andere Absicht und keinen anderen Zweck als den, nur meinen eigenen Neigungen nachzugehen, ohne dabei auch jene allerhöchsten Gelüste befriedigen zu wollen, denen doch nur Gerichte von einer erlesenen Feinheit zusagen, wie sie ein Koch meines Schlages nicht zu bereiten versteht.

Und wahrhaftig, hätte ich mir ein höheres Ziel gesetzt, hätte ich vor allem, was doch nur selten gelingt, auch den Vielen gefallen wollen, so wäre ich dadurch auf meiner Reise, die ich immer als angenehmen und vergnüglichen Spaziergang verstanden habe, um den größten Teil jener Freude gebracht worden, welche ein Herz genießt, das von allem Eigennutz frei ist und weder Ruhm noch Geld begehrt.

Das soll freilich nicht heißen, daß das, was ich in den nachfolgenden Blättern sage, von keinerlei Wert wäre. Gewiß nicht! Es steht nun zwar einem Vater nicht zu, seine Kinder allzusehr zu rühmen, aber es wird ihm doch wenigstens gestattet sein, in aller Bescheidenheit ein paar Worte über sie zu sagen. Ohne zu erröten darf ich daher behaupten, daß meine Beobachtungen deshalb eine gewisse Aufmerksamkeit verdienen, weil sie immer dort gemacht worden sind, wo sich die erwähnten Dinge befunden haben; sie übertreffen in dieser Hinsicht unzählige Schriften, die nur aus bereits gedruckten Werken zusammengesucht sind. Unstreitig hat sich auch ein Großteil der Dinge, die schon vor längerer Zeit beschrieben wurden, inzwischen sehr verändert oder wird heute mit anderen, wenigstens sorgfältigeren Augen als damals betrachtet. Zum Beweis hierfür könnte ich die Sammlung von Inschriften anführen, die Nemeitz in Italien zusammengetragen hat und in der sich zahllose Schreib- und Druckfehler finden. Ich habe nicht versäumt, sie überall mit den Denkmälern selbst zu vergleichen, sie zu verbessern und, so gut ich konnte, zu ergänzen und verstehbar zu machen, wenn ein Stück fehlte; es war mir dann freilich nicht vergönnt, aus meiner Mühe Nutzen zu ziehen, weil das Büchlein, das einem meiner Begleiter gehörte, in zudringliche Hände fiel, aus denen es nicht mehr zurückzuerhalten war.

Da nun aber hienieden nichts wahrhaft gut ist, sondern alles den Makel der Unvollkommenheit an sich trägt, so muß auch ich gestehen, daß mir vielleicht an mehreren Stellen Schreibfehler beim Kopieren so vieler unterschiedlicher Dinge unterlaufen sein mögen. Es dürfte sich jedoch nur um geringfügige Fehler handeln, die unmöglich ganz zu vermeiden sind, weil man abgesehen von der Eile und Unbequemlichkeit, mit der die Abschriften angefertigt werden müssen, jeweils noch auf Hunderte weiterer Hindernisse stößt, so daß immer eine gewisse Unvollkommenheit zurückbleibt. Ein Forscher oder vielmehr Kopist allein reicht zu einem guten Gelingen nicht hin; auf der Reise einen zweiten zu finden, ist aber schwierig und gelingt nur selten. Man muß sich also damit abfinden und versuchen, dem Mangel durch Sorgfalt und Fleiß abzuhelfen, aber unfehlbar wird man dennoch nie werden.

Ein anderes und keineswegs unbedeutenderes Hindernis kommt hinzu, nämlich das beschwerliche Reisen und der abendliche Aufenthalt in den Dorfschenken, wodurch man noch um das letzte bißchen Aufmerksamkeit gebracht wird, das nach einer oft gefährlichen und ziemlich unbequemen Reise übriggeblieben ist. Anstatt nun das, was man gesehen hat, noch einmal zu überdenken, kümmert man sich dann lieber um die Bedürfnisse des Magens und um die Ruhe. Wenn man zudem ein wenig ängstlich ist, dann wird man in den meisten Dorfschenken sogar fürchten, in eine Räuberhöhle geraten zu sein, wobei die Lust, sich die tagsüber gemachten Betrachtungen noch einmal durch den Kopf gehen zu lassen, endgültig schwindet.

Aber am meisten werden fremde Reisende dadurch an guten Fortschritten gehindert, daß sie gemeinhin die Landessprache nicht ausreichend beherrschen, was bei ihren wißbegierigen Nachforschungen und Unternehmungen gewiß ein großes Hindernis darstellt. Man muß dazu wissen, daß die in ihre Sprache verliebten Italiener erwarten, daß sich jeder, der ihr Land besucht, mit ihr vertraut macht, und es steht außer Zweifel, daß ein fremder Reisender immer größeren Nutzen davontragen wird, wenn er sich in der Landessprache ausdrücken kann. Gesetzt auch, man findet jemanden, der Deutsch oder Französisch spricht, so beherrscht er es doch nicht gut genug, damit man alles verstehen würde; auf diese Weise wird die Unterhaltung unfruchtbar und kurz. Wohlgemerkt, ich spreche hier von Leuten von Stand. Wer aber will die Antiquare oder Ciceroni noch eine fremde Sprache lehren? Abgesehen von ihrer Kenntnis des Altertums handelt es sich bei diesen armen Kerlen ja für gewöhnlich um Esel, die nichts als ein kaum verständliches Italienisch sprechen.

Dabei kann man oft sogar in kleinen Dörfern sehenswerte Dinge finden. Wenn nun ein fremder Reisender kein Italienisch spricht, wie will er sich dann die Kenntnisse aneignen, die sich derjenige erwerben kann, der die Sprache beherrscht? Wer der Landessprache unkundig ist, mag tun, was er will, bei tausenderlei Gelegenheiten wird man ihn doch immer wieder anschmieren und betrügen, weil der Pöbel, der von Natur aus zum Hochmut neigt, sofort lauthals zu schreien beginnt: »Der da kennt sich nicht aus und soll uns die Suppe teuer bezahlen!« Wer möchte sich solchen und ähnlichen Unannehmlichkeiten schon aussetzen? Ich hatte daher rechtzeitig daran gedacht, mich einer derart wichtigen Sache zu bemächtigen; um mir nun die Sprache um so sicherer anzueignen und mich in ihr möglichst zu vervollkommnen, habe ich, sobald ich meinen Fuß auf venezianisches Gebiet gesetzt hatte, damit begonnen, meine Beobachtungen in italienischer Sprache niederzuschreiben, was nicht wenig dazu beigetragen hat, in dieser Sprache eine gewisse Fertigkeit zu erlangen. Ich schmeichle mir auch, wohl der erste zu sein, der eine vollständige Beschreibung von ganz Italien in der Sprache des Landes vorlegt. Ich weiß zwar, daß schon viele Leute über Teile Italiens geschrieben und Anmerkungen zu bestimmten Orten hinterlassen haben, aber bei diesen hat es sich immer um gebürtige Italiener gehandelt; daß aber ein Ausländer so etwas unternommen hätte, davon ist mir nichts bekannt. Ich bin mir jedenfalls sicher, daß ich meinen Fleiß gut angewendet habe und daß mir jeder, der meine Blätter mit einigen geographischen Kenntnissen liest, zustimmen wird, daß es auf der ganzen Welt kein Land gibt, das soviele Schönheiten aller Art aufzuweisen hat wie Italien und wo jeder Liebhaber finden kann, was seinem Geschmack entspricht und ihn befriedigt. So mag es denn wahr sein, daß sich in Ägypten oder irgendwo in Asien kostbare uralte Dinge finden lassen, die einen Besuch lohnen; aber abgesehen davon, daß sie zu weit von uns entfernt liegen, sind dort doch nur wenige der berühmten Werke noch vollständig erhalten, oder ihre Überreste sind allzu sehr beschädigt. Italien hingegen kann die Liebhaber in vielerlei Hinsicht zufriedenstellen, weil es nicht nur unzählige Altertümer vorzuweisen hat, sondern auch Werke der Architektur, der Bildhauerei und Malerei, der Musik und der Literatur, aus denen die anderen Nationen wie aus einem Quell all das schöpfen und geschöpft haben, dessen sie bedürftig sind.

Wenn es also in Italien auch keine Kirchen oder Kapellen gibt, die innen mit Goldplättchen ausgekleidet sind, wie man dies in Amerika bei den Jesuiten finden soll, so fehlt es doch nicht an geschmackvolleren Kirchen, die durch ihre Kunst, Pracht und Herrlichkeit von höchster Schönheit sind. Jedenfalls wissen die Italiener, die ihre begünstigte Lage kennen, ihre unermeßlichen Reichtümer sehr wohl zu schätzen und erlauben nicht, daß man davon auch nur den kleinsten Teil wegnimmt, wie man am Beispiel des Kolosseums in Rom sieht. Sie tun auch recht daran, weil diese Sehenswürdigkeiten eine große Zahl von Fremden aus allen Nationen dazu bewegen, mit ihrem Geld nach Italien zu kommen, und zwar einzig in der Absicht, die vielen merkwürdigen Dinge zu sehen. Ein gut Teil der Landesbewohner profitiert davon, insbesondere diejenigen, die sich als Antiquare betätigen, weil diese von einem fremden Reisenden für wenige Augenblicke mehr Geld erhalten, als ein anderer mit vieler Mühe an einem ganzen Tag verdienen kann.

Es dürfte nicht unpassend sein, wenn ich hier eine Bemerkung über die Verschlagenheit des italienischen Volkes in puncto Geldverdienen anbringe. Jedermann weiß, daß das niedere Volk sehr zum Müßiggang neigt, weshalb diese Leute die unterschiedlichsten Kniffe ersinnen, um die allzu leichtgläubigen und unerfahrenen Reisenden in die Falle zu locken. So bieten sie etwa mit einer bescheidenen und unschuldigen Miene ihre Hilfe an, wenn ein Reisender ein Denkmal besichtigen will; sie überhäufen ihn dann mit allen möglichen Übertreibungen von dieser oder jener Ruine, Inschrift oder was sonst Wertschätzung genießt, und führen ihn fast gegen seinen Willen überall herum. Wenn dann die Runde beendet ist, verlangen sie ein ebenso gutes Trinkgeld, als wenn sie bestellte Ciceroni gewesen wären. Uns ist das auf dem Rückweg vom Vesuv passiert, wo wir nicht geglaubt hatten, die Leute entlohnen zu müssen, die uns offenbar zu ihrem eigenen Vergnügen begleitet hatten, aber der Ausgang belehrte uns eines Besseren. Man kann die verschiedenen Arten, zu einem Trinkgeld zu kommen, gar nicht alle aufzählen. Daneben gibt es auch noch eine andere Sorte von Leuten, die verschiedene Sachen bei sich tragen, welche zumeist falsch und nachgemacht sind, aber für echt verkauft werden; auf diese Weise locken sie mit einer beispiellosen Schlauheit und Gerissenheit die noch unerfahrenen Vögelchen ins Garn. Als wir in Ferrara gerade eine Inschrift kopierten, zeigte uns einer von diesen Händlern eine Schachtel mit Steinen, Münzen, Ringen und ähnlichen antiken Dingen und bot sie uns billig an. Während wir die Sachen neugierig betrachteten und schon geneigt waren, hier einiges Geld auszugeben, weil wir ja nicht wußten, daß die Schachtel eine Falle war, trat ein weiterer Schlaukopf, der mit ersterem im Bunde war, hinzu und spielte den Käufer. Er handelte einen Preis aus und nahm gegen bares Geld tatsächlich etwas von den Sachen mit, damit wir glauben sollten, er würde als Bürger der Stadt deren wahren Wert am besten kennen. Wir wurden aber zum Glück von unserem Mentor noch rechtzeitig davor gewarnt, daß jene sich zusammengetan hätten, um uns zu betrügen; voller Zufriedenheit darüber, daß wir nicht hereingelegt worden waren, nahmen wir voneinander Abschied.

Um sich also vor solchen Betrügereien und Unannehmlichkeiten zu schützen, muß man sich in größeren Orten durch einen Cicerone führen lassen. Ohne einen solchen Führer wäre man nämlich genötigt, alles auf eigene Faust aufzusuchen, was sehr beschwerlich und manchmal sogar ganz unmöglich ist. Einige von diesen Mietdienern, die Ciceroni oder Antiquare heißen und über alles, was für einen fremden Reisenden notwendig oder nützlich ist, mehr oder weniger gut Bescheid wissen, haben keinen anderen Beruf als den, die Altertümer zu erklären; sie sind allerdings beflissene Leute von unvergleichlicher Beschlagenheit und müssen in ihrer Wissenschaft hinter niemandem zurückstehen, da sie sich ihre Kenntnisse durch soliden Fleiß und umfangreiche Lektüre der einschlägigen Bücher erworben haben.

Es gibt auch Ciceroni aus den niederen Ständen; diese sind ebenso geschickt, durch die sehenswerten Orte zu führen und Erläuterungen zu geben, weil sie sich auf diesem einen Gebiet Kenntnisse erworben haben, die über das gemeine Verständnis weit hinausgehen, obwohl diese Leute kaum lesen und schreiben können. Just einen solchen Cicerone habe ich in Rom getroffen; er war Schuster von Beruf und eigentlich ein ungebildeter Mann, aber man ließ sich von ihm trotzdem gern die Sehenswürdigkeiten der Stadt erläutern, die er alle ebensogut zu benennen und an den Fingern herzuzählen wußte, als wenn er ein gelehrter Mann gewesen wäre. Dabei konnte er sich bloß auf seine Erfahrung stützen und war dadurch zu seiner Fertigkeit gelangt, daß er oft bei einem Freund zugehört hatte, wenn man die Bücher über solche Dinge las und besprach. Derlei Geschöpfe sind in Rom so sehr begehrt, daß schon wieder Reisende auf den Führer warten, bevor noch der vorhergehende Kurs beendet ist. Und so geht es dann weiter von einem zum anderen. Aber damit genug davon.

Eine Angelegenheit, die ich in meinen Briefen nicht erwähnt habe, kann ich hier nicht mit Schweigen übergehen, nämlich die Quarantäne, der ich mich in Palmada unterziehen mußte; es wird hoffentlich niemanden unangenehm berühren, wenn ich hier berichte, was ich dort erlebt und erlitten habe. Unglücklicherweise hatte ich meine Reise begonnen, ohne zu bedenken, daß in der Türkei die Pest wütete und sich auch schon an der ungarischen Grenze bemerkbar machte. Da ich nun von Wien her aus dieser Richtung kam, wurde ich an der venezianischen Grenze für jemanden gehalten, der eine ansteckende Krankheit mit sich trägt, und deshalb gezwungen, die übliche Läuterungsprozedur über mich ergehen zu lassen. Die überängstlichen und äußerst vorsichtigen Venezianer wollen auf diese Weise verhindern, daß sich eine ansteckende Krankheit in ihr Gebiet einschleicht, aus dem sie dann nur schwer wieder zu vertreiben wäre. Es bedarf auch sicherlich der Umsicht, um einem solchen Übel den Weg ins eigene Haus zu versperren, aber die Venezianer sind bei diesen Untersuchungen doch gar zu genau und beflissen; sie übertreiben diese Vorsichtsmaßnahmen immer, und ich gehörte zu denjenigen, die ihre Strenge erfahren mußten. In Wien war von einer Pest nichts bekannt gewesen, so daß auch ich nichts davon vernommen hatte, und jedermann konnte die Stadt ohne diesbezügliche Nachforschungen betreten. In der Steiermark, in Kärnten und in den anderen Ländern, durch die man auf dem Weg nach Venedig reisen muß, bekümmerte man sich um diese angebliche Krankheit ebensowenig. Anders war es dann freilich an der venezianischen Grenze, wo man mich für pestkrank hielt. Dort fand ich nämlich den Grenzübergang und die Hauptstraße mit Gattern versperrt; bei meiner Ankunft wurden diese geöffnet, und der wachhabende Offizier trat mir entgegen. Nach einigen Fragen wurde ich von Soldaten zu einem Häuschen oder vielmehr meinem Gefängnis geführt, das von einer Palisade umgeben war, die im Tor ein doppeltes Gatter hatte. Dahinter stand ein großer und sehr dicker Mann von ziemlich barbarischem Äußeren, dem ich mittels eines schaufelähnlichen Geräts von weitem ein Empfehlungsschreiben präsentierte; er nahm es entgegen, öffnete es über einem stark qualmenden Weihrauchfaß, und nachdem er es gelesen hatte, versprach er mir jeden möglichen Beistand. Der Verschlag öffnete sich, und meine Sachen wurden hineingetragen; als ich aber dem Dicken, der Direktor dieser Quarantäneanstalt war, meine Reverenz erweisen wollte, stieß er mich von sich und rief mit markiger Stimme, daß ich ihm nicht nahekommen dürfe. O was für barbarische Sitten! Aber ich behielt die Geduld. Er deutete schließlich mit dem Finger auf einen Mann neben mir, der mein Wärter sein sollte, und zog sich danach zurück. Der Verschlag wurde wieder geschlossen, und ich blieb mit meinem Diener und dem Wärter allein und war von jeder weiteren Gesellschaft abgeschnitten. Ich wurde in ein Zimmer im Obergeschoß geführt, wo zwei Betten und ebenso viele grobe Stühle standen, dazu noch ein entsprechender Tisch. Das Licht kam durch zwei winzige Fenster, die so hoch lagen, daß man sie nur mit Hilfe einer Leiter erreichen konnte. Außerdem gab es dort noch einen Kamin und an der Rückwand zwei schlecht schließende und unten löchrige Türen, so daß die Mäuse bequem ein- und ausgehen konnten. Die eine Tür führte zum Garten oder vielmehr zu einer winzigen Gänseweide, die von einer Hecke und Pfählen umschlossen war; die andere Tür ging ins Vorderzimmer, das für meinen Wärter bestimmt war, den ich besser meinen Aufseher nennen sollte. Es war also keine kleine Buße, die ich in dieser Höhle ableisten mußte, aber was kann die Sehnsucht nach fremden Ländern nicht alles besiegen und überwinden. An die Unannehmlichkeiten, die einem auf der Reise begegnen, denkt man im voraus gewiß nicht oder macht davon zumindest kein großes Aufhebens. Ich befand mich ausschließlich unter Katholiken, die mich für einen der ihren hielten, weil sie keine andere als ihre eigene Religion kannten. Man wird auch nicht leicht erkannt, wenn man zwischen vier Wände eingesperrt ist und nichts anderes zu sehen bekommt als die Nase des Wärters. Was das Essen angeht, so wurde ich aus dem Hause des erwähnten Direktors bewirtet; für die Tafel, sowohl für Fastenspeisen wie für gewöhnliche Kost, war reichlich gesorgt, aber das Essen war so eintönig, daß es Woche für Woche dasselbe gab, genau so wie in den Armenhäusern bei uns zu Hause, wo die Bewohner auch schon jedes Jahr im voraus wissen, was man ihnen auf den Tisch stellen wird. Das war der Grund, warum mein Appetit immer geringer wurde und schließlich ganz schwand. Mein Wärter sah, daß die Gerichte beinahe unberührt auf dem Tisch stehenblieben, und nahm das für ein schlechtes Zeichen, als ob mir tatsächlich etwas in der befürchteten Art fehlte. Ich erklärte ihm, daß die Eintönigkeit der Gerichte die Ursache sei und diesen Überdruß des Magens hervorrufe, aber dem wollte er keinen Glauben schenken. Ich wählte daher einen anderen Weg und warf einen Teil des Essens aus dem kleinen Fenster zu den Hunden hinunter, die sich dort versammelten und in wenigen Minuten alles auffraßen. Auf diese Weise heilte ich mich selbst, und mein Wärter begann, von mir wieder eine bessere Meinung zu bekommen. Meinen Magen, der bis zum Ende dieses Purgatoriums verdorben blieb, konnte ich dadurch freilich nicht wiederherstellen, aber so erfuhr ich immerhin am eigenen Leib, daß schon wenig Nahrung genügt, um uns bei guter Gesundheit zu halten. So verbrachte ich vier Wochen, aber schon ab Ende der dritten genoß ich größere Freiheit als vorher, da neue Gäste zur Quarantäne angekommen waren und uns gegenseitige Besuche gestattet wurden. Die strenge Verordnung, daß ein jeder von den übrigen getrennt bleiben mußte, wurde nicht mehr befolgt, und bald darauf teilte man uns sogar mit, daß wir mit Ablauf der vierten Woche wieder in Freiheit gesetzt würden. Diese Erklärung war uns ebenso lieb, wie uns das Gefängnis lästig war. Schließlich erklärte uns der Direktor dann für frei. Ich ermannte mich wieder, und da mir in der Zwischenzeit der Bart eines

Kapuziners gewachsen war, bezeigte sich besagter Direktor nun über die Maßen als höflich und begleitete mich höchstpersönlich in die einzigartige Festung Palmanova, wo ich mich rasieren ließ und mein wildes und barbarisches Gesicht wieder mit dem eines ordentlichen Menschen vertauschte. Bei dieser Gelegenheit besichtigte ich die ganz neue, schöne und regelmäßig angelegte Festung, deren Häuser, von denen keines mehr als zwei Stockwerke hat, von den Befestigungsmauern überragt werden. Ich habe an anderer Stelle von diesem Ort gesprochen. Wütend wurde ich dann aber, als ich für das Zimmer und die Verpflegung pro Tag eine Zechine bezahlen mußte, den Wärter eingeschlossen, dem ich zum Schluß nur ein Trinkgeld gab. Donnerwetter, es ist schon ein einträgliches Geschäft, wenn man in solchen Fällen Direktor ist; man verschweigt ganz einfach, daß die Quarantäne verkürzt worden ist, und verlängert so die eigenen Einkünfte. Wollte man jedoch deswegen vor dem Richter Klage erheben, so würde dies ein Maß an Erfahrung voraussetzen, wie es den Novizen aus dem Ausland für gewöhnlich fehlt. Kurz und gut, ich verließ diesen verwünschten Ort mit Freuden; meine einzige Genugtuung für das wider meinen Willen vergeudete Geld war dann, daß ich einige Wochen später den Direktor und meinen Wärter im Karneval mit meinem Geld großen Staat machen sah und gleichzeitig erfuhr, daß die Quarantäne tatsächlich aufgehoben worden war. Schande über diese bösen und niederträchtigen Menschen, die mich acht Tage zu lang eingesperrt hatten; ich wurde nämlich darüber aufgeklärt, daß man mich geprellt hatte. Doch Übung macht den Meister: es ist mir zwar teuer zu stehen gekommen, aber ich habe dabei immerhin gelernt, daß es besser gewesen wäre, nach Verona oder Pontebba in Quarantäne zu gehen, was doch allein in meiner eigenen Entscheidung gestanden hatte. Wie mir andere Reisende, die ihre Zeit in diesen Städten verbracht hatten, berichteten, hätte ich dort einen angenehmeren Zeitvertreib gehabt. Aber so geht es gewöhnlich: bevor ich in Quarantäne mußte, wußte niemand von nichts, und als ich wieder herauskam, redete jeder davon und brachte Rat und Hilfe. Für die vom Festland kommenden Reisenden gibt es auf venezianischem Gebiet neben den drei genannten Orten auch noch Udine; die auf dem Seeweg Ankommenden verbringen ihre Quarantäne hingegen gewöhnlich auf der Insel S. Lorenzo, die eine Viertelstunde von Venedig entfernt liegt.

Mehr will ich nun nicht sagen. Wer die folgenden Briefe liest, wird darin vielleicht etwas finden, das seinen Neigungen zusagt. Ist es so, dann bin ich genug belohnt, da ich mir für meine vielen Mühen und Unkosten nichts wünsche als diesen wechselseitigen Nutzen.

                    Ende der Vorrede

## I. Brief

Venedig, am 14. Febr. 1740

*Hochverehrter Herr.*

> Vorbemerkung. Überwindung von Unannehmlichkeiten vor dem Betreten Italiens. Vierwöchige Quarantäne in Primolano. Festung Palmanova. Venedig. Erster Eindruck vom Karneval. Turm von S. Marco. Ausblick von oben. S. Giorgio Maggiore; Exil der Nobili; Zufluchtsort der Dogen. Naturspiel in dieser Kirche. Verschiedene andere Sehenswürdigkeiten. Armenierfriedhof. Berichtigung einer Inschrift bei Misson.

Um das heilige Vertrauen der unerschütterlichen Freundschaft, mit der mich E. H. seit meiner Jugend beehren, nicht zu zerstören, will ich nun zu meiner Leier greifen, um Ihrem Wunsch gemäß die Sehenswürdigkeiten Italiens und die Ereignisse während meiner Reise zu besingen. Als ich Italien betrat, schienen mir alle Elemente feindlich gesinnt zu sein und alles nur erdenkliche Unglück zu verkünden; jetzt, da diese Mißgeschicke überwunden sind, hat sich der Himmel jedoch wieder aufgeheitert und läßt mich schon seinen göttlichen und nutzbringenden Einfluß verspüren, um mich für das erlittene Ungemach zu entschädigen.

Als ich am 30. Dezember 1739 von Wien nach Italien abreiste, begleitete mich eine unbeschreibliche Kälte bis nach Görz. Kaum hatte ich diesen finsteren Ort verlassen, mußte ich schon wieder dorthin zurückkehren, weil mich Überschwemmungen an der Weiterreise hinderten. Zwei Tage später, als das Wasser noch immer nicht zurückgegangen war, wollte ich mich aber nicht der Schande aussetzen, gänzlich umkehren zu müssen, und entschloß mich deshalb, meine Kutsche von einigen Bauern über einen sehr hohen und unwegsamen Berg tragen zu lassen. Man kann sich leicht vorstellen, wie ich diese armen Kerle mit dem schweren Wagen auf den Schultern anstaunte; sie haben gewiß viel Schweiß vergießen müssen, bevor sie glücklich auf der anderen Seite des Berges ankamen.

Als dies bewältigt war, traf mich ein neues und nicht geringeres Unglück, nämlich die schöne vierwöchige Quarantäne, in die ich mich an der venezianischen Grenze begeben mußte, weil man mich für pestkrank hielt, obwohl ich doch kerngesund war.

Nachdem dann aber auch dieses Hindernis überwunden war, kam ich schließlich am Abend des 12. Febr. 1740 in Venedig an. Palmanova, diese einzigartige Festung, lasse ich hier beiseite, und zwischen ihr und Venedig liegen nur unbedeutende Orte. Ich kann nun also mit dem Bericht von den Sehenswürdigkeiten dieser Stadt beginnen, die soviele Vergnügungen bereithält, daß ich vor Freude ganz verwirrt bin und nicht weiß, womit ich anfangen soll. Ich bin gewiß nicht der erste, der sagt, daß Venedig schon allein durch seine Lage ein Wunder ist; diese Stadt ist, wie ich meine, aller Aufmerksamkeit der fremden Reisenden wert, und mein großer Wunsch, einen solchen Boden zu betreten, ist nun zur Gänze erfüllt. Anfangs war ich zwar ein wenig in Sorge, denn als ich in die inneren Kanäle der Stadt kam, bildete ich mir ein, daß es sonst keine Straßen gäbe, da es ja schon dunkel war; dieser schlimme Eindruck verlor sich freilich schon am nächsten Morgen vollständig. Es war gerade Maskenzeit, deshalb begab ich mich am folgenden Tag in meiner gewöhnlichen Kleidung auf den berühmten Markusplatz, um mir ein zutreffendes Bild von diesem Karneval zu machen, von dem die ganze Welt spricht.

Dieser Karneval ist wirklich etwas Einzigartiges, und man wird dergleichen in unserem Deutschland niemals zu sehen bekommen. Die Zahl der Masken ist so groß, daß nicht nur der Markusplatz selbst, sondern auch noch die wichtigeren Straßen derart überfüllt sind, daß man sich kaum mehr bewegen kann. Da völlige Maskenfreiheit herrscht, sind alle Förmlichkeiten verpönt, und es gibt auch keine Standesunterschiede mehr. Wer keine Maske trägt, der wird freilich geringgeschätzt und muß auf die Freiheiten der anderen verzichten; er darf dann nicht einmal die Ridotti besuchen. Ich sah mich daher gezwungen, mir ebenfalls eine solche Ausstattung zuzulegen, nämlich einen Tabarro, eine Gesichtsmaske und eine Bautta. In dieser Kleidung der närrischen Venezianer kehrte ich dann als privilegierte Person auf den Markusplatz zurück und trat überall mit einem solchen Stolz auf, als wäre ich unter den Masken aufgewachsen. Als ich dann erfuhr, daß man im Karnevalskleid überall hingehen darf, stieg ich auf den Turm von S. Marco, von wo aus ich den schönsten Anblick genoß, den es nur geben kann. Dieser Turm ist auf den Überresten des alten Turms aus dem Jahre 888 erbaut worden, der nach einigen Jahrhunderten abgebrannt war. Man steigt über 582 Stufen hinauf; das Dach wird von 16 Marmorsäulen getragen, an deren Sockeln ringsherum die folgenden Worte zu lesen stehen: »Venit in pace. Et Deus homo factus est.« Das sind zwar schöne Worte, aber an der Stelle sind sie ungeschickt angebracht. Von diesem hohen und schönen Bauwerk aus kann man nun mit großem Genuß die gesamte Stadt und die verschiedenen umliegenden Inseln betrachten. Was für ein schöner Anblick, wenn man von dort oben hinunterschaut! Wenn E. H. hier wären, dann würden Sie sich gewiß auf diesem Turm ansiedeln wollen.

Anschließend ließ ich mich zur Kirche S. Giorgio Maggiore hinüberfahren, die der Piazzetta gegenüber auf einer Insel liegt. Dorthin ziehen sich die Dogen zurück, wenn ihnen die Bürde des Amtes zu schwer wird; die Insel dient aber auch als Exil, wenn die Republik einen ihrer Pantaloni verbannen will. Die Mönche, die es nicht schöner haben könnten, leben nach der Regel des hl. Benedikt.

Ich habe schon erwähnt, daß man in der Maske überall hingehen darf; was die Kirchen angeht, so genügt es, wenn man die Gesichtsmaske und die Bautta ablegt. S. Giorgio Maggiore ist schön, hell, mit kostbaren Gemälden geschmückt und in der gewöhnlichen Form eines Kreuzes angelegt; man findet dort unter anderem dieses Epitaph:

Marco Antonio ...

Abgesehen von den Epitaphen kann man links vom Eingang drei Gemälde von Tizian sehen, die den hl. Georg, den hl. Stephan und das Martyrium irgendeiner Heiligen darstellen. Von einer Marmorsäule, die sich bei einem Seitenaltar befindet, ist viel die Rede, weil in ihr auf ganz natürliche Weise ein gekreuzigter Christus eingezeichnet sein soll, der ungefähr eine Spanne groß ist. Es stimmt nun zwar, daß man diese Figur deutlich erkennen kann, aber deshalb handelt es sich doch noch lange nicht um ein großes Wunder, da sich bei dieser Gesteinsart solche Figuren häufig finden. Außerdem ist mir die Figur keineswegs natürlich vorgekommen, weil man sehr wohl sehen kann, daß sie entweder eingeritzt wurde oder daß man zumindest nachgeholfen hat. Wie dem auch sei, beim ungebildeten Volk steht die Säule jedenfalls in hohem Ansehen. Bei dieser Gelegenheit muß ich erwähnen, daß ich in der Kaiserlichen Schatzkammer zu Wien ein großes Stück Holz bemerkt habe, das mehrfach gebrochen war und an jeder Bruchstelle eindeutig ein Kreuz zeigte. Ich werde wohl an anderer Stelle noch öfters Gelegenheit haben, ausführlicher auf derlei merkwürdige Dinge einzugehen. Jetzt will ich aber meinen Bericht über S. Giorgio Maggiore fortsetzen: den zweiten Seitenaltar schmückt ein schönes Gemälde des Cav. Liberi, eines Abate; rechter Hand zeigen drei Gemälde des vortrefflichen Palma das Martyrium einiger Christen, die heiliggesprochen worden sind. Durch ihre Schönheit halten diese Gemälde das verdiente Ansehen ihres Meisters in Ehren. Zu beiden Seiten des Hauptaltars erblickt man zwei große Gemälde; das eine stellt das Letzte Abendmahl dar, das andere die Speisung der Israeliten in der Wüste mit Manna, beides Werke von Tintoretto. Auf diesem Altar befinden sich die Bronzestatuen der vier Evangelisten; sie tragen eine Erdkugel aus Metall, auf der Gottvater steht. Beiderseits des Altars sind zwei ebenfalls bronzene Engel, durch die der Altar beträchtlich verschönert wird. Auch der Chor verdient die Aufmerksamkeit der fremden Reisenden, weil in das Gestühl die Lebensgeschichte des hl. Benedikt von der Geburt bis zu seinem Tod geschnitzt ist; es handelt sich um eine vortreffliche Arbeit des Flamen Brulle. Wer könnte schon alles vollständig beschreiben? Diese Kirche ist mit den Malereien der berühmtesten Meister gleichsam austapeziert, so daß ich in dieser Hinsicht lieber auf die genaue Beschreibung Zanettis verweise, die vor einiger Zeit erschienen ist. Dafür will ich ein von Zanetti übergangenes Gemälde erwähnen, das den Einzug der verschiedenen Tiere in die Arche Noah darstellt, wie es Gott Noah befohlen hatte. Der Name des Malers ist nicht mehr bekannt, aber er hat gewiß seine ganze Kunst aufwenden müssen, um so viele verschiedene Tiere in derart bewundernswerter Weise naturgetreu abzubilden.

Von der Kirche aus begab ich mich in die Bibliothek. Diese ist sehr schön, wohlgeordnet und hell, zudem wird sie von einigen Gemälden vortrefflicher Meister geschmückt. Ich hielt mich aber nur kurze Zeit dort auf, weil es unerträglich kalt war. Im Refektorium stieß ich dann auf ein riesiges und hochgeschätztes Gemälde von Paolo Veronese, das die Hochzeit zu Kana in Galiläa darstellt. Der geräumige Eingang ins Refektorium ist bemerkenswert; davor hängen kleine Bilder von Lazzarini und Cervelli. Im Kapitel oder vielmehr in dem Raum, in dem gewöhnlich die Kongregation zusammentritt, kann man sechs Bildnisse der Dogen sehen, die das Horn des Dogen mit der Mönchskutte des hl. Benedikt vertauscht haben. Aber nicht nur die Fürsten der Republik, sondern auch Päpste haben dieses Kloster zu ihrer Einsiedelei gemacht, darunter etwa Matthäus. Hier ist sein Epitaph, wie es in einer Kapelle zu lesen steht:

Vivos videns ...

Hinter der Kirche liegen die Gräber der Armenier. Falls E. H. über dieses Kloster genauer unterrichtet werden wollen, wann es erbaut worden ist, wer dort begraben liegt und wieviele und welche heiligen Reliquien man dort besitzt, dann können Sie all das im ›Forestiere illuminato‹ nachlesen; so heißt nämlich die jüngst erschienene Beschreibung Venedigs, in der der Verfasser unter dem Stichwort »Giorgio Maggiore« ausführlich auf alles eingeht. Ich aber gebe mich der angenehmen Hoffnung hin, mit diesem Bericht E. H. Wißbegier Genüge getan zu haben, da Sie ja in diesen Dingen eine so große Beschlagenheit besitzen. Bevor ich gegenwärtigen Brief beschließe, muß ich noch erwähnen, daß Misson in seiner Beschreibung Italiens, Teil I, S. 270, nach »Obiit Dominicus Michael Dux Venetiae« auch noch die folgenden Worte hätte anführen müssen:

> hocce inclyti ...

Gestatten Sie mir, daß ich dieses Blatt nun in der Hoffnung beschließe, Ihnen nicht mißfallen zu haben; ich will gewiß nicht versäumen, Ihnen auch weiterhin zu schreiben als

Euer Hochedelgeb.
untertänigster Diener.


II. Brief

Venedig, am 16. Febr. 1740

> Prachtvolle Oper in S. Grisostomo: Adriano in Siria. Oper in S. Angelo: Cleonice. Schmutzige Unsitte in den Theatern. Italienische Komödie; die Komödie in S. Luca. Belästigung durch Gebäck- und Maronenverkäufer in den Theatern. Öffentliche Lustbarkeiten zur Karnevalszeit. Markusplatz. Nicht sehr keusche Bemerkung.

Ihrem freundlichen Brief entnehme ich, daß es Ihnen nicht mißfällt, wenn ich meine Berichte fortsetze, und ich will sie deshalb mit um so größerem Eifer weiterführen. Nachdem ich den ganzen Tag lang die Straßen durchstreift hatte, nahte sich der Abend, und ich ging in die Oper von S. Grisostomo, um dort den Tag zu beschließen. Man braucht aber keinen Anstoß daran zu nehmen, daß das Theater den Namen eines Heiligen trägt, so als würde dieser die Oper bei sich zu Hause geben.

Vielmehr heißt es so, weil es in der Nähe der Kirche dieses Namens liegt. Man gab dort ›Adriano in Siria‹. Ich schwöre Ihnen, daß ich ganz starr vor Staunen war, denn die Musik, die Ausstattung, die Kulissen, die Größe des Theaters, die Aufführung, das Orchester mit 40 bis 50 guten Musikern, die Kostüme der Hauptpersonen, alles war herrlich. Besonders prachtvoll war die wohldurchdachte Theatermaschinerie, mit der nach jedem Akt 14 Tänzer und Tänzerinnen auf die Bühne herabgelassen wurden. Die Opern beginnen hier um 8 Uhr nach deutscher Zeit und dauern bis 11 Uhr. Zur selben Zeit gab man in S. Angelo eine andere Oper mit dem Titel ›Cleonice‹; diese war aber weniger gut besucht, obwohl sie vom selben Wert ist. Jedenfalls hat die Sig$^{ra}$ Fumagallo, die Primadonna, alle anderen ausgestochen. Ihre Stimme ist nicht weniger schön als ihr Äußeres, und so wäre es ein Wunder, wenn sie sich nicht auch auf alles andere verstünde. Im Parkett der Theater findet man nur wenige Leute, weil man dort vor Speichel und anderem Unrat, der aus den Logen herunterfällt, nie sicher ist; diese abscheuliche Unsitte ist nur in Venedig üblich, dessen Bewohner meistenteils im Schmutz ebensogut leben können wie der Salamander im Feuer. Das ist nun aber noch nicht alles, was es zur Karnevalszeit zu sehen gibt. Ein fremder Reisender kann sich hier auf tausenderlei Weise unterhalten: ist man der Oper überdrüssig, so geht man in die Komödie. Auch ich war dort, und um der Wahrheit die Ehre zu geben: wenn alle vom selben Schlag sind, dann weiß ich nicht, ob sie auch nur eines einzigen Blickes wert sind. Es ging um eine Zauberei ohne jeglichen Zusammenhang, die üblichen Verwandlungen gab es nicht, und die Szenen waren unmäßig lang. Eine andere Truppe, die in S. Luca spielt, ist besser. Man zahlt für eine ganze Loge im zweiten Rang 8–10 Lire und für den Eintritt pro Kopf noch einmal vier Lire. Fünf Lire machen aber schon einen Kaiserdukaten. Da die Logen nicht abgesperrt werden, kann es vorkommen, daß sie bereits von anderen Masken besetzt sind; wenn diese aber sehen, daß jemand Miene macht, einzutreten, dann erkennen sie ihn augenblicklich als Herrn an und räumen das Feld. Genau wie in der Oper muß auch in der Komödie niemand vor Hunger oder Durst sterben, weil es dort alles zu kaufen gibt. Oft sind die Zuschauer sogar gezwungen, etwas zu kaufen, weil die Verkäufer, die mit ihren Körben herumgehen, gar so laut schreien. Da ich nun schon bei den Karnevalsvergnügungen bin, muß ich jetzt auch von denen erzählen, die öffentlich dargeboten werden. Gegen 22 Uhr nach italienischer Zeit beginnen die Gaukler überall auf dem Markusplatz, ihre Waren auszubreiten und sie nach Kräften anzupreisen. Sie bedienen sich dabei der unterschiedlichsten Mittel, um ihre Sachen dem in großer Zahl versammelten Volk anzubieten. Der vermögendste Scharlatan führt eine Komödie auf, in der er selbst und seine Frau oder Tochter die Hauptpersonen darstellen. Ein anderer lockt seine Zuschauer mit Hilfe eines Affen an, wieder andere scharen ihre zahlreichen Zuhörer durch Musik und Gesang um sich. Hier lehnt ein Astrologe in Begleitung seiner Frau an einer Tafel und hält ein Fernrohr in den Händen, um jedem, der es hören will, sein vergangenes und künftiges Glück ins Ohr zu flüstern. Dort singt man von schaurigen Wunderdingen oder läßt seine Hunde nach dem Takt des Tamburins tanzen; wieder ein anderer stellt sich sogar verrückt, um ein Almosen zu empfangen. Wer könnte all das aufzählen? Bei jedem Schritt stößt man auf eine neue Art, zu Geld zu kommen. Es ist gar nicht zu glauben, wieviel Beherrschung diese Leute haben, daß sie sich nicht gegenseitig in ihrem Handwerk stören, das doch immer nur eine Lumperei ist. Der Markusplatz wird von der Kirche S. Geminiano und zwei Palästen begrenzt, welche die Alte und die Neue Prokuratie heißen. Unter deren Arkaden befinden sich Läden, in denen Kaffee und andere Getränke ausgeschenkt werden, so daß dieser Platz ein Zufluchtsort ist, wo man mancherlei Bedürfnis befriedigen kann. Mit Einbruch der Dunkelheit suchen dort dann, genau wie bei uns zu Hause, die Nymphen Venedigs ihr Glück – und wehe denen, die ihnen unvorsichtigerweise in die Netze gehen! Oft versteckt sich unter einer schönen Maske und auf wohlgeputzten Füßen die gemeinste und häßlichste Fratze der Welt. Mit ihren Schmeicheleien ziehen sie aber ihre Opfer in ihren

Bann, und wer darauf hereinfällt, der bleibt gefangen. Um Ihre Geduld nun nicht länger zu mißbrauchen, will ich gegenwärtigen Brief, der von meinen Schwächen Zeugnis ablegt, jetzt schließen. Genug, ich bin und bleibe

                Euer Hochedelgeboren
                          untertänigster Diener.

## III. Brief

                Venedig, am 17. Febr. 1740

> Beschreibung des Stierfestes, das zur Unterhaltung des sächsischen Kurprinzen veranstaltet wurde. Stierhetze, Flug, Abschlagen der Stierköpfe. Feuerwerk. Glasfabrik in Murano. Kirche S. Pietro. Bemerkung über die frommen Schenkungen. Besonderheit des venezianischen Erbrechts.

Meine Leier ist es noch nicht leid, die Sehenswürdigkeiten Venedigs zu besingen. Am 16. Februar hat man das Stierfest gefeiert, das für alle, die es zum ersten Mal sehen, ein erschreckendes Schauspiel ist; bei den Spaniern ist es allerdings besonders beliebt. Man muß dabei wissen, daß dieses Fest alljährlich am Ende des Karnevals zu Ehren des Dogen gefeiert wird, dann aber mit weniger Glanz und Prunk. Das gestrige Fest nun fand außer der Reihe statt, weil sich der sächsische Kurprinz in Venedig aufhält; es wäre deshalb eine Sünde von mir, wenn ich E. H. davon keine Beschreibung gäbe. Sie müssen sich einen Platz wie den Markusplatz vorstellen, weitläufig, prächtig und regelmäßig: Vorzüge, die nicht wenig zur Pracht und Herrlichkeit des Festes beitragen. Durch die Tribünen, die ringsumher aufgebaut waren, sah der Platz einem Amphitheater ähnlich. An beiden Enden hatte man große Torbögen errichtet, die von verschiedenen schönen Statuen geschmückt wurden und auf denen die Trompeter und, in Ermangelung der Pauken, die Trommler standen. Über den Platz hatte man von einer Seite zur anderen drei starke Seile gespannt, in deren Mitte jeweils eine Kugel mit einem Feuerwerk hing. Der Kurprinz befand sich auf der Seite der Alten Prokuratie, und vor seinem Fenster war eine weitere schöne Gruppe von vortrefflichen Musikern mit Trompeten und Trommeln aufgestellt. Kaum war dann Seine Kurfürstliche Hoheit erschienen, so begannen alle Musiker gleichzeitig ein schreckliches Getöse; im selben Augenblick traten in Zweierreihen die Schlächter auf, die in altertümlicher Weise wie amerikanische Neger gekleidet waren. Danach trieb man zwanzig Stiere sowie eine entsprechende Zahl von riesengroßen Hunden auf den Kampfplatz, und augenblicklich begann, wie man sich leicht vorstellen kann, unter diesen Tieren eine grausame Jagd. Das Geschrei von über 50000 Masken verursachte mir dabei einen derartigen Schrecken, daß mir die Haare zu Berge standen. Sobald diese Tiere müde geworden waren, führte man neue und frische herbei, was sich mehrfach wiederholte, so daß insgesamt mehr als hundert Tiere beteiligt waren. Dieses Schauspiel dauerte über vier Stunden; anschließend fand der Flug statt: ein wagemutiger Mann ließ sich nämlich von der Turmspitze von S. Marco zum gegenüberliegenden Gebäude hinab. Dann wurden drei Stiere vorgeführt und an die drei Seile gebunden, an denen die erwähnten Kugeln hingen; diese wurden angezündet, und sie versetzten die Tiere, auf die gleichzeitig große Hunde gehetzt wurden, in so furchtbare Raserei, daß es ein Wunder war, daß sie die Seile nicht zerrissen und den Leuten innerhalb des Kampfplatzes keinen Schaden zufügten. Als dieses Schauspiel vorüber war, wurde drei Stieren der Kopf abgeschlagen: die Kraft und die Geschicklichkeit des ersten Mannes, der seinem Stier den Kopf mit einem einzigen Hieb herunterschlug, waren wirklich erstaunlich, aber die beiden anderen waren weniger tüchtig. Als die Nacht einbrach, begann zur Freude der Zuschauer das große Feuerwerk, mit dem schließlich das Fest gekrönt wurde. Kurz darauf wurde der ganze Platz erleuchtet, damit kein Unglück geschehen konnte, was unter den vielen tausend Masken leicht möglich gewesen wäre. Eines muß ich aber noch erwähnen: es drangen nämlich Tausende von Menschen aller Art in den Kampfplatz ein, wo die Stierhetze stattfand, und es war gewiß ein Wunder, daß dabei nicht viele ihr Leben oder ihre gesunden Glieder verloren. Man hat die Stiere gar nicht mehr richtig sehen können, und tatsächlich sind auch tödlich verwundete Menschen und Hunde weggetragen worden.

Nun will ich Sie mit einer kleinen Gondelpartie unterhalten, die Ihnen besser gefallen wird als ein halbes Dutzend solcher Stierfeste. Ich habe mich nämlich in einer Gondel zur Insel Murano bringen lassen, die ungefähr eine Stunde von der Stadt entfernt im Osten liegt, weil ich dort die berühmten Werkstätten für Glas und Kristall besichtigen wollte. Diese Insel untersteht der venezianischen Regierung und hat keine eigene Gerichtsbarkeit, so daß die Prozesse vor dem Rat der Hauptstadt verhandelt werden. Als ich auf Murano angekommen war, betrat ich die Kirche S. Pietro, wo folgende Worte geschrieben standen:

Iste conventus ...

So schlicht dieses Epitaph auch ist, so hat es mich doch an eine früher übliche Sitte erinnert, die dem Gemeinwesen großen Schaden zugefügt hat: man pflegte nämlich all seinen Besitz den Kirchen oder sonstigen frommen Einrichtungen zu vermachen, um auf diese Weise seine Seele aus den Qualen des Fegefeuers zu befreien. In jener Kirche ist deshalb ein ungeheurer Reichtum zu finden, der gewiß größer ist als nötig. Die Fürsten, die darin einen verabscheuungswürdigen Mißbrauch erkannten, verboten diese Schenkungen öffentlich und erklärten sie für null und nichtig, soweit sie unbewegliche Besitztümer betrafen. Auf diese Weise wurden dieser unrechtmäßigen Freiheit Zügel angelegt. Die Kleriker blieben zwar im Besitz der früheren Erwerbungen, neue Schenkungen erlebte man jedoch nur noch selten, insbesondere nicht mehr nach der Reform Luthers, gleichsam dem einzigen Werkzeug, das den Erben die Augen öffnen konnte. Da wir nun schon bei Erbschaftsangelegenheiten sind, will ich Ihnen auch noch berichten, daß in Venedig ein schriftlich niedergelegtes Gesetz anordnet, daß sowohl Ausländer wie Bürger der Stadt, wenn sie jemanden beerben, ein Fünftel davon abgeben müssen, ob sie nun in der Stadt bleiben wollen oder nicht. Man muß dazu aber bemerken, daß diese Anordnung nur diejenigen betrifft, die mit dem Erblasser in weiblicher Linie verbunden sind, während die Erben in männlicher Linie davon befreit sind. Vor nicht allzulanger Zeit hat man sogar ein weiteres Gesetz beschlossen, das auch Frauen, die in männlicher Linie mit dem Erblasser verbunden sind, zur Abgabe eines Fünftels aller Güter verpflichtet. Vielleicht kann ich mich über diesen Punkt in lateinischer Sprache genauer erklären: Femina licet … Möge Ihnen dieser Brief meinen lebhaften Wunsch glaubhaft machen, Ihnen immer wieder zu versichern, daß ich bin und bleiben werde

                Euer Hochedelgeboren
                      untertänigster Diener.

## IV. Brief

Venedig, am 19. Febr. 1740

Öffentliche Aufführungen geistlicher Musik in den Klöstern. Stand und Lebensumstände der musizierenden Mädchen. Was es im Kleinen Arsenal zu sehen gibt. Beschreibung des Großen Arsenals, wo unter anderem der Bucentaurus besichtigt wird.

Es wäre ein schlimmes Versäumnis meinerseits, wenn ich in gegenwärtigem Brief nicht auf die vorzügliche Musik einginge, die hier von allen Fremden bestaunt und bewundert wird. Ich will daher berichten, daß es in verschiedenen Klöstern öffentliche Konzerte gibt, nämlich bei den Incurabili, in der Pietà und bei den Mendicanti. Gewöhnlich wird in jedem dieser Klöster zweimal in der Woche, samstags und sonntags, Instrumental- und Vokalmusik aufgeführt. Ich habe zuerst die Kirche der Incurabili besucht; sie ist nicht sehr groß, länglich-rund, schön gewölbt und ohne Pfeiler, daher für solche Darbietungen sehr geeignet. Dort leben die guten Mädchen, die keinen anderen Vater kennen als die Liebe, oder um mit dem Rechtsgelehrten in § 23 de statu hom. zu sprechen: »Vulgo concepti, qui patrem demonstrare non possunt, vel qui possunt quidem, sed eum habent, quem habere non licet«. Diese Mädchen leben nach strengen Regeln, legen aber kein Gelübde ab, da sie das Recht haben, sich zu verheiraten, wenn sich dazu Gelegenheit findet. Übrigens gibt es unter diesen Mädchen einige, die über 20000 Gulden besitzen, je nach der Mitgift, mit der sie von ihren natürlichen Vätern ausgestattet worden sind oder die sich die eine oder andere durch ihre Geschicklichkeit ehrbar erworben hat; sie werden im Kloster nämlich nicht nur in der Musik unterrichtet, sondern auch in allen anderen Künsten, die sich für das weibliche Geschlecht ziemen. Wenn sie diese Lebensweise aufgeben, ist es ihnen jedoch untersagt, auf den Theatern Venedigs oder denen eines fremden Fürsten aufzutreten, ganz so, als würden sie notwendigerweise nach Frömmigkeit stinken, nachdem sie einmal im Kloster gewesen sind. Wenn diese Mädchen nun musizieren, kann man sie nicht sehen, denn sie bleiben hinter Gittern versteckt, und wenn man nicht wüßte, daß es sich um Frauen handelt, würde man sie für die besten Männer in diesem Fach halten. Insbesondere zwei, die höchst kunstvoll Violine und Orgel spielen, sowie zwei Sängerinnen verdienen hohes Lob. Man kann sich leicht vorstellen, daß sich dort zahllose Musikliebhaber versammeln, um etwas so Göttliches zu hören; sogar der Kurprinz ist mehrmals gekommen, wobei er regelmäßig die Kanzel bestieg, um die Musikantinnen besser hören und wenn möglich auch sehen zu können. Während dieser geistlichen Konzerte erscheint eine Art Sakristan, der etwas für die Benutzung der Stühle einfordert. Es kostet zwei Soldi und wäre doch ebensoviele Dukaten wert; gibt aber jemand dem Kollektor ein Geldstück von höherem Wert, so erhält er erstaunlicherweise den Überschuß zurück, auch wenn er es gar nicht wünscht. Nun komme ich zu den armen Mädchen der Pietà, die von legitimer Geburt sind und dort um der Barmherzigkeit willen aufgezogen werden. Sie legen kein Gelübde ab und warten darauf, daß sich jemand in ihre Tugend oder in ihre Schönheit verliebt; diesen Mädchen fehlt es nämlich an der Mitgift, die sonst auch noch die Liederlichsten und Häßlichsten unter die Haube bringt. Sie widmen sich daher mit unbeschreiblichem Fleiß der Musik, vor allem der Instrumentalmusik, in der sie die Incurabili bei weitem übertreffen. Es geschieht deshalb auch nicht selten, daß die eine oder andere das große Glück macht, denn die Italiener sind Musiknarren und verlieben sich leicht in solche Wunder der Kunst und der Natur, wie es sie nirgendwo sonst in Italien gibt. Es ist aber schade, daß diese Mädchen Opern oder andere Kirchen nicht besuchen dürfen, wo sie andere Eindrücke empfangen könnten; sie würden sonst gewiß das Unmögliche noch übertreffen. Ihre ziemlich kleine Kirche, die S. Giorgio Maggiore ungefähr gegenüberliegt, wird von einigen schönen Gemälden geschmückt; an ihrer Fassade erblickt man eine Inschrift, die folgendermaßen lautet:

D.O.M. Beataeque ...

Nun komme ich zu den Mädchen der Mendicanti. Dieser Name erlaubt mir, mich kurz zu fassen, weil es dort nichts gibt, was ich nicht schon beschrieben hätte; erwähnenswert ist nur noch, daß diese Kirche zu den geistlichen Konzerten weniger gut besucht wird, obwohl sie doch die anderen Kirchen an Schönheit übertrifft und auch die Musik keineswegs von minderem Rang ist. Nachdem ich Ihnen nun berichtet habe, was Apoll in den venezianischen Kirchen, Klöstern und Theatern wirkt, will ich jetzt zu den Dingen übergehen, die Mars hier bereithält. Ich habe nämlich die beiden Arsenale besucht, die es hier gibt und die man das Große respektive das Kleine nennt. Beginnen will ich mit der Beschreibung des Kleinen Arsenals, das gewiß aller Aufmerksamkeit wert ist. Es befindet sich im Dogenpalast in der Nachbarschaft des Geheimen Rats der Zehn, dessen Name bei den Unglücklichen, die dorthin vorgeladen werden, größeren Schrecken erregt als die Waffen beider Arsenale zusammen. Das Kleine Arsenal besteht aus vier Sälen: im ersten werden zahlreiche Büchsen verwahrt, die ständig geladen sind, damit man sich ihrer im Notfall bedienen kann; wie man mir sagte, werden sie jeden Monat neu geladen. Außerdem steht dort eine kunstreiche Vorrichtung, die, wenn ich mich nicht täusche, aus Messing ist; sie hat die Gestalt eines Taufbeckens, und es werden in ihr über 500 Lunten aufbewahrt, die durch das darin verstreute Pulver alle im selben Augenblick entzündet werden können. Die anderen Waffen unterschiedlicher Art sind wohlgepflegt, und die Wände dieses Saales sind mit verschiedenen türkischen Sachen geschmückt. Es gibt dort viele bemerkenswerte Dinge, aber der Führer, der diese an den Fingern herzählen kann, hat sie uns in solcher Hast erklärt, daß es unmöglich war, alles im Gedächtnis zu behalten, um es anschließend aufzuschreiben. Im zweiten Saal sieht man den Helm Attilas, dieses berüchtigten Ungeheuers, das die Geißel Italiens war, und Scanderbegs Schwert. Von dort tritt man in den dritten Saal, wo eine vortreffliche Schnitzerei des berühmten Albert Dürer zu sehen ist, die unsere Ureltern am Baum des Guten und des Bösen darstellt. Die Figuren sind eine Spanne hoch, und es wird behauptet, daß man dem zum Tode verurteilten Künstler die Freiheit geschenkt habe, nachdem er dieses Werk dem Richter gezeigt hatte; dies würde der Absicht eines Gesetzes im römischen Recht entsprechen, dem zufolge ein zum Tode Verurteilter »propter singulare artificium« freigesprochen wird. In der Mitte dieses Saals erblickt man eine schön verzierte Kanone, von der erzählt wird, daß sie der Sohn eines Dogen angefertigt habe. O was für ein schönes Handwerk für eine solche Person! Dann ein 60schüssiger Selbstlader; als sein Erfinder wird Giov. Maria Bergamini genannt. Die Bronzestatue von Francesco Morosini, dem Eroberer des ganzen Peloponnes, der zuerst General der

Republik war und später zum Dogen gewählt wurde. Man findet dort außerdem zahlreiche weitere Rüstungen, darunter die des Dogen Dandolo. Eine fünfschüssige Kanone und andere merkwürdige und ungewöhnliche Dinge mehr, von denen mir insbesondere das Bildnis des hl. Markus, des Schutzpatrons von Venedig, gefiel, das so beschaffen ist, wie es die Worte auf der Tafel unter dem Bild angeben:

> Continet haec ...

Als etwas ganz Außergewöhnliches zeigte uns der Führer dann ein großes Stück Tuch, das ein persischer König vor 500 Jahren der Republik geschenkt hat. Ein Herz aus Gold, das ihr ein Herzog zum Geschenk gemacht hat. Einen mit Edelsteinen und Figuren aus Gold, Silber und Bronze verzierten Schrein, den ein Patriarch von Aquileia zusammen mit drei Alabasterstatuen römischer Kaiser der Republik überreicht hat. Die Rüstung von Heinrich IV., die er persönlich als Geschenk dargebracht hat, und schließlich die Mordinstrumente Carraras, des Tyrannen von Padua, mit denen er viele Menschen hingemetzelt hat. Darunter befindet sich auch ein Kästchen, in das zwei Pistolen eingebaut sind; er hat es an eine Dame gesandt, die sich damit beim Öffnen selbst umbringen sollte. Ich wende mich nun dem Großen Arsenal zu. Damit Sie sich eine einigermaßen zutreffende Vorstellung davon machen können, müssen Sie wissen, daß es am Rand der Stadt liegt, einen Umfang von drei Meilen hat und von einer Mauer umgeben wird. Das Arsenal wird aber dennoch, ähnlich wie die Stadt, von Kanälen durchzogen; es gibt allerdings nur zwei Eingänge, nämlich einen zu Lande und einen vom Meer aus. Der zu Lande ist sehr schön, und über dem Tor stehen die folgenden Worte zu lesen:

> Felix est civitas, quae tempore pacis de bello cogitat.

Zu beiden Seiten des Portals erblickt man wilde Tiere aus weißem Marmor von ungeheurer Größe. Es stimmt, daß mit Ausnahme von Fürsten ein jeder, der dieses Arsenal besuchen will, am Tor seinen Degen abgeben muß, sonst darf man nicht eintreten; Masken, freilich nur bei unbedecktem Gesicht, sind hingegen erlaubt, denn das ist zur Karnevalszeit mehr oder weniger die übliche Kleidung. Wir wurden zunächst in die Säle geführt, die mit Waffen aller Art angefüllt sind, vor allem mit Büchsen für ein Heer von 80000 Mann und mit den Schwertern, Helmen und Rüstungen der berühmtesten Generäle der Republik. Dann gingen wir durch einige Werkstätten, in denen 1) die Galeerenruder für das Arsenal 2) geschmiedet werden. Man sieht dort auch das Gestell, auf dem der Doge nach seiner Wahl um den Markusplatz herumgetragen wird und dabei Geld unter das Volk wirft. 3) Eine Werkstatt für Kanonen, in der ohne Unterlaß gearbeitet wird. 4) Wo Seile hergestellt werden. Ein Lager für Seile, von denen eines 2000 Silberdukaten wert ist. 5) In einem anderen Raum befinden sich 3000 eiserne Kanonen. 6) Eine Tischlerwerkstatt für feine Arbeiten. 7) Wo die Karren für Kanonen angefertigt werden. 8) Die Werkstatt für die Steuerruder der Galeeren. 9) Die Werkstatt für die Schiffsmasten. Wir gingen dann weiter und kamen zu dem Ort, wo die Schiffe der ersten Größe gebaut werden, von denen gerade acht in Arbeit waren; eines davon hatte eine Länge von 148 Fuß und eine Breite von 50 Fuß. An einer anderen Stelle liegen sechs Galeeren, die man den Türken weggenommen hat und der Erinnerung halber aufbewahrt. Dann sah ich elf Schiffe der obersten Klasse. Zwei Galeeren, von denen eine 160 Fuß lang ist. Schließlich kann man dort auch das prachtvolle und berühmte Schiff sehen, das Bucentaurus heißt und wohl auf der ganzen Welt nicht seinesgleichen hat. Wer über ein wenig Geschmack verfügt, der wird daran die Schnitzereien und die Goldverzierungen bewundern; dieser Bucentaurus ist so schön, daß ihn bereits ein Schriftsteller einer eigenen Beschreibung für würdig erachtet hat. Er ist 160 Fuß lang, 40 Fuß breit und hat 40 Ruder; kurz und gut: wenn Sie sich einen Begriff davon machen wollen, dann brauchen Sie nur zu bedenken, daß allein die Vergoldungen schon 15000 Zechinen kosteten. Er scheint deshalb ganz aus massivem Gold zu bestehen und wird alljährlich nur ein einziges Mal benützt, dann nämlich, wenn sich der

Doge dem alten Brauch gemäß am Himmelfahrtstag mit dem Adriatischen Meer vermählt, um daran zu erinnern, daß der Papst der Republik die Herrschaft über dieses Meer verliehen hat. Ich hoffe, dieses Fest auch noch sehen zu können, und werde nicht versäumen, Ihnen davon Bericht zu erstatten. Da jedenfalls alles über die Maßen kostbar ist, so besteht auch die Bespannung aus 500 Ellen roten Samts, der mit Goldborten bestickt ist. Nun mögen Sie sich das Große Arsenal der Republik Venedig vorstellen. Tag für Tag arbeiten dort 2500 Mann, und die täglichen Kosten betragen bis zu 7000 venezianische Dukaten. Die Segelwerkstatt, die uns zuletzt gezeigt wurde, mahnt mich aber daran, nun auch selbst die Segel zu setzen, um meiner langen Erzählung ein Ende zu machen und Sie noch an andere Orte zu führen; einstweilen bin ich

Euer Hochedelgeboren
ergeb. Diener.

V. Brief

Venedig, am 20. Febr. 1740

> Kirche Madonna della Salute; Kirche der Jesuaten; Kapuzinerkirche. Kirchen S. Grisostomo und S. Michele auf zwei Inseln in der Nähe von Murano. In einer davon das Grab einer Kurtisane.

In meinem letzten Brief habe ich E. H. versprochen, mit Ihnen durch die Stadt zu segeln; ich habe mich deshalb vom Arsenal aus zu den Kirchen übersetzen lassen, die ebenfalls zu den Hauptanziehungspunkten für Reisende gehören. Begonnen habe ich mit der Kirche Madonna della Salute, die bei der Dogana ungefähr dem Palast der Ridotti gegenüberliegt, wie Sie aus

dem Plan ersehen können. Am großen und kunstvoll mit Bronze beschlagenen Portal stehen die folgenden Worte:

> Indulgenza plenaria ogni giorno, come in S. Giovanni Laterano di Roma.

Das soll zweifellos heißen, daß denjenigen, die in dieser Kirche die zahlreichen Gebete verrichten, die man ihnen zur Buße aufgetragen hat, die vollständige Vergebung der Sünden zuteil wird. Es ist doch schön, sich so mit der Gondel ins Paradies hineinfahren zu lassen! Diese Kirche besitzt sieben wunderschöne Altäre aus feinem weißem Marmor. Der Hauptaltar zeichnet sich durch seine Marmorstatuen aus; eine vortreffliche Arbeit ist insbesondere die Statue der Muttergottes, bei der folgende Inschrift angebracht ist:

> Deiparae virgini ...

Der Fußboden dieser Kirche besteht aus verschiedenfarbigem Marmor. Die Kuppel ist von Pellegrini mit einem vorzüglichen Fresko ausgemalt worden; vor dem Hauptaltar hängt eine sehr schöne Lampe aus vergoldetem Silber. Liebhaber der Malkunst werden in dieser Kirche alles finden, was ihr Herz begehrt, vor allem an einem Gemälde Tintorettos, das die Hochzeit zu Kana in Galiläa darstellt und in der Sakristei hängt. Auch Baumeister werden viel Bemerkenswertes finden. Von dort ging ich dann zur neuen Kirche der Jesuaten, die der Giudecca gegenüberliegt. Sie ist zwar nur mäßig groß, zeugt aber von gutem Geschmack, soweit sich dies an den bereits fertiggestellten Teilen beurteilen läßt. Dort habe ich etwas bemerkt, das wert ist, Ihnen mitgeteilt zu werden: wer sich künftig einmal die vollendete Kirche ansehen wird, dem werden dann die großen roten Marmorsäulen an den Altären auffallen, die jeweils aus einem einzigen Stück zu bestehen scheinen; in Wahrheit sind sie aber aus unzähligen kleinen Stückchen zusammengesetzt, die man auf gewöhnlichen Stein aufgetragen hat. Die Kunst hat in dieser Hinsicht tatsächlich einen so hohen Grad an Vollkommenheit erreicht, daß sich ein ungeübtes Auge täuschen muß. Im Inneren der Kirche kann man vortreffliche Basreliefs sehen, mit denen die Altäre geschmückt sind. Das Fresko von Giovanni Polletto ist das schönste, das ich je gesehen habe; insbesondere ist ihm in der Kuppel der Heilige Geist in Gestalt einer Taube so gut gelungen, daß man glauben möchte, er sei aus Stuck. Die Fassade dieser Kirche weist keine Besonderheiten auf; es findet sich dort nur die folgende Inschrift:

D.O.M. In honorem ...

Also wieder ein Gotteshaus, das von den Almosen und milden Gaben andächtiger und frommer oder vielmehr allzu leichtgläubiger Seelen errichtet wurde.

Ich ging dann in die Kapuzinerkirche auf der Giudecca, der Judenstadt, in die Gegend also, wo früher die Juden gelebt haben. Diese Kirche ist so schön und prachtvoll, wie es zu diesem armen und barttragenden Bettelorden gar nicht passen will. Die Fassade besteht aus hartem weißem Stein. Wenn man die Kirche durch das große bronzebeschlagene Portal betritt, erblickt man zu beiden Seiten zwei große Weihwasserbecken aus Statuenmarmor, in deren Mitte jeweils eine schöne Statuette aus Bronze angebracht ist. Diese Kirche besitzt sechs Altäre aus gewöhnlichem Stein, die aber dennoch gut gearbeitet sind und von kostbaren Gemälden geschmückt werden. Der siebte Altar, der Hauptaltar, besteht aus feinstem weißem Marmor, in den die Geschichte der Veronika gehauen ist; diese war eine vornehme Frau in Jerusalem, die Jesus Christus ihr Tuch reichte, damit er sich das Gesicht trocknen konnte. Hinter diesem Altar ist in derselben Weise eine Kreuzesabnahme dargestellt; besondere Beachtung verdienen daran die ganz natürlich dargestellte Leiter sowie die Figur, die auf diese Leiter steigt, um Christus vom Kreuz abzunehmen, und eine weitere Figur, die das Grab öffnet. Ich habe dort auch ein Gemälde von Bassano gefunden, das von allen Betrachtern sehr gelobt wird. Zahlreiche Bronzestatuen vergrößern die Schönheit des oben erwähnten Altars noch beträchtlich. Auf der Innenseite des Portals erblickt man eine Darstellung der Madonna mit dem Kind auf dem Schoß, unter der es heißt:

> Ora pro nobis ...

Wer noch nicht weiß, daß den Grundsätzen der bedauernswerten römischen Katholiken zufolge die Mutter Jesu Christi das Tor ist, durch das man ins Himmelreich eingehen muß, der lernt das in dieser Kirche sehr deutlich. Im Kircheninneren stehen auch 20 Chiaroscuro-Statuen aus Holz, die dennoch sehr ansehnlich sind. Gestiftet wurde diese Kirche im Jahre 1577, wie uns die Worte zu verstehen geben, die im Inneren zu lesen sind:

> Primus lapis ...

Auch die Sakristei darf ich nicht übergehen. Sie wurde uns von einem ehrwürdigen Kapuziner geöffnet, der uns ermahnte, den heiligen Ort mit der gebührenden Andacht zu betreten; vielleicht hatte dieser Bartträger auf unseren Gesichtern das Abbild Luthers erkannt. Abgesehen von den zahlreichen kostbaren Gemälden fand ich dort aber nichts, das meine Andacht hätte belohnen können. Ich bedankte mich schließlich tausendmal bei jenem Kapuziner, und wenn ihm die anderen Reisenden nicht mehr geben als wir, dann werden sie schwerlich reicher werden, als sie heute sind. Bevor ich diesen Bericht beende, will ich Ihnen noch erzählen, was ich in zwei Kirchen auf Inseln gesehen habe; sie liegen auf dem Weg nach Murano, wohin ich eine zweite Gondelfahrt unternommen habe: die eine Kirche ist dem hl. Christophorus geweiht und die andere dem hl. Michael. Ich habe beide Kirchen besucht. In der ersten gibt es nichts Besonderes zu sehen; in der Kapelle der zweiten fand ich jedoch drei schöne marmorne Basreliefs, auf denen die Verkündigung, die Anbetung der Könige und die Geburt Christi dargestellt sind. Ferner kann man dort verschiedenfarbigen Marmor bewundern, mit dem die Mauern verkleidet sind. Einige Leute behaupten, daß in dieser Kapelle eine Königin begraben liege, welche die Kapelle auch gestiftet habe; andere wenden dagegen ein, die Kapelle sei von einer Kurtisane errichtet worden, die das Geld dafür mit ihrem Körper verdient habe. Wie dem auch immer sein mag, mich erinnert diese Geschichte jedenfalls an die berüchtigte Laurentia aus dem Altertum, die manche Leute für die Amme von Romulus und Remus, den Gründern der römischen Königsherrschaft, halten. Nachdem diese Laurentia mittels ihres Körpers ungeheuren Reichtum angesammelt hatte, stiftete sie am Ende ihres Lebens einen prachtvollen Tempel und ließ ihn den Göttern weihen, womit sie diese wohl versöhnen wollte; außerdem hat sie das gesamte römische Volk zum Erben ihres Besitzes eingesetzt. Ich möchte wirklich gerne wissen, ob man das gutheißen soll oder nicht! War dieses Opfer dem Allmächtigen angenehm oder nicht? Wenn ich offen sein soll, so halte ich eine solche Tat für ein Wunder der Natur, denn wieviele Leute bereichern sich in unseren Tagen nicht durch unerlaubte Mittel und zwar selbst dann, wenn es ihrem Nächsten zum Schaden gereicht; von diesen würde aber keiner den Armen auch nur einen Scudo geben, selbst wenn er noch so gut weiß, daß seine Reichtümer vom Blut unglücklicher Menschen herstammen. Zurück zur Kirche: sie ist klein und unregelmäßig, läßt ihr hohes Alter aber überall erkennen. An der Mauer habe ich folgendes Epitaph gefunden, das wert war, kopiert zu werden:

Lector parumper ...

Da ich nicht glaube, daß es schon gedruckt worden ist, habe ich es hier vollständig wiedergegeben. Unter den Gemälden, die alle schön sind, rühmen vor allem die beiden über dem Hauptaltar das hohe Können ihrer Meister: das eine stellt die Anbetung des Goldenen Kalbes dar und stammt von Gregorio Lazzarini; das andere zeigt die Geschichte der Ehernen Schlange, aber der Name des Malers ist mir entfallen. Die Statuen aus reinweißem Marmor verdienen ebenfalls die Aufmerksamkeit der Kenner. Nachdem ich diese Kirche zur Genüge besichtigt hatte, kehrte ich nach Hause zurück. Wir hatten so schönes Wetter, daß das Meer spiegelglatt dalag und der Himmel vollkommen heiter war. Ich verbrachte meine Zeit also wie im Paradies und hätte mir nur noch Ihre Gegenwart gewünscht, damit möglichst auch Sie an diesen Genüssen hätten teilhaben können. Da ich mich nun aber zu müde fühle, um noch anderswo hinzueilen, will ich auch Ihre Aufmerksamkeit nicht länger in Anspruch nehmen und behalte mir die Fortsetzung meines Berichts bis zum nächsten Brief vor; seien Sie einstweilen gewiß, daß ich auch weiterhin bin

Euer Hochedelgeboren
untert. Diener.

VI. Brief

Venedig, am 21. Febr. 1740

> Alljährlich stattfindendes Stierfest. Feuerwerk am hellichten Tag. Zwei Parteien: die Nicolotti und die Castellani. Herkulesstärken; drei Stieren wird der Kopf abgeschlagen. Zwei Flüge. Vermeintliche Erlaubnis, unter der Maske Waffen zu tragen. Der Dichter Apostolo Zeno. Falsches Gerücht vom Tod des berühmten Wolff. Ridotti. Gepflogenheiten bei letzteren. Trauriges Schicksal einer spielenden Maske. Abscheu vor dem Spiel.

Da Euer Hochedelgeboren an meinen Berichten so großes Vergnügen bezeugen, greife ich mit der größten Freude wieder zur Feder, um Ihnen nun die Zeremonien beim alljährlich stattfindenden Stierfest zu beschreiben, das am »giovedì grasso« allein dem Dogen zu Ehren veranstaltet wird; das Stierfest für den Kurprinzen, das ich bereits beschrieben habe, hat nämlich außer der Reihe stattgefunden. Ich kann Ihnen also berichten, daß mitten auf der Piazzetta ein großer Bogen errichtet wurde, der drei Stockwerke hoch und mit verschiedenen Statuen geschmückt war. Oben auf diesem Bogen hatte man das Feuerwerk angebracht, das abgebrannt wurde, als es noch taghell war. Mich machte das ebenso lachen wie Diogenes die Leute von Athen, die ihn am hellichten Tag mit der Laterne durch die Stadt eilen sahen.

Außerdem gab es noch zwei Tribünen für die beiden Parteien der Nicolotti und Castellani, die seit langer Zeit miteinander ebenso verfeindet sind, wie sie sich in ihrer Kleidung entgegengesetzt sind. Erstere tragen nämlich grüne Mützen und rote Hosen, die anderen hingegen rote Mützen und grüne Hosen, so daß man meinen möchte, sie hätten diese Art der Bekleidung den Türken und Persern abgeschaut. Die Perser tragen nämlich ebenfalls grüne Mützen und rote Hosen und sagen, daß sich auch der Prophet Mohammed ihrer bedient habe; die Türken dagegen tragen die rote Farbe auf dem Kopf und die grüne an den Beinen, berufen sich aber gleichfalls darauf, daß sich Mohammed in dieser Weise gekleidet habe. Nach dieser kleinen Abschweifung kann ich Ihnen nun berichten, daß jene Leute die Herkulesstärken vorführten und daß sich während dieser Vorstellung ein Chor von Posaunen und Trommeln hören ließ. Als dann der Fürst erschien, schlug man in eben der Weise, wie ich sie schon in einem meiner früheren Briefe beschrieben habe, drei Stieren den Kopf ab. Gegenwärtiges Fest unterschied sich aber darin von jenem anderen, daß am Turm von S. Marco drei Seile angebracht waren. An einem davon flog ein Mann herab und stieg, nachdem er dem erlauchten Fürsten etwas überreicht hatte, wieder hinauf. Ein anderer flog zum Meer hinaus, wohin das Seil gespannt war. Der dritte wurde in einer Maschine, die einer kleinen Barke ähnlich sah, emporgezogen; währenddessen streute er eine Vielzahl von Sonetten zu Ehren des Dogen herab und feuerte zahlreiche Pistolenschüsse ab. Ein anderes Seil, das waagrecht zu dem Pfeiler gezogen war, bei dem der Doge saß, trug eine schöne, junge und prachtvoll gekleidete Seiltänzerin, die dem Dogen einen Blumenstrauß überreichte. Damit ist die ganze Feierlichkeit beendet, und es gibt sonst nichts mehr zu sehen. Ich darf aber nicht versäumen, ein Wort über das angebliche Vorrecht zu sagen, das die Masken an diesem Tag genießen wollen und das darin besteht, die ansonsten verbotenen Stichwaffen tragen zu dürfen, ohne sich einen Verweis zuzuziehen, wenn man entdeckt wird. »Verum multa dicuntur, pauca vera sunt«. Um die Wahrheit zu sagen: es ist eine sehr gute und segensreiche Einrichtung, den Masken am »giovedì grasso« das Tragen von Degen, Dolchen, Donnerbüchsen und überhaupt von Waffen aller Art strengstens zu untersagen; diese Anordnung ist sogar höchst notwendig, wenn der Fürst nicht will, daß zahllose Morde geschehen und sonstiger Unfrieden gestiftet wird. Ich kann daher nicht begreifen, warum diese strenge Verordnung am letzten Tag aufgehoben sein sollte. Als nun das Fest beendet war, ging jedermann dorthin, wohin ihn seine Neigungen zogen, ganz wie das Sprichwort sagt: »Trahit sua quemque voluptas«. Ich gab meinerseits meinen Seepferdchen (so nennt man scherzhaft die Bootsführer oder Gondolieri, die aber über diesen Namen geradezu wütend werden) die Sporen und ließ mich zu Apostolo Zeno bringen, dem Dichter und Geschichtsschreiber Kaiser Karls VI., der wegen seiner hohen Gelehrsamkeit auch bei uns Deutschen wohlbekannt ist und gemeinhin der »filosofo moderno« genannt wird. Ich wurde von ihm sehr höflich empfangen, und weil ich von seiner Bekanntschaft mit unserem berühmten Wolff wußte, meldete ich ihm nach den üblichen Höflichkeitsbezeugungen die Nachricht von dessen Tod, wovon ich während meiner Reise durch die Steiermark erfahren hatte; ich fügte jedoch hinzu, daß man noch genauere Kunde abwarten müsse, bevor man einer so schlimmen Botschaft Glauben schenken dürfe. Ich war aber mit meinen Worten noch nicht am Ende, als mein guter Philosoph ganz aus der Fassung geriet und das finstere Schicksal beklagte, das ihm so plötzlich einen derart teuren Freund und Korrespondenten und der Republik der Gelehrten eine ihrer Hauptstützen entrissen habe. Er lobte ihn über alle Maßen, zählte alle seine Neuerungen in der Philosophie auf und rühmte die unvergleichliche Ordnung, die ihn bei allen seinen Schriften geleitet habe, sowie die Klarheit, die dort überall herrsche. In diesen Klagen erschöpfte sich für dieses Mal beinahe der ganze Gegenstand unseres Gesprächs. Dann bat er mich noch, ihm eine neue Bekanntschaft wie die mit Wolff zu verschaffen. Ich konnte ihm darauf aber nur antworten, daß ich mir alle Akademien Deutschlands durch den Kopf gehen lassen wolle und ihm in wenigen Tagen darüber Bericht erstatten würde, wer mir seiner Korrespondenz würdig schiene. Ich sah mich in der Eile außerstande, seinem Wunsch zu willfahren, vor allem weil ich noch den Brief eines Freundes abwarten wollte, um sichere Nachricht vom Leben oder Tod Wolffs zu haben. Damit war mein Besuch beendet, und ich bat Zeno, ihn ein andermal wieder besuchen zu dürfen, was er mit gleicher Freundlichkeit gestattete. Als ich das Haus verließ, war es nach deutscher Zeit schon sechs Uhr, also genau die Stunde des Ridotto; ich richtete daher meine Schritte dorthin, und es wird Ihnen wohl nicht unlieb sein, wenn ich Ihnen einiges über diese Bezeichnung und ihre Bedeutung erzähle. Der Ridotto ist eine Versammlung von zahllosen Masken; in anderer Kleidung wird man dort nämlich nicht eingelassen. Man spielt Bassetta, und daher werden dort viele reiche Leute vom Schicksal zu sehr armen Leuten gemacht. Dieser Ridotto findet in einem Palast mit ungefähr 20 Zimmern, Sälen und Kammern statt, die alle mit Spielern angefüllt sind. Die Bank wird immer nur von Nobili gehalten, und zwar steht jeder dieser Nobili hinter einem Tisch in Bereitschaft, der mit Gold und Silber überhäuft ist, das als Köder für die einfältigen Vögelchen dient. Die Dame des Bankhalters steht daneben und wacht darüber, daß ihnen kein Gewinn entgeht. Nun will ich Ihnen eine hübsche Geschichte erzählen. In einem der Zimmer sah ich, wie eine Maske an einen Tisch trat und mit solchem Glück zu spielen begann, daß der Tisch des Bankhalters in kurzer Zeit wie leergefegt war. Dann machte sich diese Maske daran, ihr Glück, das sie beim Schopf gepackt zu haben glaubte, auch anderswo zu erproben.

Merkwürdigerweise lachte der Nobile, der doch seinen ganzen Schatz verloren hatte, dazu und blieb so heiter, als ob er gar nichts verloren hätte. Ich war nun höchst begierig, das Ende dieses Auftritts zu erleben, und folgte der glücklichen Maske, die wie ein Esel mit Gold und Silber bepackt war. Bei einer beträchtlichen Bank blieb sie stehen und zeigte erneut gute Lust, sich auch diese noch aufzuladen. Sie setzte eine Handvoll Gold nach der anderen auf eine Karte, aber dieses Mal so unglücklich, daß sie alles ebenso schnell, wie sie es gewonnen hatte, wieder verlor und das eigene Geld noch dazu. Die Maske geriet daraufhin wie wahnsinnig in Wut, zerriß die Karten mit Händen und Zähnen und murmelte dazu unablässig irgend etwas unter der Gesichtsmaske. Nachdem sie dann ihre Wut gegen ein Bündel Karten ausgetobt hatte, war sie augenblicklich verschwunden. Wahrhaftig, wenn sich dieser Esel mit seiner ersten Last zufriedengegeben und sie gerettet hätte, dann hätte er künftig zweifellos als reicher Mann leben können. Aber so ergeht es eben diesen Gierhälsen, die nicht Maß noch Ziel kennen und schließlich von ihrem Glück verlassen werden, weil sie seiner nicht würdig sind. Übrigens wissen selbst diejenigen, die mit der Stadt nicht sehr vertraut sind, daß die Nobili in den Ridotti wie ein einziger Mann zusammenstehen, so daß sie unmöglich wirklich etwas verlieren können, denn wenn einmal einer von ihnen ruiniert wird, dann gewinnen die anderen sein Geld wahrscheinlich noch mit Zinsen zurück, wie die obige Geschichte beweist. Die fremden Reisenden werden daher immer die Betrogenen sein, wenn sie sich in solchen Fällen nicht warnen lassen. Was mich angeht, der ich das Spiel nie geliebt habe und in dieser Hinsicht nur den Verstand und nie die Sinne herrschen lasse, so habe ich mir meine Finger an den Karten nicht schmutzig gemacht; ich glaube nämlich, daß man dabei nicht nur seine Zeit und sein Geld vergeudet, sondern auch sein Seelenheil, ja sogar die Gnade Gottes auf das Spiel setzt. Das Spiel ist ebenso wie die anderen ungezügelten Leidenschaften eine Krankheit, die sich beständig verschlimmert, wenn man ihren Ursprung nicht ausmerzt, der bei den Spielern in nichts anderem bestehen kann als in einer teuflischen Gier und einem zügellosen Streben, in einem Atemzug reich zu werden, ohne sich dabei einer großen Unbequemlichkeit oder Mühe auszusetzen. Würde man daher eine Christenseele ein wenig darüber belehren, daß diese Art reich zu werden weder in der Bibel noch in den Schriften der Menschen Billigung findet; wenn sie bedenken würde, daß sich auch die Regeln der bürgerlichen Gesellschaft einem solchen Erwerb widersetzen, wenn sie sagen »vir justus nunquam cito dives«; wenn diese Seele also bedenken würde, daß unrechtmäßig erworbenes Geld die Blitze vom Himmel herabzieht, so daß sich nur selten auch die Erben noch daran erfreuen können – bei Gott, dann sähe man nicht so viele unsterbliche Seelen, die sich in derlei Schändlichkeiten verstrikken. Glauben Sie nun aber nicht, daß ich den Geschmack an Buchhandlungen verloren hätte, weil ich davon bislang noch nichts erwähnt habe; ich bin in dieser Hinsicht sogar mehr als fleißig gewesen, wie ich Ihnen im nächsten Brief berichten will. Seien Sie unterdessen versichert, daß ich immer von ganzem Herzen sein werde

Euer Hochedelgeboren
untert. Diener.

VII. Brief

Venedig, am 23. Febr. 1740

> Über die Buchhändler. Mangelhafte Korrekturen. Genauigkeit der früheren Buchdrucker. Zurückhaltung beim Bücherkauf. Mutmaßlich gewaltsamer Tod des Haloandrus. Buchhandlungen ähneln Bibliotheken und werden auch von Nobili aufgesucht. Aufklärung über den Tod Wolffs. Die heutzutage namhafteren Buchhändler. Merceria. Vorliebe für Übersetzungen ins Italienische.

Es wäre eine große Schande für mich, wenn ich zwar ausführlich von den Schauspielen und sonstigen Vergnügungen in Venedig berichten würde, nicht aber von den Buchhändlern, die einst ein Muster an Gelehrsamkeit waren, das sich die anderen Nationen zum Vorbild nahmen. Man muß auch wirklich zugeben, daß hier sehr schön gedruckt wird und daß man darin den anderen Nationen in nichts nachsteht; was aber die Korrekturen angeht, die doch beinahe das Wichtigste bei Büchern sind, so wendet man hierauf weniger Sorgfalt als nötig wäre und tut dadurch dem guten Ruf der alten venezianischen Drucker Abbruch. Wenn wir einmal einen Blick auf die alten Zeiten werfen, als in Venedig die beiden Manuzio, Bombergo, Plantino und andere arbeiteten, die nicht nur Buchdrucker, sondern auch sehr gelehrte Männer waren, so hatte diese Kunst damals ein ganz anderes Ansehen als heute. Die Venezianer waren nämlich sozusagen die ersten, die den Buchdruck schon bald nach seiner Erfindung zu hohem Glanz gebracht haben; sie hatten es sich sogar in den Kopf gesetzt, selbst die Erfinder noch zu übertreffen. Es war damals die Zeit, als die viele Jahrhunderte lang verschütteten Wissenschaften, die man in den Klöstern hatte verkommen lassen, wiederauferstanden. Jedermann war deshalb begierig, sich mit gedruckten Büchern zu versehen, und so machten unter anderem die Buchdrucker von Venedig durch die Genauigkeit und Schönheit ihrer Arbeiten einen ungeheueren Gewinn; sie verdienten soviel Geld, daß die Familie Manuzio Lettern aus Silber gießen lassen konnte, wodurch der Druck besonders fein wurde. Aus der Gelehrtenhistorie weiß man auch, daß Aldo Manuzio eine Bibliothek von 80000 Bänden besaß, für die er sich in solche Unkosten stürzte, daß er gezwungen war, Bücher zu verkaufen, um sein Leben fristen zu können. Bei dieser Gelegenheit will ich anmerken, daß eine derart maßlose Neigung zu Büchern ebenso eine Krankheit ist wie die Wassersucht: »Vitiosum enim est omne id quod nimium est«; sie zerstört den Menschen nämlich ganz genauso wie eine Krankheit. Auch in Deutschland gibt es oft solche Leute, von denen man sagen kann, daß ihre Hinterlassenschaft nur aus Kindern und Büchern besteht. Ich denke es mir so, daß ein weiser Mann auch in dieser Hinsicht nur soviel Geld ausgeben soll, wie es seine Umstände erlauben, um nicht sich und seine ganze Familie ins Elend zu stürzen. Zur Ehre seiner Vaterstadt läßt sich noch sagen, daß Aldo Pio Manuzio der erste gewesen ist, der griechische Bücher gedruckt hat, Daniele Bombergo war der erste mit hebräischen und Cristoforo Plantino mit arabischen. Da sie alle große Gelehrte waren und große Reichtümer besaßen, muß man sich nicht wundern, daß sie treffliche Dinge hervorgebracht haben. Als dann die Deutschen erkannten, daß sich in Italien die Gelehrsamkeit und die Kunst des Buchdrucks verbreiteten, säumten sie nicht, hierher zu kommen, um Nutzen daraus zu ziehen. Die Italiener, die eifersüchtig darüber wachten, daß ihre Kunst nicht nach Deutschland gebracht würde, sahen diese Deutschen aber scheel an. Es wird sogar behauptet, daß der gebürtige Sachse Georg Haloandrus, der dem Römischen Recht in Deutschland wieder Geltung verschafft hat, aus reiner Mißgunst ums Leben gebracht worden sei, als er aus Liebe zur Gelehrsamkeit und zu den Wissenschaften ein zweites Mal nach Venedig gereist war; jedenfalls erinnere ich mich, dies in seiner Lebensbeschreibung gelesen zu haben, die Conradi, der berühmte Professor aus Helmstedt, verfaßt hat. Heute hat man in dieser Hinsicht freilich nichts mehr zu befürchten, denn der alte Eifer für die schönen Wissenschaften oder die Sorgfalt des Drucks ist in Venedig nicht mehr zu finden. Ein ausländischer Gelehrter wird hier sogar gern gesehen; wollte er aber, anstatt sich mit dem braven Buchhändler zu unterhalten, sich heimlich zu dessen Gemahlin begeben, dann könnte ihm allerdings auch heute noch geschehen, was Haloandrus für seinen literarischen Raub zugestoßen ist. Um nun endlich auf die Läden zu sprechen zu kommen, so kann ich berichten, daß man beim Betreten einer Buchhandlung alle Bücher noch ohne Einband, aber gebunden und ordentlich auf Brettern aufgestellt erblickt; dies erlaubt einem, in kurzer Zeit den gesamten Laden durchzusehen und den Vorrat der verschiedenen Händler kennenzulernen. Man stellt die Bücher in den Läden fast immer ohne Einband auf, und so könnte man leicht glauben, man sei bei einem Buchbinder und nicht bei einem Verkäufer. Die Nobili und andere mit den Wissenschaften beschäftigte Leute besuchen deshalb die Läden eher, um dort zu studieren und die Bücher zu benützen, als um sie zu kaufen. Die Buchläden scheinen auf diese Weise so etwas wie öffentliche Bibliotheken zu sein, ohne daß sich die Besitzer darüber beklagen würden. Ich weiß freilich nicht, ob jene Leute nicht schon zuvor etwas gekauft hatten; solange ich dort war, sah ich jedenfalls nur, daß man las und sich unterhielt. In diesen Buchhandlungen kann man unter dem Vorwand, eine Kleinigkeit kaufen zu wollen, auch mit den wichtigsten Männern der Stadt Bekanntschaft machen, die einen Fremden mit ihrer großen Freundlichkeit geradezu überhäufen. Übrigens habe ich gestern in einer der Buchhandlungen Apostolo Zeno getroffen und über den Irrtum bezüglich des Todes des berühmten Wolff aufgeklärt; ich sagte ihm nämlich, daß nur ein Namensvetter gestorben sei, der Doktor der Theologie in Hamburg und protestantischer Geistlicher gewesen war, und daß unser Wolff hingegen wiederauferstanden sei, worüber sich Zeno im höchsten Maße freute. Nach diesem kurzen Einschub komme ich nun auf die Buchhandlungen zurück. Zu den namhaftesten Buchhändlern wird heute unter anderem Pasquali gezählt, dessen Laden neben der berühmten Rialto-Brücke liegt und der mit seiner Ware gute Geschäfte macht. Er ist gerade dabei, einen Auszug aus den gelehrten Zeitschriften aller Nationen anzufertigen, in den er nur aufnehmen will, was mit den schönen Wissenschaften zu tun hat, während er theologische und juristische Schriften wegläßt. In seiner Ankündigung hat er versprochen, dieses Werk in sechs oder höchstens sieben Quartbänden abzuschließen, obwohl in Leipzig die Zahl der Bände bereits auf über 80 angewachsen ist. Warten wir ab, ob er Wort hält. Der erste Band ist schon aus der Presse, und da er mir gefallen hat, habe ich ihn für eine Zechine erworben und mich sogleich auch für die anderen vormerken lassen. Dann gibt es noch einen weiteren Buchhändler, der Albrizzi heißt und ein sehr kühner Mann ist. Er gleicht unserem V... wie ein Ei dem anderen und hat derzeit eine neue Ausgabe in Folio von Tassos »Gerusalemme liberata« in Arbeit.

Sie wird eine der prachtvollsten werden, die man je gesehen hat, da ihr zahlreiche Kupferstiche aus der Hand des berühmtesten Künstlers beigegeben werden; einige davon habe ich schon bestaunen dürfen. Neben diesen beiden gibt es noch Angelo Pasinello, der wie Albrizzi in einer Straße namens Merceria wohnt, wo man Kaufleute aller Art findet. Diese Straße gehört zweifellos zu den wichtigsten von ganz Venedig, da es dort ein reiches Angebot gerade an Kostbarkeiten wie Gold, Silber, prächtigen Stoffen und Ähnlichem gibt, die man alle kaufen kann. Zu besonderen Feierlichkeiten, etwa dem Einzug eines Botschafters, entfaltet diese Straße mit ihren auf abertausend unterschiedliche Weisen ausgelegten Waren einen derartigen Prunk, daß alle Betrachter vor Staunen große Augen machen. Übrigens habe ich bemerkt, daß die Übersetzungen ins Italienische in Venedig beliebter sind als anderswo und daß man auf den Ladentischen kaum etwas anderes sieht. Vielleicht liebt man in Venedig die fremden Sprachen ebensowenig wie in Frankreich. Ich habe hier jedenfalls keine andere Sprache gehört als Italienisch und auch keine andere sprechen wollen, wie radebrechend es auch immer sein mochte. Ich dachte dabei an meinen Lehrer, der mir oft gesagt hatte, daß man eine Sprache nur dann gut sprechen lernt, wenn man sie zuvor schlecht gesprochen hat. Daher bekümmere ich mich um meine Barbarismen ebensowenig wie um den schlechten Stil, mit dem ich bislang die Ehre hatte, Ihnen die Ereignisse meiner Reise zu unterbreiten. Ich hoffe aber, daß E. H. mit Ihrer gewohnten Freundlichkeit dennoch auch weiterhin geruhen werden, meine unbeholfenen Briefe gnädig entgegenzunehmen. Es ist meine Hoffnung, dadurch einen gewissen Grad der Vollkommenheit zu erlangen, so wie ich auch hoffe, Ihre ganze Achtung weiterhin zu besitzen und mit dem größten Stolz unterzeichnen zu dürfen als

        Euer Hochedelgeboren
                untert. Diener.

## VIII. Brief

Venedig, am 24. Febr. 1740

> Profane Inschriften und Grabinschriften nebst einigen Bemerkungen.

E. H. werden mir vielleicht vorwerfen, daß ich bei der Suche nach Inschriften gar zu neugierig gewesen bin und deshalb gegenwärtigen Brief nur mit ganz abgelegenen Bagatellen angefüllt habe. Ich will Sie deshalb bitten, sich nur die daran anschließenden Bemerkungen zu Gemüte zu führen. Auf dem Platz vor der Kirche S. Giovanni e Paolo sah ich eine schöne Reiterstatue aus Bronze, welche die Republik im Jahre 1495 einem Feldmarschall zu Ehren errichtet hat. Auf ihrem weißen Marmorsockel stehen die folgenden Worte zu lesen:

> Bartholomeo Coleone Bergamense ob militare imperium optime gestum S. C.

Auf der Rückseite heißt es:

> Ioanne Mauro et Marino Venerio Curatoribus an. Sal. MCCCCLXXXXV

In der Tat kann nichts einen Sterblichen in so hohem Maß zur Tugend oder zu den Wissenschaften anspornen wie die öffentliche Anerkennung, die dem Würdigen zuteil wird. Dieser Antrieb macht unsterbliche Taten möglich, weshalb es einem Staat, der großzügig und reichlich zu belohnen weiß, nie an verdienten und erfahrenen Untertanen fehlen wird. Eine Kopie dieser Statue befindet sich im Kleinen Arsenal. Nicht weit davon entfernt fand ich an einem Grab außerhalb der Kirche folgende wunderschöne Inschrift in Versen:

> Quos natura ...

Darunter steht zu lesen:

> Dns Iachobus hobiit MCCLI Dns Laurentius hobiit MCCLXXVIII.

Man darf sich nicht wundern, wenn die Wörter »Iachobus« und »hobiit« hier mit einem »h« geschrieben sind, was im Lateinischen ein Fehler ist, denn damals hatte man von Rechtschreibung noch keinen Begriff. Der Verfasser muß überhaupt sehr arm an Geist gewesen sein, da er nicht das Herz hatte, über zwei verdienstvolle Dogen mehr zu sagen als ihre Namen und das jeweilige Todesjahr; hätte er jedoch mehr geschrieben, dann wären ihm gewiß noch mehrere solche lächerliche Schnitzer unterlaufen: »tacuit, ideoque philosophus mansit«. Die darüber stehenden Verse stammen aus jüngerer Zeit. Ich schaute mir dann auch noch recht hübsche Basreliefs zu beiden Seiten des Klostereingangs an, die zwei Begebenheiten aus der Bibel darstellen. Außerdem sind dort zwei Löwen derselben Art zu finden. Im Kloster schienen mir unter anderem die folgenden zwei Epitaphe der Mühe des Kopierens wert:

> Deo optimo ...

Die andere lautet:

> Iacobo Salerno ...

An der Mauer und auf den Gräbern erblickt man zahlreiche Stücke kostbaren Porphyrs, der dem Marmor vorzuziehen ist; er ist von grüner Farbe mit roten Punkten. Ich ging dann weiter zum Kloster S. Stefano, wo ich das Epitaph für den Cav. Ridolfi kopierte, der die Lebensläufe der Maler aufgeschrieben hat:

> Siste pedem ...

Diesem gegenüber steht folgendes nicht weniger schöne Epitaph:

> Antoni ad ...

Ein weiteres am selben Ort:

> Vivianum Vivianum ...

Ebenda:

> Vincentius Gassonus ...

Ebenda:

> Hic Sacer ...

Ebenda:

> Vincentius eques ...

Ebenda:

> Angusto hoc ...

Am selben Ort liest man auf einem Grabstein die folgende kurze, aber geistreiche Inschrift:

> Grammaticam scivi ...

An der Mauer findet man schließlich diese Verordnung:

> Sono proibiti ...

Den Sinn dieses Verbots konnte ich nicht begreifen. Der Senat hätte bestimmt besser daran getan, den Nonnen die Liebe zu untersagen anstatt den Mönchen das Spiel, aber vielleicht weiß man, daß bei jenen ein Verbot weit größere Unordnung hervorgerufen hätte, falls es stimmt, was der Dichter sagt: »Nitimur in vetitum semper cupimusque negata«. Ich kann eine solche Übertreibung jedenfalls nur damit entschuldigen: »superflua non nocent«. Mit diesen nicht gerade erheblichen Gedanken beschäftigt, kam ich schließlich zur Kirche S. Maria Zobenigo, deren Fassade ganz aus weißem Marmor besteht. Die Pracht der Fassade wird noch von acht großen Statuen aus demselben Stein gesteigert, worunter sich auch die Zobenigos befindet, der General der Republik war; sie ist oberhalb des Portals angebracht, weil er die Kirche gestiftet und in seinem Testament viel Geld hinterlassen hat, um sie in dieser Weise auszuschmücken. Wer die Säulen näher betrachtet, wird vor der Vollkommenheit der Basreliefarbeiten an den Sockeln haltmachen, auf denen die

Namen der Festungen stehen, welche die Republik einst besessen hat, nämlich Zara, Candia, Padua, Korfu und Spalato. Mit Ausnahme Paduas sind sie aber später alle wieder verlorengegangen. Daraufhin richtete ich meine Schritte zu der dem hl. Moses geweihten Kirche, wo ich die folgende Inschrift fand:

>Deo optimo ...

Für dieses Mal müssen sich E. H. mit einem trockenen Bericht von den Dingen, die ich hier besichtigt habe, begnügen. Heute abend werde ich sehen, was es mit den Bällen auf sich hat, die man hier zur Karnevalszeit veranstaltet. Sie sollen dann der Gegenstand meines nächsten Briefes sein; jetzt aber bitte ich Sie, gegenwärtigen Brief als aufrichtigen Zeugen dafür zu nehmen, daß ich bin

>Euer Hochedelgeboren
>>ergebenster Diener.

IX. Brief

>Venedig, am 26. Febr. 1740

>Ball der vornehmen Kreise. Unterschied im Verhalten von venezianischen Nobili und deutschen Adeligen. Weniger starke Unterordnung der Frauen, als man gemeinhin glaubt.

Nun muß ich Ihnen aber auch von der Unterhaltung erzählen, die mir auf dem gestrigen Ball beschieden war, der eine wahrhaft prachtvolle Angelegenheit ist und deshalb eine kurze Beschreibung verdient. Ich bitte Sie, keinen Anstoß daran zu nehmen, denn es gehört schließlich zu den Hauptabsichten der Reisenden, die Eigenarten der verschiedenen Nationen und ihre unterschiedlichen Lebensweisen und Sitten kennenzulernen;

dies kann aber nur geschehen, wenn man sich damit auch bei solchen Gelegenheiten vertraut macht. Ich betrat also gegen Mitternacht einen reich geschmückten Saal, der von über 200 Kerzen aus weißem Wachs erleuchtet wurde. Es gab dort zwei Orchester, die sich auf erhöhten Plätzen gegenübersaßen und abwechselnd spielten; dazwischen hielt sich eine große Zahl von Masken beiderlei Geschlechts auf, die wegen der starken Hitze das Gesicht zumeist bereits entblößt hatten. Dieses prächtige Schauspiel, das in jeglicher Hinsicht Prunk und venezianische Größe ausstrahlte, versetzte mich wahrhaft in Staunen. Ich war ebenfalls maskiert und lehnte mich an einen Stuhl, um das Verhalten der Leute zu beobachten, und wie es so kommt, erblicke ich unter der Gesellschaft einen mir bekannten jungen Nobile, den ich fragen konnte, wer denn die Leute seien. Er antwortete mir, es handle sich um junge Fürsten, Grafen, Marquis, Nobili, Gelehrte und einige der wichtigsten Bürgerlichen mitsamt ihren Gattinnen und Geliebten. Er forderte mich dazu auf, Bekanntschaft zu machen mit wem ich wolle, da schließlich eine allgemeine Freiheit herrsche. Nach dieser Auskunft war ich so kühn, mich einer Dame, die offenbar ihr Auge auf mich gerichtet hatte, zu nähern, ohne mich darum zu bekümmern, ob sie Fürstin oder Bürgerliche, Gattin oder Geliebte war. Ich hatte noch keine zwei Worte hervorgebracht, als sie mir schon erwiderte, sie habe mich bereits einmal flüchtig gesehen, als ich ihrem Onkel einen Besuch abgestattet hatte. Ich wollte dieses Entgegenkommen nicht genauer prüfen, sondern sagte, ich sei in der Tat dort gewesen und würde auch nicht versäumen, so bald als möglich wiederzukommen; wenn mich aber die Bekanntschaft mit dem Onkel gefreut habe, so würde mich doch die mit der Nichte geradezu eingebildet machen. Während dieses Intermezzos begann man wieder zu tanzen, und ich ergriff sogleich die Gelegenheit, sie zu einem Menuett mit mir zu bitten, und auf diese Weise unterhielten wir uns bis in den folgenden Tag hinein. Wer keinen Geschmack am Tanzen findet, der kann sich eine Gesellschaft zum Kartenspiel aussuchen, wobei man auf einem solchen Ball weniger Gefahr läuft, sich zu ruinieren, als auf den Ridotti; neben dem Tanzsaal liegen nämlich die Zimmer, wo sich die Liebhaber der Karten zusammenfinden. Konfekt und Getränke gibt es im Überfluß und nach Wunsch auch Kaffee, Schokolade und Sorbet etc. Dabei zahlt man pro Kopf nur drei Scudi, was nicht viel ist, wenn man bedenkt, wie reichlich man bewirtet wird und welch großen Nutzen ein fremder Reisender daraus ziehen kann. Wenn es die Zeit erlaubt, will ich auch noch andere Bälle besuchen, jene nämlich, die von minder vornehmer Art sind, und ich verspreche, Ihnen davon ebenfalls einen angemessenen Eindruck zu vermitteln. Ich denke, Sie wundern sich nun ein wenig und glauben mir nicht ganz, wenn ich Ihnen berichte, daß auf einem solchen Ball viele unterschiedliche Menschen zusammenkommen und dennoch ohne jede Störung ebenso friedlich miteinander umgehen, wie das bei uns nur unter Gleichrangigen möglich ist. Aber gemach! Wenn Sie den Grund hierfür erfahren, dann werden Sie die Stirn nicht länger runzeln. Es ist nämlich so: obwohl die venezianischen Nobili ihren Adel zumeist bis auf die entlegensten Zeiten zurückverfolgen können, gehen sie trotz dieses hohen Vorzugs selbst mit den niedrigsten Krämern derart vertraut um, daß sie allein schon durch diese beständige Nähe leutselig werden müßten, wenn sie dies nicht schon vorher gewesen wären. Und sagen Sie mir doch, worin denn eigentlich der wahre Adel besteht: daß man die Tieferstehenden verachtet und sich aufbläht wie der Frosch in der Fabel? Gewiß nicht. Sind die Adeligen vielleicht aus einem anderen Stoff gemacht als diejenigen, denen das Schicksal zufällig Bürgerliche als Eltern gegeben hat? Auch nicht. Diejenigen sind also die wahren Adeligen, die bei allem pflichtschuldigen Respekt den unter ihnen Stehenden verbunden bleiben, das Laster fliehen und der Tugend nachstreben. Welche Schande für unseren deutschen Adel. Wollte der Himmel, daß unsere Fürsten einmal einige ihrer Adeligen hierher schickten, damit diese das entsprechende Betragen lernen würden; was die Musik angeht, so läßt man Mädchen und Knaben ja schließlich auch hier unterrichten. Ich schwöre Ihnen, daß sich das unmenschliche Vorurteil, keinen Bürgerlichen zu den Gesellschaften der Adeligen zuzulassen, dann binnen kurzem verlieren würde. Aber ich fürchte, ich predige damit tauben Ohren, und mache wohl besser weiter, um nicht eine Gewohnheit mit Schweigen zu übergehen, die insbesondere den fremden Reisenden Vergnügen und Nutzen bringt. In den Buchhandlungen kann man sich nämlich auch mit älteren Nobili unterhalten und zwar nicht nur zur Karnevalszeit; in den Kaffeehäusern und auf den öffentlichen Plätzen ist dies ebensogut möglich und geschieht ohne jede größere Förmlichkeit, ganz als wären hier alle Leute miteinander verbrüdert. Was das weibliche Geschlecht angeht, so steht es außer Zweifel, daß ihm während der Maskenzeit mehr Freiheit vergönnt ist als sonst. Trotzdem darf man dem Gerede keinen Glauben schenken, daß die Frauen hier in Venedig beinahe immer zu Hause eingeschlossen seien und streng beaufsichtigt würden. Jene Eifersucht, die man heutzutage in der Brust des Venezianers vermutet, findet sich womöglich in weit stärkerem Maß bei den westlichen Nationen, wenngleich man hier in Venedig in der Tat die alten Sitten noch bewahrt, die streng zu sein scheinen, es aber in Wirklichkeit nicht sind. Es ist zwar richtig, daß die Frauen nur selten ausgehen dürfen und dabei beaufsichtigt werden, wie die Sitte des Landes es will; die weibliche Schlauheit findet aber immer tausenderlei Mittel, um diese geheiligte Einrichtung zu hintergehen, vorausgesetzt, daß der Gatte nicht zu jenen närrischen Geistern gehört, die jeden Schatten schon für den wirklichen Körper halten. Ich habe hier einige Edelleute kennengelernt, die gar nicht wußten, was Eifersucht ist, obwohl ihnen die große Schönheit ihrer bewundernswerten Gattinnen doch wahrlich Anlaß zur Sorge hätte geben können, da mich diese mit unbeschreiblicher Liebenswürdigkeit empfingen und je nach der Tageszeit mit Schokolade oder Sorbet bewirteten. Aber wo gerate ich hin? Ich bin wohl ein wenig vom Weg abgekommen und muß daher umkehren und Ihnen bekennen, daß diese Harmonie unter Personen unterschiedlichen Ranges in mir nur einen unzulänglichen Lobredner gefunden hat, da man ihren Wert gar nicht gebührend loben kann. Wie oft habe ich mir nicht gewünscht, Sie an meinen Vergnügungen teilhaben zu lassen, aber da dies nicht möglich ist, wollte ich Ihnen davon wenigstens erzählen und versichere Ihnen, daß ich nicht aufhöre zu sein

      Euer Hochedelgeboren
          untertänigster Diener.

X. Brief

         Venedig, am 25. Febr. 1740

> Rialtobrücke. Fondaco dei Tedeschi; Duldung des deutschen Gottesdienstes. Palast des Fürsten Pisani, der scheinbar aus weißem Marmor besteht. Bibliothek in diesem Palast. Namen anderer Paläste. Venezianische Nobili lehnen Handelsgeschäfte ab; politische Gründe hierfür, ein Musterbeispiel an Vorsicht. Strenge gegen Vaterlandsfeinde. Regierung auf dem Festland.

Wenn ich Ihnen von allen Sehenswürdigkeiten in dieser Stadt in derselben Breite berichten wollte wie bisher, dann wüßte ich nicht mehr, woher ich die Zeit nehmen sollte; ich weiß auch nicht, ob wirklich alles Ihrer Aufmerksamkeit würdig wäre. Ich will daher nur das Herausragendste und Ansehnlichste auswählen und beginne mit der Rialto-Brücke, die man zu Recht zu den Weltwundern zählt. Sie spannt sich über den Canal Grande, der die Stadt in zwei Hälften teilt, und besteht nur aus einem einzigen Bogen; erbaut ist sie aus weißem Marmor, und man kann sie auf drei Gassen überqueren. Zu beiden Seiten der mittleren Gasse befinden sich 24 Läden für Galanteriewaren. Aus der an der Brücke angebrachten Inschrift erfährt man, wann sie erbaut worden ist und gleichfalls, vorausgesetzt die Rechnung stimmt, wann die Stadt gegründet wurde. Sie lautet so:

Paschale Ciconia ...

Man sagt, die Baukosten hätten sich auf 166666 Scudi belaufen. Wie dem auch sei, es handelt sich jedenfalls um ein sehr ansehnliches Bauwerk, das unter den bemerkenswerten Dingen, die aus jener Zeit noch erhalten sind, einen würdigen Platz einnimmt. Und weil nun Venedig auf 72 Inseln steht, so werden diese durch ungefähr 400 Brücken miteinander verbunden, so daß man überallhin auch zu Fuß gehen kann, wenn man dies will. Nicht weit von obiger Brücke entfernt liegt der Fondaco Tedesco, »der deutschen Kaufleute Niederlage«. Von seiner Größe kann man sich leicht eine Vorstellung machen, wenn man weiß, daß der Fondaco 200 Zimmer aufweist und daß darin zahlreiche Familien wohnen. Die Anhänger des lutherischen Glaubens feiern dort ihren Gottesdienst, den ihnen die Republik stillschweigend zugesteht. Man bedient sich aber der Klugheit und Vorsicht, keinen Fremden zuzulassen, und sogar der Pfarrer und die übrigen Kleriker tragen weltliche Kleidung. Der derzeitige Prediger ist ein Berater des Generals Graf von Schulenburg; er wird manchmal vom Sekretär des Grafen unterstützt. Obwohl ich diesen beiden Gottesdienern wohlbekannt bin, hat man mir dennoch nicht erlaubt, der heiligen Zusammenkunft auch nur ein einziges Mal beizuwohnen, weil man fürchtet, entdeckt zu werden. Venedig besitzt zahlreiche prächtige Gebäude, die hier »Palazzi« heißen. Ich will Ihnen nun einiges über den Palazzo Pisani berichten, der bei der Regatta liegt. Seine Fassade ist gänzlich unsymmetrisch, weil man diesen Palast nicht in einem Stück, sondern nach und nach erbaut hat. Im Inneren ist der Palast jedoch einigermaßen regelmäßig angelegt, und er verfügt über zwei recht geräumige Höfe. Die Venezianer glauben, daß er ganz aus weißem Marmor erbaut sei; tatsächlich besteht er aber nur aus einem Stein, der dem Marmor zwar ähnelt, aber doch von geringerer Güte und Festigkeit ist. Die Treppe ist schön und mit zahlreichen Statuen aus demselben Stein geschmückt. Seine Durchlaucht Fürst Alvise Pisani, der Hausherr, ist ein großer Liebhaber der schönen

Wissenschaften und besitzt auch eine große und wohlgeordnete Bibliothek. Zwei Säle sind mit Büchern angefüllt, und ich staunte wahrhaftig, als ich sah, daß man bei einem Fürsten eine Sammlung der bedeutendsten und wertvollsten Bücher aus allen Fakultäten finden kann. Ihm gehören auch zwei Büsten von Luther und Calvin, die so an der Mauer angebracht sind, als müßten sie in Abwesenheit des Bibliothekars der Bibliothek vorstehen. Außerdem kann man dort eine Erlaubnis oder vielmehr ein Privileg sehen, das der fürstlichen Familie gewährt worden ist; sie darf nämlich auch verbotene Bücher lesen und besitzen, wie die folgenden Worte besagen:

>   Eminentissimus et ...

Unsereins versteht darunter unzüchtige und ruchlose Bücher; in Rom hingegen ist die Liste der verbotenen Bücher ein wenig lang geraten, weil sie, wie Sie ja sehr gut wissen, auch diejenigen Bücher einbezieht, die kirchliche Angelegenheiten mit allem gebotenen Ernst behandeln. Wer nun aber derartige Literatur dennoch genießen und die einschlägigen Bücher erwerben will, muß beim obersten Richter der römischen Kirche ein Privileg beantragen, was in der Tat ein schönes Mittel ist, um die Apostolische Kammer zu bereichern, da ein solches Privileg nicht umsonst erteilt wird. Ich will mich nun nicht damit aufhalten, noch weitere Paläste zu beschreiben, auch wenn sie eines besonderen Berichts würdig wären, und zähle Ihnen daher nur die ältesten und die heutzutage reichsten auf: man rechnet hierzu die Paläste der Balbi, Morosini, Giustiniani, Corner, Venier, Loredano, Foscarini, Mocenigo, Pisani etc. Beinahe alle diese Familien besitzen riesige Paläste und leben von ihren Einkünften, ohne sich in irgendwelche Handelsgeschäfte einzumischen, so als würde dies ihrem uralten Adel Abbruch tun; sie verachten daher auch die Genueser, bei denen selbst die Fürsten Kaufleute sind. Ich will hier aber nicht untersuchen, ob sich Handelsgeschäfte und Adelsstand vertragen oder nicht, da bereits viele Autoren mit guten Gründen bewiesen haben, daß dies durchaus möglich sei. Mir scheint aber, daß bei den Venezianern eine politische Überlegung wirksam ist, denn die kluge Regierung verbietet ihren Untertanen vom ersten Stand deshalb den Handel, damit diese nicht allzu reich werden, was für den Staat gefährlich wäre; man meint nämlich, daß es zur Erhaltung der gegenwärtigen Staatsform besser sei, wenn zwar die Gemeinschaft große Reichtümer besitzt, der einzelne aber nur über soviele Güter verfügt, als es seinen Umständen entspricht. Zum Beweis hierfür will ich ein Beispiel anführen, das ich in der ›Histoire de Vénise‹ von Amelot de la Houssaye gelesen habe: hier werden, wenn ich mich nicht irre, zwei sehr reiche Brüder adeligen Geblüts erwähnt, die noch ledig waren; ihnen wurde von seiten der Republik auferlegt, sich zu verheiraten, damit ihr Vermögen geteilt würde, das als Ganzes drohte, das venezianische Staatsgefüge durcheinanderzubringen. Wer wollte auch bezweifeln, daß sich die Venezianer mit solchen und ähnlichen Grundsätzen, die uns aus der Entfernung betrachtet als unsinnig erscheinen, immerhin bis zum heutigen Tag ihre Freiheit erhalten haben? In der Vergangenheit hat es freilich nicht an Leuten gefehlt, die nach der Zerstörung der Republik getrachtet haben, wie man an der Markuskirche an den Köpfen von vier Brüdern sehen kann, die sich in dieser Absicht verschworen hatten; einmal wollte sich sogar ein Doge zum Herrscher machen, aber man hat ihm zwischen den beiden Säulen, die auf der Piazzetta an der dem Meer zugewendeten Seite stehen, den Kopf abgeschlagen. Es ließe sich auch noch ein anderer, nicht weniger zweckmäßiger Grund anführen, warum die Republik nicht zuläßt, daß adelige Senatoren Handel treiben: damit sie sich nämlich mit größerem Fleiß den öffentlichen Angelegenheiten widmen, was nicht geschehen würde, wenn die Richter oder Senatoren in Privatangelegenheiten verstrickt wären. Daraus kann oft eine große Verwirrung entstehen, wie uns die traurigen Beispiele andernorts zeigen, wo eine Umwälzung auf die andere folgt. Da ich nun schon auf die venezianische Regierung zu sprechen gekommen bin, mögen Sie mir noch gestatten, daß ich hinzufüge, daß das Festland von zahlreichen Podestà regiert wird, die von der venezianischen Signoria abhängen: »sunt magistratus ...«. Ich will Ihnen nun nicht länger beschwerlich fallen, und es bleibt mir auch gar keine Zeit mehr, wenn ich die Post nicht abgehen lassen will, ohne Ihnen gesagt zu haben, daß ich pflichtschuldigst bin

        Euer Hochedelgeboren
                        ergeb. Diener.


## XI. Brief

                Venedig, am 27. Febr. 1740

> Ende des Karnevals: anständige Masken und unanständige, ja schändliche. Nachlässigkeit der Regierung in dieser Hinsicht. Kleidersitten. Gondeln; wie man sich darin zu verhalten hat. Freizügigkeit in den Klöstern. Höchst ehrlose Geschäfte. Calli sind nach Heiligen benannt. Schwache Argumente zur Verteidigung der Hurerei.

Ich weiß gar nicht, wie ich Ihnen eine umfassende Beschreibung der gegenwärtigen Tage geben soll, in denen der Karneval seinem Ende zugeht. Die gesamte Stadt scheint jetzt in ihrem närrischen Wesen derart trunken und rasend zu werden, daß ich vor Staunen und Schrecken ganz starr bin. Die Venezianer wetteifern derzeit so sehr miteinander, daß sie sich sogar in ihren Tollheiten noch zu übertreffen suchen und dabei die Grenzen zum Anstößigen überschreiten. Sie geben sich auch nicht mehr damit zufrieden, in ihren Masken verschiedene Personen nachzuahmen, wie etwa Schäfer und Schäferinnen, Gärtner, Bauern, Amerikaner, Afrikaner, venezianische Nobili und Ähnliches mehr, was der menschliche Verstand nur immer ersinnen kann; man schämt sich nicht einmal, sich als Kranker, Verwundeter, Krüppel oder Aussätziger zu verkleiden, sondern umwickelt sich mit von Schmutz starrenden und blutbefleckten Lumpen und zeigt sich in dieser Aufmachung an den belebtesten Orten, damit man sich von den Vorübergehenden bestaunen oder vielmehr verabscheuen lassen kann. In solch ekelhafter Aufmachung verbringen diese Leute beinahe den ganzen Tag und scheren sich nichts um den, der doch alles sieht und alle ihre vorgetäuschten Gebrechen in einem einzigen Augenblick in echte verwandeln könnte, wie sie es auch wirklich verdient hätten. Was für ein bestialisches Vergnügen das doch ist! Absichtlich ahmt man nach, was die gesamte Menschheit von Natur aus verabscheut; schließlich wünscht sich doch ein jeder gerade Glieder und einen gesunden Körper, und dennoch schrecken manche Leute nicht davor zurück, die unendliche Barmherzigkeit und Güte Gottes zu beleidigen. Ich muß gestehen, daß mir bei diesem Schauspiel die Galle derart übergegangen ist, daß ich mir gewünscht habe, ihnen mit einem ordentlichen Rohrstock hundert tüchtige und wohlabgezählte Stockschläge als Almosen verpassen zu können, um sie damit für ihre Tollheiten zu belohnen. Ist es denn die Möglichkeit? Die Regierung hätte diesem ausschweifenden Maskentreiben leicht Zügel anlegen können, aber sie will oder darf es nicht. Falls ich hierüber eine Vermutung äußern soll: es scheint mir, daß die Republik absichtlich die Augen vor diesen Tollheiten verschließt, damit sie bei anderer Gelegenheit um so gehorsamere Untertanen hat; deshalb überläßt sie die Verantwortung für solch böse und ruchlose Handlungen jedem einzelnen selbst. Davon abgesehen findet man aber nicht selten auch reizvolle Verkleidungen, insbesondere bei den Darstellungen von Adels- oder Bauernhochzeiten, die mit großem Gefolge durch die Stadt ziehen und auf dem Markusplatz, wo man sich der vielen Masken wegen kaum mehr bewegen kann, mit ihren Einfällen prunken. Dies alles gehört zu den venezianischen Vergnügungen, und man findet hier an solchen Tändeleien mehr Geschmack als an sonstigen Dingen. Den Frauen ist das ja zu verzeihen, da sie abgesehen von bestimmten Tagen im Jahr ständig das Haus hüten und nur selten ausgehen. Da ich nun schon dabei bin, von einigen hier herrschenden Sitten zu berichten, will ich auch darauf eingehen, wie man sich kleidet. Die vornehmen verheirateten Frauen tragen Schwarz, die ebenfalls vornehmen jungen Mädchen hingegen die verschiedensten Farben; zur Karnevalszeit ist es jedoch allen gestattet, sich farbig zu kleiden. Was aber durch bescheidene Kleidung das ganze Jahr über eingespart worden ist, das wird dann freilich durch den großen Aufwand, den man während des Karnevals entfaltet, hundertfach wieder hinausgeworfen. Die Absicht der Regierung, die Familien möchten sich durch bescheidene Kleidung ihr Vermögen erhalten, erreicht ihr Ziel daher nicht, da niemand darauf verzichtet, seine Garderobe für die Maskenzeit, während der die Leute an jedem Tag ein andersfarbiges Kleid tragen, zu erweitern. Ich komme nun zu den Gondeln, die man hier anstelle der Kutschen gebraucht. Diese Gondeln sind vollständig mit schwarzem Stoff bespannt, und es erdreistet sich niemand, eine andere Farbe zu benützen, ausgenommen ein Gesandter oder sonst eine herausragende Persönlichkeit wie gegenwärtig der sächsische Kurprinz; selbst die Gondeln der Nobili unterscheiden sich nur darin von den gewöhnlichen, daß man vorne und hinten am Gondelkasten vergoldete Schnitzereien sieht. Zu den feierlichen Regatten hingegen, also zu den Wettrennen der kleinen Boote, lassen sich die Signoria und andere Leute von Stand prachtvolle Boote mit üppigen Schnitzereien und Vergoldungen bauen; dabei kann man dieses Gepränge trotz der hohen Kosten nur wenige Stunden lang genießen, und dann müssen die Boote entweder billig wieder verkauft oder sogar verbrannt werden, weil man nicht weiß, was man sonst mit ihnen anfangen sollte. Das Schönste bei den Gondeln ist aber, daß in ihnen die linke Seite als die ehrenvollere gilt, während es bei uns in Deutschland und auch anderswo doch die rechte ist. Man muß auch mit den Hinterbacken voraus in die Gondel steigen, was mir zwar unanständig vorkam, aber nur allzu wahr ist, weil die Boote sehr schmal sind. Haben Sie nun die Güte anzuhören, was mir dabei gestern zugestoßen ist: ich wußte durchaus, wie man in die Gondeln steigt, nämlich mit dem Hinterteil voraus, aber daß die linke

Seite die bevorzugte ist, war mir noch unbekannt. Man hatte mich eingeladen, bei sehr schönem Wetter mit der Gondel zu einer nahegelegenen Insel zu fahren, und so führte ich nun eine Dame zur Gondel; als sie eingestiegen war, folgte ich ihr, aber da ich sie auf der anderen Seite vermutete, blickte ich mich nicht um und setzte mich auf ihren Schoß. So lernte ich auf meine Kosten diesen verdrehten Brauch kennen, und während man mich für einen Ketzer gegen die Mode erklärte, mußte ich mit hochrotem Gesicht um Verzeihung dafür bitten, daß ich der Dame ein derart ungehöriges Kompliment gemacht hatte. Ich versprach auch, ihr künftig mit mehr Geschick zu Diensten zu sein. Seitdem ich mich hier aufhalte, habe ich das Glück gehabt, einen jungen und sehr liebenswürdigen Abate kennenzulernen; da er Venezianer ist und aus einer der vornehmsten bürgerlichen Familien stammt, führt er mich gelegentlich zu seinen Bekannten. So besuchten wir gestern ein Kloster für vornehme Damen, in dem ich lauter Lukretien zu finden glaubte; ich merkte aber bald, daß die Ordensschwestern mehr Freiheit genossen als ihre Verwandten draußen, so daß ich dort vielmehr Phrynen fand. Es will mir sogar scheinen, als hätten sie sich nur deshalb aus der Welt zurückgezogen, um sie mit mehr Muße und größerer Ausgelassenheit genießen zu können, da man im Sprechzimmer mehr Galanterien zu hören bekommt als an weltlichen Orten. Diese Damen mögen sich vielleicht damit rechtfertigen, daß ihre Berufung nicht vom Himmel kam, sondern sich aus einer Laune oder aus politischen Erwägungen ihrer Eltern ergeben hat; es mag auch sein, daß ich sie mit gar zu großer Strenge beurteile und daß sie sich uns gegenüber nur deshalb so freizügig betragen haben, um mein eigensinniges und philosophisches Wesen aufzuheitern, während sie sich bei anderen Gelegenheiten als wahre Ordensfrauen erweisen. Das mag ja sein, aber ich beurteile das eben so, und andere haben ebenfalls die Freiheit, ihre Meinung zu äußern; außerdem habe ich nur gegen das Laster und nicht gegen die Personen gesprochen. Es wäre mir lieb, wenn jene Damen von meiner Kritik erfahren würden, da sie ihnen den guten Dienst eines Spiegels tun könnte, der uns die Fehler und Flecken des Gesichts zeigt. Wer weiß, vielleicht kennen sie bislang nur Gönner ihrer Fehler, die solches Verhalten immer unterstützt und bestärkt haben. Aber wehe diesen Einflüsterern der Schande! Was mich angeht, so bereue ich jedenfalls, dort gewesen zu sein, doch was getan ist, ist getan.

Da ich meine Feder nun schon in die Tinte der Kritik getaucht habe, muß ich Ihnen ganz allgemein sagen, daß man hier keine wahre Gottesfurcht kennt. E.H. könnten hier mitansehen, wie Mütter die Ehre ihrer leiblichen Töchter zu Markte tragen und deren Jungfräulichkeit feilbieten, als wäre sie eine Mietskutsche. Die armen, unschuldigen Mädchen, die nichts anderes kennen als der Mutter gehorsam zu sein, unterwerfen sich allem wie die kleinen Lämmchen und tun den Mund nicht auf. Wenn sie sich dann aber einmal an diese ehrlosen Liebeshändel gewöhnt haben, dann suchen sie sich schon von selbst neue Weiden für ihre Lüste, was doch jeden empören muß, der noch nicht allen Sinn für Menschlichkeit abgelegt hat. Man erzählt, daß im vergangenen Jahr eine solche Mutter eben dieses Verbrechens wegen mit dem Pranger bestraft und dann aus der Stadt gewiesen worden sei; ich aber hätte ihr gewiß noch eine ganz andere Strafe auferlegt, wenn ich der Richter gewesen wäre. Man ist bei der Bestrafung solcher Ausschweifungen viel zu milde, ebenso bei den sonderbaren Konkubinaten, wie sie hier im Gange sind. Mein Führer zeigte mir die Gassen, die man in Venedig gewöhnlich Calli nennt, und sagte dazu, daß sie alle voll seien von Liebesdienerinnen; solche Calli heißen dann S. Paolo, Nepolo, Samuele oder Angelo. Was aber werden die Heiligen, deren Namen diese Gassen tragen, wohl dazu sagen, wenn derlei Frauen sie um ihren Beistand anrufen? Es fehlt freilich nicht an Verteidigern dieser Liederlichkeiten, welche behaupten, daß sie in einer Hafenstadt notwendig seien, weil keine ehrbare Frau mehr sicher wäre, wenn man die Kloaken der Schändlichkeit verbieten wollte: »ad evitandum ergo majus malum, concedendum minus«. Sie sagen nämlich, daß die Männer, oder besser gesagt diese Bestien, wenn sie aus fernen Ländern ankommen, sofort wie rasend durch die Straßen rennen würden und daß dann die ehrbaren Frauen vor ihrer Gier nicht mehr sicher wären. Sie fügen auch noch hinzu, daß das Salzwasser die Eigenschaft habe, die natürliche Neigung zum Bösen zu verstärken, weshalb es erlaubt sei, Konkubinate zu unterhalten und Notzucht zu begehen, ohne die menschliche oder göttliche Gerechtigkeit fürchten zu müssen. Wenn ich nicht Sorge trüge, zu weitschweifig zu werden und mich in fremde Angelegenheiten einzumischen, dann sollte es mich wenig Mühe kosten, diese irrigen Argumente zu widerlegen. Ich will E.H. diese Mühe jedoch ersparen und einstweilen nur sagen, daß jene zügellose Freiheit von der Nachlässigkeit der Regierung herrührt, da sich diese um solche Kleinigkeiten nicht bekümmert, sondern nur darum bemüht ist, sich in ihrer Herrlichkeit zu bewahren. Wir beide leben in einer Stadt, die weder am Meer liegt noch einen Salzfluß hat, aber dennoch kommen auch bei uns abertausende solcher Unflätigkeiten vor, die von nichts anderem herrühren als von der zu geringen Sorgfalt, die man darauf verwendet, respektive von den zu geringen Strafen, die auf solche Vergehen gesetzt sind. Aber nun will ich aufhören, Ihre keuschen Ohren zu beschmutzen. Ich weiß recht gut, daß Sie an erhabenere Gegenstände gewöhnt sind, aber ich schmeichle mir dennoch, daß Sie mir diesen Erguß meines stoischen Gemüts verzeihen, denn ich kann schließlich eine solche Sittenlosigkeit und derartige Nachlässigkeit des Magistrats nicht schweigend mitansehen. Ich sage das zu einem Freund, von dem ich weiß, daß er mir glaubt, wenn ich mit herzlicher Zuneigung unterzeichne als

        Euer Hochedelgeboren
                        untert. Diener.

## XII. Brief

Venedig, am 28. Febr. 1740

> Über die venezianische Regierung. Über den Dogen. Dogenpalast; Schmutz im Inneren. Löwenköpfe für verschiedene Denunziationen. Bibliothek von S. Marco.

Da meine Abreise von hier allmählich näher rückt, ist es nun an der Zeit, Ihnen auch einiges über die Regierung dieser Republik mitzuteilen, was jedoch mit großer Umsicht geschehen muß, wenn ich mich nicht in Gefahr bringen will. Das Oberhaupt der Republik ist bekanntlich der Doge, der von den Mitgliedern des Senats gewählt wird. Nach außen hin trägt er zwar ein großes Gepränge zur Schau, in Wirklichkeit besitzt er aber nur wenig Macht und ist sogar als Privatperson den Gesetzen der Republik unterworfen; im Falle einer Anklage ist er daher auch verpflichtet, sich vor dem schrecklichen Rat der Zehn zu verantworten und zu verteidigen. Er muß deshalb immer auf der Hut sein, sich nicht in öffentliche Angelegenheiten einzumischen, damit er nicht in eine Falle gerät. Außerdem wird der Doge ständig von einigen Senatoren begleitet, und zwar nicht nur bei öffentlichen Auftritten, sondern auch bei privaten Audienzen oder Besuchen fremder Reisender gleich welchen Ranges. Man muß sich daher zu Recht wundern, daß es bei soviel Zwang dennoch immer wieder Männer gibt, die bei einer Vakanz nach dem Thron des Dogen trachten, obwohl sie doch in dem Augenblick, in dem sie diesen Thron besteigen, das wertvollste Gut der Welt, die Freiheit nämlich, verlieren. Aus diesem Grunde wird der Doge spöttisch als Staatsgefangener auf Lebenszeit bezeichnet, weil er, wie ich schon sagte, von den anderen Senatoren unablässig überwacht wird. Diesen Senatoren kommt die Entscheidungsgewalt über Krieg und Frieden zu, da sich aus ihnen der Große Rat zusammensetzt, der eigentlich die Republik verkörpert. Die Regierungsform ist also eine Adelsherrschaft, und mit dieser Herrschaft des Adels, an den die obersten

Ämter der Republik gebunden sind, haben sich die Venezianer bislang ihre Freiheit erhalten können, die sie nun schon seit vielen Jahrhunderten genießen, und sie werden dies auch weiterhin tun.

Nun will ich Ihnen einen Eindruck vom Dogenpalast geben, der vor geraumer Zeit zur Hälfte abgebrannt ist; man kann den Schaden zum Teil noch heute erkennen, da der Palast nicht mehr in der einstigen Schönheit und Pracht wiederaufgebaut worden ist. Während man am erhalten gebliebenen Teil außen nichts als Marmor und unnachahmliche Kunstfertigkeit sieht, besteht der erneuerte Teil lediglich aus Backstein. Dieser Palast dient nicht nur dem Fürsten zur Wohnung, sondern auch als Versammlungsort, wo zahlreiche Räte tagen; außerdem hält man dort die Schwerverbrecher gefangen, die unter die Bleidächer gesteckt werden, unter ein Dach also, das mit diesem Material gedeckt ist, so daß die Unglücklichen dort im Sommer vor Hitze und im Winter vor Kälte umkommen. Obwohl dieser Palast ein königliches und höchst prächtiges Gebäude ist, scheuen sich weder große noch kleine Venezianer, bei allem pflichtschuldigen Respekt überall hinzupissen, wo es ihnen gerade paßt, ohne daß man dem im geringsten Einhalt gebieten würde. Dies geschieht ebenso unter den Arkaden wie auf den Treppen, so daß der Dreck jedem, der mit der Stadt noch nicht sehr vertraut ist, in die Nase steigt. Um dieser Verschmutzung abzuhelfen, hat man zwar überall Gefäße aufgestellt, aber die Venezianer bekümmern sich darum nicht. Selbst im Haupteingang auf der dem Kanal zugewandten Seite schämt man sich nicht, die Hosen herunterzulassen, auch wenn der Doge gerade den Palast durch diese Wasserpforte betreten will. Solchen Leuten tue ich gewiß kein Unrecht, wenn ich sie halbe Juden, nämlich Schweine in Menschengestalt, heiße. Ich darf auch nicht vergessen, Ihnen zu berichten, daß man selbst heute noch an den Mauern des erwähnten Palastes zahlreiche Löwenköpfe aus gewöhnlichem Stein sehen kann, mittels derer Verbrechen verschiedenster Art zur Anzeige gebracht werden konnten, indem man in ihre geöffneten Mäuler Zettel mit der Anklage warf;

diese wurde dann von den jeweiligen Untersuchungsrichtern entgegengenommen und geprüft, so daß man über alles, was sich im Staat tat, genau Bescheid wußte. Wenn nun die Anzeige Beachtung verdiente, die Anklage rechtens war und auch bewiesen werden konnte, dann erhielt der Denunziant ein Geschenk, das dem Nutzen entsprach, den die Republik davon hatte. Hier sind nun einige dieser Inschriften, damit Sie sich einen deutlicheren Begriff davon machen können:

1) Anzeigen gegen Personen, die unrechtmäßig zu öffentlichen Ämtern gekommen sind, wegen vorenthaltener Löhne sowie wegen anderer Vergehen.

2) Anzeigen wegen unerlaubter Prachtentfaltung.

3) Fünferrat der Marciana.
 Geheime Anzeigen bei der Staatsinquisition hinsichtlich der Verordnungen über Tabak und Sublimat.

4) Gegen Schmuggler von Weizen und sonstigem Getreide aus anderen Staaten. Geheime Anzeigen bei der Staatsinquisition gegen Personen, die Weizen und sonstiges Getreide in das Staatsgebiet einführen. Gegen Schmuggler von Mehl und sonstigem Getreide. Gegen Boots- und Karrenführer, die Mehl vorschriftswidrig kaufen oder verkaufen und gegen die durch die Staatsinquisition vorzugehen ist.

5) Anzeigen gegen Knechte und jeden anderen Bediensteten der Schlachthäuser von S. Marco und Rialto; sie werden vertraulich behandelt, und dem Ankläger wird Straffreiheit und laut Gesetz eine Belohnung zugesichert, solange er kein Hauptschuldiger ist. Anzeigen gegen heimliches Schlachten, Schmuggel und Ähnliches.

6) Geheime Anzeigen gegen Bedienstete der Getreideaufsicht bei Zusicherung der Straffreiheit, die Haupttäter ausgenommen. Anzeigen gegen gesetzlich verbotene Ridotti und sonstige Glücksspiele, insbesondere gegen Teilnehmer am genuesischen Lotto und Ähnlichem.

7) Geheime Anzeigen beim Erl. Vorsteher über die Zecca, Verfälschungen des Münzwerts im Austausch mit Dalmatien und der Levante betreffend.

8) Geheime Anzeigen in Gesundheitsangelegenheiten und gegen Bedienstete oder Aufseher, Knechte oder sonstige Leute, die ihr Amt vernachlässigen und aus Eigennutz zum Nachteil der öffentlichen Gesundheit gegen Quarantänevorschriften verstoßen.

Dieser letzte Löwenkopf befindet sich außen am Dogenpalast an der Seite, die der Dogana unmittelbar gegenüberliegt. Dort laufen diejenigen Schiffe an, die ihre Quarantäne auf See halten; sie machen an Steinpflöcken am Ufer fest und sind so weit genug von anderen Schiffen entfernt. Um Sie nicht zu langweilen, will auch ich hier haltmachen; ich wünsche mir nur, daß E.H. in meinem Brief etwas finden werden, das Ihrem Geschmack zusagt, und ich schätze mich glücklich zu sein

Euer Hochedelgeboren

P. S. Jenem Palast gegenüber liegt die überaus berühmte Bibliothek von S. Marco, die eine große Zahl von Handschriften besitzt. Von den Drucken will ich gar nicht reden; sie sind schon hinreichend beschrieben worden, und meine Zähne sind für solchen Zwieback auch nicht stark genug, ganz wie das Sprichwort sagt: »Olera biscocta referre nolo«.

Ergebenster Diener.

XIII. Brief

Venedig, am 1. März 1740

Prunk des venezianischen Adels. Fest zu Ehren des Kurprinzen. Oper, Tanzball, Konzerte der Mädchen aus den drei erwähnten Klöstern. Private und öffentliche Gondelwettfahrten. Private Bälle zweiter und unterster Klasse.

Es stimmt tatsächlich, daß die venezianische Signoria, wenn sie einen ausländischen Fürsten ehren und unterhalten will, ihr

Gepränge auf ein Übermaß steigert, und es ist wohl auch keinem anderen Staat möglich, es ihr darin nachzutun und dieselbe Pracht und Herrlichkeit zu entfalten. E.H. müssen sich vorstellen, daß man bei jeder dieser Gelegenheiten für einen Zeitraum von drei oder vier Stunden 12000 Silberdukaten ausgibt, weshalb man sich nicht wundern darf, wenn für die anderen Fremden dann nicht einmal mehr ein Glas Wasser übrigbleibt. Ich kann Ihnen nun berichten, daß die Signoria gestern zur Unterhaltung des Kurprinzen einen wahrhaft königlichen Ball ohne Masken veranstaltet hat. Man versammelte sich im Opernsaal von S. Grisostomo, der eigens für dieses Fest nach der allerneuesten Mode geschmückt war. Nachdem die Oper zu Ende war, begann im Obergeschoß der Tanz; das Theater blieb währenddessen geöffnet und war wie das gesamte Haus von zahllosen kristallenen Lüstern erleuchtet, die verschwenderisch mit Wachskerzen bestückt waren. Die besseren Damen stritten untereinander um den Vorrang hinsichtlich der Pracht und Kostbarkeit ihrer Kleider, und es gab nichts zu sehen als Gold und Edelstein. Ich war davon so geblendet, daß mich die Eindrücke von dieser Unterhaltung für den Kurprinzen noch tagelang beschäftigten. Eines aber verwunderte mich und gab mir Anlaß, die gesamte venezianische Signoria anzuklagen, nämlich daß sie sich diese Unterhaltung schlecht überlegt hatte; ich glaube auch, daß sie beim Kurprinzen, für den doch alles veranstaltet wurde, nicht die gewünschte Wirkung hervorgerufen hat, sondern das Gegenteil. E.H. werden von der Schwäche wissen, an der dieser Prinz von der Hüfte abwärts bis hinab zu den Füßen leidet, so daß man ihn stets tragen oder stützen muß, wenn er irgendwo hingehen will. Wie kann man da glauben, daß ihm eine solche Unterhaltung, so glanzvoll sie ansonsten auch sein mag, Freude bereiten könnte? Vielmehr muß sie ihm doch, so meine ich, eine Qual gewesen sein, da sie ihm Gelegenheit gab, sein trauriges Schicksal zu beklagen, dem es gefallen hat, ihn so unvollkommen in die Welt zu setzen. Wer auf der ganzen Welt, mag er auch noch soviel Geist und Verstand besitzen, könnte ein derartiges Unglück und einen derartigen Fehler ohne Bitterkeit und Trauer geduldig ertragen, besonders dann, wenn er der Versuchung ausgesetzt wird? Einen verkrüppelten jungen Mann auf einen Ball einzuladen, das kommt mir genauso vor, als würde man einen Tauben in ein Konzert oder einen Blinden zu einer Stierhetze führen. Ich habe den Kurprinzen jedenfalls beobachtet, wie er mit wahrhaft bedauernswerter Miene in seinem Lehnstuhl saß, obwohl ihn doch so viele vornehme Personen beiderlei Geschlechts umgaben und mit Ehrenbezeugungen aller Art überhäuften. Nach der Hälfte des Balls begab sich die erlauchte Gesellschaft in einen neben dem Theater gelegenen Saal, wo die Tafel zubereitet war, an der der Prinz und die gesamte Signoria dann mit allen nur erdenklichen Leckerbissen und Kostbarkeiten bewirtet wurden. Nach dem Abendessen wurde der Tanz wieder aufgenommen und bis nach Mitternacht fortgesetzt. Vor wenigen Tagen hat die Signoria ebendiesen Prinzen mit einem Konzert unterhalten, das von den Mädchen aufgeführt wurde, die bei den Incurabili erzogen werden und von denen ich E.H. in einem meiner früheren Briefe bereits zur Genüge berichtet habe. Diese Mädchen wurden aus dem Kloster in einen eigens für diese Zeremonie hergerichteten Saal geführt und gaben dort ohne jede männliche Hilfe den Beweis für ihr großes Geschick im Gesang und an den Instrumenten. Eine andere Veranstaltung hielt mich zwar davon ab, in den Genuß dieses Konzertes zu kommen, aber ich habe mir sagen lassen, daß der gnädigste Prinz, der aller Gunstbeweise der Republik würdig ist, eine ganz besondere Zufriedenheit gezeigt und befohlen habe, die Mädchen zu beschenken. Die Insassen der beiden anderen frommen Häuser müssen besagten Prinzen von Zeit zu Zeit ebenfalls unterhalten. Zum Abschluß wird dann alles noch durch die Regatta gekrönt werden, die, wie man mir beschrieben hat, alles andere noch übertreffen soll und deshalb erst zuletzt veranstaltet wird, ganz wie es das Sprichwort will: »Finis coronat opus«. Donnerwetter, wenn ich je die Torheit besessen hätte, mich in zwei Leiber aufspalten zu wollen, dann bei dieser Gelegenheit; ich würde nämlich gern den einen Teil von mir nach Rom schicken und mit dem anderen in

Venedig zurückbleiben, um auch noch in den Genuß dieser berühmten Festlichkeit zu kommen. Da dies aber nicht möglich ist und meine Abreise auch schon feststeht, gebe ich mich mit einem Bericht von der Regatta zufrieden; schließlich konnte ich mir ja vor meiner Abreise eine Wettfahrt zwischen Gondeln und eigens zu diesem Zweck gebauten Booten ansehen, die von Leuten aus dem venezianischen Volk abgehalten wurde. Dazu stelle ich mir nun die weiteren Umstände vor, die jenem Fest höchsten Glanz und größte Herrlichkeit verleihen sollen, wobei es mir viel hilft, daß ich bei einem Schiffsbauer und einem Vergolder schon einige kostbare Boote gesehen habe, so daß ich mir das Übrige leicht hinzudenken kann. Solch teurer Boote bedienen sich die Personen des ersten Ranges; sie lassen sich von ungefähr zwölf Mann rudern, damit sie mit den Wettkämpfern mithalten können und sehen, wer den Sieg davonträgt. Am Canal Grande wird an der Stelle ein Triumphbogen errichtet, die nach dieser Feierlichkeit den Namen »Regatta« trägt und das Ziel für die Teilnehmer darstellt. Es handelt sich dabei um alte wie junge Männer und Frauen aus dem Volk, die im Rudern geübt sind und das besagte Ziel allein oder zu zweit in einem Boot ansteuern. Der Doge, die venezianische Signoria, der ausländische Fürst und die Gesandten (falls letztere anwesend sind) haben ihr Gefallen daran und folgen den Wettkämpfern. An Musik und Jubel aus abertausend Kehlen wird es ebenfalls nicht fehlen. All das spielt sich innerhalb von etwa drei Stunden ab und macht zusammen die Regatta aus. An dieser Stelle kann ich nun auch den versprochenen Bericht über die privaten Bälle zur Karnevalszeit anfügen; die Bälle der vornehmen Kreise sind ja bereits bekannt, und diejenigen zweiter Klasse muß man sich ebenfalls als eine ehrbare Versammlung Adeliger und in der Mehrzahl Bürgerlicher vorstellen, die sich damit vergnügen, zu tanzen, zu spielen, Getränke und Schokolade zu sich zu nehmen, sich zu unterhalten und zu scherzen. Alles geschieht aber in einer für wirklich ehrbare Leute angemessenen Art und Weise, so daß sich diese Bälle nur darin von jenen anderen unterscheiden, daß sich auf ihnen weniger hochadelige Gäste aufhalten und daß es auch weniger Verschwendung gibt; man zahlt dafür aber auch nur halb soviel Eintritt. Was die Bälle der untersten Klasse angeht, so muß ich Ihnen berichten, daß sie hauptsächlich für diejenigen sind, die mit den Freudenmädchen Bekanntschaft schließen und das Tanzen im Bett lernen oder üben wollen. Lassen Sie mich Ihnen nun eine kurze, aber dennoch unverfälschte Beschreibung davon geben, die Ihre unschuldigen Ohren nicht verletzen soll. Jene schamlosen Göttinnen Venedigs versammeln sich in einem recht gut eingerichteten und erleuchteten Saal, wohin sie durch ihre Kammerzofen an allen öffentlichen und privaten Orten diejenigen eingeladen haben, die ihnen auf den Leim gehen wollen; dies sind insbesondere Ausländer, da sich diese, weil sie weniger Erfahrung haben als die Einheimischen, in ihren Netzen leichter fangen und an Land ziehen lassen. Auch ich war dort, hatte mich aber über die unzüchtigen Absichten gut unterrichtet und war deshalb hinreichend gegen alle Angriffe dieser Betrügerinnen gewappnet, zumal ich wußte, daß man zu nichts gezwungen wird, sofern man sich nicht mit Ihnen besudeln will und sich nicht von sich aus oder durch die Schmeicheleien und falschen Versprechungen dazu anregen läßt. Als ich nun den Tanzsaal betrat, war ich ganz erstaunt, eine Versammlung des schönen Geschlechts vorzufinden, die äußerlich, in Betragen und Lebensart etc., keiner Zusammenkunft von Frauen aus den besten Kreisen nachstand. Die Masken hatte man bereits abgenommen, und es zeigten sich engelsgleiche Gesichter von zwölf bis dreißig Jahren, die ganz so beschaffen waren, wie die verdorbene Welt mit ihren unterschiedlichen Neigungen sie begehrt. Sie waren nach der neuesten Mode gekleidet, eine kostbarer als die andere, und trugen vorn und hinten Juwelen, Perlen, goldene Uhren und andere Galanteriewaren. In der Folge konnte ich ein sehr vornehmes Betragen beobachten, und die Jüngste war bereits nicht weniger gewitzt als alle übrigen. Als ich so unter ihnen herumging, kamen mir Zweifel, ob man mich auch wirklich richtig unterrichtet hatte, da nichts geschah, was man bei ähnlichen Gelegenheiten nicht auch anderswo bei den ehrbarsten Personen hätte beobachten können. Man tanzte, unterhielt sich, spielte, trank, scherzte, und es geschah alles mit Anstand. Unversehens entdeckte ich unter den Masken einen Mann aus dem Gefolge des Kurprinzen, mit dem ich einst in Leipzig befreundet gewesen war; ich konnte ihn erkennen, als er die Maske ein wenig lüftete. An ihn wandte ich mich und befragte ihn, da er mit den meisten Frauen bekannt zu sein schien. Er antwortete mir: »Warten Sie noch ein Stündlein, und Sie werden sehen, wie sie alle nach und nach verschwinden. Aber wehe denen, die ihnen unbedacht folgen. Es ist nicht alles Gold, was glänzt, und auch nicht jede ungetrübte Oberfläche zeigt eine reine Quelle an. Was mich betrifft«, fuhr er fort, »so war ich einfach begierig, diese nicht gerade ehrbare Versammlung mit eigenen Augen zu sehen.« Es geschah tatsächlich, wie er gesagt hatte, und eine nach der anderen verschwand mit ihrem Buhlen, dessen Reue zu spät kommen wird. Dies ging ohne die sonst beim Abschied üblichen Zeremonien und Höflichkeiten ab, und schließlich stand auch das Orchester auf und verschwand eilig, wobei es wohl dem trügerischen Gott Cupido dafür dankte, daß er das Ende der Arbeit derart beschleunigt hatte. Wir wenigen Männer, die noch geblieben waren, begaben uns in die Räume, die dem Spiel vorbehalten waren, und unterhielten uns in unserer Sprache über dieses unverzeihliche Benehmen und vor allem über die Verschmitztheit dieser kurzweiligen Frauen, denen man nur selten entgeht, wenn man seinen Leidenschaften keine Zügel anzulegen weiß. Jetzt muß ich Sie wohl um Verzeihung bitten, wenn ich unversehens zu weitschweifig geworden sein sollte. Sie haben mit vielen vornehmen jungen Leuten unseres Vaterlandes Umgang, auf die bei solchen Gelegenheiten die Moral eine gute Wirkung tun kann, vor allem bei denjenigen, die Geschmack am Reisen finden. Ansonsten möge Ihnen mein Bericht als neuerliches Unterpfand dafür dienen, daß ich weder Zeit noch Mühe scheue, um mich Ihnen gegenüber zu erweisen als

Euer Hochedelgeboren
untert. Diener.

## XIV. Brief

Venedig, am 2. März 1740

*Abreise nach Rom. Über Ebbe und Flut. Daraus entstehende Belästigung. Über das Klima. Inquisition. Bemerkungen zu diesem Gegenstand.*

Ich habe mich endlich zu einem Ortswechsel entschlossen und will mich jetzt ins Innere Italiens begeben. Lange war ich unschlüssig gewesen, aber nachdem die Hindernisse einmal mutig überwunden waren, habe ich schließlich dem guten Zureden einer Gesellschaft von vier deutschen Edelleuten nachgegeben, die dieselbe Reise machen wollen wie ich. So werden wir also morgen zu guter Stunde unsere Segel hissen, um uns zunächst ins gelehrte Padua zu begeben und von dort aus dann den direkten Weg nach der heiligen Stadt Rom einzuschlagen. Es wird mir dabei zur großen Freude gereichen, wenn ich Ihnen von Zeit zu Zeit von dem berichten darf, was sich während dieser vor uns liegenden Reise ereignet. Bevor ich jedoch die anmutigen Ufer Venedigs verlasse, will ich noch auf etwas zu sprechen kommen, worauf ich bislang nicht eingegangen bin: nämlich auf das Naturwunder der Ebbe und Flut des Meeres, das selbst der scharfsinnigste menschliche Verstand bis auf den heutigen Tag nicht mit zureichenden Gründen erklären konnte. Man kann diese Erscheinung hier in Venedig sehr deutlich beobachten, und zwar besser als in den südlicheren Gegenden Italiens, da sie dort immer mehr nachläßt, wofür ich recht bald ein lebendes Zeugnis werde abgeben können. Es wird Ihnen nicht unbekannt sein, daß manche den Mond für die Ursache dieser Bewegung halten, während sie andere in heftigen Winden sehen, die durch ihre Kraft und ihr Gewicht das Wasser in die Tiefe drücken sollen; darüber hinaus bringt man noch ganz andere Vermutungen vor. Ich wüßte nicht, welcher Partei ich mich anschließen und wie ich mich in dieser Frage entscheiden soll, da ich mir bei meinen kärglichen Kenntnissen der Natur nicht schmeicheln darf, hier zu einem richtigen Ergebnis zu gelangen. Ich will daher nur das berichten, was ich mit eigenen Augen beobachtet habe: genau nach sechs Stunden Flut kehrt die Ebbe zurück, und so wiederholt sich das jeweils im Wechsel von sechs Stunden; aus diesem Grunde verursachen die beinahe wasserleeren Kanäle insbesondere im Sommer einen schrecklichen Gestank. Was aber den Ursprung von Ebbe und Flut angeht, so weiß man darüber nichts Gewisses. Eine der Erklärungen will ich aber wenigstens oberflächlich und flüchtig prüfen: wie sollte es möglich sein, daß der Mond auf diese Erscheinung einen so regelmäßigen Einfluß nimmt, wenn er doch gar nicht immer über unserem Horizont erscheint? Und schließlich: warum sollte er dann nicht auch anderswo dieselbe Wirkung hervorrufen? Mehr will ich hierzu nicht sagen und es den Naturforschern überlassen, sich darüber in die Haare zu geraten. Es handelt sich ja auch um ein bloßes Kuriosum, von dem man keinen Nutzen hat, selbst wenn man die Wirkursache wüßte. Was aber den Schmutz angeht, den das Kommen und Gehen des Wassers in Venedig mit sich bringt, so ließe sich hierfür recht schnell Abhilfe schaffen, wenn der Staat den Abfall regelmäßig aus den Kanälen entfernen und gleichzeitig bei hoher Strafe verbieten würde, irgendwelchen Unrat hineinzuwerfen. Aber nun weiter! Im allgemeinen ist das Klima hier sehr mild, sogar eher warm als kalt, wie ich meine; mit der großen Kälte, die bis zum heutigen Tag anhält, kommen die Venezianer aber nicht zurecht. Und was das Schlimmste ist: sie unternehmen nichts dagegen, denn die Mauern, Fenster und Türen sind so gebaut, daß sich die kalte Luft aller Zimmer bemächtigen kann; dies gilt insbesondere für diejenigen Häuser, die Fenster aus ölgetränktem Papier haben. Die Kamine, die es hier gibt, reichen jedenfalls nicht aus, um die zugigen Zimmer zu erwärmen, weshalb wir Deutsche uns derart nahe ans Feuer setzen mußten, daß wir uns die Schuhe und den Überrock anbrannten; die Spuren von dieser Erfahrung kann ich noch vorzeigen. Trotzdem frieren die Kanäle nicht zu, weil das Meer unaufhaltsam in

Bewegung ist, und zwar besonders wegen der oben erwähnten Erscheinung von Ebbe und Flut.

Ich komme nun zu einem anderen Gegenstand, den ich kürzlich schon berührt habe: nämlich zur Regierung und zur Freiheit des venezianischen Volkes. Ich will zunächst von der Heiligen Inquisition sprechen, deren Einführung man hier zwar zugelassen hat, aber nur mit der Einschränkung, daß sie ohne die Zustimmung des Nobile, der diesem Tribunal vorsitzt, keinen Beschluß fassen darf. Dennoch ist es verwunderlich, daß sich ein freies Volk diesem grausamen Sant' Ufficio unterworfen hat, das doch jedermann verabscheuen muß, weil es der Freiheit gänzlich zuwiderläuft und keinen anderen Zweck hat als den, den Staat zu verwüsten. Derlei Intrigen lassen sich in der Geschichte der Päpste Alexander VIII., Julius II., Leo X. und Clemens VI. nachlesen, die darauf abzielten, sich mittels der Inquisition ein Drittel der Güter des Reiches anzueignen und sie dann jener höchst menschlichen Gesellschaft zu übertragen, die sich aus zahllosen Faulenzern und Nichtsnutzen zusammensetzt. Es wäre wohl alles drunter und drüber gegangen, wenn die Welt nicht noch rechtzeitig gewarnt worden wäre und wenn sich die trüben Wasser, in denen die Päpste zum großen Schaden der allzu Leichtgläubigen zu fischen pflegten, nicht geklärt hätten. Nicht übel, wie sich der gefräßige Wolf unter dem Schafspelz versteckt. Was für eine verwerfliche und teuflische Einrichtung das doch ist! Wieviele Unschuldige hat man nicht zum Tod durch das Feuer verurteilt, eingemauert oder verbannt, nachdem man ihren Besitz konfisziert hatte, der als blutiger Gewinst gewiß nicht in die Schatzkammer Gottes gehört hätte. Die Spanier hatten es sich einst sogar in den Kopf gesetzt, dieses schändliche und grausame Tribunal auch in den ihnen gehörenden Niederlanden einzuführen. Und bei Gott! Wieviel Menschenblut hat man damals nicht zu diesem Zweck vergossen, und mit welch gerechtem Haß hat sich dem nicht die andere Seite entgegengestellt, die als Verteidigerin der guten Sache am Schluß doch obsiegt und sich von dieser unmenschlichen Herrschaft freigemacht hat! Sie hat damit die Freiheit erlangt, die wir noch heute genießen können. Und überhaupt: befehlen uns denn die Gebote unseres gütigen Lehrers Jesus Christus ein solch grausames Vorgehen? Ich glaube nicht. Hat er uns aufgetragen, den Glauben und die Religion mit Feuer und gezücktem Schwert zu verbreiten? Auch nicht. Oder will er nicht vielmehr, daß jedes Lamm, das vom rechten Weg abgekommen ist, mit Liebe und Sanftmut in seinen Stall zurückgeführt werde? Dies gewiß. Gegen die Sekte der Türken, die sich überall festsetzt und ausbreitet, bringt man neben anderen Argumenten auch dieses vor: daß sie ihren Ursprung und ihr Fortbestehen einzig und allein den Waffen zu verdanken hat, und eben das tadelt man. Dabei ist es nur allzu wahr, daß man es auf katholischer Seite, wo man tausenderlei Mittel ersonnen hat, um sich im Reich von dieser Welt zu behaupten, kaum anders macht. Und dennoch nennt sich ihr Oberhaupt Stellvertreter Christi, ich aber möchte ihn eher den Stellvertreter Beelzebubs nennen. Ich kehre zu meinem Gegenstand zurück und füge hinzu, daß die Venezianer, obwohl sie diese schöne Inquisition nun haben, sich anscheinend wenig darum bekümmern. Ich schließe das aus ihrer Duldung der lutherischen Kaufleute, die in Venedig wohnen. Es steht außer Zweifel, daß die Regierung darüber zur Genüge unterrichtet ist, aber nach außen hin so tut, als würde sie es nicht sehen. Dafür müssen die Lutheraner wiederum darauf achten, die ihnen gesteckten Grenzen nicht zu überschreiten, wovon ich schon in einem früheren Brief gesprochen habe. Aber auch ich will meine Grenzen nicht überschreiten und setze deshalb meinen Beobachtungen von den vielen Dingen in dieser berühmten Stadt hier ein Ende, indem ich Sie bitte, sich mit diesen Aufzeichnungen zu begnügen. Übrigens hoffe ich, wenn es Gott, meinem allergütigsten Führer, gefällt, zur Zeit des Himmelfahrtsfestes hierher zurückkehren zu können, zu jenem Festtag, an dem sich der Doge mit dem Adriatischen Meer vermählt; ich will dann von neuem beginnen, die übrigen der mir noch unbekannten Sehenswürdigkeiten zu preisen. Denken Sie aber nicht, daß ich die Absicht habe, bis dahin in tiefem Schweigen zu verharren. O nein, mein Herr! Wir haben vor, in Bologna für ein paar Tage Halt zu machen und die Üppigkeit dieser Stadt zu genießen, so daß ich dann Muße genug haben werde, um wieder zur Feder zu greifen. Inzwischen mögen Sie so gnädig sein, denjenigen nicht zu vergessen, der sich zwar immer weiter von Ihnen entfernt, in seinem Herzen jedoch sich Ihnen immer mehr nähert und mit allen Fasern danach strebt, sich Ihnen gegenüber zu erweisen als

    Euer Hochedelgeboren
          ergeb. Diener.

XV. Brief

         Padua, am 4. März 1740

> Die Brenta ist ein Kanal. Spione der Republik. Kirche S. Antonio. Inschrift in antiker Art. Weitere Epitaphe. Handel mit Rosenkränzen. Rathaus; Schandstein. Lucretia von Padua. Denkmal für Titus Livius. Kirche S. Canziano. Trojanisches Pferd. Kirche S. Giustina. Arkaden längs der Straßen.

In meinem letzten Brief aus Venedig hatte ich mir vorgenommen, Ihnen meinen Bericht über Padua erst aus Bologna zuzusenden, aber der Mensch denkt und Gott lenkt. Um nun Ihrem Wunsch ebenso wie meiner Leidenschaft Genüge zu tun, grüße ich Sie schon jetzt aus dieser Stadt, die zwar nicht schön ist, aber groß, und in der Vergangenheit auch sehr berühmt war. Die Brenta, die eher ein Kanal als ein kleiner Fluß zu sein scheint, macht den Weg von Venedig hierher gleichzeitig sehr bequem und unbequem; da die Republik sich nämlich an jedem Ort und in jedem Winkel ihres Staatsgebietes Spione hält und sie ins Brot setzt, befinden sich solche auch auf den Booten, welche die Fahrt von Venedig nach Padua machen. Die Vorsicht gebietet deshalb, stets auf der Hut zu sein, damit kein Unglück geschieht und man nicht dem schrecklichen Rat der Zehn in die Hände fällt. Diese Unbequemlichkeit wird allerdings durch den Blick auf die schön gelegenen Marktflecken, Dörfer, Landhäuser und Gärten an beiden Ufern sehr vermindert. Und weil E. H. über alles ganz genau unterrichtet sein wollen, nenne ich Ihnen hier die Namen der berühmtesten venezianischen Familien, die an der Brenta Güter besitzen: Malcontento, Lomeri, Labia, Pisani, Foscari, Venier etc. Dieser unvergleichliche Landstrich hat bereits in früheren Zeiten einen Autor dazu veranlaßt, ihn mit einer würdigen Beschreibung zu ehren, die jeden Leser zur Bewunderung hinreißt. Nachdem ich heute morgen zeitig im Gasthof angekommen war und meinen Magen zufriedengestellt hatte, widmete ich den Rest des Tages meinen Nachforschungen. Weil die Zeit sehr kurz war, wollte ich mir einen tüchtigen Antiquar suchen, der mich herumführen und mir alles erläutern sollte. Ich fand aber nur einen Esel. Dieses Vieh von Antiquar hatte derart flinke Beine, daß es eher zu fliegen als zu gehen schien; mit dem Denken ging es freilich um so langsamer, denn die Kenntnisse reichten über die Namen von Kirchen und Straßen nicht hinaus. Er führte mich zum Marsfeld, dem Prato della Valle, das von weitläufigen Gärten umgeben ist, die viel zur Pracht Paduas beitragen.

Zu den von den Venezianern verehrten Heiligen gehört auch der hl. Antonius von Padua, weshalb seine Kirche der erste Gegenstand meiner Neugier war, insbesondere jener Inschrift wegen, die einige Autoren gesehen haben wollen: »Exaudit, quos non exaudit ipse Deus«. Ich habe sie zwar gesucht, konnte aber nichts finden und halte sie folglich für die Erfindung irgendeines überspannten Kopfes. Vielleicht ließe sich dieser Spruch aber noch retten, wenn man ihn dahingehend auslegt, daß es besser sei, sich mit seinen Gebeten nicht gleich unmittelbar an Gott, sondern lieber an den hl. Antonius zu wenden, der als erster Diener Gottes doch die Macht haben wird, einen armen Bittsteller zu erhören. Wie dem auch immer sein mag, Pracht und Herrlichkeit dieser Kirche sind jedenfalls dem

Ruhm des Heiligen angemessen, dessen Name mehrmals täglich über katholische Lippen geht. Wenn man die Kirche durch das Hauptportal betritt, findet man linker Hand die dem hl. Antonius geweihte Kapelle; sie ist mit Lampen und Kerzenhaltern aus Gold und Silber angefüllt, und dort befindet sich auch das vortreffliche weiße Marmorrelief, das die Taten dieses Heiligen darstellt. Nicht weit davon entfernt liegt ein prachtvolles Grab aus weißem Marmor, dessen Epitaph folgendermaßen lautet:

Age Mors ...

Neben dem Seitenportal sieht man eine, wie mir schien, künstliche Christusfigur, die in einen Schrein eingeschlossen ist und sehr verehrt wird, denn jeder, der daran vorbeikommt, berührt das Fenster und küßt es mit tiefer Andacht. Es ist schon erstaunlich, daß die Erziehung einen vernünftigen Menschen derart einfältig machen kann, daß er den frommen Betrug nicht mehr bemerkt.

Die folgende Inschrift, die im Geschmack des römischen Altertums abgefaßt ist, wird Ihnen gefallen:

Casandrae Muratae ...

Ich entsinne mich ähnlicher Inschriften, die uns Brissonius in seinem Traktat »de Form. solen. rom. antiq.« überliefert hat; hier ist eine davon: »Cum qua annis XXX vixit, sine bile, sine ulla controversia, sine discrimine etc.«. O ihr glücklichen Zeiten der Vergangenheit, warum kehrt ihr nicht zurück, damit die Ehe wieder so unschuldig würde, daß man tatsächlich überall sagen könnte: »Ich habe ohne jeden Streit gelebt«. Sie müssen mir verzeihen, wenn ich, dem der Ehestand noch unbekannt ist, mich hiermit zu weit vorgewagt haben sollte. Ich will mich gerne eines Besseren belehren lassen, denn schließlich gedenke auch ich mich auf diesen Tanz einzulassen, wenn es an der Zeit ist, und wünsche mir, daß es ohne alle Bitterkeit abgeht. Nun will ich aber damit fortfahren, Ihnen das Epitaph für einen Gelehrten mitzuteilen, das ebenso kurz wie bescheiden ist:

Iacobus Alvarotus ...

Während ich dieses merkwürdige Stück betrachtete, umgab mich beständig eine Schar armer Frauen, die eine milde Gabe von mir begehrten. Männer befanden sich jedoch nicht darunter, so daß ich mich fragte, ob denn hier die Frauen unter Ausschluß des anderen Geschlechts das alleinige Recht zum Betteln hätten. Beim Verlassen der Kirche sah ich Rosenkränze, die zum Verkauf ausgelegt waren; der Aberglaube hält sie für gesegnet und schreibt ihnen deshalb die Kraft zu, vor bösen Geistern zu schützen, welche die allzu ängstlichen Leute zu plagen pflegen, die immer den Schatten schon für das Ding selbst halten. Wer reich werden möchte, braucht hier kein anderes Gewerbe zu betreiben als Rosenkränze und andere geweihte Gegenstände zu verkaufen, denn mit dieser Ware lassen sich gute Geschäfte machen.

Nun will ich aber von den geistlichen zu den weltlichen Dingen überwechseln; im Rathaus fand ich den Schandstein für die Betrüger, die man dazu verurteilt, sich mit nacktem Hinterteil auf den Stein zu setzen, um sie auf diese Weise öffentlich für ihre Gaunereien zu bestrafen. In diesen Stein sind die folgenden Worte eingehauen:

> Lapis vituperii et cess. bor †

Die Anwendung scheint mir aber nicht mehr üblich zu sein, allenfalls bei kleinen Dieben, da sich die großen diesem schimpflichen Stuhl wohl zu entziehen wissen; so wie er gebraucht wird, kann man sich ja auch leicht ein kaltes Fieber und Durchfall zuziehen. Im Rathaussaal befinden sich weitere beachtenswerte Denkmäler; eines ist der Lucretia von Padua gewidmet, der, wie uns die Inschrift lehrt, dasselbe zugestoßen ist wie Lucretia, der Gattin des Collatinus, der Tarquinius Superbus Gewalt angetan hat. Unsere deutschen Verse müssen also eine Ausnahme leiden:

Hab Dank Lucretia deiner Ehr
anizt ersticht sich keine mehr.

Das andere Denkmal ist Titus Livius gewidmet, dem Vater der römischen Geschichtsschreibung. Was die Inschriften angeht, so lasse ich sie hier weg, da sie Nemeitz bereits in seine Sammlung aufgenommen hat. Eine andere Inschrift darf ich jedoch nicht übergehen, da wir an ihr sehen können, welche Macht die Erinnerung an einen großen Gelehrten in den Augen eines Beschützers der Künste hat, da er den Gebeinen des Titus Livius lange nach dessen Tod noch seine Hochachtung erwies:

> Inclito Alphonso ...

Um der Wahrheit die Ehre zu geben: die Gebeine eines solchen Mannes, den die Welt ewig im Gedächtnis behalten wird, verdienen in der Tat mehr Achtung als die Reliquien irgendeines Heiligen, von dem man nichts anderes weiß als den Namen.

Dann ging ich zurück zur Kirche S. Canziano, deren Name zumindest mir unverständlich ist. Es befindet sich dort aber ein Fresko, das die Hl. Jungfrau in den Wolken darstellt; folgende Worte stehen dabei:

> Deus potuit, matrem decuit, ergo voluit et fecit immaculatam.

Wahrlich ein kühner Logiker, der sich gegen diese Grundregel versündigt: »a posse ad esse non valere consequentiam«. Selbst die verschiedenen katholischen Orden sind sich in diesem Punkt nicht einig, und wer kennt nicht den Streit, der darüber zwischen den Dominikanern und den Jesuiten ausgebrochen ist? Der Heilige Vater hat sich dadurch sogar gezwungen gesehen, beiden Orden unter Androhung der Exkommunikation die Beilegung dieses Streits zu befehlen.

Die Eroberung Trojas ist unter anderem jenes riesenhaften Pferdes wegen merkwürdig, mit dessen Hilfe der Belagerung ein Ende gesetzt wurde, wovon in der Geschichte großes Aufhebens gemacht wird. Sie werden sich nun fragen, warum ich hierauf zu sprechen komme; der Grund ist folgender: mein Führer zeigte mir in einem Haus zahlreiche Bruchstücke und Glieder eines hölzernen Pferdes und sagte dazu, daß das Volk es für eine Kopie des Trojanischen Pferdes halte. Es wäre natürlich lächerlich, auf dieses Geschwätz etwas geben zu wollen. Den Überresten nach zu urteilen, hatte dieses Pferd eine Länge von über 25 Fuß, so daß ich glaube, daß ein Fechtmeister oder Voltigeur sein Erfinder war. Am selben Ort fand ich auch noch eine in die Mauer eingelassene Inschrift, die folgendermaßen beschaffen war:

```
T. LIVIUS E SIBI ET
       SVIS
T. LIVIO TE PRISCO F.
T. LIVIO CE LONGO F
ASIE SEX I PRIMAE
      VXORI.
```

Auf solche Stücke hält sich die Vaterstadt des Livius viel zugute, und zwar mit Recht. Man bewahrt deshalb sogar die allerkleinsten Überreste auf, wenn nur von ihm darin die Rede ist.

Über die der heiligen Justina geweihte Kirche brauche ich sonst nichts zu sagen, als daß ich bislang keine gesehen habe, die ihr an Schönheit gleichkäme. Bevor ich nun meinen Streifzug beende und diesen Brief zusammenfalte, muß ich noch berichten, daß ich es sehr angenehm finde, hier spazierenzugehen, weil sich zu beiden Seiten der Straßen Arkaden befinden und daher weder Regen noch Sonne dem Fußgänger etwas anhaben können. In diesen Arkaden haben einst bösartige und gottlose Studenten gehaust, die sich »guivalisti« nannten und im Schutz der Dunkelheit ihr gottloses Unwesen trieben, indem sie Passanten verwundeten, umbrachten und beraubten. Diese Lumpen sind zwar schon seit langem ausgerottet, aber dafür haben diese Arkaden heute den Nachteil, daß die Einwohner der Stadt, die noch schmutziger sind als Juden, sie durch ihren Unrat beinahe unbetretbar machen.

Da es nun schon spät geworden ist, werden mir E.H. verzeihen, wenn ich gegenwärtigen Bericht beende und mich in meine Bettücher hülle, damit ich mich bei Morgengrauen wieder erheben und die Reise fortsetzen kann. Ich bitte Sie, mir auch weiterhin Ihre Gunst zu schenken, und unterzeichne als

E.H.
untert. Diener.

## XVI. Brief

Bologna, am 10. März 1740

> Die Ankunft in Bologna. Monselice. Etsch. Rovigo. Verschiedene Inschriften am Bürgermeisteramt des Polesine. Franziskanerkirche; Kirche Madonna del Soccorso. Über den liebenswürdigen Grafen Carlo Silvestri. Arquà, der Aufenthaltsort Petrarcas. Der Po und seine fruchtbare Landschaft.

Da der Genuß, wie ich glaube, nur halb so groß ist, wenn man nicht andere daran teilhaben läßt, so werde ich mir hoffentlich keinen Verweis zuziehen, wenn ich mich nun aus Bologna schon wieder mit meinen gewohnten Schilderungen melde. Lieber würde ich nämlich auf alle Freuden verzichten, wenn es E.H. nicht gefiele, meine Bemerkungen mit so großem Wohlwollen entgegenzunehmen. Gestern habe ich also die Stadt Bologna betreten, die man wegen ihres Überflusses an Lebensmitteln die »Üppige« nennt. Zunächst muß ich aber noch berichten, was mir auf dem Weg von Padua hierher begegnet ist. Nachdem wir das gelehrte Padua verlassen hatten, erreichten wir bei Einbruch der Dunkelheit Monselice, einen mäßig großen Ort, zu dem eine halb zerstörte Bergfestung gehört. Am folgenden Morgen, also am 6. März, brachen wir dann zeitig nach Rovigo auf. Kurz nach Monselice überquert man die Etsch und gelangt dann durch eine weite und fruchtbare Ebene nach Rovigo. Beim Betreten der Stadt fiel mir eine neue Inschrift auf, die man anläßlich des kurzen Aufenthaltes der sächsischen Prinzessin und Braut des neapolitanischen Königs angebracht hatte. Hier ist sie:

> Maria Amalia ...

Ähnlich wie in Venedig fand ich an einer Hausmauer einen Löwenkopf, neben dem folgende Worte standen:

> Denonzie secrete ...

Auf der Brücke daneben sieht man zwei Säulen, auf denen dieses Distichon zu lesen steht:

> Urbem Rodigium ...

Und unmittelbar gegenüber:

> Nicolao de Ponte ...

Der Podestà dieser Stadt ist gleichzeitig Capitano Grande und General-Proveditor für das gesamte Polesine. Er übt die Strafgerichtsbarkeit aus und fällt seine Urteile, ohne sie erst nach Venedig zu schicken, wie es auch auf Korfu der Brauch ist. Dieser Podestà ist immer ein venezianischer Nobile. Unter dem Namen Polesine faßt man folgende Städte zusammen: Adria, Lendinara, Badia und Rovigo. Andrea Nicolio hat schon im Jahre 1583 in seinem Buch über den Ursprung und die Gründung Rovigos berichtet, daß diese Stadt durch den Bischof Paul von Adria erbaut worden sei und 1161 nur aus einer Burg bestanden habe. In diesem Buch finden die Liebhaber der Gelehrtenhistorie übrigens auch brauchbare Angaben über die Lebensläufe des Celio, des Bonifacio, des Riccoboni und anderer gelehrter Männer aus Rovigo.

Auf dem Stadtplatz kann man an einer Säule, die einen geflügelten Löwen trägt, die folgenden Worte lesen:

> Venetorum hoc ...

Auf der anderen Seite:

> Ioanne Georgio equitis D. Marci procuratoris F praetore MDXVIII

Und nicht weit davon entfernt:

> Leonardo Cicon. ...

Auf der anderen Seite:

> Io. Bapt. Dedo Doc. Sebas. Bonifacio Regulat.

Einige wunderliche Geister halten die Stadt Rovigo für armselig, klein und spärlich bewohnt; diese Ansicht ist aber weder ganz richtig noch ganz falsch, denn schließlich entdeckt ein wachsames Auge immer etwas Bemerkenswertes. So fand ich etwa in der Kirche S. Francesco eine ungewöhnlich geistvolle Grabinschrift, die ein glühender Liebhaber seiner Braut setzen ließ:

> Demirare furtim ...

Die folgende Inschrift kopierte ich, weil ich in ihr den Namen des berüchtigten Staatsmannes Machiavelli fand, der das gesunde öffentliche Recht zerstört hat:

> Laurae de Campis ...

Diese Inschrift ist kurz, besagt aber dennoch alles, und auch mit mehr Worten ließe sich nicht mehr sagen. Um so länger ist diese:

> D.O.M. Nobili Matronae ...

Anschließend betrat ich eine achteckige Kirche, die der hilfreichen Muttergottes geweiht ist. Ein Mann sagte mir, daß sie ausschließlich von Almosen errichtet worden sei; das ist auch die rechtmäßige und beste Bestimmung des Geldes, das der Klerus mit soviel Geschick überall sammelt. Über dem Haupteingang fand ich folgendes Distichon:

> Numine propitio ...

Linker Hand liest man:

> Hospes miraris ...

Bislang ist mir nur selten eine italienische Inschrift unter die Augen gekommen, weil dies eine zu unbeständige Sprache ist und deshalb nicht für Dinge taugt, die für die Ewigkeit geschaffen sind. Dennoch habe ich in dieser Kirche eine solche gefunden:

> Tu che incurvando ...

Beim Verlassen dieses Gotteshauses wurde ich unter freiem Himmel von einem ehrbaren Mann angesprochen, der mir seine Dienste anbot, da ich mit solcher Genauigkeit die unbedeutenden Schätze seiner Vaterstadt zu erforschen schien. Er führte mich in sein Haus, wo ich gewahr wurde, daß es sich um den Grafen Carlo Silvestri da Rovigo handelte, einen trefflichen Mann, dessen Vater bei den Gelehrten wohlbekannt ist, welche seinen Namen ob seiner zahlreichen gelehrten Werke noch immer rühmen. Dieser Graf hatte in der Eingangshalle seines Hauses viele Antiken gesammelt, deren Inschriften der väterliche Fleiß mit Anmerkungen versehen und in seiner Übersetzung des Juvenal und Persius 1711 in Padua veröffentlicht hatte. Unter anderem kam mir die folgende Inschrift besonders merkwürdig und alt vor:

> Iussu Proserpinae ...

In einem anderen Raum fand ich tausenderlei uralte Stücke, die ich nur aufzählen will: eine gläserne Capellunca, deren sich die Römer bedient haben. Einen Scarabäus oder »apis silvestris« mit altägyptischen Schriftzeichen. Zahlreiche Götzenbilder aus Bronze; für eines davon haben Engländer bereits eine beträchtliche Summe geboten. Alle diese Figuren sind nicht größer als eineinhalb Finger, und dennoch handelt es sich um bewundernswerte Arbeiten. Der Graf besitzt auch eine Gottheit, die Kanopus genannt wird und bei den alten Ägyptern verehrt wurde; diese Figur, ein Urnengefäß, besteht aus Alabastro orientale und hat die Gestalt eines Hundekopfes. Außerdem hat er auch Tränenurnen aus Glas und gebranntem Ton. Wie Sie wohl besser wissen als ich, war es bei den Römern Brauch, gewisse alte Frauen für den Zweck zu mieten, daß sie hinter den Toten hergingen und für Geld weinten; ihre Tränen ließen sie dabei in solche Fläschchen fallen. Auch Lampen und zwei Pflugscharen aus Metall, mit denen die Römer den Boden bestellten, waren zu sehen, und derlei Dinge mehr. Dann zeigte mir der Graf an einem Basrelief ein Bildnis der Faustina, der Gattin des Antoninus Pius, eine etruskische Vase und ein wunderschönes kleines Gemälde, ein Selbstbildnis Tizians. Ein weiteres kleines Gemälde stellt Paris und Helena dar, dieses unglückselige Paar, das durch die Zerstörung Trojas soviel Unheil verursacht hat.

Ich muß aber auch eine Schwäche meines gnädigsten Führers erwähnen, die mein Lob für ihn ein wenig schmälert. Ich sah nämlich an einer Wand ein Tuch hängen, in das der Abdruck einer rechten Hand eingeprägt war; als ich den Grafen fragte, was es mit diesem Leinentuch auf sich habe, antwortete er mir: eine Bauersfrau habe vor zwanzig Jahren ihrem Sohn aufgetragen, nach ihrem Tod eine Messe für sie lesen zu lassen, damit sie dem Fegefeuer schneller entkommen könne. Der Sohn habe dies jedoch vergessen, und als die Frau nach 24 Jahren das Fegefeuer wieder verlassen habe, hätte sie, während er schlief, seine Bettdecke genommen, den Eindruck ihrer Hand darauf zurückgelassen und sei wieder verschwunden; dieses Zeichen aber sei davon zurückgeblieben. Ich wunderte mich über dieses Geschwätz eines doch so gebildeten Mannes und über seinen Aberglauben, von dem sich offenbar nicht einmal die Gelehrten lösen können oder wollen. Dann zeigte mir der Graf noch die beiden schon erwähnten Bücher seines Vaters. Hier der vollständige Titel des einen: ›Giuvenale e Persio spiegati dal Conte Camillo Silvestri da Rovigo, Padova nella stamparia di S. an. 1711‹; das andere trägt folgenden Titel: ›Comitis Camilli de Sylvestris Rodigii Cronologia in tres partes divisa, Lipsiae 1726, opus posthumum‹. Schließlich brachte mir der liebenswürdige Graf noch ein handgeschriebenes und bemaltes Büchlein: ›Genesis in lingua Italica 1200‹. Nachdem ich ihm für die freundliche Aufnahme den pflichtschuldigsten Dank ausgesprochen hatte, ging ich wieder fort.

Am folgenden Tag reiste ich nach Ferrara weiter. Von Rovigo nach Arquà sind es fünf Meilen. Dieses Arquà darf man aber nicht mit jenem Arquà verwechseln, in dem Petrarca gelebt hat, das jedoch auf der anderen Seite von Rovigo liegt. Bei Regenwetter macht der fruchtbare Boden die Straßen beinahe unpassierbar. Wir überquerten den Po, diesen poetischen Fluß, der einst auch Eridanus genannt wurde und uns Gelegenheit gab, an die Sage von Phaeton zu denken, der vom Himmel herabstürzte, weil er den Sonnenwagen nicht zu lenken verstand.

Ich müßte nun fürchten, mich sowohl gegen Ihre Höflichkeit als auch gegen die Regeln des Briefschreibens zu versündigen, wenn ich diesem Brief, der mir über die Maßen lang geraten zu sein scheint, kein Ende machte. Ich werde ja auch schon übermorgen wieder die Ehre haben, erneut unterzeichnen zu können als

Ihr
untert. Diener.

XVII. Brief

Bologna, am 9. März 1740

Bericht über Ferrara. Elend der Menschen im Kirchenstaat. Brauch, für die Seelen der Großen zu beten. Die Kirche S. Francesco. Lange, aber schöne Inschriften. Die Jesuiten besitzen nicht gerade große Reichtümer. Benediktinerkirche. Grab Ariosts. Dominikanerkirche, S. Certosa, wo sich das Grab des Fürsten Borso befindet. Einstige Bedeutung der Statuen. Freistätten. Judengasse. Kirche Madonna del Vado. Wundersamer Blutstrom. Das Kastell; das Rathaus. Der Reno als reißender Fluß. Ursache für den Mangel an Bewohnern. Breite Kanzeln.

Gestatten Sie mir nun, daß ich auf meinen kurzen Aufenthalt in Ferrara zu sprechen komme, wo ich am 7. März eintraf; am folgenden Tag reiste ich jedoch schon wieder weiter, weil man in dieser Zeit bei einem Rundgang mühelos alle Sehenswürdigkeiten besichtigen kann. Diese Stadt ist eine der besten im ganzen Kirchenstaat, sie ist gut angelegt und besitzt breite Straßen sowie große Paläste. Allerdings ist sie zu gering bevölkert, und überdies fast nur von armen Leuten, da die Großen, insbesondere der Heilige Vater, der Bevölkerung kaum das Allernötigste übriglassen. Ich war deshalb sehr erstaunt, als ich die Umgebung der Stadt und vor allem die Weinberge sah; diese befinden sich in einem Zustand, wie man ihn sich nicht besser vorstellen kann, obwohl doch die Weinbauern und ähnliche Leute unter derart schlechten Umständen leben müssen.

Bei diesem Ausmaß der Unterdrückung würde ich für meinen Teil nicht wollen, daß man für meine Seele betet, wenn ich als Fürst dort gestorben wäre; die Leute könnten sich schließlich rächen und mir just das Gegenteil der Seligkeit wünschen. Wenn dort nämlich einer der Großen das Zeitliche segnet, so ist es Brauch, daß man die ganze Stadt dazu auffordert, für seine Seele zu beten; als ich in Ferrara war, geschah dies gerade für den eben verstorbenen Bischof. Jedermann lief in die Kirchen, die folglich ebensogut besucht waren wie an einem der hohen Festtage. Mir kam dieser Zufall sehr gelegen, weil deshalb jede Kirche geöffnet war, so daß ich meinen Rundgang, von dem ich nun Rechenschaft ablegen will, ohne jegliche Behinderung zurücklegen konnte. Bei den Franziskanern gefiel mir das folgende Grabdenkmal sehr gut; wenn das, was auf dem Grabstein steht, tatsächlich wahr sein sollte, dann glaube ich nicht, daß man es ohne Rührung des Herzens und Bewunderung des Geistes lesen kann:

D.O.M. Qui legis ...

Welche Wirkung dieser Trauerspruch auf Sie getan hat, würde ich gerne erfahren. Ich kann es mir nicht versagen, noch eine weitere Grabinschrift anzuführen, die meines Erachtens der vorigen in nichts nachsteht, weder in der Reinheit der Gedanken noch in der Eleganz des Stils; freilich sind beide überaus lang und unterscheiden sich wenigstens in dieser Hinsicht gänzlich von den Grabinschriften der Römer, welche die Kürze liebten und damit dennoch viel zu sagen vermochten:

D.O.M. Antonio Rimaldo ...

In dieser Kirche gibt es auch ein marmornes Epitaph, eine ausgezeichnete Arbeit, die mich vor Bewunderung erstarren ließ. Man findet darauf folgende Inschrift, die den Lebenslauf des darunter Begrabenen erzählt:

Chiron Franciscus ...

Wenn man dem Schluß der Inschrift Glauben schenken darf, dann ist dieses stattliche Grabmal von einer Frau für ihren Gatten errichtet worden, weil sie ihn auch nach seinem Tod noch zärtlich geliebt hatte. Muß man hierzu noch mehr sagen? Sie hat es wohl getan, um sich in ihrer Liebe und Trauer so lange zu trösten, bis ihre Asche mit der seinen wieder vereint und das Grab zum zweiten Brautgemach würde. Bevor ich diesen Ort verlasse, muß ich die Liebhaber der Malkunst noch dazu ermahnen, an dieser Kirche nicht vorüberzugehen, da sie dort Gelegenheit finden, ihre Neigungen zu befriedigen. Wollte man auch alle anderen und nicht weniger schönen Inschriften, die es dort in Hülle und Fülle gibt, zur Kenntnis nehmen, dann brauchte man hierzu beinahe noch einen weiteren Tag.

Bei den Jesuitenpatres habe ich bislang noch nichts Besonderes gefunden; sie sind in dieser Gegend wohl nicht gerade reich, da ihre Kirche niemanden zur Besichtigung einlädt. Alles ist derart düster und schwarz, daß sich die Mönche mit doppeltem Grund nach Filippo Neri nennen dürfen.

Ich ging dann in die Benediktinerkirche, an deren Hauptaltar man eine Einlegearbeit aus Marmor sehen kann, welche diese geheimnisvollen, vorausdeutenden Worte zeigt: »Manes Thekel Phares«. Es befindet sich dort auch das Grabdenkmal des berühmten Ariost, der ebenso reich an Geist wie arm an Geld war, wie dies bei Leuten seines Schlages oft vorkommt. Dieses Grabdenkmal besteht aus dunklem Marmor und wird von vier Säulen geschmückt, auf denen die Büste mit folgender Inschrift steht, die Ariosts Urenkel verfaßt hat:

D.O.M. Ludovico Ariosto ...

Das ist alles, was man heute von Ariost noch sehen kann. Das, wovon Nemeitz sonst noch spricht, konnte ich nicht entdecken, es sei denn, er meint die folgenden darunterstehenden Verse:

Notus et Hesperiis ...

Der Kreuzgang dieser Kirche besitzt wunderschöne Arkaden. Nun komme ich zur Kirche der Dominikaner, die aber den Besuch fremder Reisender nicht lohnt, zwei uralte Inschriften an einer Mauer neben der Kirche ausgenommen. Die erste lautet:

Ne templi mirere ...

Über diesen Versen ist ein Komet eingemeißelt, auf den sie Bezug nehmen. Die zweite Inschrift lautet:

Quisquis adis ...

Als ich dann die Kartäuserkirche betrat, die nicht schlecht ist, fand ich einige Gemälde von Meisterhand. Dieses Kloster hält sich viel auf den überaus tugendhaften Fürsten Borso zugute, der dort, wo er gewirkt hat, auch begraben liegt. In der Klausur sah ich sein Grabmal in Gestalt einer mit Blei überzogenen Pyramide, auf der ich die folgenden, kaum noch zu entziffernden Verse entdeckte:

> Caesar Alexander ...

Es wäre eine Sünde, wenn ich das riesige Gemälde von Bononi im Refektorium nicht erwähnen würde, das die Hochzeit zu Kana in Galiläa darstellt. Man unterhält dort auch eine gut eingerichtete Apotheke.

Unmittelbar gegenüber der Kathedrale steht das bronzene Reiterstandbild des eben erwähnten Fürsten Borso, das einst als Freistatt gegolten hat, ein Vorrecht, das heute aber nicht mehr anerkannt wird. Papst Paul II. wurde durch die besondere Tapferkeit und Tüchtigkeit jenes Fürsten dazu veranlaßt, die Markgrafschaft Ferrara zu Borsos Gunsten in ein Herzogtum umzuwandeln. Neben dieser Statue steht eine ähnliche, die einen Herzog von Modena darstellt.

Auf dem überaus großen und regelmäßig angelegten neuen Platz kann man die Statue Alexanders VII. erblicken, ein ebenfalls bronzenes Reiterstandbild auf einem hohen Sockel. Um dieses Denkmal herum sind im Durchmesser von zwölf Schritt Ketten gezogen; zu den Zeremonien, die man früher dort abgehalten hat, dient es jedoch nicht mehr, ebensowenig als Freistatt. Der Sockel trägt vier Inschriften, von denen ich zwei mitteilen will:

> Quod in creatione ...

Die zweite lautet:

> Ne simulacro Alexandri ...

Auf meinem Rundgang gelange ich nun zur Giudecca, der Judengasse, die fünf steinerne Tore besitzt und ziemlich breit ist.

Dieses arme Volk, das inmitten der Christenheit hartnäckig an seinem Glauben festhält, um sich von den anderen abzuheben, wird hier in Ferrara gezwungen, einen mit rotem Stoff bezogenen Hut zu tragen. Einzig ihr erster Bankier, der sich auch eine Kutsche halten darf, ist davon ausgenommen. Obwohl es eigentlich auch verboten ist, sich mit Juden einzulassen, geschieht dies doch nicht selten. Um 24 Uhr wird die Judengasse geschlossen, so wie dies auch in anderen Städten Italiens üblich ist.

Anschließend ging ich in die Kirche Madonna del Vado, die zahlreiche kostbare Malereien besitzt; dazu gehört auch ein ausgezeichnetes Gemälde der Geburt Jesu Christi, das von dem berühmten Bononi stammt, dessen Gebeine in dieser Kirche begraben liegen. Auf seinem Epitaph stehen diese Worte zu lesen:

Carolo Bononio ...

Ein anderes Epitaph für eine ähnlich bedeutende Persönlichkeit lautet folgendermaßen:

D.O.M. Hier. Titio ...

Verzeihen Sie mir, wenn ich diese kirchlichen Angelegenheiten nun mit einer Geschichte abschließe, die man mir dort erzählte. Mein Führer zeigte mir nämlich einen Blutstrom, der aus einer Hostie gedrungen sein soll, als ein Priester diese entzweibrach. Er sagte, daß alle Anwesenden dabei zugesehen hätten und daß man es auch sogleich aufgeschrieben habe; alle Väter hätten es ihren Söhnen und diese wiederum ihren Enkeln weitererzählt. Er behauptete sogar, daß das Blut mit einer solchen Macht in eine Richtung geströmt sei, die seiner Natur doch zuwider sein mußte, nach oben nämlich, daß der ganze Altar, die Kuppel, die heiligen Gefäße, der Altarschmuck und die Kleider der Umstehenden befleckt wurden. Mein Führer brachte auch mehrere Gründe dafür vor, daß dieser Blutstrom nicht künstlich verursacht worden sei und daß es sich auch nicht um Zinnober oder um Menschenblut gehandelt habe. Ich dachte mir freilich: O heilige Einfalt! Ich für meinen Teil kann dem keinen Glauben schenken, zumal sich dieses Wunder in überaus finsterer Zeit begeben hat, als der Klerus noch mit Leichtigkeit ein ganzes Volk hinters Licht führen konnte, weil es zu leichtgläubig und unwissend war und sich solchen Machenschaften weder widersetzen konnte noch durfte.

Das mächtige und ziemlich große Kastell der Stadt ist aus Backstein erbaut und viereckig angelegt; es besitzt vier Türme, an jeder Ecke einen, trockengelegte Wassergräben und zwei Tore. Innen ist das Kastell recht eng, und die Wache bestand aus Schweizern.

Unter den Palästen Ferraras nimmt das Rathaus, ein massiver Bau von 84 Schritt Länge, den ersten Rang ein. Die äußeren Steine sind in der Art von Diamanten behauen; trotz seiner Länge hat dieser Palast aber nur sieben kleine Fensterchen und nicht mehr als zwei, allerdings sehr mächtige Stockwerke. Wenn man übrigens von den Straßen Ferraras erzählt, daß sie nur auf einer Seite bewohnt seien, auf der anderen aber nicht, so ist dies augenscheinlich nicht wahr. Der Mangel an Einwohnern hat vielmehr zur Folge, daß die Häuser jeweils nur zur Hälfte bewohnt sind. Hauptsächlich ist daran der hochheilige Papst schuld: da nämlich immer nur Greise zu dieser allerhöchsten Würde erhoben werden, die schon den Tag herannahen sehen, da sie in Charons Nachen steigen müssen, so beeilen sie sich, in den wenigen Tagen aus ihrem Amt soviel Profit als möglich zu schlagen, um damit ihre Nepoten zu bereichern. Sie nehmen daher alles, was sie ihren armen Untertanen entreißen können, und diese wiederum ziehen sich der Auspressung wegen in andere Gegenden zurück.

Abschließend muß ich noch etwas erwähnen, das eigentlich an den Anfang dieses Briefes gehört hätte, nämlich daß man mir beim Betreten der Stadt weder ein Attest noch die Waffen oder den Paß abgefordert hat; mein Vetturin gab nur meinen Namen an, den man in ein Formular eintrug, und mit diesem konnte ich dann in jeden Gasthof gehen.

Ich reise am 8. März von Ferrara ab und schlief die Nacht

über in der Poststation S. Carlo Borromeo. Am folgenden Tag mußten wir, ungefähr sieben Meilen hinter Ferrara, den Reno überqueren, einen in der Regel eher kleinen, manchmal aber derart reißenden Fluß, daß er zur Geißel seiner Umgebung wird. In den Jahren 1717 und 1718 hat er ein hundert Meilen großes Gebiet überschwemmt, und die Nobili des Polesine mußten drei Millionen aufbringen, um die Ufer wieder zu befestigen. Dies ist aber dennoch ein sinnloses Unterfangen gewesen, da sich der Fluß nicht in sein natürliches Bett einsperren läßt. Man überquert den Reno an einer Furt bis zur Hälfte in den Sedien, für die andere Hälfte muß man jedoch eine Fähre nehmen.

Mittags erging es uns in Malacappa ziemlich übel; dann kamen wir durch einen Ort namens Piave. Dort bemerkte ich zum erstenmal, daß man in einer katholischen Kirche sogar während der Predigt den Hut aufbehält. Die Prediger schienen auf ihren Kanzeln spazierenzugehen, und diese sind in der Tat so geräumig gebaut, daß die geistlichen Redner ihren Leib bequem bewegen können. Donnerwetter! Was für Gebärden und Sprünge hat dieser wackere Pfaffe nicht vollführt, ganz als hätte das Wort Gottes dies nötig und als würde die Auslegung des Evangeliums ohne diese Luftsprünge die heilsame Wirkung verlieren. Es ist wirklich ein bedauernswertes Volk, das die Leistungen seiner Gottesdiener danach bemißt, ob sie auch zum Pulcinella taugen würden! Wie man mir sagte, würde sich die Zuhörerschaft abwenden und der geistliche Redekünstler trotz seiner gewandten und beredten Zunge seinen Ruf einbüßen, wenn er auf sein Hin- und Herspringen verzichten wollte.

Zum Abschluß bitte ich Sie, mir mein Geschwätz nachzusehen; es kommt ihm nur soviel Verdienst zu, wie Sie ihm durch Ihre gütige Aufmerksamkeit zugestehen. Achten Sie nicht auf meine Worte, sondern auf mein aufrichtiges Herz, mit dem ich unterzeichne als

E.H.
                 untert. Diener.

XVIII. Brief

Bologna, am 11. März 1740

> Lästige Durchsuchung der fremden Reisenden. Bologna genießt viele Vorrechte. Akademie. Institut. Höchst prachtvolle Paläste, Kathedrale S. Petronio, wo Karl V. gekrönt worden ist. Cassini, Mittagslinie. Enzio, König von Sardinien. Sein Grab. Bibliothek. Garisenda-Turm. Franziskanerpatres. Die Werke Luthers in deren Bibliothek. Barnabitenkirche S. Salvatore. Über den Seidenhandel.

Seit zwei Tagen kann ich nun die üppigen Wonnen Bolognas genießen, aber ich werde dennoch auch in dieser Stadt den Faden meines Berichts nicht verlieren. Die fremden Reisenden sollen sich beim Betreten der Stadt einer sehr lästigen Durchsuchung ihres Gepäcks unterziehen müssen; ich kann das jedoch nicht bestätigen, da ich die Stadt betreten durfte, ohne daß ich angehalten und meine Koffer vorgezeigt hätte. Das ziemlich große und unregelmäßig angelegte Bologna trägt den Titel eines Erzbistums, und seine Bewohner leben unter besseren Umständen als die in den anderen Städten, weil der Papst ihnen keine Zitadelle vor die Nase setzen und ihre Besitztümer nicht mit Steuern belegen darf; zudem haben sie das Recht auf einen Beisitzer bei der Hl. Rota und einen eigenen Botschafter in Rom, was bislang genauestens eingehalten worden ist. Die Stadt ist daher reich, stark bevölkert und hat auf ihrem Wappen die Losung »Libertas«. Seine Akademie führt Bologna auf Kaiser Theodosius den Jüngeren zurück, der sie im Jahr 425 gründete; sie ist aber erst unter Karl dem Großen zu wirklichem Ruhm gelangt, der bis zum heutigen Tag von jenem Kollegium aufrechterhalten wird, das »Istituto« heißt. Man hat dort unter anderem eine unbeschreibliche Vielfalt von Dingen aus den drei Reichen der Natur zusammengetragen.

Bologna besitzt schöne Gebäude; das Rathaus, das der Kardinallegat Karl Borromäus errichtet hat, was ihn 70000 Goldscudi kostete, ist alt und düster; die Paläste der Pepoli, Caprara, Legnani und anderer Familien darf man hingegen als schön bezeichnen. Die übrigen Häuser sind in der Regel aus Ziegelstein, und die Straßen haben wie in Padua beidseitig Galerien, die aber hier höher und breiter sind. Alles in allem, die Stadt ist schön und ordentlich.

Vor dem Rathaus sah ich während des derzeitigen Interregnums ein Gatter, zwei Kanonen und den Posten, der dort bis zur Wahl eines neuen Stellvertreters Christi Wache stehen mußte. Inmitten des großen Platzes steht eine Bronzestatue des Neptun; sie ist ein Werk des berühmten Bildhauers Giambologna. Um den Brunnen herum kann man die folgenden Worte lesen:

> Fori ornamento, Populi commodo MDCLXIV. Aaere publico.

Die schöne und helle Kathedrale ist durch den derzeitigen Kardinallegaten Lambertini umgebaut worden, der ihr einen Portikus vorbauen und unmittelbar gegenüber eine Priesterschule errichten ließ. Im Chor erblickt man ein Fresko von Gessi, einem Schüler des berühmten Guido. Das Grab des vortrefflichen Rechtsgelehrten Tancredi ist beim Umbau der Kirche verschwunden. Unter dem Hauptaltar betritt man eine Kapelle, deren man sich vor allem im Sommer bedient. Dort unter der Erde (merkwürdig als Einfall und in der Ausführung) glänzt der Marmor selbst an den Mauern in den verschiedensten Farben. Stifter dieser Kapelle war der Kardinal Boncompagni. Hier nun das Epitaph des Kardinals Lambertini, das er noch zu Lebzeiten an diesem unterirdischen Ort anbringen ließ:

> Prosper. Card. Lambertinus ...

Ich komme nun zu der großen und weiträumigen Kirche, die dem hl. Petronius geweiht ist und in der Kaiser Karl V. im Jahre 1529 von Papst Clemens VII. zum König der Lombardei gekrönt wurde, was ganz Italien wieder Frieden brachte. An diesem Altar wendet der Priester während der Messe sein Antlitz den Gläubigen zu. Die Breite der Kirche beträgt 72 Schritt und die Länge 184. Der berühmte Mathematiker Cassini zog im Kircheninnern eine Mittagslinie; diese ist auf eine Bronzeplatte aufgetragen, die in den Boden der Kirche eingelassen ist. Es heißt dort: »Iustissima pars altitudinis fornices millies subdivisa«. Neben einem Pfeiler fand ich auf dem Boden die folgenden Worte:

> Linea meridiana ...

Diese Linie ist 222 Fuß lang, und genau über ihrer Mitte befindet sich im Kirchengewölbe eine kleine Öffnung, durch die der Sonnenstrahl hereinfällt, der dann auf der Linie die Sonnwenden und die Tag- und Nachtgleiche anzeigt. Eine weitere Inschrift, die Nemeitz genauestens kopiert hat, spricht ebenfalls von dieser Linie. Unweit dieser Kirche liegen die Häuser für die Wissenschaften und ihr gegenüber der Kerker, in dem der arme Enzio, der natürliche Sohn Kaiser Friedrichs II., eingekerkert war. Die Bologneser hatten ihn gefangengenommen, als er den Modenesern, mit denen sie im Krieg lagen, Hilfstruppen zuführen wollte. Sein Vater versuchte mit allen Mitteln, ihn wieder auszulösen; insbesondere bot er Bologna soviel Gold, daß es genügt hätte, um die ganze Stadt darin einzufassen, aber es war vergebens, da die Bologneser fürchteten, hintergangen zu werden. Kurz und gut: Enzio blieb im Kerker, wurde aber als König von Sardinien behandelt und verbrachte über 22 Jahre in Gefangenschaft, bis er im Jahre 1272 starb. Sein Grab hat er in der Kirche S. Domenico gefunden, wo uns ein Epitaph die Umstände seines Lebens berichtet; E.H. können diese Inschrift bei Nemeitz nachschlagen, so daß ich hier nur mitteilen will, was man später noch hinzugefügt hat. Nach »Instaurat. Iterum an. dom. MDCLXXXX« heißt es nämlich:

> eadem ossa ...

Der Kreis um den Namen bedeutet, daß sich in Wirklichkeit an dieser Stelle sein Bildnis, ein Basrelief aus weißem Marmor mit Umrahmung, befindet. Unweit davon steht auf einem anderen Grab an der Mauer folgendes zu lesen:

> D.O.M. Sacrum ...

In besagter Kirche schätzt man besonders die Gemälde von Donato Celi und Francesco Brizio, die Kirche selbst aber ist nur von gewöhnlicher Bauart. Ein guter Katholik wird hingegen voller Andacht die Kapelle des hl. Dominikus bewundern; sie ist mit einem schönen Eisengitter geschmückt und wird zu den Andachten für den Heiligen mit Wandteppichen reich verkleidet. Gewiß muß sein mit Basreliefs verziertes Grab aus weißem Marmor bei jedermann Ehrfurcht erwecken. Unter den vielerlei Künsten, deren sich die Pfaffen bedienen, um die Einfältigen auf den Leim zu locken, ist diejenige, alles glänzend und blendend zu machen, sicher nicht die geringste, denn schließlich neigen die Menschen von Natur aus dazu, alles nach dem Äußeren zu beurteilen und von diesem auf das Innere zu schließen. So wird einem armen und schlecht gekleideten Mann nirgendwo Anerkennung oder Ehre zuteil; laßt ihn aber auf dem Theater in einem prachtvolleren Anzug erscheinen, dann wird er bereits geehrt und anerkannt, kaum daß er aufgetreten ist. Nach dieser Bemerkung wende ich mich nun aber wieder dem Grab des besagten Heiligen zu, um das herum zwölf silberne Lampen und zwei große Kandelaber hängen. Hinter dem Altar befindet sich ein Durchgang, der so klein ist, daß ihn ein Erwachsener nur mit Mühe durchschreiten kann; die Gläubigen pflegen dort ihre Gebete zu verrichten, um die Ablässe zu ergattern, die diesem Ort zuerkannt worden sind. Die Fresken in der Kuppel stammen von Guido. Im Chor erblickt man eine wunderschöne Intarsienarbeit des Damiano da Bergamo aus dem Orden der Prädikanten, die oberhalb des Gestühls die Geschichte des Alten und des Neuen Testaments darstellt. In der Klausur sieht man an der Stelle, an der der Heilige verschied, eine Kapelle; daneben heißt es:

S. Dominicus hic obiit S.R. Dom. An. dom. MCCXXI.

Anschließend begab ich mich in die Bibliothek, die mir ziemlich groß erschien. Ein Pater Bibliothekar zeigte mir unter anderem die Werke Luthers, weil er mich wohl für einen seiner Anhänger hielt, worin er sich ja nicht betrog. Erwähnen muß ich auch das geräumige Refektorium, wo 140 Mönche, das heißt ebensoviele Nichtstuer und Schädlinge des Gemeinwesens, verköstigt werden. Dort fand ich ebenfalls zahlreiche Inschriften, die ich aber nicht abschreiben konnte, weil mir die Zeit hierzu fehlte. Hier ist eine, die mir ihrer Kürze wegen im Gedächtnis blieb:

Thesaurus est ...

Der berühmte Turm, der neun Fuß überhängt und nach seinem Erbauer, der ihn im Jahre 1110 errichtet hat, Garisenda heißt, steht noch immer fest und unbeweglich und flößt auch den daneben wohnenden Mönchen keine Angst mehr ein; diese hatten einst seinen Einsturz befürchtet und waren ausgelacht worden, als sie ihr Kloster verlassen wollten, weil es in der Neigungsrichtung des Turms lag. Die Inschrift des Turms lautet:

D.O.M. Turrim ...

Hinsichtlich seiner Entstehung gibt es zweierlei Ansichten; man bezweifelt heute nämlich nicht mehr, daß die Auffassung, der Turm sei von einem überaus geschickten Baumeister absichtlich schief gebaut worden, ebensoviel für sich hat wie die andere, die seine Neigung auf ein Erdbeben oder einen ähnlichen Vorfall zurückführt.

Ich setzte meinen Weg fort und kam dann zu den Franziskanerpatres, wo ein wißbegieriger Geist all das finden kann, was sein Herz begehrt. Ihre Bibliothek ist sehr schön und ihr Kustos ebenso höflich; er erwähnte mir gegenüber nämlich gleich beim Betreten der Bibliothek die Werke Luthers, so als würde sich der Geruch von dessen Religion augenblicklich bemerkbar machen, wenn einer seiner Anhänger vor einem katholischen Pater erscheint. Man besitzt dort eine gedruckte Ausgabe von Columellas ›De Re Rustica‹ aus dem Jahre 1472. Das Dormitorium ist das schönste, das ich in Bologna gesehen habe. Das Äußere dieses Klosters ist übrigens nicht weniger vortrefflich, und auch an Inschriften mangelt es nicht.

Als nächstes ging ich zur Kirche S. Salvatore, wo die Malereien und die Bauweise von erlesenem Geschmack waren. Ein

Gemälde des berühmten Guido in der Sakristei, das den hl. Sebastian darstellt, schien mir besonders vortrefflich zu sein. Dasselbe läßt sich auch von dem Gemälde des Sammachini sagen, das die Geißelung Jesu Christi zeigt.

Bei den Barnabiten sah ich die prächtige Deckenmalerei der Gebrüder Rolli und vor allem den von zwei Marmorstatuen geschmückten Altar. Sie stellen die Enthauptung des hl. Paulus dar, was gewiß ein seltener Gegenstand ist. Im Chor kann man rechter Hand beim ersten Sitz den Kopf eines Harlekins sehen, der im Nußbaumholz gewachsen ist.

Hier in Bologna betreibt man einen umfangreichen Handel mit Seide. Insbesondere werden Schleier hergestellt, eine Kunst, die man derart eifersüchtig gehütet hatte, daß derjenige, der das Geheimnis preisgab, als schändlicher Verräter angesehen wurde. Man kann deshalb an einer Mauer sein Abbild sehen, eine Figur, die an den Füßen aufgehängt ist; neben ihr stehen die Worte: »Ugolino filatore traditore alla padria«. Durch diesen Mann ist die Kunst des Herstellens von Schleiern heute fast überall verbreitet. So betreibt im holländischen Utrecht ein überaus geschäftstüchtiger Seidenhändler eine Fabrik, die derart klug eingerichtet ist, daß ein einziges riesengroßes Rad, das durch Wasserkraft angetrieben wird, gleichzeitig 800 Haspeln bewegen kann; sonst ist dabei keine Hilfe nötig, als daß ein Kind jeweils 100 Haspeln beaufsichtigt, um den Faden wenn nötig wieder einzulegen.

Da nun jeder Ort seine eigenen Sitten und besonderen Erzeugnisse hat, so will ich mir den Bericht über das, was man in Bologna vorfindet, für den nächsten Brief aufsparen, zumal die Post soeben abgehen will und ich gerade noch aufrichtigen Herzens unterzeichnen kann als

                E.H.

                        ergeb. Diener.
                        N.N.

## XIX. Brief

Rimini, am 14. März 1740

> Gewohnheit bei den Dienern in Bologna. Fächer. Bologneser Stein. Hunde. Seidenhandel. Kloster S. Michele; S. Caterina. Wunder. Kirche S. Procolo; S. Bartolomeo. Imola. Faenza. Fracassata. Furlino. Capocolle. Via Aemilia. Cesena. Kirche S. Pietro. Schöne Gemälde. Savignano. Rimini. Brücke. Kirche S. Francesco. Grab Malatestas. Wundertätige Madonna. Der Triumphbogen.

Meinen letzten Brief mußte ich in solcher Eile schließen, daß ich den Bericht von meinen Beobachtungen in Bologna nicht mehr beenden konnte; ich schicke Ihnen deshalb den versprochenen Rest mit gegenwärtigem Schreiben. Zunächst will ich eine Besonderheit erwähnen, die unseren Gepflogenheiten widerspricht: die Diener gehen dort nämlich vor ihren Damen einher, während sie bei uns doch hinter ihnen hergehen. Niemand konnte mir einen Grund dafür nennen, so daß ich es der Tyrannei der Gewohnheit zuschreiben muß. Gewundert habe ich mich auch, daß in Bologna die Männer ebenso wie die Frauen Fächer benützen. Nun zu den Besonderheiten, welche diese Gegend hervorbringt; hierzu gehört der berühmte leuchtende Bologneser Stein, den man drei Meilen vor der Stadt auf einem Berg namens Paderno findet. Und wer wüßte nicht, in welchem Ansehen einst die Rasse der Bologneser Hündchen stand? Sie waren einmal sehr teuer, aber seitdem sie selbst in den hintersten Winkel der Erde verschickt wurden, hat sich ihr Preis stark verringert. Der Reno, das Flüßchen, das ich schon in einem meiner früheren Briefe erwähnt habe und das vor der Stadt vorbeifließt, könnte dem Handel kaum von Nutzen sein, wenn er nicht mit dem Po verbunden wäre. Von außerordentlicher Bedeutung ist übrigens der Handel mit Seide, denn in Bologna gibt es über 500 Seidenmühlen. Daneben macht man aber auch gute Geschäfte mit Wachs, Leinen, Schinken, Wurst mit und ohne Knoblauch, Seilen, Seifen, Parfums, Tabak und, wenn man so will, auch mit Hündchen.

Bologna trägt den Beinamen die »Üppige« zu Recht, weil man dort bei Tisch in der Tat gemästet wird. So gab es in meinem Gasthaus zwei verschiedene Tafeln; die Speisen der einen waren nach französischer oder italienischer Art, die der anderen nach deutscher Art zubereitet. Die Deutschen mögen nämlich nur selten Zwiebeln, Knoblauch und Ähnliches, während diese Dinge im Essen der anderen nicht fehlen dürfen. Dort kann sich jeder das aussuchen, was ihm gerade am meisten zusagt.

Um die Umgebung der Stadt zu besichtigen, muß man zum Kloster S. Michele in Bosco hinaufsteigen, einem der stattlichsten und herrlichsten Italiens. Die Dominikaner und S. Salvatore stehen ihm aber in nichts nach, so wie überhaupt alle Klöster in Bologna sehr weiträumig und prachtvoll angelegt sind.

Was die Kirchen Bolognas angeht, so werden sie alle von S. Caterina di Bologna oder vielmehr Corpus Domini übertroffen, die für große Wunder berühmt ist. Das Wichtigste davon ist, daß dem Leib der hl. Katharina, den man dort als schwarze und vertrocknete Mumie zur Schau stellt, bis auf den heutigen Tag die Fingernägel und die Haare wachsen, als wäre sie noch am Leben. Aber welch ein trügerisches Zeichen ist das nicht! Man kennt schließlich zahlreiche Beispiele, daß den Leibern von Toten, die man vor der Verwesung bewahrt hat, noch lange Zeit die Nägel wachsen, und dennoch hat man das nie für ein Wunder gehalten. Ambroise Paré, der Chirurg der Könige Karl IX. und Heinrich III., erwähnt in seinen Schriften ein Beispiel hierfür.

In der Kirche des hl. Proculus fand ich nichts als das außen an der Mauer angebrachte Epitaph für diesen Heiligen. Es ist von einigen Autoren fehlerhaft kopiert worden und lautet richtig so:

    Si procul ...

In S. Bartolomeo gefielen mir insbesondere die vortrefflichen Fresken und Gemälde. Die Malereien am Hauptaltar sehen wirklich so aus, als ob sie in Öl gemalt wären. Ein Madonnenbildnis von Tizian trägt viel zum Ruhm des Meisters bei.

Da sich mir eine günstige Gelegenheit bot, reiste ich am 12. März früher als beabsichtigt von Bologna ab; ich wußte ja sehr wohl, daß ich notwendigerweise wieder zurückkehren würde. Bald schon erreichte ich das wenig bekannte Imola. Solche Orte haben fast immer eine Burg, die jedoch zumeist beschädigt ist und sich daher in einem beklagenswerten Zustand befindet. Am zerstörten Tor konnte man lesen:

> Sublimia petit ...

Hochgelegene Orte wie dieser sind freilich der Unbill des Wetters stärker ausgesetzt.

Geschwind eilte ich durch alle Kirchen, fand aber nichts, das mich befriedigt hätte. Den Abend verbrachte ich in Faenza, einem elenden Dorf, wo man mir im Gasthaus ein Hammelfrikassee servierte, bei dem der Koch die Zeugungsteile nicht entfernt hatte. Aber welch guter Koch ist nicht der Appetit oder vielmehr der Hunger! Man kennt dann tatsächlich keinen Ekel mehr und nichts, das einem widerstünde. Mir fällt dazu der Bericht eines Seefahrers ein, der auf seinem Schiff nichts mehr hatte, um seinen Durst zu stillen; er stieg deshalb in den Kielraum hinab, wo er aus dem stinkenden Wassertrog für die Schweine trank. Dabei versicherte er, es sei das beste und wohlschmeckendste Getränk gewesen, das er je genossen habe. In derartiger Not befanden wir uns nun gerade nicht, aber unser Appetit und der Mangel an Besserem ließen uns das unreine Zeug dennoch nicht verschmähen, obwohl ein anderer vielleicht lieber den äußersten Hunger erduldet hätte. Was für gute Erfahrungen macht man nicht, wenn man derlei Ungemach zu ertragen hat! Wenn wir lernen würden, Unglück und Angst, die aus dieser Welt nicht wegzudenken sind, geduldig hinzunehmen, dann würde uns nicht wie den unerfahrenen Leuten eine kleine Wolke schon die Sintflut bedeuten.

Anschließend kamen wir durch Furlino und Capocolle, von wo aus man nach weiteren hundert Schritten auf der Haupt-

straße zu einem uralten Turm gelangt, auf dem folgendes zu lesen steht:

    Viam aemiliam ...

Diese übrigens anmutige Inschrift entspricht leider keineswegs dem gegenwärtigen Zustand der öffentlichen Straße, denn dieser ist elend, und von der einst so berühmten Straße ist nun keine Spur mehr zu sehen; von der Strada Flaminia finden sich hingegen unweit von Cattolica noch einige Überreste.

Cesena ist ein düsterer Ort an der Adriaküste. Während man uns das Mittagessen zubereitete, besuchte ich in gewohnter Weise die Kirche S. Pietro, in der sich insbesondere hinter dem Hauptaltar vortreffliche Gemälde von Giuseppe Cesari d'Arpino und Canelli del Lupo befinden; eines davon, das die Hl. Drei Könige bei der Anbetung des Jesuskindes zeigt, wird für sehr alt gehalten. Außerdem gibt es dort ein Gemälde mit dem Martyrium des hl. Petrus, das ebenso wie ein Bild in der kleinen Klosterbibliothek sehr wertvoll ist. Ich fand dort nur eine einzige Inschrift; sie war für einen berühmten gelehrten Advokaten der Stadt verfaßt und lautete:

    D.O.M. Jacobi Mazonii ...

Ein sehr liebenswürdiger Pater erbot sich, mir noch mehr zu zeigen. Wenn ich noch einige Tage länger geblieben wäre, dann hätte er mir die Bekanntschaft einiger sehr gebildeter Franziskanerpatres verschafft, denen eine schöne Bibliothek gehören soll. Die Kirchenmänner sind hier in Italien überhaupt sehr freundlich und liebenswürdig, was daher kommt, daß sie unablässig mit fremden Reisenden aus aller Herren Länder Umgang pflegen. Für die heutigen Philosophen hingegen besteht die Beschäftigung mit der Moral weniger in der tatsächlichen Ausübung als im Gebrauch von erlesenen und anmutigen Redensarten. Solche Philosophaster geben sich mit eitler Gelehrsamkeit zufrieden und bekümmern sich sonst um nicht viel; daher kommt es, daß sie im alltäglichen Leben gewöhnlich straucheln, wenn Standhaftigkeit gegenüber den Leidenschaften und den natürlichen Trieben vonnöten wäre. Aber genug davon.

Über Savignano sind wir dann schließlich nach Rimini gelangt, wovon ich nun berichten will. Gleich beim Betreten der Stadt bemerkte ich auf der Brücke zahlreiche alte Steine, die zweifelsfrei von einem uralten Bauwerk stammen, wie auch die Bruchstücke der folgenden Inschrift beweisen:

Auf der anderen Seite der Brücke erblickt man dieselben Worte, aber in umgekehrter Weise. Auf dem Tor daneben heißt es:

> Clem. VIII. Pont. Max. S.P.Q.A. poni curavit an. dom. MDXCVIII.

Dieser Papst war einer von den drei, die während des großen Schismas gleichzeitig regierten. Kugeln, Sterne und ein Drachen bilden das Wappen, das neben der erwähnten Inschrift zu sehen ist. Am Brunnen des Stadtplatzes liest man: »Pauli III Pontificis Max. munus«. Neben dem Rathaus steht unter einem Baldachin eine schöne Bronzestatue der Jungfrau Maria. Die Kirche S. Francesco besitzt viele bemerkenswerte Dinge, insbesondere eine marmorne Kolonnade mit Basreliefs; die anderen Ornamente machen hingegen einen ärmlichen Eindruck. Hier zwei Epitaphe, das erstere lautet folgendermaßen:

> Blanchetto Iulio ...

Und das zweite daneben:

> Carolo Francisco ...

Ein deutscher Bettelmönch führte uns schließlich in die Zelle, wo der hl. Antonius ein Kruzifix anzubeten pflegte; dies ist ein wichtiger Umstand in seinem Leben, der nicht übergangen werden durfte. Außerhalb der Kirche sammelte ich folgende Inschriften für verstorbene Gelehrte:

Basinii Parmensis ...
Iustus orator ...
Gentili Arnulpho ...
Iuliano Arnolpho ...
Hospes Bartholomeum ...

Ich kehre nun in die Kirche zurück, um Ihnen auch das Epitaph für den dort begrabenen Pandolfo Malatesta mitzuteilen, von dem dieses Gotteshaus erbaut wurde; er nahm dazu die mächtigen Steine vom Hafen, der auf diese Weise zerstört wurde. Auf seinem Grab finden sich diese Worte:

Sigismundus Pandolphus ...

Bekanntlich beherrschten diese Herren einst viele Städte in dieser Gegend. Derjenige, dessen Epitaph ich Ihnen eben mitgeteilt habe, hat Rimini befestigt, aber diese Mauer befindet sich heute in einem sehr schlechten Zustand. Malatesta zerstörte den Hafen, der einer der besten und schönsten Italiens war, und ließ daraus die Kirche S. Francesco bauen, die schön sein würde, wenn sie vollendet wäre. Da es bei den Katholiken kaum eine heilige Stätte ohne ein wundertätiges Bildnis gibt, so befindet sich auch in besagter Kirche eine Madonna, die lediglich dazu dient, den Regen entweder herbeizuführen oder ihn zu vertreiben, weshalb sie ausschließlich zu diesen beiden Gelegenheiten angerufen wird.

Die kunstvolle Uhr auf dem Stadtplatz ist wert, daß man ein Auge auf sie wirft. Dann zeigte man uns in der Mitte dieses Platzes einen Sockel, in den folgende Worte gehauen sind:

Caius Caesar ...

Etwas Beachtenswertes findet man auch in einer kleinen Kapelle; man verwahrt dort nämlich ein Stück von einer Säule, auf der der hl. Antonius gepredigt und viele Seelen bekehrt hat. Auf einer Tafel heißt es dort:

Ad honorem divi ...

Unter den Palästen dieser Stadt ist der des Cavaliere Buonadrada einer der schönsten; die sächsische Prinzessin, die als Braut des neapolitanischen Königs auch durch Rimini kam, hat ihn mit ihrem Besuch beehrt. Der dem Augustus errichtete Triumphbogen hat eine Länge von 15 Schritt und eine Breite von achteinhalb. Obwohl seine Ornamente durch die Unbilden des Wetters beschädigt sind, stellt er ein vortreffliches Stück aus vergangener Zeit dar, ebenso wie die Marmorbrücke, die, wie aus zwei recht gut erhaltenen Inschriften hervorgeht, auf Befehl von Augustus und Tiberius erbaut wurde. An besagtem Triumphbogen lassen sich auf der dem Land zugewendeten Seite nur noch sehr wenige Ornamente erkennen, nämlich drei Köpfe und dabei die Worte: »Css. Sep. des.«; auf der anderen Seite konnte ich jedoch die Inschrift nicht entdecken, die bei Nemeitz folgendermaßen beginnt: »Im. Caes. div.« etc. Unweit davon findet sich in der Kirche S. Bartolomeo folgende Inschrift:

    E fundamentis evulsum ...

Weil die Zeit alles zerstört, insbesondere die Dinge, um die man sich wenig bekümmert, haben die Behörden Riminis diesen Triumphbogen vor jeder erdenklichen Gefahr gesichert, indem sie zu beiden Seiten eine Mauer aus Ziegelsteinen errichteten, die mit den angrenzenden Häusern verbunden wurde; auf den Bogen selbst hat man einen ganzen Berg von Steinen gehäuft, damit deren Gewicht den Bau besser schützt. Dies ist ein überaus verläßliches Zeichen für ihren Willen, die wichtigsten Denkmäler der Stadt nach Möglichkeit zu verewigen.

    Damit will ich schließen und hoffe, dieser Brief möge Ihnen zum neuerlichen Denkmal meiner Ergebenheit dienen, womit ich unterzeichne als

    E.H.

        ergeb. Diener.

## XX. Brief

Ancona, am 19. März 1740

Cattolica; woher dieser Name kommt. Überreste der Strada Flaminia. Pesaro hat einen Präsidenten. Kirche der Confraternita. Feigen, Schokolade und Oliven. Herzoglicher Palast. Fano, Seepferdchen. Betrachung über den engen Zusammenhang zwischen den drei Reichen der Natur. Wasserfall außerhalb der Stadt. Kirche S. Teresa. Zeichnung des Triumphbogens. Privates Theater. Franziskaner. S. Pietro. Senigallia. Sonderbarer Vorfall. Der Hafen; der Damm. Holzbrücken. Der Vetturin ertrinkt beinahe. Olmo. Ancona. Seine Zitadelle. Lazarett im Meer. Der Niedergang des Handels. Ancona hat die Gestalt eines Halbmondes, ist aber hügelig. Marienkirche. Rathaus. Triumphbogen. Buntscheckige Kleidung. Armenierkirche. Halle der Kaufleute. Köstliche Fische. Ebbe und Flut, dazu eine Betrachtung über diesen Gegenstand.

Gleich als ich in Ancona ankam, habe ich den Kaufmann, dem ich empfohlen war, aufgesucht und dort Ihren liebenswürdigen Brief entgegengenommen, der ordnungsgemäß abgegeben worden war. Es ist also nicht meine Schuld, daß ich Ihnen dies erst so spät melde und mich nicht schon früher für die zahlreichen Nachrichten aus unserem Vaterland bedankt habe. Nun fühle ich mich aber erneut verpflichtet, meine Antwort zu beschleunigen und meinerseits den Briefwechsel fortzusetzen, so wie wir es verabredet haben.

Hinter Rimini führt der bequemste Weg am Sandstrand entlang. Noch am selben Tag erreichten wir gegen Abend Cattolica, das seinen Namen von den orthodoxen Bischöfen hat, die sich wegen der vielen Arianer auf dem Konzil zu Rimini im Jahre 359 dorthin begaben, um zu beichten. Man kann das außen am Kirchenportal nachlesen. Ungefähr drei Meilen hinter der Stadt sieht man noch Überreste von der Strada Flaminia und etliche Meilensteine. Am Morgen des folgenden Tages kamen wir nach Pesaro, eine kleine, aber schöne Stadt. Sie ist gut gepflastert, stark bevölkert und in hergebrachter Weise befestigt. Man versicherte mir, daß dort 13000 Seelen leben. Der oberste Richter, derzeit S. Landi, ist der Präsident; in seinen Diensten stehen 24 wohl ausgerüstete Schweizer. Kaum eine Kirche lohnt dort die Besuche fremder Reisender, wenn man von der Kirche der Confraternita, auch Nome di Dio genannt, absieht, wo einige vortreffliche Gemälde zu finden sind; dasjenige über dem Hauptaltar stammt von Barocci und stellt die Beschneidung Jesu Christi dar.

Zwei Erzeugnisse der Stadt werden auch andernorts gerühmt, nämlich die Feigen und die sehr wohlschmeckende Schokolade; die Oliven sind gleichfalls wunderbar. Zudem ist in Pesaro selbst das beste Fleisch noch ziemlich billig, was wohl der Grund dafür sein dürfte, daß man dort verhältnismäßig mehr Pfaffen und Abaten findet als irgendwo sonst in Italien.

Auf den Mauern des Herzoglichen Palastes, der einst die Winterresidenz des Herzogs war, erblickt man das Wappen Venedigs, nämlich das Zeichen des hl. Markus. Unwissende pflegen daraus zu schließen, daß die Stadt einmal den Venezianern gehört habe, während unterrichtetere Leute sagen, daß einst ein tapferer Mann, der der Republik gedient, den Generalsposten aber letztendlich doch ausgeschlagen hatte, das Wappen Venedigs beibehalten habe. Wahr ist jedenfalls, daß das gesamte Herzogtum unter dem Pontifikat Urbans VIII., dessen Statue beim Palast steht, dem Kirchenstaat einverleibt worden ist.

Vom Rathaus will ich folgende Inschrift mitteilen:

Providentiae Em. et ...

Am Brunnen auf dem Stadtplatz fand ich folgende Worte:

Comes Virginius ...

Von Pesaro nach Fano sind es nur sieben Meilen, die sich bequem und angenehm zurücklegen lassen, wenn man wieder den Weg am Meer entlang nimmt. Das Ufer ist dort vollkommen flach und besteht aus so festem Sandboden, daß man den Abdruck der Räder und den Huftritt der Pferde kaum sieht. An diesen reizvollen Stränden ging ich zumeist wie ein Pilger zu Fuß, so daß die Wellen meine Füße umspülten. Ich genoß aber nicht nur dieses drollige Vergnügen, sondern stieß bei Ebbe hie und da auch auf Seepferdchen und Seesterne, die ich aufsammelte und ohne große Mühe trocknete. Zuweilen kann man sie in den Kabinetten der Naturforscher finden. Erstere ähneln in der Tat einem Pferdekopf und letztere einem fünfzackigen Stern; beide sind ungefähr eineinhalb Finger groß. Was den Seestern angeht, so hätte ich ihn eher für eine Pflanze gehalten, mit der er ja große Ähnlichkeit hat; seine tierische Natur entdeckt man nämlich erst bei genauerem Hinsehen, denn der Seestern besitzt in der Tat die entsprechenden Organe. Ich glaube jedoch, daß er außerhalb des Wassers nicht lange leben kann. An diesem Beispiel zeigt sich, was die heutigen Naturforscher schon mit vielen Beweisen dargelegt haben: nämlich die Wahrheit von dem engen Zusammenhang zwischen den drei Reichen der Natur, hier eben zwischen dem pflanzlichen und dem tierischen Zustand. Das erinnert mich daran, daß die Korallen einst zu den Mineralien gezählt wurden, während wir sie heute doch unbestritten dem Pflanzenreich zurechnen. Wahrhaftig, in der gesamten Schöpfung vom Erzengel bis zum unscheinbarsten Staubkorn waltet von Stufe zu Stufe eine so wunderbare Sorgfalt des höchsten Schöpfers, daß nicht einmal die erleuchtetsten Geister zu bestimmen vermögen, wo die eine erschaffene Art endet und die andere beginnt. Ich entsinne mich auch gelesen zu haben, daß es im Königreich Borneo einen Baum geben soll, dessen Blätter sich beleben und auf ihrem Stiel wie auf einem Bein herumspazieren, bis sie sich schließlich verlaufen; auf Sizilien sollen sich sogar die Knospen beleben und in wahrhaftige Tiere verwandeln. Falls wir diesen Erzählungen überhaupt glauben dürfen, so scheint es mir doch, daß sich diese beiden Beobachtungen gewiß mit zahlreichen vernünftigen Gründen erklären lassen, ohne daß man die Natur eines so erstaunlichen Sprunges vom Reich der Pflanzen in das Reich der Tiere bezichtigen müßte. Die Natur ähnelt also einer Kette, und die Dinge der Schöpfung sind deren Glieder. Nach dieser Betrachtung will ich zu meinem Ausgangspunkt zurückkehren: ich fand am Strand auch verschiedene kleine Holzstückchen, die vermutlich das Salzwasser so schwarz und blank gemacht hatte, daß sie wie Ebenholz aussahen.

Als Stadt ist Fano weder schön noch allzu bevölkert, aber ihre wenigen Bewohner besitzen eine anmutige Gestalt und ein gefälliges Äußeres. E.H. werden mich nun für einen Laffen halten, weil ich dasjenige rühme, das zuerst ins Auge sticht, aber der Wahrheit muß man leidenschaftslos die Ehre geben. Nach dieser notwendigen Verteidigung will ich daran erinnern, daß aus der Geographie bekannt ist, daß Fano auf Lateinisch »Colonia fanestris« heißt und seine Bewohner »Fanestres« genannt werden. Sie haben nämlich einmal einen Trupp von Leuten in diese Gegend geführt, um den Boden zu bebauen und der Göttin Fortuna einen Tempel zu errichten. Bevor man die Stadt betritt, kommt man an einem schönen natürlichen Wasserfall vorbei, der seinesgleichen sucht. Über dem Stadttor steht in Stein gehauen:

Pio IIII Pont. Max. An. MDLXIII.

Wie üblich begab ich mich zuallererst in die der hl. Theresia geweihten Kirche, von der ich sonst nichts zu berichten wüßte als diese Inschrift:

D.O.M. Templum ...

Seien Sie nun so gütig und verwundern Sie sich nicht, daß ich die Architektur verhunze, wenn ich Ihnen hier den Triumphbogen sende, der wohl einen besseren Zeichenstift verdient hätte als den meinen. Seine derzeitige Fassade sieht folgendermaßen aus:

Ebenso wie der Triumphbogen in Rimini ist auch dieser Triumphbau aus dem schon erwähnten Grund mit der Kirche S. Michele verbunden; die Inschriften sind nicht mehr lesbar. Ein Nobile hat übrigens den merkwürdigen Einfall gehabt, sich in seinem großen Palast am Stadtplatz auf eigene Kosten ein geräumiges Theater errichten zu lassen, das wohl seinen Kindern von Nutzen sein sollte. Aus Venedig weiß ich von einem ähnlichen Theater, das ein Familienvater für seinen Nachwuchs bauen ließ, damit die Kinder durch das Spielen von Tragödien und Komödien moralisch gebessert würden und einen behenden, kräftigen und kühnen Körper erwerben könnten. Ich weiß wohl, daß viele derlei Übungen zutiefst ablehnen und verachten, ja daß man sogar die Leute, die Theaterbuden betreten, für die allergrößten Sünder hält, gleichgültig, ob sie sich dort nur vergnügen oder daraus Nutzen ziehen wollen. Aber so wie es unrecht ist, neue Vorschriften aufzustellen und andere dazu zu zwingen, den eigenen Geschmack als allgemeingültig anzuerkennen, so verlangen Vernunft und Anstand auch, daß jeder,

der seine eigenen Angelegenheiten verantworten kann, über seine Vergnügungen frei entscheiden darf, solange diese unschuldig sind und nichts mit schmutzigen Handlungen zu tun haben. Schließlich ist doch jeder sein eigener Richter über diejenigen Handlungen, die niemanden sonst als ihn selbst betreffen. Bei den Franziskanern fand ich folgendes Epitaph:

> Sigismundo Pandulfo ...

In der Kirche S. Pietro wird alles von den vergoldeten Pfeilern, der Kuppel und dem Dachgebälk überstrahlt. Dort zeigt sich aber auch, daß nicht alles Gold ist, was glänzt. An einem Pfeiler des Hauptaltars befindet sich nämlich eine Büste, die den Schutzheiligen der Kirche darstellt. Sie scheint ganz aus Bronze zu bestehen, aber als ich sie aufmerksam betrachtete, merkte ich, daß nur der Kopf aus diesem Material war, der Rest hingegen aus Holz. Wie man mir im Kloster sagte, hat man den Kopf im Tiber gefunden. Über dem Portal steht auf der Innenseite eine Inschrift, die Nemeitz richtig kopiert hat, man muß lediglich das Jahr 1648 zu 1649 verbessern. Diese Inschrift beginnt mit »D.O.M. Hieronimo Gabriele etc.«. Im Kreuzgang besagter Kirche mußte ich mich mit folgender Inschrift zufriedengeben:

> D.O.M. Cenotaphium ...

In der Kirche selbst fand ich diese:

> D.O.M. Laurentius ...

Ein bärtiger Pater, der uns freundlichst herumführte, bedauerte, uns die Bibliothek nicht zeigen zu können, da der Bibliothekar gerade ausgegangen war. Weil sie aber, wie er sagte, sehr schöne Dinge besitzt, bat er uns inständig, am nächsten Morgen wiederzukommen, um unsere Wißbegier dann zu stillen. Wir aber eilten am nächsten Morgen schon beizeiten nach Senigallia, lat.: »Sena gallica a gallis Senonibus exstructa ad Galliam cisalpinam s. togatam adhuc relata«. Angesichts der Berühmtheit ihrer Messe hat diese Stadt ansonsten nichts Schönes aufzuweisen, wenn man vom Anblick absieht, den sie aus der Ferne bietet; auch konnte ich mir gar nicht vorstellen, wo denn diese berühmte Messe abgehalten würde, denn der Stadtplatz ist klein, und die Straßen sind eng und düster. Weil letzteres auch für die Kirchen gilt, habe ich sie ganz einfach übergangen. Was die Befestigungsanlagen angeht, so gibt es zwar einige Bastionen, die mit Kanonen bestückt sind, aber diese dienen keineswegs dazu, einen herannahenden Feind zurückzuschlagen, sondern vielmehr zur Begrüßung eines durchreisenden Botschafters oder Kardinals. Da gegenwärtig in Rom das Konklave abgehalten wird, müssen die Kardinäle aus allen Ecken und Enden der Christenheit zusammenströmen. Als wir mit unseren drei Sedien in Senigallia ankamen, wurde gerade ein solcher Kardinal erwartet, und die verwirrten Kanoniere hätten beinahe Feuer gegeben, wenn man sie nicht noch rechtzeitig aufgeklärt hätte. Zu diesem Irrtum hat vielleicht die rote Mütze nicht wenig beigetragen, die mir vom Karneval her noch geblieben war und aus der sie wohl geschlossen hatten, ich müßte der Kardinal sein.

Der Hafen von Senigallia ist weitläufig und schön und kann deshalb größere Schiffe aufnehmen als die Häfen von Pesaro oder Fano. Es gibt auch einen Damm, auf dem ein Leuchtturm steht, der den Seeleuten nachts den Weg in den sicheren Hafen weist. Seine Inschrift lautet:

Alexandro VIII. Pont. Max. ...

Einer der Kaufleute sagte mir, daß man am anderen Ende des Hafens einen weiteren Leuchtturm errichten wolle. Solche Hafenstädte haben unzweifelhaft neben dem Nutzen, der aus dem günstigen Handel entspringt, auch noch den zusätzlichen Vorteil der schönen Lage, die jeden Besucher bezaubert. Auch ich werde mich künftig immer wieder gern an den Hafen und an die Promenade am Strand von Senigallia erinnern. Diese ist über 250 Schritt lang, mit großen Steinen gepflastert und so reizvoll, daß sie nur schwerlich würdig beschrieben werden kann.

Zwischen Fano und Ancona passierten wir drei sehr lange

Holzbrücken, die man der Überschwemmungen wegen errichtet hat, die dort regelmäßig auftreten, wenn die Flüsse anschwellen, was insbesondere während der Schneeschmelze im Apennin geschieht. Wo es keine Brücken gibt, hält man für die Überfahrt kleine Boote bereit; ein solches haben wir auch zwischen Imola und Faenza vorgefunden, wo unser Führer beinahe ums Leben gekommen wäre, weil er das bißchen Geld sparen wollte, das man für ein Boot hätte zahlen müssen. Sein Pferd konnte nämlich der Strömung nicht standhalten und wurde mitsamt dem Reiter umgerissen. Er kam aber ebenso glücklich davon wie wir, wenngleich die Sache nicht ohne Herzklopfen abging, da das Wasser mit seiner Macht beinahe auch die Sedien fortgespült hätte.

Die Nacht des 18. März verbrachten wir in Olmo, das eine Stunde vor Ancona liegt. Als wir hier am darauffolgenden Tag ankamen, mußten wir Pferde und Wagen vor der Stadt lassen, da diese so bergig ist, daß der Aufstieg selbst für uns ziemlich mühselig war; dank des trockenen Wetters ging es aber wenigstens ohne gebrochene Nasen ab. Als wir dann endlich die Zitadelle erreicht hatten, die die Stadt beherrscht, bot sich uns die schönste Aussicht der Welt, was mich für meine Anstrengungen ebensosehr belohnte wie die folgende Inschrift, die ich am obersten Tor unweit des Kastells fand:

    Clementi XII. P. Max. ...

Dann stiegen wir wieder hinab, um das von Papst Clemens XII. im Jahre 1734 begonnene Lazarett, das man ins Meer hineingebaut hat, in Augenschein zu nehmen. Dieses wirklich wunderbare Werk war vordem eine nicht fertiggestellte sechseckige Festung. Die Zimmer darin gehen auf den Innenhof, in dessen Mitte eine Kapelle so angeordnet ist, daß die in Quarantäne befindlichen Leute von ihren Zimmern aus den Priester sehen können. Verdächtige Waren werden im hinteren Teil in dafür vorgesehene Gruben geworfen. Die gesamte Anlage wird von einer sehr hohen und dicken Mauer umschlossen, damit sie den Stürmen auf dem Meer ringsumher besser widerstehen kann.

Auf dieser Mauer kann man bequem spazierengehen; es sind dort auch fünf Wachposten aufgestellt. Am Hauptportal findet man diesen Hinweis:

Clemens XII. P. M. ...

Beim Anblick eines derartigen Lazaretts verdroß es mich um so mehr, daß ich die traurigen Tage meiner Quarantäne in Palmada nicht hier hatte verbringen können. Wenn man die Holzbrücke überquert, die das Lazarett mit der Stadt verbindet, dann erblickt man in geringer Entfernung im Meer eine Säule, die auf verborgene Klippen hinweist. Ancona war einst für seinen Handel und seine Altertümer ebenso berühmt wie für seine Lage und die Pracht seiner Reichtümer. Mittlerweile hat sich das aber geändert, und die Bewohner bringen zwei Gründe dafür vor: die Messe in Senigallia und die uneingeschränkte Freiheit, sich dort anzusiedeln und Handel zu treiben. Ich möchte diesen Umschwung freilich eher dem Schöpfer aller Dinge zuschreiben, der allem seine Zeit bestimmt hat.

Ancona hat die Gestalt eines Halbmondes, so daß sein Hafen stattlich und weiträumig wirkt; er ist dadurch aber zu wenig vor den sehr starken Nordwinden geschützt. An dieser Seite hat man deshalb unter erstaunlichen Mühen und unermeßlichen Kosten eine Mauer errichtet, was aber keinen großen Nutzen brachte, weil die Gewalt der Wogen nicht nur immer wieder die Mauer zerstört, sondern auch verhindert, daß man sie erneut befestigt. Es scheint, als wäre diesem Übel nicht abzuhelfen.

Ich kann mich nicht enthalten, die Worte eines Edelmannes aus der Stadt über die Winkel und Ecken in den geraden Straßen zu wiederholen. Seiner Meinung nach sind sie zu einer Zeit, in der jeder jeden ungestraft beleidigen konnte, absichtlich gebaut worden, damit man sich einem solchen Angriff durch Flucht entziehen konnte. Ich meinte hingegen, daß vielleicht die natürliche Beschaffenheit des Ortes der Hauptgrund gewesen wäre. Auf meine Frage, woher denn die vielen Türme kämen, die man in der Stadt sieht, gab mir dieser Edelmann eine Antwort vom selben Schlag. Er glaubte nämlich, daß die Zustände während der Bürgerkriege solche Türme erfordert hätten und daß selbst heute noch jeder, der Konsul werden möchte, einen solchen Turm nötig hätte. Die Straßen sind übrigens zumeist eng und mit Ziegelsteinen gepflastert; der Stadtplatz ist so klein, daß man selbst in Dörfern oft einen besseren finden dürfte. Auf diesem kleinen Platz steht eine schöne Statue von Papst Clemens XII., die erst vor wenigen Monaten aufgestellt worden ist. An drei Seiten des Sockels sind folgende Worte zu lesen:

1) Clem. XII. P. M. ...
2) An. repar. ...
3) Curantibus guelpho ...

Daneben betritt man über eine wunderschöne Treppe die Kirche der Madonna della Corona, die ich hier nur deshalb erwähnen will, damit Sie mit den verschiedenen Beinamen bekannt werden, die man der Mutter Jesu gibt.

Im Rathaussaal befinden sich zahlreiche schöne Inschriften zum ehrenvollen Gedenken an Päpste und Kardinäle; ich will diese aber einem weniger hastigen Reisenden überlassen und Ihnen davon nur die folgende mitteilen:

Aeneum pedem ...

Dieser Fuß ist in der Tat ein besonders merkwürdiges Stück aus dem Altertum. Woher aber die bronzene Reiterstatue Trajans auf dem aus feinem weißem Marmor bestehenden Triumphbogen am Hafen stammt, konnte mir keiner der Einwohner sagen. Hier sehen Sie nun dessen Umriß, den ich eigenhändig abgezeichnet habe:

Da ich nach dem Mittagessen aus Ancona abreisen mußte, verzichtete ich auf die Besichtigung der Kirche S. Ciriaco, zu der schon viele Reisende mit großer Mühe und geringer Befriedigung emporgestiegen sind. Das Merkwürdigste an dieser Kirche ist, daß sich die törichten Mönche rühmen, den echten Leib der hl. Ursula in Händen zu haben, was man aber auch in Köln behauptet. Aber Schluß mit solchen Märchen.

In jeder Beschreibung einer Italienreise kann man in dem Kapitel über Ancona von der seltsamen und buntscheckigen Kleidung in mehr als 50 Farben lesen. Heutzutage tragen die Einwohnerinnen von Ancona aber nur noch Kleider in drei oder vier Farben, was nichts Außergewöhnliches, sondern in ganz Italien üblich ist.

Das Besondere an der Armenierkirche waren ihre drei Altäre, da diese Kirchen in der Regel nur einen einzigen besitzen. Unweit des Rathauses steht eine sehr alte Kirche, in der schon der hl. Petrus die Messe gelesen haben soll; diese Meinung ist aber natürlich gänzlich unbegründet.

Die Halle der Kaufleute ist ein Saal von 42 Schritt Länge und 28 Schritt Breite; es befinden sich dort Geschäfte für Galanteriewaren. An der Außenseite steht über dem Eingang die Reiterstatue eines Herzogs von Ancona. Die Stadt unterhält derzeit 200 Soldaten, und ihr gegenwärtiger Gouverneur ist der Prälat Niccolò Serra, aber die Inhaber dieses Amtes wechseln ständig ab.

Ancona hat einen Kardinal, der derzeit Bartolomeo Maffei heißt. Was man von gewissen köstlichen Fischen erzählt, die mitten in Steinen zu finden sein sollen, kann ich bestätigen: es handelt sich um vorzügliche Muscheln, die sich im Gestein verbergen; wenn man dieses zerschlägt, so findet man darin je nachdem eine größere oder kleinere Anzahl von diesen Tieren, die man »ballari« nennt.

Damit wäre ich an das Ende meines Briefes gelangt und habe nur noch mein Versprechen einzulösen, etwas über Ebbe und Flut in einer südlicheren Stadt des Golfs zu berichten. Es trifft tatsächlich zu, daß der Unterschied zwischen Ebbe und Flut immer geringer wird, je weiter man nach Süden kommt; in Ancona macht er nur noch einen Fuß aus und verschwindet dann allmählich vollständig. Da ich ein wenig über die Wirkursachen nachgedacht habe, kann ich meine Meinung nicht länger zurückhalten: man sagt, Ebbe und Flut seien eine Folgeerscheinung des Mondes, darüber sind sich die heutigen Naturforscher einig. Allerdings haben sie sich noch nicht darüber verständigen können, ob der Mond durch seinen Druck oder durch seinen Sog wirkt. Letzteres liegt zwar näher, weil man mit eigenen Augen sehen kann, wie das Meer anschwillt und sich in seinem gewohnten Bett ausdehnt. Nehmen wir dagegen an, der Druck wäre die Ursache, dann müßte sich das Meer entfernen. Aber, bei allem schuldigen Respekt vor den Naturforschern, kann denn nicht das eine ebenso wahr sein wie das andere, je nachdem, was wir für den ursprünglichen Zustand des Wassers halten? Denn wenn die Flut den ursprünglichen Zustand darstellt, so würde der Mond durch seinen Druck wirken, ist es aber die Ebbe, dann wirkt er durch seinen Sog. Wer aber sollte das je entscheiden? Man will auch beweisen, daß der Mond das Meer um 16 Fuß anschwellen läßt und es emporhebt. Aber, ich bitte Sie, läßt sich denn nicht mit ebenso gutem Grund behaupten, daß er es um 16 Fuß zurücktreibt?

Während ich die Ehre habe, auf Befehle harren zu dürfen, will ich weiterhin alles, was mir begegnet, eifrigst sammeln, um Ihnen mit Ihrer gütigen Erlaubnis dieselben Dienste wie bisher auch künftig erweisen zu können, damit ich weiterhin unterzeichnen darf als

E. H.

XXI. Brief

Loreto, am 18. März 1740

> Sirolo; wundertätiges Kruzifix. Die Lage der Stadt Loreto. S. Casa. Schatzkammer. Gelüst des schwedischen Königs Karl XII. Wahrer Ursprung der S.C. Beschreibung des Schatzes. Unverschämtheit der Armen. Beschreibung der S.C. Wie verschiedene Dinge geweiht werden. Palast. Keller. Apotheke.

Italien ist so reich an Sehenswürdigkeiten, daß ich Ihnen nun schon wieder neue vorstellen kann, nämlich diejenigen von Loreto, das nicht nur den Katholiken, sondern auch den Angehörigen aller anderen Religionen bekannt ist. Seit vorgestern genieße ich nun die gereinigte, ja wenn ich kein Ketzer wäre, würde ich sogar sagen: geheiligte Luft, die hier oben auf diesem überaus hohen Berg weht. Auf dem Weg von Ancona hierher haben wir kaum etwas Bemerkenswertes gesehen, es sei denn das wenige Stunden entfernt linker Hand am Meer liegende Sirolo oder auch Girolo, das durch folgendes Sprichwort bekannt ist: »Chi è stato a Loreto e non a Girolo, ha veduto la

Madre e ha lasciato il figliolo«; ich bekümmerte mich freilich nur wenig darum und besuchte zwar die Mutter, nicht aber den Sohn. Bei diesem handelt es sich nämlich um ein Kruzifix, das für seine Wundertaten berühmt ist, zu denen, wenn ich mich recht entsinne, auch gehört, daß man der Perücke des Gekreuzigten die Locken immer wieder abschneiden kann, ohne daß sich etwas an ihrer Beschaffenheit ändern würde. Wahrscheinlich treffe ich den Nagel auf den Kopf, wenn ich dieses Kunststück einem schlauen Mönch zuschreibe. Loreto nun liegt auf einem Berg, der wahrlich nicht niedrig ist. Damit die Pilger, wenn sie am Fuß des Berges ankommen, sich erquicken und ihren Durst stillen können, hat Papst Gregor XIII. dort einen Brunnen bauen lassen, auf dem die folgenden Worte stehen:

> Sedente Gregorio XIII ...

Wenn er daneben auch noch einen Backofen errichtet hätte, dann wäre seine väterliche Liebe noch größer gewesen. Das Wichtigste hier sind die Santa Casa und die Schatzkammer; letztere ist allein deshalb schon bemerkenswert, weil sie sich, wenn man sich von der Rückseite her nähert, an einem nicht befestigten und kaum geschützten Ort befindet. Der Spur jenes Helden ist auch Karl XII. gefolgt, der mit seinen kühnen Heerscharen bis nach Rom ziehen und den nutzlosen Schatz wie einen Leichnam wiederbeleben wollte. Er bekümmerte sich dabei wenig um das Märchen, das man von den Türken erzählt; diese sollen nämlich vor ungefähr 150 Jahren von der Madonna geblendet worden sein, als sie den Schatz rauben wollten. Man müßte aber schon sehr dumm und in Vorurteilen befangen sein, um so etwas glauben zu können.

Über dieses hochheilige Haus von Nazareth besagt uns die Überlieferung folgendes: durch göttlichen Ratschluß und Willen ist es von den Engeln aus Galiläa über Syrien, Makedonien, Albanien und Dalmatien 1895 italienische Meilen weit nach Tersatto in Istrien gebracht worden; anschließend wurde es noch einmal 145 Meilen weit über die Adria nach Loreto getragen. Jeder Einwohner von Loreto rühmt sich, von jemandem abzustammen, der die Ankunft der Santa Casa beobachtet hat, so daß es der Vater vom Großvater und dieser wiederum vom Urgroßvater und so fort gehört haben will; auch die jetzt Lebenden werden es gewiß nicht versäumen, ebendiese Geschichte an ihre Kinder weiterzugeben. Dabei handelt es sich ganz einfach um eine Täuschung und einen Betrug durch Bonifaz VIII., von dem man sagt, er sei als Fuchs zum Pontifikat gelangt, habe dann als Löwe regiert und sei schließlich als Hund gestorben. Einem solchen Mann ist eine derartige Unternehmung durchaus zuzutrauen, wie es Misson in seiner ›Reise‹ darlegt, auf die ich mich bei der genauen Beschreibung der Santa Casa stütze. Seitdem hat man unter dem Deckmantel der angeblichen Heiligkeit unermeßliche Schätze zusammengetragen, und sogar die Bewohner der Stadt verstehen es, ihren Nutzen daraus zu ziehen, indem sie einen blühenden Handel mit Gold- und Silbermünzen betreiben, die das Bildnis der hl. Jungfrau tragen; die fremden Reisenden kaufen diese und lassen sie weihen, ohne auf die Feinheit des Metalls achtzugeben. Es kam mir so vor, als wären die Armen nirgendwo so unverschämt wie hier, vielleicht weil sie glauben, daß auch ihnen das Vorrecht zustünde, mit Ungestüm Almosen zu fordern. Sie geben sich nämlich nicht damit zufrieden, wenn sie einmal etwas bekommen haben, und zwar unabhängig davon, ob es viel oder wenig war.

Der ungeheure Schatz, der dank der Freigebigkeit der allzu Leichtgläubigen angehäuft werden konnte, wird in einem an die Kirche angebauten Saal gehütet, den lediglich ein schönes Deckenfresko schmückt. Dort stehen etwa 20 Schränke mit eisernen Schlössern, damit die vielen wertvollen und wehrlosen Gegenstände darin sicher verwahrt sind. Ich will Ihnen hiervon nur in aller Kürze einen Eindruck vermitteln, da ich Ihnen bei Gelegenheit ein Büchlein schicken werde, das alles genauestens aufzählt: im 1. Schrank ein goldener Altar, dazu Diamanten und Ringe von hohem Wert. Im 2. ein Kreuz aus Kristall und andere Preziosen. Im 3. Diamanten und Rubine in Hülle und Fülle. Im 4. zahlreiche goldene Gefäße. Im 5. eine schöne Kamee mit dem Kopf Julius Cäsars sowie ein goldenes Kruzifix.

Im 6. ein Kleid der Madonna, das mit 6684 Diamanten besetzt sein soll, wofür ich mich aber nicht verbürgen will, da ich sie nicht nachgezählt habe. Im 7. Perlen und Diamanten. Im 8. ein Kruzifix und zwei Kandelaber aus Achat, Geschenke des Grafen von Lichtenstein. Im 9. eine goldene Taube, 23 Pfund schwer, und ein Herz aus demselben Metall. Im 10. ein weiteres goldenes Herz, Diamanten und andere Preziosen sowie eine aus dem Meer gefischte Perle, auf die man besonders große Stücke hält; sie sieht wie eine Gondel aus, und es soll auf ihr ohne menschliches Hinzutun ein Kind eingezeichnet sein, aber man benötigt wohl ein sehr päpstliches Auge, um an ein solches Geschwätz zu glauben; mit Diamanten besetzte Bücher. Im 11. Schrank mit Perlen besetzte Gewänder, die nach hiesiger Berechnung 100000 Dukaten wert sind. Im 12. Diamanten, Perlen und ein Klumpen Gold. Im 13. Gefäße aus Lapislazuli. Im 14. goldene Kelche, Perlen und andere Preziosen. Im 15. goldene Herzen. Im 16. mit Korallen besetzte Priestergewänder. Im 17. Rosenkränze aus riesigen Perlen und ein orientalischer Topas. Im 18. ein goldener Tabernakel, der mit Edelsteinen verziert ist. In diesem Schrank werden die Geschenke der Königin von Neapel und ihres Bruders, des sächsischen Kurprinzen, aufbewahrt, die sie bei ihrem Aufenthalt in Loreto der hl. Jungfrau dargebracht haben. Von solchen Leuten könnte man sagen: entweder sie machen ein Geschenk, oder sie müssen fernbleiben; man darf sich eben nicht zwischen Spindel und Rocken legen, wenn man nicht mitspinnen will. Im 19. Schrank geschliffene Diamanten, davon einer mit 73 Karat; fünf Diamantenstickereien in Gestalt eines Kreuzes. Ein aus Diamanten zusammengesetzter Adler, ein überaus wertvolles Stück. Außerdem besitzt man noch vielerlei Silber, das aber nicht würdig genug ist, um in die mit Gold, Edelsteinen und anderen vortrefflicheren, weil goldenen Gefäßen angefüllten Schränke aufgenommen zu werden; diese Silberarbeiten liegen deshalb ohne jegliche Ordnung in den Winkeln des Saales herum. Dazu gehört auch eine lebensgroße Statue aus Silber, welche die Prinzessin darstellt, die sie der Madonna zum Geschenk gemacht hat. Ein riesiger Tabernakel, dessen Basreliefs Ansichten von Parma und Piacenza zeigen und bei dem es sich um ein Geschenk der Prinzessin von Parma handelt. An seiner Tür ist eine silberne Galeere angebracht; zudem ist der ganze Altar mit Silberplättchen besetzt und wird von einem vortrefflichen Gemälde geschmückt. Es ist ein leichtes, sich Zutritt zur Schatzkammer zu verschaffen, und gewöhnlich gibt man dem Mönch, der alles vorzeigt und erläutert, eine Zechine, die er unter vielen Dankesbezeugungen annimmt. Leider hatte er eine gar zu flinke Zunge; er erklärte nämlich alles auf eine Art und Weise, daß es mir unmöglich war, auch nur die Namen der wichtigsten Wohltäter aufzuschreiben. Während der Besichtigung dieser Schätze sitzt ein weiterer Jesuit als Aufseher dabei; dies geschieht aber nicht der Förmlichkeit halber, sondern aus Vorsicht. Es ist wahrlich ein großes Elend, wie man hier von den vielen Armen belästigt wird, die immer »Barmherzigkeit, um der Liebe und Güte unserer Hl. Jungfrau Maria willen Barmherzigkeit« rufen, womit sie eher den Magen zum Erbrechen als das Herz zum Mitleid rühren. Als ich nach dem Essen in die Kirche ging, regnete es zufälligerweise, so daß ich Muße hatte, erneut eine Inschrift zu kopieren, nämlich die auf der großen Statue vor der Kirche. Bislang ist sie noch nirgendwo veröffentlicht, vielleicht aus demselben Grund, den ich oben bereits angeführt habe. Es heißt dort:

Xisto quinto ...

Die Kirche hat einen kreuzförmigen Grundriß und ist ziemlich groß. Mitten in ihr steht die Santa Casa, die man als eben das Haus rühmt, in dem Maria geboren, mit Joseph verlobt und vermählt worden ist, wo ihr der Engel die Verkündigung brachte und wo Christus Fleisch wurde. Einem Buch mit dem Titel ›Die Geheimnisse Mariens‹ zufolge ist die Würde dieses Hauses so groß und seine Herrlichkeit derart erhaben, daß das Heiligtum von Loreto allen übrigen heiligen Stätten unter dem Himmelszelt vorgezogen wird. Die vielen Namen, die man dem Haus gegeben hat, will ich der Kürze halber hier nicht aufzählen, sondern berufe mich auf den oben bereits erwähnten Misson. Die äußere Länge des Hauses beträgt 55 Fuß und seine Breite 38, falls man die Schale, wenn ich so sagen darf, welche das Haus umgibt, mitrechnet. Das Haus selbst besteht aus zwei Zimmern; das kleinere, das Heiligtum, ist 15 Fuß lang und fünf breit, das andere ist 28 Fuß lang und 16 breit. Es gibt dort drei echte Türen und, der Symmetrie halber, noch eine vierte, die aber nur gemalt ist. Auf jeder dieser Türen steht eine Inschrift; auf der ersten heißt es:

> Illotus timeat ...

Ich bezweifle, daß ich mich vorher gewaschen habe. Nicht übel! Da wird zwar die äußerliche Sauberkeit verlangt, aber an die innere denkt man nicht. Lernt lieber, eure Herzen, die ihr immer wieder befleckt, vor Gott zu reinigen, dann werdet ihr eurem Schöpfer wohlgefälliger sein, als wenn ihr euch nur den Schmutz von der Haut abwascht! Unter jener Inschrift steht ferner:

> Intrantes cum armis sunt excommunicati.

Weniger aus Angst vor der Exkommunikation als der guten Sitten und der Enge der Räume wegen übergab ich meinen Degen einem Bedienten, da ich sonst die Gläubigen, die in großer Zahl auf den Knien lagen, gar zu sehr belästigt hätte.

Die Inschrift an der zweiten Tür verwunderte mich sehr. Sie lautet nämlich:

> Indulgentia plenaria etiam per modum suffragii.

O ihr blinden Lenker und Aufschneider! Ihr versprecht goldene Berge und könnt nicht einmal ein Staubkorn geben. Auf der dritten Tür:

> Declarantur excommunicati ...

Vielleicht hätte ich diesen Blitz zu spüren bekommen, wenn ich der Gerichtsbarkeit des Papstes unterstünde, aber so dachte ich nicht daran, um eine Erlaubnis zum Betreten des Hauses nachzusuchen. Über der vierten Tür steht dieses Distichon:

Templa alibi ...

Alle vier Türen sind kunstvoll in Bronze gearbeitet. Die Mauern, die die Santa Casa wie eine Schachtel umschließen, ohne sie jedoch zu berühren, bestehen aus allerfeinstem weißem Marmor, auf dem in Basreliefs die ganze Lebensgeschichte der Gottesmutter dargestellt ist. Es ist gestattet, diese Mauer zu küssen, und von dem allzuvielen Schlecken und Küssen scheint sie bis auf Manneshöhe gar nicht mehr aus Marmor, sondern aus einem anderen Stein zu bestehen; so groß also ist die Andacht der Pilger. Ich hatte dort auch ein schönes Erlebnis, das mich allerdings eine Kleinigkeit kostete. Ein armer Knabe hatte sich nämlich erboten, für eine milde Gabe in meinem Namen und so oft ich wollte auf den Knien um die Santa Casa herumzurutschen. Wir wurden handelseinig, aber da ich mich auf seine Ehrlichkeit nicht verlassen wollte, folgte ich ihm, und richtig: als er um die Ecke gebogen war und mich außer Sichtweite glaubte, richtete er sich auf, um seinen Weg mit weniger Mühe zurückzulegen. Ich rief ihn daraufhin zurück und schalt ihn, er möge sich an unsere Abmachung halten; sogleich warf er sich erneut auf die Knie, legte den Weg noch einige Male zurück und wurde dann von mir entlohnt. Heißt das nicht der Dinge spotten, die man für heilig erachtet? Und dennoch tun sie es, ihrer eigenen Religion zum Hohn. Nun kann ich mir die Umzüge vorstellen, die hier insbesondere zur Osterzeit und am Tag der Geburt Mariens um die Kirche herum auf den Knien stattfinden. O welch ein Anblick muß es sein, wenn 50 Männer und Frauen, alte wie junge, in dieser Haltung herumrutschen, einander anstoßen, dazu den Rosenkranz aufsagen und ihre Gebete hermurmeln.

Nach diesem Vorspiel betrat ich nun das eigentliche Haus; es besitzt nur ein einziges, drei Fuß hohes und fast ebenso breites Fenster, durch das der Engel zu Maria kam. Die Decke ist schwarz und neu; neu ist auch der mit Marmor ausgelegte Fußboden, da die Engel den alten Boden mitsamt den Fundamenten in Nazareth zurückgelassen haben. Die Mauern bestehen aus Ziegelsteinen aus einem unbekannten Material. Man zeigte uns zwei mit eisernen Bändern befestigte Steine, von denen man das Märchen erzählt, daß ein Mann, nachdem er diese Steine gestohlen hatte, so sehr geplagt worden sei, daß er sie wieder zurückgebracht habe. Es gibt dort zwei Abteilungen oder vielmehr Zimmer: das kleinere ist mit Silberplättchen ausgelegt, dort steht auch die ungefähr vier Fuß hohe Figur aus Zedernholz, die Maria mit dem Kind im Arm darstellt. Diese Statue stammt vom hl. Lukas, den man deshalb nicht nur für einen Maler, sondern auch für einen Bildhauer hält, obwohl er doch weder das eine noch das andere gewesen ist. Die Bekleidung der Figur ist wahrhaft königlich und von unschätzbarem Wert. Sie besitzt zahlreiche Gewänder, insbesondere sieben verschiedene Trauerkleider für die Karwoche. Ob man sie nun an- oder auskleidet oder auch nur vom Staub befreit, was jeden Abend geschieht, so wird dies immer als feierliche Handlung und unter ständigem Beten vollzogen.

In einem Wandschrank wird alter Zierat der Statue aufbewahrt, dazu auch einige Porzellanteller, deren sich die Hl. Familie bedient haben soll, obwohl ihr dieses Material noch gar nicht bekannt gewesen sein konnte. Dort werden auf Wunsch auch die Dinge geweiht, die fremde Reisende mitbringen; in meiner Gegenwart geschah das mit Rosenkränzen, Münzen und Bildnissen der Hl. Jungfrau. Diese Dinge werden gedreht und gewendet und über die Mauern, die Kleider der Madonna und die erwähnten Teller gezogen. O welch törichter Aberglaube! Und dennoch ist es eine Augenweide, wenn über 50 goldene und silberne Lampen einen Ort erleuchten, der an Heiligkeit unter dem ganzen Himmelszelt nicht seinesgleichen hat.

An einem Pfeiler der Kirche fand ich folgende Erinnerungstafel zu Ehren des österreichischen Erzherzogs Ferdinand:

Serenissimus Archidux ...

In einem anderen Winkel der Kirche kopierte ich diesen Madonnenseufzer:

> Ave Maria ...

Am Verkündigungsaltar erblickte ich die folgenden Worte:

> Ecclesia S. Mariae ...

Ich verließ die Kirche wieder und begab mich in den daneben liegenden Palast, wo ich die Votivgabe des Grafen Giov. Giorgio Maria S.R.I. fand; es handelt sich um seine lebensgroße Statue, die 120 Pfund wiegt, eine wahrhaft schöne Arbeit. In einem anderen Raum hängt ein schönes Gemälde von Zuccari, und im Kabinett befindet sich eines, das die Geburt Jesu Christi darstellt. Nachdem wir die große, 36000 Pfund schwere Glokke besichtigt hatten, die unter Leo X. gegossen und auf den Namen Maria getauft worden ist, wurden wir in den Keller geführt, wo man uns einen weiteren Schatz zeigte, nämlich 140 große Fässer mit gutem Wein; aus einem davon kann man durch einen einzigen Hahn drei verschiedene Weine ausschenken. Zum Abschluß besichtigten wir noch die Apotheke, wo man uns 350 Porzellangefäße zeigte, die Raffaello d'Urbino bemalt hat und die sehr kostbar sind.

In Loreto wird man für einen angemessenen Preis bestens bewirtet. Ich wohnte im Haus des Bartol. Cleri, der mit Rosenkränzen handelt; er führt eine Koralle in seinem Schild und besitzt Zimmer, in denen man gut untergebracht ist. Hier habe ich auch meine Abneigung gegen Gerichte überwunden, die mit Öl zubereitet werden, da ich einige Fische aß, ohne etwas davon zu bemerken. Aus dem köstlichen Essen und der Sauberkeit der Zimmer und Herbergen darf man schließen, daß Loreto einer der wichtigsten und meist besuchten Orte der katholischen Christenheit ist. Einstweilen bin ich aufrichtigen Herzens auf ewig

E. H.

untert. Diener.<br>N. N.

XXII. Brief

Rom, am 25. März 1740

> Ankunft in Rom. Recanati. Macerata. Tolentino. Apennin: Belforte. Schöne Ebene von Foligno. Gärten, Felder und Wiesen mitten im Apennin. Schnee. Luftveränderung. Schöner Wasserfall. Foligno. Bemerkung über die Reliquien. Spoleto. Terni. Narni. Cascata delle Marmore. Otricoli. Pons Milvius. Folgaria. Civita Castellana. Rignano. Strada Flaminia und wie gefährlich es ist, auf ihr zu reisen. Ungemach, das einem dort begegnet. Ratschlag an Reisende. Beschreibung unseres Reiseleiters. Moralpredigt. Flüchtige Besichtigung Roms.

Mit dem größten Vergnügen ergreife ich die erste Gelegenheit, um E.H. meine glückliche Ankunft in Rom zu melden. Und weil ich Ihrer gütigen Anteilnahme gewiß bin, so bin ich auch überzeugt, daß Sie sich ebensosehr freuen wie ich, daß ich nun gesund und munter, unbeschreiblich froh und jubelnd den wichtigsten Ort der katholischen Christenheit besichtigen kann, der in den vergangenen Jahrhunderten die ganze Welt beherrscht hat, so wie es in diesem Vers heißt: »Roma caput mundi, regit frena orbis rotundi«.

Noch ganz bewegt von der Pracht und Herrlichkeit, in der die gesamte Stadt erstrahlt, weiß ich gar nicht recht, womit ich beginnen soll. Bevor ich aber auf die große Stadt Rom zu sprechen komme, will ich mich dorthin zurückbegeben, wo ich in meinem letzten Brief stehengeblieben bin, um den Bericht über meine Reise bis hierher weiterzuführen. Man soll mir nicht nachsagen können, daß ich auch nur den kleinsten Umstand ausgelassen hätte, selbst wenn er bangloser Natur ist. Wir verließen Loreto am 18. März und erreichten nach drei Meilen Recanati, eine kleine, fürwahr düstere und schlecht gebaute Stadt. Ihrer Messe wegen hat sie aber dennoch keinen schlechten Ruf.

Ich suchte in den beiden größten Kirchen das Grab des unglücklichen Gregor XII., der durch das Konzil von Pisa seines Pontifikats enthoben worden war, konnte es aber nicht finden. Als ich den Stadtplatz überquerte, stieß ich hingegen außen am Rathaus auf ein bronzenes Basrelief der Santa Casa von Loreto. Es war in die Mauer eingelassen, und darunter stand eine Inschrift, die ungefähr in diesem Ton gehalten war: »Da die Hl. Jungfrau gnädigst geruht hat, ihr Haus in dieser Gegend zu belassen, hat man hier dieses Denkmal gesetzt«.

Auf halbem Weg zwischen Loreto und Recanati erblickt man einen Aquädukt, ein erstaunliches Bauwerk, das das Wasser zur Santa Casa in Loreto leitet und so gebaut ist, daß es aus der Ferne fast einem Amphitheater gleicht. Die Inschrift, die ich dort fand, zeigt an, daß dieser Aquädukt durch Papst Clemens XI. errichtet worden ist.

Auf dem Weg nach Macerata hätten mich die erbärmliche Straße und vor allem das unglücklicherweise regnerische Wetter beinahe aufgeweicht, wenn ich so sagen darf, so daß wir nur den Triumphbogen besichtigten, der sich unmittelbar vor unserem Gasthof erhob. Er steht dort zum ehrenvollen Gedenken an den Kardinal Pius, dessen Bronzestatue oben auf dem Bogen thront.

Aus Tolentino, das auf einem Hügel liegt, nahm ich nur diese Inschrift mit:

Ex S.C. Schola ...

Am nächsten Morgen stand ich zeitig auf, weil mir die Mäuse im Bett einen Besuch abgestattet hatten. Wir erreichten den Fuß des Apennin, eines hohen und gefährlichen Gebirges, für das man zwei Tagesreisen braucht; es beginnt bei einem Kastell namens Belforte. Am Fuß des Gebirges passiert man zunächst eine Brücke, welche diesen Hinweis trägt:

Clemen. XI. P.M. ...

Mitten im Apennin kann man da und dort zahlreiche weitere Inschriften finden, die immer von einer Verbesserung der Straßen berichten, ohne daß man davon irgendein Ergebnis sehen könnte. Einem Wanderer kommt es zwar anfangs so vor, als würde er die ganze Zeit in einem Tal zwischen diesen riesigen Bergen entlangmarschieren, in Wahrheit steigt man aber stetig bergauf in eine unglaubliche Höhe; sobald man das Ende dieser Felsen erreicht hat, sieht man dann die gesamte Ebene von Foligno vor sich. Das ist wie der schönste Blick von der Erde aus in ein Tal des Paradieses.

In diesem Gebirge stößt man sogar auf Gärten, und es gibt gewiß nichts Merkwürdigeres, als inmitten eines so fürchterlichen und schrecklichen Gebirges Felder, Wiesen und Weinberge zu erblicken. Manchmal ist der Weg ziemlich gefährlich, weil er so eng wird, daß selbst für eine Sedia kaum Platz genug bleibt. Man kommt durch eine Reihe von Dörfern und Einöden wie Valcimarra, Ponte la Trave, Muccia etc., aber überall ist deutlich zu sehen, daß die Bewohner das Brot der bittersten Armut essen. Trotzdem verdienen sie kein Mitleid, da sie gar nicht danach streben, ihre Kräfte an die Bestellung eines guten und fruchtbaren Bodens zu wenden, der im übrigen Nahrungsmittel aller Art hervorbringen könnte. Es war der 20. März, als wir durch diese Abgründe fuhren, die insbesondere im Altertum berüchtigt waren. An diesem Tag widerfuhr uns etwas Ungewöhnliches: am Morgen hatte es nämlich so stark geschneit, daß man den Weg nicht mehr erkennen konnte; anschließend waren wir einem schrecklichen Wind ausgesetzt, der so schneidend war, daß wir aus den Sedien stiegen und lieber zu Fuß gingen, um uns warmzuhalten. Dieser Wind brachte derart viel Schnee mit sich, daß uns die Augen schmerzten und die Sicht so sehr behindert wurde, daß wir uns gegenseitig fast nicht mehr erkennen konnten. Das blieb so den ganzen Apennin hindurch, aber je mehr wir uns dem Ende näherten, um so deutlicher spürten wir, wie sich die kalte Luft allmählich erwärmte. Dann genoß ich den wundervollen Blick auf Foligno. Es hörte auf zu schneien, die Luft wurde milder, und wir sahen grüne Felder und schließlich ein weites Tal, das kein Sterblicher betrachten kann, ohne eine gleichsam göttliche Freude zu empfinden. Dort liegen Dörfer, Häuser, Weiler, Wiesen, Felder und Gärten. Auch einen wunderschönen Wasserfall gibt es, weil ein Bächlein mit großem Getöse von Fels zu Fels in die Tiefe stürzt und dann einen kleinen Fluß bildet, der sich durch das fruchtbare Tal schlängelt, das aussieht wie ein Garten.

Foligno ist eine menschenleere Stadt, obwohl einige Einwohner über große Reichtümer verfügen. Die Kathedrale besitzt abgesehen vom vergoldeten Hauptaltar einen schönen Eingang in die Kapelle, in der verschiedene Reliquien verwahrt werden, wie die folgende Inschrift besagt:

Divum hic ossa ...

Es ist wahrhaft bemitleidenswert, wenn man mitansehen muß, wie sich vernunftbegabte Menschen mit solchen Betrügereien abgeben; sie täuschen das einfältige Volk in voller Absicht und würden es allen Zigeunerunsinn glauben machen: seien es nun Federn, die aus den Flügeln des Erzengels Gabriel gefallen sind, als er Maria die Verkündigung überbrachte, oder Josephs Seele, die in eine Flasche gesperrt ist. Aber wehe denen, die die Einfalt der vielen mißbrauchen, denn es werden nicht wenige sein, die, selbst wenn sie nur einen mittelmäßigen Verstand besitzen, solchem Geschwätz keinen Glauben schenken. Sogar die Katholiken sind untereinander uneins, und selbst einige Kirchen liegen miteinander im Streit, da die einen behaupten, den wirklichen Leib oder den echten Kopf dieses oder jenes Heiligen zu besitzen, während die anderen dies abstreiten. Aber wenn ich denn schon auf meinen Verstand verzichten müßte, dann wollte ich noch lieber an alle diese Märchen glauben als an den angeblichen vertrauten Umgang des Hl. Geistes mit den vielen unflätigen Päpsten, die sich einbilden, Nachfolger des hl. Petrus zu sein. Ich will meinen Standpunkt in dieser Sache später einmal noch deutlicher darlegen.

Um meinen Faden wieder aufzunehmen: ich habe die Kirchen, Straßen und Plätze durchstreift, aber nichts Bemerkenswertes gefunden. Nach dem Mittagessen reisten wir nach Spoleto weiter, das nicht weniger kläglich ist als der vorhergehende

Ort, denn wir begegneten dort in den Straßen kaum einem Menschen, obwohl wir doch die ganze Stadt auf- und abmarschiert sind. Wir besichtigten auch die Kathedrale, in der uns ein schön gemaltes Deckenfresko und Mosaikarbeiten auf dem Fußboden in gewisser Weise für unsere Mühen belohnten; vor allem aber haben wir eine Brücke, die zwei Hügel miteinander verbindet und als Wasserleitung dient, nicht mit gleichgültigen Augen betrachtet. Nach Spoleto, das einst eine sehr berühmte Stadt war, kommt Terni, das noch kleiner, aber ebenso menschenleer ist; man treibt dort Handel mit Öl. Am Tor kann man eine Inschrift sehen, die Nemeitz bestens kopiert hat; sie beginnt mit: »Porta quam viator ingrederis etc.«. Auf dem Platz hat früher ein Brunnen gestanden, dessen Inschrift ebenfalls bei besagtem Autor nachzulesen ist; heute sieht man davon aber nur noch einige Überreste. Am selben Ort fand ich an einer Hauswand auch noch diese Worte:

RVFVS. TALB. DLOE. MPTO. ET. PVBLICA.

Es ist nicht zu glauben, wieviel sich die Einwohner auf das hohe Alter ihrer Vaterstadt einbilden; sie behaupten nämlich, daß die ersten Grundsteine schon von Numa Pompilius gelegt worden seien. Dieser Ruhm scheint mir freilich ebensoviel wert zu sein wie der von verarmten Adeligen, die auf die Größe und den Pomp ihrer Ahnen pochen und sich einbilden, davon einen großen Nutzen zu haben.

Auf dem Weg nach Narni, das mehr als 600 Jahre vor Christi Geburt gegründet wurde, sahen wir den Monte Cicoli zu unserer Linken, während wir durch eine Allee von Olivenbäumen und über eine angenehme Ebene fuhren, die sich von der bei Foligno nicht sehr unterschied. Aus der Entfernung verspricht Narni einiges, aber als wir dann die Stadt betreten hatten, fanden wir nur einen recht hügeligen und unbedeutenden Ort vor. Über dem Tor heißt es: »Pius V. etc.«; den Rest findet man bei Nemeitz. Ich unterließ es, die fünf Meilen außerhalb von Narni liegende Cascata delle Marmore zu besichtigen; wer eine genauere Auskunft über diesen Wasserfall wünscht, kann bei Misson in Band 1, S. 334, nachschlagen.

Hinter Otricoli überquert man den Tiber auf einer Brücke, die Pons Milvius heißt. Sie besteht aus fünf Bogen und ist ein schönes Bauwerk aus Stein; Kaiser Konstantin hat dort seinen großen Sieg über Maxentius errungen.

Auf diesem Weg erkennt man rechter Hand die schön auf einem Berg gelegene Stadt Folgaria. Dann nähert man sich allmählich Civita Castellana, das nicht weniger verkommen und schmutzig ist als die vorhergehenden Orte. Immerhin gibt es dort eine sehr hohe Brücke mit sieben Bögen, die zwei Hügel miteinander verbindet und ein sehr bemerkenswertes Bauwerk darstellt. Kurz vor Civita Castellana bemerkte ich in den Felsen einige Höhlen, die menschliche Wohnungen zu sein schienen; aus der Nähe betrachtet, erwiesen sie sich dann freilich als Viehställe.

In Civita Castellana ist es wie auch in anderen italienischen Orten der Brauch, daß die Hausherren ihren Namen über die Tür schreiben. Während man das Essen zubereitete, von dem ich mir in Anbetracht der Schmutzigkeit des Ortes nicht viel versprach, sah ich mir die Straßen an und besuchte die Kathedrale, wo ich an der Außenmauer unter einer Figur auf einem marmornen Basrelief folgende Inschrift fand:

Petrus Lapis ...

Unweit davon fiel mir eine zweite Inschrift auf, die derart lang war, daß mir das Kopieren sauer wurde. Man hat sie zum ruhmvollen Gedenken an Papst Clemens VIII. verfaßt, und vollständig lautet sie:

Clementi VIII. ...

Die jetzt umgebaute Kirche ist zwar sehr alt, aber dennoch zu ärmlich, als daß sie mich hätte zufriedenstellen können. Vor ihrem Eingang findet man noch Reste eines Bodenmosaiks und einige Säulen aus Statuenmarmor.

Rignano, der letzte Ort vor Rom, ist groß, aber wenig bevölkert und zudem düster. Über einem der Tore fand ich folgende Zeilen:

> Lucas armipotens ...

Nach ungefähr hundert Schritt stößt man dann auf die berühmte Strada Flaminia, die sich seit 1900 Jahren erstaunlich gut erhalten hat und bis nach Rom führt. Sie ist so breit, daß zwei Kutschen ohne weiteres nebeneinander Platz haben. Gepflastert ist sie mit großem, schwarzem Felsgestein; diese Steine sind je zwei Fuß lang, breit und hoch. Wenn man aufmerksam untersucht, wie diese Steine ineinander verfugt sind, so ist man wirklich überrascht, denn man hat Mühe, eine Degenspitze in die Ritzen zu stoßen, obwohl die Steine doch ungleich und unregelmäßig sind. Gewiß hat die Lage der Straße nicht wenig dazu beigetragen, daß sie heute so gut erhalten ist, denn das Wasser aus den Bergen kann dort offenbar nicht soviel Schaden anrichten als bei Rimini, wo der Boden und die Erde weniger fest und hart sind. Vor Rignano hatte ich jedenfalls auf meinem Weg noch keine Überreste dieser Straße gefunden. Dennoch müssen die Alten offensichtlich irgendein Geheimmittel gekannt haben, um die Steine derart fest miteinander zu verbinden; ein neben der Hauptstraße liegendes Grab bestätigte mich in der Tat in dieser Vermutung: der Mörtel bestand dort aus einem beinahe unauflöslichen Material, das die Steine mit solcher Kraft zusammenhält, daß sie eher zerbrechen als sich von besagtem Mörtel lösen. Aber trotz dieser Vortrefflichkeit und Einzigartigkeit wird die Strada Flaminia, auf die ich im folgenden wohl noch öfters zurückkommen werde, von den Vetturini gemieden, wann immer sie können; die Steine sind nämlich so glatt, daß die Pferde Gefahr laufen zu stürzen. Dem Himmel sei Dank, daß er mich so gütig in die Heilige Stadt geführt hat, denn auf der Strada Flaminia gab er mir soviel Verstand ein, daß ich aus der Sedia ausstieg und das Roß des hl. Franziskus sattelte. So ist es zwar nicht ohne Gefahr und Ungemach, aber doch immerhin ohne Unfall oder ein sonstiges Unglück abgegangen. Ich hatte nämlich zu Recht gefürchtet, daß mein über die Maßen nachlässiger und geiziger Vetturin einen Purzelbaum nach dem anderen schlagen würde, da er seine Pferde nicht beschlagen lassen wollte. Und ich habe tatsächlich gut daran getan, weil seine Klepper ständig ausglitten und es ein großes Glück war, daß kein Unheil geschah. Diesen Mann, der Perückenmacher von Beruf und Impresario von drei Sedien war, hatten ich und meine Reisegenossen für die ganze italienische Reise angeheuert, also von Venedig bis nach Neapel und von dort wieder zurück nach Venedig. Wir hatten ausgehandelt, wieviele Tage wir in den berühmtesten Orten verbringen wollten, und er erhielt von mir pro Tag eine Zechine für die Sedia und die Verpflegung, meinen Diener eingeschlossen. Ich habe damit aber einen großen Fehler begangen und rate jedem, der dieselbe Reise vorhat, sich lieber der Extrapost zu bedienen; wenn jemand aber doch einen Nolesino nehmen will, dann soll er das jedoch nicht für die gesamte Strecke tun, sondern nur von einem größeren Ort zum nächsten, da es ihm auf diese Weise jeweils freisteht, den alten zu behalten oder sich, wenn ihm das klüger scheint, einen neuen zu suchen. Auch was das Essen etc. angeht, ist man doch töricht, wenn man sich vom Wohlwollen eines Kutschers abhängig macht. Ich fühle mich deshalb verpflichtet, wenigstens alle meine Freunde zu ermahnen, daß sie diesen heilsamen Rat nicht in den Wind schlagen, wenn sie nicht auf alle die Hinterhältigkeiten und Betrügereien hereinfallen wollen, auf die sich die Italiener wie kein anderes Volk verstehen. Unser Herr Direktor, der seines Berufes wegen Perucca genannt wurde, hatte schon in Rovigo begonnen, mein Mißfallen zu erregen, als er reichlich unverschämt ein Dutzend Zechinen als Vorschuß forderte; dann verlor er auf dem Weg nach Loreto den Rockelor meines Bedienten, was er aber mit unsäglicher Dreistigkeit abzustreiten wußte. Aber dafür soll er mir noch büßen! Nun wartet er uns in Rom mit einer neuen Widerwärtigkeit auf: einem Punkt unserer Abmachung zufolge ist er nämlich verpflichtet, uns hier auf seine Kosten eine Galakutsche zur Verfügung zu stellen, aber das wollte er nun ganz frech ableugnen. Als er sich dann aber geschlagen geben mußte, mietete er eine

Kutsche, die sich in einem derart erbärmlichen Zustand befand, daß es besser gewesen wäre, zu Fuß zu gehen. Im Inneren flogen einem nämlich die Vogelfedern, mit denen sie gepolstert war, um die Ohren, und wenn sie dann zum Fenster hinausschwebten, machten sie uns vor allen Leuten lächerlich. Ich zog aus diesen unerfreulichen Erfahrungen die Folgerung, daß es den vollkommenen Genuß nur selten und vielleicht gar nie gibt. Man tut daher gut daran, sich mit stoischem Gleichmut zu wappnen und sich beizeiten an alles zu gewöhnen, bis man nach und nach die Fähigkeit erwirbt, jede Beleidigung zu ertragen, falls etwas nicht nach Wunsch geht. Auf diese Weise bewahrheitet sich das lateinische Distichon:

> Nobili vincendi ...

Sie müssen mir verzeihen, daß mich ein rüpelhafter Perückenmacher dazu gebracht hat, ein wenig über Gebühr zu moralisieren. Ich habe das alles nur deshalb erwähnt, weil ich meinen guten Willen zeigen wollte, aus jeder Gelegenheit Nutzen zu ziehen und den unsterblichen Geist zu vervollkommnen.

Seit vorgestern habe ich nicht versäumt, die Straßen und Plätze Roms zu durcheilen, wobei ich allerdings nur die allerberühmtesten Orte sehen konnte wie die Peterskirche und den neben ihr liegenden Vatikanpalast, die Lateranbasilika, die Mutter und Oberhaupt aller Kirchen der katholischen Welt ist, etc. Da diese Besichtigung bloß oberflächlich und flüchtig gewesen ist, muß ich den Bericht von diesen Sehenswürdigkeiten bis zu meiner Rückkehr nach Rom aufsparen, denn wir wollen umgehend den Weg nach Neapel einschlagen, von wo aus ich mich in wenigen Tagen von neuem melden werde als

E. H.
untertänigster Diener.

XXIII. Brief

Neapel, am 30. März 1740

Ankunft in Neapel. Marino. Velletri. Sermoneta. Übelriechende Seen. Tres Tabernae. Piperno. Büffel. Terracina. Wunder des hl. Benedikt. Fondi. Kammer des hl. Thomas von Aquin. Geschichte vom Piraten Barbarossa. Itri. Untersuchung eines römischen Denkmals. Garigliano; Überquerung des Flusses. Mola. Ermordung Ciceros. Einschiffung nach Gaeta; Sehenswürdigkeiten dieser Stadt. Strada Flaminia. Agata. Das alte und das neue Capua in der Terra di Lavoro.

Nach fünftägiger Reise bin ich nun in Neapel angelangt, das man die liebenswürdige Stadt nennt und von dem einer seiner Dichter einmal sehr hübsch gesagt hat, es scheine vom Himmel gefallen zu sein; vielleicht ist Neapel auch immer noch die schönste unter allen schönen Städten, obwohl es doch oft schreckliche Erdbeben erleiden mußte.

Bevor ich meinen Bericht von Neapel beginne, muß ich noch nachholen, was ich auf dem Weg von Rom nach Parthenope erlebt habe. Wir sind am 26. März bei Sonnenaufgang aus Rom abgereist; anfangs war es noch ziemlich kühl, aber unterwegs änderte sich das merklich. Das Land sah bereits nach Frühling aus und ließ uns schon den willkommenen Einfluß dieser Jahreszeit verspüren, die allen Geschöpfen so wohltut. Auch der reizvolle Anblick und der durchdringende Geruch des Lorbeers, der wilden Orangen und anderer Blüten ließen uns den Winter und die Beschwerlichkeiten des Weges vergessen, der sonst nicht viel Bemerkenswertes zu bieten hat.

Der erste Ort war Marino, wo wir zu Mittag speisten. Diese Stadt ist einst unter dem Namen Villa Mariana oder Marii bekannt gewesen, heute gehört sie dem Fürsten Colonna. In Ermangelung anderer Inschriften kopierte ich am Posthaus die folgende:

Fabritio Taleacotii ...

Darunter steht zu lesen:

Praeclaram ...

Nach dem Essen setzten wir unsere Reise fort und stiegen allmählich einen felsigen Berg empor, der gegen Velletri hin in ein schönes Tal ausläuft, wo der Boden zwar überaus gut zu sein scheint, aber nur schlecht bestellt wird. Dort saßen, wie es in dieser Gegend der Brauch ist, an der Straße mehrmals Mönche, die uns, wie sie das bei jedem Reisenden tun, Weihwasser darboten, um dafür ein Trinkgeld zu erhalten.

Am frühen Abend erreichten wir Velletri, das auf einem wohlbestellten Hügel liegt. Einst war dies ein ansehnlicher Ort, aber das hat sich geändert. Besonders gut gefiel mir dort die schöne Lage des Palazzo Ginetti, dessen abwechslungsreicher Garten in der Tat einen Besuch lohnt, da es dort schöne Bögen, kunstvolle Brunnen und Zypressenhaine gibt, aber es wird alles sehr vernachlässigt; außerdem hat man dort einige Antiken gesammelt, nämlich Graburnen sowie Büsten und Statuen aus Marmor. Am Palast in der Mitte des Gartens fand ich auf einer Marmortafel folgende Worte:

Q. POM. MVSAE COS.

Inmitten des Stadtplatzes steht eine ziemlich schöne Bronzestatue; sie ist ein Werk des Cav. Bernini und stellt, wie uns die Inschrift anzeigt, Papst Urban VIII. dar:

Optimo principi ...

Die Einwohner schmeicheln sich, daß Velletri die Geburtsstadt des Kaisers Augustus sei, aber darin täuschen sie sich, denn er wurde in Rom geboren, was man mit der Abstammung seiner Familie verwechselt hat, die aus Velletri stammt. Dann kamen wir nach Sermoneta, das gewissermaßen die Schwester der Stadt Sora ist, weil es dem Zeugnis des Tom. Valle zufolge auf deren Ruinen erbaut wurde. Bis dorthin war die Straße noch gut, denn man reist bequem durch weite Wiesen und Wälder. Unweit von Sermoneta liegen aber einige übelriechende Seen; ihr Wasser ist grünlich, was durch die schwefeligen Eingeweide der nahegelegenen Berge verursacht wird, aus denen das Wasser kommt. Der Geruch dieser Seen ist höchst unangenehm, ungefähr wie der jenes Brunnens in unserer Heimatstadt, den man »Paul-Pompe« nennt und dessen Geruch einem schon in die Nase steigt, wenn man noch weit davon entfernt ist. Auf Tres Tabernae, das ungefähr 50 Schritt jenseits der Hauptstraße liegt und uns gezeigt wurde, weil es der hl. Paulus in der Apostelgeschichte erwähnt haben soll, will ich hier nicht eingehen, da ich die Zuschreibung für ein Märchen halte. In den Felsen, die wir dann durchqueren mußten, bemerkte ich auf einer Seite zahlreiche Höhlen, die man dort wohl deshalb gehauen hatte, um Wein oder andere Getränke und Lebensmittel frisch zu halten; als wir dann noch weiter hochstiegen, stieß ich auf eine Fülle von wilden Feigenbäumen, von denen jeder Ast gut und gern seine zwei Pfund trug. Myrthen und Lorbeer wachsen überall in den Hecken, ja selbst Pomeranzen findet man oft auf freiem Feld.

Wir verbrachten die Nacht in Piperno; von dort ab beginnt die Straße dann ganz schlecht und steinig zu werden, insbesondere auf den Resten der berühmten Via Appia. In dieser Gegend hätte ich mich beinahe vor den Büffeln gefürchtet, diesen in Gestalt und Aussehen, besonders der Schädel, wahrhaft schrecklichen Tieren. Den Bauern sind sie allerdings von großem Nutzen, da man sie zur Bestellung der Felder gebraucht. In den Wäldern findet man viele Korkeichen, »Pantoffel-Holz«; diese tragen zwar eine Art von Eicheln und müßten deshalb zu den Eichen gezählt werden, der Beschaffenheit des Stammes und den Blättern nach ähnln sie jedoch mehr der Weide. Wie dem auch immer sei, so ist es jedenfalls merkwürdig und erstaunlich, daß ihre Rinde um so stärker nachwächst, je öfter man sie abschält. Dem Baum geschieht dabei kein Schaden, während bei den anderen Bäumen doch gerade die gegenteilige Wirkung eintritt, weil sie, wenn man ihnen die Rinde wegnimmt, rettungslos verfaulen.

In Terracina, das wenig bevölkert, klein und ärmlich ist, kopierte ich an einem Brunnen folgende Worte:

Q AVTIDIVS Q F Q MACVLNIVS Q F.

Und auf einem anderen Stein auf dem Marktplatz:

TI IVLIO AVGVSTO ...

Wenn ich sage, daß Terracina an Schmutzigkeit von keinem anderen Ort übertroffen wird, so ist das gewiß keine Lüge. Nun darf ich etwas nicht übergehen, was Teodoro Valle berichtet: als die Stadt vor langer Zeit einmal von den Türken belagert wurde, gelobten die Einwohner dem hl. Benedikt alljährlich 20000 Aale, wenn sie durch seine Fürsprache aus dieser Gefahr errettet würden. Welch Wunder, wenige Tage später hoben die Türken die Belagerung tatsächlich auf, und das Gelübde wurde eingelöst; möglicherweise wird es zur Freude der Benediktinerpatres noch bis zum heutigen Tag eingehalten.

Ein paar Meilen weiter trafen wir auf einige Sbirren. Diese lästigen Leute forderten uns neben unseren Pässen auch ein Trinkgeld ab, woraus wir schlossen, daß wir das Königreich Neapel erreicht hatten; in der Tat kennzeichnet dort eine alte Mauer die Grenze zwischen dem Kirchenstaat und dem besagten Königreich. Unweit von Terracina ragt ein hoher Fels ins Meer hinein, den man teilweise abgetragen.hat, um die Straße zwischen dem Meer und den Bergen vorbeiführen zu können; ganz unten ist die Zahl CXX in den Fels gehauen, ungefähr vier Fuß darüber heißt es CX, dann kommt C, und so geht es weiter bis X. Die Bedeutung dieser Zahlen, soweit man sie überhaupt erschließen kann, ist bei Misson angegeben.

Fondi liegt in einer Ebene an einem See desselben Namens. Das Pflaster der Stadt stammt von der Via Appia, allerdings sind die Steine jetzt mit weniger Sorgfalt verfugt als zuvor. Die Einwohner Fondis behaupten nicht nur, daß der Garten beim Kastell einst Cicero gehört habe, sondern halten auch die Kammer des Dominikaners Thomas von Aquin in hohen Ehren; deshalb hütet man dort auch sehr beflissen einen Pomeranzenbaum, der, wie man sagt, von ihm gepflanzt worden ist. Hier nun eine merkwürdige Geschichte, die sich im Jahre 1534 in

Fondi begeben hat. Bern. de Fontenelle erzählt sie in seinen ›Totengesprächen‹, und es wird Sie nicht gereuen, wenn Sie die Geschichte dort nachlesen.

Ein Pirat namens Barbarossa, der des Sultans Admiral war, versuchte eine Prinzessin aus dem Hause Gonzaga zu rauben, von der er wußte, daß sie durch ihren überaus großen Liebreiz im Serail seines Herrn einen würdigen Platz eingenommen hätte. Die Dame wurde jedoch von einem Edelmann gewarnt und, nur mit dem Hemd bekleidet, von diesem noch rechtzeitig gerettet; anschließend ließ sie diesen Edelmann erdolchen, weil er sie halbnackt gesehen hatte. Der Barbar aber, der sich betrogen und um die erhoffte Beute gebracht sah, tobte seine Wut an der Stadt aus, die er plünderte und völlig zerstörte, wie es seiner Herkunft entsprach.

Als ich mich dem nicht weniger düsteren Itri näherte, das auf einem Berg liegt, fiel mir die folgende verstümmelte Inschrift in die Augen:

Valeriae et ...

Dieses Denkmal ist vielleicht ein Überbleibsel der antiken römischen Gräber, die an den Hauptstraßen angelegt waren, wie aus den Epitaphen hervorgeht, die stets Wanderer anreden. So sagt Juvenal über die Strada Flaminia und die Latina: »Flaminea tegitur cinis atque Latina«. Wenn dies auch außer Zweifel steht, weil alle historischen und poetischen Bücher voll davon sind, so ist es dennoch wahrscheinlicher, daß sich besagtes Denkmal nur zufälligerweise an einem solchen Ort befindet; man muß das aus dem schlichten Stil schließen, der zu den Epitaphen an öffentlichen Straßen nicht passen will, bei denen stets die Begier nach Ehre und Ruhm die Feder geführt hat. Sie enthalten deshalb sämtliche Titel des Verstorbenen, seine ganze Familie, sein Alter und seinen Rang im Leben wie im Tod, damit die Vorüberkommenden die kostbare Asche bestaunen konnten, die dort begraben lag.

Die Hauptstraße befindet sich in dieser Gegend in einem erbärmlichen Zustand, obwohl man es an Ausbesserungen nicht hat fehlen lassen, wie die an verschiedenen Stellen angebrachten Wegsäulen anzeigen; hier ein Beispiel dafür:

>Benedictus XIII. P. M. ...

Noch bevor wir den Garigliano erreichten, kamen wir durch einen am Meer gelegenen Ort, an dessen Namen ich mich nicht mehr erinnern kann, an dessen Tor man aber in Stein gehauen folgendes lesen kann:

>Philippo II. Carolo ...

Am Garigliano mußten wir die Fähre benutzen; dort entdeckte ich an einem Turm einen mächtigen Stein, der folgende Inschrift trug:

>Huius monumenti ...

Mola liegt an einer Krümmung der Küste und bietet deshalb einen sehr gefälligen Anblick. Nahe beim Meer gibt es überaus schöne Gärten, einer davon soll Cicero gehört haben. Es befanden sich darin ein Teich und eine Grotte, die ebenso wie das danebenstehende Haus, in dem Cicero seine Akademie abzuhalten pflegte, nun vom Meer überschwemmt sind und zusehends verfallen. Zahlreiche Bruchstücke von Mosaiken deuten in der Tat darauf hin, daß dort ein ansehnliches Haus gestanden haben muß, und man will anhand einiger dort aufgefundener Inschriften beweisen, daß es sich um das Haus Ciceros handelt, das er kurz vor seinem Tod verließ, um entweder irgendwohin zu flüchten oder nach Rom zu gehen und sich gegen die Vorwürfe des rasenden Antonius zu verteidigen; er wurde dann aber von Herennius und Popillius, dem er einmal das Leben gerettet hatte, mitten auf der Hauptstraße in seiner Sänfte ermordet.

Obwohl das Meer ziemlich stürmisch war, mußten wir doch nach Gaeta segeln, zu dieser sehr berühmten und überaus schönen Festung, die Natur und Kunst gemeinsam erbaut haben. Auf dem Seeweg braucht man dazu nämlich nur ungefähr eine Dreiviertelstunde, während es auf dem Landweg sieben Meilen ausmacht. Diese Festung liegt Mola unmittelbar gegenüber, so daß wir sie von unserem Gasthof aus ohne weiteres mit bloßem Auge erkennen konnten, was uns um so begieriger machte, sie auch aus der Nähe zu besichtigen, und unseren Wunsch noch steigerte, um jeden Preis dorthin zu fahren. Nachdem wir das Mittagessen für unsere Rückkehr bestellt hatten, begaben wir uns in das Boot, wenngleich es dem einen oder anderen von uns ein wenig widerstrebte, weil ihn das Getöse und Gebrause der Wogen ängstigte; anfangs war unsere Unternehmung jedoch bei weitem nicht so furchteinflößend, wie sie es dann nach und nach wurde, denn die Wellen sind am Strand weniger heftig und ungestüm als draußen auf dem Meer. Die drei Seeleute, denen wir unser Leben anvertraut hatten, waren erprobte Bootsführer, aber ich schwöre Ihnen bei meiner Ehre, daß uns ein bloßes Versehen dieser Meerestiere beinahe ins Unglück gestürzt hätte. Kaum hatten wir nämlich abgelegt, da hißten sie schon das einzige Segel, und der entfesselte Wind fing sich darin mit solcher Kraft, daß sich das Boot tief zur Seite neigte und Wasser eindrang; dies wäre zu vermeiden gewesen, wenn man die Mehrzahl der Passagiere auf der Seite untergebracht hätte, wo das Segel befestigt war. Bei diesem unvorhergesehenen Ereignis stürzten wir beinahe alle zu Boden, und das Boot begann, mit unbeschreiblicher Geschwindigkeit immer wieder emporzusteigen und in die Tiefe zu sinken. Allmählich erhoben wir aber unsere Köpfe wieder zum Zeichen, daß wir noch am Leben waren, und setzten uns auf die Plätze, der Furchtsamste von uns allen freilich ausgenommen, der bis zu unserer glücklichen Ankunft in Gaeta auf dem Boden liegen blieb. Dort hatten wir dann große Mühe, ihn dazu zu überreden, daß er die Augen öffnen und an Land gehen möchte, denn er glaubte, der Gefahr noch immer nicht entronnen zu sein.

Gaeta selbst scheint arm zu sein, da es nicht den geringsten Handel gibt. Der Hafen ist schön und verfügt auf der Meeresseite über eine natürliche Befestigung. An der Landseite wird hingegen unablässig an den Befestigungen gearbeitet, aber dieses Werk wird noch lange nicht vollendet sein. Es gibt eine

Vorschrift, wonach man Gaeta nicht ohne spanischen Passierschein betreten darf. Der derzeitige Oberbefehlshaber ist Don Domenico di Sangallo, ein neapolitanischer Fürst. Der Stadt fehlt es aber dennoch nicht ganz an merkwürdigen Dingen. So kann man dort etwa eine Säule sehen, die, wie die Sage geht, vom Tempel Salomons stammt; man weiß freilich nicht, ob vom ersten oder vom zweiten. Jedenfalls ist diese Säule von erstaunlicher Größe und besteht aus weißem Marmor, so daß die Geschichte so unglaublich nicht klingt. Vor dem Hauptportal der Kirche hängen zwei Rippen eines Riesen. Bei den Franziskanern zeigte man uns einen Rosenstrauch, dessen Dornen und Blätter eine andere Gestalt annahmen, um den hl. Franziskus zu verbergen, als ihn der Teufel in Gestalt eines wunderschönen Mädchens versuchen wollte. Wir stiegen dann noch weiter den Berg hinauf, um die einzige Sehenswürdigkeit zu besichtigen, die dort die fremden Reisenden anzieht und die auch tatsächlich etwas ganz Besonderes darstellt. Es handelt sich um eine von oben nach unten gespaltene Klippe, die »Spaccata« heißt; wer mehr darüber lesen will, kann die in Nürnberg gedruckten ›Italienisch-deutschen Gespräche‹ von Ant. Muratori zu Rate ziehen. Wenn man den Erläuterungen unseres Führers Glauben schenken darf, dann geht der Riß auf ein Wunder beim Tod Jesu Christi zurück; außerdem erzählte uns der Führer, daß einmal ein Ungläubiger bestraft worden sei, der die Vermessenheit hatte, eine solche Überlieferung abzuleugnen: als er seine Hand auf den Felsen gelegt habe, sei dieser ganz weich geworden, so daß der Abdruck seiner Hand darauf zurückgeblieben sei. An dieser Stelle hat man deshalb folgendes Distichon angebracht:

    Improba mens...

Man hat dafür Sorge getragen, den Felsspalt durch eine Treppe zugänglich zu machen, da kein vorbeifahrendes Boot, nicht einmal der kleinste Kahn, es versäumt, diesen heiligen Berg zu besuchen. An der tiefsten Stelle hat man eine Kapelle errichtet, die der Hl. Dreifaltigkeit geweiht ist und als wichtiger Wallfahrtsort gilt. An der Tür dieser Kapelle stehen jene Verse zu lesen, die Misson bereits kopiert hat.

Nicht übergehen darf ich das Grab des Kriegshelden Karl von Bourbon, des Connetable von Frankreich, der im Jahre 1527 beim Sacco di Roma getötet worden ist.

Gaeta leitet seinen Ursprung von Aeneas her; dieser berühmte trojanische König soll auf seiner Flucht die Stadt begründet und ihr den Namen seiner Amme Caieta gegeben haben, was Vergil im VII. Buch seiner ›Aeneis‹ folgendermaßen besingt:

> Tu quoque littoribus ...

Während wir wie die Ziegen auf den steilen Wegen herumkletterten, besänftigten sich die Luft und die Winde wieder, und wir hatten die überstandene Gefahr rasch vergessen. Als wir nach Mola zurückkehrten, faßte auch unser Perucca wieder Mut, als er uns wohlbehalten an Land gehen sah. Dann setzten wir uns zu Tisch, wo wir unter anderem auch mit vorzüglich schmeckenden jungen Tauben bewirtet wurden.

Hinter Mola fuhren wir einige Meilen am Meer entlang; dann stießen wir erneut auf die Strada Flaminia, die an manchen Stellen noch gut erhalten ist. Was die Steine anbetrifft, so sind diese unterschiedlich groß, und die Breite der Straße beträgt zwischen 16 und 20 Fuß. Ich habe schon angemerkt, daß diese Straße zwar ein erstaunliches Bauwerk und für fremde Reisende ein wichtiges Ziel darstellt, daß sie aber von den Vetturini nach Möglichkeit gemieden wird. Die Pferde bewegten sich auf ihr auch in der Tat wie auf Eis. Den Abend verbrachten wir in Agata, das nur aus einer Herberge besteht. Am darauffolgenden Morgen reisten wir früh wieder weiter, um das 16 Meilen entfernte Capua noch rechtzeitig zu erreichen. Capua ist die Stadt, von der Polybius sagt: »Omnium olim felicissima civitas«. Lucanus Florus nennt Capua »caput urbium«, weil man es einst gemeinsam mit Rom und Karthago zu den herausragendsten Städten gezählt hat. Doch das alte, wonnevolle und stolze Capua gibt es nicht mehr; von dieser so ruhmreichen Stadt, die ungefähr zwei Meilen von Neu-Capua entfernt liegt, findet man nur noch einige Ruinen von Tempeln und Bädern, zerbrochene Säulen und ähnliche Trümmer. In Neu-Capua hingegen gibt es nichts als ein großräumiges Kastell, das sich jedoch in einem derart armseligen und elenden Zustand befindet, daß folgendes Distichon gut darauf paßt:

Urbs Capys ...

Was Neu-Capua angeht, so ist seine noch gar nicht so alte Befestigungsanlage bereits wieder im Verfall begriffen. Weil der Handel in dieser Stadt unbedeutend ist, liegt es auf der Hand, daß die Einwohner nicht gerade von Krösus abstammen, so daß jene einstige Wollüstigkeit zwangsläufig ein Ende gefunden hat; man wird wohl Capua auch nie wieder »die Liebreizende« nennen. Es leben dort viele Menschen, vor allem Soldaten; zum größten Teil sind das Deutsche, die in Capua in Garnison liegen, da die Stadt als Festung dient. Dabei könnte man, zum Donnerwetter, selbst bei versperrten Toren bequem hineinmarschieren, so daß ich mich wunderte, als ich von einem in der Nähe stehenden Wachposten daran gehindert wurde, am Tor wie üblich eine Inschrift zu kopieren; man hielt mich nämlich für einen Festungsbaumeister oder für sonst jemanden mit bösen Absichten, der den Plan dieser Anlage zum großen Schaden des Königs mißbrauchen könnte. Obwohl ich dem Wachposten das Geschriebene zeigte und ihm meine unschuldige Absicht erklärte, wollte dieser in seinem Eifer dennoch nichts begreifen und bezeigte bis zu unserer Trennung einen heldenhaften Mut.

In der Stadt sind noch viele Marmortafeln mit Inschriften aus dem alten Capua zu sehen, die man am Stadtplatz auf Sockeln angebracht hat. Außerdem besichtigte ich im Dom unter dem Hauptaltar eine überaus kunstvolle Darstellung des Allerheiligsten Grabes unseres Herrn Jesus Christus aus weißem Marmor. Daneben fand ich eine Inschrift, die jedermann ermahnt, die Asche unbekannter Heiliger zu verehren:

D. O. M. Anonymorum ...

Die Felder um Capua sind fruchtbar und werden ziemlich gut bestellt, gut ist auch die 16 Meilen lange Straße nach Neapel.

Dieses vollkommen flache Land ist, wie Sie wissen, ein Teil der Terra di Lavoro und wird schon von Vergil im 2. Buch der Georgika sehr anmutig beschrieben. Nachdem er die Vorzüge eines ertragreichen Bodens geschildert hat, endet er folgendermaßen: »Talem arat dives Capua, et vicina Ves. ...«. Auch heute noch glaubt man, daß es nirgendwo unter dem ganzen Himmelszelt einen fruchtbareren Boden gibt, weshalb man auch von der »Campagna stellata« spricht, womit man sowohl den segensreichen Einfluß der Gestirne als auch die beste Lage auf der ganzen Welt meint.

Ich schreibe Ihnen also unter einem sehr gütigen Himmel und bin überzeugt, daß Sie meinen Brief mit ebenso wohlwollendem Herzen empfangen werden. Ich unterzeichne für immer als

E. H.

untert. Diener.
N. N.

## XXIV. Brief

Neapel, am 2. April 1740

> Abgefeimtheit der Sbirren. Wert der Carlini. Gesamteindruck von Neapel. Der Name der Stadt ist griechisch. Ob Neapel Rom vorzuziehen ist. Jesuitenkirche. S. Chiara. S. Giov. Magg$^{re}$. S. Maria Magg$^{re}$. Kloster S. Martino. Kirche S. Domenico Magg$^{re}$. S. Marcellino. S. Maria di Donnaregina. S. Giovanni a Carbonara. S. Agnello. S. Maria Annunziata und ihr großes Hospital.

Obzwar es mir schon von Natur aus ein Bedürfnis ist, von den Einzelheiten meiner Reise zu berichten, so wird es doch durch die gnädige Aufnahme, mit der Sie meine Briefe ehren, noch über alle Maßen bestärkt und angespornt, so daß ich sehr zu tadeln wäre, wenn ich sie nicht fortführen wollte. Da ich nun in Neapel bin, müßte ich eigentlich zuerst mit einer großen Sehenswürdigkeit aufwarten; ich habe aber gelobt, Ihnen von jedem kleinen Umstand zu berichten, und will daher zunächst von einer schönen Lumperei erzählen, die uns die Sbirren an der Stadtgrenze gespielt haben. Diese Straßenräuber, ich meine die Zöllner, stellten sich uns mit ihrer üblichen Litanei in den Weg, daß sie eigentlich unser Gepäck untersuchen müßten, dies aber in Ansehung unseres vornehmen Standes nie und nimmer tun würden; dann wollten sie uns davon überzeugen, daß ein derartiges Entgegenkommen eine angemessene Belohnung verdiene. Der stolze Redner hatte sich dabei vor der ersten Sedia aufgestellt, während andere unsere Pferde festhielten und die übrigen sich an die Deichseln der Sedien lehnten. Um das Treffen zu beenden und diesen Abschaum an Schurken loszuwerden, boten wir ihnen zuerst sechs und schließlich zwölf Carlini an, die sie mit gleichmütiger Miene annahmen und uns dann den Weg freigaben. Ungefähr hundert Schritte weiter tauchte erneut solches Ungeziefer auf, das sich diesmal mit zwei Carlini zufriedengab, da wir schon Lehrgeld bezahlt hatten. Dann erschienen noch einmal welche, die aber nichts mehr bekamen, weil wir die Gaunerei bereits begriffen hatten. Ich muß hier wohl den tatsächlichen Wert des Geldes erklären: $26\frac{1}{2}$ Carlini machen eine Zechine, und ein Testone vier Carlini; ein Carlino ergibt zwölf Grani, was eine Kupfermünze ist. Die ganze Betrügerei kam uns also auf ungefähr zwei deutsche Gulden zu stehen.

Nun ist es aber meine Pflicht, von den Sehenswürdigkeiten Neapels zu berichten und dabei die innerhalb der Stadt gelegenen von denen in der Umgebung genauestens zu trennen. Ich beginne mit dem, was man innerhalb Neapels besichtigen kann, vor allem mit den Kirchen. Vorausschicken möchte ich nur noch einen Gesamteindruck von der Stadt. Bei der Herkunft des Namens »Neapel« will ich mich nicht aufhalten; es muß genügen, daß er griechischen Ursprungs ist, weshalb man annimmt, daß die Stadt von diesem Volk gegründet wurde. Da Neapel nicht nur sehr groß, sondern auch sehr schön und dicht bevölkert ist, haben schon viele Leute gemeint, daß es insbesondere wegen der Pracht seiner Kirchen und wegen der Zahl seiner kostbaren Paläste selbst Rom übertreffe. Ich werde das ja sehen, wenn ich nach Rom zurückkehre. Wenn ich nun mit meiner Ansicht über Neapel beginne, so kann ich sagen, daß es nicht nur eine sehr große, sondern auch überall eine sehr schöne Stadt ist: es gibt hier breite und schnurgerade Straßen, die mit viereckigem Felsgestein gepflastert sind, das man, wie manche meinen, von der Via Appia genommen hat. Die Straßen sind zu beiden Seiten mit stattlichen Häusern und zahlreichen Palästen geschmückt, so daß insgesamt ein sehr majestätischer Eindruck entsteht. Über die Zahl der Einwohner konnte mir niemand etwas Gewisses sagen, aber man darf wohl annehmen, daß sie beträchtlich sein muß. Leider sind die Straßen derart voll von Kutschen, Sedien und Sänften, daß das Spazierengehen dadurch sehr beschwerlich wird. Was die Kirchen angeht, so findet man hier unendlich schöne, und zwar ebenso im Hinblick auf die Anlage wie auf die Kostbarkeit der Ausstattung. Bis zur Decke hinauf bestehen die Mauern aus Marmor, Alabaster und Porphyr, ebenso die Fußböden und Pfeiler, ferner gibt es Fresken und Gemälde; alles ist mit bewundernswert viel Kunst und Verstand zusammengestellt und angeordnet, so daß das Auge überall nur Meisterwerke erblickt. Trotz dieser bemerkenswerten Vorzüge muß man aber in den Hauptstraßen ein großes Übel feststellen: die zahlreichen Läden, in denen es Lebensmittel aller Art wie Fisch, Fleisch und Wein etc. gibt, verleiden einem nämlich den Anblick, und der Geruch der vielen in Öl gebackenen Speisen belästigt eine deutsche Nase erheblich.

Nun will ich im einzelnen auf die Kirchen eingehen, die ich besichtigt habe, und zwar zuerst auf die der Jesuiten, wo es alles zu sehen gibt, was die Kunst überhaupt nur ersinnen kann. Die Kuppel ist vom Cav. Lanfranco ausgemalt worden, in die Mauern ist verschiedenfarbiger Marmor eingelegt, und zahlreiche Malereien und Gemälde tragen zur Schönheit dieses Gotteshauses bei.

Anschließend ging ich in die nicht weniger prächtige Kirche

S. Chiara, wo ich meinen Neigungen nachgehen konnte, weil es dort viele Inschriften gibt. Bei einer kleinen Tür erblickt man ein Grab aus Statuenmarmor und darauf eine wunderschöne Frauenfigur, ein Werk des Giovanni da Nola, das folgendes Epitaph trägt:

> Nata eheu ...

Dieses Epitaph hat der unvergleichliche neapolitanische Dichter Antonio Epicuro verfaßt, der sein Grab ebenfalls in dieser Kirche gefunden hat, wie es in dieser Inschrift heißt:

> Antonio Epicuro ...

Ein anderes Epitaph auf dem Boden vor dem Hauptaltar lautet:

> Hic inter ...

Linker Hand steht bei einem Seitenaltar:

> Quisquis ades ...

Die Ordensfrauen dieser großen und überaus schönen Kirche, die im Jahre 1310 von König Robert gestiftet wurde, stammen aus angesehenen und adeligen Familien; ihre Zahl beläuft sich in der Regel auf 350 Seelen. Man findet dort auch das Grab des Stifters, aber die Inschrift ist für einen so weisen Fürsten, Helden, großen Theologen und Philosophen ein wenig zu kurz geraten:

> Cernite Robertum Regem virtute refertum.

Diese Kirche, die aufgrund ihres Alters und ihrer Pracht eine der namhaftesten von ganz Neapel ist, hat eine Länge von 310 Spannen und eine Breite von 120 Spannen. Das Dach ist schön geformt und außen mit Blei bedeckt. Gründung, Bau und Einsegnung der Kirche sind um den Glockenturm herum in Stein festgehalten:

> Anno sub ...

Zwei kunstvoll gearbeitete Säulen aus weißem Marmor hält man für Säulen vom Tempel Salomons, ein Besitz, dessen sich auch die Gaetaner und die Venezianer rühmen. Da es in Neapel in derselben Kirche noch zwei weitere Säulen gibt, eine mit soviel Geschick angefertigte Nachahmung der eben erwähnten, daß man sie kaum voneinander unterscheiden kann, darf man vermuten, daß die einen oder die anderen neueren Ursprungs sind. Die Inschrift auf dem Kenotaph für die unglückliche Königin Johanna I. lautet folgendermaßen:

> Inclyta Parthenopes ...

Nachdem sie König Karl in die Hände gefallen war, wurde sie im Kastell auf dem Monte S. Angelo auf dem Gargano gefangengehalten und dort schließlich erdrosselt, während sie in der Kapelle betete. Sie empfing damit den Lohn, den sie für das gleiche Verbrechen verdient hatte, denn sie hatte in Aversa ihren ersten Gatten Andreas von Ungarn, den neapolitanischen König, umbringen lassen.

Die Kirche S. Giovanni Maggiore ist ebenso prachtvoll wie die oben erwähnten und eine der vier Hauptbasiliken Neapels. Man sagt, sie sei früher ein heidnischer Tempel gewesen, den Kaiser Hadrian errichtet hatte und der durch Konstantin den Großen und dessen Tochter Konstanze umgebaut und Johannes dem Täufer geweiht worden sei. Als diese Kirche zur Zeit des Kardinals Ginetti einzustürzen drohte, wurde sie erneuert, wie über dem Hauptportal zu lesen steht:

> Templum hoc ...

In dieser Kirche befindet sich auch das Grab der Parthenope, der Tochter des Eumelos, und vor dem Hauptaltar dasjenige von Giano Anisio mit folgender Inschrift:

> S. Onustus aevo ...

Anschließend ging ich in die ebenfalls schöne Kirche S. Maria Maggiore la Nuova, wo es am Fußboden heißt:

> Mors tumulatum ...

Eine weitere Inschrift lautete:

> Triste hoc ...

Auch diese Kirche gehört zu den vier Hauptbasiliken; von ihr behauptet die Überlieferung, daß sie auf Befehl der Allerheiligsten Jungfrau erbaut worden sei, die dem Bischof Pomponius erschienen war. Die Stadt sollte auf diese Weise von einem bösen Geist befreit werden, der sich Tag und Nacht in Gestalt eines Schweines zeigte und erst durch dieses Heilmittel vertrieben werden konnte. Im Jahre 1650 ist die Kirche dann durch die Mönche von Grund auf größer und prachtvoller umgebaut worden, so daß sie zu einer der schönsten Kirchen dieser Stadt wurde. Ich war aber entsetzt, als ich vor dem Hauptportal in einem Graben oder besser in einem ausgemauerten Loch totgeborene nackte Säuglinge erblickte, die man wahllos übereinandergeworfen hatte. Der Grund hierfür war, wie mir mein Antiquar sagte, daß diese Unglücklichen, weil sie vor der Taufe gestorben seien, kein ordnungsgemäßes Begräbnis verdienen würden; es sei freilich eine Nachlässigkeit, daß man den mit der Zeit schadhaft gewordenen Deckel nicht wieder über das Loch gelegt habe.

Nun muß ich noch etwas über die Jesuitenkirche nachtragen: daß nämlich der Fürst Tomaso Filomarino viel Geld für den Neubau dieser Kirche ausgegeben hat, weshalb auch allerorten sein Wappen prangt. Über dem Hauptportal entdeckte ich die folgende Inschrift:

Thomas Filomarinus ...

Der vornehme Hof mit dem Kollegiengebäude, wo die freien Künste unterrichtet werden, verdankt seine Pracht der Großzügigkeit der Söhne des Cesare d'Aponte, wie die Inschrift unter dem Wappen der besagten Familie bezeugt:

Caesaris de ponte ...

An einem anderen Tag stieg ich zum vornehmen und schönen Kloster S. Martino hinauf, das früher einmal ein königliches Landhaus gewesen ist und den Königen bei der Jagdbelustigung gedient hat. Später wurde es dann dem Kartäuserorden übergeben, in ein Kloster umgewandelt und auf Kosten des Königs mit der gegenwärtigen Pracht ausgestattet. Die Kartäuser sind dort oben in der Tat bestens untergebracht, nicht wie Mönche, sondern wie Könige, weil es nirgendwo eine schönere Lage geben kann. Man hat vom Kloster aus einen Blick über das Meer und die Insel Capri, wo der Kaiser Tiberius sein Serail hatte, über die ganze Stadt und ihre Umgebung, die Berge, Täler, Wälder, Ortschaften, den schrecklichen Vesuv, die Hügel, Dörfer, die Küste, die Ebenen und Landhäuser, also über die ganze fruchtbare Campagna. Die Neapolitaner sagen daher nicht zu Unrecht, daß es nirgendwo sonst in Europa einen solchen Rundblick gebe, eine Aussicht, die so schön ist, daß man sich daran nie satt sehen kann. Alles strotzt vor Pracht, alles ist aus Marmor. Abgesehen von der Kostbarkeit des Marmors, zeigt die Kirche, eine der schönsten Neapels, die Werke der berühmtesten Maler Italiens. Sie wird von 13 Altären geschmückt, und ihre Decke besteht aus einer wunderschönen, vergoldeten Stukkatur und den Malereien des Cav. Lanfranco. Es gibt dort aber auch sehr viele Ölgemälde, deren Zahl sich in diesem königlichen Kloster auf über hundert beläuft. Außen stehen zu beiden Seiten des Hauptportals die folgenden Distichen zu lesen:

   Ter caput ...

An der anderen Seite:

   Brunonem et ...

Im Refektorium kann man ein vortreffliches Ölgemälde sehen, das die Hochzeit zu Kana in Galiläa darstellt. Die Sockel, Friese und Statuen des herrlichen Kreuzgangs bestehen gänzlich aus erlesenem Marmor, außerdem schmücken ihn 60 weiße Marmorsäulen; der Fußboden und die Büsten von Heiligen in den Nischen sind ebenso beschaffen. Alles zeugt von ausgezeichnetem Geschmack. Die Büsten entstammen der Hand des Cav. Cosmo Fanzago; dieser hat auch den Friedhof geschaffen, der von Balustraden mit sehr schönen Marmorfriesen umgeben ist. Die prachtvollen Räume des Priors sind so gut ausgestattet und mit so erlesenen Gemälden geschmückt, daß man dort jeden großen Fürsten empfangen könnte, denn es gibt nichts, was nicht kostbar wäre. Ich will mich hierüber aber nicht weiter aufhalten, sondern nur berichten, daß wir über eine kleine, aber wundervolle Treppe in den Garten des besagten Priors hinabgestiegen sind, wo ich eine sehr wertvolle Statue aus reinweißem Marmor fand, welche die Madonna mit dem Jesuskind und dem hl. Johannes darstellt; sie besteht aus einem einzigen Stück. Daß ich die Klosterbibliothek nicht besichtigen konnte, weil sie gerade geschlossen war, bedauerte ich sehr, aber sie wird sich hinsichtlich des Wertes der Bücher sowie der Kostbarkeit der Aufmachung oder der Anordnung nicht sehr von dem übrigen unterscheiden. In der Schatzkammer wird viel Gold und Silber aufbewahrt, und an ihrer Decke erblickt man ein schönes Fresko von Giordano; das Altarbild stammt von dem berühmten Spagnoletto und ist seiner Vortrefflichkeit wegen wohl schon hundertmal kopiert worden. Wer etwas für Reliquien übrighat, kann dort die der hl. Konstanze, des hl. Eutropius, des hl. Artemius, Leopardus und ich weiß nicht von wem sonst noch verehren.

Ich will aber in die Kirche zurückkehren, in der ich beinahe ein Ölgemälde Guido Renis von unschätzbarem Wert übergangen hätte; es stellt die Geburt unseres Herrn dar und wird in Sachen Malerei für das größte Wunder von ganz Neapel gehalten. Da der Tod dem großen Meister zuvorkam, ist es unvollendet geblieben, und dennoch sagt man, daß den Mönchen dafür schon 12000 Dukaten geboten worden seien, aber immer vergebens. Die Pracht und der Reichtum dieses Klosters stechen einem also überall ins Auge, denn schließlich hat man unter der Herrschaft eines einzigen Priors 500000 Dukaten für Gemälde, Skulpturen und Silber ausgegeben.

Wenn die bisher erwähnten Kirchen ihrer Fresken und Ölgemälde, ihrer Vergoldungen und edlen Stukkaturen wegen bemerkenswert sind, dann verdient auch S. Domenico Maggiore einen Besuch. Diese Kirche hatte einst den Erzengel Michael zu ihrem Schutzpatron, später ist sie in die Hände der Benediktiner und schließlich in die der Dominikaner übergegangen; Papst

Alexander IV. hat sie dem hl. Dominikus geweiht, und von Mal zu Mal ist sie schöner und prunkvoller geworden. Man findet dort erhabene Grabinschriften, Gemälde von großem Reiz, weißen Marmor, kostbare Skulpturen und andere bemerkenswerte Dinge in Hülle und Fülle. Vor allem aber kann man das wundertätige Kruzifix besichtigen, das den hl. Thomas von Aquin folgendermaßen angeredet hat: »Bene scripsisti de me, quam ergo mercedem accipies?«, worauf er antwortete: »Non aliam quam Te ipsum«; weitere Märchen dieser Art will ich bei Gelegenheit mitteilen. Jetzt will ich hingegen berichten, daß Thomas von Aquin, der Doctor angelicus, auf Befehl König Karls I. für seinen Unterricht in der Theologie monatlich eine Unze Gold erhielt, wie sich einer Marmortafel entnehmen läßt, die an der öffentlichen Universität aufgestellt ist:

> Viator, huc incrediens ...

Die Kapelle des hl. Severin ist eine besondere Zierde dieser Kirche; in ihr kann man die folgenden Sprüche lesen:

> Pietati et memoriae ...

In der Familienkapelle der Capece kann man ein Altarbild bewundern, das Christus am Kreuz darstellt und Zeugnis für die große Kunst des Girolamo Capece ablegt, der sich nicht nur um die Malerei, sondern auch um Literatur und Musik verdient gemacht hat. Am Grab des Diomede Carafa, des Kardinals von Ariano, ist unterhalb seiner Statue folgendes Distichon eingehauen:

> Vivat adhuc ...

In der Sakristei liest man unter der Darstellung des Todes:

> Sceptra ...

Dann besichtigte ich die Gräber der Könige Alfons I., Ferrante I. und II., der Königin Johanna, Isabellas von Aragon und noch einiger anderer einschließlich ihrer Inschriften, die ich hier der Kürze halber übergehe, weil sie zum Teil schon von Misson kopiert worden sind.

Soweit ich mich entsinne, konnte ich dort an einer Mauer die folgende Inschrift finden:

> Nimbifer ille ...

Über den wahren Sinn dieser Inschrift gehen die Deutungen auseinander, wobei manche meinen, sie beziehe sich auf einen Schiffbruch. »Davus sum non Oedipus et ego«.

Ich komme nun zur Kirche S. Marcellino, die mit ihren Vergoldungen, Fresken und dem sonstigen Schmuck den anderen in nichts nachsteht. Da ich versprochen habe, auf wundersame Geschichten einzugehen, wenn ich auf solche stoßen sollte, will ich Ihnen die folgende sehr lange Inschrift mitteilen, die Ihnen erläutern kann, was es mit dem griechischen Gemälde am Hauptaltar auf sich hat, das den Erlöser darstellt:

> Ne mireris ...

Die Kirche S. Maria di Donnaregina steht mit ihren Verzierungen und Malereien den anderen in nichts nach; sie ist eine der prächtigsten und vornehmsten Kirchen Neapels, weil die dort begrabene Königin Maria, die Gemahlin König Karls II. von Neapel, sie mit großen Gütern ausgestattet hat.

Viel Streit gibt es um den Ursprung des Namens der Kirche S. Giovanni a Carbonara. E. H. werden sich wohl wenig darum bekümmern, ob er sich nun von den Köhlern herleitet, von einer Straße namens Carbonara oder von einer Familie dieses Namens. Wie dem auch immer sei, gewiß ist jedenfalls, daß diese Kirche seit der Wiedereinsetzung von König Ladislaus groß, vornehm und reich geworden ist. Das Grab dieses Königs ist überaus prächtig, aber im gotischen Stil und wird von folgenden Versen geschmückt:

> Improba mors ...

Darunter heißt es:

> Qui populos ...

Außerdem hat der berühmte Dichter Sannazaro, wohl derselbe, der auch die drei Distichen über die Stadt Venedig verfaßt hatte und dafür reich belohnt worden war, die folgenden höchst vornehmen Verse zu Ehren des eben erwähnten Königs Ladislaus geschrieben, da seine Vorfahren diesem sehr verpflichtet waren:

Miraris niveis ...

Bemerkenswert ist auch das Grab des Seneschalls Caracciolo, den König Ladislaus und Königin Johanna II. sehr geschätzt haben; als man ihn hinterrücks ermordet hatte, wurde er von der Königin bitterlich beweint. Unter seiner prachtvollen Statue steht ein schönes Gedicht von Lorenzo Valla:

Nil mihi ...

Die sonstigen reich ausgestatteten Kapellen, die Statuen von Heiligen, die schönen Fresken und die vergoldeten Decken lasse ich beiseite, um nun auf das Blut des hl. Januarius zu sprechen zu kommen, das (so glauben jedenfalls die Neapolitaner) jedes Jahr am Vorabend seines Todestages flüssig wird und schäumt, als ob es einem lebenden Körper entstammte; mit dem Ende der Oktave wird es wieder fest und trocken. Aber dasselbe Blut hat in S. Maria di Donnaregina noch wunderlichere Schrullen: wenn dort am Tag der Enthauptung des hl. Januarius die Messe gefeiert wird, dann schäumt es noch viel stärker und verflüssigt sich ebenfalls, um anschließend wieder fest zu werden. Die Welt will nun einmal betrogen sein.

Die Kirche S. Agnello könnte ich ohne weiteres übergehen, wenn nicht im dortigen Kloster seit kurzem der Kenotaph für den Cav. Marino stünde. Die Bronzestatue dieses unvergleichlichen Dichters ist nach dem Leben geschaffen, seine Stirn wird von Lorbeer bekränzt. Die Worte dazu stammen von Tomaso Cornelio und lauten folgendermaßen:

D.O.M. et memoriae ...

Davon abgesehen findet man in der Familienkapelle der Monaci eine weitere Darstellung des gekreuzigten Jesus, dem einmal, als er sich zum unerwarteten Richter zwischen einem Gläubiger und einem Schuldner machte, von letzterem ein Stein an die Nase geworfen wurde. Aus der Wunde tropfte Blut, wie die weitschweifige Inschrift darlegt:

Anno Dom. MCCC ...

Ich ging dann in die Kirche S. Maria dell'Annunziata, die zu den berühmtesten der Stadt gezählt wird. In dieser Kirche kann man überaus schöne Stuckverzierungen sehen, die vom Boden bis zur Decke hinauf vergoldet sind, und dazu wundervolle Statuen und ausgezeichnete Gemälde von den berühmtesten Bildhauern wie Giovanni da Nola und Santacroce oder von Malern wie Marco da Siena, Lanfranco und Giordano. Es befinden sich dort auch zwei Gräber, nämlich das der ungarischen Königin Johanna II. und das des königlichen Baumeisters Manlio. Kommen wir nun zur Gründung dieser Kirche und des riesigen Hospitals: zwei Brüder, die sieben Jahre lang auf Monte Cassino eingesperrt gewesen waren und auf wunderbare Weise ihre Freiheit wiedererlangt hatten, bauten, wie sie es gelobt hatten, der Hl. Jungfrau zu Ehren diese Kirche und errichteten dabei auch ein Hospital zum Beistand für die Kranken. Durch eine stetige Zunahme der zahlreichen frommen Werke, Zuwendungen von Königen, Päpsten, Patriziern und des günstig gesonnenen Volks, konnte die Kirche ihren Reichtum derart vergrößern, daß sie gegenwärtig von fünf Gouverneuren verwaltet werden muß, die auch in der Lage wären, ein Königreich zu regieren. Welches Maß an Überfluß dort angehäuft wurde, will ich berichten, wenn ich die Beschreibung der Kirche beendet habe. Ihr Chor ist sehr geräumig und deshalb überaus sehenswert; auf die dort aufbewahrten heiligen Reliquien, nämlich Holz vom Hl. Kreuz und einen Dorn, will ich hier nicht eingehen, da wir davon nicht viel hielten, ebensowenig auf die Sakristei, die mit kostbaren Gemälden des vortrefflichen Malers Belisario geschmückt ist, oder auf die beiden Schatzkammern voll Gold und Silber. Wollte ich alle Einzelheiten genauestens erläutern, dann dürfte ich keinen Brief mehr, sondern müßte ein Buch schreiben.

Die Santa Casa besitzt zahlreiche Gutshöfe, Ländereien, Lehen und Baronien in allen Provinzen des Königreichs, zu denen sie entweder durch Erbschaft, durch Schenkung oder auf irgendeine andere Weise gekommen ist. Man kann sich daher leicht vorstellen, daß sich die jährlichen Einkünfte auf mehr als 200000 Golddukaten belaufen; sie werden vollständig für fromme Werke ausgegeben, die man großzügig ausübt, wie uns das würdevolle Epigramm über dem Tor des Palastes zu verstehen gibt:

Lac pueris ...

Dort wird eine große Zahl von armen Kindern versorgt, die entweder unehelich geboren sind oder von ihren Eltern elend ausgesetzt wurden. In einem Raum im Erdgeschoß, der auf die Hauptstraße hinausgeht, halten sich zu jeder Tageszeit acht Ammen bereit, um die kleinen Kinder sofort zu säugen, wenn sie auf das Rad gelegt und in die Santa Casa aufgenommen worden sind. Diese Kinder trägt man dann zusammen mit der Frau, der sie anvertraut werden, in ein besonderes Buch ein; ich staunte sehr über die große Zahl von Ziehmüttern, die sich stets auf ungefähr 2500 beläuft, was doch große Unkosten verursachen muß, da jede allmonatlich ihren Lohn empfängt. Die Knaben werden dann ihrem Alter, Verstand und Geschlecht gemäß unterwiesen und widmen sich später zumeist den Wissenschaften, einem Handwerk oder treten in das Kloster ein; dabei wird jedes Kind durch den Eintrag in jenes Buch gewissermaßen legitimiert, wie es die Bulle von Papst Nikolaus IV. will. Die Mädchen hingegen, die man in Arbeiten aller Art unterrichtet, werden, wenn sie sich verheiraten wollen, mit einer Mitgift von mindestens 100 Dukaten ausgestattet. Wenn sie dann später einmal von ihren Männern verlassen worden oder verwitwet sind oder wenn ihnen sonst ein Unglück zugestoßen ist, dann können sie wieder in die Santa Casa zurückkehren, wo sie in einem abgetrennten Bereich, den sogenannten »ritirate«, leben.

Man hat in der Santa Casa auch eine eigene Krankenstube eingerichtet, die mit allem Notwendigen ausgestattet ist, das man zur Unterbringung und Behandlung von heilbar oder unheilbar Kranken braucht. Zu diesem heiligen Ort gehören vier weitere Hospitäler, zwei davon in der Stadt und zwei außerhalb. Außerdem betreibt die Santa Casa eine Apotheke und ein öffentliches Leihhaus, das viel Gewinn einbringt, da die Zahl der Pfänder aus Gold, Silber und Edelstein schier unermeßlich ist; dabei ist das, was das feste Kapital einbringt, noch gar nicht berücksichtigt. Die Santa Casa ist also ein Ort, der sowohl der Aufmerksamkeit der Einheimischen als auch der fremden Reisenden wert ist, und zum Donnerwetter! Es bedarf schon eines gehörigen Batzen Geldes, wenn man so viele hungrige Mäuler sättigen will, von den monatlichen Löhnen für die Gouverneure, Ärzte, Bader, Chirurgen, Lehrer und die große Zahl der sonstigen Bediensteten ganz zu schweigen.

Was ich hier berichtet habe, betrifft nur den einstigen Zustand, da die Santa Casa heutzutage bei weitem nicht mehr ihr altes Ansehen besitzt, seitdem sie zu Beginn dieses Jahrhunderts mit fünf Millionen Dukaten Schulden Bankrott gemacht hat. Man ist deshalb jetzt gezwungen, die bislang gewohnten Hilfeleistungen an die jeweiligen Einkünfte anzupassen, die der Santa Casa überlassen werden und über die eine kaiserliche Kommission zu entscheiden hat. Aber man hofft, daß die Santa Casa ihren alten Glanz und ihr einstiges Ansehen wieder zurückgewinnen kann, sofern dies in den Plan des allerhöchsten Richters paßt.

Ich habe mich von den vielen schönen und nützlichen Dingen derart hinreißen lassen, daß ich darüber ganz vergessen habe, meinen Brief zu einem Ende zu bringen. Ich schließe ihn zwar spät, aber nicht ohne die Hoffnung, daß er Ihnen dennoch dasselbe Vergnügen bereitet wie dem Schreiber, der ist und bleibt

E. H.

untert. Diener.
N. N.

## XXV. Brief

Neapel, am 5. April 1740

> Kathedrale S. Gennaro. Zeremonien bei der Verflüssigung des Blutes des hl. Januarius. Kirche S. Lorenzo. S. Maria della Pietà. S. Pietro e Paolo. SS. Apostoli. S. Patrizia. S. Andrea a Nilo. S. Maria del Popolo. S. Severino. S. Pietro ad Aram. S. Maria del Carmine. S. Pietro Martire di Monte Oliveto. S. Giacomo degli Spagnuoli mit dem Grab des Don Pedro di Toledo. Kirche S. Luigi, wo sich die wundertätige Milch der Hl. Jungfrau befindet.

Hier nun die Fortsetzung meines getreuen Berichts über die heiligen Dinge, die in dieser Stadt besonders zahlreich vorkommen und für sie bezeichnend sind. Es wird am zweckmäßigsten sein, wenn ich zunächst über die Dinge Rechenschaft ablege, die man im Dom, der Kathedrale S. Gennaro, besichtigen kann; der hl. Januarius war einst Bischof von Pozzuoli. Was das Innere dieser Kirche angeht, so kann ich nicht verstehen, warum man ihr soviel besonderes Lob zollt, denn es ist dort kaum etwas wirklich Schönes oder Prachtvolles zu finden. Der Dom ist nämlich sehr düster und keineswegs so schön geschmückt und überall verziert wie die bereits erwähnten Kirchen, und dennoch ist er die vornehmste und am meisten geehrte Kirche, ja das Oberhaupt aller Kirchen der Stadt. Es waren zwei Könige, nämlich Karl I. und Karl II., die den Bau dieser Kirche begonnen respektive vollendet haben. An das Längsschiff des Doms angeschlossen ist die Kirche S. Restituta mit ihrer kostbaren Kapelle, dem sogenannten »Tesoro«, wo die beiden Glasfläschchen mit dem Blut des hl. Januarius verwahrt werden, das eine Neapolitanerin bei seinem Martyrium aufgefangen hat. Wenn das Blut dem Volk gezeigt wird, dann gerät dieses vor Frömmigkeit ganz außer sich, so daß es gar nicht mehr in der Lage ist zu beurteilen, ob auch wirklich das geschieht, was man behauptet. Da ich nun schon dabei bin, von diesem wundertätigen Blut zu erzählen, das Blasen werfen und sich vollständig verflüssigen soll, wenn man es dem ehrwürdigen Haupt des besagten Heiligen nähert, so muß ich auch die zugehörigen Zeremonien genauestens beschreiben. Wenn dieses Blut also am Namenstag des Heiligen oder bei einem Unglücksfall gezeigt wird, dann verflüssigt sich (wahrscheinlich nach dem Willen derer, die alles in der Hand haben) das Blut entweder oder es bleibt fest. Wenn letzteres geschieht, dann gilt das als Vorzeichen für ein schlimmes Unglück, und jedermann wird ermahnt, in Sack und Asche Buße zu tun. Wenn hingegen die Verflüssigung eintritt, dann wird dies dem Volk durch eine Kanonensalve vom Kastell aus kundgetan. Jedermann wirft sich auf die Knie und wird ganz trunken vor Frömmigkeit. Ihre Majestäten mit dem gesamten Hofstaat und der königlichen Familie kommen herbei, um die wundertätige Flüssigkeit zu verehren und dem Schutzpatron für sein heilbringendes und gutes Zeichen zu danken. Viele haben schon die natürlichen Ursachen für diese Verwandlung aufgezeigt, die doch nichts anderes ist als ein frommer Betrug; offensichtlich wurde dieser Betrug, als man dem hl. Januarius den Erzengel Michael als Helfer beigab (weil man der Meinung war, daß der Schutzpatron seine Stadt ein wenig vernachlässigt habe und sie nicht mehr ausreichend vor Unglücksfällen beschützen würde, die über die Stadt hereinbrachen, obwohl das Blut gezeigt worden war). Dies ist ein klarer Beweis für das Mißtrauen, das man dem hl. Januarius entgegengebracht hat. Jener neapolitanische Dichter mag über die Wahrheit des Wunders sagen, was er will – es sind doch immer nur glanzvolle Worte, die außer auf gläubige Seelen keine Wirkung tun; seine Leier klingt folgendermaßen:

Nondum credis ...

Wenn sich aber schon ein gelehrter Katholik von Verstand und keineswegs geringem Geist diesem Aberglauben hingibt, was sollen dann diejenigen tun, die nur über den gewöhnlichen Menschenverstand verfügen und die doch immer in der Überzahl sind? Sie sind gewiß zu beklagen, da es ihnen an der notwendigen Klugheit fehlt, um das Wahre vom Falschen unterscheiden zu können.

Karl I., der Stifter dieses Gotteshauses, liegt dort auch begraben; hier zunächst sein neues und dann sein altes Epitaph:

> Carolo I. Andegavensi ...

Nun das alte:

> Conditur hac ...

Bei der Sakristei kann man auch das Grab des unglücklichen Königs Andreas von Neapel sehen; seine eigene Gemahlin, deren Grab sich in S. Chiara befindet, hat ihn erdrosseln lassen. Sie hat aber gewiß nicht gedacht, daß sie einmal denselben Tod erleiden würde, wovon ich schon in meinem vorigen Brief gesprochen habe. Die Inschrift für den unglücklichen Gatten lautet folgendermaßen:

> Andreae Caroli ...

Unter dem Hauptaltar liegt eine weitere kleine Kirche, in der der Leib des hl. Januarius verwahrt wird. Vor dem Seitenportal der Kathedrale erblickt man die Guglia, die an diesen Heiligen erinnert und mit unvergleichlicher Kunstfertigkeit gearbeitet ist. In ihrer Mitte stehen diese Worte zu lesen:

> Divo Ianuario ...

Wenn ich nun auch die Hauptkirche verlasse, so will ich doch nicht versäumen, noch einige andere Kirchen zu beschreiben, die nicht weniger schön sind als diejenigen, die ich bislang besichtigt habe. Hierzu gehört die Kirche S. Lorenzo, wo man ein vor langer Zeit gemaltes wundertätiges Bildnis Jesu Christi sehen kann, von dem überliefert ist, daß es einmal von einem jungen Mann mit dem Messer verletzt worden sei, wobei drei Blutstropfen aus dem Bildnis hervorquollen; diejenigen, die an so etwas glauben, besuchen es daher oft in tiefer Andächtigkeit. In dieser Kirche befindet sich auch das Grab des Herzogs Karl, der auf Befehl König Ludwigs von Ungarn ebenfalls in der Stadt Aversa, wo man schon Andreas erdrosselt hatte, ermordet wurde, weil er zumindest ein Mitwisser des Verbrechens an Andreas war. Von den näheren Umständen habe ich schon im vorigen Brief berichtet.

In S. Maria della Pietà de' Sangri können wir große Verzierungen und Kunstwerke aus dem schönsten und feinsten Marmor sehen; diese Kirche ist von Alessandro di Sangro, dem Patriarchen von Alexandria, gestiftet worden, aus dessen Familie zahlreiche große Persönlichkeiten hervorgegangen sind, die alle in dieser Kirche mit vornehmen Lobreden begraben sind. Ich habe daraus die folgende ausgewählt:

    D.O.M. Paulo de Sangro ...

Den Ursprung einiger Kirchen verlegen die Neapolitaner in längst vergangene Zeiten. So soll die Kirche S. Pietro e Paolo Maggiore, so sagt man jedenfalls, schon zur Zeit des Kaisers Tiberius erbaut worden sein; man behauptet sogar, daß sie, bevor Christus Fleisch wurde, dem Apoll geweiht gewesen sei, und dann soll sie für Castor und Pollux, die beiden Söhne, die Jupiter mit Leda gezeugt hat, umgebaut worden sein. Im Jahre 1688 konnte man in dieser Kirche noch den vollständigen Portikus mit einer griechischen Inschrift sehen, die in lateinischer Sprache folgendermaßen lautet:

    Tiberius Iulius ...

Auch heute noch sieht man am Eingang dieser Kirche ein beträchtliches Stück von diesem Portikus, nämlich acht Säulen, die ein Fries korinthischer Ordnung tragen. Am Dreieck darüber erkennt man auf einem Halbrelief neben anderen Götzen auch Castor und Pollux, denen die folgenden beiden Distichen zur Seite stehen:

    Audit vel ...

Und rechter Hand:

    Tindaridas vox ...

Der Vesuv oder sonst ein Unglücksfall hat diesen Tempel größtenteils zum Einsturz gebracht; nach der Menschwerdung Jesu Christi hat man ihn den Apostelfürsten geweiht, wobei man die falschen Götter austrieb, wie die folgenden Worte besagen:

> Et dirutis ...

Die Theatinermönche, die nun die Herren der Kirche sind, haben sie mit vortrefflichen Malereien, Skulpturen und anderen erlesenen Arbeiten prachtvoll ausgeschmückt, etwa mit einem Tabernakel auf dem Hauptaltar, der mit Edelsteinen und wertvollen Juwelen verziert ist, so daß diese Kirche mit ihrem wunderschön verzierten Kreuzgang aus weißen Marmorsäulen heutzutage gewiß nicht zu den unbedeutenden Kirchen der Stadt gehört.

In der Kirche SS. Apostoli kann man ein Denkmal für Marino besichtigen, das dieses unvergleichlichen Mannes würdig ist; die Inschrift darauf lautet:

> D.O.M. Ioannes Baptista ...

Sein Kenotaph mit einer lebensgroßen Bronzebüste findet man in der bereits erwähnten Kirche S. Agnello. Im Kloster gibt es eine kunstvolle Wendeltreppe, auf der selbst Maultiere bequem emporsteigen können, um das Korn in die Speicher zu tragen.

Abgesehen vom Leib der hl. Patrizia, der in der Kirche S. Patrizia verwahrt wird, will man dort auch einen Nagel besitzen, der der Überlieferung nach zu denen gehört, mit denen unser Herr ans Kreuz geschlagen wurde; dieser Nagel soll eine rote Ader aufweisen, aus der in der Karfreitagsnacht Blut austritt. Man machte davon aber kein großes Aufheben, so als würde sich dieses Wunder heutzutage nicht mehr ereignen.

Als sich der hl. Petrus in Neapel aufhielt, hat er unter anderem auch die hl. Candida bekehrt und getauft, die in S. Andrea a Nilo begraben liegt, wo man folgendes Epitaph finden kann:

> Mors quae ...

Sehr merkwürdig ist es, wenn man im Hospital von S. Maria del Popolo sieht, wie dort die Irren in tiefer Stille an einer langen Tafel ihre Mahlzeit einnehmen; dies geschieht mit soviel Anstand, wie ich es bei vernünftigen Menschen bisher kaum angetroffen habe.

Über den Ursprung der Kirche S. Severino weiß man nur soviel, daß sie im Jahre 316 durch Kaiser Konstantin umgebaut worden ist. Dort liegen Severinus und Sosius begraben, wie aus folgendem Distichon hervorgeht:

Hic duo ...

Diese Kirche ist ein schönes Gebäude mit mehreren Kapellen, in denen man ausgezeichnete Stukkaturen, Malereien und edle Skulpturen findet. Was die zum Teil geschmackvollen und feinsinnigen Inschriften angeht, so bin ich durch Misson der Mühe des Kopierens enthoben worden.

Der hl. Petrus, der vermeintlich erste Papst, hat hier in Neapel herrliche Spuren seines Wirkens zurückgelassen, bevor er nach Rom ging, um dort seinen so berühmten Stuhl einzurichten. Er hat nämlich hier in Neapel einen Tempel gereinigt, der vordem Apoll geweiht war, und dafür dem wahren und einzigen Gott einen Altar errichtet, nachdem er viele Leute bekehrt und getauft hatte. Dies soll sich der Überlieferung nach an der Stelle zugetragen haben, an der heute die Kirche S. Pietro ad Aram steht. Man kann dies einer Darstellung mit folgender Unterschrift entnehmen:

Siste fidelis ...

Dieses Gotteshaus ist wegen seiner Bauweise im neuesten Geschmack und der zahlreichen Malereien, die sich überall in der Kirche finden, in seinem gegenwärtigen Zustand ein sehr vornehmes Gebäude.

Die Kirche S. Maria del Carmine ist durch die Schenkungen der schmerzgebeugten Kaiserin Margarethe, der Mutter Konradins, erweitert und verschönert worden. Diesem unglücklichen Prinzen, einem Enkel Kaiser Friedrichs II., hatte, als er zwei

Jahre alt war, der Papst alles weggenommen, was er in Italien besaß; als er sich dann gemeinsam mit dem Herzog von Österreich an der Spitze eines Heeres rächen wollte, wurden beide durch den Herzog von Anjou besiegt, gefangengenommen und schließlich auf Befehl König Karls I. von Neapel mit der Zustimmung des Papstes enthauptet und unweit dieser Kirche in einer kleinen Kapelle begraben. Konradins Mutter, die Kaiserin, zog nach Neapel, da sie von seinem Tod noch nichts wußte, und führte viel Schmuck und Geld mit sich, um dies König Karl als Lösegeld für ihren einzigen Sohn anbieten zu können; da sie ihn aber schon tot und begraben fand, ließ sie seinen Leichnam aus besagter Kapelle an den Hauptaltar dieser Kirche umbetten. Pater Guicciardini hat die Umstände dieser unseligen Begebenheit in den folgenden Versen festgehalten:

Infoelix juvenis ...

Weil Konradin der Letzte aus der Linie der Staufer war, hatten die Päpste, die entschlossen gewesen waren, das gesamte kaiserliche Geschlecht der Staufer auszurotten, ihr Ziel also erreicht. Und weil die beiden Fürsten bereits exkommuniziert waren, wurden sie für unwürdig erklärt, in geweihter Erde bestattet zu werden, weshalb die Mutter in dieser Kirche eigens eine Kapelle errichten ließ, damit sie dort begraben werden konnten; zur Erinnerung an dieses schreckliche Ereignis wurde eine Säule aus Porphyr mit folgender Inschrift in goldenen langobardischen Lettern aufgestellt:

Asturis ungue ...

Nicht vergessen darf ich den geistreichen Stein, den man beim Betreten der wohlgeschmückten Kirche S. Pietro Martire erblickt. Darauf erscheint der Tod in Gestalt eines Jägers, der auf seinem Kopf zwei Kronen und in den Händen Köcher und Pfeile trägt; zu Füßen dieser Gestalt sieht man zahlreiche Personen beiderlei Geschlechts und aus allen Ständen, ihr gegenüber steht ein Mann, der wie ein Kaufmann aussieht und dem Tod einen

Beutel voll Geld auf den Tisch wirft. Neben dem Tod steht geschrieben:

> Eo sò la morte ...

Neben der anderen, als Kaufmann gekleideten Figur heißt es:

> Tutti ti ...

Daraufhin kommen die folgenden Worte aus dem Mund des Todes:

> Se mi potesti ...

Auf einer Marmortafel gegenüber heißt es:

> Mille laudi ...

Man darf sich nicht wundern, daß die Kirchen hier so kostbar, vornehm und prachtvoll sind, denn die Geschenke, die sie fortwährend von Königen und anderen erlauchten Persönlichkeiten erhalten haben, waren unermeßlich. So ist etwa die Kirche von Monte Oliveto durch das Wohlwollen und die Güte von Alfons II. von Aragon, dem König von Neapel, im großen Umfang dem neuesten Geschmack entsprechend verändert und ausgeschmückt worden; neben anderen kostbaren Dingen hat ihr dieser König auch drei Landgüter mit Zivil- und Kriminalgerichtsbarkeit überlassen. Den Olivetanern ist es daher leichtgefallen, die Kirche im Geschmack der Zeit zu verzieren und sie mit den schönsten Vergoldungen und den vortrefflichsten Gemälden auszustatten. Besagter König pflegte mit den Mönchen einen sehr vertrauten Umgang, wie man einer Inschrift im Refektorium entnehmen kann:

> Alphonso Aragonio II. ...

Es hat gewiß vieler Ränke bedurft, bis sich der König dazu herabließ, sich wie ein Mönch mit den anderen Mönchen zu unterhalten und mit ihnen zu essen, ja sogar am Tisch der Bediensteten aufzuwarten.

Unter den Kenotaphen in dieser Kirche habe ich dasjenige für die Herzogin Maria von Aragon, die natürliche Tochter des neapolitanischen Königs Ferrante I., kopiert, weil mir der Anfang der Inschrift recht ungewöhnlich erscheint; man wird nämlich ermahnt, diese nur ganz leise zu lesen, um die darunter Schlafende nicht aufzuwecken:

 Qui legis ...

Der Verfasser brauchte aber gewiß nicht zu fürchten, daß sie aufersteht, ehe die Posaune des Ewigen die Gräber durchdringt.

Etwas ganz Ungewöhnliches ist das zu den ansehnlichsten Dingen Neapels zählende Grab von Don Pedro de Toledo, dem Vizekönig des Reichs, in der vortrefflichen Kirche S. Giacomo degli Spagnuoli, die er selbst erbaut und im Lauf der Zeit reich ausgestattet hat. Sein Grabmal befindet sich im Chor und ist von seinem Sohn, dem Vizekönig von Sizilien, errichtet worden; auf seinem Grabstein sind vor allem die von ihm errungenen Siege in Bas- und Halbreliefs dargestellt. Auf dem Frontispiz steht folgende Inschrift zu lesen:

 Petrus Toletus ...

Bevor ich nun meinen geistlichen Rundgang abschließe, will ich noch ein weiteres Beispiel für die unglaubliche Einfalt der Neapolitaner anführen. Sie rühmen sich nämlich des Besitzes zweier Fläschchen mit der Milch der Hl. Jungfrau, die man in der Kirche S. Luigi, auch »di palazzo« genannt, verwahrt; an Feiertagen soll sich diese Milch ebenfalls verflüssigen. Es wundert mich keineswegs, daß in diesem Fall selbst viele Katholiken mit ihrer Meinung zurückhalten und jeden, der solchen Unsinn glauben will, in seinem Glauben belassen. Das Innere dieser Kirche ist übrigens von besonderer Vollkommenheit, da sie ganz mit wunderschönem Marmor verkleidet ist; besondere Erwähnung verdient der Tabernakel auf dem Hauptaltar, der überaus kunstvoll mit vielen kostbaren Juwelen besetzt ist. Kein wißbegieriger Reisender wird es bereuen, wenn er die verschiedenen Kapellen besucht, wo es neuere und ältere Ölgemälde der namhaftesten Meister zu sehen gibt.

E. H. mögen sich nun mit diesen geistlichen Bemerkungen zufriedengeben, die meinem Urteil nach sehr ausführlich und, wie ich glaube, auch deutlich geraten sind. Man brauchte aber viel mehr Zeit, wenn man alle Kirchen besuchen wollte. Mir scheint freilich auch, daß man ihrer schließlich überdrüssig würde, da man zwar unendlich schöne Dinge, aber im Grunde doch immer nur dieselben zu sehen bekommt, selbst wenn es gewisse Abweichungen gibt. Was mich angeht, so gilt meine Bewunderung eher der Seltenheit herrlicher Dinge; wenn mir diese aber zu oft unter die Augen kommen, dann entsteht dabei leicht eine gewisse Gleichgültigkeit. Dies mag ein Fehler meines Gemüts sein, und da ich mich mit Ihnen, der Sie soviel vollkommener sind, nicht vergleichen darf, haben Sie von Anfang bis Ende dieses heiligen Berichts vielleicht ein beständiges Vergnügen genossen. Wenn ich mir mit dieser Überzeugung schmeichle, so gibt mir das neuen Mut, meine Mitteilungen fortzusetzen und für immer zu unterzeichnen als

E. H.

untert. Diener.
N. N.

## XXVI. Brief

Neapel, am 8. April 1740

Abstecher nach Pozzuoli, wobei besichtigt werden: 1) der Posilip, 2) die unterirdische Straße, 3) das Grabmal des Vergil, 4) der Palast Sannazaros, 5) das Kirchlein des hl. Januarius, 6) die Solfatara, 7) die Schwitzbäder des hl. Germanus, 8) die Hundsgrotte, 9) der See von Agnano, 10) das Kolosseum, 11) der Averner See, 12) die Grotte der Sibylle, 13) die Bäder des Tritulus, 14) die Cento Stufe di Nerone, 15) die Tempel des Apoll, des Merkur, der Venus und der Diana, 16) die Elysäischen Felder, 17) der Lukriner See, 18) das Grab der Agrippina, 19) der Monte Nuovo, 20) antike Grabmäler, 21) die Piscina Mirabile, 22) Baia, 23) die Cento Camerelle, 24) das Mare morto, 25) die Brücke des Caligula, 26) der Monte di Cristo.

Ebenso wie die Natur immer wieder Neues hervorbringt, so will auch ich mich nun einem neuen Gegenstand zuwenden; anstatt Ihnen weiterhin von den Sehenswürdigkeiten innerhalb der Stadt zu berichten, gehe ich deshalb zu denen über, die außerhalb liegen, vorzüglich zu denen um Pozzuoli. Seit zwei Tagen ist die Luft hier eher warm als mild, und auch der Himmel scheint in seiner Klarheit die Freuden zu teilen, die uns der Besuch des ehrfurchtgebietenden Vesuv und der würdigen Altertümer Pozzuolis bereiten. Ich will mit letzteren den Anfang machen und mich an die Reihenfolge meiner Besichtigungen halten. Dabei verdrießt es mich freilich, daß ich nicht zuvor Capaccio, der alle Altertümer Pozzuolis genau beschreibt, zu Rate gezogen habe, weshalb mir meine eigenen Augen zum alleinigen Führer dienen müssen. Man brauchte auch wahrhaftig viel mehr Zeit, um so zahlreiche merkwürdige Dinge zu besichtigen, und daher wird es mir sehr schwerfallen, über alles ebenso genau Rechenschaft abzulegen, wie derjenige es vermag, der alles mit größerer Bequemlichkeit untersucht hat.

Der erste reizvolle Gegenstand auf dem Weg nach Pozzuoli ist der Berg Posilip oder vielmehr die Hügel, die sich längs des Meeres erstrecken. Schon die alten Römer haben sich, wenn sie der Bürde ihrer Ämter müde waren und sich deshalb nach Ruhe und Erholung sehnten, oft dorthin zurückgezogen, weil dieser Berg mit seiner unvergleichlichen Lage und seiner reinen Luft auf der ganzen Welt nicht seinesgleichen hat. Daher kommt es, daß er von den berühmtesten Dichtern gebührend besungen worden ist; von ihnen hat er auch den bezeichnenden griechischen Namen erhalten, der »moeroris cessatio« bedeutet. Dies beweist klar genug, daß man damals glaubte, vom Posilip wären Schwermut und Kummer gänzlich verbannt. Folgende Distichen eines unbekannten Dichters bringen dies zum Ausdruck:

> Pausilypus noster ...

Damit Sie sich einen deutlicheren Begriff von diesem Berg machen können, müssen Sie wissen, daß es sich um eine wohlbestellte Hügelkette handelt, die sich dicht an der Küste hinzieht und die den ganzen Strand entlang mit prächtigen Weinbergen, herrlichen Palästen, schönen Häusern und reizvollen Gärten übersät ist, deren Besitzer im Sommer dorthin kommen, um sich zu vergnügen und die Luft zu genießen, die gesünder und milder ist als irgendwo sonst. Auf dem anmutigen Rücken dieses Berges, der wie ein Arm drei Meilen weit ins Meer hineinragt, hat übrigens früher ein Tempel der Fortuna gestanden, der heute der hl. Maria geweiht ist. Dort fanden wir eine Marmortafel mit folgender Inschrift:

> Vesorius Zoilus ...

Diese kleinen Hügel sind aus einer bloßen Grille heraus von Cocceius oder sonst jemandem mit einer unglaublichen Anstrengung durchbohrt worden, um den Weg von Neapel nach Pozzuoli zu bahnen; diese unterirdische Straße nennt man gemeinhin die Grotte oder die Höhle von Pozzuoli. An ihrem Eingang erblickt man linker Hand eine Inschrift, die bereits Nemeitz kopiert hat und folgendermaßen beginnt: »Quisquis sive indigena« etc. Sie befindet sich in seinem ›Fasciculus inscriptionum singularium Italiam congestarum‹ etc., S. 107, Leipzig 1726.

Genau oberhalb dieses Eingangs liegt in den Felsen das Ehrenmal oder vielmehr Grabmal des großen Dichters Vergil, das Francesco Petrarca folgendermaßen beschreibt:

>Sub finem ...

Sie dürfen aber nicht glauben, daß man von dieser Stelle aus das Grab sehen könne; die Felsen sind in diesem Teil nämlich ganz unzugänglich. Nein: man muß zuerst den Posilip besteigen, wozu man einen Führer benötigt, ohne den man das Grab schwerlich finden würde. Wer eine Beschreibung desselben wünscht, kann bei Misson nachschlagen, der es treffend darstellt und eine Zeichnung beigibt, aus der man den gegenwärtigen Zustand des Grabes ersehen kann, das durch die Unbilden des Wetters zunehmend unkenntlich wird. Dieser Abdruck bei Misson entspricht dem im ›Vera Guida de' Forestieri etc.‹ des Bischofs Sarnelli von Bisceglie; letzterer ist allerdings noch genauer und ausführlicher. Merkwürdig ist, was Misson über den Ruf Vergils mitteilt. Er berichtet nämlich, daß ihn manche Neapolitaner für einen Zauberer und andere wiederum für einen Heiligen halten; ganz genauso verhält es sich mit Nostradamus, den die Franziskanermönche bei Marseille halb in der Kirche und halb außerhalb begraben haben, weil sie sich nicht im klaren waren, ob sie ihn für einen Dichter oder für einen Heiligen halten sollten.

Aus dem Bericht des jüngeren Plinius ist bekannt, wie bezaubert Silius Italicus von obengenanntem Grabmal des Vergil war. Er hat es mit größerer Ehrfurcht aufgesucht als ein Gotteshaus, und den Geburtstag Vergils hat er feierlicher begangen als seinen eigenen:

>Vergilii ante ...

Diese Worte stehen im III. Buch, Brief 7.8. Statius nennt das Grabmal in Buch IV, 4.54 seiner ›Silvae‹ ebenfalls voller Hochachtung »Maroneum templum«:

> Hospita Partenope ... Maroneique sedens in margine templi.

Der eben erwähnte Silius kaufte sich aus Ehrerbietung neben der Villa Ciceros auch diejenige Vergils, wie Martial singt:

> Silius haec ...

Die ältere Inschrift dieses schon oft erwähnten Grabmals ist wohl die folgende:

> Mantua me genuit ...

Andere, wie etwa Mabillon im ›Mus. Ital.‹, S. 112, behaupten hingegen, daß auf dem von den Neapolitanern entfernten Epitaph kurz und bündig folgendes gestanden habe:

> Sistite viatores quaeso pauca legite hic Maro situs est.

Die erwähnte unterirdische Straße ist in gerader Linie 400 Schritt lang und ausreichend breit, so daß zwei Wagen leicht nebeneinander Platz haben. Im Innern ist es freilich so dunkel, daß man nicht einmal mehr seinen Nachbarn erkennen kann, denn die beiden Luftlöcher an den Enden des Tunnels und das in der Mitte, das zur Kapelle im Felsen hinaufführt, genügen nicht, um einen derart großen Raum auszuleuchten; wenn man daher hört, daß sich eine Sedia nähert, dann ruft man üblicherweise mit lauter Stimme »zum Berg« oder »zum Meer«, so daß jeder weiß, auf welcher Seite er fahren muß, um nicht mit jemandem zusammenzustoßen; die Gondolieri in Venedig machen es genauso. Es gibt dort noch eine weitere Unannehmlichkeit: je tiefer man nämlich in die Grotte hineinfährt, desto mehr Staub bekommt man zu schlucken, gleichzeitig wird man noch um das letzte bißchen Licht gebracht. Deshalb ist es vonnöten, den Kopf so gut zu verhüllen, daß auch die Augen geschützt sind, und sich auf diese Weise ganz der Gnade seines Kutschers anzuvertrauen. Dieser Tunnel bringt also weit mehr Beschwerlichkeiten mit sich als Vorteile, und ich würde gewiß lieber den Weg über die Hügel nehmen als den durch diese Grotte, die wohl für Plutos nächtliche Schatten eher geeignet ist als für lebendige Menschen. Wer immer auch der Erbauer oder Urheber dieser Höhle gewesen sein mag (worüber sich die gelehrten Antiquare nicht einigen können), die Nachwelt wird ihm in jedem Fall ihren Beifall schuldig bleiben; dieses alte Bauwerk hat sogar schon Seneca mißfallen, der es erwähnt und sich dabei ebenfalls über die Dunkelheit beklagt, die durch den Staub verursacht wird. Früher hat es noch zwei weitere Durchgänge gegeben, die von Lucullus und von Kaiser Claudius Nero erbaut worden waren; an sie erinnert aber nichts mehr. Am Fuß des besagten Posilip stand einst der schöne und reizvolle Palast des berühmten Dichters Giacomo Sannazaro, der jedoch in Kriegszeiten zerstört wurde; der Dichter selbst preist ihn in den folgenden Versen:

O lieta Piaggia ...

Die Kirche SS. Parto della gran Madre di Dio ist das Gotteshaus, in dem jener Dichter im Jahre 1532 in einem Grab aus schneeweißem Marmor beigesetzt wurde. Das Aussehen des Grabes ist ebenso wie das Epitaph schon von verschiedenen Autoren getreu wiedergegeben worden.

Anschließend gingen wir zur Kirche S. Gennaro, die innerhalb des einsam gelegenen Kapuzinerklosters mit Garten steht. Außen an der Mauer heißt es dort:

D. Ianuario iam ...

In dieser Kirche zeigt man die weiße Marmorbüste des hl. Januarius, ein sehr anmutiges Werk, von dem man erzählt, daß ihm die Sarazenen, als sie in Italien waren und sich so barbarisch benahmen, daß sie unter anderem alle Statuen zerstörten, die Nase abgeschlagen haben. Diese habe dann ein Fischer mit seinem Netz aufgefischt, und als man sie wieder anbrachte, sei sie ohne ein Klebemittel an der Büste haftengeblieben. Seitlich des Altars befindet sich an der Mauer ein Fleck, den, wie man sich rühmt, das Blut des hl. Januarius verursacht haben soll. Die Kapuziner, die ja das Armutsgelübde ablegen, müssen wohl in diesem Kloster davon befreit sein, da sie uns eine Büchse entgegenhielten, in der sie unsere Almosen sammelten. Vielleicht tun sie ihrer Ordensregel aber schon dadurch Genüge, daß sie das Geld nicht mit der bloßen Hand berühren. In ihrem Kreuzgang gibt es einen Behälter für das Regenwasser, den man sich in der Tat ansehen muß, da er hoch oben in der Luft auf einer Säule angebracht ist. Man muß dies tun, weil die Ausdünstungen der nahegelegenen Solfatara nicht nur die Verzierungen der Kirche und den Hausrat zerstören, sondern auch das Wasser verderben; die Mönche haben deshalb dafür Sorge getragen, daß das Wasser nicht mit dem Boden in Berührung kommt. In diesem Kloster bedient man sich eines Steins anstelle der Glocke, um die Brüder zu Tisch zu rufen. Der Kirche unmittelbar gegenüber erblickt man den Steinblock, auf dem der hl. Januarius zusammen mit sechs weiteren Christen enthauptet wurde; er trägt aber keine Inschrift. Eine solche findet sich hingegen in der Kirche über dem Altar:

D.O.M. Divo Ianuario ...

Anschließend besuchten wir die nahegelegene Solfatara; so nämlich beliebt man jenen ausgedörrten Berg zu nennen, der nur aus Schwefel und Alaun besteht, eigentlich müßte er jedoch Solforara heißen. Da er das denkbar beste Laboratorium zur Herstellung von Felsalaun abgibt, hat man zu diesem Zweck einige Hütten gebaut. Der Boden scheint überall hohl zu sein, da man den Widerhall hört, wenn man einen großen Stein zu Boden wirft. Ich fand dort zahlreiche Löcher und Öffnungen im Boden, die wie der Vesuv, mit dessen Eingeweiden diese Gegend, so sagt man jedenfalls, zweifellos in Verbindung steht, mit Getöse und Gestank unablässig Rauch ausstoßen. Es ist daher sehr glaubwürdig, wenn es heißt, daß man in der Solfatara Eisen schmelzen und Wasser in Kesseln zum Kochen bringen kann, indem man es über eine dieser Öffnungen hält. Die Neapolitaner halten diese Gegend für den Weg zur Hölle, und die Kapuziner, die ein feineres Ohr haben als andere Menschen, versichern sogar, von Zeit zu Zeit ein furchtbares Jammern und Heulen zu hören und oft von den Teufeln heimgesucht zu werden. Man mag ja auch gern glauben, daß die Mönche bei diesen unterirdischen Gegebenheiten nachts ein mehr oder weniger starkes Brummen und Poltern vernehmen, aber daß dieses aus der Hölle kommt und daß sie teuflischen Besuch empfangen, das kann nur auf Betrug, auf heiliger Einfalt oder auf übergroßer Furcht beruhen.

Bevor wir unsere Rundreise fortsetzen konnten, mußten wir uns in Pozzuoli um unseren Mittagstisch kümmern. Diese Stadt am Golf von Cuma ist schon in alter Zeit eine beliebte Siedlung gewesen, da sie einen Hafen und einen Damm besitzt. Nachdem wir uns einen Cicerone genommen hatten, ohne den man wie im Dunkeln herumirren würde, setzten wir unseren Rundgang fort und kamen zuerst zu den Schwitzbädern des hl. Januarius, die für diejenigen, die an Podagra oder ähnlichen Krankheiten leiden, sehr heilsam sein sollen; derlei Leute kommen aus allen Himmelsrichtungen und erfahren große Linderung. Da diese Bäder auch schon dem besagten Heiligen bei derselben Krankheit geholfen haben, hat man ihnen seinen Namen gegeben. Wenn dem so sein sollte, dann muß man die Heilwirkung wohl den beständigen Schwefeldämpfen zuschreiben, die jeden, der diese Bäder betritt, in kürzester Zeit am ganzen Leib zum Schwitzen bringen.

In der Hundsgrotte, einer kleinen und nicht von Menschenhand gemachten Höhle, zeigte man uns den üblichen Versuch mit dem Hund und mit zwei Hennen. Der Schließer kniet sich dabei vorsichtig soweit auf den Boden nieder, daß er ihn gut erreichen kann, wobei er den Kopf ganz aufrecht hält. In dieser Haltung packt er den Hund und drückt ihn mit dem Kopf nach unten auf die Erde; der Hund gibt dann ziemlich bald Zeichen der Ohnmacht von sich, verdreht die Augen, läßt die Zunge heraushängen und bleibt wie tot liegen. Wenn er dann kein Lebenszeichen mehr von sich gibt, wirft man ihn aus der Höhle hinaus und in den nahegelegenen See, wo seine Lebensgeister allmählich wieder erwachen, so daß er zurück an Land schwimmt. Dasselbe wurde mit den beiden Hennen wiederholt, wobei aber die eine tatsächlich ihr Leben verlor, während die andere erst dann wieder zu sich kam, als man auch sie in den See geworfen hatte. Wie dem auch immer sein mag, daß sich die Tiere wieder erholen, beruht keineswegs auf einer besonderen Eigenschaft des Wassers, das die Rückkehr ins Leben nur beschleunigt, solange dieses noch nicht ganz verloren ist, sondern darauf, daß die Tiere im rechten Augenblick ins Wasser geworfen werden, dann nämlich, wenn sich ihre Lebensgeister, die von den Schwefeldämpfen fast gänzlich erstickt worden sind, in der frischen und reinen Luft allmählich wieder regen. Wir konnten das mit eigenen Augen an dem Hund beobachten, der sich bei einem zweiten Versuch ebenfalls wieder erholte, obwohl man ihn nur in das Gebüsch neben der Grotte geworfen hatte. Dieses Mal dauerte es freilich mehrere Minuten, während ihn das Wasser sofort auf die Beine gebracht hatte. Trotzdem handelt es sich hier auf jeden Fall um einen merkwürdigen Vorgang, den man bereits an den verschiedensten Tierarten, ja sogar schon mit Menschen und immer mit derselben Wirkung erprobt hat. Der Abate und spätere Bischof Sarnelli berichtet von einem Versuch, den man auf Befehl des Vizekönigs Don Pedro de Toledo mit zwei Sklaven vornahm, die dabei ums Leben kamen. Auch ein gewisser Edelmann, der sich in der Höhle bückte, um einen Stein aufzuheben, wurde von den Dämpfen erstickt; als man ihn in den See legte, kam er zwar noch einmal zu sich, aber kurz darauf starb er. Ich hatte dennoch keine Bedenken, diese Höhle in aufrechter Haltung zu betreten, was ich auch ohne jede Gefahr tat. Mir kam diese, wie ich schon sagte, kleine und nicht von Menschenhand gemachte Felsenhöhle wie ein stark beheiztes Zimmer vor; in die Nase stieg mir der Geruch von Schwefel, dessen heiße Dämpfe sich oben an der Decke festsetzen und dann Tropfen für Tropfen herabfallen. Ich wagte es freilich nicht, den Kopf zu senken, weil ich nicht dieselbe Erfahrung machen wollte wie besagter Edelmann. Merkwürdig war es auch anzusehen, wie eine Kerze und eine Fackel erloschen, als man sie zu Boden hielt, wo die Ausdünstungen so stark sind, daß sie jedes Lebewesen umbringen.

Wenn man vom bereits erwähnten See von Agnano behauptet, daß er sozusagen immer am Kochen sei, so ist das dem Anschein nach wahr, sofern man dies von einem Wasser sagen kann, das zahllose Blasen wirft und dennoch kalt ist. Meiner Meinung nach muß man die Ursache für diese Erscheinung, die kochendem Wasser ähnelt, in den endlosen Strudeln suchen, die einer nach dem anderen an die Oberfläche drängen.

Von dort aus begaben wir uns zum Amphitheater, das unser Cicerone Kolosseum nannte. Es ist zwar überwiegend zerstört, aber im großen und ganzen läßt sich immer noch sehr gut erkennen, daß es ein mächtiger Bau aus Felsgestein war. Den gegenwärtigen Zustand beschreibt die Inschrift über dem Tor im erhaltenen Teil folgendermaßen:

> In hoc Amphitheatro ...

Man wird sich über das Ausmaß der Zerstörung nicht länger wundern, wenn man bedenkt, wie oft es im Lauf der vielen Jahre Erdbeben erlitten haben muß; jedenfalls muß es sehr alt sein, wenn wir der Überlieferung glauben wollen, daß dort schon im 3. Jahrhundert der hl. Januarius mitsamt seinen Glaubensgenossen den wilden Tieren vorgeworfen worden sei. Weil ihn diese Tiere aber, wie man glaubt, nicht auffraßen, sondern ihm huldigten, erlitt er sein Martyrium dann an jener Stelle von der Hand des Henkers, wo heute die erwähnte Kirche S. Gennaro steht.

Unweit davon liegt der Averner See oder die Hölle, denn dort tut sich, wie man allgemein annimmt, einer ihrer Abgründe auf. Verschiedene antike Dichter und Schriftsteller haben von diesem See eine schreckliche Vorstellung hinterlassen und eine solche Auffassung veranlaßt, indem sie behaupteten, daß die Tiere an den tödlichen Dämpfen dieses Sees zugrundegehen würden. Misson erörtert die einstige und gegenwärtige Wirkung ausführlich, und es ist gewiß, daß heute um den See herum die besten Weinberge liegen, daß es in ihm Fische in Hülle und Fülle gibt und daß ihn die Vögel überfliegen können, ohne zu sterben.

Die Höhle, die gemeinhin die Grotte der Sibylle genannt wird, liegt ganz in der Nähe. Es ist aber sehr mühselig, sie zu betreten, da man dies auf allen Vieren tun muß, weil der vom Berg herabfallende Sand sowenig Raum läßt, daß man sich erst nach ungefähr 25 Schritten wieder aufrichten kann. Jeder von uns trug eine brennende Fackel in der Hand. Ich staunte wahrhaftig über ein derart mühevolles Werk, zu dem kein anderes Volk als die Römer fähig gewesen wäre, deren Gewalt über ihre Untergebenen ganz ohne Beispiel war, denn diese mußten jedem Befehl sofort gehorchen und bei Todesstrafe alles Verlangte tun. Nach ungefähr 200 Schritten stießen wir dann rechter Hand auf die Kammern und das Bad der Sibylle, wovon man noch Mosaiken sieht. Von dort aus soll eine Wendeltreppe zur Spitze des Berges emporgeführt haben, von der aber nichts mehr zu sehen ist. Die Grotte selbst soll sich bis Cuma erstreckt haben, was eine Länge von vier Meilen ausmachen würde; es gibt aber keinen anderen Eingang als den schon erwähnten. Die natürliche Höhle ist zwölf Fuß breit und noch zwei Fuß höher und erstreckt sich in den harten Felsen hinein. Sie ist schon immer für die Behausung der Kumischen Sibylle gehalten worden, die Misson einer strengen Untersuchung unterzog, wobei er sich als Feind der Sibyllen erwies, die er gänzlich aus dem Gedächtnis der Menschen streichen möchte. Mir fehlt freilich die Zeit, um alle seine Beweisgründe auf den Prüfstein zu legen, sie scheinen mir jedoch zum größten Teil widerlegbar zu sein. Die anderen Autoren, denen an der tatsächlichen Existenz der Sibyllen mehr gelegen ist, können ihre Auffassung auf überzeugende Gründe stützen. Wer will, mag zu dieser Frage Lavaurs Vergleich zwischen den Sagen und der Heiligen Schrift nachlesen, worin sich ein besonderes Kapitel über die Sibyllen findet; man kann auch noch andere Autoren zu Rate ziehen, die zu Zeiten gelebt haben, als man auf die Sibyllen noch große Stücke hielt. Ich will mich in dieser Frage weder für die eine noch für die andere Meinung entscheiden, kann aber indessen berichten, was man von der Kumischen Sibylle erzählt, die die Herrin besagter Grotte gewesen sein soll. Sie hat nämlich die künftige

Glückseligkeit des Goldenen Zeitalters besungen, wovon auch Vergil in einer Ekloge handelt, die folgendermaßen beginnt: »Sicelides Musae paulo majora canamus«; er singt dort folgendermaßen:

> Ultima Cumaei venit jam carminis aetas.

Man nannte sie entweder Amalthea oder Kumische Sibylle. Den ersten Namen hat sie von der Ziege Amalthea, der Nährmutter Jupiters, aus deren Milch sie der Fabel nach köstlichen Nektar und Ambrosia bereitete. Der andere Name bezieht sich auf ihre asiatische Vaterstadt Cuma, wo auch die berühmten Ephoros und Hesiod geboren wurden, nicht aber auf die gleichnamige italienische Stadt, in die sich Sibylle zurückzog und wo sie sich in ihrer Höhle die Zeit damit vertrieb, daß sie den Römern in Versen die Geburt Christi weissagte. Sie hat kurz nach dem Fall Trojas in dieser Gegend gelebt.

Als wir diese Grotte wieder verlassen hatten, wurden wir zu den heißen Bädern des Tritulus geführt, die am Fuß des Berges liegen, den man die »Cento Stufe di Nerone« nennt. Diese »Cento Stufe« hat man immer schon als ein sehr kühnes Unternehmen angesehen und deshalb einer besonderen Aufmerksamkeit für wert befunden. Ich will Ihnen nun einen deutlichen Begriff davon geben: an der Küste liegt ein sehr hoher und unzugänglicher Berg, der die Verbindung zwischen Pozzuoli, Baia und anderen Orten unterbricht. Um dies zu ändern, hat Kaiser Nero befohlen, daß ungeachtet der ungeheuren Mühen ein Weg durch diesen Berg gebrochen würde, und diesen nennt man nun »Cento Stufe«, weil es vom Fuß bis zum Gipfel genau 100 Stufen sind. Man steigt darauf, entweder zu Fuß oder zu Pferd, immer innerhalb des Berges nach oben; an der einen Seitenwand sind aber in gleichen Abständen Öffnungen angebracht, so daß ausreichend Licht eindringen kann. Ein wenig abseits der Hauptstraße liegt eine Quelle mit kochend heißem Wasser. Wir trafen dort auf einige Bauern, die genau wußten, wie leichtfertig wißbegierige Reisende Geld ausgeben, und deshalb Wein, Brot und Eier herbeigebracht hatten. Sie boten uns an, die Eier zuzubereiten, und als sie sahen, daß wir einverstanden waren, zogen sie sogleich die Hosen aus und stiegen in die unterirdischen Gänge hinab. Von uns war freilich keiner so neugierig, daß er ihnen hätte folgen wollen; wir taten auch gut daran, denn als die Bauern zurückkamen, waren sie vom heißen Wasser ganz durchnäßt. Nachdem wir die Eier zu uns genommen hatten, setzten wir unseren Marsch fort und kamen zu den Tempeln des Apoll, des Merkur, der Venus und der Diana; diese liegen nahe bei der Straße, aber die Zeit hat sie derart zerstört, daß außer dem Namen von ihrem einstigen Glanz nichts übriggeblieben ist. Wer diese Bruchstücke oder besser Überreste den genannten Gottheiten nicht zugestehen will, mag das halten, wie es ihm beliebt.

Wir besichtigten dort insbesondere die Kammer der Venus, wo wir an der Decke zahlreiche Basreliefs entdeckten; die darauf dargestellten unzüchtigen Frauengestalten waren wohl alle Liebesgöttinnen, und auch Cupido befand sich inmitten dieser Schar. In einem weiteren kleineren Raum zeigte man uns einen großen Baumstamm, den das Wasser versteinert haben soll, was ich aber stark bezweifle. Die Tempel der Diana und des Merkur sind rund; in letzterem kann man wie beim Pantheon in Rom oben in der Mitte eine große Öffnung sehen, die dem ganzen Gebäude Licht gibt.

Unser Antiquar führte uns dann zum Weißen Meer und zu den Elysäischen Feldern, einem anmutigen Tal bei jenem Meer. Aber ehe ich erzähle, was ich an diesen Ufern gesehen habe, will ich noch auf den Lukriner See eingehen, weil sich dort etwas Außergewöhnliches mit einem Delphin zugetragen hat. Dieser hatte sich nämlich, wie Gellius nach Apion berichtet, mit einem Knaben angefreundet und trug ihn auf seinem Rücken von Baia nach Pozzuoli in die Schule. Der jüngere Plinius berichtet in seinen Briefen von einem ähnlichen Fall. Der See war einst mit dem Meer verbunden, aber Kaiser Augustus hat ihn durch 10000 Mann abtrennen lassen.

Unterwegs erblickte ich als Nächstes einen Bogen, den man für das Grab der Kaiserin Agrippina hält. Sie war die Mutter des grausamen Nero, der sie durch den Soldatentribun Anicetus ermorden ließ; in ihren Schmerzen sagte sie zu diesem noch: »Percute, percute, quaeso, mi Aniceta, ventrem qui genuit Neronem monstrum infernale«.

Im Jahre 1538 hat die Erde in dieser Gegend einen Berg hervorgebracht, der deshalb bis zum heutigen Tag Monte Nuovo heißt. Die wahrscheinlichste Erklärung geht dahin, daß er durch ein Feuer oder durch eine Kraft, die unterirdische Winde verursacht haben, hervorgetrieben worden ist. Genug: er hat in seiner Nachbarschaft großen Schaden angerichtet und die ganze Gegend in Schrecken versetzt, ist aber dann für immer friedlich geblieben.

Man kann dort auch Überreste von Mauerwerk sehen, die von Gräbern stammen sollen. In der Tat zeigte man uns an die hundert Löcher, in welche die Urnen mit der Asche der Toten gelegt worden waren. Dann kommt man zur Piscina mirabile, einem unterirdischen Gebäude in der Art einer Kuppel; das Gewölbe wird von 48 mächtigen Pfeilern getragen. Als Erbauer gilt M. Agrippa, ein Konsul unter Kaiser Augustus, der es für die römischen Marinesoldaten gebaut haben soll, die im Hafen von Miseno überwinterten.

Man steigt über mehr als 30 Stufen in diese Piscina hinab, und es wird vermutet, daß sie einst als Behältnis für frisches Wasser gedient habe, das in dieser Gegend, wie ich schon sagte, etwas sehr Seltenes ist. Es versteht sich, daß ich dieses Bauwerk gebührend bewundert habe, das innen mit einem so harten und glänzenden Zement überzogen ist, als würde es aus poliertem Marmor bestehen. Man behauptet, dieser Stoff sei aus dem Sand vom Meer um Pozzuoli hergestellt worden, was schon bei Vitruv und Plinius stehen soll. Ich war neugierig genug, ein Stückchen von diesem Belag abzuschlagen, und staunte sehr, als ich sah, daß er beinahe unzertrennlich mit dem anderen Material verbunden war. Allgemein wird angenommen, daß diese Masse aus Eiweiß, zerstoßenem und zu Pulver zerriebenem Marmor und Kalk besteht. Licht fällt nur durch eine einzige große Öffnung herein, aber das gesamte Gebäude wird dadurch dennoch ausreichend beleuchtet. Auch dort tauchten zwei Bauern mit der bereits erwähnten Absicht auf; sie boten uns Brot und eine Flasche Wein an, damit wir unser erhitztes Blut erfrischen und sie dabei eine Belohnung erhaschen konnten. Die Höflichkeit gebietet, daß man ein solches Angebot annimmt, und nach einem Rundgang von mehreren Stunden nahmen wir es sogar mit offenen Armen an. Solche Leute verdienen ihre Belohnung auch weit mehr als viele andere, die schon ein Trinkgeld verlangen, wenn sie einem nur mit dem Finger den Weg gewiesen haben.

Zu guter Letzt kamen wir in die Elysäischen Felder, die nichts anderes sind als ein sehr reizvolles Tal voller Obstbäume. Es muß schon in der Antike sehr anmutig gewesen sein, weil dort die prachtvollen Landhäuser des Marius, Pompeius und Domitian standen.

Unweit davon liegt Baia, das nach Baios, dem Gefährten des Odysseus, benannt ist. Seiner Lage und seiner Bäder wegen hat man es immer für einen höchst angenehmen Ort gehalten. Juvenal sagt über diesen Ort: »Nullus in orbe locus Bajis praelucet amoenis«. Und noch süßer wird Baia von Martial besungen: »Littus beatae Veneris ...«.

Heute ist diese so gepriesene Stadt, die für die zahlreichen Landhäuser römischer Adeliger und für ihren Reichtum berühmt war, nur noch ein ärmlicher und unglücklicher Ort, und man sieht dort nichts mehr als Mauerreste und Steinhaufen.

Auf dem Rückweg nach Pozzuoli betraten wir auch die »Cento Camerelle«; sie dienten vermutlich als Kerker für die ersten Christen, die von den heidnischen Kaisern gefangen wurden, insbesondere aber von Nero, unter dem die erste und schrecklichste Verfolgung stattfand. Nero ließ die Christen zunächst in diesen unterirdischen Ort einsperren, wohin niemals auch nur ein Sonnenstrahl dringt, um sie später für seine überaus barbarischen Gelüste zu mißbrauchen. Er ließ sie nämlich in die Felle wilder Tiere wickeln und den Hunden vorwerfen. Ein solches Tun wäre ganz unglaublich, wenn wir nicht die treuesten und sichersten Zeugnisse dafür hätten. Noch unerhörter ist es, daß er andere Christen mit Pech überziehen und pfählen ließ, damit sie ihm nachts als brennende Fackeln dienten.

Zwischen Baia und den Elysäischen Feldern liegt das Mare morto, über das Charon mit den Seelen der Toten zu den Elysäischen Feldern gefahren sein soll, was die antiken Dichter oft besungen haben. Nemeitz glaubt, diese Sage leicht erklären zu können: es sei in Baia und Miseno Sitte gewesen, daß niemand innerhalb der Stadtmauern bestattet werden durfte; ein Schiffer namens Charon habe deshalb die Toten beider Städte zu den Elysäischen Feldern gebracht, um sie dort zu begraben. Das Mare morto ist übrigens ein Teil des großen Meeres, den man durch einen Deich abgetrennt hat, damit die Fische, die es darin im Überfluß gibt, nicht entweichen konnten.

Auf diesem Rundgang stößt man schließlich auf die oft gerühmten Überreste der angeblichen Brücke des Caligula über den Meerbusen zwischen Baia und Pozzuoli. Sueton spricht aber in seiner Lebensbeschreibung dieses Kaisers ausdrücklich von einer aus Pontons oder Lastkähnen bestehenden Brücke, nicht aber von einer aus Backsteinen:

Nam Bajarum, (sagt er)...

Es bedarf wahrlich einer großen Beschlagenheit in der Geschichte der Antike, wenn man sich von den gängigen Meinungen nicht betrügen lassen will, denn in der Regel redet man bloß dem Vater oder dem Großvater nach, so wie es ein Papagei macht, der die Wörter, die man ihm vorgesagt hat, auswendig wiederholt. Für solche Leute sind dann Wahrheit und Fabel ein und dasselbe, ja gleichbedeutende Wörter. So erzählt man auch ganz dreist die Geschichte vom Berg Christi, der unweit des Lukriner Sees liegt. Diesen Berg hält man aus Aberglauben für den Eingang zum Limbus der Vorväter und nimmt an, daß Christus in ihn hinabgestiegen sei und die Seligen durch die Spitze des Berges herausgeführt und im Triumph in die Luft emporgetragen habe. Der Dichter Alcedinus hat wohl an diesen Ort gedacht, als er folgendes sagte:

Est locus ...

Für alle diese Besichtigungen hatten wir nur acht Stunden zur Verfügung, aber um alles in angemessener Weise zu untersuchen, wären einige Tage nötig gewesen. Wir waren daher gezwungen, einiges auszulassen, etwa das antike Cuma, Linterno, die Akademie des Cicero, den Mercato di Sabbato, die Teiche des Hortensius, wo die Fische so zutraulich gemacht wurden, daß sie einem aus der Hand fraßen, und andere Tempel und Paläste mehr. Kurz und gut, es hätte noch viele weitere Überreste aus alter Zeit gegeben, bei denen ich mich jedoch mit den Beschreibungen des Abate Sarnelli und bei Misson zufriedengab.

Inzwischen war uns in Pozzuoli die Tafel reichlich gedeckt worden, und zwar merkwürdigerweise von demselben Mann, der uns schon auf der »Cento Stufe« die Eier gereicht hatte; die Klugheit gebot uns jedoch, ihm dies nicht zum Vorwurf zu machen, damit wir uns dabei nicht selbst besudelten. Dieses Mal machte er freilich eine etwas andere Figur als zuvor. Solche Leute kennen tausenderlei Schliche, um die fremden Reisenden auf den Leim zu locken, da diese es oft nicht für ratsam halten, daß es auch die anderen erfahren, wenn sie geprellt wurden. Ähnliches hatten wir beim Betreten der Stadt mit einigen Mädchen erlebt, die uns mit heiteren Mienen entgegenkamen und in ihren Händen mit Muscheln gefüllte Körbe trugen; es war zwar eine ziemlich teure Ware, aber wir kauften ihnen aus Achtung für das schöne Geschlecht dennoch einiges ab.

Nach Tisch besichtigten wir den Stadtplatz. Wir fanden dort das Bruchstück einer Marmorsäule, auf deren Basreliefs Göttinnen dargestellt waren, wobei in einem Viereck angeordnet die folgenden verstümmelten Inschriften zu lesen standen:

1. Temnos. Cibra ...

Die Einwohner machen großes Aufheben davon, wagen aber keinerlei Erklärung, und auch ich bin nur ein Davus und wahrlich kein Ödipus. Auf dieser Säule findet sich ferner eine unbeschädigte Strophe, die folgendermaßen lautet:

Q. Flavio Maevio ...

Auf der Rückseite heißt es:

> D.O.M. Hanc Flavii ...

Bei einem Stadttor war in die Mauer ein Stein mit folgender Inschrift eingelassen:

> Imp. Caesar Divi ...

Das heutige Pozzuoli hat mit dem alten nichts mehr gemein, weder was seine Größe noch was seine Pracht angeht. Wieviel es von seiner Größe verloren hat, wird am Beispiel des bereits erwähnten Amphitheaters deutlich, das jetzt eine Viertelstunde von der Stadt entfernt liegt; von der ehemaligen Pracht kann man hingegen noch zahlreiche uralte Überreste von einzigartigem Wert finden. Schön ist die über den Ruinen des Jupitertempels errichtete Kathedrale, auf deren Portal folgende Worte zu lesen stehen:

> Calphornius L. F. Templum Augusto cum ornamentis D. D.

Das hohe Alter dieser Kirche kann man an ihrer Fassade ablesen; trotz der alten Mauern und Fundamente hat man sie mit Geschick wiederhergestellt und dem hl. Proculus geweiht, wie die aus neuerer Zeit stammende Inschrift am Bischofspalast berichtet:

> D.O.M. Retenta ...

In dieser Kirche lag der hl. Januarius begraben, bevor man ihn nach Neapel gebracht hat. Auf seiner Statue im Inneren der Kathedrale kann man die von ihm gewirkten Wunder nachlesen:

> Urbis liberatori ...

Wie es in der Apostelgeschichte 28,13 heißt, hat sich der hl. Paulus einmal in Pozzuoli aufgehalten, und auch Cicero erwähnt diesen Ort in seinen Briefen. Kurzum, Pozzuoli war einst eine der beliebtesten und vergnüglichsten Städte Kampaniens und hat seinen Namen entweder von den heißen Quellen (pozzi caldi) oder den stinkenden Wassern (acque puzzolenti) erhalten.

Obwohl ich es zu Beginn gegenwärtigen Briefes versprochen habe, will ich dieses Mal auf den Vesuv noch nicht zu sprechen kommen, sondern mir seine Sehenswürdigkeiten lieber bis zur nächsten Gelegenheit aufsparen, da mein Brief nun schon über alle Maßen angewachsen ist. Er wird Ihnen aber, wie ich hoffe, nicht weniger Freude bereiten als meine bisherigen Berichte, die immer Zeugnis ablegen wollen für das unwandelbare Herz, mit dem ich bin

Euer H.<br>ergebenster Diener.

## XXVII. Brief

Neapel, am 10. April 1740

> Beschreibung des Vesuv. Portici und Resina. Wechsel »ab equo ad asinum«. Hilfreiche Weinbauern. Weinberge des Lacrima. Sehr beschwerlicher Weg. Spuren der Wut des Vesuvs. Auf welche Art und Weise man ihn besteigt. Tiefer Sand. Schöner Ausblick von oben. Die innere Beschaffenheit des Berges. Wie man hineinsteigt. Der erstickte Plinius. Heißer Boden. Experiment. Brummen in den Eingeweiden des Vesuvs. Genauere Beschreibung seines Inneren. Wirkursache der Erdbeben. Deutlich sichtbare Verringerung. Bestimmung von Umfang und Tiefe des Abgrunds nach dem Augenmaß. Sehr schneller Abstieg, Streit unter den Gärtnern. Geringere Gefahr, wenn der Berg spuckt. Altes Denkmal bei Resina. Bericht über Herkulaneum. Poggio Reale. Tafel Ihrer Majestäten zu Portici.

Alle wißbegierigen Besucher des Vesuvs schmeicheln sich, mehr über ihn zu wissen als ihre Vorgänger. Daher will auch ich mir

die Freiheit nehmen und Ihnen alles berichten, was ich dort gesehen habe, wobei ich hoffe, daß ich Ihnen manches Neue bieten kann, das andere entweder noch gar nicht oder zumindest auf andere Art und Weise beobachtet haben. Auf jeden Fall ist die Besteigung des Vesuvs bislang der Höhepunkt meiner Reise gewesen, denn dieser Berg ist sowohl ein Untersuchungsgegenstand der Naturforscher als auch die Geißel der Neapolitaner und der Schrecken eines jeden, der von ihm nur reden hört, insbesondere bei denjenigen Leuten, die ihn für den Eingang zur Hölle, ja für die Wohnung des Teufels selbst halten.

Wir sind hier unter dem Zeichen der Drei Könige untergebracht, im dritten Stock des besten Gasthauses der Stadt, so daß ich sogar in meinem Zimmer vom Bett aus sehen kann, wie der Berg unablässig Rauch ausstößt. Meine Begierde, ihm einen Besuch abzustatten, war dadurch nur um so größer geworden, obwohl es unter uns nicht wenige gab, die schon bei der bloßen Erwähnung des Berges vor Angst zu zittern begannen, so daß auch mein Herz nicht ganz ruhig bleiben konnte. Ich war aber immerhin so klug, mir meine Angst nicht anmerken zu lassen, und redete über diesen Weg so, als wollte ich den heitersten und anmutigsten Ausflug von ganz Neapel machen. Gestern sind wir nun von unserer unberechtigten Sorge befreit worden. Wir hatten zwei Kutschen mit Pferd bis nach Resina gemietet, denn von dort an wird die Straße sehr beschwerlich und selbst für Pferde, um so mehr für die Sedien, unbenützbar. Es läßt sich kaum ausdrücken, mit welcher Schnelligkeit wir Portici, den wunderschönen Sommersitz des Königs, erreichten; dieser liegt ganz nah am Meer, und seine Gärten, die sich kaum merklich zum Meer hinabsenken, sind für das Auge ein großer Genuß. Als wir in Resina, das mit Portici ein und denselben Ort bildet, angekommen waren, wechselten wir das Fuhrwerk und stiegen auf Esel um, auf denen wir unseren Weg in der schönsten Ordnung fortsetzten, immer einer hinter dem anderen, und es läßt leicht denken, wieviel wir zu lachen hatten. Immerhin waren die Tiere den Pfad gewöhnt, auf dem es immer auf und ab geht; manchmal mußten wir auch absteigen und zu Fuß weitergehen, wenn wir an Stellen kamen, die seit langem ausgetreten waren, so daß man leicht hätte abstürzen können. Allmählich gesellten sich einige Weinbauern zu uns, denn wir befanden uns gerade in dem Gebiet, wo die Weine Lacrimae Christi, Greco und Muskateller wachsen. Wir nahmen an, daß sich jene Bauern von ihrer Arbeit erholen wollten, da wir sie ja nicht gerufen hatten. Diese Weinberge, von denen man immer sagt, daß sie am Fuß des Vesuvs liegen, sind in Wahrheit mehr als zwei Stunden davon entfernt. Man steigt langsam immer höher, und je mehr man sich dem Berg nähert, desto schlechter wird die Straße, da man an einigen Stellen über Gestein hinwegsteigen muß, das den Eisenschlacken ähnelt und zusammen mit Schwefelflammen und ähnlichen Stoffen aus dem Schlund des Vesuvs herausgeschleudert worden ist. Bekanntlich bleibt dieses Gestein als Überrest der brennbaren Stoffe zurück, wenn diese vom Berg ausgestoßen wurden. An manchen Orten türmt es sich bis zu Mannshöhe auf, an anderen weniger. Die erwähnten Weinbauern unterhielten uns währenddessen mit verschiedenen Geschichten; unter anderem erzählten sie uns, daß es vor drei Jahren einen neuerlichen Erguß oder vielmehr Strom aus Feuer gegeben habe, der aus dem Schlund des Berges ins Meer geflossen sei, so daß es ausgesehen habe, als würde das Wasser brennen. Sie sagten, daß dieser Strom überall alles, was auf seinem Weg lag, mitgerissen und augenblicklich in Asche verwandelt habe. Daher kommt es, daß ein großer Teil der Gärten am Fuß des Vesuvs vollständig zerstört ist, so daß man dort nur noch Rosmarin findet, der schmerzlich daran erinnert, daß an dieser Stelle einst Gärten lagen, die sich bis an die Wurzel des Berges erstreckten. Unter diesen Gesprächen mit unseren freundlichen Weinbauern erreichten wir schließlich den Fuß des Vesuvs; als wir von den Eseln abstiegen, erblickten wir über 50 Männer von kräftiger und wilder Gestalt, die uns alle gleichzeitig ihre Dienste anboten. Sie packten uns, ohne eine Antwort abzuwarten, und wiesen auf die Gefahr für unser Leben hin, wenn wir ihnen nicht erlauben würden, uns beizustehen. Obwohl wir dankend ablehnten, sahen wir uns durch ihre wilde Freundlichkeit dennoch dazu gezwungen, die Wohltaten ohne weitere Abmachungen anzunehmen, aber dafür hatten wir nachher ziemlich teuer zu bezahlen. Jeder von uns erhielt fünf von diesen guten Geistern zugeteilt, die mit ledernen Riemen und langen Messern bewaffnet waren. Zwei gingen jeweils vor dem, der sozusagen hinaufgezogen werden sollte, voraus, zwei zu seinen beiden Seiten und einer hinter ihm her.

Der mühselige Teil der Reise begann, und in der Tat hätten unsere eigenen Kräfte nicht ausgereicht, so daß wir die Unternehmung ohne diese Hilfe nicht hätten bewerkstelligen können. Zuerst mußten wir ein gutes Stück tiefen Sandes durchqueren, dann stießen wir wieder auf die bereits beschriebenen Steine. Als wir ungefähr die Hälfte des Weges zurückgelegt hatten, wurde der Weg noch schlechter und mühseliger, da man die Kraft eines Riesen brauchte, um die bis über die Waden eingesunkenen Beine wieder aus dem Sand oder vielmehr der Asche, die den ganzen Berg bedeckt, herauszuziehen. Es war wahrhaftig ziemlich beschwerlich, jeweils zwei Schritte nach vorne und einen zurück machen zu müssen, und unser Vorwärtskommen wurde dadurch beträchtlich behindert; die Weinbauern hatten daher zwei Stunden lang große Mühe, bis wir endlich zwar müde, aber doch glücklich ankamen. Man muß wissen, daß wir während des Aufstiegs weder durch Feuer noch durch Rauch belästigt wurden, aber auf dem Gipfel stieg uns dann der Rauch in die Nase. Einer unserer Gefährten war so entkräftet, daß er sich von einem der Führer auf dem Rücken tragen und von sechs anderen schieben lassen mußte. Stellen Sie sich diesen Ritt einmal vor und lachen Sie dann ruhig über uns! Als wir uns einen Augenblick lang ausgeruht und wieder Luft geholt hatten, ließen wir unsere Augen umherschweifen und genossen einen Anblick, der jedwede Vorstellungskraft überstieg, so daß ihm meine Beschreibung unmöglich gerecht werden kann. Auf der anderen Seite zeigte sich uns hingegen der tiefe Abgrund des Vesuvs, aus dem unablässig Rauch ausströmte, der uns des Windes wegen wie eine Wolke einhüllte. Die Eingeweide des Berges und seine innere Beschaffenheit lagen nun offen vor unseren Augen, und wohin wir uns auch wendeten, gerieten wir überall in höchste Bewunderung und tiefstes Staunen. Unsere eingebildete Angst verschwand, und jeder Sorge ledig spazierten wir am Rand des Kraters entlang, wo Platz genug war, um unbeschwert für ein Stündchen herumzuwandeln. Um den gesamten Umfang auszuschreiten, brauchte man aber doppelt soviel Zeit. Zufrieden mit diesem Rundgang bereiteten wir uns dann darauf vor, in den Schlund hineinzusteigen, um die natürliche Beschaffenheit des Berges ein wenig auszuforschen. Daß wir eine große Zahl von Männern bei uns hatten, trug viel zu diesem Entschluß bei, und als wir sahen, daß sich einige unserer Führer bereits mit heiterer Miene im Inneren des Kraters ergingen, schoben wir alle unheilvollen Gedanken beiseite und ließen uns von denen hinunterlocken, die uns sonst gewiß auch gegen unseren Willen hinuntergezogen hätten. Um unserer Begierde Genüge zu tun und die vielen Merkwürdigkeiten zu sehen, stiegen wir also hinab, und zwar ohne jede Gefahr für unser Leben, von der doch sonst immer die Rede ist.

Dort oben kam mir das Unglück des älteren Plinius in den Sinn. Dieser berühmte Naturforscher, der den rauchenden und brennenden Schlund untersuchen wollte, wurde bei Resina erstickt aufgefunden; sein Körper war unversehrt und noch vollständig bekleidet, so daß er eher einem Schlafenden glich als einem Toten, wie sein Neffe Plinius der Jüngere berichtet.

Wir stiegen mit einem ledernen Riemen um den Leib in den Schlund hinab, wobei wir am anderen Ende jeweils von zwei Gärtnern gehalten wurden, damit wir nicht in die Tiefe purzeln konnten. Von der Stelle aus, an der wir in den Krater hineingestiegen waren, hätte man ohne weiteres noch tiefer bis hinab zum Grund gelangen können, aber unsere Neugier reichte nur 50 oder 60 Schritt weit bis zu einer Stelle, an der aus den Spalten um einen kleinen Felsen Rauch ausströmte. Der gleichsam zu Asche verbrannte Boden machte das Gehen sehr beschwerlich, da er so heiß war, daß man die Hitze selbst durch die Stiefel hindurch spürte; man konnte deshalb nirgendwo stillstehen, sondern mußte unablässig abwechselnd die Füße heben.

In dieser Haltung führten wir an besagtem rauchendem Felsen einen Versuch mit einigen weißen Papierstückchen durch: das in die Ritzen gesteckte Papier entzündete sich tatsächlich nicht, sondern wurde nur schwarz, und ähnlich wie bei einem Kessel mit kochendem Wasser stieg unter Grollen und Brummen sehr viel Rauch auf.

Es wäre närrisch gewesen, noch tiefer hinabzusteigen; selbst die Weinbauern rieten uns davon ab und wiesen auf den mühsamen Rückweg hin, da man der Asche wegen, die immer tiefer wird, je weiter man in den Krater hinabsteigt, keinen sicheren Stand hat. Wir wollten diesen Abgrund ja auch nicht zu unserem Grab machen und uns zudem noch der Tollkühnheit bezichtigen lassen; deshalb will ich meinen Bericht nun also fortsetzen. Die Krateröffnung ist derzeit so beschaffen, daß der Rand nicht überall senkrecht abfällt, sondern, wie ich schon gesagt habe, mehr oder weniger begehbar ist, einige wenige Stellen ausgenommen, wo man unmöglich hinabsteigen kann, weil es dort gar zu steil ist.

Soweit wir dies im Krater untersuchen konnten, fanden wir, daß sich der Boden überall aus Schwefel unterschiedlicher Farbe zusammensetzt, je nachdem, ob dieser mehr oder weniger rein oder mit Erde vermischt ist. In der Gegend umher scheint, soweit man sieht, alles mit Asche bedeckt zu sein oder aus feiner aschgrauer Erde zu bestehen. Es liegt daher die Vermutung nahe, daß sich unter der Oberfläche überall dieselbe Schwefelmasse befindet, die in Verbindung mit dem Meer, mit dem sich der Berg berührt, Feuerbrände erzeugt; sie quillt dann aus den Eingeweiden des Berges, der wie ein Milchtopf überkocht, hervor und überschwemmt die ganze Gegend.

So stelle ich mir das mit meiner bescheidenen Beschlagenheit auf dem Gebiet der Naturforschung vor. Wie dieses Feuer entsteht, kann man an einigen Versuchen sehen, bei denen sich bestimmte Mischungen von Mineralien entzünden, ohne daß auch nur der Schatten eines Feuers daran beteiligt wäre. Wenn der Berg dann Flammen und Steine bis nach Neapel, ja sogar bis nach Ägypten schleudert, dann beruht das auf der in den unterirdischen Höhlen eingeschlossenen Luft, die soviel Kraft hat, daß sie jegliches Hindernis durchbricht; je nach den Windverhältnissen wird der Auswurf dann überall hingetragen. Von daher kommt es, daß der Berg nach einem solchen Brand kleiner wird, wie man an seinem riesigen Hohlraum deutlich sehen kann; es gibt auch keinen Zweifel daran, daß er zu spucken aufhören wird, wenn der brennbare Stoff verbraucht ist und er sich selbst aufgezehrt hat. Genau das ist mit dem benachbarten Berg, dem Somma, geschehen, der nunmehr ruht und sein Feuer dem daneben liegenden Vesuv übertragen hat, nachdem er sich erschöpft hatte.

Wir hielten uns über eine Stunde lang im Bauch des Vesuvs auf. In dieser Zeitspanne ereignete sich jedoch keine Veränderung, außer daß aus den Felsspalten unablässig schwefelig stinkender Rauch ausströmte; dieser ballte sich dann zusammen und wurde wie eine Wolke vom Wind davongetragen, was uns, die wir nicht daran gewöhnt waren, große Beschwerden verursachte.

Der Vesuv war gerade sehr friedlich, und so hatte ich Muße genug, mich dem Aufbau und der Größe dieses Berges zu widmen, der Ursprung und Urheber derart erstaunlicher Wirkungen ist.

Ich müßte nun seine Höhe, Breite und Tiefe angeben, aber da ich die genauen Maße nicht genommen habe, kann ich davon nicht mit der erforderlichen Gewißheit sprechen. Ich wäre gern um den Krater herumgegangen, um dabei meine Schritte zu zählen, aber da die Zeit dafür zu kurz war, konnte ich diesen Weg nur mit den Augen zurücklegen und glaube, daß der Krater einen Umfang von etwa zwei Stunden hat; da der Berg beinahe kreisrund ist, läßt sich sein Durchmesser daraus leicht errechnen. Bis zum Grund des Kraters, der nach unten zu immer enger wird, dürften es nicht mehr als 200 Ellen sein.

Vom Saum des Berges aus hat man einen weiten Blick auf die glückliche Campagna mit ihren vielen schönen, überaus gefälligen und anmutigen Orten; wir tranken dort oben auf das Wohl aller Abwesenden einen Becher Lacrimae Christi. Schließlich stiegen wir ohne irgendeine Hilfe den Berg wieder hinab, wobei sich der Abstieg aber als noch mühseliger erwies als der Aufstieg, da man leicht stürzen und sich an den schon beschriebenen Steinen die Knochen brechen konnte; diese Gefahr währte aber nicht länger als eine Viertelstunde.

Als wir dann wieder am Fuß des Vesuvs angelangt waren, breiteten wir zum Schutz vor den Sonnenstrahlen einen Mantel über die Rücken der Esel aus und hielten darunter unsere Mahlzeit. Nun forderten unsere Führer von jedem von uns fünfen jeweils eine Zechine, was nach langem Hinundher auf insgesamt vier Zechinen heruntergehandelt wurde. Daraufhin entspann sich unter ihnen eine Rauferei, während der wir uns davonmachten; da wir uns um den Ausgang dieses Gefechts wenig bekümmerten, hatten wir sie auch bald aus den Augen verloren. Ich will aber jedermann empfehlen, mit diesen Leuten schon vor dem Aufstieg alles abzumachen, nicht mehr als vier Männer zu nehmen und jedem pro Kopf einen Testone zu geben; uns ist dieser Ausflug nämlich sehr teuer zu stehen gekommen.

Die Schriftsteller berichten von 25 Ausbrüchen des Vesuvs. Davon haben sechs vor Christi Geburt stattgefunden, die aber weniger furchtbar waren als die 19 danach; von letzteren setzt man den ersten Ausbruch zur Zeit des Kaisers Titus Vespasianus an, und bei diesem ist neben Pompeji auch Herkulaneum zerstört worden, das in unseren Tagen zu so großer Berühmtheit gelangt ist, weil es auf Befehl des Königs wieder ausgegraben wird, was diejenigen Gelehrten beschäftigt, die die Altertümer bewundern. Die ausgegrabenen Stücke werden jetzt in Portici in einem Saal des Königspalastes ausgestellt, worauf ich noch zu sprechen komme; zunächst will ich aber erzählen, was ich sonst noch gesehen und gehört habe.

Zweifellos sind bei jenem Ausbruch sehr viele Menschen umgekommen; zu diesen gehört auch der berühmte Plinius, der die Erschrockenen fliehen gesehen hatte und deshalb freiwillig herbeigeeilt war, um die Ursache der neuen und unerhörten Erscheinung zu erforschen; sein Tod hat diese erste Entleerung des Berges noch bekannter gemacht. Der dritte Ausbruch ereignete sich im Jahre 471 und tat den Neapolitanern großen Schaden; er war auch der Anlaß für das angebliche erste Eingreifen des hl. Januarius, der der Bedrohung Einhalt gebot. Später hat der Berg seine Gewalt aber noch oft gezeigt, sei es, daß besagter Heiliger sein Wunder nicht mehr wiederholen wollte oder auch nicht konnte. Dies blieb so bis zum 15. Ausbruch, der sich im Jahre 1631 ereignete; dieses Mal machte der Heilige seinen Einfluß erneut geltend und setzte den Flammen ein Ende. Viele Jahre lang tat er dann keine Wunder mehr, erst wieder beim 25. Ausbruch, der der schrecklichste von allen war; kaum hatte man aber die Hilfe des Heiligen angerufen, da erfolgte auch schon die Rettung aus der drohenden Gefahr der gänzlichen Zerstörung. Die Neapolitaner haben zum Zeichen ihrer Dankbarkeit eine Schaumünze geprägt, die auf der einen Seite das Bildnis des Heiligen und folgende Worte zeigt: »D. Januario Liberatori Urbis, fundatori quietis«; auf der anderen Seite finden sich, abgesehen von der Ampulle in der Mitte, diese Worte: »Postquam Collapsi Cineres et flamma quievit Cives Neapoletani incolumes. A.D. MDCCVII.«

Soviel ich weiß, hat sich der letzte Ausbruch im Jahre 1731 ereignet, und alle Neapolitaner erinnern sich noch der Aufregung, die der große Lärm und das Getöse der Feuerflut verursachten, die aus dem schrecklichen Berg hervorbrach, die Campagna überschwemmte und alles verbrannte, was ihr im Weg stand; das Feuer floß bis ins Meer hinein, wo es erst nach einiger Zeit erlosch. Auch ich konnte noch die Spuren dieses verhängnisvollen und denkwürdigen Ereignisses sehen. Bei diesem Ausbruch wurden ein Großteil der Weinberge und ein kleines Kirchlein, von dem kein Stein übrigblieb, zerstört.

Es ist wirklich schade, daß dieses so fruchtbare Land mitsamt seiner ganzen Umgebung auf immer diesem Berg ausgeliefert ist; vielleicht muß man dies aber auch als Segen für dieses Volk ansehen, das in einem irdischen Paradies lebt und gar zu leicht das himmlische vergessen würde, wenn es nicht so nahe bei diesem Höllenschlund lebte.

Noch ein weiterer Grund läßt sich anführen: daß nämlich durch die beständige Entleerung des Vesuvs sehr viel weniger Schaden angerichtet wird, als wenn der Berg lange Zeit ruhig geblieben ist. Die Neapolitaner wissen aus langer Erfahrung, daß sie ein Erdbeben zu erwarten haben, wenn der Vesuv zu spucken aufhört; auch dann, wenn er zu rauchen aufgehört hat oder wenn der Rauch ganz spärlich geworden ist, erfolgen regelmäßig binnen kürzester Zeit einige Erdstöße. Die Neapolitaner sehen daher das anhaltende Rauchen lieber als ein Erdbeben.

Unser Rückweg von diesem Berg unterschied sich nicht vom Hinweg. Als wir auf dem Rücken der Esel wieder in Resina angekommen waren, zeigte man uns die Stelle, wo einst das uralte Denkmal gestanden hatte, das darauf hinwies, daß der Weg auf diesen Berg immer schon der schrecklichste, schwierigste und gefährlichste gewesen sei und daß sich ihm deshalb niemand nähern sollte, um nicht am eigenen Leib die Wahrheit dieser guten Warnung erfahren zu müssen. Dieser Spruch soll folgendermaßen gelautet haben:

Posteri, Posteri...

Uns blieb an jenem Tag noch Zeit genug, um einen Blick auf die berühmte Entdeckung der unterirdischen Stadt Herkulaneum zu werfen, an die so viele Leute nicht glauben mögen. Ich will Ihnen daher berichten, was es dort wirklich zu sehen gibt, damit Sie darüber begründet sprechen und derartige Nachrichten mit der erforderlichen Gewißheit weitergeben können, um alle Zweifel auszuräumen, wenn sich Ihnen dazu Gelegenheit bietet.

Ich will zunächst erwähnen, daß es beinahe unzählig viele Städte gibt, die den Namen Heraklea oder Herkulaneum tragen. Den Angaben der Geographen zufolge soll es solche in Thessalien, Akarnanien, auf der Insel Kreta, in Lukanien und anderswo geben. Unser Herkulaneum aber ist genau in der Mitte des Dreiecks zwischen Neapel, dem Meer und dem Vesuv entdeckt worden, und zwar gerade an der Stelle, wo es Cellarius in seiner Geographie des Altertums zusammen mit der Straße des Herkules und seinen Salinen ansetzt. Da also die Angaben der Schriftsteller mit der tatsächlichen Lage übereinstimmen, gibt es keinen Zweifel mehr, daß es sich bei der wiedergefundenen Stadt um die des Herkules handelt. Hierfür sprechen außerdem die verschiedenen alten Denkmäler, Grabsteine, Gefäße, Münzen und Inschriften, die endgültig jegliche Ungewißheit beseitigen.

Nach diesen notwendigen Vorbemerkungen will ich nun berichten, daß schon vor der Thronbesteigung des jetzigen Königs einige Entdeckungen gemacht und zahlreiche Dinge aufgefunden worden waren; seitdem er König ist, ist man aber durch ernsthafte Nachforschungen auf die gesamte Stadt mit ihren zahlreichen seltenen und kostbaren Dingen gestoßen, die nun in einem großen Saal in Portici ausgestellt und verwahrt werden. Jedermann kann sie dort besichtigen, nur dürfen keine Zeichnungen davon angefertigt werden, da sich der König oder sein Minister den Ruhm vorbehalten will, sie von den berühmtesten Meistern stechen zu lassen und sie dadurch der Öffentlichkeit und insbesondere der gesamten gelehrten Welt zu übergeben.

Der Eingang zur Stadt Herkulaneum, die während der Regierungszeit des Kaisers Trajan durch einen Ausbruch des Vesuvs verschüttet worden ist, liegt am Stadtrand von Resina, aber das Hinabsteigen ist sehr mühsam. Vor dem Eingang stand eine Wache, und in einiger Entfernung befand sich eine Wachstube, so daß wir uns leicht denken konnten, daß an diesem Ort Besonderes zu finden sein würde. Wir mußten uns zunächst ausweisen, wer wir waren, und wurden anschließend von einer Wache begleitet. Mit brennenden Fackeln kamen uns dann Arbeiter entgegen, die immer höchst beflissen sind, wenn sie ein Trinkgeld wittern. Sie führten uns zu einem schwarzen Stamm, der ihren Worten zufolge ein Baum gewesen war, der bei jenem Ausbruch in Kohle verwandelt und mitsamt der ganzen Stadt verschüttet wurde. Wir begegneten dann noch manch anderen Leuten, die alle damit beschäftigt waren, Erde und Steine abzutragen und nach draußen zu schaffen, um auf diese Weise die Häuser, Zimmer, Straßen und Tempel etc. freizulegen; man kann jetzt auch schon die Mauern erkennen, die im heidnischen und phantastischen Geschmack in den beiden Farben Aschgrau und Rot auf ungeschickte Weise bemalt sind. Diese Figuren stellen Götzen und scheußliche, abstoßende Gestalten dar, wie sie uns gewöhnlich auch jene Bücher im Druck zeigen, die sich mit derlei Dingen aus dem Altertum befassen. Da uns die in Haufen herumliegenden Steine am Weitergehen hinderten, mußten wir uns mit diesen Beobachtungen zufriedengeben; sie können aber bereits zur Genüge beweisen, wie vortrefflich die Unternehmung des Königs ist, die nicht nur die Neugier befriedigen, sondern auch die Geschichte jener Zeiten erhellen kann. Unter den ausländischen Nationen gibt es zwar einige Leute, die dieser Entdeckung keinen Glauben schenken wollen und sie für ein Hirngespinst halten, aber solche Zweifel verschwinden gänzlich, wenn man den Gegenstand, dem sie gelten, mit eigenen Augen sieht. Und sagen Sie mir doch, mit Verlaub, an wieviele Dinge müssen wir nicht glauben, ohne sie je in Augenschein nehmen zu können, nur weil sie von vertrauenswürdigen Männern sorgfältigst aufgezeichnet worden sind. Ich hoffe daher, daß mein Bericht Ihrer gnädigen Aufmerksamkeit nicht entbehren muß, denn ich kann Ihnen versichern, daß es sich bei dieser Unternehmung keineswegs um eine Erdichtung handelt, sondern daß sie wahr und wirklich ist und große Kosten verursacht. Die Ergebnisse werden künftig auch denen die Augen öffnen, die an allem zweifeln wollen und sogar den historischen Glauben verwerfen, auf den wir uns doch bei allen Ereignissen stützen müssen, die sich vor unserer Zeit begeben haben. Ansonsten bitte ich Sie, sich bis zu unserem Wiedersehen zu gedulden, denn dann will ich Ihnen mit Kreide bemalte Mauerstücke zeigen, die ich aus dem verschütteten Herkulaneum mitgenommen habe, außerdem ein Stück Kohle sowie einige Steine, die vom Vesuv zusammen mit verschiedenartigem Schwefel zu Asche verwandelt wurden und die ich gesammelt habe.

Ich habe schon mehrfach erwähnt, daß sich Ihre Majestäten den Sommer über in Portici aufhalten und vergnügen, das früher die Residenz des Königs war und Poggio Reale hieß. Es sollen sich dort einst die Bäder und ein großer Palast der Königin Johanna befunden haben, aber heute ist das alles zerstört, wenn man von geringen Spuren eines Bades absieht, dessen Inschrift folgendermaßen lautet:

> Nimphis sacrum

Auch gut erhaltene Wasserleitungen gehören dazu. Auf der gegenüberliegenden Seite fand ich die folgende Inschrift:

> Philippo IV Rege ...

Was die Bauweise des neuen Königspalastes angeht, so besteht er aus vier miteinander verbundenen Türmen und ebensovielen riesigen Toren; abgesehen von seiner Lage, verfügt er jedoch über keine besonderen Schönheiten.

Portici bildet anscheinend mit Resina ein und denselben Ort, und da ich heute morgen dort gewesen bin, um den König und seine Königliche Gemahlin öffentlich speisen zu sehen, will ich Ihnen am Ende dieses Briefes noch berichten, was ich dabei beobachten konnte. Sie dürfen aber nicht glauben, daß es sich um einen Festtag gehandelt habe, gewiß nicht; es war vielmehr ein ganz gewöhnlicher Tag ohne besondere Üppigkeit und Pracht, ganz so, wie es dem Landleben angemessen ist, das sich dort tagtäglich in derselben Weise abspielt, es sei denn, der König geht auf die Jagd oder ist aus anderen Gründen verhindert. Wir konnten den Vorsaal ohne größere Schwierigkeit betreten, indem wir einfach sagten, daß wir fremde Reisende seien; es versteht sich, daß wir uns über unsere Kleidung keine großen Gedanken gemacht hatten, aber so einfach wir auch angezogen waren, so sahen wir doch immer noch besser oder zumindest nicht schlechter als diejenigen aus, die an der königlichen Tafel bedienten. Der Speisesaal blieb uns verschlossen, bis Ihre Majestäten die Plätze eingenommen hatten; als sich diese dann gesetzt hatten, öffnete sich die Tür, und jedermann konnte hineintreten und sich ein wenig abseits aufstellen. Die Neugier ließ mich die Augen zuallererst auf die Königin richten, aber wie groß war mein Erstaunen, als ich sah, daß diese unvergleichliche sächsische Prinzessin nunmehr von den Pocken ganz entstellt war. Dafür bewunderten wir an ihr aber die Geläufigkeit und Gewandtheit im Umgang mit der italienischen Sprache, die sie bei allen Gesprächsstoffen bewies, die an der Tafel der Großen ihren Platz haben. Der König ist noch jung, weniger lebhaft als seine Gemahlin und von ziemlich dunkler Gesichtsfarbe; er hat eine Hakennase, ist aber über die Maßen leutselig und liebenswürdig. Das königliche Paar wurde getrennt bedient, da die Prinzessin nach deutscher Art speiste, während sich der König den spanischen Gaumen bewahrt hatte. Weil sich der Hof auf dem Land aufhält, hat man alle Förmlichkeiten verbannt, und deshalb sieht man nicht einmal mehr den Schatten jener überstrengen spanischen Etikette, die in unseren Tagen in Wien bei den Kleider- und Tischsitten zu beobachten ist. Auf der Seite des Königs bediente ein Ritter und auf der Seite der Königin eine Edeldame; diese trugen die Gerichte auf und reichten die Getränke, waren aber beide gewöhnlich und schlicht gekleidet. Ebenso einfach und ungezwungen waren die Besucher gekleidet, die an der Mauer lehnten; sie unterhielten sich mit dem König auf französische Art, was sich beim Landaufenthalt besser schickt als im Palast oder an Fest- und Freudentagen.

Ich blieb dort, bis die Tafel aufgehoben wurde, und streifte anschließend ein wenig durch die Räume des Palastes, der aber als Aufenthaltsort eines Königs zu klein ist. Hernach betrat ich den hinteren Garten, der zwar weitläufig ist, aber nicht gerade kunstvoll angelegt wurde. Dann suchte ich die an der Küste gelegenen Gärten auf, die sich in der Art eines Theaters unmerklich zum Meer hin senken und einen derart schönen Anblick bieten, daß er dazu angetan ist, das Gemüt auf ewig von jeglichem Kummer zu befreien. Damit will ich mich nun zu Bett begeben, da ich müde bin, zuvor aber erkläre ich mich noch von ganzem Herzen und nicht nur mit der Feder als

                Euer Hochedelgeboren
                           ergebenster Diener.
                           N. N.

## XXVIII. Brief

Neapel, am 13. April 1740

> In der Stadt ein Denkmal an der Piazza Reale und eines am Hafen. Statue des Nil. Königspalast. Vicaria. Königliche Hochzeitskutschen. Neues Theater. Paläste einiger Fürsten. Pferdekopf aus Bronze. Mons pauperum. Zahl der Einwohner. Mit großen Steinen gepflasterte Straßen. Dachterrassen. Höhe der Häuser. Brauch bei den Handwerkern. Über den Beinamen »die Liebenswürdige«. Freimütige Reden. Gemütsart der Neapolitaner. Kastelle. Durchtriebenheit beim Geschäftemachen. Schöne Schildpattarbeiten. Bibliotheken. Begierde des Klerus. Die Hl. Inquisition. Über Ebbe und Flut. Plagen. Katakomben.

In meinen letzten beiden Briefen habe ich E. H. aus Neapel hinaus in seine reich mit Sehenswürdigkeiten ausgestattete und reizvolle Umgebung geführt; nun will ich aber den Faden der wissenswerten Dinge, die sich innerhalb der Stadtmauern befinden, wieder aufnehmen und davon berichten, was mir an Weltlichem zu sehen vergönnt war.

Ich komme zunächst zu zwei Inschriften, die noch ungedruckt sind. Die eine findet sich an einem Denkmal auf der Piazza Reale unweit der großen Jupiterstatue und lautet so:

Philippo regum ...

Die andere gehört zu einem Brunnen am Hafen, wo die Galeeren liegen. Auf ihr heißt es:

Carolo Secondo...

Weil ich nun schon den Hafen erwähnt habe, will ich auch ein paar Worte über ihn sagen: daß er nämlich sehr schön, groß, gut befestigt und günstig gelegen ist. Er besitzt einen mächtigen Molo und einen hoch emporragenden Leuchtturm, an dessen Eingang folgendes zu lesen steht:

Philippo IV Reg. Max.

Nun komme ich zu der sehr langen und geraden Straße, die voller Buchhandlungen ist; ungefähr auf halber Höhe thront die Statue des Nil auf einem Sockel, an dem ich die folgenden Worte eingehauen fand:

Vetustissimam Nili ...

Die alte Inschrift dieser Statue findet sich in der Sammlung von Nemeitz. Der Stein, aus dem die Statue besteht, schien mir von gewöhnlicher Art zu sein; sie zeugt aber trotzdem von unbeschreiblichem Kunstverstand.

Unter den öffentlichen Palästen gehört der Seiner Majestät zusammen mit der Vicaria zu den schönsten. Die Fassade des ersteren ist so prachtvoll und herrlich, daß der Betrachter vor Staunen geradezu erstarrt; der Innenhof ist aber leider in Anbetracht der Gänge und der Treppe zu klein. Außerdem müßte es angesichts der riesigen Vorderfront mehr als einen Innenhof geben. Über das Innere dieses Palastes kann ich nichts sagen, da ich mich aufgrund der Unhöflichkeit des Haushofmeisters respektive desjenigen Mannes, der die Räume für gewöhnlich vorzeigt, mit der äußeren Schale begnügen mußte. Dieser Palast liegt an einem sehr weitläufigen, aber unregelmäßigen Platz. An seiner Rückseite zeigte man uns vier wunderschöne und reich verzierte Kutschen, worunter sich auch diejenige befand, die bei der königlichen Hochzeit benützt worden war. Es ist dies ein herrliches und kostbares Gefährt, 14 Schritt lang, mit Silber beschlagen und goldbestickt; diese Vergoldungen und die ausgezeichneten Schnitzereien haben die Besichtigung gelohnt. Es heißt, diese Kutsche habe insgesamt 70000 Dukaten gekostet. Außerdem findet man dort zwei ähnlich prächtige Sänften oder Tragsessel, die von Ihren Majestäten benützt werden. Auf der anderen Seite dieses Königspalastes befindet sich der alte Palast, an dessen Breitseite man das berühmte und geräumige Theater angefügt hat, das ein wahrhaft gelungener Bau ist. Daneben hat man sechs Wohnungen errichtet, die ausschließlich für die

Schauspieler bestimmt sind. Im Theater selbst ist das Parterre ebenso wie der Raum zwischen den Fenstern und den Logen klug und mit Verstand eingerichtet. Alles in allem, das Gebäude besteht zur Gänze aus mächtigen Steinen und strahlt überall die Pracht und die Herrlichkeit seines Gründers aus. Man betritt es durch drei große Tore, über deren mittlerem, dem Hauptportal, zu lesen steht:

Carolus utriusque ...

Von den Palästen der großen neapolitanischen Signori gefielen mir besonders die der Fürsten Colubrano, Carafa, La Torre, La Rocca, des Herzogs Maddaloni, der Belmonte, Grimani, Gravina etc. und in den Vorstädten die Paläste der Mileto und des Fürsten Turcia. Unter diesen zeichnet sich der Palast der Familie Carafa durch seinen Reichtum an Altertümern vor allen anderen aus; er ist voll von Marmorstatuen und Büsten, wobei ein an der Mauer angebrachter großer Pferdekopf aus Bronze besonderen Genuß bereitet. Er gilt als Wahrzeichen der Stadt, und der neapolitanische König Corrado hat auf ihn folgendes Distichon verfassen lassen:

Hactenus effrenis ...

Der Rest des Pferdes ist beim Guß der großen Glocke von S. Gennaro verwendet worden.

Auf der Piazza del Castello hat man einen hölzernen Thron aufgebaut, den man im nächsten Jahr aus Stein neu errichten wird. Der hölzerne dient bis dahin bei den Feierlichkeiten am Namenstag des hl. Januarius.

Nun komme ich auf den Palast zu sprechen, der den Namen »Mons pauperum verecundorum« trägt; dies sind die Worte, die in deutlich lesbaren Buchstaben über dem großen Tor geschrieben stehen und eine treffende Vorstellung von dieser wohltätigen und verdienstvollen Einrichtung geben. In Neapel gibt es mehrere solche Monti de Pietà, die Lombarden genannt werden und der Bevölkerung zum großen Nutzen gereichen, weil man sich mit ihrer Hilfe den Wucherern entziehen kann, vor denen es sonst kein Entrinnen mehr gibt, ohne daß sie einem die Haut abziehen.

Die Zahl der Einwohner soll sich auf 400000 Seelen belaufen, und ein guter Kenner der Stadt hat mir versichert, daß allein in der Seidenherstellung 70000 Personen beschäftigt seien und in der Wollverarbeitung noch mehr. Falls das stimmen sollte, dann läßt sich daraus leicht ableiten, daß die Gesamtzahl der Einwohner sehr hoch sein muß. Die Hauptstraßen quellen auch tatsächlich derart von Menschen, Pferden, Kutschen und anderen Fuhrwerken über, daß man dadurch beim Spazierengehen sehr belästigt wird.

Die Straßen sind in der gesamten Stadt mit Quadern aus Felsgestein gepflastert, was nicht nur einen schönen Anblick bietet, sondern auch für alle diejenigen von großem Vorteil ist, die sie zu Fuß oder in Kutschen benutzen. Die Häuser besitzen offene Dachterrassen, die man gemeinhin »lastrichi« nennt, was bei uns »Estrich« bedeutet. Abgesehen vom schönen Anblick bringt das den großen Vorzug mit sich, daß man sich dort oben vorzüglich nach Sonnenuntergang in der frischen Luft und unter freiem Himmel ergehen kann. Außerdem trocknet man dort auch die Wäsche. Meines Erachtens ist der Ursprung dieser Dachterrassen letztlich auf den Vesuv zurückzuführen, der gewöhnlichen Dächern, wenn es sie gäbe, großen Schaden zufügen würde. Schon die Alten haben es daher für klug befunden, ihrem Obdach keinen Deckel aufzusetzen. Bei der Enge der Straßen und der Höhe der Häuser würde außerdem gar zu viel Licht abgehalten, wenn man auch noch Dächer bauen wollte. In Neapel ist es üblich, daß sich jeder Handwerker einen Vorrat von seinen Waren anlegt, und so kann man etwa bei den Schustern eine große Zahl von bereits fertigen Schuhen finden, so daß den Herrschaften gar nicht erst das Maß genommen werden muß, wenn sie Schuhe haben wollen. Der Schuhmacher bringt vielmehr verschiedene Paare herbei, aus denen man sich dann nur noch die am besten passenden auszusuchen braucht.

Bekanntlich ist Neapel von den berühmtesten Städten Italiens diejenige, die »die Liebenswürdige« genannt wird; dies ist ein

Beiname, den man der Stadt auch wahrhaftig nicht streitig machen kann. Wer sich davon überzeugen will, muß nur mit den Adeligen ins Gespräch kommen oder ein Kloster besuchen, dann wird er gewiß die entsprechende Erfahrung machen, da es ganz unmöglich ist, daß man nicht mit Höflichkeiten überhäuft wird und voller Zufriedenheit zurückkehrt.

In den Nonnenklöstern hörte ich viele Lobreden auf die Deutschen, und man ist dort derart von Liebe zum Hause Österreich erfüllt, daß man sich dessen Herrschaft auf lange Zeit wünscht. Man fragte mich nach meiner Meinung hierzu, aber ich entschuldigte mich mit meiner Unkenntnis der Rechtsverhältnisse, nach denen ein solches Verlangen doch beurteilt werden muß. Als ich einige Werkstätten von Handwerkern aufsuchte, hörte ich beinahe dieselben Reden, so daß ich mich davon überzeugen mußte, daß jener Wunsch ein allgemeiner war. Ich erklärte mir das so, daß ein Wechsel der Regierung immer Neuerungen zu Lasten der Untertanen mit sich bringt, die noch nicht darauf eingestellt sind, ein anderes Joch zu tragen als zuvor. Die hiesige Bevölkerung, die leicht zum Aufruhr neigt, wovon die Geschichtsbücher voll sind, wird dabei immer von der Hefe des Volkes angestachelt, weshalb die Obrigkeit dafür Sorge getragen hat, solche wilden Tiere zu zügeln. Man hat daher in verschiedenen Teilen der Stadt drei Kastelle bauen lassen, die das Ungestüm der aufgerührten Seelen dämpfen und niederhalten sollen. Das erste dieser Kastelle heißt S. Elmo, das zweite dell'Ovo und das dritte Castello Nuovo; letzteres besitzt einen Turm aus Quadersteinen, die alle ein unanständiges Zeichen tragen. Man erzählt hierzu die Geschichte, daß König Alfons von Aragon einmal alle öffentlichen oder privilegierten Huren, deren Zahl sich gegenwärtig auf bis zu 28 000 belaufen soll, aus der Stadt vertreiben wollte; diese fanden aber darin ein Mittel, sich in ihrem unglücklichen Stand zu erhalten, daß sie sich erboten, jeweils einen Quaderstein mit ihrem Erkennungszeichen zum Bau des besagten Kastells beizutragen. Ich will nun nicht weiter nachforschen, ob diese unschicklichen Gerüchte begründet sind oder nicht; ich meine aber, daß sie die Asche eines gekrönten Hauptes beleidigen, weil sie ihm so unanständige Einfälle unterstellen.

Ich will auf die Gemütsart der Neapolitaner zurückkommen und jedem Reisenden den Rat geben, bei allen Geschäften mit ihnen auf der Hut zu sein, um ihnen nicht auf den Leim zu gehen; die Leute hier suchen nämlich jeden zu übertölpeln, der ihnen in die Hände fällt. Abgesehen vom großen Seidenhandel, also von Tüchern, Strümpfen, Taschentüchern und ähnlichen Dingen, findet man hier auch feine und vortreffliche Schildpattarbeiten, die mit Gold und Silber verziert sind und jeden Betrachter entzücken. Auch ich wollte mich mit derlei Dingen versehen und geriet zu meinem Glück an einen deutschen Handwerksmann, der die angeborene Rechtschaffenheit, die seinem Vaterland eigen ist, noch nicht gänzlich eingebüßt hatte und nicht mehr verlangte als recht und billig war.

Ich habe es leider an der rechten Stelle versäumt, auf die bedeutenderen Bibliotheken einzugehen, die in den hiesigen Klöstern zu finden sind. Es gehört sich daher, daß ich wenigstens jetzt, und sei es auch nur kurz, darauf zu sprechen komme, damit Sie sehen, wie sehr mir Ihre Zufriedenheit beständig am Herzen liegt. Betreten Sie also das Kloster SS. Apostoli, und Sie werden dort eine wohlgeordnete und schöne Bibliothek vorfinden. Gehen Sie in die Bibliothek der Augustiner von S. Giovanni Battista a Carbonara, die ihrer lateinischen und griechischen Handschriften wegen, die ihr Kardinal Seripando geschenkt hat, nicht weniger prächtig ist. Die Bibliothek der Kartäuser besteht aus erlesenen Büchern. Die größte und schönste Bibliothek von allen aber ist die der Jesuiten, die über derart hohe Einkünfte verfügen, daß sie ihre Bibliothek ohne Mühe von Jahr zu Jahr ausbauen können. Diesen Bibliotheken steht die der Dominikaner von Monte Oliveto kaum nach, und der, dem danach ist, mag hingehen und sie alle besichtigen.

Der neapolitanische Klerus, der von Neid auf die weltliche Gewalt erfüllt ist, hat immer wieder versucht, die abscheuliche Inquisition, unter deren unmenschlichem Joch schon viele Reiche stöhnen, auch hier einzuführen. Gottseidank hat dieses scheußliche Tribunal bislang aber noch keinen Fuß in die Stadt setzen können, und dies wird auch künftig nicht gelingen, da die Welt doch immer aufgeklärter wird. Trotzdem mischt sich der Klerus dreist in öffentliche Angelegenheiten ein, die mit seiner Hirtenpflicht nichts zu tun haben, wie das Beispiel des berühmten neapolitanischen Advokaten Pietro Giannone zeigt, der wegen seiner bürgerlichen Geschichte des hiesigen Reiches, die er 1720 in vier Bänden veröffentlichte und die mittlerweile sehr selten geworden ist, vom Klerus überall, wohin er auch ging, verfolgt wurde.

In einigen meiner früheren Briefe habe ich bereits meine Überlegungen zu Ebbe und Flut im Adriatischen Meer mitgeteilt und davon gesprochen, daß diese Erscheinung nach Süden zu im Golf gradweise immer mehr abnimmt. Ich muß deshalb nun auch erwähnen, wie es sich damit in Neapel verhält, wo diese Erscheinung kaum mehr zu beobachten ist, so daß man sich leicht vorstellen kann, daß sie noch weiter südlich zur Gänze verschwindet. Die Naturforscher untersuchen zwar, woher es kommt, daß der Einfluß des Mondes nicht überall dieselbe Wirkung hat, und warum die ihm unterstellte Kraft im Ozean vollständig nachläßt; bislang liegt das Wissen um die Ursache von Ebbe und Flut aber immer noch im Abgrund der göttlichen Weisheit verborgen und wird dort wohl auf ewig verborgen bleiben.

Wie glücklich das Königreich Neapel auch immer zu sein scheint, so hat es nichtsdestotrotz auch seine Plagen, denn dieselbe Ursache, die Nahrungsmittel aller Art hervorbringt, führt auch zu Verdruß. Die aus Schwefel und Salpeter zusammengesetzte Erde treibt zwar durch ihre große Hitze die Aussaat und überhaupt alle Pflanzen aus dem Boden hervor und läßt alles wohlschmeckender und schmackhafter werden als anderswo; diese Stoffe verursachen jedoch gleichzeitig die Erdbeben und die häufigen Vulkanausbrüche, die nicht eher ein Ende finden werden, als bis alle diese in der Erde verborgenen Stoffe aufgezehrt sind, also nie. Ich entsinne mich einer Mutmaßung über die Entstehung von Vulkanen, die ich vor einiger Zeit gelesen habe und wert ist, hier erwähnt zu werden. Die Luft, sagte dieser Autor, dringt zusammen mit dem Meerwasser durch die Spalten der Erde in die unterirdischen Gänge ein, wobei sich dort die brennbaren Stoffe erhitzen, wie man dies auch bei der Erzeugung von Vitriol beobachten kann. Der Wind steigert diese Hitze noch, so daß sich die eingeschlossene Luft außerordentlich ausdehnt und jedes Hindernis überwindet, das sich ihr entgegenstellt.

Erdbeben spürt man zwar auch im Kirchenstaat, aber dort sind sie weniger häufig und richten vor allem nicht soviel Schaden an als hier im Königreich, wo sich neben dieser schlimmen Geißel noch weitere ebenso schreckliche Metamorphosen ereignen: da entsteht zuweilen ein neuer Berg, und anderswo erscheint dafür eine Ebene, oder ein See wird zu Festland, und dieses verwandelt sich wiederum in einen See.

Zahllos sind die grünen und äußerst flinken Eidechsen, die man in der Campagna scharenweise findet, besonders in Mauerresten und auf den Hausdächern, hin und wieder sogar in den Zimmern selbst, da sie durch Fenster und Türschlitze eindringen können. Sie tun aber niemandem etwas zuleide.

Erschreckt wird man auch durch die Skorpione; das sind giftige Tiere, auf die man manchmal sogar im Innern der Häuser stößt, insbesondere wenn dort Basilikum oder andere stark riechende Kräuter aufbewahrt werden. Damit diese Skorpione den Schlafenden keinen Schaden tun können, hat die menschliche Klugheit eine Vielzahl von Schutzmitteln ersonnen.

Es gibt noch ein anderes Tier, das ausschließlich im südlichen Teil des Königreiches, insbesondere in Tarent, beheimatet ist. Ich meine eine bösartige Spinne, die man Tarantel nennt. Sie beißt selbst dann, wenn man sie gar nicht gereizt hat, und stürzt den Gestochenen respektive Gebissenen durch ihr Gift in eine tiefe Melancholie, die von Tobsuchtsanfällen begleitet wird und nicht selten zum baldigen Tod führt, wenn die sofortige Behandlung versäumt wird. Diese besteht innerlich in einer schweißtreibenden Arznei, die verabreicht werden muß, ehe die innere Gärung eingetreten ist, und äußerlich in körperlicher

Bewegung nach einer bestimmten Melodie, die man Tarantella oder Pastorella nennt und mit Geigen und ähnlichen Instrumenten spielt. Es verhält sich ungefähr so wie mit denen, die von tollwütigen Hunden oder von Vipern gebissen worden sind; das feine Gift verteilt sich mit unglaublicher Geschwindigkeit im Blut des Verwundeten und verursacht dort augenblicklich eine Gärung und schließlich die vollständige Zersetzung des Bluts, was unfehlbar zum Tod führt.

Beinahe hätte ich vergessen, von den neapolitanischen Katakomben respektive unterirdischen Gängen zu berichten, vor allem von denjenigen, die man von der Kapelle des hl. Severus aus betritt, die in der Nähe der Kirche S. Gennaro extra moenia liegt; dieses sind den Führern zufolge die weitläufigsten und am besten erhaltenen der Stadt. Sie sind Ihrer Aufmerksamkeit würdig, und so muß ich nun zum Abschluß meines Briefes doch noch auf sie eingehen, da bislang nur die Katakomben von Rom bekannt gewesen sind. Diese Gänge sind überwiegend unter den größten Mühen in die Felsen gehauen worden, und die zahlreichen leeren Nischen, die man dort findet, sind unzweifelhafte Hinweise auf Bestattungen. Bis zum heutigen Tag ist die katholische Welt davon überzeugt, daß diese Katakomben das Werk einstmals verfolgter Christen seien, die sich darin vor ihren Verfolgern verbargen und ihre Glaubensgenossen, die eines natürlichen oder eines Märtyrertodes gestorben waren, heimlich bestatteten. In dieser Überzeugung hat man alle Gebeine ans Tageslicht geholt und sieht sie nun als heilige Reliquien an, um die man viel Aufhebens macht. Mir kommt es freilich wahrscheinlicher vor, daß es sich dabei um die Leichen von Heiden handelt und daß die Katakomben von diesen auch gegraben wurden; ein solch schwieriges Unterfangen verlangt nämlich besonders ausgebildete und entschlossene Männer und nicht ängstliche Menschen, die in jedem Augenblick fürchten müssen, von der Hand des Henkers hingemetzelt zu werden. Es ist auch unmöglich, ein solches Vorhaben im Verborgenen auszuführen, ohne je dabei entdeckt zu werden, und zudem wäre es seitens der Christen töricht gewesen, sich in einer Höhle einzuschließen, wo man sie, wenn sie einmal entdeckt worden wären, alle auf einmal fassen und zur Hinrichtung hätte schleppen können. Man hätte sie durch das Verschließen des Eingangs auch elendiglich ersticken können, so daß ihnen dieser Ort das Leben eher gekostet als gerettet hätte.

So denke ich über diese Katakomben. Ich will damit aber nicht behaupten, daß sie im Altertum nicht ein heimlicher Zufluchtsort der verfolgten Christen gewesen sein können, wo sich diese zum Gebet und zur stillen Verehrung Gottes in dessen gekreuzigtem Sohn zusammenfanden und wo sie sich darüber beraten konnten, was in ihren schlimmen Umständen zu tun war. Zweifellos werden mir die Katakomben von Rom erneut Gelegenheit geben, über diesen Gegenstand nachzudenken und Ihnen die Meinungen anderer, sowohl pro wie contra, mitzuteilen.

Inzwischen will ich diesem Bericht von meinen neapolitanischen Streifzügen ein Ende machen. Er ist über die Maßen lang geraten, und dennoch fehlt darin vieles, was fremden Reisenden gewöhnlich in die Augen sticht. Derlei Dinge sind jedoch nicht von allgemeiner Bedeutung, und es dürfte bei E.H. keine besondere Aufmerksamkeit erregen, wenn ich etwa von der Hautfarbe der Frauen berichtete und ihr gutes Benehmen rühmte oder davon erzählen wollte, daß die meisten von ihnen ein Leben lieben, das der Keuschheit und der Tugend widerspricht, und daß auf dem Corso Männer und Frauen jeweils getrennt voneinander ausfahren. Da solch oberflächliche Beobachtungen weder Ihrem Alter noch Ihrem Gemüt entsprechen, so muß ich mich vielmehr entschuldigen, wenn hier und da etwas vorkommen sollte, das Ihren schönen Geist nicht befriedigen kann. Morgen reise ich nach Rom ab, aber wohin ich auch gehe, will ich Ihnen mein aufrichtiges Herz auf ewig bewahren und für immer sein

E.H.

untert. Diener.

## XXIX. Brief

Rom, am 19. April 1740

> Ratschlag für Reisende. Ruinen einiger Paläste in Terracina. Über die Frucht namens »carrubba«. Mutmaßungen über die Priapusopfer. Erwähnungen dieser Gottheit bei den lateinischen Dichtern. Über die Via Appia. Monte Cassino. Ausartung des Weins um Velletri. Piazza del Popolo. Kirche Madonna del Popolo. Obelisk auf diesem Platz. Kirche S. Carlo al Corso. Palazzo di Capranica. Kirche S. Maria Maddalena; S. Maria dell'Umiltà; S. Maria della Minerva. Statue des Pasquino. Pantheon respektive Rotonda. S. Agnese in Roma. Piazza Navona. Kirche S. Andrea della Valle; Il Gesù; S. Ignazio. Collegio Romano. Campo Vaccino. Kirche S. Francesca Romana. Aerarium Romanum. Monte Cavallo.

Von Neapel nach Rom sah ich mich genötigt, denselben Weg zu nehmen wie auf der Hinfahrt; ich hatte meinem Vetturin in unserem Vertrag nämlich zuviel Freiheit gelassen, so daß er mit mir umspringen konnte, wie es ihm gerade paßte. So mußte ich mich also ein zweites Mal auf der holperigen Via Appia rädern lassen und will deswegen jedermann raten, lieber eine Feluke nach Ostia zu nehmen, von wo aus man auf festem Boden Rom schnell erreicht. Durch den Anblick der wunderschönen Küste und der Inseln des Königreichs Neapel, an denen man im Boot vorüberfährt, verbringt man die Zeit auf weit angenehmere Weise, als wenn man den vielen grausamen Wirten in die Hände fällt, die nur auf das Geld der fremden Reisenden erpicht sind. Wie dem auch immer sein mag: bevor ich E.H. zu Gehör bringe, was es hier am Sitz des Papstes alles an merkwürdigen und alten Dingen zu sehen gibt, will ich noch in aller Kürze berichten, was ich auf der Rückreise erlebt habe.

Unweit von Terracina erblickt man auf einem Felsen verschiedene Ruinen, die für die Überreste eines Palastes des Kaisers Hadrian, eines Juno-Tempels und eines Palastes des Julius

Cäsar ausgegeben werden. Es wagt freilich niemand, dies mit einiger Wahrscheinlichkeit zu behaupten.

Erstaunlicherweise findet man in dieser Gegend jene süßen Früchte, die bei uns Johannisbrot und bei den Italienern »carrubba« heißen. Den Baum, der diese Früchte trägt, nennt man »carrubbajo«. Er wird fünf bis sechs Ellen hoch; aus den Fruchtknoten wächst eine Art von Schoten hervor. Diese Früchte sind mit einer süßen Masse angefüllt, die sehr gut gegen Magenbrennen hilft. Die gedörrten Karuben kommen vorzüglich aus Syrien und Indien, heutzutage aber auch aus Teilen Spaniens.

Weil man in dieser Gegend die unzüchtigen Figuren des Priapus gefunden hat, schließt man daraus für gewöhnlich, daß dieser scheußliche Götze, der Sohn des Bacchus und der Venus, dort verehrt worden sei und daß man ihm Opfer dargebracht habe. Das sind freilich nur Mutmaßungen, die sich allerdings auf das Zeugnis der Alten berufen können, die in dieser reizenden Gegend gelebt haben. Schön ist, was Vergil in der 7. Ekloge, v. 33 ff. einem armen Bauern in den Mund legt, der auf sein Gartentor einen Priapus hat setzen lassen:

> Nunc te ...

In ähnlicher Weise läßt Horaz einen Bauern sich über sein Obst und seine Purpurtrauben freuen:

> Qua muneretur ...

Jedermann brachte diesem Beschützer der Gärten nach Kräften Opfer dar; jener arme Bauer redete ihn folgendermaßen an:

> Sinum lactis ...

Das Heidentum strotzt von solchen Torheiten, die meiner Meinung nach ausschließlich dem Volk zur Zerstreuung gedient haben, damit es sich die schöne Einfalt bewahrte, die denjenigen zum großen Nutzen gereichte, welche die Herrschaft innehatten. Eine gewisse Sekte, die in vielen Dingen das Heidentum sogar noch übertrifft, macht das in unseren Tagen nur unwesentlich anders (vgl. Hamberger: Ritus antiquos Romana ecclesia, a majoribus suis gentilibus, in sua sacra trans. Enarration 4. Götting.). Die auf Befehl des Appius Claudius erbaute Via Appia erstreckt sich von Rom bis nach Capua und noch darüber hinaus. Jener Appius Claudius, dem man den Beinamen »Centemannus« gab, war damals Zensor; im Gesetz 2 § 36 II de Orig. J. wird er von dem Rechtsgelehrten Pomponius ehrenvoll erwähnt: »quod Appius Claudius maxima scientia vir, Centemannus appellatus, Appiam viam straverit, et aquam Claudiam induxerit«.

Nur zwei Worte will ich zu der überaus berühmten Abtei auf dem Monte Cassino sagen, die dem Orden des hl. Benedikt gehört und zwei Meilen abseits der Hauptstraße zwischen Velletri und Rom liegt. Ihr großes Ansehen, das keinem Liebhaber der Gelehrsamkeit unbekannt sein kann, verdankt sie sowohl den Männern hohen Standes, die sich dort aufgehalten haben, als auch denjenigen, die sich in der gelehrten Welt Ruhm erwerben konnten. Mein im voraus festgesetzter Reiseplan erlaubte mir aber nicht, mich dorthin zu begeben, so daß ich mich mit den Beobachtungen anderer begnügte und mit dem, was sich in den italienischen Werken findet, auf die ich hier verweisen will.

Die Ausartung des Weins in der Gegend um Velletri scheint mir ebenfalls der Erwähnung wert zu sein. Er stand zur Zeit der alten Römer in so hohem Ansehen, daß Plinius in seiner Naturgeschichte nicht zögerte, ihn zu den besten seiner Zeit zu rechnen; heute ist er aber derart verdorben, daß man ihn abkochen muß, um ihm den sauren Geschmack zu nehmen und ihn genießbar zu machen.

Nach diesem Rückblick kann ich nun berichten, daß wir vorgestern im Monte d'Oro, einem sehr berühmten Gasthof an der Piazza di Spagna, abgestiegen sind. Kaum hatte ich mich ein wenig von den Anstrengungen der Reise erholt, begab ich mich schon, um keine Zeit zu verlieren, in Begleitung eines guten Antiquars zur Piazza del Popolo, dem ersten Ziel meiner Neugier, das auch wert ist, den Reigen der Sehenswürdigkeiten Roms, der Königin der Städte und des Amphitheaters der Welt, anzuführen. Als ich das erste Mal durch das gleichnamige Tor geschritten war, hatte mich dieser so weitläufige Platz mit dem kostbaren Obelisken in der Mitte, drei langen schnurgeraden Straßen und zwei gleichartigen Kirchen zu beiden Seiten schon sehr beeindruckt; Abbildungen legen von diesem prachtvollen Anblick nur ein unvollkommenes Zeugnis ab. Es gibt in Rom keine ruhmreichere und häufiger besuchte Kirche als die Madonna del Popolo beim gleichnamigen Tor, das auch Porta Flaminia heißt. Diese Kirche ist ursprünglich unter Papst Paschalis vom Volk erbaut worden. Ihr Äußeres weist zwar keine Besonderheiten auf, aber innerhalb der Kirche gibt es doch zahlreiche Kapellen mit schönen Malereien und Skulpturen auf den Altären. Es befinden sich dort die Kapelle des Kardinals Cibo, die vollständig mit Marmor verkleidet ist, sowie die des Fürsten Chigi, die vier wunderschöne Marmorstatuen und zwei Pyramiden aus demselben Stein besitzt. Wer Tiere, insbesondere Katzen, über Gebühr liebt, sollte sich das Beispiel eines Spaniers vor Augen führen, der zwar ermahnt worden war, sie nicht gar zu sehr zu liebkosen, der aber dennoch daran starb, wie auf dem Epitaph zu lesen steht, das folgendermaßen lautet:

Hospes disce ...

Übrigens mangelt es dieser Kirche auch nicht an Reliquien; vor allen anderen hält man dort ein wundertätiges Bildnis Mariens in Ehren, das der hl. Lukas gemalt haben soll und das vom Volk sorglichst gehütet wird, weil es unablässig Wunder tut. Höchst merkwürdig ist es, daß man des weiteren den Nabel unseres Herrn sowie den Schleier, Kleider und Milch der Hl. Jungfrau finden kann. Außerdem ist der Anlaß zur Stiftung der Kirche gar zu artig, als daß ich ihn hier mit Schweigen übergehen könnte. An jener Stelle soll nämlich einst ein großer Nußbaum gestanden haben, in dem Dämonen die darunter vergrabene Asche Neros bewachten und die Vorübergehenden ärgerten und plagten. Als dies Papst Paschalis zu Ohren kam, ordnete er Fasten und Gebete an, woraufhin ihm Maria erschien und sagte, er solle besagte Asche unter dem Nußbaum ausgraben, anschließend alles umhauen, ausreißen und ihr zu Ehren eine Kirche erbauen lassen; dies geschah, und als die Dämonen heulend entwichen waren, hatte die Plage ein Ende. Das ist in der Tat eine seltsame Geschichte, die es wahrlich verdient, zu den Märchen gezählt zu werden. Außerhalb der Kirche stehen auf einer nahegelegenen Mauer die folgenden Verse zu lesen:

>Septimius auratum ...

Den Obelisken respektive die Guglia von 88 Fuß Höhe inmitten der Piazza del Popolo hat Sixtus V. aufstellen lassen. Er stand einst im Circus Maximus, und nachdem man ihn dort ausgegraben hatte, ist es dank des großen Geschicks des Baumeisters Domenico Fontana gelungen, ihn an diesem Platz aufzustellen. An seinem Sockel kann man lesen, daß ihn Octavianus Augustus nach Rom gebracht und der Sonne geweiht hat:

>Imp. Caes. ...

Auf einer anderen Seite hat Sixtus V. folgendes einmeißeln lassen:

>Sixtus V. Pont. ...

Auf der Rückseite heißt es:

>Ante sacram ...

Es war eine bewundernswerte Vorrichtung, mit deren Hilfe man diesen Obelisken ebenso wie den vom Vatikan, von S. Giovanni Laterano und S. Maria Maggiore aufstellte; so heißt es etwa, daß beim vatikanischen Obelisken 160 Pferde und 800 Mann eingesetzt worden seien. An der Spitze des Gerüstes stand ein Mann mit einer kleinen Trompete und einer Glocke; wenn dieser nun auf ein Zeichen des Leiters hin die Trompete blies, dann machten sich alle, die Männer ebenso wie die Pferde, an die Arbeit. Wenn dann wieder Halt gemacht werden sollte, wurde die Glocke geschlagen, und auf diese Weise lief alles sehr gut ab, was mit menschlichen Stimmen allein unmöglich gewesen wäre, weil der Lärm der Maschinen und das große

Geschrei der Menschen wie ein Erdbeben geklungen haben müssen.

Man sollte es nicht versäumen, der Kirche S. Carlo al Corso, die mir als eine der schönsten von Rom erschien, mit Sorgfalt einen Besuch abzustatten. Für dieses Gebäude hat man eine große Zahl von Häusern abgerissen; heute ist sie weitgehend vollendet und stellt gewiß ein sehr schönes Gebäude dar. In ihrem Inneren kann man die vergoldete Decke bewundern, außerdem ein vortreffliches Gemälde von Carlo Maratti am Hauptaltar, das einen prächtigen metallenen Rahmen besitzt, und weitere gute Gemälde von Perugino und Pasquale de' Rossi. In besagtem Altar ist das Herz des hl. Karl Borromäus beigesetzt, der im Jahre 1610, 25 Jahre nach seinem Tod, heiliggesprochen wurde. Man liest darüber, daß niemals mehr eine größere Feierlichkeit stattgefunden hat, seitdem sich die Päpste ein Recht angemaßt haben, das doch Gott allein zusteht, nämlich Heilige wie jenen Karl zu machen. Diese Kirche gehört den Mailändern, weil Seine Kaiserliche Majestät als Herzog von Mailand ihr Schutzherr ist; man darf sich folglich nicht wundern, daß sie die Kathedrale von Mailand im kleinen nachahmt.

Unter den mächtigen Signori Roms befinden sich große Liebhaber des Altertums, die es für eine Sünde hielten, wenn sie nicht jede Gelegenheit nützen würden, selbst die weniger wertvollen Stücke zu sammeln, auch wenn diese im Lauf der Zeit beschädigt worden sind. Hierzu gehört auch der Marchese Capponi, in dessen Palast insbesondere zahlreiche Inschriften zu finden sind. Dort war ein Basrelief aus gewöhnlichem Stein in eine Mauer eingelassen, auf dem ein Sack abgebildet war, unter dem die folgenden Worte standen:

> Viator ad aerarium.

Auf einer steinernen Tafel konnte man lesen:

> Semper Ø in hac tabula Ø hilare ludimus amici.

Und am Springbrunnen:

> Virgineam vicini ...

An der Kirche der hl. Maria Magdalena, die als Fürsprecherin der Sünderinnen gilt, gefielen mir besonders die schöne Fassade und im Kircheninneren die kostbaren Marmorstatuen. Die Nonnen legen dort das Gelübde auf die Regel des hl. Augustinus ab, und ihre Gemeinschaft nennt sich die Caritas der reuigen Sünderinnen. Es war ein großes Unglück, daß das Kloster im vergangenen Jahrhundert vollständig abbrannte, aber dank der Mildtätigkeit vieler hochgestellter Persönlichkeiten konnte es nicht nur in seiner ganzen Pracht wiederaufgebaut, sondern auch mit großen Reichtümern ausgestattet werden. Außerdem hat es das Vorrecht erhalten, sich gewissermaßen das Erbe liederlicher Frauen anzueignen, da diese dem Kloster ein Fünftel ihrer Habe vermachen müssen. Das Kloster verpflichtet sogar jedermann, der von dem ausschweifenden Lebenswandel einer solchen Frau weiß, dies nach ihrem Tod zum Vorteil dieser frommen Einrichtung anzuzeigen. Es kommt sogar vor, daß dem Kloster der gesamte Besitz vermacht wird; es muß sich dann um die Kinder dieser Frauen kümmern und sie der Erbschaft und ihrem Stand gemäß versorgen.

Schön und gefällig ist die Kirche S. Maria dell'Umiltà, deren Nonnen nach der Regel des hl. Dominikus streiten. Sie besitzen ferner ein weitläufiges Kloster, das gleichsam eine Insel darstellt.

Über dem Altar von S. Maria de' Miracoli steht diese Inschrift:

D.O.M. Benedicto Guastaldo...

Über dem Portal befindet sich eine Marmortafel mit einer Inschrift über einen vollkommenen Ablaß. Ich könnte auch von einem großen Wunder erzählen, das ein zu dieser Kirche gehörendes Bildnis der Hl. Jungfrau gewirkt hat; es hat nämlich einmal einen Knaben gerettet, der in den Tiber gefallen war. Ich fürchte jedoch, daß ich E.H. mit diesen römischen Torheiten gar zu sehr zur Last falle.

Der Name der Kirche S. Maria della Minerva rührt daher, daß ihr Kreuzgang zum Teil über den Ruinen eines Minerva-

Tempels erbaut wurde, den Pompeius, wie es heißt, als Dank für viele siegreiche Kriege des römischen Volkes errichtet hat. Als man die alte aber kleine Kirche den Dominikanern übergab, bauten sie diese zu ihrer heutigen größeren Gestalt um. Das Geld dazu sammelten sie durch Almosen und andere Gaben, und da sie viele schöne Versprechungen machten, nahmen sie soviel ein, daß sie alle Altäre der Kirche prunkvoll mit schönen Verzierungen und vortrefflichen Gemälden ausstatten lassen konnten. Unter anderem findet man dort ein marmornes Basrelief, das ein Denkmal für einen Papst ist, und Michelangelo Buonarrotis unvergleichliche Statue unseres Herrn, auf deren Sockel folgende Worte stehen:

Metellus Varus ...

Im daneben gelegenen Kloster wurden zwei Konklaven abgehalten und zwei Päpste gewählt: Eugen IV. und Nikolaus V. Heutzutage tritt dort die Inquisition zusammen, die sich aus 20 Kardinälen und sechs Doktoren der Theologie aus verschiedenen Ländern zusammensetzt und über geistliche Angelegenheiten und die Pfründe der Kirche entscheidet. Ihre Mitglieder können nicht abgelöst werden, sondern bleiben auf Lebenszeit in ihrem Amt, und nicht einmal der Papst selbst, da er sie ja auch nicht einsetzt, hat die Macht, Entscheidungen der Inquisition aufzuheben oder sie gänzlich aufzulösen. Außerdem kann keines der Mitglieder der Inquisition gezwungen werden, gegen seinen Willen im Chor mitzusingen, sie können dieses Gericht aber verlassen, wann immer sie wollen. Die Inquisition tritt dreimal in der Woche zusammen, und da sie das oberste Konsilium ist, dulden ihre Urteilssprüche keinen Einspruch mehr. Gegenwärtig ist sie bestrebt, ihren Arm noch weiter auszustrekken, denn bislang hat sie ausschließlich Ketzereien und Streitfragen zu bestimmten Glaubensartikeln untersucht. Zu sagen bleibt mir noch, daß sich dort auch die Bibliothek des Kardinals Casanate befindet, die dieser dem Kloster vermacht hat. Ich sage nicht zuviel, wenn ich sie nach der Vaticana für die größte und schönste Bibliothek von Rom halte. Sie ist in einem sehr hellen Saal untergebracht, der 125 Schritt lang und 40 Schritt breit ist. 16 Tische zu beiden Seiten stehen denen zur Verfügung, die irgendein Buch abschreiben oder lesen wollen, und ich fand dort tatsächlich über 60 Männer vor, die sich der Studien befleißigten. Zwei Klosterbrüder stehen ständig bereit, um jedermann die gewünschten Bücher zu holen. Diese Bibliothek ist täglich vormittags und nachmittags jeweils für drei Stunden geöffnet, Donnerstage, Sonn- und Feiertage ausgenommen. An der Innenseite des Portals kann man auf einer Tafel lesen:

 Che sia scomunicato ...

An einen Klosterbruder richtete ich die Frage, wie hoch die Zahl der Bücher sei, worauf er mir zur Antwort gab, daß sie sich auf über 60 000 belaufe. Mir sagt diese Bibliothek wirklich zu, weil es dort keine Stützpfeiler gibt und alle Bücher offen aufgestellt sind. In der Vaticana ist das leider anders, denn sie scheint auf den ersten Blick nur aus Holz zu bestehen; dabei wäre sie erst dann des Papstes wirklich würdig, wenn man sie wie die Libreria Casanatense einrichten würde.

Ich komme nun zu der Statue des Pasquino, die aus dem Altertum stammt und ihrer Vortrefflichkeit wegen dem berühmten Herkules im Belvedere an die Seite gestellt wird; sie ist auch in der Tat wert, von wißbegierigen Reisenden besucht zu werden. Nach dieser Statue sind jene verleumderischen Schriften benannt, die man an ihr einst angeheftet hat, um unter ihrem und Marforios Namen den Klatsch heimlich unter die Leute zu bringen und mit Witz und Bosheit fremde Angelegenheiten zu bespötteln. Diese Statue steht auf einem Sockel an einer Straßenecke unweit der Rotonda; diese Lage war durch den starken Verkehr der erwähnten Absicht sehr förderlich, weil die Schriften so besser bemerkt und schneller verbreitet werden konnten. Da die Statue aber durch die Unbilden des Wetters oder durch die Barbaren sehr beschädigt worden ist, fehlen ihr nunmehr sämtliche Glieder, und sie gleicht eher einem Klotz als einer Statue; trotz alledem ist das große Geschick des Bildhauers noch immer zu erkennen. Seiner Vortrefflichkeit wegen hat dieses Stück nicht nur dem Stadtviertel, sondern auch dem Palast, an dem es steht, seinen Namen gegeben; übrigens wird behauptet, daß bei dieser Statue der Mittelpunkt Roms sei. Heutzutage werden freilich keine Pasquinaden mehr angeheftet, weil die Verleumder und Ehrabschneider nun bessere Mittel kennen, um ihre Bosheiten unter die Leute zu bringen. Einige Pasquinaden konnte ich aber noch finden, und ich will sie Ihnen hier nicht vorenthalten. Die erste lautet folgendermaßen:

*Corsa del pallio in Conclave ...*

Ein anderes Sonett geht so:

*Se il Dorico prepuzio ...*

*An die Herzogin de' Tursi. ...*

Diese Beispiele dürften genügen, um Ihnen die große Tücke vorzuführen, mit der sich die Römer über vornehme Personen und wichtige Angelegenheiten lustig machen.

Anschließend ging ich in die Kirche S. Maria della Rotonda, das frühere Pantheon. Dieses gut erhaltene alte Bauwerk ist von Marcus Agrippa, dem Schwiegersohn von Kaiser Augustus, zu Ehren des Jupiter Ultor und aller Götter errichtet worden. Sämtliche Nischen waren einst mit Götzenbildern und Statuen geschmückt, die man im Kreis aufgestellt hatte, damit unter ihnen kein Streit um den Vorrang entstünde, was schon einmal mit dem Gott Terminus vorgekommen war, der hinter keinem anderen Gott zurückstehen wollte, nicht einmal hinter Jupiter selbst. Eine andere Erklärung geht jedoch dahin, daß der Tempel durch jenen Kaiser dem Jupiter Vendicator und der Kybele geweiht worden sei, die man für die Mutter aller Götter und die Herrin über die Erde hielt. Agrippa hatte diesen Tempel durch einen vortrefflichen Portikus mit einer Balkendecke und einem Bronzeüberzug geadelt; als später ein Blitz den Bau beschädigt hatte, ließen ihn die Kaiser Septimius Severus und Marcus Aurelius Antoninus wiederherstellen, wobei sie die folgenden Inschriften hinzufügten:

    Imp. Caes. ...

Die andere Inschrift darunter lautet:

    Imper. Caes. ...

Nun ist das Pantheon aber ein Gotteshaus, das Bonifaz IV. eingeweiht hat, der sich den Tempel im Jahre 609 vom Kaiser Phokas für die Hl. Jungfrau und alle Heiligen und Märtyrer ausbat. Was die Größe angeht, so hat dieses Bauwerk einen Durchmesser von 72 Schritt und ist ebenso breit wie hoch. Es besitzt, wie ich schon sagte, einen wunderschönen Portikus, der von 16 riesigen Säulen aus Granitmarmor mit Kapitellen getragen wird, die man nicht ohne Staunen betrachten kann. Papst Urban VIII. hat das Pantheon verändert, weshalb dort die beiden folgenden Inschriften zu lesen stehen:

    Pantheon aedificium ...

Die andere lautet:

    Urbanus VIII. Pont. Max. ...

Alles Licht fällt durch eine einzige große Öffnung herein, aber es reicht aus, um den ganzen Tempel zu erleuchten. Unterhalb dieser Öffnung befindet sich am Fußboden ein Abflußloch, in dem das Wasser und die sonstige Nässe, die vom Himmel herabkommt, aufgefangen werden. Im Innern der Kirche stehen 15 Altäre und rings im Kreis herum 14 Säulen, auf denen folgende Worte zu lesen sind:

    Laus ejus ...

Unter anderem liegt dort der Fürst der Maler begraben, der große Raffaello Sanzio aus Urbino. Auf seinem Grab heißt es:

    D. O. M. Raphaelo Sanctio ...

Die darunterstehende Grabinschrift, ein Distichon, stammt vom Kardinal Bembo:

> Ille hic ...

Auf einem anderen Grab findet man diese Inschrift:

> Quem cernis ...

Man sagt, daß der Portikus einst mit Silber verkleidet gewesen sei, das in den folgenden stürmischen Zeiten verlorenging. Später habe man Bronze verwendet, die dann Urban VIII. wieder entfernen ließ, um daraus den Hauptaltar von St. Peter im Vatikan und einige Kanonen, die sich jetzt in der Engelsburg befinden, gießen zu lassen; wie dem auch immer sei, heutzutage handelt es sich jedenfalls um Blei. Es ist ein Wunder, daß besagter Papst nicht auch noch das Bronzeportal hat wegnehmen lassen, das 18 Fuß breit und doppelt so hoch ist.

Zu den schönen Kirchen Roms darf man auch diejenige zählen, die der hl. Märtyrerin und Jungfrau Agnes erbaut wurde; diese war dort, wo sich einst ein Kampfplatz befand, der Circulus Agonalis hieß, wie in einem öffentlichen Bordell allen Schändlichkeiten preisgegeben worden. Diese Kirche steht an der Piazza Navona, und obwohl sie nicht sehr groß ist, sind ihre fünf Altäre dennoch eines Blickes wert. Der Hauptaltar besitzt ein sehr schönes marmornes Basrelief, während die übrigen Altäre nur mit Statuen geschmückt sind. Über eine Treppe kann man in »locum turpitudinis« hinabsteigen, wo die hl. Agnes durch ein Wunder aus der Gewalt der Schurken befreit wurde, die ihr die Blüte der Jungfräulichkeit rauben wollten, was auf dem Basrelief an einem der besagten Altäre dargestellt ist. Das Kuppelfresko ist ein vortreffliches Werk von Ferri und Corbellini.

Abgesehen vom herrlichen Palast des Fürsten Pamphili wird die Piazza Navona auch noch von anderen Palästen umrahmt, die nicht weniger ansehnlich sind; darüber hinaus wird dieser Platz durch drei einzigartige Brunnen geadelt, von denen der mittlere ein Werk des vortrefflichen Bernini ist. Er stellt in großen weißen Marmorstatuen die vier Hauptflüsse der Erde dar: die Donau in Europa, den Ganges in Asien, den Nil in Afrika und den Silberfluß in Westindien. In der Mitte dieses Brunnens steht auf einem großen Felsen ein Obelisk, der unter der Aufsicht des Cav. Bernini vom Caracalla-Circus dorthin gebracht wurde. Von verschiedenen Punkten stürzen große Wassermassen herab, die sich in einem weiten Becken aus Stein sammeln; all das ist die Erfindung und das Werk des besagten Cavaliere. Der Brunnen daneben mit den Statuen Neptuns und der Tritonen, den man sowohl des Entwurfs als auch der Alabasterfiguren wegen schätzt, stammt von Michelangelo Buonarroti. Der dritte Brunnen kommt dem des Neptun gleich, und so versetzt der gesamte Platz durch seine Schönheit jedermann in Begeisterung. Einst befand sich dort ein Kampfplatz, der sogenannte Circulus Agonalis; dies war ein wunderschönes und weitläufiges Gebäude, das wie ein Amphitheater von Bogengängen umgeben und geschmückt war. Innen waren ringsum die Sitzreihen angeordnet, von wo aus man der schönsten Jugend Roms beim Zureiten der Pferde, bei Hindernisläufen und bei Wettrennen mit Wagen zusehen konnte, auch Jagden und andere Feste fanden darin statt.

In der Kirche S. Andrea della Valle gibt es ein wunderbares Deckenfresko, das so kunstvoll gemalt ist, daß man glauben möchte, es handle sich um eine wirkliche Kuppel. Ich fand dort in der Tat einige alte Inschriften, aber nicht die bei Nemeitz angegebenen.

Die Kirche Il Gesù ist die einzige, die dem Namen Jesu geweiht ist, während es viele gibt, die nach dem Erlöser heißen. Sie zeichnet sich auch dadurch aus, daß die Mönche vom Orden des hl. Ignatius, denen die Kirche gehört, nur von Almosen leben und gleich nebenan wohnen, obwohl Kollegien doch viele Reichtümer und Pfründe besitzen. Neben vielen anderen schönen Dingen ist vor allem der Hauptaltar bemerkenswert. Man behauptet, in dieser Kirche den Leichnam des hl. Ignatius von Loyola aus der Biscaya zu verwahren, der die Gesellschaft Jesu gegründet hat und durch Papst Gregor XV. heiliggesprochen worden ist; Arme von anderen Heiligen findet man gleich dutzendweise. Diese Kirche wurde von Kardinal Alessandro Farnese gestiftet; sie ist schön und der Größe des Stifters würdig. Die Kapellen sind über die Maßen gut und reich ausgeschmückt, so wie überhaupt alles von höchster Pracht zeugt.

Der Hauptaltar der Kirche S. Ignazio ist reich mit Lapislazuli besetzt; sehr schön darf man ferner das Grab von Gregor XV. Boncompagni nennen, und das Deckenfresko, das seinem Meister auf ewig Ehre machen wird, ist ebenfalls vortrefflich. Üppigkeit und Anmut dieses überaus prunkvollen Gotteshauses, das Kardinal Ludovisi dem hl. Ignatius zu Ehren gestiftet hat, werden ausnahmslos gerühmt.

Neben dieser Kirche liegt das Collegio Romano der Gesellschaft Jesu, das den Beinamen Gregorianum trägt, weil es von Gregor XIII. eingerichtet worden ist. Sowohl als Ganzes wie in allen Teilen handelt es sich um ein sehr schönes Gebäude, dessen Innenhof ziemlich geräumig ist. Im Obergeschoß befinden sich große Säle und behagliche Räume, in denen die Studenten wohnen, die der Obhut von Patres aus aller Welt unterstehen; die Studenten tragen dort zum Teil Schultracht und heißen »convittori« oder »alunni«. Der Zulauf an Studenten, die ihre Ausbildung bei den Jesuitenpatres abschließen, ist groß.

Im Tal zwischen dem Kapitol und dem Palatin standen einst unzählige Tempel und Gebäude, so daß man kaum zwei Schritte tun kann, ohne auf irgendwelche Überreste aus vergangenen Zeiten zu stoßen. Dies gilt besonders für das Campo Vaccino, wo man die Ruinen des Jupiter-Tempels findet, den Romulus auf ein Gelübde hin errichtet hat und der nur noch aus drei Säulen besteht.

Weitere acht Säulen gehörten einst zum Portikus des von Camillus erbauten Tempels der Concordia, der Erfinderin und Bewahrerin aller Dinge. An diesem Ort traf sich die Volksversammlung, und man hielt viele Reden. Die Unbill der Jahrhunderte hat uns von diesem Tempel sonst nichts übriggelassen, obwohl er der reichste, am besten geschmückte und schönste von allen gewesen ist. Dort befanden sich auch der von Numa

Pompilius erbaute Vesta-Tempel und ebenso der Teich des Curtius; auch den Janus-Tempel sah man an dieser Stelle, aber die Zeit hat alles zerstört. Wegen der vielen Rinder und anderer Tiere, die dort weiden, wird dieses Forum heute Campo Vaccino genannt.

Unweit davon liegt ein wenig abseits die Kirche S. Francesca Romana; ihre Mönche sind von Adel und rühmen sich, den vollständigen Leib dieser Heiligen zu besitzen. Zweierlei ist dort bemerkenswert: das eine ist das Grab von Pietro Paolo Olivieri mit einer wunderschönen Basreliefarbeit; gleich daneben fand ich einen in die Mauer eingelassenen Stein, dessen Inschrift angibt, was sich dort ereignet hat:

>    In queste pietre ...

Hier nun die dazugehörige Sage: Als Simon Magus in Gegenwart von Tausenden von Menschen kraft seiner Hexenkünste einen auf dem Boden ausgestreckten Toten den Kopf bewegen ließ, wollte ihn das Volk als den wahren Apostel Christi anerkennen; der hl. Petrus ließ daraufhin aber denselben Toten durch die Kraft der göttlichen Gnade wieder zum Leben auferstehen, so daß das Volk nun Petrus beifiel und Simon Magus durch die Lüfte entführt wurde. Da ihn Petrus nicht zugrundegehen lassen wollte, warf er sich auf die Knie und betete mit solcher Inbrunst zu Gott um diese Seele, die von den Dämonen bereits gepeinigt wurde, daß die Steine unter ihm erweichten und der Eindruck seiner Knie in ihnen zurückblieb. Er erreichte damit, daß Simon Magus zu Boden stürzte, ohne größeren Schaden zu nehmen als sich ein Bein zu brechen. Man führte mich dann in den Garten, der Nero gehört haben soll, wo man mir einige Überreste vom Tempel der Sonne und des Mondes zeigte; am Boden fand ich die folgenden Worte:

>    Imp. Caes. ...

Das Übrige hatte die Zeit weggewischt.

Ehe man den Campo Vaccino betritt, kommt man an der Stelle vorbei, wo einst die von Valerius Publicola erbaute

Schatzkammer des römischen Volks stand, in der der gesamte Staatsschatz, Geld und sonstige Kostbarkeiten, aufbewahrt wurde; heute ist davon noch ein Mauerstück aus viereckigen Steinen zu sehen. Dieser Ort gehört jetzt den Nonnen der Nunziatella, deren Kloster von Sixtus V. gegründet worden ist. Nicht weit davon entfernt kann man auch noch zwei Marmorsäulen mit Kapitellen sehen, die an Kaiser Nerva erinnern; jetzt lebt dort ein Kaufmann, der mit Öl, Rettichen und Ähnlichem handelt.

Ich stieg dann auf den Monte Cavallo respektive den Quirinal, wo ich voller Bewunderung die beiden großen Statuen vor dem Papstpalast betrachtete. Es handelt sich bei den Marmorpferden, die von zwei nackten Männern am Zügel gehalten werden, um ein einzigartiges Werk der berühmten antiken Bildhauer Phidias und Praxiteles, eines Lehrers und seines Schülers also. Konstantin der Große hat diese Statuen aus Griechenland nach Rom gebracht. An ihrem Sockel ließ man nur die folgenden antiken Worte stehen:

Opus Phidiae et Praxitelis.

Der Name Alexanders oder der seines Pferdes hingegen wurde auf Befehl von Papst Urban VIII., der sich auf die Sprachschnitzer neuerer Inschriften bestens verstand, entfernt. Wahrhaft schön ist der Anblick der prächtigen Paläste bis hin zur Porta Pia, insbesondere desjenigen, den man La Consulta nennt und wo politische und kirchliche Angelegenheiten verhandelt werden. Dieses Gebäude ist auf Befehl des verstorbenen Papstes errichtet worden und liegt der päpstlichen Reitschule unmittelbar gegenüber. Weil die Luft auf diesem Hügel sehr rein ist, steht dort auch der Sommerpalast seiner Heiligkeit. Papst Gregor XIII. hat diesen Bau begonnen und Sixtus V. hat ihn fortgeführt. Clemens VIII. hat den Garten wesentlich verschönert; Paul V. hat den Palast dann vollendet und das Gebäude verbessert, wo gesündigt worden war; außerdem hat er den Garten um vieles reizvoller gemacht. Obwohl so viele Päpste an diesem Palast gebaut haben, entspricht seine gegenwärtige Gestalt nicht dem neuesten Geschmack. Er ist sehr weitläufig, denn 25 bis 30 Zimmer stehen ausschließlich dem Papst als Wohnung zur Verfügung; sie sind zwar klein und bescheiden eingerichtet, aber dennoch viel schöner als die Behausungen unseres Herrn, der kaum wußte, wohin er sein Haupt betten sollte, und dessen Nachfolger zu sein der Papst sich doch rühmt. Wenn ich hinzufüge, daß der Papst dort bis zu 300 Schweizer Soldaten zur Wache hat, dann wird wohl offenkundig, wie sehr sein Reich von dieser Welt ist. Der verstorbene Papst Clemens XII. hat diesen Palast dadurch stark vergrößert, daß er ein prächtiges und langes Gebäude anfügen ließ, das ebenfalls viel zur Verschönerung der Straße beiträgt. Der Innenhof des alten Teils des Palastes ist höchst reizvoll, aber die Wasserspiele im Garten, die Teiche und die anderen Zierden sind ziemlich vernachlässigt, so daß sich die Inschrift, die ich dort fand, teilweise Ausnahmen gefallen lassen muß:

Urbanus VIII. ...

Bewundernswert ist die Wasserorgel, die ich in gutem Zustand antraf. Die Erfindung dieser Spielereien wird den Italienern zugeschrieben, die Franzosen hingegen haben diese Kunst beträchtlich weiter entwickelt. Empfangen Sie nun auch gegenwärtigen Brief mit gütiger Nachsicht, denn er entstammt dem mit ewiger Hochachtung für Sie erfüllten Herz von

        Euer Hochedelgeboren
                untert. Diener.

XXX. Brief

Rom, am 22. April 1740

> Titusbogen. Konstantinsbogen. Bogen des Septimius Severus. Amphitheater des Vespasian. Farnesische Gärten. Kirche S. Cosma e Damiano. Kirche S. Lorenzo in Miranda; S. Pietro in Carcere. Vatikan. Vatikanspalast und Gärten. Kleopatra. Herkules. Vatikanische Bibliothek. Belvedere. Vatikanische Gärten.

Da es in dieser einzigartigen Stadt Rom noch vieles gibt, das E.H. Neigung und Wißbegier zusagen wird, so will ich keine Zeit verlieren und meinen Bericht dort fortsetzen, wo ich ihn zuletzt unterbrochen habe; ich komme deshalb jetzt auf die Sehenswürdigkeiten zu sprechen, die hinter dem Kapitol liegen. Es war bei den alten Römern Brauch, zu Ehren derer, die dem Reich eine Provinz oder eine Stadt unterworfen hatten, Triumphbögen zu errichten, die den Namen des Helden erhielten und von seinen Heldentaten und kühnen Unternehmungen Zeugnis ablegen sollten.

Einer dieser Triumphbögen ist der des Titus Vespasianus, eines Kaisers von seltener Milde, dem man diesen Bogen für die Eroberung und Zerstörung Jerusalems errichtet hat. An der Vorderfront steht zu lesen:

S.P.Q.R. Divo Tito Divi Vespasiani F. Vespasiano Augusto.

Im Bogendurchgang ist auf der einen Seite der siegreiche Kaiser auf einem Viergespann zu sehen, auf der anderen Seite erblickt man verschiedene Beutestücke aus dem berühmten Tempel Salomons.

Unweit davon steht der Triumphbogen Konstantins, der drei Bögen hat und dem Kaiser für seinen Sieg über Maxentius am Ponte Molle errichtet wurde. Er ist 38 Schritt breit und besitzt zahlreiche Verzierungen von bewundernswerter Kunstfertigkeit, die diesen Sieg preisen. Ferner schmücken ihn acht Säulen und ebensoviele Statuen aus weißem Marmor, was besonders an einer Statue zu erkennen ist, die auf Anordnung des Papstes gereinigt wurde. Alles übrige besteht aber aus gewöhnlichem Stein respektive Travertin und trägt Basreliefs, die Siege und andere Kriegsereignisse darstellen. Dabei stehen folgende Worte:

    Imp. Caes. ...

Hier eine neuere und jüngere Inschrift:

    Clemente XII. ...

Schließlich gibt es dort auch noch den Bogen des Septimius Severus, den man ihm für seinen Sieg über die Parther errichtet hat und auf dem die Siege dargestellt sind, die dieser Kaiser errungen hat. Man findet darauf die folgenden Worte:

    Imp. Caes. ...

Nicht weit davon entfernt erblickt man mit angenehmer Verwunderung das Amphitheater, dessen Bau inmitten der Stadt von Vespasian begonnen und von seinem Sohn Tiberius vollendet wurde. Es wird gemeinhin Kolosseum genannt, weil Nero dort eine Statue mit der kaum glaublichen Größe von 120 Fuß aufgestellt hatte.

Rom konnte einst auf dieses erstaunliche Bauwerk stolz sein, dem in Größe und Kunst kein anderes gleichkam. Leider ist jetzt aber mehr als die Hälfte davon zerstört, woran nicht allein Feuer und Schwert oder die Bosheit der Barbaren schuld waren, sondern auch der gewissenlose Freibrief, den ein Papst seinem Nepoten erteilte, nämlich aus dem Kolosseum Steine zu brechen und sie zum Bau seines Palastes zu benützen. Pasquino meinte deshalb zur Zeit Urbans VIII.:

    Quod non fecerunt Barbari fecere Barbarini.

Namentlich sagt man, daß der Palazzo Farnese zum Teil mit Steinen aus dem Kolosseum erbaut worden sei und daß man diese nachts gestohlen habe. Als das Volk davon erfuhr, sei es derart in Zorn geraten, daß sich der Papst gezwungen gesehen habe, eine Wache aufzustellen und zu verbieten, daß man fortan auch nur ein Staubkorn wegnehme. Das Volk, das seine Altertümer erhalten wollte, hat auf diese Weise die gänzliche Zerstörung dieses edlen Bauwerks verhindert. Was das Äußere dieses Amphitheaters angeht, so besteht es aus massivem Stein, innen ist es aus Ziegelstein erbaut. Es bot 85 000 Personen einen Sitzplatz, und dennoch hatte jedermann eine gute Sicht auf die von den alten Römern veranstalteten Schauspiele. Es war, wie noch deutlich zu sehen ist, in drei voneinander getrennte Ränge unterteilt: der erste und oberste war den Senatoren vorbehalten, der zweite und mittlere der Ritterschaft und der dritte und unterste unmittelbar am Kampfplatz dem Volk. Bei der Einweihung ließ besagter Kaiser an einem einzigen Tag 5000 Tiere aller Art vorführen. Von außen gesehen war das Kolosseum rund, innen aber länglichrund. Auf den Boden streute man viel Sand, damit die Kämpfer und Wettstreiter einen guten Stand hatten und nicht ausrutschten. Im Lateinischen sagt man daher oft »Arena«, also Sandplatz, für Amphitheater. Die zum Tode Verurteilten, die Kriegsgefangenen und bezahlte Kämpfer mußten dort gegeneinander antreten.

Dann ging ich weiter zu den Farnesischen Gärten, wo es einen wunderschönen Weinberg gibt, der heute dem Herzog von Parma gehört. Er liegt in jener Gegend, in der einst der Palast Neros stand, in dem es, wie man an den Überresten erkennen kann, auch einen Saal von 60 Schritt Länge und 45 Schritt Breite gab, dessen Wände mit weißem Marmor verkleidet waren. Man findet noch verschiedene Säulenstücke aus Porphyr, die gewiß zum Schmuck dieses Palastes gehört haben; außerdem stößt man auf einen Hausaltar, auf dem der Aberglaube der damaligen Zeit den falschen Göttern Opfer darbrachte. Heute ist all das aber zum Aufenthaltsort und zur Behausung der Fledermäuse und Eulen, der Nachtgeister also, geworden, und gewiß würde dort niemand mehr einen solchen Ort suchen, wenn uns nicht die folgende Inschrift eines Besseren belehrte:

Aulam Palatinam ...

Nicht weit davon entfernt hat man zwei Marmortafeln mit den Gesetzen der Arkadier aufgestellt, die folgendermaßen lauten:

Leges Arcadum. ...

Im Casino Farnese liegen verschiedene Dinge, die man an dieser Stelle ausgegraben hat, auf dem Boden herum, darunter auch eine Statue der Agrippina, der Mutter Neros.

Diesem Garten gegenüber steht die Kirche S. Cosma e Damiano, ein ursprünglich dem Romulus geweihter Tempel. Dort gibt es eine Madonna, von der man erzählt, daß sie eines Tages Papst Gregor, als er an ihr vorüberging, ohne sie wie gewohnt zu grüßen, gefragt habe, warum er sie denn nicht wie gewohnt grüße. Die beiden Namenspatrone der Kirche waren Brüder, die die Heilkunst ausübten und aus der arabischen Stadt Aigai stammten, wie folgender Inschrift zu entnehmen ist:

Urbanus VIII. ...

Die Kirche S. Lorenzo degli Speziali liegt daneben; sie war früher ebenfalls ein Tempel, der im Jahre 178 zu Ehren der Faustina errichtet wurde. Diese Faustina war die Gemahlin des Kaisers M. Aurel. Antoninus und wurde, als sie vor ihm starb, mit Zustimmung des Senats unter die Götter Roms aufgenommen. Ihr Tempel ist als einziger von den vielen, die die alten Römer dort erbaut hatten, stehengeblieben. Davor verlief einst die Via Sacra des antiken Rom, die zum Kapitol hinaufführte. An eben dieser Stelle im Forum Romanum finden sich auch drei miteinander verbundene Säulen und eine vierte, die allein dasteht; sie sollen zu der Brücke gehört haben, die den oben beschriebenen Palast Neros mit dem Kapitol verband.

In der Kirche S. Pietro in Carcere, an einer der Stätten, wo einst die Missetäter gefangengehalten wurden und wo früher zwei Gefängnisse öffentlich zugänglich gewesen waren, wurde uns der unterirdische Ort gezeigt, an dem der hl. Petrus zusammen mit dem Apostel Paulus neun Monate lang eingesperrt

war. Von den Spuren, die sie unserem Cicerone zufolge zurückgelassen haben, will ich nicht reden: daß Petrus sein Gesicht in die Wand eingedrückt habe, als wäre sie von Wachs gewesen, und daß es eine wunderbare Quelle geben soll, die beide Apostel haben entspringen lassen. Unser Führer fügte aber nicht ohne Bedauern hinzu, daß beides den andächtigen Pilgern nicht zum Küssen dargeboten werden könne, da der Zugang durch die Bauten, die man ringsum errichtet habe, beschädigt und verschüttet worden sei, so daß man nicht mehr hinabsteigen kann. Außen steht diese Inschrift:

In honorem Dei ...

Es ist unbestritten, daß die Kirche St. Peter im Vatikan nicht nur die Hauptkirche Roms, sondern gewiß auch der ganzen Welt ist; die Römer stehen daher nicht an zu behaupten, daß sie selbst den wunderbaren Tempel Salomons bei weitem übertreffe, den man für einen Abklatsch, ja für einen bloßen Schatten der Peterskirche hält. Innen wie außen erblickt man überall nur Pracht, Größe, außerordentliche Schönheit und eine eindrucksvolle Baukunst, so daß sich das wißbegierige Auge gar nicht sättigen kann, wie lange es auch immer schauen mag. Den Namen »Vatikan« will man davon herleiten, daß es dort einst ein Götzenbild gegeben habe, bei dem man sich Rat zu holen pflegte und dessen Antworten lateinisch »vaticinia« hießen. Zunächst will ich aber von dem großen Platz vor der Kirche sprechen, der mit seiner kostbaren Kolonnade, die ihn umschließt und die der Cav. Giov. Lorenzo Bernini entworfen hat, einer der besten von ganz Rom ist. In vier Reihen sind insgesamt 296 weiße Marmorsäulen angeordnet, auf denen 140 Statuen aus demselben Stein stehen. Die Tiefe der Säulenreihen beträgt 30 Schritt und ihre Höhe eineinhalb Stockwerke; sie sind mit Blei gedeckt und tragen ringsum eine fortlaufende Galerie. Alle diese bewundernswerten Dinge befinden sich jedoch in einem unbeschreiblichen Zustand. Die Kolonnade scheint als öffentliche Kloake zu gelten, so schmutzig ist sie, und man kann sie folglich gar nicht betreten, weshalb man ihr weniger Aufmerksamkeit schenkt, als sie ihrer Schönheit wegen verdienen würde. Unter der Oberaufsicht Sergardis, des Bauleiters der Basilika, ist dieser Platz neuerdings durch eine Pflasterung aus viereckigen Travertinsteinen verschönert worden. Da der Platz sehr weitläufig ist, muß ich wohl zuerst auf seine äußeren Maße eingehen, damit Sie sich eine Vorstellung davon machen können: von der Kirche bis zur großen Treppe sind es 100 Schritt, von dort bis zur Kolonnade 150, dann bis zum Obelisken noch einmal 100 Schritt und schließlich bis ans Ende weitere 100. Die Breite beträgt 300 Schritt. In der Mitte des Platzes erhebt sich der eben erwähnte Obelisk, den man unter unbeschreiblichen Mühen aufgerichtet hat, wie ich an anderer Stelle schon erwähnt habe, und der im Altertum die Asche Julius Cäsars enthielt. Sixtus V. hat ihn unter hohen Kosten und großen Mühen vom Circus des Nero zu diesem Platz bringen und mittels einer vortrefflichen Maschine, die der Baumeister Cav. Domenico Fontana erfunden hatte, auf die vergoldeten Bronzelöwen setzen lassen. Ohne den Sockel ist dieser Obelisk 80 Fuß hoch. In das Kreuz an der Spitze hat besagter Papst Holz vom Kreuz Christi einschließen lassen und jedem, der diesem mit drei Vaterunsern und drei Ave-Maria huldigt, einen zehnjährigen Ablaß versprochen. Die Inschriften, die von oben nach unten auf dem Obelisken eingemeißelt sind, finden sich alle in ›Roma antica e moderna‹. Zu beiden Seiten des Obelisken ließ Paul V. zwei Brunnen setzen, die zum Staunen der Betrachter unablässig einen mannsdicken Wasserstrahl herabregnen lassen. Außerdem gibt es dort auch zwei ziemlich gute Statuen, die schöne Zierden dieses reizvollen Platzes darstellen, den man nur bewundern kann und der die Wißbegierigen auf den Anblick unendlich schöner Dinge vorbereitet. Die prachtvoll gestaltete Vorderfront der Vatikankirche ist durch Paul V. mit einem herrlichen Portikus ausgestattet worden, von dem aus am Gründonnerstag die Bulle ›In coena Domini etc.‹ verlesen und dem Volk der übliche Segen gespendet wird. Oben auf dem Portikus sind die Statuen unseres Herrn und seiner Apostel angebracht; darunter steht in großen Lettern geschrieben, in welchem Jahr der Portikus errichtet und unter welchem Papst er fertiggestellt wurde:

In honorem principis ...

Unter diesem Portikus erblickt man an den Seitenwänden zwei Reiterstatuen; die eine stellt Karl den Großen dar und trägt folgende Inschrift:

Romanae Ecclesiae Vindici An. Jub. 1727.

Sie ist ein Werk des Florentiners Cav. Agostino Cornacchini; die andere Statue stellt Konstantin den Großen dar und stammt vom Cav. Bernini. Eines der fünf Tore ist die Heilige Pforte, die zum Jubeljahr vom Papst feierlich geöffnet wird, gegenwärtig jedoch vermauert ist; insgesamt gibt es vier Pforten, die man im Hl. Jahr, das alle 25 Jahre begangen wird, aufzusuchen pflegt. Über der Hl. Pforte von St. Peter steht folgendes:

Benedictus XIII. ...

Es ist wahrlich schwierig, ja unmöglich für mich, Ihnen mitzuteilen, was ich empfand, als ich meinen Fuß zum ersten Mal in den Petersdom setzte, der nicht nur außerordentlich groß ist, sondern überall Pracht und Herrlichkeit ausstrahlt, so daß ich eine Weile lang vor Staunen ganz starr war. Ich will mich aber bemühen, Ihnen wenigstens eine zufriedenstellende Beschreibung zu geben, auch wenn ich Ihrem schönen Geist damit nicht ganz Genüge tun kann.

Das erste, was mir im Inneren der Kirche in die Augen fiel, waren zwei marmorne Weihwasserbecken von unvergleichlicher Kunst, die so groß sind, daß man sich darin baden könnte. Die Muschel respektive das Becken ist aus gelbem Marmor gemacht, der Deckel aus schwarzem, und die Engel, die das Becken halten, ja tragen, sind aus weißem Marmor. Zwei Reihen mächtiger Pfeiler, die alle aus Marmor zu sein scheinen, stützen das Kirchengewölbe. An einem davon fand ich einen viereckigen Stein mit folgender Inschrift:

Super isto ...

Hinter diesen Pfeilern erblickt man zu beiden Seiten des riesigen Gotteshauses zahlreiche prachtvoll verzierte Seitenaltäre. Besondere Aufmerksamkeit verdienen die großen Mosaiken, die erst jüngst angebracht worden sind; sie sehen aus, als handelte es sich bei ihnen um Ölgemälde aus der Hand der vortrefflichsten Meister. In der Kapelle des Hl. Sakraments bewunderte ich einen schönen Tabernakel aus Lapislazuli und vergoldeter Bronze, dem zwei Engel aus demselben Material zur Seite stehen; der Entwurf dazu stammt von Bernini. Der Papst pflegt dort die Messe zu lesen, und wenn das Wesentliche des Gottesdienstes tatsächlich nur im Reichtum der Verzierungen bestehen würde, dann wären die in dieser Kapelle dargebrachten Opfer Gott sicherlich die wohlgefälligsten. Aus vielerlei Gründen ist der Hauptaltar besonders bemerkenswert. Er befindet sich ungefähr in der Mitte der weiten Basilika und besitzt vier große, prachtvoll gewundene metallene Säulen, die reich vergoldet sind und auf ihren Marmorsockeln das Wappen des besagten Papstes führen. Oben auf dem Altar tragen vier Engel einen edlen Baldachin mitsamt einigen Putten, die teilweise vergoldet sind, so daß das Ganze eher einem prachtvollen Triumphbogen ähnlich sieht. Dieses kostbare Gebilde geht auf einen Entwurf des Cav. Bernini zurück. Ungewöhnlich ist daran, daß sich der Priester nicht umdrehen muß, wenn er während der Messe die Worte »Dominus vobiscum« spricht; er kann nämlich von jedermann ringsumher gesehen werden.

An dieser Stelle steigt man auch in die alte Peterskirche hinab, die genau unterhalb der neuen liegt; sie soll schon vom hl. Cletus, dem zweiten Papst nach dem hl. Petrus, errichtet worden sein. Das kleine Kirchlein wurde später von Caius und Nero zerstört, als diese dort einen Platz für ihre Spiele anlegen ließen und den Obelisken aufstellten, der nun inmitten des Kirchenvorplatzes steht. Nachdem Konstantin der Große den christlichen Glauben angenommen hatte, ließ er diese Kirche wiederaufbauen und stattete sie mit großen Pfründen aus. Obwohl sie weder so groß noch so prachtvoll ist wie die neue Kirche, besitzt sie dennoch zwei Reihen gewundener Säulen, die aus dem

Tempel Salomons in Jerusalem stammen sollen. Einst besaß dieses Kirchlein einen reichen Schatz von Gold und Silber, der in juwelenbesetzten Kruzifixen, Kerzenleuchtern, Kelchen und Lampen bestand, aber die Niedertracht böser Menschen hat alles aufgezehrt. Heute verwahrt man dort die sterblichen Überreste von Heiligen, und auch zahlreiche Päpste und andere hohe Persönlichkeiten sind an diesem Ort beigesetzt. Namentlich stieß ich auf das Grab der berühmten Gräfin Mathilde mit ihrer vom Cav. Bernini entworfenen Statue, an der ich die folgenden Worte lesen konnte:

Fragmentum donationis ...

Auch der Leib einer englischen Königin ruht dort; es heißt dabei:

Maria Clementina Regina Britanniae 1735 d. 18. Gen.

Ferner befinden sich in dieser Kirche die halben Leiber der Apostel Petrus und Paulus und dazu der Stein, auf dem sie Papst Silvester geteilt hat, um die anderen Hälften der Kirche S. Paolo zu übergeben. Das Betreten dieses unterirdischen Ortes ist der mehr als 100 Lampen wegen, die unablässig brennen, überaus reizvoll. Eine Inschrift verwehrt jedoch dem weiblichen Geschlecht den Zutritt zu dieser Kirche, einen einzigen Tag im Jahr, nämlich den Pfingstmontag, ausgenommen, an dem allerdings kein Mann die Kirche betreten darf:

Huc mulieribus ...

Anschließend kehrte ich in die neue Kirche zurück, wo ich rechter Hand an einem Pfeiler die Bronzestatue des hl. Petrus fand, die man aus einer Statue des Jupiter Ammon gebildet hat. Jeder Katholik, der daran vorbeikommt, küßt ihr den Fuß, und es ist schon merkwürdig anzusehen, wie dieser Fuß vom allzu vielen Küssen seine Farbe verändert hat und ganz weiß geworden ist.

Unter den Bogengängen erblickt man das Epitaph für Gregor XIII., das folgende Inschrift trägt:

Gregorio XIII. ...

In dieser Kirche können alle Nationen der katholischen Welt in ihrer jeweiligen Muttersprache beichten. Pius V. hat dies eingerichtet, und so steht an den Beichtstühlen in vergoldeten Buchstaben zu lesen, wohin sich der reuige Sünder spanischer, englischer, polnischer, illyrischer, flämischer, deutscher oder ungarischer Sprache wenden muß. Hier habe ich einen eigenartigen Brauch beobachtet: die Jesuitenpatres, die in ihren Beichtstühlen sitzen, berühren nämlich mit langen Stäben die Köpfe der Vorübergehenden, während diese einen Augenblick lang vor dem Beichtstuhl niederknien; als ich nach dem Grund hierfür fragte, antwortete man mir, daß auf diese Weise diejenigen absolviert würden, die nur lässliche und geringfügige Sünden begangen hätten. Ich komme nun zum Chor dieser Basilika, der aller Aufmerksamkeit wert ist. Man findet dort namentlich das Grabmal Alexanders VIII., auf dem es heißt:

> Patruo magno ...

und das Grab von Alessandro Chigi P.M. Auch das Grab von Clemens X. ist zu sehen, ebenso dasjenige von Alessandro Farnese, das zweier Statuen wegen berühmt ist, die die Jugend und das Alter darstellen. Erstere ist um die Hüften mit Bronze bedeckt, weil sich einmal einige Spanier in sie verliebten und großes Ärgernis verursachten, als sie an ihr die Spuren ihres schändlichen Tuns zurückließen. Wenn dies nicht bloß ein Märchen, sondern in unseren Tagen tatsächlich geschehen sein sollte, dann haben diese abscheulichen Gotteslästerer den Athener Amikleos nachgeahmt, der sich in eine Statue der Venus verliebte und auf ihr die Zeichen seiner Geilheit zurückließ. Hätte sich der Klerus dieses Frevels wegen an die Justiz gewandt, dann hätten sich die Spanier vor dem Richter in derselben Weise verteidigen können wie jener Amikleos, was uns der edle Loredano in seinen ›Bizzarrie Academiche‹, Teil 1, in seiner gewohnten Art, also höchst anmutig, erzählt.

Im hintersten Teil der Kirche, in der Mitte des Chors, erblickt man die prunkvolle und kostbare Cattedra des hl. Petrus, ein Werk, dessen kunstvolle Schnitzereien die Sinne in Entzücken versetzen. Man rühmt sich, tatsächlich das schlichte Gerät zu besitzen, auf dem dieser Heilige gepredigt hat. Diese Cattedra hängt gleichsam in der Luft und ist derart mit Bronze verkleidet, daß man von ihr gar nichts mehr zu sehen bekommt. Zudem ist sie von so vielen Marmorfiguren und anderem Zierat umgeben, daß man sie sich auf Drucken ansehen muß, um sich eine angemessene Vorstellung von der Pracht machen zu können, die sie jetzt in den Händen der Nachfolger Petri besitzt, die in ihrer Einbildung leben und diese allen anderen Menschen einflößen, weil die Welt ja betrogen sein will. Über diese Cattedra kann man in den Briefen über den Kometen von S. Heyn eine schöne Bemerkung lesen.

Bevor ich mit meiner Beschreibung dieses einzigartigen Gotteshauses zum Ende komme, bleibt mir zu erwähnen, daß die allerorts aufgestellten Marmorstatuen zahlloser Heiliger die Pracht des Ganzen noch steigern. Und wer könnte all die Freskomalereien aufzählen, die erlesenen Ölgemälde, die kostbaren Verzierungen aus Gold und Silber, die herrlichen Mosaiken der vielen Altäre und die unfaßlich vielen anderen Werke der Bildhauerei und Baukunst, die es dort zu bewundern gibt?

Hier schließlich noch der Beleg für die Größe der Kirche, die ich ausgemessen habe. Ich habe sie 580 römische Spannen lang und 240 Spannen breit gefunden, die Mauern nicht eingerechnet.

Wißbegierige Besucher versäumen es nicht, auf das Dach der Kirche, ja sogar in die Kuppel selbst zu steigen. Die erste Treppe mit 300 Stufen führt zur Galerie hinauf, wo die Statuen der zwölf Apostel und unseres Herrn stehen. Dann steigt man über weitere 300 Stufen von gewöhnlicher Breite zur Kuppel empor, deren Galerie, von der aus man einen wundervollen Rundblick genießt, einen Umfang von 66 Schritt hat; anschließend gelangt man über 20 schmale und 50 noch schmälere Stufen, auf denen jeder Schritt mühsam ist, und endlich über 18 Eisenstufen in den Knauf respektive in die Kugel, die einen Durchmesser von zwölf Spannen hat, so daß man sich leicht ausrechnen kann, wieviele Personen dort oben ohne Mühe Platz finden.

Nach diesem geistlichen Bericht gehe ich nun über zur Beschreibung des Vatikanpalastes und seiner Gärten, die voller Kostbarkeiten sind. Sixtus V. hat mit der Umgestaltung begonnen, Clemens VII. hat sie fortgeführt und Paul V. vollendet. Dieser ließ Zimmer und Wohnungen für alle Beamten der päpstlichen Kanzlei einrichten und die ganze alte Kirche abreißen, aber es geschah alles mit Sinn und Verstand. Unter Sixtus V. wurde die große Kuppel geschlossen und unter Clemens VII. der Fußboden aus buntgesprenkelten Steinen gelegt. An der Fassade des Gebäudes, durch das man in die verschiedenen Innenhöfe gelangt, stehen folgende Worte zu lesen, die Zeugnis dafür ablegen, wie sehr Papst Alexander Sorge trug, seine Gläubiger in Sicherheit zu wiegen:

Alexander VII. P.M. ...

Die erste Statue, die man erblickt, befindet sich neben einem Brunnen, sie ist aus weißem Marmor und stellt die schlafende Kleopatra dar. Ihre Kleider respektive Gewänder sind wundervoll gearbeitet, und es finden sich zu ihrem Lob zwei Inschriften in Versen, deren erste folgendermaßen lautet:

Baltasaris Castellionis ...

Darunter stehen die folgenden italienischen Verse:

Sopra la Cleopatra ...

Diesen gegenüber heißt es:

Augustini Favoriti ...

Anschließend kommt man zu einem marmornen Rumpf, der für einen Herkules gilt; er wird von einem eisernen Gitter umgeben, und die Maler, die ihn häufig abzeichnen, schätzen ihn sehr. Von dort tritt man in einen winzigen Innenhof voller schöner Dinge aus alter und neuer Zeit. In den Winkeln dieses Hofes stehen vier große Marmorstatuen, von denen die Künstler gerne Zeichnungen anfertigen. Einige waren auch tatsächlich gerade dabei, ihr Können durch das Abschatten zu verbessern. In die

Mauer sind zwölf große Köpfe eingelassen, die aus dem Pantheon stammen. Einst haben durch sie die Priester gesprochen, damit man glauben sollte, die Götzen selbst würden reden. Daneben fand ich eine unvollständige Inschrift:

>Divo Nerva ...

Ferner stößt man auf einige Sockel von Altarsäulen aus dem Pantheon sowie auf ein riesiges Becken aus Porphyr.

Unter allen Bibliotheken Europas sind meines Erachtens die beiden folgenden die größten und wertvollsten, die man nie genug loben kann: die Seiner Kaiserlichen Majestät in Wien und die Vatikanische. Letztere ist nach dem Ort benannt, an dem sie untergebracht ist. Zuerst befand sie sich in S. Giovanni in Laterano und wurde dann gemeinsam mit dem Sitz des Papstes verlegt; heute ist sie auf mehrere Säle verteilt, von denen der erste über 300 Schritt lang und ungefähr 70 Schritt breit ist.

Wenn man diese Bibliothek betritt, bekommt man zunächst kein einziges Buch zu sehen, da diese in zahlreiche mannshohe Schränke eingeschlossen sind. Um der Wahrheit die Ehre zu geben: die Bibliothek ist zwar reizvoll und wohlgeordnet und erfreut darüber hinaus auch das Auge, aber wenn man sich mit dem bloßen Anblick der Schränke nicht abspeisen lassen will, dann macht sie wenig Freude. Es hängt nämlich ganz von der Laune des Bibliothekars respektive Aufsehers ab, ob er so gnädig ist, ein Büchlein herzuzeigen oder nicht. Dieser Aufseher lief nun von einem Saal in den anderen, und wir mußten ihn lange bitten, bis er sich endlich dazu bewegen ließ, uns einige Schränke zu öffnen. Im ersten Saal, der noch vor der eigentlichen Bibliothek liegt, hängen die Bildnisse verschiedener Kardinäle; er steht denen zur Verfügung, die irgendein Buch aus der umfangreichen Sammlung lesen wollen. Dort findet man auch zwei lange Inschriften, die, obschon nicht fehlerfrei, bei Nemeitz nachzulesen sind. Wenn man dann in den großen Saal tritt, der von sechs starken Pfeilern getragen wird, so erblickt man linker Hand eine Marmorstatue mit folgender Inschrift:

>Statua Hippoliti ...

Nun folgt, was wir dank der Höflichkeit des derzeitigen Aufsehers im einzelnen zu sehen bekamen: zwei Exemplare des Vergil auf Pergament aus der Zeit Konstantins. Eine Terenz-Handschrift mit Darstellungen der Masken, wie sie in der damaligen Komödie üblich waren. Einen handschriftlichen Kodex der vier Evangelisten, bei dem sämtliche Anfangsbuchstaben vergoldet sind. Ein Meßbuch mit Miniaturen eines gewissen Pater Giulio Clovio, eine ausgezeichnete Arbeit auf Pergament, und ein weiteres Meßbuch, das nicht weniger kostbar ist.

Einen Torquato Tasso, den man der schönen Schrift wegen dort aufbewahrt. Homilien oder Predigten für die vom Papst feierlich zelebrierten Messen. Dann ›Henrici VIII Angliac regis assertio septem sacramentorum contra Luterum edita ab invictissimo rege‹ etc., denen dieser König folgendes Distichon angefügt hat:

> Anglorum Rex ...

Einen Theodosianischen Kodex auf Pergament. Eine Heilige Schrift in samaritanischer Sprache. Eine von Luther geschriebene Predigt in deutscher Sprache. Einen Heidelberger Katechismus. Eine zu Luthers Zeit entstandene Bibel, die sogar von seiner Hand sein soll, was aber nicht zutrifft; an ihren Schluß sind folgende deutsche Verse angefügt:

> O Gott durch deine Güte
> Beschere uns Küttel u. Hüte
> Menteln und Röcke
> Geisse und Böcke
> Schafe und Rinder
> Viel Frauen und wenig Kinder
> Explicit durch die Bank
> Schmale Dienst machent einem das Jahr lang.

Plinii ›Historia Natur.‹, eine Handschrift voller Miniaturen und überaus vortreffliche Arbeit. Die Geschichte von Federico Montefeltro, des Herzogs von Urbino, und derlei Dinge mehr, mit deren Aufzählung ich Ihnen nicht länger zur Last fallen möchte. Es gefiel dem besagten Aufseher, uns da und dort noch andere Schränke zu öffnen, wenn wir ihn darum baten; wir fanden sie zwar alle voller Bücher, aber man darf wohl vermuten, daß nicht jeder gleich gut bestückt ist. Die Wände dieses Saales sind mit schönen Fresken von Arrigo Fiammingo geschmückt, die 17 allgemeine Konzilien darstellen; die Inschriften darunter geben jeweils den Gegenstand dieser Konzilien an. Auch eine Säule aus Alabastro orientale, die von unvergleichlicher Kunstfertigkeit zeugt, ist dort zu sehen; desgleichen der Sarkophag eines römischen Konsuls mit folgender Inschrift:

Clem. XI. P.M. ...

Während ich diese Räume durchschritt, habe ich jeweils trotz aller Hast die Schränke gezählt. In der eigentlichen Vaticana, also im großen Saal, fand ich 112; 33 in der Palatina, die Leone Allacci während der inneren Zerrüttungen in Deutschland nach Rom gebracht hat, wie den folgenden Worten zu entnehmen ist:

Urbanus VIII. P.M. ...

Dann in der Bibliothek von Urbino 30 Schränke. In der alten Vaticana 22. In der Pauls V. 30. In der Alexandrinischen Bibliothek 32, und in der von Clemens XII. zählte ich 38 Schränke. Es sind also unter dem Sammelnamen Vatikanische Bibliothek alle diese einzelnen Bibliotheken zusammengefaßt. Was die Anzahl der Schränke angeht, so möchte ich meine Berechnung aber nicht für unfehlbar ausgeben, da die Besichtigung in gar zu großer Eile stattfinden mußte, obwohl dieser Ort aller nur erdenklichen Aufmerksamkeit würdig gewesen wäre.

Nun folgt der Besuch des Belvedere, das seinen Namen von der schönen Lage hat; wenn dem Papst danach ist, kann er die schöne Aussicht genießen und frische Luft schnappen. Ich sah dort ein Modell der Peterskirche und den Stuhl ebendieses Heiligen, wie uns die Inschrift lehrt:

Theca quam ...

Bei Gott, bei dieser Cattedra, von der diese eine Nachbildung ist, handelt es sich wohl eher um eine Erfindung als um das echte Ding, da nirgendwo eine verläßliche Nachricht zu finden ist, daß sich der Apostel Petrus einer so außergewöhnlichen Kanzel bedient habe. Aber auch unterstellt, sie sei echt – ist es nicht eigenartig, daß sie die Unfehlbarkeit verleihen kann? Ich möchte wirklich gerne wissen, ob man es seit Anbeginn der Welt je erlebt hat, daß ein einfältiger und törichter Mensch (Sie mögen mir diesen Vergleich nachsehen) dadurch klug und weise geworden wäre, daß er sich auf den Stuhl einer geistvollen und hochgelehrten Persönlichkeit gesetzt hat. Im Belvedere konnte ich zum ersten Mal beobachten, wie man nach dem Tod eines Papstes sein Wappen entfernt, um das des neuen anbringen zu können. Dann kommt man in die aus drei Sälen bestehende päpstliche Galerie. Im ersten Saal, der 45 Schritt lang ist, stehen Büsten und Statuen, darunter die Büsten des M. Varro und des Königs Ptolemaios Soter, des Gründers der einzigartigen Bibliothek von Alexandria in Ägypten. Diese war die prachtvollste und herrlichste Bibliothek der ganzen Welt, und zwar sowohl hinsichtlich der großen Zahl der Bücher als auch wegen der darunter befindlichen vollständigen Heiligen Schrift in der Fassung der 70 Übersetzer; Soldaten Cäsars haben sie in Brand gesteckt und zerstört. In jenem Saal befinden sich auch die Büste des Mercurius respektive Hermes sacer grammaticus, ein großer Globus und einige antike Grabbeigaben. Desgleichen zahlreiche Chiaroscuro-Zeichnungen großer Meister. Im zweiten Saal, der 80 Schritt lang ist, fand ich 16 vortreffliche Handzeichnungen und zu beiden Seiten der Tür zwei Katheder, auf denen die folgenden Worte standen:

Cathedra Antiochena ...

Auf dem anderen hieß es:

Thronus Alexandrinus ...

Der dritte Saal von 210 Schritt macht die eigentliche Galerie aus, die außerordentlich schön ist. Damit Sie sich eine ungefähre Vorstellung davon machen können: die Decke ist mit Fresken bemalt, an den Wänden hängen riesige gemalte Landkarten von Apulien, Sizilien, Sardinien, Korsika, dem Ager Anconitanus, Picenum, Kalabrien, Urbini ducatus. Auf einer davon steht:

S.P.Q.R. Sanctio ...

Auf eben dieser Karte (insgesamt handelt es sich um 34) waren peinlich genau die Konsularstraßen eingezeichnet: die Flaminia, die C. Flaminius als Konsul pflastern ließ und die vom Kapitol durch die Porta del Popolo nach Castellana, Imola, Faenza und Forlì führte; die Via Aemilia über Torre di Caracalla, Cesena, Savignano, S. Vito und Rimini. Dort begann erneut die Strada Flaminia und führte nach Riccione und Cattolica. Wenn es mir nicht an der Zeit gefehlt hätte, dann hätte ich gewiß alles abgeschrieben. Eine andere Landkarte zeigt den Hafen des alten Rom zur Zeit des Kaisers Claudius sowie den unter Gregor XIII. Nun komme ich zu den Räumen und Wohnungen, in denen der Papst den Winter verbringt und die ziemlich klein und nur mittelmäßig ausgeschmückt sind. In einem dieser Räume kann man ein Marienbild sehen, das mit großer Kunst auf Alabaster gemalt ist. Das Audienzzimmer ist mit goldbordiertem, rotem Samt ausgekleidet. Vier weitere Räume weisen ausgezeichnete Fresken auf; diese sind so schön, daß der französische König Mitglieder seiner in Rom eingerichteten Maler- und Bildhauerakademie damit beauftragt hat, von allen Kopien anzufertigen. In einem Zimmer zeigte man mir die Aussteuer, mit der der neue Papst beschenkt wird. Der Kuriosität halber will ich hier das Wichtigste aufzählen: zwölf Paar Socken; zwei Meßgewänder; sechs Hemden; 24 Taschentücher; fünf Hauben; vier Käppchen; drei Krägen; drei Paar Manschetten; vier Chorhemden; drei Hauswesten aus weißem Damast; ein Batisthemd mit feinen Spitzen; drei Pelze; fünf Hemdkrägen; drei weitere Hemden; drei Paar Strümpfe; sechs verschiedene Käppchen; zwei Bavarolen; vier Leibchen aus weißem Taft; sechs Bettücher; drei Mäntel; vier Hosen aus weißem Damast; sechs Unterhosen; zwölf einfache Taschentücher; vier Truhen; einen Korb, um das Essen an den Tisch zu tragen. Um die Beschreibung dieser Ausstattung abzuschließen: ein Tisch, ein Hut, zwei Schirme, sechs Koffer und dergleichen mehr.

Wer aber würde an diesem Ort ein Arsenal vermuten, wo doch die unfehlbare Heiligkeit Schutz und Schirm gegen jeden Angriff sein sollte? Und dennoch gibt es eines, das man sich unbedingt ansehen muß. Zwei Säle, der eine 100, der andere 225 Schritt lang, sind voll von Kriegswaffen aller Art. Da ich jedoch kein Mann des Schwertes bin, überlasse ich den genaueren Bericht den Männern vom Fach und will nur erwähnen, daß man in diesem Arsenal Waffen für 40000 Mann bereithält und daß es genau unterhalb der Bibliothek liegt, wo es auf Befehl Urbans VIII. seit 1625 untergebracht ist. Über den Eingang hat er die folgenden treffenden Worte setzen lassen:

    Subiecit arma litteris.

Ich begab mich dann in den Garten des Vatikan und besichtigte dort die Laubengänge und den künstlichen Wasserfall, aber es ist alles ein wenig verfallen. Vom Casino, das Papst Paul IV. hat bauen lassen, stammt folgende Inschrift:

    Pius IV. Medices ...

Dann ging ich in den gegenüberliegenden Blumengarten, wo ich das alte Bronzemonument fand, das die Gestalt eines Pinienzapfens hat und einst, wie es heißt, zum Grabmal Kaiser Hadrians gehörte. Es soll entweder als Behältnis für seine Asche oder als Schmuck für die Spitze des Mausoleums gedient haben. Bei diesem Pinienzapfen befanden sich einst auch Delphine und Pfauen aus Metall, die heute jedoch fehlen; man nimmt von ihnen an, daß sie das Grab des Scipio Africanus geschmückt haben, dessen Bronzestatue sich zusammen mit einem Pfau aus ebendiesem Material gleichfalls an jenem Ort befindet. Am hinteren Teil dieses weitläufigen Palastes las ich schließlich an einem Hauseck die folgenden Worte, deren Sinn ganz offensichtlich ist:

    Alexan. VII. P. M. monetariam officinam etc.
    (Das Weitere vgl. S. 246)

Um nun Ihre Geduld, mit der Sie dieses unbedeutende, aber von Ehrerbietung gegen Sie erfüllte Schreiben gelesen haben, nicht länger zu mißbrauchen, will ich hier innehalten. Ich versichere Ihnen, daß ich meinen Bericht, den Sie schon so oft Ihrer Aufmerksamkeit gewürdigt haben, bald fortsetzen werde, und bin auf immer

E.H.
hochachtungsvollster Diener.
N.N.

## XXXI. Brief

Rom, am 26. April 1740

> Farnesischer Stier. Verbrannte Pasquinade. Theologische Disputation in S. Pantaleo. Pater Boscovich, der berühmte Mathematiker. Kirche S. Pietro in Montorio. Oratorium von SS. Trinità. S. Nicola in Carcere. Monte Tarpeo. Casa Porcia. Kirche Madonna della Vittoria. Bäder des Diokletian. Kirche S. Maria degli Angeli. Kapitol. Kirche S. Sebastiano fuori di Roma. Circus Maximus. Caracalla-Circus. Wäldchen des Mars. Grab der C. Metella. Kirchen S. Susanna; S. Bernardo; S. Andrea; S.M. di Loreto. Piazza di S. Marco. Palazzo Mattei. Kirche S. Trinità. Marcellus-Theater. Griechische Kirche; S. Maria in Cosmedin; S. Paolo; S. Pietro e Paolo. Grabmal des Gaius Cestius. Diana-Tempel. Griechische Kirche S. Teodoro. Feierlichkeiten in der Karwoche.

Es läßt sich nicht leugnen, daß es in Rom noch unendlich viele antike und sehenswerte Dinge gibt, auf die ich bisher nicht eingegangen bin; die Aufmerksamkeit, die ich Ihnen schulde, verlangt deshalb, daß ich nun von der Statue des Stiers berichte, die man im Palazzo Farnese sieht. Sie ist in den Thermen des Kaisers Antoninus Caracalla gefunden und dann an besagten

Ort in Rom gebracht worden, wo für sie eigens ein Holzverschlag errichtet wurde. Wer ihr Meister ist, ist nicht bekannt, es sei denn, man will Apollonios und Tauriskos dafür halten, die beide vortreffliche Künstler waren. Wohlbekannt ist hingegen die dargestellte Geschichte, da es sich um die Sage von Zethos, Amphion und der unglücklichen Dirke handelt, die mit ihren Locken an die Hörner eines rasenden und von Hunden gehetzten Stieres gebunden ist, den zwei Männer an einem Strick halten. Die ganze Gruppe besteht aus einem einzigen Stück weißen Marmors und ist ein wenig beschädigt, befindet sich sonst aber in einem guten Zustand. Man hält dieses Werk des Altertums für so vortrefflich, daß fremde Reisende allein ihretwegen nach Rom kommen müßten, selbst wenn es sonst nichts zu sehen gäbe. In besagtem Palast, dessen Bau Paul III. begonnen hat, findet man auch noch weitere sehr schöne Statuen, die gewiß der Besichtigung würdig sind: nämlich eine Agrippina, eine Statue des Marc Aurel und viele andere mehr.

Heute morgen wurde ein Urteil des Strafgerichts vollzogen. Man verbrannte nämlich eine Schmähschrift, die dem kürzlich verstorbenen Kardinal Davia vorwarf, mit den Jansenisten im Briefwechsel gestanden und, schlimmer noch, ihre Lehre gutgeheißen zu haben. Als aber die Inquisition eine Untersuchung darüber anstellte, wurde seine Unschuld aufgedeckt; man konnte sogar beweisen, daß der Kardinal zur fraglichen Zeit gar nicht mehr schreiben konnte, weil er bereits im Todeskampf gelegen hatte. Es wurde daher angeordnet, daß das Buch durch Henkershand dem Vulkan zu opfern sei, und auf diese Weise ist der gute Ruf Seiner Eminenz nach dem Tode wiederhergestellt worden.

Man hatte mich darauf aufmerksam gemacht, daß in der Kirche S. Pantaleo eine theologische Disputation stattfände. Ich ging also gestern dorthin und fand das Kircheninnere einem solchen Ereignis gemäß geschmückt und mit Zuhörern gefüllt. Man überreichte mir ein Exemplar der gedruckten Thesen aus der Universaltheologie, die es zu erörtern galt; der Landessitte entsprechend bekam ich auch einen hübschen Strauß frischer

Blumen, und ich nahm beides an. Ich sah das Heft mit den zwölf großformatigen Blättern durch und erblickte auf dem Titelblatt ein Kupfer mit dem Bildnis des Presbyterianerkardinals Riviera, dem der Verfasser Alessio, ein Ordensgeistlicher der Scuole Pie in S. Maria Maddalena, die Schrift gewidmet hatte; der Autor focht dann wacker für sie. In dreierlei Hinsicht war diese Disputation bemerkenswert, weil sie sich darin gänzlich von den Gepflogenheiten bei uns unterschied:

1) daß sie ohne Unterbrechung zwei Tage lang dauert: »per biduum propugnanda«;
2) daß sie zuvor nicht veröffentlicht wird: »incommunicato themate«;
3) daß es jedermann gestattet ist, Einwände vorzubringen: »data cuilibet singula impugnandi facultate«.

Eingangs meinte der Verfasser, er könne allen voran Luther den Kopf waschen; jeder Theologe bei uns zu Hause hätte freilich gute Gründe genug gefunden, um die dreist vorgetragenen Beweisgründe mit Nachdruck zu widerlegen. Luther wird hier wegen seines Begriffs und seiner Vorstellungen von der Kirche, vom Recht auf Einberufung allgemeiner Konzilien, von der Rechtfertigung und von den guten Werken nicht nur als das Oberhaupt der Ketzer angesehen, sondern ist wegen letzterem sogar vom Tridentinischen Konzil verdammt worden; hier nun die Ausführungen des Verfassers selbst:

Thesis CXXXVI Lutherum et Calvinum ...

Aber gemach! Wenn der Verfasser seine Blitze der Exkommunikation schleudert, ohne sich auf eine bessere Grundlage zu stützen als jenes Konzil, dann wird er mit seiner Absicht gewiß scheitern. Sagen Sie mir doch, wer uns die guten Taten eingibt! Ist das denn nicht der Heilige Geist und somit die Gnade Gottes? Wenn nun die Werke zwar in mir, aber nicht von mir, sondern von einem anderen ihren Ausgang nehmen, wäre es doch närrisch, dafür eine Belohnung zu beanspruchen; ich tue ja nur, was meine Pflicht war. Und selbst wenn wir zahllose gute Werke verrichtet hätten, würde uns der Hl. Apostel dennoch unnütze Knechte heißen. Um die Verdammung durch das Konzil und um die Exkommunikation bekümmern wir uns daher wenig. Der Mensch macht sich Gott gewiß wohlgefälliger, wenn er seine Unwürdigkeit eingesteht, und die ewige Glückseligkeit beruht allein auf der Wirkung der göttlichen Gnade.

Gestern hatte ich zudem noch die Absicht gehabt, nach dem Mittagessen dem berühmten Pater Rev. Ruggero Boscovich im Oratorium der Karmeliter einen Besuch abzustatten und damit die Bekanntschaft eines Mannes zu machen, der allgemein, insbesondere aber in der reinen, hohen Mathematik sowie in den mit ihr verwandten Wissenschaften eine so gründliche Gelehrsamkeit besitzt und zudem ein Herz hat, das den Fremden gern die Ehre gibt und eine Freude macht; durch den erlauchten Herrn Grafen von Seckendorff, den kaiserlichen General, der jetzt Staatsgefangener in der Zitadelle von Graz in der Steiermark ist, war ich an ihn empfohlen worden. Da ich ihn zu Hause nicht antraf, will ich ihn später noch einmal aufsuchen und diese würdevolle Persönlichkeit, die in der gelehrten Welt ziemlich bekannt ist, auch erst dann schildern.

Der Berg, auf dem sich die Kirche S. Pietro in Montorio befindet, hieß einst Ianiculum, weil dort ein Janus-Tempel stand; heute nennt man ihn jedoch Montorio oder Monte d'Oro. Die dortige Kirche ist klein und nur spärlich geschmückt; wenn man sie betritt, so erblickt man rechter Hand Christus an der Säule, ein Gemälde des hochberühmten venezianischen Malers Sebastiano del Piombo, und im Chor ein Fresko des Lucchese, das die Kreuzigung des Apostels Petrus und den Sturz des Simon Magus darstellt; dann am Hauptaltar eine hölzerne Tafel mit der Himmelfahrt unseres Herrn, ein Gemälde, das von dem vortrefflichen Raffaello d'Urbino stammt. Außerdem findet man dort ein Gemälde von Cormagio. Neben dieser Kirche steht an der Stelle, wo der hl. Petrus kopfüber gekreuzigt worden sein soll, eine Kapelle, und man zeigte mir sogar das Loch, in dem das Kreuz angeblich gesteckt hat. Am Seitenaltar spricht eine Inschrift vom König und der Königin von Spanien, den Stiftern dieser Kirche:

Apostoli Martyrio ...

Dann betraten wir das Oratorium der Compagnia della SS. Trinità, wo die Juden an jedem Sabbat eine Predigt aus dem Evangelium anhören müssen. Währenddessen ist es niemandem sonst erlaubt, diese Kirche zu besuchen, aber derzeit wird nicht mehr gepredigt, weil die Klugheit es gebietet, daß man während der Zeit, in der der päpstliche Stuhl vakant ist, alles unterläßt, was im Volk Aufruhr und Unruhe verursachen könnte. Obwohl die Absicht der Papisten gar nicht verächtlich ist, bringt sie dennoch keinen Nutzen, weil die verstockten Herzen nicht anders herauskommen, als sie hineingegangen sind. Es wird sogar behauptet, daß sie sich Pfropfen in die Ohren stecken, um sich gegen das Wort Gottes taub zu machen. Diese Predigt für die Juden ist anläßlich der Konversion eines Rabbiners eingeführt worden, den Papst Julius VII. auf den Namen Andrea del Monte getauft hatte. Dieser empfand soviel Mitleid für sein blindes Volk, daß er in einigen Kirchen Roms mit vieler Gelehrsamkeit und Geist zu predigen begann; da aber die Juden dessen nicht achteten, wurden sie unter Papst Gregor XIII. dazu gezwungen, an jedem Sabbat mit ihren Frauen und den Kindern, sofern diese über zwölf Jahre alt sind, in diese Kirche zu kommen, um das Wort Gottes zu vernehmen. Damit sie dabei nicht schlafen, sondern wach bleiben, werden diejenigen, die eingeschlafen sind, von einem Sbirren mit dem Stock angestoßen. Wenn die Predigt dann vorüber ist, schreibt der Sbirre die Säumigen auf, und diese werden jeweils zu einem Testone Strafe verurteilt, welchen man den Armen zuwendet.

Die Kirche S. Nicola in Carcere heißt so, weil die Heiden dort genauso wie bei S. Pietro in Carcere einen Kerker für die Missetäter hatten. Es gibt übrigens viele Kirchen, die dem hl. Nikolaus geweiht sind, und mir bleibt nur zu sagen, daß die Kirche S. Nicola in Carcere eine der ältesten ist. Ihre Apsis ist von Gentileschi ausgemalt, und der Altar des Sakraments stammt vom Cav. Baglioni. Appius Claudius, einer der Dezemvirn, ist an dieser Stelle getötet worden. Unweit davon erhebt sich der

Monte Tarpeo, der in alter Zeit auch »Rupes Tarpeia« oder »Saxum Tarpeium« genannt wurde. Es handelt sich dabei um einen Teil des Kapitolinischen Hügels, der im Altertum berüchtigt war, weil man von ihm die Schwerverbrecher und vor allem die Meineidigen hinabstürzte. Seinen Namen hat er von einer vestalischen Jungfrau namens Tarpeia, der Tochter des Tarpeius, welche die Burg auf dem Capitol »arcem Capitolinam«, die ihrem Vater anvertraut war, aus Geldgier an die Sabiner verriet. Vom Gipfel dieses Hügels wurden, wie ich schon sagte, diejenigen hinabgestürzt, die ein schweres Verbrechen begangen hatten; so erging es auch einem römischen Bürger, der Manlius hieß und dort einen Palast gebaut hatte, weshalb ihn die Römer verdächtigten, er wolle sich zum König machen. Heute ist dieser Hügel nahezu ganz mit schlechten Hütten bebaut und so wüst, daß er zur Ziegenweide geworden ist, weshalb man ihn auch Monte Caprino nennt. An einer alten Mauer fand ich diese Worte:

> Hinc ad ...

Dann folgen noch Namen von Kuratoren und die Jahreszahl 1582. Am Fuß des Felsens steht die Kirche S. Maria in Monte Caprino, die man für eine der ersten hält, die in Rom errichtet wurden.

Unter den alten Häusern ist das des Fürsten Porcius ziemlich berühmt; in seinem Palast findet man noch heute auf einem Basrelief die Abbildung eines Schweines, des Wappentieres dieser erlauchten Familie.

Ich komme nun zur Kirche Madonna della Vittoria, in der sich die höchst prunkvolle Kapelle des Kardinals Cornaro befindet; diese ist mit einem wahrhaft königlichen Aufwand errichtet worden und wird von den Statuen sechs weiterer Kardinäle aus diesem überaus vornehmen Haus verschönert; außerdem ist sie mit kostbarem farbigem Marmor geschmückt. Die Ausführung stammt ebenso wie der Entwurf vom Cav. Bernini. Am Brunnen an der Piazza habe ich die folgenden Worte kopiert:

Sixtus V. ...

Nun will ich auf die Thermen respektive die Bäder des Kaisers Diokletian zu sprechen kommen, an denen 40000 Christensklaven 14 Jahre lang arbeiten mußten. Als dann der Bau vollendet war, führte man diese Sklaven zu der Stelle, wo heute die Kirche S. Maria Scala Coeli steht, und dort erlitten sie den Märtyrertod. Heute ist dieses Bauwerk aber so sehr zerstört, daß man, bis auf wenige Ausnahmen, kaum mehr den Schatten seiner einstigen Pracht erkennen kann. Die durchwegs adeligen Kartäusermönche sind jetzt die Besitzer und haben darin ein schönes Kloster eingerichtet, in dem sich gelegentlich die Kardinäle versammeln, wenn sie ungestört bleiben wollen. Man kann dort wunderschöne Drucke der berühmten Kupferstecher G. Andrea Podestà, Etienne Baudet, Brun und Claudine Stella etc. sehen. Immerhin legen die riesigen Säulen und andere ansehnliche Überreste auch heute noch ein sehr gutes Zeugnis davon ab, was diese Thermen einst gewesen sind. Von Diokletian begonnen und von Konstantin vollendet, wurden sie mit folgender Widmung den Römern übergeben:

Constantinus et ...

In diesen Bädern soll sich einst die Bibliothek Ulpians befunden haben, in der die ›Libri Lintei‹ und die Elefantinen aufbewahrt wurden, worin alle Taten der Fürsten und des Senats festgehalten waren.

In der Kirche S. Maria degli Angeli befindet sich eine Mittagslinie von derselben Art wie in Bologna. Auf einer Bronzeplatte heißt es dort:

Frider. Christiani ...

Am Kopf der Linie steht:

L. 30 Linea ...

Diese Mittagslinie ist 75 Schritt lang. An einer anderen Stelle heißt es:

Maria Casimira ...

Die beiden Epitaphe für die vorzüglichen Maler Carlo Maratti und Salvator Rosa sind in diesem Gotteshaus der Beachtung wert. Des weiteren gibt es acht riesige Säulen, die jeweils aus einem einzigen Stück bestehen, und außerdem den Stein, auf dem diejenigen Christen, die den damals verehrten Göttern den Dienst verweigerten, den Märtyrertod erlitten.

Da unter den vielen Sehenswürdigkeiten Roms das Kapitol bei den auf das Altertum begierigen Besuchern immer schon besondere Wertschätzung genossen hat, will auch ich es mir nicht entgehen lassen, Ihnen meinen Bericht zu erstatten. Im Altertum hieß das Kapitol Tarpejischer Fels, der neuere Name leitet sich hingegen von dem Menschenhaupt oder -schädel her, den man dort einmal fand. Da auf dem Kapitol alles zerstört wurde, gibt es dort zwar nichts Altes mehr zu sehen, aber dafür sind drei prachtvolle Paläste gebaut worden. Ursprünglich mußte man von der Seite, wo der Bogen des Kaisers Septimius Severus steht, über eine Treppe von 100 Stufen zum Kapitol emporsteigen; es waren wohl auch nicht wenige Heiden, die diesen Weg der Frömmigkeit halber ebenso auf den Knien zurücklegten wie es heute die Katholiken tun, die diese Gepflogenheit übernommen haben. Es soll auch irgendwo geschrieben stehen, daß die beiden Kaiser Cäsar und Claudius diese Treppe nach einem Triumphzug auf den Knien emporgestiegen sind, um im Tempel des Kapitolinischen Jupiter ihre Dankgebete zu verrichten. Der heutige Aufstieg paßt gut zum Ganzen und besteht aus einer prachtvollen Treppe mit schiefen, abgerundeten Stufen und Balustraden; am unteren Ende befinden sich zwei Sphinxe oder Löwinnen aus Marmo d'Egitto, die als Brunnen dienen. Zu beiden Seiten dieser Treppe führen zwei Straßen ebenfalls auf die Höhe des Platzes empor; man hat sie erst neuerdings nach einem Entwurf Filippo Tettonis, des Architekten des römischen Volkes, erbaut, damit die Kutschen weniger Mühe haben. Dort oben hat man einen wunderschönen Blick über den größten Teil Roms und kann viele schöne Dinge besichtigen, insbesondere wundervolle Statuen und andere Altertümer. Hierzu gehört auch die Colonna Miliaria, das ungewöhnlichste Stück, das man auf dem Kapitol besitzt; sie trägt die folgende Inschrift:

S.P.Q.R. Columnam Milliariam ...

Diese von Augustus aufgestellte Säule hatte einst vor der Kirche S. Adriano gestanden; weil sie vergoldet war und in der Mitte der Stadt stand, nannte man sie die Goldene Meile. Von ihr aus wurde die Entfernung der anderen italienischen Städte gemessen, und es ließ sich daran die jeweilige Zahl der Meilen ablesen.

Oben steht in der Mitte des Platzes die Bronzefigur eines Reiters; sie stellt den Kaiser M. Aurel. Antoninus Pius dar und ist vom Vorplatz der Kirche S. Giovanni in Laterano dorthin versetzt worden. Papst Paul III. hat diesem Standbild durch Michelangelo einen prächtigen Sockel setzen lassen, an dessen einer Seite man folgendes lesen kann:

Imper. Caesari ...

Auf der anderen Seite heißt es:

Paulus III. Pont. Max. ...

Am oberen Ende besagter Treppe befinden sich die sogenannten Trophäen des Marius, die Statuen von Castor und Pollux mitsamt ihren Pferden sowie die Statuen von Konstantin dem Großen und seinem Sohn Konstantius Cäsar. Im Hof des Palastes zur Linken erblickt man die Statue des Marforio, die von manchen für einen Jupiter Panarius gehalten wird, von anderen hingegen für eine Darstellung des Flusses Nar, der an der Stadt Narni vorbeifließt, wobei sie aber die Buchstaben N und M vertauschen. Wieder andere leiten den Namen vom Mars her, Marteforte, wie sie sagen. Diese riesige liegende Marmorfigur, die nun ganz wiederhergestellt ist, ruht neben einem Brunnen; allein einer ihrer Finger ist schon zwei Spannen lang. Auch unter den Arkaden des Innenhofes findet man zahlreiche Kostbarkeiten, beispielsweise das Marmorgrab des Kaisers Alexander Severus, das sechs Fuß lang und ebenso breit ist und folgenden Spruch trägt:

S.P.Q.R. Monumenta ...

Der Fuß einer Kolossalstatue trägt diesen Vers:

> Quo pede nunc utor dubia est sententia nobis
>
> Ovid.

Dieser Fuß ist fünf Spannen lang. Ein Götzenbild aus schwarzem Marmo d'Egitto stellt die Sonne dar und ein anderes aus Granito orientale den Mond. Des weiteren die Marmorstatue des römischen Königs Persius, eine wundervolle Arbeit aus einem einzigen Stück. Eine Säule aus Alabastro orientale, das Gegenstück zu der in der Vatikanischen Bibliothek. Die Statue des Pan mit folgenden Worten:

> Pan rusticum olim numen ab situ ad mitiorem restituitur.

Wenn man die Treppe emporsteigt, erblickt man das in die Mauer eingelassene Haupt des Scipio Africanus, unter dem diese Inschrift steht:

Scipionem Africanum ...

Ein Basrelief zeigt Marc Aurel bei einer Rede an das Volk, so wie es in folgenden Worten heißt:

Marmoreae quas ...

Ein anderes Basrelief stellt Faustina dar, wie sie auf Engelsflügeln in den Himmel getragen und unter die Götter aufgenommen wird. Anschließend gelangt man in eine Galerie, in der sich die folgenden Kostbarkeiten befinden: eine trauernde Frau aus weißem Marmor mit einer Tränenurne in der Hand; Papst Sixtus V. in Bronze; eine Sibylle; ein Fechter; ein Herkules halb aus Bronze und halb aus Gold, der in der rechten Hand seine Keule und in der linken einen Apfel trägt; ein weiterer junger Herkules, bei dem diese Worte zu lesen sind:

S.P.Q.R. Signum ...

Dann stößt man auf verschiedene Büsten von Kaisern und Philosophen aus dem Altertum: Hadrian in Kriegsrüstung; ein weiterer vorgeblicher Krieger; ein Äskulap aus Nero antico; ein blitzeschleudernder Jupiter aus demselben Marmor; Plotina, die für ihre Tugend berühmte Gemahlin Trajans; Kaiser Augustus im Konsularsgewand; Apoll; Bacchus; eine Isis; sechs Büsten aus unterschiedlichem Marmor; zwei Statuen der Magna Mater respektive Kybele; Agrippina mit dem jungen Nero; die Statue des Zeno; die überaus kostbare Büste des Scipio Africanus; eine von Priestern getragene Kybele, dazu Opfergerät. Als ich all dies besichtigt hatte, begab ich mich in den anderen Seitenpalast, der dem Konservatorenpalast gegenüberliegt und von Michelangelo Buonarroti entworfen wurde. Dort fand ich am Boden des Hofes den Kopf und die Füße einer marmornen Kolossalstatue sowie das Haupt der Kolossalstatue des Kaisers Commodus, die 300 Spannen hoch war. Bei letzterem heißt es:

Aerei Colossi ...

Unter den Arkaden standen zwei Isis-Statuen. Im Hof ein Pferd, das von einem Löwen angefallen wird, ein sehr schönes Stück; eine Colonna navale, auf der man folgende verstümmelte Inschrift liest:

ano Dexemet ...

Im Obergeschoß dieses Palastes befinden sich im großen Saal vier Basreliefs, vier Päpste aus Marmor und Bronze. Auf sehr schönen Fresken ist folgendes dargestellt: der Raub der Sabinerinnen, das Duell zwischen den Horatiern und den Curiatiern, das Opfer des Numa Pompilius, die Schlacht der Römer gegen die Veier und schließlich Romulus, wie er mit Rindern die Grenzen der Stadt zieht. In einem anderen Saal fand ich das Bronzestandbild der Wölfin, die Romulus und Remus säugt; es wurde bei S. Teodoro im Forum Romanum ausgegraben und gilt als dasjenige, das Cicero in den Reden gegen Catilina (III. 8) erwähnt. Anschließend sah ich Martius, den man die Treue Roms nannte. Die Büste des L. Iunius Brutus, des ersten Konsuls von Rom. Ein Camillus aus Bronze. Die Büste des Mithridates, des Königs von Pontos. Bruchstücke der Fasti consulares aus den Punischen, den Philippischen und den Persischen Kriegen, die man im Campo Vaccino gefunden hat. Man verwahrt dort auch die Tafeln mit den von Romulus erlassenen Gesetzen, die folgendermaßen lauten:

Niemand soll etwas unternehmen, ohne die Auguren zu befragen.

Ausschließlich Adelige verwalten die heiligen Angelegenheiten und üben die Staatsämter aus.

Das gemeine Volk hat den Ackerbau zu besorgen.

Die Beamten sind vom Volk zu wählen.

Die Gesetze sind zu lernen.

Kriege dürfen nicht geführt werden, ehe sie nicht allgemein beraten wurden.

Mit der Ausnahme Fauns dürfen keine fremden Götter verehrt werden.

Abend- und Nachtwachen sollen nicht gehalten werden.

Jeder, der Vater oder Mutter getötet hat, soll den Kopf verlieren.

Niemand soll in Gegenwart von Frauen von unzüchtigen Dingen reden.

In der Stadt hat jedermann einen Mantel zu tragen, der bis zu den Fersen reicht.

Jedermann darf Mißgeburten töten.

Niemand soll die Stadt auf anderem Weg betreten oder verlassen als durch die Tore.

Die Mauern der Stadt sind heilig und unverletzlich.

Die Gattin soll ebenso am Besitz teilhaben und über die Heiligtümer herrschen wie der Mann.

So wie die Tochter Erbin des Vaters ist, so soll auch die Gattin Erbin des Mannes sein.

Der Gatte und die Brüder dürfen eine Frau, die sie beim Ehebruch ertappt haben, nach Gutdünken bestrafen.

Wenn die Frau im eigenen Hause Wein trinkt, dann soll sie so bestraft werden, als hätte sie Ehebruch begangen.

Vater und Mutter dürfen die eigenen Kinder aussetzen, verkaufen oder töten.
Folgende Inschrift nennt die Kuratoren dieser Tafeln:

C. Calpetanus Statius ...

Des weiteren befindet sich dort die Büste der Dichterin Sappho. In Bronze die Gänse, die einst die Wache am Kapitol geweckt haben. Eine Göttin Isis. Berninis Medusenhaupt und andere Büsten. Ein Herkules aus korinthischem Metall, den man auf dem Campo Vaccino fand. Die lebensgroßen Statuen von Cicero und Vergil aus weißem Marmor. Alte Maße für Getreide, Öl und Wein in Gestalt von Säulenstücken respektive Vasen. Schließlich und endlich eine Kybele, die Göttin des Überflusses, und weitere Statuen, dazu ein Maß für Fische, deren Kopf den Konservatoren zusteht.

Außerhalb der Stadtmauern besichtigte ich die Katakomben des hl. Sebastian; da es aber in der Umgebung dieser berühmten Stätte auch anderes zu sehen gibt, will ich zunächst darauf eingehen und erst nachher in besagte Katakomben hinabsteigen.

Als erstes kommt man zu dem Ort, wo einst der länglichrunde Circus Maximus lag, in dem man verschiedene Wettrennen mit Pferden und Gespannen, Jagden und Ähnliches veranstaltete, wann immer den Göttern ein Tempel oder eine andere öffentliche Stätte geweiht wurde. Eine ungewöhnliche Geschichte berichtet A. Gellius von einem Sklaven namens Androclus, der zum Tode verurteilt worden war und im Circus Maximus mit einem Löwen kämpfen sollte; dieser erkannte ihn jedoch, weil sie in Afrika lange Zeit gemeinsam in einer Höhle gehaust hatten und Androclus den Löwen einmal von einer Wunde geheilt hatte. Anstatt sich nun gegenseitig etwas zuleide zu tun, taten sie so freundlich miteinander, daß das Volk von Rom sehr darüber staunte und Kaiser Augustus sowohl Androclus als auch dem Löwen das Leben und die Freiheit schenkte. Dieser Circus war drei Stadien lang und hatte eine Fläche von vier Jugera.

Begonnen wurde der Bau dieses Circus von Tarquinius Priscus; Augustus, Trajan und Elagabal haben ihn dann umgebaut und verschönert. Sein Name bezieht sich entweder auf seine Größe oder auf seine Pracht.

Zweitens stößt man auf die Überreste vom Circus des Antoninus Caracalla, von dem noch ein großer Teil steht; es handelt sich dabei um Mauerreste von allen vier Seiten eines Rechtecks, das 1200 Schritt lang und beinahe 200 Schritt breit ist. Im Inneren kann man noch Stufen sehen, die aber zumeist sehr beschädigt sind. Der hl. Sebastian soll darin von Soldaten des Kaisers Diokletian mit Pfeilen getötet worden sein. Ich habe auch schon erwähnt, daß dort der Obelisk ausgegraben wurde, der jetzt auf der Piazza Navona steht.

Drittens: angeblich hat in dieser Gegend jenes Wäldchen gelegen, das dem Mars geweiht war und wo man im Altertum die Lorbeerbäume pflanzte, mit deren Laub die Stirn triumphierender Kaiser prächtig geschmückt wurde.

Viertens gelangt man zu der Stelle, wo die Siebenschläfer gefunden wurden. Dort steht eine Inschrift, die jeden Vorübergehenden dazu ermahnt, an den Tod zu denken und ein Ave-Maria sowie ein Vaterunser zu sprechen. Das Märchen, das man hierzu erzählt, behauptet, daß sich während der Christenverfolgung unter Decius sieben junge Epheser namens Maximilianus, Jamblichos, Dionysios, Johannes, Antonius, Martinus und Erasustadios in eine Höhle flüchteten, wo sie bis in die Zeit von Theodosius II. schliefen; als sie erwachten, glaubten sie, die Verfolgung dauere noch an, und schickten Jamblichos in die Stadt, um etwas zu essen zu besorgen. Dieser sah, daß das Kreuz, das einst der Schande ausgesetzt war, nunmehr überall verehrt und offen gezeigt wurde, und mit großem Staunen bemerkte er, daß man überall auf den Namen Jesu Christi schwor, denn der zweihundertjährige Schlaf hatte ihm die Erinnerung nicht verdunkelt. Es ist schon ein starkes Stück, daß gewisse Sekten wie die Lateiner, die Griechen, die Kopten und die Abessinier zur Erinnerung daran einige Feiertage eingeführt haben; diese gar zu große Leichtgläubigkeit verdient wahrlich gerechten Tadel.

Fünftens gelangt man schließlich zur Kirche S. Sebastiano, die eine gute Meile außerhalb der Stadt an der Via Appia liegt. Wie viele andere Kirchen ist sie eine Stiftung Konstantins des Großen; von ihr aus steigt man in die unterirdischen Katakomben hinab. Die Kirche selbst weist nur wenig Bemerkenswertes auf; linker Hand fand ich die folgenden Verse:

Hic situs ...

Einige Schritte weiter liegt der hl. Sebastian begraben, dessen Statue ebenso wie eine Marmorbüste des Kardinals Giov. Batt. Gabrielli große Bewunderung verdient. Mit den folgenden Worten werden die Gläubigen dazu angehalten, diese Büsten oft aufzusuchen:

Visitet hic ...

Aus einer anderen Inschrift erfährt man, wieviele Heilige in der nach Calixtus benannten Grabstätte liegen; die Zahl der Märtyrer soll sich nämlich auf über 174000 belaufen. Man braucht sich daher nicht zu wundern, wenn man überall auf die Asche von Heiligen tritt:

Hic est ...

Am eigentlichen Eingang zu den Katakomben steht am Boden zu lesen:

Puerorum Virorum Mulierum.

Wie die folgenden Worte besagen, sollen die Leiber der Apostel Petrus und Paulus dort in einer Zisterne aufgefunden worden sein, wo sie lange Zeit verborgen waren:

In hoc loco ...

An diesem Ort ist auch Papst Sebastianus getötet worden. Außerdem befindet sich dort das Grab der hl. Lucina, einer Witwe, wie es heißt:

Hic quondam ...

Schließlich steigt man über eine sehr bequeme Treppe in die Katakomben hinab. Diese sind nämlich unterirdische Plätze und Gänge, die sich, wie man gemeinhin behauptet, ziemlich weit unter der Stadt erstrecken. Wer sich eine genauere Beschreibung wünscht, kann diese bei dem berühmten Aringhi nachlesen, der in lateinischer Sprache ein ganzes Buch darüber veröffentlicht hat, das ›Roma subterranea‹ heißt. Ich will hier aber nur von dem Teil berichten, den ich selbst gesehen habe und der sich 14 Meilen weit erstreckt, wenn man meinem Führer, einem Bruder vom reformierten Zisterzienserorden, glauben darf. Wir stiegen also mit geweihten Kerzen in der Hand in die dunklen Gänge hinunter, und zwar ungefähr so, wie man in ein Bergwerk hinabsteigt; dort stießen wir dann auf zahlreiche Grabnischen für Männer, Frauen und Kinder mit sehr kurzgefaßten Inschriften, in denen nichts angegeben war als jeweils der Name und die Zahl der Lebensjahre. Hier ist eine davon:

> Leopardus praefectus qui vixit annis LV mens VI diebus II in pace.

Unser Führer sagte uns mit strenger Miene, daß man in einer riesigen Vase aus sehr edlem Stein, der aussieht wie Holz, die Asche respektive die verwesten Gebeine verfolgter Christen aufbewahre, und verbot uns, auch nur das Geringste davon wegzunehmen oder uns über diese heiligen Dinge lustig zu machen; er hatte nämlich bemerkt, daß wir wißbegierigen Besucher Ketzer waren. Nachdem wir uns eine Weile an diesem Ort aufgehalten hatten und durch verschiedene unregelmäßig angelegte Gänge geschritten waren, stiegen wir wieder nach draußen. Was den hl. Sebastian betrifft, so muß ich noch erwähnen, daß er vor allem als Vertreiber der Pest gilt, worauf die Inschrift für einen Arzt hinweist, der sich schon zu Lebzeiten sein Grab hatte anlegen lassen, weil er wußte, daß er zwar Krankheiten heilen, den Tod aber nicht überwinden konnte:

> D.O.M. Otto Bellus d'Ense ...

Nach dem Caracalla-Circus gelangt man zum Grabmal der Caecilia Metella, der Tochter des Q. Caec. Metellus und Gemahlin des Crassus; dieses zur Zeit der freien Republik erbaute Grabmal besteht aus einem riesigen Turm aus massiven Steinen und wird heutzutage Capo di Bove genannt, weil sich auf seinen Basreliefs zahlreiche Ochsenköpfe befinden. Auf einer Marmorplatte steht dort zu lesen:

> Ceciliae Q. Cretici F. Metellae Crassi.

Daneben sollen sich einst einige Räumlichkeiten befunden haben, wo sich die Ritter aus- und ankleiden konnten, ehe sie sich in den Caracalla-Circus begaben; aber wer kann das schon mit Sicherheit sagen? Auch andere vornehme römische Familien besaßen einst an der Via Appia Grabmäler, etwa die Scipionen, die Servili, die Metelli und andere; mit Ausnahme des letzteren sind jedoch alle zerstört.

Früher gab es sieben Brücken über den Tiber; sie hießen S. Angelo, Sisto, Quattro Capi, Cestio, Fabrizio, Antico, Sublicio. Von diesen stehen heute nur noch zwei, unter denen die Engelsbrücke die wichtigere ist. Diese Brücke hieß bei den Alten Ponte Elio und hat ihren gegenwärtigen Namen von dem daneben gelegenen Kastell, das wiederum nach einem Engel benannt ist, den man einmal auf dem Hadrians-Mausoleum, über der Spitze des Kastells, gesehen hat. Die Brücke ist ein schönes Bauwerk, da sie zu beiden Seiten von Marmorstatuen geschmückt wird. Weiter tiberabwärts vermutet man im Wasser Überreste des Ponte Trionfale, über den man einst bei allen Triumphzügen zum Kapitol zog. Wenn man die Engelsbrücke überquert hat, tritt man rechter Hand in das runde Kastell, das sich recht gut dazu eignet, dem wilden Sinn der Bevölkerung Zügel anzulegen, und das einst die Grabstätte Kaiser Hadrians war. Auf seiner Spitze stand damals jener Pinienzapfen aus vergoldeter Bronze von wunderbarer Größe, der später ins Belvedere gebracht wurde. Man muß drei starke Mauern durchqueren, die das Kastell umgeben, ehe man ins Innere gelangt, wo man in einem überdachten Quergang weitergeht. Man zeigte uns einen verborgenen Steg, von dem diejenigen, die ein schweres Verbrechen begangen hatten, heimlich hinabgestürzt wurden.

Dann kommt man zum eigentlichen Grab des Kaisers Hadrian respektive an den Ort, wo es sich einst befunden hat; an verschiedenen Stellen steht der Name von Pius IV. P.M. zu lesen. Das Kastell besitzt vier reichlich mit Kanonen bestückte Bastionen, von denen jede einen eigenen Namen trägt. In einer dieser Bastionen liegt das Verlies, in dem Kardinal Carafa Papst Pius IV. erdrosseln ließ. Knapp unterhalb der Spitze des Kastells befindet sich in einem finsteren Saal, der mit oben erwähntem Steg in Verbindung steht, ein Loch. Schließlich kommen die Kerker für die Staatsgefangenen, die diese Mauern gewiß nicht sprengen werden, wenn sie hier erst einmal eingesperrt sind. Eine Inschrift besagt, daß dieses Kastell erbaut worden sei, um die Herrschaft des Papstes und die Ruhe des Volks zu sichern. Es ist dort üblich, daß einem die Soldaten am Eingang den Stock oder den Degen abfordern, was höflich darauf hinweisen soll, daß man beim Verlassen des Kastells sein Trinkgeld zu entrichten hat.

In der Nähe der sehr schönen Kirche S. Susanna lag einst der sogenannte Campus Sceleratus, wo die jungfräulichen Vestalinnen, die in Schande gefallen waren, lebendig begraben wurden. Ich würde mich versündigen, wenn ich diese Kirche nicht erwähnte; ihre Decke ist nämlich vergoldet, und die Mauern werden von schönen Fresken mit der Lebensgeschichte der hl. Susanna geschmückt, die jeden wißbegierigen Besucher zufriedenstellen können.

Die Kirche S. Bernardo ist nur in der Hinsicht bemerkenswert, daß sie in einen der sieben Türme eingebaut wurde, die zu den von Kaiser Maximianus durch die Arbeit von vielen tausend Christen errichteten Thermen gehörten. Obwohl die Kirche äußerlich dieselbe Gestalt hat wie das Pantheon, ist sie doch ganz anders ausgeführt.

Die schöne Kirche S. Andrea ist einem General der Gesellschaft Jesu für das Noviziat der Leute seines Ordens in Rom geschenkt worden; sie zeichnet sich vor allem durch ihre mit Marmor verkleideten Mauern aus. Die Kirche selbst hat einen kreisförmigen Grundriß und enthält auch das Grabmal des

Kardinals Spinola, ein Mosaik und den Leib des Polen Stanislaus Kostka, der von der Hl. Jungfrau mit dem Sohn auf dem Arm Besuch erhielt.

Die Kirche S. Maria di Loreto wurde von der Bäckerzunft gestiftet und gleichfalls in runder Gestalt erbaut. Sie besitzt eine wunderschöne Kuppel, die wie viele andere in Rom wohlgelungen und mit Blei verkleidet ist; alles in allem ist sie sehr anmutig. Die Krippenkapelle ist ein Werk Zuccaris, eine andere Kapelle stammt von den großen Baumeistern Onorio Longhi und Cav. Giuseppe. Noch größeres Lob verdient aber das Hospital, das die Bäcker neben jener Kirche für die armen Kranken ihrer Kunst respektive ihres Handwerks errichtet haben; diese werden nämlich, wenn sie dessen bedürftig sind, mit großer Hingabe und Sorgfalt solange gepflegt, bis sie wiederhergestellt sind. Die hübsche Kirche trägt nicht wenig zur Pracht des Trajansforums bei, das nicht nur mit prächtigen weltlichen Gebäuden, sondern auch mit der dem hl. Bernhard geweihten Kirche prunkt. Dort will man ein Marienbildnis besitzen, das der Meisterhand des hl. Lukas entstammen soll.

Auf der Piazza di S. Marco steht die Statue der für ihre Keuschheit berühmten Lucretia, deren Palast sich einst an eben der Stelle befand, wo heute der Botschafter Venedigs residiert, der als der bedeutendste aller Botschafter in Rom gilt.

Der Palast des Herzogs Mattei ist voll von Statuen und Büsten aus dem Altertum, so daß eine Besichtigung desselben sehr angenehm ist und niemanden gereuen wird. Eines der besten Basreliefs stellt eine Gruppe von Priestern während eines Opfers im Pantheon dar. Sehr schön sind die Statuen des Jupiter und der Flora, außerdem kann man dort Malereien ersten Ranges von Domenichino, Bassano und Caravaggio finden. Es heißt, daß Ludwig XIV. für diese Sammlung viel Geld geboten hat, sie aber nicht erwerben konnte, weil sie ein »fideicommissum familiae« ist und folglich nicht verkauft werden darf.

Zur Erquickung der vielen und größtenteils armen Pilger, die zur Karwoche von weither nach Rom kommen, hat man es so eingerichtet, daß eine gewisse Zahl von ihnen am Gründonnerstag in der Kirche S. Trinità de' Pellegrini gespeist wird und daß man, dem Beispiel Christi folgend, einem Dutzend von ihnen die Füße wäscht.

Auch ich begab mich an besagtem Tag dorthin und verwunderte mich über die erstaunlich lange Tafel, die man für 600 Pilger gedeckt hatte; diese wurden dann drei Tage lang bewirtet, erhielten also Unterkunft und Verpflegung. Als man zu diesem Zweck eine Gesellschaft gründete, hatte man jährlich nicht mehr als 15 Scudi zur Verfügung und kann dennoch heute große Summen ausgeben. Ihre Mitglieder tragen rote Kutten und führen die Hl. Dreifaltigkeit im Wappen; sie haben viele der umliegenden Häuser aufgekauft, um sie mit der Kirche zu diesem Hospital für Pilger zu verbinden. Die Männer werden von römischen Nobili bedient und an einem anderen Tisch die Frauen von vornehmen römischen Damen. Sehr merkwürdig ist etwas, das man aus dem vergangenen Jahrhundert erzählt: in einem einzigen Jahr sollen damals 40000 Männer und 20000 Frauen versorgt worden sein. Es ist auf jeden Fall ein großes Werk der Barmherzigkeit und Menschlichkeit, sich dazu herzugeben, armen, mit Wunden übersäten und stinkenden Leuten die Füße zu waschen, wie dies dort die Päpste, Kardinäle, Prälaten und andere vornehme Personen tun. Hübsch ist freilich die Geschichte, daß einige der Pilger nicht mehr gesehen worden seien, nachdem man ihnen die Füße gewaschen und sie den Wundärzten übergeben hatte; daraus schließt man nämlich, daß es sich um als Pilger verkleidete Engel gehandelt haben müsse. O was für ein schönes Märchen!

Das Marcellus-Theater ist noch älter als das Kolosseum. Augustus ließ es errichten, um dadurch den Namen des Marcellus, des Sohnes seiner Schwester Octavia, unsterblich zu machen. Vitruv bezeugt, daß dieses Theater von einer Schönheit war, wie man sie in Rom noch nie gesehen habe. Heute ist es jedoch zerstört, und außer der Erinnerung ist nichts davon übriggeblieben.

Ganz in der Nähe liegt die Kirche S. Maria in Cosmedin, die auch Bocca della Verità genannt wird. Sie ist eine Stiftung des hl. Papstes Dionysius und heißt Scuola Greca, weil man dort diese Sprache lehrte, als sonst nur das Lateinische üblich war. Was den anderen Namen betrifft, so nimmt man an, daß »Bocca della Verità« daher kommt, daß es in dieser Kirche einst einen Altar gab, zu dem man die Angeklagten führte, damit sie die Wahrheit ihrer Aussagen beschworen. Der Altar befand sich aber über einem Hohlraum, aus dem dann die darunter verborgenen Priester antworteten.

Im Portikus dieser Kirche ist der Stein der Unschuld auch heute noch zu sehen. Die folgende Inschrift, die alles deutlich erklärt, steht daneben:

Simulacrum hoc ...

Gehen wir nun ein wenig aus der Stadt hinaus zur Kirche S. Paolo, die ungefähr eine gute Meile entfernt an der Via Ostiense liegt; Konstantin der Große hat diese überaus geräumige Kirche genau an der Stelle erbauen lassen, wo das Haupt des Apostels Paulus gefunden worden war; außerdem hat er sie auch mit Pfründen versehen und ausgeschmückt. Des weitern ließ besagter Kaiser dort alle die riesigen Säulen aufstellen, die die Engelsburg umgeben hatten; es waren insgesamt 84, und jede bestand aus einem einzigen Stück. Er hat damit aber einen großen und nicht wiedergutzumachenden Schaden angerichtet, weil man durch die Entfernung ihres äußeren Schmuckes zwar die Schönheit der Engelsburg verdarb, die ebenso geräumige wie finstere Kirche aber keineswegs schöner machte. Der Boden dieser Kirche, die 120 Schritt lang und 80 breit ist, ist ohne irgendeine Ordnung mit mehr als tausend ungleichen Marmorstücken ausgelegt. An einem großen Altar erblickte ich das wundertätige Kruzifix, das einst zur hl. Birgitta, der Königin von Schweden, gesprochen haben soll, als diese dort betete, und von dem die Frommen großes Aufheben machen. Unter ebendiesem Altar liegt jeweils eine Hälfte der Leiber des hl. Paulus und des hl. Petrus. Am bronzenen Hauptportal, auf dem Ereignisse aus der Bibel dargestellt sind, steht folgendes knappe Epitaph:

D. O. M. D D Dionisio Arcop. Antonio et Iustinae sacrum.

Besagter Dionysius soll, nachdem er enthauptet worden war, mit seinem Kopf in der Hand noch drei Meilen weit gegangen sein, was ein um so weniger glaubwürdiges Wunder ist, als es der Natur zuwiderläuft; man wird mir aber wohl entgegenhalten, daß Wunder gerade so beschaffen sein müssen. Diese Kirche ist eine der fünf Patriarchalkirchen und gehört außerdem zu den insgesamt vieren, die eine Hl. Pforte besitzen, die zum Hl. Jahr geöffnet wird. Allerdings unterscheidet sie sich darin von den anderen, daß es nicht unbedingt des Papstes bedarf, um diese Pforte zu öffnen; wie folgende Inschrift besagt, genügt hierzu schon ein Kardinal:

> Sedente Bened. XIII. ...

Die dortigen Patres leben nach der Regel des hl. Benedikt.

Am Rückweg stößt man auf die Kapelle der erwähnten hll. Petrus und Paulus: sie liegt neben der Hauptstraße genau an der Stelle, wo sich die beiden Heiligen Lebewohl gesagt haben sollen, ehe sie sich in unterschiedliche Himmelsrichtungen aufmachten, um den Ungläubigen das Evangelium zu verkünden; andere meinen, die beiden Heiligen hätten sich an diesem Ort trennen müssen, weil sie zur Hinrichtung geführt worden seien.

Nicht weit davon entfernt steht auch das vollständig erhaltene Grabmal des Gaius Cestius, des Sohnes von Lucius Cestius, der einer der sieben Apollonier gewesen ist. Bei dieser vierseitigen Pyramide handelt es sich um das einzige Bauwerk dieser Art, das in Rom noch erhalten ist. Ringsherum steht an den Mauern zu lesen, was der Bau zu bedeuten hat:

> C. Cestius L. F. pub. Epulo. Tr. Pl. VII. Vir. Epulonum.

Auf der anderen Seite heißt es:

> Opus absolutum ...

Man hält es für erwiesen, daß seinerzeit in dieser Gegend die olympischen Spiele abgehalten wurden. Es liegt dort auch der sogenannte Monte Testaccio, der aus den Scherben zerbrochener Vasen besteht. Das Volk hält jenes Grabmal für das des Romulus, was aber den erwähnten Inschriften gänzlich zuwiderläuft; abgesehen davon weiß man ja auch, daß Romulus am Aventin begraben wurde, weshalb dieser Hügel an der entsprechenden Stelle den Namen Romana erhielt.

Ich kehre nun in die Stadt zurück, um Ihnen zu berichten, daß vom Tempel der Diana, der Freundin des Waldes und der Jagd, noch vier Säulen stehen. In Kriegszeiten wurden in diesem Tempel mit großem Gepränge Opfer dargebracht, damit sich die erzürnten Götter wieder besänftigten und das Unheil von der Stadt abwendeten. Es heißt auch, daß die Heiden der Diana in Rom vier Tempel errichtet hätten: einen beim Aventin, wo die Kirche S. Sabina steht, einen anderen bei S. Lorenzo in Lucina, den dritten auf dem Esquilin und den vierten bei der Porta Latina, also am Fuß des Monte Celio, wovon Cicero sagt: »L. Pisonem quis nescit his ipsis temporibus maximum, et sanctissimum Dianae sacellum in Caeliculo sustulisse.« Nicht weit von jenem Tempel entfernt steht ein Gotteshaus, das heute dem hl. Theodor geweiht ist, einst aber der Tempel für Romulus und Remus war. Man behauptet nämlich, daß diese von den Wellen des Tiber bis an diese Stelle getragen worden seien und daß man dort auch das Bronzestandbild der Wölfin mit den zwei Kindern an den Zitzen ausgegraben habe, das heutzutage in einem Saal des Kapitols ausgestellt wird, wie ich weiter oben in gegenwärtigem Brief bereits erwähnt habe.

An einem Tag der Karwoche besuchte ich am Corso eine der griechischen Kirchen, wo ich vier Altäre fand, die ebenso wie das gesamte Gotteshaus kaum geschmückt waren. Dort war unter einem Baldachin mitten in der Kirche unser Herr ausgestellt, den viele Wachskerzen umgaben; davor saßen drei Priester, und vier weitere sangen gemäß ihrem Ritus. Der Bischof hielt einen Hirtenstab in der Hand und war wie die übrigen damit beschäftigt, die Statue Christi ins Grab zu legen. Nachdem ich dies gesehen hatte, begab ich mich zu den Maroniten, einer anderen Sekte der griechischen Kirche, wo man ebenfalls damit beschäftigt war, ein Stück Holz unter Gebeten in einer

Grube unterhalb des Hauptaltars zu bestatten. Der Anblick dieses traurigen Schauspiels erfüllte mich mit tiefem Mitleid für diese Betrüger und das gesamte einfältige Volk.

Während der Karwoche ist insbesondere am Donnerstag, Freitag und Samstag in den Hauptkirchen alles auf den Beinen, denn in diesen Tagen finden zahlreiche religiöse Feierlichkeiten statt, über die alle Welt spricht. Eine davon habe ich bereits im Abschnitt über S. Trinità geschildert; nun will ich aber auf die verschiedenen Bruderschaften zu sprechen kommen, die in Prozessionen in die Hauptkirchen einziehen, was ich mir in der Peterskirche im Vatikan angeschaut habe. Sie verehren dort die heiligen Reliquien, die man ihnen aus großer Entfernung zeigt, und dabei ist jeder von Kopf bis Fuß in einen Sack gehüllt respektive gekleidet, so daß außer zwei Löchern für die Augen nichts frei bleibt. In ähnlicher Weise verhüllt man bei uns die Pferde vor den Leichenwagen. Wenn sie in dieser Aufmachung im Gotteshaus angekommen sind, werfen sie sich vor dem Hauptaltar auf die Knie; haben sie dann ihre Andacht verrichtet, so zeigt man ihnen die Reliquien, die in Nischen unter der großen Kuppel ausgestellt sind. Hierzu gehören: ein großes und mit Edelsteinen verziertes Stück Holz vom Kreuz Christi; das Hl. Grab- respektive Bettuch; die Klinge, mit der Christus die Seite durchbohrt wurde, und derlei Dinge mehr. Wenn dies vorüber ist, dann entfernen sie sich wieder; eine andere Bruderschaft nimmt den freigewordenen Platz ein, und dieser wird dieselbe Ehre erwiesen wie der vorhergehenden. Was ihren Aufzug angeht, so gab es welche, die in weiße Säcke mit roten Stricken gekleidet waren, andere hatten dunkelblaue mit dem Bildnis irgendeines Heiligen, wieder andere waren violett und trugen das Zeichen des Hl. Sakraments, andere grün mit dem Bildnis der Madonna; in den Händen hielten alle Rosenkränze von erstaunlicher Größe, die fast bis zum Boden hinabreichten. Man sagt übrigens, daß man in der Nähe des Papstes den Dreistigkeiten, denen ein Protestant in katholischen Kirchen ausgesetzt ist, nur um so ferner sei. Daß dies kein bloßes Märchen, sondern tatsächlich die Wahrheit ist, habe ich selbst erlebt: ich hatte mich nämlich zusammen mit einigen anderen unter die Schar gewagt, die vor besagtem Altar kniete, und blieb während der gesamten feierlichen Handlung unbeirrt stehen, ohne daß irgend jemand auf den Gedanken gekommen wäre, mich dazu zu zwingen, ebenfalls auf die Knie zu fallen und den Reliquien zu huldigen. Eine andere Feierlichkeit in diesem Gotteshaus besteht in der mit großem Gepränge durchgeführten Exkommunikation aller Ketzer; in diesem Jahr mußte man freilich davon absehen, weil hierzu die Anwesenheit des Papstes selbst erforderlich ist und ein Stellvertreter nicht genügt. Dank sei also dem Tod, der uns die Gunst erwiesen hatte, uns für ein ganzes Jahr vom päpstlichen Bann zu befreien. Kurz und gut: in der Regel zieht der Papst mit seinem Gefolge zur Kanzel der Vatikankirche, um von dort aus die Worte des Banns zu sprechen. Anschließend wirft Seine Heiligkeit eine brennende schwarze Fackel unter das Volk, das mit Leib und Seele seine Zustimmung zu erkennen gibt. Die Formel der Exkommunikation lautet folgendermaßen:

Excommunicamus ...

Noch eine Besonderheit gibt es von der Karwoche zu berichten: solange nämlich die Statue Jesu Christi begraben ist, wird keine Messe mehr gelesen; dies geschieht erst dann wieder, nachdem der Klerus die Figur aus dem Grab geholt und auferweckt hat. Auf diese Weise beschäftigt man das Volk, das an solchen Torheiten großen Anteil nimmt, da man es ja daran gewöhnt hat.

Nun will ich diesen Bericht aber nicht noch länger werden lassen, denn wenn er Sie ermüden würde, dann hätte er gerade das Gegenteil dessen bewirkt, was die wohlmeinende Absicht desjenigen war, der sich für immer bekennt als

E. H.

untert. Sklave.
N. N.

## XXXII. Brief

Rom, am 29. April 1740

> S. Giovanni in Laterano. Heilige Treppe. Triumphbogen des Gallienus. Kirche S. Prassede. Kirche S. Maria Maggiore. Kirchen Madon. del Monte und de' Miracoli; S. Croce in Gerusalemme; S. Martina; S. Stefano; S. Clemente. Trajanssäule; Antoninussäule. Palazzo Colonna. Kirchen S. Antonio; S. Agnese; S. Paolo alle tre Fontane. Taberna Meritoria. Kirchen S. Maria in Trastevere; S. Spirito; S. Giac. Scossacavalli; S. Michele in Sassia; S. Angelo in Borgo; S. Mar. in Via Lata. Collegium Germanicum. Kirchen S. Lorenzo fuori le mura; S. Tomaso degl'Inglesi; S. Maria in Aracoeli; S. Giuseppe de' Falegnami.

Ich kann gar nicht sagen, wie sehr es mich freut, von E. H. einen Brief zu erhalten, der mir bezeugt, daß ich in Ihrem Gedächtnis noch nicht gestorben bin, da mir durch Ihre Gunst vielmehr ein ewiges Leben zuteil wird. Und so sehr ich in Ihrem Brief die Liebenswürdigkeit bewundert habe, mit der Sie meine kleinen Dienste und die schlichten, wenngleich ehrerbietigen Berichte aufnehmen, so sehr ermuntert er mich, meine Schuldigkeit auch weiterhin zu tun, selbst wenn mir kein anderes Verdienst zukäme als dasjenige, das Sie mir beimessen. Lassen Sie mich also nun mit der Kirche S. Giovanni in Laterano respektive Salvatore Lateranense fortfahren, dem Oberhaupt und der Mutter aller Kirchen der katholischen Christenheit. Diesen Vorrang beweisen neben zahlreichen päpstlichen Erlassen auch die folgenden uralten Verse: »D'ogni chiesa m'è dato, ch'io sia capo«. Trotz dieses Vorzugs muß diese Kirche aber hinsichtlich der Schönheit, der Größe und des Kunstreichtums hinter der vatikanischen zurückstehen. Einst war sie selbst die Residenz der Päpste, bis dann Gregor XI. den päpstlichen Stuhl von Avignon nach Rom zurückbrachte, wo er auf St. Peter überging. S. Giovanni in Laterano liegt auf dem Monte Celio, wo einst ein

Palast der hochadeligen Familie der Laterani stand. Konstantin der Große hat die Kirche erbaut und auch mit reichen Pfründen ausgestattet; in der Folgezeit wurde sie dann immer mehr vergrößert und verschönert, bis sie schließlich durch Clemens XII. ihre gegenwärtige großartige Gestalt erhielt, wobei sich freilich die Schulden der päpstlichen Kammer, bei Gott, nicht wenig erhöhten. Dafür besitzt S. Giovanni in Laterano nun aber auch tatsächlich die prächtigste Fassade von allen Kirchen in Rom. In der Säulenvorhalle der Basilika sieht man hinter einem Eisengitter die Bronzestatue Heinrichs IV., des Königs von Frankreich, die ihm 1608 durch das Kirchenkapitel errichtet wurde, wie der Inschrift am Marmorsockel zu entnehmen ist. Das Kircheninnere wird von 28 Säulen aus Verde antico und ebensovielen Pfeilern gesäumt; es befindet sich hier unter anderem die sehr schöne und kostbare Kapelle des verstorbenen Papstes Clemens XII., wobei es sich versteht, daß alles die Pracht und Herrlichkeit desjenigen verströmt, der an diesem Ort bestattet liegt. Der Papst ist in sitzender Haltung dargestellt und hat eine riesige Urne aus Porphyr unter sich; die ganze Figur besteht aus weißem Marmor. Zu beiden Seiten des Altars stehen zwei Bronzeengel, alles andere ist ebenfalls aus dem allerfeinsten Marmor. Um die Wahrheit zu sagen: es gehört nicht viel dazu, ein solches Grab zu bauen, da der Papst höchstens den Lohn für die Arbeiter beisteuert, während er alle Kostbarkeiten da und dort zusammenrafft und sie sich unter dem weiten Titel eines Papstes, also des Herrn aller Dinge, als seinen Besitz aneignet. Bei den wichtigsten Reliquien, die es zu bestaunen gibt, handelt es sich um einen Zahn des hl. Apostels Petrus; um das Hemd, das Maria für Jesus gemacht hat; um den Stock, mit dem unser Herr auf das Haupt geschlagen wurde; um das Schweißtuch, mit dem sein Antlitz im Grab bedeckt war; um Wasser und Blut, die ihm aus der Seite geflossen sind; um Gerstenbrot, das er vermehrt hat, und um vieles andere mehr, bei dessen Erwähnung ich mich wahrlich schämen würde, wie es mir ja auch bei den genannten Reliquien schon ergangen ist. Wenn man sagt, daß den Frauen das Betreten dieser Kirche nicht gestattet sei, so ist das falsch; ich habe nämlich einige beim Beten gesehen und bin daher überzeugt, daß das Verbot nur für eine bestimmte Stelle oder für eine Kapelle gilt. S. Giovanni in Laterano ist übrigens eine der vier Kirchen mit Hl. Pforte, die jeweils im Hl. Jahr geöffnet und besucht wird und wo man auch tauft; es gibt dort derart viele Ablässe, daß sie, wie Papst Bonifaz sagte, niemand mehr zusammenzählen kann als Gott allein. Ich würde den Titel eines aufmerksamen Reisenden aufs Spiel setzen, wenn ich es versäumt hätte, das Kloster respektive die Kapelle beim Hauptportal zu besichtigen, denn dort befinden sich zahlreiche alte und merkwürdige Dinge, nämlich: die wahre Höhe und Breite Jesu Christi, der kein Mensch, wer er auch immer sei, gleichkommen darf; der Altar, an dem irgendein Priester einmal die Messe feierte, ohne daran zu glauben, daß die Hostie der wahre Leib Christi sei; ob dieser Mißachtung soll die Hostie ein Loch in den Altar geschlagen haben, das man heute noch vorzeigt; dann die Säule, auf der der Hahn gekräht haben soll, als Petrus unseren Herrn zum dritten Mal verleugnete; zwei Marmorsäulen, die angeblich zum Lehnstuhl des Hohenpriesters Pilatus gehörten und die Konstantin der Große nach Rom brachte; eine der Länge nach zerbrochene Säule, die sich der Überlieferung zufolge genau in dem Augenblick teilte, in dem Christus starb. Auf dieser Säule heißt es:

    Et petrae scissae sunt.

Außerdem ein Tisch aus Porphyr, auf dem die ruchlosen Schurken um den ungenähten Rock Jesu Christi würfelten:

    Et super vestem meam miserunt sortem.

Ein ziemlich großer Sarg aus Porfido antico; das Modell der Fassade von S. Giov. Laterano, das eine vortreffliche Arbeit ist; zwei durchbrochene Stühle aus Porphyr, von denen manche Leute annehmen, man habe sie bei der Untersuchung des Geschlechts des darauf sitzenden Papstes gebraucht, nachdem einmal eine Päpstin den Papstthron bestiegen hatte; andere meinen freilich, man habe sich ihrer in den Bädern der Alten bedient, was meiner Meinung nach das Wahrscheinlichere ist. Schließlich will man auch die Einfassung des Brunnens besitzen, aus dem Christus von der Frau aus Samaria zu trinken begehrte, was er ihr mit dem Wasser vergelten wollte, das den Durst in alle Ewigkeit stillt; der Evangelist Johannes spricht davon im 4. Kapitel.

Inmitten des weitläufigen Platzes vor der Kirche hat Sixtus V. einen Obelisken aufstellen lassen, den man im Circus Maximus ausgegraben hatte, wo er von Konstantius Cäsar, dem Sohn des großen Konstantin, aufgerichtet worden war; er ist mit seiner Höhe von 145 Spannen der größte von ganz Rom. Derselbe Papst hat sich auch durch drei weitere Obelisken verewigt, nämlich durch die vor St. Peter, vor S. Maria Maggiore und vor S. Maria del Popolo; von diesen Obelisken und der wunderbaren Maschine, mit der man sie aufrichtete, habe ich bereits gesprochen und werde darauf zurückkommen, wenn der Zusammenhang meines Berichts dies verlangt.

Dieser Platz wird zusätzlich durch den Palast verschönert, den Sixtus V. auf dem Gelände und auf den Ruinen des alten lateranischen Patriarchats als Papstwohnung hatte errichten lassen; Innozenz XII. hat ihn später in ein Armenhaus für beide Geschlechter umgewandelt. Außerdem befinden sich dort das Baptisterium Konstantins des Großen, das Urban VIII. wiederherstellen und verschönern ließ, sowie je ein Hospital für kranke Männer und Frauen; diese beiden Häuser werden durch eine Straße voneinander getrennt, die zu dem Kolosseum genannten Amphitheater führt.

Der Basilika gegenüber steht die Hl. Treppe, die Sixtus V. vor der Cappella del SS.$^{mo}$ Salvatore ad ›Sancta Sanctorum‹ aufstellen ließ. Dieses ungewöhnliche und prächtige Gebäude ist sehr sinnreich angelegt und ständig zugänglich. Die Hl. Treppe wird von zwei weiteren Treppen umrahmt und besteht aus 28 Stufen aus weißem Marmor, die man auf den Knien emporsteigen muß. Sie wird für die Treppe gehalten, auf der Jesus Christus zweimal zum Palast des Pontius Pilatus hinauf- und wieder hinunterging. Die beiden Seitentreppen sind aber nicht für diejenigen gemacht, die keinen Geschmack am Knien finden; sie dienen vielmehr denen zum Rückweg, die auf den Knien oben angekommen sind. Wer daher sagt, daß man auf den Knien auch wieder umkehren müsse, der irrt; wenigstens habe ich davon weder reden hören noch ein Beispiel dafür gesehen. Es scheint mir auch beinahe unmöglich, weil diese geräumige Treppe manchmal, wenn sich nämlich 30 oder 40 Personen auf ihr befinden, derart überfüllt ist, daß man sich schon anstrengen müßte, um dem Hintermann keinen Tritt ins Gesicht zu versetzen, wenn man auf den Knien wieder zurück wollte. Im anderen Fall aber, wenn die Treppe leer ist und sich der eine oder andere als kniender Held auch wieder zurückziehen wollte, so ist ihm dies zweifellos erlaubt, weil dann der erwähnte Vernunftgrund nicht vorliegt. Wenn mich diese Streitfrage stärker beschäftigt hätte, dann hätte ich nur zu einem Buch mit dem Titel ›Guida spirituale‹ greifen müssen, das unter anderem angibt, wie man sich auf dieser Treppe zu benehmen hat. Die Andächtigen sind allerdings gehalten, Degen und Stock abzulegen, wenn sie auf der Treppe in der besagten Weise emporsteigen wollen, wofür sie, wenn sie es mit Andacht tun, auf jeder Stufe mit Ablässen für eine bestimmte Zahl von Jahren und mit der Vergebung eines Viertels ihrer Sünden belohnt werden. Abgesehen von anderen Reliquien, die man oben in der ›Sancta Sanctorum‹ genannten Kapelle verwahrt, besitzt man dort auch das wahre Abbild unseres Herrn im Alter von zwölf Jahren, von dem es heißt, daß es der Evangelist Lukas gemalt habe. Diese Kapelle ist nur selten geöffnet, und Frauen betreten sie nie.

Nicht weit davon entfernt stößt man auf die Überreste des schlichten Triumphbogens des Kaisers Gallienus, der folgende Inschrift trägt:

Gallieno Clementissimo...

Unweit dieses Triumphbogens steht über dem Eingang zu einem Garten folgendes zu lesen:

Villae ianuam...

Wenn man diese Straße entlanggeht, so kommt man zur Kirche S. Prassede, die unter anderem dafür bekannt ist, daß linker Hand am Eingang der längliche Marmorstein liegt, auf dem die Heilige schlief, um ihren Leib zu kasteien. Man will dort auch einen Teil der Säule aufbewahren, an der unser Herr gefesselt war, um gegeißelt zu werden; wie es auf einer daneben angebrachten Marmortafel heißt, hat Kardinal Colonna diese Säule aus Jerusalem holen lassen. Nun wird es Ihnen wohl nicht unangenehm sein, wenn ich ein schönes Madrigal mitteile, das ein vortrefflicher Dichter auf den an diese Säule gefesselten Christus gedichtet hat:

>   Di marmo è la Colonna ...

Staunen muß man darüber, daß in dieser Kirche die Leichen von 2300 Heiligen begraben sein sollen; damit die ihnen gebührende Erinnerung nicht schwindet, ließ der hl. Karl Borromäus diese Zahl in zwei Marmortafeln meißeln, die sich an beiden Türen befinden. Diese Kirche besitzt auch Malereien des Cav. Giuseppe und von Zuccari sowie eine Geißelung Christi von Giulio Romano und anderes mehr.

Einen reizvollen Anblick bietet das Äußere der Kirche S. Maria Maggiore, die auf dem Esquilin liegt und von einem römischen Adeligen und seiner Gemahlin gestiftet worden ist. Sie ist innen sehr geräumig, aber zu düster. »Maggiore« hat man sie genannt, weil sie aus Anlaß eines übergroßen Wunders errichtet wurde: die besagten Stifter wollten, da sie keine Kinder hatten, ihr Erbe der Hl. Jungfrau darbringen, die ihnen daraufhin in einer Erscheinung diejenige Stelle als Ort für die Kirche bezeichnete, wo der Boden mit Schnee bedeckt sein würde, was zu jener Jahreszeit unmöglich war. O Blinde, die ihr seid! Augen habt ihr, aber dennoch seht ihr nichts! In dieser Kirche befindet sich die überaus prunkvolle Krippenkapelle, die Paul V. erbauen ließ. Die dortige Krippe soll diejenige sein, die Christus in Bethlehem zur Wiege diente; sie ist in ein kostbares silbernes Behältnis eingeschlossen. Außerdem gibt es dort die Windel, in die Maria Christus gewickelt hat, und zudem Köpfe, Arme und

Schultern von Heiligen. Wer sich gerne an Inschriften bereichert, kann dies ausgiebig tun. Bei der Kirche handelt es sich um eine der fünf Patriarchalkirchen, und sie gehört zu den vieren mit Hl. Pforte, die jeweils zum Hl. Jahr geöffnet wird. Sixtus V. ließ vor ihr einen Obelisken aufstellen und zwei schnurgerade Straßen ziehen, die zu S. Giovanni in Laterano und zu S. Croce in Gerusalemme führen.

Die Liebhaber von Kirchen versäumen nicht, die Kirchen Madonna sul Monte Santo und Mad. de' Miracoli zu besuchen, von denen insbesondere erstere sehr schön ist.

Zu den vielen Bauten und Kirchen, die Konstantin der Große in Rom stiftete, gehört auch S. Croce in Gerusalemme, die er auf Bitten seiner Mutter, der hl. Helena, bauen ließ. Diese Kirche ist dem Hl. Kreuz geweiht, das sich über dem Hauptaltar befand, bis Papst Gregor die Kirche umbaute. Die Kapelle unterhalb des Altars darf von Frauen nicht betreten werden, es sei denn am Jahrestag der Einweihung durch Papst Silvester. Man verwahrt dort ein Fläschchen mit dem Blut Jesu Christi und ein Stück des Schwammes, mit dem man ihm Essig zu trinken reichte; zwei Dornen aus der Krone; einen der Nägel, mit denen Christus ans Kreuz geschlagen wurde; einen der Silberlinge, für die er verkauft wurde; den rechten Zeigefinger des Apostels Thomas, mit dem dieser unseren Herrn an der Seite berührte; eine Hälfte vom Kreuz des guten Schächers und vieles andere mehr, das alles am Karfreitag ausgestellt wird.

Einen kurzen Besuch lohnt auch die Kirche S. Martina. In einer unterirdischen Kapelle verwahrt man angeblich das Haupt dieser Heiligen; ich fand dabei die folgenden Worte:

> Sic praemia ...

Die hl. Martina erlitt ihr Martyrium unter Septimius Severus und fuhr im Triumph zum Himmel auf, als die ruchlose Hand des Henkers sie tödlich traf. Einst soll an dieser Stelle der Tempel des Mars gestanden haben, den Augustus auf ein Gelübde hin errichten lassen hatte, wie folgendes Distichon besagt, das damals über dem Portal angebracht war:

Martyrii gestans ...

In einigen Räumen des Klosters sieht man Figuren aus gebranntem Ton, die Mitglieder der Akademie angefertigt und dem Orden geschenkt haben. In einem weiteren Raum befinden sich einige Ölgemälde, darunter auch ein Bildnis aus der vortrefflichen Hand der Sig. Rosalba aus Venedig.

Außerhalb der Stadt ist die Kirche S. Stefano einen kurzen Blick wert; wie manch andere Kirche hat sie wie das Pantheon einen runden Grundriß. Einst befand sich an dieser Stelle ein Tempel, der dem Faun, dem Gott des Waldes, geweiht war. Neben anderen erlesenen Dingen besitzt man in dieser Kirche einen kostbaren Tabernakel, der die Reliquien des Heiligen einschließt. Das Gemälde zur Linken des Hauptaltars stammt von Raffael, das mit der Madonna und dem hl. Joseph von Perin del Vaga. Die Fresken von Niccolo Pomarancio an den Seitenwänden stellen das Martyrium verschiedener Heiliger dar; es wird jeweils angegeben, in welcher Weise die einzelnen gequält wurden und unter welchem Kaiser sich dieses zutrug. Der Durchmesser dieses Gotteshauses beträgt 70 Schritt.

Von dort kommt man zur Kirche S. Clemente Papa. Neben anderen Heiligen liegt in ihr der hl. Clemens begraben, wie eine überaus knappe Inschrift kundtut:

Flavius Clemens Martyr hic feliciter est tumulatus.

In dieser Kirche, die den Dominikanern gehört, zeugt alles von hohem Alter. Sie besitzt eine Apsis mit Mosaiken, und insbesondere die Kanzel in der Mitte ist eine bewundernswerte Arbeit aus Marmor. Die Kapelle im hinteren Teil der Kirche weist Mosaiken auf; außerdem kann man das mit Basreliefs versehene Grabmal des Kardinals Roverella besichtigen, das aus weißem Marmor besteht.

Unter den bemerkenswerten Säulen, die man heutzutage in Rom öffentlich aufgestellt sieht, verdienen zwei eine eigene Beschreibung. Die eine heißt Trajanssäule, die andere Antoninussäule; nach ihnen sind jeweils auch die Plätze benannt, auf denen sie stehen. Was die des Antoninus Pius angeht, die von seinem Sohn Marc Aurel errichtet wurde, so sind auf ihr die Siege dargestellt, die besagter Kaiser über die Armenier, Parther, Germanen, Vandalen, Sueven und Sarmaten errungen hat. Sie ist 170 Fuß hoch und besitzt 56 Fensterchen sowie 200 Stufen. An ihrer Spitze befand sich einst die Statue des besagten Kaisers; heute jedoch steht dort die des hl. Paulus, dem Sixtus V. die Säule weihte, wie aus der Inschrift am Sockel hervorgeht:

> Sisto V. S. Paulo Apost. Pont. An. IV.

An den vier Seiten dieses Sockels finden sich folgende Inschriften, zunächst:

> Sixtus V. Pont. Max. ...

Auf der zweiten Seite heißt es:

> Sixtus V. Pont Max. ...

Auf der dritten Seite:

> M. Aurelius Imp. ...

Und schließlich auf der vierten:

> Triumphalis et sacra ...

Was die Trajanssäule angeht, so wurde sie zu Ehren dieses Fürsten vom römischen Senat errichtet. Auf ihr sind mit bewundernswerter Kunst seine herausragenden Taten dargestellt, insbesondere der Krieg gegen die Daker und andere Ereignisse, vor allem aus dem Krieg gegen die Parther. Trajan selbst konnte diese Säule nicht mehr sehen, weil er auf der Rückkehr vom Perserfeldzug in der syrischen Stadt Seleukia am Schlagfluß starb. Über 180 Stufen steigt man recht bequem zur Spitze empor, wobei durch die 40 Luken ausreichend Licht auf die Wendeltreppe fällt; oben tritt man dann in eine Galerie von 25 Schritt Umfang. An ihrer Spitze trug diese Säule einst eine goldene Kugel, worin sich die Urne für die Asche des besagten Kaisers befand. Heute steht dort eine vergoldete Bronzestatue des hl. Petrus, die Sixtus V. anbringen ließ. Auf dem Sockel der Säule heißt es:

S.P.Q.R. Imp. Caesari ...

Diese Säule hat eine Höhe von 128 Fuß, und ebenso wie jenes andere Wunderwerk wäre sie wahrhaftig würdig, als Turm in Säulengestalt bezeichnet zu werden. Beide Säulen sind, was mit bloßen Augen nicht zu erkennen ist, aus vielen Stücken Felsgestein zusammengesetzt, auf die, wie schon gesagt, Basreliefs mit den wichtigsten Unternehmungen und Feldzügen der beiden Kaiser aufgetragen sind. Auf diese Weise sind diese Säulen öffentliche Zeugnisse ihrer Tapferkeit und Tüchtigkeit. Wer die Trajanssäule wiederhergestellt hat, erfährt man aus folgender Inschrift:

Eques Dominicus Fontana ...

Die nahegelegene Kirche S. Paolo in Colonna ist ebenfalls nach dieser Säule benannt. Auf dem Platz davor, der von herrlichen Palästen der vornehmsten Familien umrahmt wird, steht ein Brunnen aus einem sehr edlen Stein. Einst gab es in Rom aber weit mehr Säulen, etwa die Bellica, die Lattaria und die Milliaria, von denen man letztere heute noch auf dem Kapitol sehen kann; sie zeigte den Reisenden an, wieviele Meilen sie bereits zurückgelegt hatten und wieviele noch vor ihnen lagen. Die übrigen Säulen sind zerstört, darunter auch die Citatoria, an der die Namen der Volksklassen angeschlagen wurden, die zur Wahl der neuen Magistrate aufgerufen waren.

Es gibt in Rom viele prächtige und großartige Paläste, die den Besuch lohnen. Ich habe mich jedoch auf den Palast des Fürsten Colonna beschränkt, den ich mit sehr aufmerksamen Augen besichtigte. Da ich dort manche Sehenswürdigkeit vorfand, so ist es wohl angebracht, im einzelnen darauf einzugehen. Zunächst sah ich in einem Zimmer ein sehr kostbares Bett aus vergoldetem Holz, eine Schnitzerei, die 6000 Scudi wert ist. Des weiteren gibt es eine Reihe von Gemälden, die früher unverhüllt waren, dann aber unterhalb des Nabels mit Tüchern verhängt wurden, um das Ärgernis zu vermeiden, das schwache Seelen daran genommen hatten. Diese Bilder sind geschickt gemacht, doch alles, was man davon noch sehen kann, weist darauf hin, daß sie sehr unzüchtig sein müssen. Man kommt ferner in eine Galerie, wo die Entwürfe zu den von mir bereits beschriebenen geographischen Karten im Vatikan gezeigt werden. Anschließend betritt man den großen und prächtigen Salon, wo es zahlreiche kunstvoll gemalte Spiegel gibt, die aussehen, als wären sie echt. Große Marmortische. 32 Kerzenleuchter aus Kristall. 30 Marmorstatuen. 100 Gemälde verschiedener Meister. Ein Schrank aus Elfenbein mit Basrelief. Ein anderer aus Ebenholz. Ein noch kostbarerer Schrank mit eingelegten Edelsteinen von hohem Wert, dessen Preis sich auf über 1000 Scudi beläuft. 30 weitere Gemälde guter Meister. Schließlich ein Kabinett mit kleinen Bildnissen. Von dort stiegen wir in die darunter liegenden Räume hinab, die ebenfalls mit Kostbarkeiten angefüllt sind, zu denen auch 80 Bildnisse der fürstlichen Familie gehören. Ein Basrelief, das die berühmte Apotheose Homers darstellt. Eine Säule aus rotem Marmor vom Triumphbogen Konstantins. In einem weiteren Saal im Erdgeschoß ein schönes Fresko und in der Mitte ein Springbrunnen mit frischem Wasser. Im Garten steht eine Statue des Marcantonio Colonna.

Gewöhnlich heißt es, daß am 17. Januar vor der Kirche S. Antonio die Tiere mit Weihwasser besprizt werden. Dies geschieht auf dem Platz vor der Kirche, aber die einzigen Tiere, die dabei naß werden, sind Esel und Pferde.

In der Kirche S. Agnese a Porta Pia werden alljährlich zwei schneeweiße Lämmer geweiht, die von den Nonnen des zugehörigen Klosters großgezogen wurden. Aus ihrer Wolle macht man dann das Pallium, eine Stola respektive einen Schmuck; es ist an verschiedenen Stellen mit schwarzen Kreuzen bestickt und wird vom Papst über dem Meßgewand getragen, wenn er bei feierlichen Anlässen auftritt. Man überläßt das Pallium auch Patriarchen, Erzbischöfen und manchen Bischöfen, sofern diese bei Seiner Heiligkeit um die Gnade nachsuchen und der päpstlichen Kammer jeweils 20000 bis 30000 Gulden bezahlen. Wahrlich ein teurer Umhang, dessen Bedeutung ziemlich geheimnisvoll ist, da er nämlich seinen Träger daran gemahnen soll, es dem allerhöchsten Hirten nachzutun, der das verirrte Lämmlein auf seinen Schultern nach Hause trug. Dieser Brauch soll sehr alt sein. Zu bestaunen gibt es auf dem Hauptaltar dieser Kirche die kostbare Statue der Heiligen aus allerfeinstem Marmor sowie das von Säulen getragene Ziborium aus vergoldeter Bronze.

Dort, wo heute die Kirche S. Paolo alle tre Fontane steht, wurde dem hl. Paulus der Kopf abgeschlagen. Diese Kirche ist ein wunderschönes Gebäude, und man kann an ihr die Darstellung der drei Sprünge bestaunen, die der Kopf dieses Heiligen gemacht haben soll, als er ihm abgehauen wurde. Bei jedem dieser Sprünge ist angeblich eine Quelle entstanden, wovon die Kirche ihren Namen hat. Wahrlich eine große Leistung, die dieser Heilige zwischen Leben und Tod vollbrachte.

An der Stelle der jetzigen Kirche S. Maria in Trastevere befand sich einst die Taberna Meritoria für diejenigen Soldaten, die des Alters oder anderer Gründe wegen nicht mehr kämpfen konnten und deshalb vom Senat verpflegt wurden. Über dem Kirchenportal stehen noch die folgenden Verse zu lesen, die von einem Wunder sprechen, das sich unter Augustus ereignet haben soll. Es sei dort nämlich eine Ölquelle entsprungen:

> Dum tenet ...

Den Annalen zufolge ist die Kirche Spirito Santissimo, die im Borgo liegt, 1544 fertiggestellt worden. Der Bologneser Giovanni Battista Ruino hat ihre berühmte Decke in unnachahmlicher Weise vergoldet, und der Chor ist mit schönen Bilderfolgen ausgemalt, die Geschichten aus der Heiligen Schrift darstellen, welche sich auf den Namen der Kirche beziehen. Darüber hinaus gilt die Sakristei als eine der schönsten von Rom, und zwar sowohl ihrer Bauweise als auch des vielen Silbers und anderen Schmucks wegen, den sie besitzt. Von den zahlreichen Reliquien in dieser Kirche will ich nur die drei Finger des Apostels Paulus erwähnen. Das dazugehörige Hospital besitzt ein großes Vermögen, das verschiedene Päpste und andere hohe Herren gestiftet haben. Insbesondere werden dort am Pfingstmontag zahlreiche Mädchen mit einer Mitgift ausgestattet, aber man nimmt sich auch armer Kinder an, die von ihren Eltern ausgesetzt wurden, und versorgt und erzieht sie. Noch verwunderlicher ist die Gründung dieses Hospitals: eine übernatürliche Stimme hatte nämlich Innozenz III. befohlen, im Tiber zu fischen, was er in höchsteigener Person tat und dabei über 400 Kinder aus dem Wasser zog. Dann erschien dem erstaunten Papst das Bild eines solchen Hospitals vor Augen, und umgehend wurde mit dessen Bau begonnen.

Der Beiname der Kirche S. Giacomo a Scossacavalli ist schon Anlaß genug, auf sie zu sprechen zu kommen, denn sie hat eine sehr sonderbare Entstehungsgeschichte. Man verwahrt dort den Stein, auf dem Maria Jesus im Tempel zu Jerusalem darbrachte, nachdem die Tage ihrer Reinigung dem mosaischen Gesetz zufolge abgelaufen waren; man besitzt aber auch noch einen weiteren Stein, den nämlich, auf dem Abraham seinen Sohn opfern wollte. Als man nun diese beiden Steine nach Rom brachte, wollten die Pferde an eben dieser Stelle plötzlich nicht mehr weiter, ganz so, als wenn sie behext gewesen wären. Je mehr man sie schlug, desto störrischer wurden sie, bis sie schließlich durch Schütteln und Aufbäumen ihre Last zu Boden warfen. Daher kommt es, daß diese Kirche bis zum heutigen Tag »Scossacavalli« heißt.

Die Kirche S. Michele in Sassia führt ihren Ursprung auf Konstantin den Großen zurück, der sie zu Ehren des hl. Michael errichten ließ. Nachdem er die Sachsen unterworfen hatte, wies er diesem Volk, wie er es schon mehrfach getan hatte, den Platz zu, auf dem es dann die Kirche errichtete, die dort heute noch steht. Das Besondere in dieser Kirche ist, daß man ebenfalls auf einer Art Heiliger Treppe bis zum Altar des Kruzifixes auf den Knien emporsteigen kann. Dieser Weg ist allerdings länger als auf der bereits an anderer Stelle beschriebenen echten Treppe, da es sich um 33 Stufen handelt, welche die Jahre versinnbildlichen sollen, die unser Herr Jesus Christus in dieser Welt gelebt hat.

Die Kirche S. Angelo in Borgo lag einst näher bei der Engelsburg und wurde dann, als Alexander VI. die Befestigungsanlagen besagter Burg erweitern und verstärken ließ, an den jetzigen Ort verlegt. Als die Stadt unter Papst Gregor einmal von der Pest heimgesucht wurde, erschien zum Zeichen, daß die Plage vorüber sei, auf der Spitze des Kastells ein vom Himmel gesandter Engel. Da dieser Engel nicht kundtat, welcher von den vielen er sei oder ob er zu den dreien gehöre, die in der Heiligen Schrift namentlich erwähnt werden, hat man der Kirche den schlichten und allgemeinen Namen S. Angelo gegeben.

Die Kirche S. Maria in Vita Lata ist aus verschiedenen Gründen einer Beschreibung wert. Wie es in den römischen Annalen heißt, wurde sie auf den Ruinen des Triumphbogens für Kaiser Gordianus erbaut; da Innozenz VIII. sie aber von Grund auf umbauen ließ, ist heute von der ursprünglichen Kirche nichts mehr zu sehen. Weil Kardinal Maurizio di Savoia mit reichen Geschenken zu diesem Bau beitrug, haben ihm die Stiftsherren zum Zeichen der Dankbarkeit im Portikus folgende Gedenktafel aufgestellt:

Serenissimo Principi ...

Die bemalte Decke und eine Orgel tragen das meiste zur Schönheit der Kirche bei. Auf das Oratorium hält man große Stücke, weil es der Ort sein soll, wo der hl. Lukas die Apostelgeschichte geschrieben hat, in deren Besitz man dort immer noch sein will. Ich glaube das aber nicht, denn wenn dem so wäre, dann würde man sicher nicht versäumen, sich ihrer zu rühmen und sie den Neugierigen zu zeigen. Ähnlich steht es wohl mit der großen Beschlagenheit, die man dem hl. Lukas in der Malkunst nachsagt, was freilich bei keinem der verläßlichen Autoren belegt ist. Lukas war vielmehr ein jüdischer Arzt in Antiochia, der sich später als treuer Gefährte dem hl. Paulus anschloß.

Unter den zahlreichen Kollegien, die es in Rom gibt und auf die ich vielleicht an anderer Stelle noch zu sprechen komme, ist insbesondere das Collegium Germanicum einer Erwähnung wert, weil seine Entstehungsgeschichte sehr merkwürdig ist. Ich will dazu nur soviel sagen, daß der gebürtige Spanier Ignatius von Loyola, der ehrenwerte Gründer der nach Jesus benannten Gesellschaft, bemerkt hatte, welche Verbreitung die Reform Luthers in der von menschlichen Geboten überschwemmten katholischen Kirche gefunden hatte. Da dies der Stellung des Papstes sehr gefährlich war, wollte er weiteren Fortschritten Einhalt gebieten und zu diesem Zweck einige Männer an die bei den Katholiken gebräuchlichen Förmlichkeiten gewöhnen, damit diese in Deutschland die Gottesdienste wieder verändern würden. In dieser Absicht begann er, junge Deutsche um sich zu scharen, damit sie von den hochehrwürdigen Patres des Ordens in den heiligen Lehren und anderen guten Gebräuchen unterwiesen würden; sie sollten dann in ihre Heimat zurückkehren und als tapfere Streiter und Verfechter des päpstlichen Glaubens ihrem gefährdeten Vaterland in dessen Bedrängnis zu Hilfe eilen und ihm gegen die Ketzerei beistehen. Tatsächlich nahm man diesen Einfall und Vorschlag beifällig auf, so daß 1552 unter Papst Julius III. mit dem Bau des Kollegiums begonnen wurde. Dennoch wäre es nach dem Tod dieses Papstes und einiger Kardinäle, die das Kollegium mit milden Gaben unterstützt hatten, beinahe zugrunde gegangen; die jungen Deutschen mußten in andere Kollegien geschickt werden und waren gezwungen, ihren Lebensunterhalt durch Almosen zu fristen. In Ansehung der Vortrefflichkeit dieser Einrichtung wurde sie dann durch Gregor XIII. von neuem mit Gütern ausgestattet, indem er ihr nicht nur die Kirche S. Apollinare mitsamt dem von Kardinal Roano erbauten Palast übergab, den schon Papst Leo mit besagter Kirche verbunden hatte, sondern auch noch viele weitere Pfründen, die ausreichten, um eine gewisse Zahl an jungen Leuten und die sie betreuenden Patres von der Gesellschaft zu versorgen. So ist diese Einrichtung angewachsen, und das reich ausgestattete Kollegium gehört heute zu den ansehnlichsten unter den in Rom gegründeten. Was aber die guten Absichten Loyolas betrifft, der im Galopp gegen die Reinigung des Glaubens angehen wollte, die Luther so kühn unternommen und so glücklich zu einem Ende geführt hat, so ist davon in

Deutschland nicht die geringste Wirkung zu spüren. Mit Gottes Hilfe steht es auch nicht zu befürchten, daß derlei bösartige Machenschaften dem Reich Gottes künftig doch noch größeren Schaden werden zufügen können, als sie dies bis zum heutigen Tag vermocht haben.

Die von Konstantin dem Großen gestiftete Kirche S. Lorenzo liegt fast eine Meile außerhalb Roms an der Via Tiburtina. Honorius III. hat dort im Jahre 1216 den oströmischen Kaiser Peter und dessen Gemahlin Jolanda gekrönt. Das Kirchengebäude selbst ist weder im neueren Geschmack gehalten, noch zeugt es vom Geschmack seiner Zeit. Das Beste dort sind heilige Reliquien: nicht zufrieden damit, den Leib des hl. Laurentius zu besitzen, rühmt man sich auch eines Stückes vom Rost, auf dem dieser Heilige gebraten wurde; außerdem zeigt man einen der Steine, mit denen der hl. Stephanus Protomartyr gesteinigt wurde, sowie dessen vollständigen Leib. Alles schöne Sachen, für die ich keinen Heller gäbe.

Als ein reicher Engländer die Kirche S. Tomaso degl'Inglesi zur Erbin seines gesamten Besitzes eingesetzt hatte, wurde Gregor XIII. durch das Beispiel des Collegium Germanicum auf den Gedanken gebracht, in jener Kirche zum Heile ihres Vaterlandes ein Seminar für Engländer einzurichten, wo diese unter der Obhut und Anleitung von Patres der Gesellschaft Jesu im römischen Glauben erzogen und unterrichtet werden. Bevor man die Zöglinge aufnimmt, müssen sie schwören, daß sie jederzeit in ihr Vaterland zurückkehren, wenn dies ihren Oberen so gefällt, um den Seelen, die unter der Last der neuen Religion seufzen, zu Hilfe zu kommen. Sie sollen sich weniger durch ihre Lehre als durch ihr Blut und Martyrium als tapfere Kämpfer für den katholischen Glauben erweisen, aber sie mögen sich ja davor hüten, als Jesuiten erkannt zu werden, denn weiß Gott, schon der Name allein könnte sie der Hand des Henkers ausliefern.

Auf dem Kapitol, wo die Kirche S. Maria in Aracoeli steht, besaßen die Heiden seinerzeit neben dem Tempel des kapitolinischen Jupiter noch viele andere. Es heißt, Kaiser Augustus habe an einer bestimmten Stelle beim Hauptaltar der Kirche, nämlich unter einer Kuppel oder vielmehr in einer Kapelle, mit den folgenden Worten einen Altar errichtet:

Ara Primogeniti Dei.

Er hatte wissen wollen, wer nach ihm sein Reich regieren würde, und war nach Delphi gezogen, um dort das Orakel zu befragen; dieses schwieg lange und antwortete schließlich mit diesen Versen:

Me puer hebraeus ...

Augustus begab sich nach Rom zurück, und da er sah, daß diese Antwort mit den Weissagungen der Sibyllen übereinstimmte, errichtete er auf dem Kapitol den besagten Altar. Man steigt zu dieser Kirche auf einer sehr langen und breiten Marmortreppe empor, die aus 21 Stufen besteht; sie ist das Werk eines Senators. Die vergoldete Holzdecke hat das Volk gestiftet. In dieser Kirche sind viele alte und sehr vornehme römische Familien beigesetzt; die Altäre schmücken einige Malereien.

Wieviele Kirchen gibt es nicht in der alten Welt, die der Hl. Jungfrau geweiht sind! Für ihren Gatten, den hl. Joseph, gibt es aber erstaunlicherweise nur sehr wenige; in Rom sind es nur zwei, und eine davon ist S. Giuseppe de' Falegnami. Einst war diesem Heiligen lediglich ein Altar in der Rotonda geweiht, der der Akademie der Virtuosi gehörte. Alles in allem ist jene Kirche ein schönes Gebäude.

Mit meinen Berichten wollte ich E.H. an all dem teilhaben lassen, was man hier in den wichtigsten Kirchen, Klöstern und Hospitälern sehen kann, um Ihnen damit einen Beweis meiner Verbundenheit zu geben. Mögen Sie daran erkennen, mit welcher Sorgfalt ich bemüht bin, mir keinen Tadel von Ihnen zuzuziehen, und seien Sie so gütig, mir weiterhin Ihre Zuneigung und Ihr Wohlwollen zu bewahren, damit ich auch künftig guten Mutes unterzeichnen kann als

E.H.

untert. Diener.
N.N.

XXXIII. Brief

Rom, am 3. Mai 1740

Frascati. Villa Aldobrandini. Villa Ludovisi. Tivoli. Aquädukt. Ciceros Tusculum. Villa Pamfili. Villa Borghese. Feierlichkeit beim Fürsten Croce. Öffentliche Amtseinführung des französischen Botschafters S. Denis. Konklave. Vakanz des päpstlichen Stuhles. Italienische Justiz. Faulheit der römischen Bauern. Vorrechte der Kardinäle. Taxierung der Lebensmittel in Rom. Senat der Stadt Rom. Mosaiken. Das antike Rom. Grab Noahs. Sammlung von Steinen aller Art. Titel der Kardinäle. Tafel mit der Gesamtzahl aller Kirchen Roms. Über die Akademie. Beschluß.

Auch wenn meine Unzulänglichkeiten es mir nicht erlauben, E. H. in dem Maße dienlich zu sein, wie ich mir dies wünsche, so darf ich dennoch nicht versäumen, Ihnen von all dem zu berichten, was ich in den vergangenen Tagen gesehen habe. Da ich überzeugt bin, daß diese Dinge schon an sich der Erwähnung wert sind und Ihrem schönen Geist zusagen werden, wechsle ich also zunächst den Schauplatz und führe Sie aus der Stadt hinaus in einige Ortschaften und Villen der Umgebung. Anschließend will ich noch auf einiges eingehen, das bislang nicht zur Sprache gekommen ist, und daran allgemeine Bemerkungen zu Rom und Italien knüpfen. Erster Gegenstand dieses Briefes soll Frascati sein, das einst Tusculum hieß. Es liegt zweieinhalb Stunden von Rom entfernt in den Bergen und ist ein höchst anmutiges und wohlgefälliges Dorf, in dem einige römische Signori ihre Villen und Landhäuser haben.

Zu diesen Villen gehört auch Mondragone, das sich im Besitz der Familie Borghese befindet. Auf dem Weg dorthin kommt man an einem Palast vorbei, der Villa Taverna heißt und derselben Familie gehört, die sich der guten Luft wegen, die besser ist als auf Mondragone, mehrmals im Jahr dort aufzuhalten pflegt.

Der Palast ist schön, und seine geschmackvoll eingerichteten Räume sind mit guten Gemälden und Drucken geschmückt. Durch eine reizvolle Lorbeerallee steigt man den Berg hoch; am Eingang des überaus weitläufigen Palastes heißt es dann:

> Tessala quid ...

Auch die folgenden Verse kann man lesen:

> Hesperidum nostris ...

Wie geräumig dieser Palast ist, läßt sich an der hohen Zahl seiner Fenster ablesen, die sich auf beinahe 400 beläuft. In der Galerie sah ich zwei große Büsten, die Faustina und Antinoos darstellen sollen. Obwohl die Räume besser ausgestattet sein könnten, findet man immerhin Gemälde der vortrefflichsten Meister: von Caracciolo, Pietro Perugino, Tizian etc. Anschließend gelangt man in einen von Vignola entworfenen wunderschönen Säulengang mit zahlreichen Statuen und Büsten, wo auch die folgenden vier Distichen eingehauen sind, die in Teilen bereits veröffentlicht wurden:

> Haec subit ...

Selbst im Garten, der allerdings nur von mäßiger Größe ist, stehen Büsten und Statuen sowie Wasserspiele; sie scheinen sich aber schon einmal in einem besseren Zustand befunden zu haben. Man sieht dem Ganzen deutlich an, daß der gegenwärtige Besitzer an seiner Villa bei Rom, von der Sie gleich hören werden, mehr Gefallen findet als an der in Frascati. Zuvor will ich aber die Gelegenheit nützen, um ein Wörtchen über die unglückliche Mutter und Tochter aus der Familie der Cenci zu sagen; in einem der besagten Zimmer zeigte man mir nämlich ihre Bildnisse. Diese beiden Frauen schliefen in einem Raum mit dem Vater, den seine viehischen Lüste trieben, seiner Tochter Gewalt anzutun, und diese mußte die Schande über sich ergehen lassen. Daraufhin beschloß sie mit Billigung der Mutter, den Vater zu ermorden, und da den beiden Meuchelmördern, die sie in seinem Zimmer versteckt hatte, das Gewissen schlug, brachte die von teuflischen Furien gepeitschte Tochter ihrem schlafenden Vater selbst den tödlichen Stoß bei. Als Papst Paul V. davon erfuhr, ließ er beide Frauen vor der Engelsburg enthaupten.

Eine weitere Villa, die ebenfalls der Familie Aldobrandini gehört, heißt Belvedere. In ihr findet man zahlreiche Wasserspiele, insbesondere eine sehr reizvolle Wasserorgel, wo ein Kentaur und ein Faun ein treffliches Wasserduett hören lassen; der wunderschöne Kentaur bläst prächtig das Jagdhorn und der Faun die Flöte. Überaus kunstvoll ist der Parnaß, auf dem Apoll im Kreis der neun Musen thront und mit ihnen ein köstliches Konzert veranstaltet. Diese Wasserorgel ist nirgendwo beschädigt, da sie sich in einem Saal befindet; in der Mitte schwebt beständig eine Kugel in der Luft, die von einem gleichmäßigen Wasserstrahl getragen wird. Die beiden Statuen der Corinna und der Sappho mitsamt den zugehörigen Inschriften stehen zu beiden Seiten des Parnaß; an den Wandfresken sind die Taten Apolls dargestellt, und über der Innenseite der Tür steht folgendes Distichon zu lesen:

Huc ego ...

Die Villa Ludovisi ist sehr schön gelegen. Ihr Wasserfall und der Springbrunnen sind unvergleichlich, im Palast selbst findet man Büsten und Tafeln aus florentinischem Marmor. In Frascati gibt es aber auch noch andere Villen, etwa die Villa Acquaviva, die Villa Belpoggio und so fort; diese weisen allerdings kaum etwas auf, das fremde Reisende zufriedenstellen und sie dazu einladen könnte, sich länger in Frascati aufzuhalten.

Zweiter Gegenstand dieses Briefes ist Tivoli, wohin wir einen Ausflug unternommen haben; wir fanden in diesem schönen Ort ebenfalls einige sehenswerte Dinge und einzigartige Landhäuser der großen römischen Signori. Tivoli liegt 18 Meilen von der Stadt entfernt. Eine Besichtigung lohnt der natürliche Wasserfall, obschon er durchaus Furcht einflößen kann, da sich der Teverone mit solcher Macht und solchem Lärm und Getöse in die Tiefe stürzt, daß man Mühe hat, das eigene Wort noch zu verstehen; gleichzeitig verursacht er sozusagen einen anhaltenden Nieselregen, in dem sich die Sonnenstrahlen brechen, wobei zahllose Regenbogen entstehen. Das Wasser ergießt sich mit solcher Geschwindigkeit die Felsen hinab, daß man meinen möchte, unter den Tropfen sei ein Krieg um den Vorrang ausgebrochen. Falls jemandem der Sinn danach steht, mutig zu sein, dann kann er die Ruine des Tempels der Tiburtinischen Sibylle besichtigen; dies ist nicht ganz ungefährlich, weil sich der Tempel neben dem Wasserfall befindet. Wegen des Lärms, den das in die Tiefe stürzende Wasser verursacht, hieß die Sibylle einst die »Tönende«. Anschließend ging ich zur Villa d'Este, die sicherlich das Beste ist, was Tivoli aufzuweisen hat. Es gibt dort zahlreiche Altertümer zu bewundern, unter anderem acht Marmorstatuen aus der Stadt Hadrians, aber den Sälen mangelt es an Verzierungen. Immerhin wird zumindest ein Fresko von Raffaello d' Urbino jegliche Wißbegier zur Gänze befriedigen. In einer Grotte des riesigen Gartens stehen vier schöne Marmorstatuen, die leider teilweise beschädigt sind. Die Wasserspiele befinden sich in einem sehr guten Zustand, was insbesondere für den Springbrunnen gilt, der verstellbar ist und das Wasser über 50 Spannen hoch in die Luft spritzt. Auf einem Tor heißt es:

Regios Estensium ...

Wer diesen Garten besucht, muß freilich auf der Hut sein, weil sich beinahe überall unterirdische Leitungen befinden, aus denen unversehens Wasser emporschießt und die Unachtsamen durchnäßt. Die Einwohner von Tivoli sind davon überzeugt, daß ihr Ort um 100 Jahre älter sei als Rom, und haben in ihrem Wappen bis auf den heutigen Tag den alten Spruch »Superbum Tibur« bewahrt, obwohl Tivoli von seinem einstigen Glanz doch viel verloren hat. Auf dem Rückweg ins Dorf stieß ich am Marktplatz auf zwei große ägyptische Götzenstatuen aus schwarzem Granito orientale, die beide die Isis darstellen und aus der Stadt Hadrians stammen. Der Wein wird in Tivoli abgekocht, was ihn derart stark macht, daß jeder, der zuviel davon trinkt, von ihm ganz plötzlich übermannt wird und so bald nicht wieder auf die Beine kommt.

Zwischen Rom und Tivoli steht linker Hand ein mächtiger Turm, an dem ich folgende Inschrift fand:

M. Plautius ...

An dieser Straße muß man auch die Bögen eines Aquädukts durchqueren; er stammt zwar aus neuerer Zeit, ist aber dennoch ein bewundernswertes Bauwerk, und es verdrießt mich, daß mir die Zeit nicht erlaubte, die Inschrift zu kopieren. Ein wenig abseits der Straße wies man uns dann auf ein Wäldchen und einige Mauerreste hin, die angeblich von Ciceros berühmtem Tusculum übriggeblieben waren; heute hausen dort die Diebe und wilde Tiere.

Näher bei Rom liegt die Villa Pamfili, die gewiß nicht erst an letzter Stelle die Aufmerksamkeit fremder Reisender verdient. Ein weitläufiger Garten mit Obstbäumen aller Art, anmutigen Laubengängen, Wasserspielen und Büschen bietet wißbegierigen Besuchern reizvolle Anblicke. Am Brunnen befinden sich zahlreiche Basreliefs, von denen mir eines besonderes Lob zu verdienen scheint; es zeigt zwei Knaben, die mit einem Bock spielen. An den Außenwänden des Palastes, zu dem dieser schöne Garten gehört, sind viele Büsten, Statuen und Basreliefs angebracht, während sein Inneres mit Gemälden und Statuen angefüllt ist. Es gibt dort fünf Säle sowie einen Raum im Erdgeschoß, und gewiß wird niemand seinen Besuch bereuen.

Dann begaben wir uns in die Villa Borghese, die eine Viertelstunde weit jenseits der Porta Pinciana liegt. Diese Villa ist der bezauberndste und ansehnlichste Ort von ganz Italien und lohnt daher wahrhaftig, daß ich in aller mir möglichen Ausführlichkeit darauf zu sprechen komme. Die Villa wird gänzlich von einer Mauer umgeben, deren Umfang fünf italienische Meilen beträgt. Die Kosten für ihren Unterhalt belaufen sich alljährlich auf 4000 Scudi. Man findet dort schöne Wasserspiele und einen Blancone-Wald (so heißen diese Bäume) mit einer großen Zahl von Hirschen. Die Orangerie ist von besonderer

Schönheit und der Palast von gutem Geschmack und beispielloser Pracht. Außen an den Mauern oder vielmehr an den Fassaden des Palastes sind uralte marmorne Basreliefs ausgestellt, die so sinnvoll zusammenpassen, daß man schwören möchte, sie seien eigens zu diesem Zweck gemacht worden; in Wahrheit hat man sie aber alle irgendwo ausgegraben. Vor dem Eingang zum Palast stehen zwei Statuen aus Porphyr, deren Hände und Köpfe aus weißem Marmor sind. Über dem Portal erblickt man den römischen Fürsten Scipio Borghese, einen Nepoten von Papst Pius V.; er hat diesen einzigartigen Landsitz aufgebaut und alles gesammelt, was nur irgend die Wißbegier erregen kann. Man betritt zunächst einen mit Büsten und Gemälden geschmückten Saal, der von zwölf Säulen aus unterschiedlichem Marmor getragen wird. Im zweiten Saal findet man weitere Büsten, einen großen Tisch aus Probierstein und ein Basrelief mit der Venus, das eine ausgezeichnete Arbeit ist. Der dritte Saal enthält zwei Grazien, die eine Graburne tragen, einen weiteren Tisch aus Probierstein und einen lebensgroßen Neger aus Marmor. Vierter Saal: ein sehr wertvoller Fechter; eine Statue der Faustina, der Gemahlin des Marc Aurel; 16 Mädchen, die mit einem Ziegenbock aus Probierstein spielen, wobei der Sokkel aus Lapislazuli besteht. Ein weiterer Fechter, bei dem diese griechischen Worte stehen:

ΑΓΑΣΙΑΣ · ΔΟΣΙΘΕΟΥ · ΕΦΕΣΙΟΣ · ΕΠΟΙΕΙ.

Es handelt sich hierbei um den Namen desjenigen, der die Figur geschaffen hat, nämlich Agasias Dositheos aus Ephesos. Man findet dort auch zahlreiche Büsten, Säulen und schöne Gemälde; besondere Wertschätzung genießt jenes große Bild, das Herkules im Kampf gegen Antaeus, den Sohn der Erde, zeigt, den er schließlich tötet, nachdem ihm Pallas geraten hat, ihn zu umklammern und in die Luft hochzuheben. Fünfter Saal: eine Zauberin aus Probierstein, deren Hände, Kopf und Füße aus Bronze sind; sie sagt gerade die Zukunft voraus. Eine andere Statue stellt die Jagdgöttin Diana dar, die ein Kleid aus feinstem Alabastro orientale trägt; das übrige ist ganz aus Metall. Außerdem sieht man dort eine Gruppe von zwei stehenden Figuren in Lebensgröße, die offenbar Castor und Pollux darstellen. Dieser Saal wird zudem von weiteren Büsten und Gemälden geschmückt. Es schließt sich der sechste Saal oder vielmehr die Galerie an; sie enthält unter anderem einen kunstvollen Spiegel sowie die Alabasterbüste des Lucius Verus, vier schöne alte Säulen aus Porphyr mit ebensovielen Statuen und zwei Tische aus demselben Stein, auf denen zwei lebensgroße Büsten aus Marmor stehen, nämlich Paul V. und Scipio Borghese; beide entstammen dem berühmten Meißel des Cav. Lorenzo Bernini und zeugen von unbeschreiblicher Kunst. Ich stieg nun in den ersten Stock dieses einzigartigen Palastes empor, wo wir einige seltsame Dinge sahen, nämlich das Skelett eines Elephantenkopfes mit einer Abbildung dieses Tieres am Sockel sowie das Skelett eines Nilpferdes, das ebenfalls auf dem Sockel abgebildet war. Eine große antike Vase aus Marmor mit wunderbaren Basreliefs. Ein zweiter Fechter, der aber kleiner ist als der im Erdgeschoß. Der Kyniker Diogenes, eine lebensgroße Statue, von der der Saal seinen Namen hat; an der Tür stand zum Scherz eine in Lebensgröße auf eine Holztafel gemalte Dienerin. Zweiter Saal: ein Hermaphrodit, den man mir als eine kostbare Marmorstatue aus dem Altertum bezeichnete; er ruht auf einem Polster aus weißem Marmor und ist in der Nähe der Kirche Madonna della Vittoria gefunden worden, das Polster freilich hat der ruhmreiche Bernini hinzugefügt. Beide Teile sind wundervoll gearbeitet und kostbar.

Wenn man dann seine Augen den Gemälden zuwendet, so erblickt man: eine stehende Pallas, die von Tizian sein soll; eine Madonna mit dem Jesuskind auf dem Arm und dem hl. Johannes der Täufer als Kind, ein Gemälde des Passarotti; die Sage von Danae und Jupiter, ein Werk Tintorettos, sowie das Urteil des Paris von unbekannter Hand.

Im dritten Saal findet man die schöne lebensgroße Statue einer stehenden Zigeunerin aus weißem Marmor, deren Kopf, Hände und Füße aus Metall sind; sie sagt gerade das Schicksal vorher. An ihrer Vorderseite kann man folgende verstümmelte antike Inschrift lesen:

> Antonius sibi et ...

Dann kommen die Büsten von Julius Cäsar und Antoninus Caracalla. Die Statue der Venus Aphrodite. Eine Gruppe, die einen stehenden Bacchus in Begleitung des Silen darstellt. Die Statue eines Fauns. Die Wände werden von zwölf Gemälden geschmückt: einem Bildnis der Madonna mit dem Jesuskind im Arm, das nach einem Original des hl. Lukas gemacht ist. Moses, wie er als Kind in einem Korb im Nil ausgesetzt wird, ein Gemälde, das dem Bologneser Mastelletta zugeschrieben wird. Von Salviati ein hl. Georg, der zu Pferd einen Drachen tötet. Von Paolo Veronese ein Johannes der Täufer bei der Predigt in der Wüste und anderes mehr. Der Entwurf und die Nachbildung des Palastes Mondragone. All dies wird ebenso wie die sich anschließende Bibliothek in Kristallspiegeln vervielfacht, so daß sich das Auge in einer unendlichen Ferne verliert. Im vierten Raum, dem sogenannten Saal des Kentauren, erblickt man diese berühmte Marmorstatue, die ein wunderbares Werk aus dem Altertum ist. Vier Büsten des Tiberius, der Julia Augusta, Alexanders des Großen und Neros. Zu den Gemälden, die die Aufmerksamkeit auf sich ziehen, gehört auch eine Venus mit drei Nymphen auf einem Wagen; Adonis im Gespräch mit Venus; einige Nymphen; Venus mit Vulkan in der Schmiede; ein Jüngling, der nachdenklich am Boden sitzt. Im fünften Saal sind der Besichtigung wert: die Statue des Schlafs, der durch einen nackten Knaben verkörpert wird, der auf dem Rücken liegend schlummert; zwei junge Faune in Tigerfellen, die Flöte spielen; Nero als Jüngling; Tiberius Claudius ebenfalls als Jüngling. Ferner Alexander der Große im Profil auf einem Halbrelief aus Marmor. An Gemälden kann man sehen: eine von Lorenzino di Bologna stammende Diana in Jagdkleidung mit einem Hund an ihrer Seite und einem Wurfspieß in der Hand; von Caravaggio unser Herr, wie er von zwei Schergen gegeißelt wird, und anderes mehr. Es folgt nun der sogenannte

Saal der drei Grazien, einer Gruppe von drei aufrecht stehenden Mädchen, die Aglaia, Thalia und Euphrosyne heißen und die Töchter der Venus und des Bacchus sind. Dann erblickt man die Statue eines nackten Jünglings, der damit beschäftigt ist, sich einen Dorn aus der Fußsohle zu ziehen; eine Tafel aus Alabastro orientale; zwei junge Faunen. An den Wänden hängen folgende Gemälde: Julia, die Gemahlin des Pompeius M., ein Werk des Gentileschi; Herkules, der dem Stier die Hörner zerbricht; musizierende Judenmädchen, die sich über den glücklichen Durchgang durch das Rote Meer freuen, gemalt von Antiveduto; die Schlacht Konstantins des Großen gegen Maxentius, die am Ponte Milvio vor der Porta Flaminia ausgetragen wurde. Außerdem findet man in diesem Saal einen Lehnstuhl, der so beschaffen ist, daß diejenigen, die sich in ihn setzen wollen, durch bestimmte Bügel festgehalten werden. Auf diesen Saal folgt eine kleine Galerie, in der mehr als 60 Gemälde hängen, bei denen es sich um Bildnisse von Damen handelt, die alle derselben erlauchten Familie entstammen sollen. Man kann daran sehen, wie sehr sich die Kleidersitten verändern. Dann kommt der letzte Saal, in dem antike Marmorbüsten ausgestellt sind: Brutus, die Medusa, die ältere Faustina und Crispina, die Gattin des Commodus. Auch diesen Saal zieren zahlreiche Gemälde, aber dieser kurze Hinweis muß genügen.

Wenn man sich ins Erdgeschoß zurückbegibt, kann man dort noch zwei große Gruppen des Cav. Lorenzo Bernini bewundern: die eine stellt Aeneas dar, wie er seinen Vater Anchises auf den Schultern aus dem brennenden Troja trägt; Anchises hält dabei die Hausgötter, die sogenannten Penaten, in den Händen. Die andere Gruppe aus zwei Figuren stellt die Sage von Apoll und Daphne genau in dem Augenblick dar, in dem Apoll Daphne einholt und mit den Armen umschlingt, während die vom Lauf Ermüdete vor den verhaßten Umarmungen der himmlischen Gottheit nicht länger fliehen kann und deshalb darum fleht, in einen Lorbeerbaum verwandelt zu werden. Dies ist ein derart schönes Werk, daß es meine Feder gar nicht hinreichend beschreiben kann; es gehört zu den besten Arbeiten

Berninis, der hier wie nirgendwo sonst sein großes Geschick gezeigt hat. Außerdem kann man die Statue des Narziß sehen, wie er sich in den Wellen spiegelt und in sich selbst verliebt. Eine Statue der Juno und die lebensgroße Statue des David, den der Cav. Bernini in Marmor gehauen hat, wie er, nur mit einer Schleuder und einem einzigen Stein bewaffnet, gegen den Riesen Goliath antritt, genau so also, wie es die Heilige Schrift im ersten Buch der Könige beschreibt. Damit will ich meinen unvollständigen Bericht über die Villa Borghese abschließen, die ihrer Pracht und Herrlichkeit wegen bei allen fremden Nationen bis hin in die entlegensten Winkel Europas hohen Ruhm genießt. Es wäre vermessen von mir, wenn ich hier eine vollständige Beschreibung von ihr geben wollte, denn dazu wären nicht nur weit größere Kenntnisse des Altertums vonnöten, als meine es sind, sondern auch mehr Zeit, als ich zur Betrachtung der zahllosen Dinge, die Natur und Kunst dort zusammengetragen haben, aufbringen konnte. Falls Sie aber eine umfassende Beschreibung dieser Hesperiden (diesen Namen verdient die Villa mit vollem Recht) wünschen sollten, dann kann ich Sie darauf aufmerksam machen, daß Domenico Montelatici, der Aufseher über die Sammlungen der Villa, am 16. Mai des Jahres 1700 ein Büchlein veröffentlicht hat, dessen vollständiger Titel so lautet:

Villa Borghese ...

Neben den von mir beschriebenen gibt es auch noch weitere Villen, etwa die der Patrizi, Strozzi, Montalti, Medici, Mattei, Giustiniani, Chigi oder der Aldobrandini; man würde allerdings sehr viel Zeit benötigen, wenn man sie alle besichtigen wollte, so daß ich mich mit den wenigen zufriedengebe, deren Sehenswürdigkeiten wahrhaft dazu angetan sind, Sie zufriedenzustellen; den Rest aber will ich übergehen.

Ich wende mich also einem anderen Gegenstand zu. Am 1. Mai wurde im Palast des Fürsten S. Croce, des Kaiserlichen Botschafters, aus Anlaß der durch den Hausherrn vorgenommenen Verleihung des Ordens vom Goldenen Vlies an den römischen Fürsten Craon ein Fest veranstaltet, bei dem viele römische und auswärtige Nobili anwesend waren. Die Feierlichkeiten unterschieden sich kaum von denen, die bei derselben Gelegenheit vom Kaiser selbst vollzogen werden. Sie begannen um 16 Uhr, und als sie abends zu Ende gingen, wurde eine wunderschöne Serenade gespielt; anschließend gab es einen Ball und erlesene und prächtige Lustbarkeiten.

Nun will ich von der feierlichen Amtseinführung des französischen Botschafters, des Marquis S. Denis, berichten, die vor wenigen Tagen, am 24. April, stattfand, und auch erzählen, wie ihm das Konklave Audienz gewährte. Sein Gefolge bestand aus vier Kutschen mit je sechs Pferden und zehn Kutschen mit je zwei Pferden, die alle schön geschmückt waren. In der ersten Kutsche fuhr niemand mit als das Kissen, auf dem der Botschafter in der Kirche niederknien sollte. In der sehr prächtigen und prunkvollen zweiten Kutsche befand sich Seine Exzellenz; vor dieser Kutsche liefen an die 40 Diener einher, und zu beiden Seiten wurde sie von zehn Pagen und ebensovielen Schweizern begleitet, die allesamt gut gekleidet waren. In den folgenden vier oder fünf Kutschen befanden sich ausschließlich Kirchenmänner, und zum Schluß kam noch die Familie des Botschafters mitsamt einigen ausländischen Rittern. Als man inmitten der prachtvollen Kolonnade vor der großen Treppe von St. Peter im Vatikan angekommen war, wartete der Marquis solange, bis ausreichend Platz geschaffen war, damit er ohne Mühe die Kirche betreten konnte. Dort kniete er vor der Kapelle des Hl. Sakraments nieder und sprach ein kurzes Gebet; vor dem Hauptaltar wurde diese Andacht wiederholt. Der Botschafter wurde dann vom Marschall des Konklave empfangen und zu den Oberhäuptern der vier Orden geführt, denen er zunächst im Namen seines Königs sein aufrichtiges Beileid zum Tod des Papstes aussprach, anschließend äußerte er lebhaft den Wunsch, daß die gegenwärtige Versammlung der Kardinäle ein glückliches Ende nehmen möge. Damit waren die Förmlichkeiten der Audienz beendet, und nun begannen die jenseits des Gitters oder vielmehr jenseits der großen Öffnung stehenden vier Ordensoberhäupter, mit dem diesseits stehenden Botschafter alle möglichen Angelegenheiten zu besprechen. Die ganze Feierlichkeit dauerte über zwei Stunden und war schön anzusehen, obwohl das erwähnte Gefolge nur zum geringeren Teil dem Marquis S. Denis gehörte; der größte Teil stammte nämlich aus den Häusern römischer Fürsten.

Ich will nun die Gelegenheit nützen und einige Bemerkungen über das gegenwärtige Konklave mitteilen, das im Februar und folglich kurz nach dem Tod von Clemens XII. am ... vergangenen Jahres begonnen hat. Er war 80 Jahre alt geworden und ungefähr 20 Jahre lang im Amt gewesen. Da er ein prunkvolles Gefolge liebte und gleichzeitig großes Gefallen an der bürgerlichen Baukunst fand, bekam die Finanzkammer die Ausgaben derart zu spüren, daß das Kardinalskollegium nunmehr beschäftigt ist, zunächst den erschöpften Haushalt wieder in Ordnung zu bringen und die hinterlassenen Schulden zu bezahlen; erst danach kann der verwaiste Papststuhl wieder besetzt werden. Dieses Konklave findet in einer Galerie im Vatikan statt, die in ebensoviele Wohnungen verwandelt wird, als man ungefähr an Kardinälen erwartet; deren gegenwärtige Zahl beläuft sich auf 50. Jede dieser Wohnungen besteht aus drei kleinen Zimmern: eines für Seine Exzellenz, das zweite für den Sekretär und das dritte für zwei Bediente. Wenn sich die Kardinäle einschließen und mit der Wahl beginnen, dann wird ihnen ausschließlich Wasser und Brot vorgesetzt, um alles möglichst zu beschleunigen. Die Einführung jedes einzelnen Kardinals in das Konklave geschieht unter vielen Feierlichkeiten; wer aber einmal aufgenommen ist, der kann es nicht wieder verlassen, es sei denn, er ist krank. Außerdem dürfen die Kardinäle ohne Erlaubnis des Leiters außerhalb der Beratungen nicht miteinander sprechen; gegenwärtig ist dies der oberste Prälat namens Buondelmonte. Das kärgliche Mahl von Wasser und Brot gibt es von dem Zeitpunkt an, da alle versammelt sind und mit dem Wahlvorgang beginnen; bis dahin hat jeder Kardinal seinen Koch und seine Küche im Keller des Vatikan. Die Bedienten bringen die zubereiteten Speisen zur Rota, also an die Stelle, wo dem französischen Botschafter die Audienz gewährt wurde; dort wird dann alles mitsamt den Tellern, Schüsseln und Körben von besagtem oberstem Prälaten untersucht, damit kein Zettel oder sonst eine Nachricht eingeschmuggelt werden kann. Mir scheint das freilich eine reine Scharlatanerie zu sein, da diese Durchsuchungen nicht gerade streng gehandhabt werden. Währenddessen fährt das Gefolge der Kardinäle alltäglich zu Mittag in deren Kutschen vor und tut so, als wolle es die jeweiligen Herren bedienen. Diese Leute begeben sich an die Rota und händigen ihre Körbe den Bedienten im Konklave aus; anschließend ziehen sie sich wieder zurück, wobei die Kutscher merkwürdigerweise ihre Pferde mit Quasten schmücken, so als würden sich ihre Herren tatsächlich in den Kutschen befinden. Trotz alledem gibt es bei der Wahl des Stellvertreters Christi ganz gewiß nicht weniger Ränke als bei irgendeiner weltlichen Wahl. Man muß sich auch wirklich nicht darüber wundern, daß bei dieser Angelegenheit soviel Streit entsteht, da es ja um einen ziemlich leckeren und sehr ansehnlichen Happen geht. Schließlich sollen sich die Einkünfte des Papstes auf tausend Scudi pro Stunde belaufen, ganz zu schweigen von den übrigen Vorteilen und Vorrechten wie etwa dem auf eine Wache von 300 Schweizern und auf 800 Soldaten, die ausschließlich im Dienst des Papstes stehen. Außerdem ist diese Wahl für alle Potentaten Europas von Bedeutung, und jeder wünscht sich gerade denjenigen zum Papst, der ihm am meisten genehm ist. Was die eigenartigen Bräuche angeht, so gehört hierzu auch die Regelung, daß kein Papst den Namen Petrus annehmen darf, da der zweite Petrus der Antichrist sein soll. Nicht weniger merkwürdig ist es, daß die Päpste beim Sterben ihren angenommenen Namen ablegen und ihren Taufnamen zurückerhalten. Am sonderbarsten aber ist es, daß der Papst, wenn er gestorben ist, gefragt wird: »Papa Clemente XII, vivis?«; wenn er darauf keine Antwort gibt, dann ruft man ihn ein zweites Mal, nun aber mit seinem Taufnamen, etwa »Friderice, vivis?«. Wenn er dann immer noch schweigt, so erklärt derjenige, der gefragt hatte: »Non respondet, ergo mortuus est.« Daraufhin beginnt man mit dem Absingen eines bestimmten Psalms, und im selben Augenblick werden die Zimmer des Palastes verschlossen, so daß es nicht wahrscheinlich ist, daß die Nepoten nach dem Tod des Papstes tatsächlich das Vorrecht genießen, drei volle Tage lang sämtliche Räume zu plündern; sollten sie Lust verspüren, sich am beweglichen Hab und Gut ihres Onkels zu bereichern, dann werden sie damit wohl kaum bis zu diesem Augenblick gewartet haben. Ebenso merkwürdig ist das Märchen, daß kein Papst vor einem Bildnis eines Heiligen niederkniet, das Allerheiligste Sakrament ausgenommen, was man damit begründet, daß er sie ja selbst heiliggesprochen hat.

Von einer weiteren Besonderheit, die während der Vakanz des päpstlichen Stuhls zu beobachten ist, will ich ebenfalls noch berichten. In dieser Zeit darf nämlich nach zwei Uhr niemand die Engelsbrücke überqueren, es sei denn, er trägt das sogenannte Bastoncino bei sich; hierbei handelt es sich um ein hölzernes Täfelchen mit dem Wappen des Kardinalvikars, unter dessen Schutz man lebt.

Gar zu groß ist die Duldung und Freiheit, die man den Schurken gewährt, die gleichsam nach Gutdünken über das Leben anderer verfügen können, ohne daß man ihnen streng nachstellen und sie gebührend bestrafen würde. In Italien herrscht deshalb nur wenig Gerechtigkeit, die für unsere Welt doch so nötig, ja heilsam ist. Wer wüßte nicht von den Verbrechern, die »buli« genannt werden und sich für wenig Geld kaufen lassen? Wenn diese ihren teuflischen Auftrag ausgeführt haben, dann ziehen sie sich hinter der Grenze zurück, und der Auftraggeber selbst oder sonstige Freunde suchen einen Beschützer, unter dessen Schirm sie sicher sind. In der Zwischenzeit wird zwar das Verbrechen untersucht, der Urheber jedoch bestenfalls zur Zahlung einer bestimmten Summe verurteilt. Gelegentlich kommt es aber auch vor, daß beide, der Angreifer und sein Opfer, ums Leben kommen. Die Mörder entgehen ihrer Strafe allerdings nicht immer, denn manchmal will man ein Exempel statuieren; aus diesem Grund wurde vor wenigen Monaten ein Verbrecher auf eine Art und Weise hingerichtet, die man bei uns nicht kennt. Der Übeltäter wird zur Hinrichtungsstätte geführt, wo man ihm die Augen verbindet; sobald er sich niedergekniet hat, tritt der Henker zu ihm hin und versetzt ihm mit einem eisenbeschlagenen Stock einen Hieb gegen die Stirn, während ihn ein anderer beim Schädel packt und ihm mit einem Dolch das Herz durchbohrt. Daraufhin wird er geviertelt, um die Teile entlang der Hauptstraße aufzuhängen. Diese Todesart heißt »mazzuola« und gehört zu den schrecklichsten. Jener Mörder hatte sechs Menschen umgebracht und war zudem von niedrigster Abkunft, so daß man wohl sagen kann: »Vexat censura columbas«. Gelegentlich sind die Podestà sogar übermäßig streng und verurteilen jemanden, der nur eine Kleinigkeit gestohlen hat, zum Galgen, ohne die näheren Umstände zu untersuchen. Auch das öffentliche Verhalten der Italiener hat seine Mängel, denn jeder benimmt sich so, wie es ihm beliebt. Hierzu gehört unter anderem die Schmutzigkeit, in der die Italiener, wie es den Anschein hat, alle anderen mir bekannten Nationen übertreffen.

Gar zu auffällig, als daß man sie mit Schweigen übergehen könnte, ist die Faulheit der römischen Bauern. Ich traf in den schrecklichen Bergen des Apennin zahlreiche Bauern, die mir auf meine Frage hin antworteten, sie kämen aus Rom; als ich mich erkundigte, was sie getan hätten, sagten sie mir, sie hätten dort die Felder bestellt. Man hatte sie also 30 oder 40 Meilen weit hergeholt, um durch sie die Feldarbeit erledigen zu lassen. Wir sündigen bei uns zu Hause freilich genauso, wenn wir die Erntearbeiter aus Hessen kommen lassen, damit sie unser Heu und Getreide einbringen, so als wären unsere Bauern nicht in der Lage, dies selbst zu erledigen und sich ihr Brot zu verdienen.

Schließlich will ich noch auf ein Vorrecht zu sprechen kommen, das den Kardinälen zusteht; wenn sie nämlich an einem Ort vorbeikommen, wo ein Verbrecher zur Hinrichtung geführt wird, dann rettet ihre Anwesenheit diesen vor der Todesstrafe. Die Kardinäle sind jedoch darauf bedacht, sich in keiner der Gassen sehen zu lassen, durch die ein Übeltäter gehen muß.

Zum Vorteil des Volkes wird auf dem Markt für alle Lebensmittel ein bestimmter Preis festgesetzt, damit niemand betrogen werden kann. Wenn aber die Nepoten des Papstes Waren losschlagen wollen, dann kann dies zuweilen sehr nachteilig werden, da diese den Preis so festsetzen, wie es ihnen beliebt, das heißt besonders schlecht, so daß niemand mehr seine Ware verkaufen kann, bevor nicht jene die ihrigen an den Mann gebracht haben.

Lassen Sie mich nun über den gegenwärtigen römischen Senat und seine Macht ein paar Worte sagen; dann will ich noch einige Bemerkungen über die Sacra Rota anfügen und schließlich über die Mitglieder des Senats sprechen. Was ersteres angeht, so ist hinlänglich bekannt, daß die Bedeutung des römischen Senats heutzutage nicht mehr dieselbe ist wie in vergangenen Zeiten, insbesondere während der freien Republik, als er eine sehr weitreichende Macht besaß, die allerdings durch die Freiheit des Volks eingeschränkt wurde. Nachdem das Volk Tarquinius Superbus verjagt und somit der Königsherrschaft ein Ende gemacht hatte, konnte der Senat insbesondere die Gesetze beschließen. Es gab damals Prätoren für die römischen Stadtbürger und solche für die Nichtrömer; außerdem hatte man Konsuln, die die Königswürde jeweils für die Dauer eines Jahres ausübten und deren erster Junius Brutus war; ferner gab es Volkstribunen, Quästoren, Ädilen, Zensoren, Triumvirn, Präfekten, Centumvirn, in gefahrvollen Zeiten einen Diktator und noch weitere, untergeordnete Ämter. Sie hatten die uneingeschränkte Macht, Strafen aller Art zu verhängen oder auch Freisprüche zu gewähren, wenn ihnen dies angemessen und gerecht erschien. Dieser Zustand aber hat sich schon vor langer Zeit geändert. Die wichtigsten Personen, die den Magistrat bilden, sind der Senator, drei Konservatoren und ein Prior. Ihre Gerichtshoheit ist jedoch weit weniger umfassend, da sie sich nur mit geringeren Verbrechen befassen dürfen; die sogenannten großen Verbrechen werden hingegen vom Gouverneur der Stadt verhandelt, und zwar auf Befehl des Papstes, der auf diese Weise eine doppelte Person darstellt, eine kirchliche und eine weltliche. Die Ämter werden deshalb ausschließlich durch seine

Heiligkeit vergeben. Stirbt ein Senator oder einer der Konservatoren, dann wird ganz allein durch den Papst, und zwar nach dessen Gutdünken, ein Nachfolger bestimmt, wobei es gleichgültig ist, ob es sich um einen Römer oder um einen Auswärtigen handelt. So ist der gegenwärtige Senator ein Graf Bielke aus Schweden, ein überaus tüchtiger Mann, dem dieses Amt zur Belohnung dafür übertragen wurde, daß er die päpstliche Religion angenommen hatte. Dieser Graf liegt nun mit dem Kardinalskollegium ständig im Streit, da dieses seines Erachtens die Rechte und Befugnisse des Senators zunehmend beschneiden will. Man sieht daran, wie sehr diese Rechte aufgrund der Nachlässigkeit seines Vorgängers geschmälert worden sind. Gelegentlich leben der Glanz und die Macht des Senators allerdings wieder auf; wenn er nämlich während der Sedisvakanz das Kapitol verläßt, dann wird er zu beiden Seiten der Kutsche von Soldaten begleitet. Dies mag aber mehr seiner Sicherheit wegen geschehen, weil der Pöbel während dieser Zeit besonders unruhig ist und sehr zum Aufruhr neigt; jedermann darf dann die Stadt betreten, und da beim Tod eines Papstes auch die Gefangenen freigelassen werden, ist Rom voll von Verbrechern. Um diesem gefährlichen Brauch ein wenig entgegen zu steuern, werden die Schwerverbrecher sofort nach dem Tod des Papstes in die Engelsburg gebracht; außerdem stellt man vor den wichtigsten Häusern Wachen auf, so zum Beispiel vor dem des Prätendenten, aller Botschafter und der Fürsten. Desgleichen werden alle zum Vatikan führenden Straßen mit Ketten und Gattern abgesperrt, die man erst wieder entfernt, wenn der neue Papst den verwaisten Stuhl eingenommen hat. Übrigens steht dem Senator in der Regel ein Teil des Kapitols als Wohnung zur Verfügung. Für bürgerliche Streitsachen gibt es drei Instanzen, anschließend kann man noch die Rota Romana anrufen, über die hinaus es keine Einspruchsmöglichkeit mehr gibt, da sie das oberste Gericht darstellt. Die Strafgerichtssachen sind in der bereits erwähnten Weise zwischen dem Gouverneur und dem Senator aufgeteilt.

Die gelehrten Reisenden sprechen in ihren Werken mit großer

Achtung von den Mosaiken in S. Marco zu Venedig. Diese sind aber, mit Verlaub, noch gar nichts, wenn man sie mit denen vergleicht, die es in Rom zu sehen gibt. Insbesondere die Mosaiken in der Peterskirche bezaubern ihrer einzigartigen Kunst wegen die Betrachter und versetzen jedermann in Staunen und Bewunderung, da man sie eher für Ölgemälde als für zusammengesetzte Steinchen halten möchte. Ich war daher begierig, die Werkstatt zu sehen, wo solche Mosaiken hergestellt oder vielmehr zusammengefügt werden, und fand dort unter den Händen eines solchen Meisters eine halbfertige Madonnenbüste. Als ich fragte, wie lange es noch dauere, bis diese prachtvolle Arbeit vollendet sei und wie teuer sie bezahlt würde, lautete die Antwort: zwei Jahre, und 600 Scudi für die ungefähr drei Spannen große Madonna. Davon abgesehen findet man aber auch noch andere und nicht weniger schöne Sachen, nämlich Fächer, die derart kunstvoll bemalt sind, daß man ihresgleichen andernorts nur schwerlich finden dürfte. Sollte jemand sechs Zechinen und mehr ausgeben wollen, dann ist er gut beraten, wenn er sich in Neapel Stöckchen aus Schildpatt kauft, die mit Gold und Perlmutt besetzt sind; er wird gewiß etwas wahrhaft Schönes mit nach Hause bringen.

Mein Cicerone oder vielmehr Antiquar, der sich auf sein Handwerk bestens verstand, sprach mit solcher Geläufigkeit über die römischen Altertümer, als hätte er selbst in diesen längst vergangenen Zeiten gelebt und wäre gar bei der Entstehung vieler vortrefflicher Werke dabei gewesen. Er steigerte sich in einen solchen Taumel hinein, daß er allerorten Dinge vorzeigen wollte, von denen nicht die geringste Spur übriggeblieben war; der einzige Zeuge, auf den er sich dabei stützte, war er selbst. Da ich letztlich merkte, daß es ihm an den Grundlagen keineswegs fehlte und daß seine Erzählungen meinen Absichten durchaus zupaß kamen, so würde ich diesem Ehrenmann Unrecht tun, wenn ich hier seine Neuentdeckungen verschweige. Als er mich nämlich auf den Esquilin führte, zeigte er mir das Gelände, wo einst der prächtige Palast des Maecenas gestanden hatte. Dieser Maecenas war ein großer Förderer und

Beschützer der Gelehrten und Künstler, insbesondere der Dichter, an deren Gesellschaft er große Freude hatte; er bewirtete und beschenkte sie so reichlich, daß es seitdem üblich ist, alle diejenigen Mäzene zu nennen, die in ähnlicher Weise solche Männer aufnehmen und ihnen Wohltaten erweisen. Besagter Maecenas war ein römischer Ritter und stammte von etruskischen Königen ab; sein Vater hieß Menodoros, sein Großvater Menippos, und sein Urgroßvater war der etruskische König Ceicha. Es steht daher außer Frage, daß sich die erste Ode des Horaz auf eben diesen Maecenas bezieht; sie beginnt so: »Maecenas atavis edite Regibus« etc. Dieser wollte weder zu höherer Würde noch in einen höheren Rang aufsteigen, obwohl ihm das nicht schwergefallen wäre, da ihm Kaiser Augustus sehr wohlgesonnen war; vielmehr wollte er in möglichst großer Muße die Gesellschaft seiner Dichter und der sonstigen klugen und geistreichen Freunde genießen. Er teilte mit diesen sogar einen Großteil seines beträchtlichen Vermögens.

Berossos, der chaldäische Schriftsteller, einer der ältesten überhaupt, schreibt, daß Noah im Jahre 2006 nach Erschaffung der Welt in Rom gestorben und begraben worden sei und daß man ihm nach seinem Tod einen Tempel errichtet habe, in dem eine Statue mit zwei Gesichtern stand; sie sollte die beiden Zeitalter verkörpern, die Noah erlebt hatte, und zwar das eine vor und das andere nach der Sintflut. Dieser Schriftsteller bezeichnet auch die Stelle, wo das Grab lag, nämlich am Fuß des Gianicolo, und er will sogar wissen, daß Noah dort einen Weinberg gepflanzt habe, als er nach einer langen Fahrt um die ganze Welt schließlich nach Rom gelangt war. Ferner behauptet er, daß »Janus« auf Aramäisch »Weinbringer« bedeute. Das ist aber alles bloßes Geschwätz, und kein einziger Römer rühmt sich dieses Grabes, was man nur zu gern tun würde, wenn es auch nur den Schatten von Wahrscheinlichkeit hierfür gäbe, von Gewißheit ganz zu schweigen.

Ich bin überzeugt, daß ich nun zu einem Gegenstand komme, der Ihnen lieb ist, da ich doch um Ihre Neigung für die Naturgeschichte weiß. Ich habe gestern eine große Zahl von Marmor-

und Alabasterproben gekauft; es handelt sich insgesamt um 102 Stücke, die nicht nur aus allen Teilen Italiens, sondern sogar aus dem Orient stammen. Jede dieser Proben ist einen Finger lang, zwei Finger breit und so dick wie ein Messerrücken. Sie sind alle gleich geschnitten, auf der einen Seite poliert, auf der anderen hingegen unbearbeitet; man versicherte mir auch, daß keine der vielen verschiedenen Sorten dieser Gesteinsarten fehlen würde. Diese Sammlung ist etwas wahrhaft Schönes und wäre würdig, in ein Naturalienkabinett aufgenommen zu werden. Zwar gibt es in verschiedenen Gegenden Deutschlands ebenfalls Marmor, aber der Unterschied sowohl hinsichtlich der Härte und Feinheit als auch hinsichtlich des Glanzes und der Farben ist riesengroß. Diese Steine kann ich Ihnen natürlich erst nach meiner Rückkehr zeigen, und so müssen Sie sich einstweilen mit den hier aufgeführten Benennungen zufriedengeben:

1. Marmo statuario.
2. Giallo schietto antico.
3. [...]

Als ich mich mit diesen Steinen beschäftigte, schien es mir ein leichtes, eine ganze Kirche damit auszukleiden. Man brauchte nur an den Wänden Platten zu befestigen, die in derselben Weise zugeschnitten sind wie meine Proben, wobei es jeweils auf die Umstände und das Geld ankäme, wie dick sie sein müßten.

Es scheint mir nun zweckmäßig, auf die Titel und die Zahl der Kardinäle zu sprechen zu kommen, aber nicht um Sie zu belehren, was eine Torheit wäre, sondern um mich Ihnen gegenüber in jeder Hinsicht als dienstfertig zu erweisen. Insgesamt gibt es 70 Kardinäle, von denen die ersten sechs keine Diözese haben, da sie Bischöfe von privilegierten Bistümern sind. Im einzelnen sieht das so aus: der erste ist Dekan des Hl. Kollegiums und Bischof der nunmehr zusammengeschlossenen Kirchen von Ostia und Velletri; der zweite kommt aus Selva Candida und Porto Romano, die heutzutage ebenfalls zusammengeschlossen sind; der dritte kommt aus Sabina, der vierte aus Palestrina und der fünfte aus Tusculum, das heute Frascati heißt; der sechste und letzte kommt aus Albano. Außerdem gibt es 51 Kardinäle und 13 Diakone, was zusammen 64 ausmacht. Zählt man die oben erwähnten sechs Bischöfe hinzu, dann ergibt sich als Gesamtzahl 70 und nicht 72, wie man gemeinhin annimmt, so daß die Zahl also nicht ebenso hoch ist wie die der Jünger Christi. Dieser weitverbreiteten Ansicht widerspricht auch eine Bulle von Sixtus V., derzufolge die Kardinäle den 70 Weisen gleichen, die Moses auf Befehl Gottes zu Stellvertretern und Mitregenten des Volkes Israel erwählte und denen Gott zu diesem Zweck die Sehergabe verlieh, wie man im 4. Buch der Numeri, Kapitel 11, Vers 24, nachlesen kann. Wenn wir aber jene beiden Alten hinzurechnen, die ebenfalls vom prophetischen Geist erfüllt waren, wovon der 25. Vers spricht, dann steigt die Zahl der Weisen auf 72, so daß der Vergleich von Sixtus V. ganz offenbar hinkt, da die Zahl der Kardinäle ebensowenig auf jene Alten wie auf die 72 Jünger unseres Herrn paßt. Was mich angeht, so halte ich es für wahrscheinlicher, daß man ursprünglich letztere nachahmen wollte und an jene Weisen gar nicht dachte, so wie man ja auch den Meister der Jünger nachahmen will. Da man aber später mehr Übereinstimmung zwischen den betagten Kardinälen und besagten alten Mitregenten des Volkes Israel als mit den das Evangelium predigenden Jüngern fand, hat man wohl die neue Auslegung angenommen und die alte verworfen.

Wahrlich hoch und geradezu unglaublich ist die Zahl der Kirchen in dieser göttlichen Stadt, die man die Heilige nennt und die einst als die große Überwinderin der Welt bezeichnet wurde. Deren Zahl beläuft sich nämlich auf 360; fünf davon sind Patriarchalkirchen, vier Hauptbasiliken und 90 Pfarrkirchen, von denen aber nur 24 das Recht der Taufe haben. Letzteres hat Papst Pius V. so festgesetzt, damit dieses Sakrament mit größerer Andacht gespendet wird und weil die berühmten Kirchen günstiger sind und größeren Zulauf an Gläubigen haben. Darüber hinaus gibt es in Rom zahlreiche Kollegien für Ordens- und Weltgeistliche, Klöster für Mönche und Nonnen, öffentliche und private Hospitäler und in Säcke gekleidete Bruderschaften sowie Kollegien für Schüler und Studenten. Man sieht hieran, daß die Stadt ungeheuer groß ist und eine sehr hohe Einwohnerzahl hat.

Bevor ich diesen Brief schließe, will ich noch erwähnen, daß es in Rom ebenso wie in anderen Städten Italiens gewisse Gesellschaften oder vielmehr Akademien gibt, die von gelehrten Männern gegründet wurden. Die verschiedenen Namen, die man ihnen gegeben hat, sind größtenteils sehr wunderlich und ohne Sinn; was aber den Hauptzweck dieser Akademien angeht, so tragen sie offenbar alle zur Verbesserung der schönen Wissenschaften bei. In Rom gibt es davon vier, die folgendermaßen heißen: Umoristi, Lincei und Fantastici; letztere halten im Kloster der Kirche SS. Apostoli öffentliche Sitzungen ab, und darüber hinaus lassen diese geistvollen Köpfe derzeit ein Buch mit ihren Gedichten drucken. Als vierte sind schließlich die Arkadier zu nennen.

Nun bin ich also mit meinem getreuen Bericht von den namhafteren Sehenswürdigkeiten der gegenwärtigen und zum Teil auch der alten Stadt Rom an ein Ende gelangt und habe folglich zur Genüge Kirchen, Plätze, Klöster, Tempel, Hospitäler, Circusse, Paläste und Bibliotheken etc. besichtigt. Das soll freilich nicht heißen, daß es nicht noch manches gäbe, das der Aufmerksamkeit ebenso wert wäre wie das von mir Erwähnte; diese Stadt ist nämlich derart überreich an lohnenden Dingen, daß man unmöglich über alles Rechenschaft ablegen kann. Zumindest würde man mehr Zeit brauchen als mir zur Verfügung stand, um auch von dem übrigen noch ein gut Teil zu erhaschen und des besonderen Lobes und Beifalls auch wahrhaftig würdig zu werden, die Sie mir in Ihrem letzten Brief bezeugen und die mein schwaches Herz erröten lassen, das Ihnen gänzlich zugeneigt ist und nichts sonst begehrt, als Ihnen ewig zu Diensten sein zu dürfen als

E. H.

untert. Diener.
N. N.

## XXXIV. Brief

Florenz, am 18. Mai 1740

Vorbemerkung Storta. Bracciano. Monterosi. Ronciglione. Montagna di Viterbo. Viterbo. Montefiascone. Bolsena. Acquapendente. Montepulciano. Radicofani. Buonconvento. Siena. Livorno. Pisa. Lucca. Pistoia. Beschluß.

Da mir seit meiner Abreise aus Rom nur wenig Ruhe vergönnt war, sah ich mich gezwungen, die Ihnen zugedachten Briefe bis zur Ankunft in Florenz gestern abend aufzuschieben. Damit mich E. H. aber nicht der Nachlässigkeit zeihen, will ich nun nicht länger säumen und wie gewohnt über alles Rechenschaft ablegen, was mir auf der Reise begegnet ist. In Anbetracht ihrer Vortrefflichkeit auf allen Gebieten habe ich jene ruhmreiche Stadt am 4. Mai mit Wehmut und der Gewißheit verlassen, daß ich für immer auf eine genauere und folglich auch vollständigere Untersuchung verzichten mußte, so daß ich Ihre und meine Wünsche also nur zum Teil und nur unvollkommen befriedigen konnte. Ich habe jedoch getan, was mir meine Fähigkeiten und die kurze Zeit, die ich dort verbrachte, erlaubten, und darf mir daher schmeicheln, daß ich mir wenigstens soweit einen Eindruck vom Ganzen erworben habe und damit vertraut geworden bin, daß es später ein leichtes sein wird, die verbliebenen Lücken zu schließen, vor allem dann, wenn ich die Berichte anderer Schriftsteller hinzuziehe. Schließlich weiß ich nur zu gut, daß einer allein nicht alles ausgraben kann, ohne den anderen nicht doch etwas übrigzulassen. Wie unbedeutend meine Beobachtungen auch immer sein mögen, so bin ich dennoch überzeugt, daß sie vieles ans Licht gebracht haben, das bislang unbekannt war und das man in anderen Berichten vergeblich suchen würde. Damit ich aber nicht dem Laster des Eigenlobs anheimfalle, sollen Sie als der rechtmäßige und fähigste Richter das Urteil sprechen, inwieweit diese Behauptung der Wahrheit entspricht, indem Sie meine überaus bescheidenen Blätter mit den anderen einschlägigen Schriften vergleichen.

Lassen Sie mich nun berichten, daß ich auf dem Weg nach Florenz über Storta, Bracciano, Monterosi, Ronciglione und Montagna di Viterbo reisen mußte; alle diese Orte sind Poststationen, das kleine Dorf Ronciglione ausgenommen, das der Familie Borghese gehört, wie das Wappen an den Türen anzeigt. Schließlich erreiche ich Viterbo, das die Hauptstadt des von der Gräfin Mathilde dem päpstlichen Stuhl geschenkten Gebietes und zugleich die Vaterstadt des verlogenen Dominikanermönchs und Geschichtsschreibers Giovanni Annio ist. Viterbo ist von mittlerer Größe, überwiegend aus Stein erbaut und wird von einer Mauer umgeben; außerdem ist es mit viereckigem Felsgestein gepflastert.

Einst war Viterbo eine namhafte Stadt, dennoch genießt es heute trotz seiner vielen Bewohner kein großes Ansehen mehr. Die Kürze meines Aufenthalts gestattete mir zwar keine langen Besichtigungen, aber ich konnte immerhin dem Rathaus einen flüchtigen Besuch abstatten und fand dabei verschiedene Inschriften. Hier sind einige:

Hanc Fanum ...

Dem läßt sich entnehmen, daß die Stadt eigentlich aus vier Städten entstanden ist und deswegen lateinisch Tetrapolis hieß; ihre Bewohner nannte man »Quaterni Populi«. Eine andere Inschrift spricht von der bereits erwähnten Schenkung der Mathilde:

Aeternae memoriae ...

Die Gültigkeit dieser Schenkung ist noch immer umstritten: die einen sagen, sie sei gültig, während sie die anderen für eine Fälschung ansehen. Einstweilen hat freilich der Besitzer den Nutzen: »Beati possidentes«. Gewiß gibt es, beim heutigen Stand der Dinge, auch gar keine Möglichkeit mehr, den der römischen Kirche zugefallenen Besitz wieder zurückzunehmen.

Dies war nicht einmal unter der deutschen Herrschaft möglich, obwohl man die Ungültigkeit besagter Schenkung mit unwiderlegbaren Beweisgründen und Zeugnissen dargelegt hatte.

Nach Viterbo erreichten wir Montefiascone, eine armselige kleine Stadt, deren Name von dem Berg herkommen soll, auf dem sie liegt und dessen Gestalt einer Flasche ähnelt. Diese Herleitung beruht aber auf bloßer Einbildung, da sich der Name viel wahrscheinlicher auf die Falisker bezieht, auf ein Volk, das einst in dieser Gegend lebte, wie auch eine Inschrift am Stadttor bezeugt:

> Colonia Falisca arcis orta quae cognominatur hetruscorum.

Meine Herberge lag außerhalb der Stadt, nicht weit von der Kirche S. Flaviano entfernt, die für ein Grab berühmt ist, in dem die Asche eines Fremden ruht, der krank wurde und starb, weil er dem Muskatellerwein zu sehr zugesprochen hatte. Dieses Grab befindet sich am Boden vor dem Hauptaltar, ist jedoch schon derart abgetreten, daß sich die Schrift kaum entziffern läßt, zumal es sich um gotische Buchstaben handelt. Wenn man scharfe Augen hat, kann man folgendes noch erkennen:

> Est est est ...

Man sagt, es sei ein Deutscher gewesen, aber das beruht wohl auf dem Vorurteil, das die Italiener von uns haben:

> Germani possunt ...

Man behauptet sogar, der Tote entstamme der Augsburger Familie der Fugger, doch das soll mich nicht bekümmern. Das Wappen, das ich dort fand, schien einen Löwen mit drei Balken sowie zwei Bechern zu beiden Seiten darzustellen. Die ganze Grabplatte ist derart abgenützt, daß man schon Luchsaugen haben müßte, wenn man noch etwas erkennen wollte, und die gotische Inschrift ist wahrhaftig nicht mehr zu entziffern. Die ganze Geschichte beruht also nur auf mündlicher Überlieferung, die ich hier lieber nicht wiederholen möchte, da es sich ja um ein sehr bekanntes Märchen handelt.

Was den Wein von Montefiascone angeht, der so große Gewalt hatte, so ist er zwar nicht schlecht, aber auch wiederum nicht so vortrefflich, daß er besagte Überlieferung bestätigen könnte. Seine Farbe spielt ein wenig ins Gelbliche, und der Geschmack ist süßsauer. Kurz und gut: es handelt sich um einen feurigen, prickelnden und öligen Muskateller, der sich nicht lange hält und deshalb auch nicht geeignet ist, in andere Länder verschickt zu werden. Die Poststation Bolsena, einen elenden Ort, könnte ich gut und gern mit Schweigen übergehen, wenn es dort nicht doch etwas gäbe, das der Erwähnung wert ist. Unter Papst Urban IV., der in Bolsena residierte, soll sich nämlich ein Wunder mit einer Hostie ereignet haben, das viel dazu beitrug, daß das Fronleichnamsfest eingesetzt wurde. Johannes Diestimius Blaer erzählt davon folgendes: »Sacerdos quidam...«. Die erste Feier des Fronleichnamsfestes hat in Lüttich stattgefunden, wo die fromme und abergläubische Jungfrau Juliana mit ihren Traumgesichten den ersten Grundstein dazu legte. Papst Urban hat dann im Jahre 1264 dieses Fest allgemein eingeführt. Auf dem Weg nach Bolsena reist man beständig am Ufer eines höchst anmutigen Sees entlang, der denselben Namen trägt. Er hat einen Umfang von 40 Meilen und besitzt zwei ziemlich große Inseln, die zur Zeit des Plinius frei herumschwammen, heute jedoch festen und verläßlichen Grund haben. Auf diesem Weg trifft man öfters auf Seen, aber den, der einem Theater ähneln soll, habe ich vergeblich gesucht.

Hinter Acquapendente, das trotz seines ärmlichen Aussehens ein Bischofssitz ist, gelangt man dann zu einer Brücke von der ich folgendes Distichon kopierte:

    Omnia dic...

So schön diese Worte auch klingen mögen, so sehr empfindet doch jeder beim Anblick der ausgebesserten Straße das Gegenteil, doch die Stöße, denen man in den Sedien ausgesetzt ist, sind wenigstens ein gutes Heilmittel gegen die Hypochondrie.

Über den Wein von Montepulciano, einen der besten Italiens, will ich nur sagen, daß die Stadt dieses Namens zwischen

Acquapendente und Radicofani, nicht weit von Perugia nach Norden zu, liegt. Lateinisch heißt die Vaterstadt von Angelo Poliziano und Kardinal Bellarmino »mons politianus«.

Als ich am 7. Mai in Radicofani ankam, waren die Berge von Santa Fiora mit Schnee bedeckt. Die Stadt ist an den Hang des Berges gebaut, auf dessen rauhem und unwegsamem Gipfel die nach alter Art befestigte Zitadelle steht. Diese scheint in den Lüften zu liegen und läßt jeden Betrachter über den seltsamen Einfall staunen, daß man dort gleichsam über den Wolken bauen wollte. Einen elenden Anblick bietet die Gegend um Radicofani, so wie überhaupt alle Straßen im Kirchenstaat dem Reisenden viel Ungemach verursachen. Abgeholzte und unfruchtbare Berge und Ebenen, die kaum wildes Gras hervorbringen: dieser nur nachlässig bearbeitete und bestellte Boden ist nicht zuletzt die Folge des unerträglichen Jochs, unter dem die Bauern schmachten. Daher kommt es auch, daß die Reisenden in den Gasthäusern in jeder Hinsicht unzulänglich bewirtet werden. Ebensowenig kümmert man sich darum, die Straße in Ordnung zu halten, die im höchsten Maße schlecht, steinig und sogar gefährlich ist, so daß man bei jedem Schritt einen Sturz befürchten muß.

Es führt dort auch die Konsularstraße Via Aemilia vorbei, die aber trotz ihres hohen Alters nicht verdient, zu denjenigen Altertümern gerechnet zu werden, die ihren Urhebern immer noch Ehre machen. Die Päpste würden wahrlich ein sehr gutes Werk tun, wenn sie diese Straße, ich will nicht sagen bequem, aber doch zumindest weniger gefährlich machen ließen. Zu allem Überfluß gibt es dort Wildbäche, die bei Regenwetter das Reisen noch beschwerlicher machen, weil sie den Fremden Angst und Schrecken einjagen, wenn sie aus den Bergen herabstürzen. Bevor man Radicofani erreicht, erblickt man auf einem Hügel ein alleinstehendes Haus, das Torricella heißt. Es gehört dem Herzog von Toskana und ist der erste Ort in seinem Herzogtum. Die dortige Wirtin, die mit den hohen Abgaben an den derzeitigen Herrn nicht zufrieden war, beklagte sich sehr.

Die vorletzte Station vor Siena heißt Buonconvento, das aus der Geschichte bekannt ist, weil dort der Dominikanermönch Bernhard von Montepulciano Kaiser Heinrich VII. mit einer Hostie vergiftete, die er ihm beim Hl. Abendmahl reichte. Der Kaiser starb im Jahre 1313.

Obwohl sich der Orden über alle Maßen Mühe gab, seinen Mitbruder von einer solchen Schandtat reinzuwaschen, hat sich die unparteiische und ehrbare Welt von den damals verbreiteten Beweisgründen nicht überzeugen lassen. Von Buonconvento ab genießt man allmählich einen schöneren Blick auf die überaus fruchtbare Landschaft, wo Weinstöcke und Olivenbäume schnurgerade wie in Alleen gepflanzt sind, was einen sehr reizvollen Anblick bietet.

Als wir am 8. Mai in Siena, einem Erzbischofssitz im Herzogtum Toskana, ankamen, tat es zuerst not, daß wir uns ein wenig von der Kälte erholten, unter der wir vor allem auf den anmutigen und fruchtbaren Hügeln vor der Stadt zu leiden gehabt hatten, wo die Winde mit unbeschreiblicher Gewalt bliesen. Ich schämte mich deshalb gar nicht, ganz nahe an den Kamin zu rücken. Das laufende Jahr zeichnet sich in der Tat durch einen äußerst harten Winter aus, dessen Strenge noch immer andauert, so daß jedermann darüber klagt. Auch wir wurden unterwegs von Regen, Wind, Hagel und Schnee heimgesucht, von allen nur erdenklichen Unannehmlichkeiten also, und haben bislang kaum etwas vom lieblichen Mai genossen. Ich wollte diesen Umstand deshalb erwähnen, weil er für Italien sehr selten ist; wenn es öfters vorkäme, dann würde es auch bald an Brennholz mangeln. Nachdem ich mich wieder etwas aufgewärmt hatte, begann ich meinen antiquarischen Rundgang durch die Stadt und richtete meine Schritte geradewegs zum großen Platz, der Brenda heißt. Er ist rund oder vielmehr muschelförmig und hat, wenn wir unserem Cicerone Glauben schenken wollen, die Gestalt irgendeines, mir allerdings gleichgültigen Mantels. Genug, er ist schön und senkt sich kaum merklich zur Mitte hin, so daß man ihn unter Wasser setzen kann, um damit ebensowohl Brände zu löschen als Seeschlachten abzuhalten. Abends dient er außerdem den Kutschen und Fußgängern zur Promenade.

Anschließend besuchten wir den Dom, der zwar alt und gotisch, aber nichtsdestoweniger ein vortreffliches Bauwerk ist. Innen wie außen ist er nämlich mit verschiedenfarbigem Marmor verkleidet, und vor allem ist er fertiggestellt, was ganz ungewöhnlich ist. Zu beiden Seiten des Eingangs erblickt man zwei Gemälde von Calabrese und Trevisani. Der Fußboden besteht ebenfalls aus Marmor, und vor dem Hauptaltar befindet sich ein Chiaroscuro-Mosaik aus großen Steinen, das verschiedene biblische Geschichten darstellt und sorgfältig mit Brettern abgedeckt ist. Auch die Kanzel lohnt eines Blickes, da sie kunstvoll aus Marmor gearbeitet ist und von neun Säulen aus Granito orientale getragen wird. An den Pilastern findet man die zwölf Apostel aus weißem Marmor, die von Schülern Berninis stammen; vier Bronzeengel mit zwei riesigen Kerzenhaltern aus Silber sind am Hauptaltar zu sehen. Ferner erblickt man in dieser Kathedrale sechs Statuen aus weißem Marmor, die sämtlich Päpste darstellen, die in Siena geboren wurden, nämlich Alexander III. und VII., Pius III. und IV., Marcellus V. und Paul IV. Ich zählte dort 18 Altäre, obwohl sie in anderen Kirchen doch immer von ungerader Zahl sind. Am Gesims sind zudem an die 170 gipserne Papstbüsten aneinandergereiht, von denen manche glauben, sie seien aus Marmor. Einst soll sich darunter auch die Büste der Päpstin Johanna befunden haben, unter der, wie Mabillon behauptet, »Ioannes VIII. Femina de Anglia« geschrieben stand. Nach dem Umbau der Kirche sind besagte Büsten aber ganz planlos wieder aufgestellt worden, so daß die Mühe, die Päpstin dort zu suchen, ganz vergeblich wäre. Man behauptet sogar, die Büste sei entfernt und zertrümmert worden. Misson hat über diese Päpstin eine umfangreiche Untersuchung angestellt. Was mich betrifft, so bin ich überzeugt, daß die Geschichte von dieser Päpstin weder von Luther noch von einem seiner Anhänger frei erfunden wurde, da man schon vor besagtem Reformator davon wußte, wie ich in Regensburg einem uralten Buch entnehmen konnte, wo sie erwähnt wird.

Schließlich betrat ich dann die alte Bibliothek, wo an vier langen Tischen an die 40 Kodizes mit schönen alten Miniaturen und Vergoldungen auflagen. Die Wände werden dort von vortrefflichen Fresken geschmückt, auf denen die wichtigsten Taten von Papst Pius II. dargestellt sind. Sie sind sehr gut erhalten und gehen auf einen Entwurf von Raffael zurück. Über dem Eingang zur Bibliothek erblickt man ein Basrelief mit der Vertreibung von Adam und Eva aus dem Paradies; das Original dazu befindet sich am Brunnen auf dem Stadtplatz, wo die Basreliefs allerdings nicht gut erhalten sind. Unweit der Bibliothek steht die echte Kanzel des hl. Bernhardin, die folgende Worte trägt:

> Fulgurantibus pro ...

In der Kirche des Hospitals, das dem Dom unmittelbar gegenüberliegt, erblickt man am Hauptaltar ein ausgezeichnetes Fresko von Sebastiano Conca. Aus der Ferne betrachtet scheinen die Säulen ganz gerade zu sein; wenn man aber nähertritt, dann neigen sie sich ein wenig. Hinter diesem Altar heißt es:

> D.O.M. Antonius Eques ...

Wenn man das Hospital durch das Hauptportal verläßt, dort, wo sich die Kranken aufhalten, so findet man auf einer Statue, die den Stifter des Hospitals zeigt, die folgenden Worte:

> Sutor ultra crepidam.

Dieser halbe Heilige stellt in der Tat eine Ausnahme von der Regel dar, die Apelles einem Schuster gab, der die Mängel eines seiner Gemälde tadeln wollte. Er forderte diesen nämlich auf, er möge sich lieber um die Fehler seiner Schuhe kümmern: »Ne sutor ultra crepidam.«

Der Erwähnung wert ist auch das Epitaph, das in der Kirche S. Spirito einem großen Liebhaber des italienischen Weines gesetzt wurde, der dessen Macht erlegen war. Es heißt dort:

> Vina dabant ...

Am Portal der Accademia de' Cittadini las ich in vergoldeten Buchstaben:

> Chi qui soggiorna acquista quel che perde.

Die Universität hatte einst einen sehr guten Ruf, aber heute ist das anders. Sie wurde insbesondere von Deutschen besucht, und zwar vor allem von Nürnbergern, da die meisten Toten deutscher Abkunft, soweit sie in der Dominikanerkirche begraben liegen, aus dieser Stadt kommen. Es ruhen dort: Langenmantel 1599, Loeffelholtz 1590, Kress zu Kressenstein, Imhoff, Geyler, Muffel.

Auf dem Grab des Georg Freyberger findet man diese Distichen:

> Suevia me genuit ...

Kaiser Karl V., der Gründer dieser Universität, hat sie zugunsten der dort studierenden Deutschen mit zahlreichen Sonderrechten ausgestattet, die Nemeitz in seinem Büchlein ›Nachlese besonderer Nachrichten von Italien‹ auf S. 323 genauestens verzeichnet. Ich habe mir in Siena eine juristische Dissertation gekauft, die heuer verteidigt worden war; ihr Inhalt ist jedoch recht dürftig. Es wird Ihnen hoffentlich nicht unangenehm sein, wenn ich hier die äußere Beschaffenheit beschreibe. Sie besteht aus vier großformatigen Druckbogen, und ihr vollständiger Titel lautet: ›Iuris Theses ...‹. Die Widmung richtet sich in folgender Weise an die Hl. Jungfrau: »Deiparae Virgini...« Nun folgen die Thesen, die dem zweiten Abschnitt »de acquir. rer. dom.« entnommen sind. Dann zum Abschnitt »Cod. de Leg. et Constit.« und zu »Cod. de Jur. dot.« Den Schluß bilden die folgenden großgeschriebenen Worte: »Disputabuntur senis publice in aula Comitiorum anno 1740. Mense ... Die ... Hora ...«. Damit genug; auf die Ausführung und die Abhandlung selbst, die sich auf eine schlichte Betrachtung über die erwähnten Gegenstände beschränkt, will ich nicht weiter eingehen. Ich wäre aber nicht gerade neugierig, wenn ich die hl. Katharina von Siena übergehen würde, deren Ruf sich sogar weit über die katholische Welt hinaus verbreitet hat, da ihre Wundertaten aus einem Stoff sind, wie es bislang noch bei keiner anderen Heiligen und keinem Heiligen unter dem ganzen Himmelszelt der Fall war. Um diesen Wundern aber Treu und Glauben schenken zu können, müßte man schon ein Mensch sein, dem es am Besten fehlt. Abgesehen von der ihr geweihten Kirche gibt es auch eine Gesellschaft der hl. Katharina und das Haus, in dem sie gewohnt hat. Unter einer der Wandmalereien, die dort ihre Lebensgeschichte darstellen, heißt es:

> Cor ipsum evellit sponsus ac proprio commutat.

Man kann in das Kämmerchen hinabsteigen, wo sie Buße tat und auf einem Stein schlief, der ihr zum Kopfkissen diente. Hier nun einige Geschichten, wie sie die Legende berichtet:

»Aus dem Fenster dieser Kammer hat sie tagtäglich Brot an die Armen ausgeteilt und in diesem Haus oft den Wein in den Krügen vermehrt, um ihn dann an die Bedürftigen wegzuschenken. In dieser Kammer hat sich Christus in der Fastnacht im Beisein der Hl. Jungfrau, des musizierenden David, des hl. Evangelisten Johannes, des hl. Paulus und des hl. Dominikus mit ihr verlobt. Das Übermaß der göttlichen Liebe brach ihr das Herz, so daß sie wie tot liegen blieb. Während sie viele Stunden lang von ihren Eltern und Freunden beweint wurde, erging sich ihre Seele wahrhaftig im Jenseits, um das ewige Leben der Seligen zu genießen und das der Verdammten zu schauen; anschließend kehrte sie wieder zurück, um von neuem dem Dienst Gottes und der Hl. Kirche zu leben.«

Die Sieneser haben sich nicht gescheut, ein Büchlein mit dem Titel ›D. Catharinae Senensis Virginis SS$^{mae}$ Ord. Praedicatorum Vita ac Miracula selectiora Formis aeneis expressa‹ drucken zu lassen; es enthält die Beschreibungen ihrer Wunder, 32 an der Zahl, die sowohl in lateinischer wie in italienischer Sprache aufgeführt werden, ihr Bild nicht eingerechnet. Wer hier nicht sofort den Betrug des damaligen Klerus bemerkt, der muß blind sein. Im Grunde übertreffen ja ihre Wunder die von Jesus Christus bei weitem. Der Klerus war damals eben Herr über alles, und das arme, ungebildete Volk, das Tun und Lassen der Priester nicht beurteilen konnte, mußte ganz einfach gehorchen. Aber was für Unsinn ist es, wenn man behauptet, die hl. Katharina habe eine zweite Unterredung mit Jesus Christus gehabt, was seinem Wesen doch völlig zuwiderläuft. Hübsch anzusehen sind in der ihr geweihten Kirche die Malereien, auf denen man sie erblickt, wie sie mit Christus spricht, wie sie bei Thomas von Aquin und beim hl. Evangelisten Johannes schreiben lernt oder wie sie die Wundmale des Gekreuzigten empfängt; in besagtem Buch ist all das beschrieben. Auch wenn man diesen angeblichen Wundern, die zum Teil für unseren Herrn nicht gerade schicklich sind, den Betrug gar zu deutlich anmerkt, so wird solchen Torheiten dennoch bis auf den heutigen Tag Glauben geschenkt, vor allem seitens der Thomisten, die die hl. Katharina in höchstem Maße verehren; von den Scotisten hingegen wird sie weniger geschätzt, da ihr von der befleckten Geburt der Hl. Jungfrau geträumt hat. Die Dominikaner verwahren ihren Schädel, den einer ihrer Landsleute, nachdem sie in Rom gestorben war, abgeschnitten und nach Siena gebracht hat. Ferner besitzt man auf einem in der Kirche entstandenen Gemälde ihr Bildnis, das sie während einer Ekstase zeigt. Auf dem Fußboden soll Jesus Christus, der besagter Heiligen des öfteren in Gestalt eines Bettlers seinen Besuch abstattete, seinen Fußabdruck hinterlassen haben.

Die Besichtigung der Franziskanerkirche ist gewiß keine verlorene Zeit, insbesondere wenn man an Malereien Gefallen findet, die dort in der Tat der Aufmerksamkeit wert sind. Meinen Beifall fanden vor allem die Erweckung des Lazarus von Franc. Vanni und die Kreuzesabnahme von Sodoma, aber man kann auch Gemälde anderer berühmter Meister bestaunen. Einen schönen Anblick bietet im Klostergarten ein Baum, den man »leccio« nennt; dieser immergrüne Baum ist aus einem Stock gewachsen, den der hl. Franziskus einmal in den Boden gesteckt haben soll.

Siena ist ein Städtchen von geringer Bedeutung. Es erstreckt sich über einige Hügel hinweg, was das Gehen sehr beschwerlich macht; ansonsten ist Siena mit viereckigen Steinen gut gepflastert und ziemlich groß, aber unverhältnismäßig dicht bevölkert. Es wird von neun Männern, den sogenannten »Eccelsi«, regiert, deren Oberhaupt »Capitano del Popolo« heißt. Wer eine schöne Aussprache des Italienischen erlernen und sich in dieser Sprache vervollkommnen will, der mag nur immer nach Siena gehen. Er wird dies nie bereuen, da die Bewohner sehr liebenswürdig und von fröhlicher Natur sind; außerdem werden die Frauen nicht so streng beaufsichtigt, als es sonst bei den Italienern der Brauch ist, und die Frauen hat man doch, mit Verlaub, schon immer für die besten Sprachlehrer gehalten. Damit will ich den Bericht von den Sehenswürdigkeiten dieser Stadt, die man in eineinhalb Tagen ohne weiteres durchstreifen kann, abschließen. Am nächsten Tag reisten wir über Castiglione, Poggibonsi, Cambiano, Scala, Staromana und Fornacelle, alles ärmliche Dörfer, nach Livorno weiter. Von Poggibonsi an, das für seinen guten Tabak berühmt ist, fährt man durch eine Ebene mit Weinbergen, Gärten und Feldern, also kurzum durch wohlbestelltes Land, und je mehr man sich Livorno nähert, desto gefälliger wird der Anblick. Vor Livorno durchquert man dann noch einen Wald von Pinien, Eichen und Korkeichen.

Livorno, das wir am 10. Mai erreichten, ist eine kleine, aber hübsche Stadt von ziemlich regelmäßiger Anlage und noch nicht alt. Besonders erfreulich ist dort die allgemeine Reinlichkeit. Die Straßen verlaufen schnurgerade, so daß man beim Betreten der Stadt von einem Stadttor zum anderen sehen kann. Die Häuser sind zwar nicht sehr prunkvoll, aber doch gut gebaut. Der viereckige Stadtplatz ist 350 Schritt lang und 150 breit. An seiner einen Seite steht die Kathedrale, die aber weder als Bauwerk noch ihrer Malereien wegen eine Besichtigung lohnt. In einer reinen Handelsstadt, deren Gründung erst kurze Zeit zurückliegt, kann es wohl nicht anders als vergeblich sein, nach schönen Kirchen und Altertümern zu suchen. Die Stadt gehört den Genuesern, die sie gegen Sarzana eingetauscht haben. Falls man jedoch mit den verschiedensten Völkern der Welt Bekanntschaft schließen und sich mit gesitteten Menschen

unterhalten will, so findet man in Livorno reichlich Gelegenheit dazu. Die Befestigungsanlage ist vollständig und befindet sich in sehr gutem Zustand. Der Seehafen, der einzige des florentinischen Herzogtums, hat einen Umfang von ungefähr 2000 Schritt. Zum Leuchtturm steigt man auf mehr als 80 Stufen empor; weil er ein kleines Stück im Meer draußen liegt, muß man im Boot hinfahren. Bei klarem Wetter läßt sich Korsika von dort oben deutlich erkennen, und nachts brennen 30 Lampen, um den Schiffen den Weg an der Küste zu weisen; diese Beleuchtung ist nämlich schon von weitem sichtbar. Seitlich des Hafens liegt eine kleine Zitadelle, die reichlich mit Kanonen bestückt ist; man kann sie jedoch nur mit einer Erlaubnis des Offiziers betreten. Um den Hafen herum, der gewiß einer der besten von ganz Europa ist, führt ein anmutiger Spazierweg, wo man folgende Inschrift lesen kann:

Mercatores huc ...

Ein fremder Reisender wird sich die Bagni nicht entgehen lassen. Das ist ein abgesperrter Ort, an dem alle Sklaven und Galeerensträflinge, die tagsüber in der Stadt ihr Brot verdienen dürfen, eingeschlossen werden. Es gibt dort auch eine Kirche und eine Krankenstube. Die türkische Moschee ist mir nicht geöffnet worden, aber dieses Ungemach ist schon vielen anderen Reisenden begegnet, die gleichfalls auf einen Besuch erpicht waren.

Die Juden leben in einem bestimmten, sehr reinlichen Stadtviertel, und es läßt sich zwischen ihnen und den christlichen Einwohnern kein Unterschied erkennen. Ihre Synagoge dürfte zu den besten gehören, die es gibt. In anderen Städten werden die Juden eingesperrt und dürfen ihr Viertel nicht nach Belieben verlassen; man zwingt sie sogar, Hüte oder andere Erkennungszeichen zu tragen, und zudem müssen sie in unerträglichem Schmutz leben. All dies ist in Livorno anders, weswegen man die Stadt auch das Paradies der Juden nennt.

Wegen des großen Zustroms von Menschen aus aller Herren Länder hat es in Livorno einst öffentliche und privilegierte Huren gegeben; diese Vögelchen hat man nunmehr zwar vertrieben, aber dennoch mangelt es an diesem liederlichen Volk nicht.

Die Komödie, von der ich dort eine Aufführung besuchte, schien mir die schönste und reizvollste von allen zu sein, die ich bislang in Italien gesehen habe. Auch die Ordnung, auf die man dabei achtet, hat mir sehr gefallen; es waren nämlich Soldaten aufgestellt, um jede Störung, die unter so vielen verschiedenen Nationen leicht entstehen kann, sofort zu unterbinden.

Um den Handel mit Öl zu befördern, hat Großherzog Cosimo III. ein Gebäude errichtet, wo jedermann diese Ware lagern kann, wenn er sie nicht schnell genug losschlägt; für die Aufbewahrung zahlt man nur eine Kleinigkeit. Es gibt dort 312 Fässer, die 4000 italienische Barili fassen, wobei ein Barile 85 Pfund ausmacht. An der Vorderseite des Gebäudes wird die Absicht des Gründers genannt:

> Ne quid...

Der gegenwärtige Kommandant des Kastells ist der Graf de Wachtendonck, während die Stadt von einem Baron regiert wird, dessen Name mir entfallen ist. Beide unterstehen unmittelbar dem Großherzog.

Einen schönen Anblick bietet Neu-Venedig, ein bestimmtes Stadtviertel, wo man wie in Venedig mit dem Boot auf Kanälen überall hinfahren kann. Die Großherzöge haben diese Kanäle in der Absicht anlegen lassen, den Handel und die Sauberkeit zu verbessern.

Was die Kirchen angeht, die gewiß nicht von Bedeutung sind, so wollen die Dominikaner, wenn sie erst einmal reicher geworden sind, die schönste von allen bauen, wie man am Modell der von ihnen erhofften Kirche schon jetzt erkennen kann. Auf diese feinsinnige Art wollen sie vielleicht den einen oder anderen dazu bewegen, etwas zum Bau der Kirche beizutragen.

Auch die Angehörigen der griechischen Religion unterhalten in dieser Stadt ein sehr ordentliches Gotteshaus, das dem hl. Nikolaus geweiht ist. Merkwürdigerweise ist es aber den Protestanten in Livorno nicht gestattet, öffentliche Gottesdienste abzuhalten, was wohl in einer Abneigung gegen sie begründet sein muß, da doch die Juden und die Türken geduldet werden. Die Protestanten hingegen müssen englische oder dänische Schiffe abwarten, wenn sie ihre Kinder taufen lassen oder zum Abendmahl gehen wollen. Sie können Gott aber auch bei ihren Konsuln, die in Livorno einen festen Amtssitz haben, verehren.

Da Livorno in einer sehr sumpfigen Ebene liegt, fehlt es der Stadt an gutem und gesundem Wasser, das man deshalb aus Pisa holt. Das ist freilich ein in ganz Italien üblicher Mangel, von dem nur die in den Bergen liegenden Städte ausgenommen sind, wo man, wie zum Beispiel in Siena, das klarste Wasser trinken kann. Die Neger, die man auf dem Meer gefangennimmt und dann als Sklaven hält, müssen in den Häusern der wichtigsten Kaufleute als Gesinde dienen, und es ist wirklich ein hübscher und zugleich seltsamer Anblick, wenn man diese schwarzen Gesichter in schicklicher Kleidung an der Tafel bedienen sieht.

In Livorno treibt man unter anderem einen umfangreichen Handel mit Korallen. Es lohnt sich daher, die von einem Juden betriebene Werkstätte zu besichtigen, um sich dort die Verarbeitung dieser Meeresfrucht anzusehen, die von den neueren Naturforschern zu den Pflanzen gerechnet wird, obwohl sie ihrer äußeren Härte wegen eher ins Reich der Mineralien zu gehören scheint.

Die Straße von Livorno nach Pisa ist sehr bequem, vollkommen eben und aufgrund der verschiedenen zu beiden Seiten gepflanzten Bäume sowie der wildwachsenden Myrthe auch überaus gefällig. Da beide Städte nur 14 Meilen voneinander entfernt liegen, erreichten wir Pisa schon am Abend des 13. Mai. Diese Stadt war einmal eine bedeutende Republik, untersteht jedoch seit 1406 dem Großherzog. Sie ist Sitz eines Erzbischofs und hat eine Universität, die aber bedeutungslos geworden ist und viel von ihrem einstigen Glanz und Ruhm verloren hat, obwohl es ihr heutzutage an nichts fehlt, weder an Professoren noch an Geldmitteln oder an den sonst erforderlichen Einrichtungen. Ferdinand II. hat ein Kollegium gestiftet, das seinen Namen trägt; es befindet sich genau an der Stelle, wo einst das Haus des Rechtsgelehrten Bartolo stand, der einer der berühmten Kommentatoren des bürgerlichen Rechts ist. Die Stadt liegt ungefähr zwei Stunden vom Meer entfernt am Arno, der viel breiter ist als der Tiber; er ist schiffbar und teilt die Stadt in zwei nahezu gleichgroße Hälften. Diese beiden Teile werden durch drei Brücken miteinander verbunden, von denen die mittlere die beste ist, weil sie aus Marmor besteht. An einem ihrer Pfeiler heißt es:

Ferdinando II. ...

Auf dem anderen findet sich diese Inschrift:

En moles ...

Die übrigen Inschriften kann man bei Nemeitz nachschlagen.

Die Größe Pisas steht in keinem Verhältnis zur Zahl seiner Einwohner, die sich auf 24 000 beläuft, denn die Stadt könnte leicht 80 000 beherbergen. Es scheint, als könne Pisa seine verlorene Macht nicht wieder zurückerobern, da sich die wichtigsten Familien anderswo angesiedelt haben, als die Stadt ihre Freiheit verlor, und bis zum heutigen Tag auch nicht mehr zurückkehren wollten. Zum Beweis für diesen traurigen Zustand und den Niedergang kann das Gras dienen, das so gut wie überall in der Stadt wuchert; in manchen Stadtvierteln ist sogar kaum mehr eine Menschenseele zu sehen. Mit dem Reichtum und der Freiheit ist auch der Glanz der Universität entschwunden, die im Jahre 1339 gegründet wurde und einst überaus rege besucht war. Um nun den Bürgern, vor allem den Handwerkern, wieder aufzuhelfen, hat man den Galeerenbau nach Pisa verlegt, ein Vorhaben, das durch den Arno sehr begünstigt wird. Außerdem befindet sich in Pisa der Sitz der Ritter vom hl. Stephan, der sogenannten Gnadenritter, was ebenfalls ein wenig zum Wachstum der Stadt beiträgt. Die Junggesellen unter ihnen wohnen im Palast dieses Ordens und werden dort in der Regel auch verköstigt. In der Kirche der Ritter kann man zahllose Fahnen und andere Dinge sehen, die den türkischen Galeeren abgenommen wurden, gegen die die Ritter kämpfen müssen. Sehenswert sind auch der Hauptaltar aus Porphyr und die Fassade. Vor der Kirche auf der Piazza de' Cavalieri steht die Statue von Cosimo I., die ihm der Orden im Jahre 1596 errichtet hat. Der Dom unterscheidet sich in seiner Bauweise nur unwesentlich von dem in Siena; es werden wohl beide von Goten herrühren. Beim Dom von Pisa handelt es sich um einen sehr großen Bau, der auf einem überaus weitläufigen Platz steht, was ihn noch eindrucksvoller macht. Gefallen haben mir dort die marmorne Kanzel mit ihren Basreliefs, die vergoldete Decke und das ausgezeichnete Grabmal der Beatrix, der Mutter der berühmten Gräfin Mathilde, außerdem die Kuppel mit ihren 70 jeweils als ganze Stücke aus weißem Granito orientale gehauenen Säulen und die kostbaren Bronzeportale mit ihren Basreliefs. Unter der Uhr heißt es:

Vides horam, nescis horam.

Wer Genaueres wissen möchte, muß in einem höchst brauchbaren Buch nachschlagen, das 1705 in Rom gedruckt wurde und diesen Titel trägt: ›Ios. Martinii Theatrum Basilicae Pisanae in quo praecipuae illius partes enarrationibus iconibusque in Tab. XXXII ostenduntur‹.

Bei besagter Kathedrale steht eine von den Pisanern sehr geschätzte Säule, deren Inschrift folgendes mitteilt:

Questo è ...

An der Spitze dieser Säule befindet sich eine große Urne aus weißem Marmor, deren Zweck trotz jener Worte zweifelhaft bleibt, weil die Inschrift aus jüngerer Zeit stammt und somit nichts beweisen kann.

Von dort gingen wir zum Camposanto respektive dem Friedhof der Stadt; dabei handelt es sich um eine ziemlich weitläufige Fläche, die 190 Schritt lang und 66 Schritt breit ist, die Arkaden ringsumher jeweils eingerechnet. Dieser Ort wird »heilig« genannt, weil die Pisaner der Überlieferung zufolge im Jahre 1228 dort Erde aus Jerusalem vergraben haben. Man rühmt sich auch heute noch der wunderbaren Kraft dieser Erde, die bestattete Körper in 24 Stunden zersetzen soll. Falls dem wirklich so ist, dann beruht das in meinen Augen nicht auf der Heiligkeit, sondern viel eher auf einer bestimmten Mischung und Zusammensetzung der Erde, die die Zersetzung beschleunigen kann. Auf diese Weise suchen wir oft Geheimnisse und übernatürliche Kräfte, wo ein unvoreingenommener Geist ohne große Mühe auf die natürlichen und einfachen Erklärungen stößt. Der Camposanto ist in drei Teile unterteilt: im ersten bestattet man die Nobili, im zweiten die Bürger und im dritten die Bauern.

In der Galerie erblickt man Fresken, die unter anderem das Jüngste Gericht darstellen. Ungewöhnlich ist daran, daß zur Rechten Christi die Erwählten überwiegend aus Mönchen und Nonnen bestehen, was diese Leute, die unter der Last der strengsten kirchlichen Disziplin leben und stöhnen, wohl trösten soll. Merkwürdigerweise erscheint aber der Papst als letzter unter den Seligen, was vielleicht daher kommt, daß er unter den Lebenden der Erste war. Außerdem zerrt ein Engel einen Mönch an den Haaren aus dieser Versammlung. Es liegen dort viele gelehrte Männer begraben, und wer gern Grabinschriften sammelt, wird sie in Hülle und Fülle finden. Ich will hier nur das Grab des berühmten Rechtsgelehrten Decio erwähnen, der sich sein Epitaph noch zu Lebzeiten selbst verfaßt hat; es zeigt, wie wenig Vertrauen er in seine künftigen Erben setzte, da es mit Worten endet, die ihnen kaum zur Ehre gereichen:

Philipus Decius ...

Zwei Schritt weiter kommt man zum Baptisterium, einem prachtvollen Rundbau von 178 Schritt Umfang. Innen besteht alles aus weißem Marmor, wobei vor allem das Basrelief von Nicola Pisano um die Kanzel herum der Besichtigung wert ist. Das Taufbecken ist ebenfalls aus Marmor und in vier Wannen aufgeteilt. Von dem Echo, das vielen so unvergleichlich vorkommt, will ich nichts weiter sagen; es beruht meiner Meinung nach auf nichts anderem als auf dem elliptischen Gewölbe. Jedes gesprochene Wort und jede Bewegung des Stuhls verursacht großen Lärm, weil das Geräusch sich wiederholt und lange anhält. An der anderen Seite der Kathedrale kann man den Campanile bestaunen, der sich siebeneinhalb Ellen weit über sein Fundament neigt. Er ist das Werk des Baumeisters Bonanno und 94 Ellen hoch. Über die Ursache seines Überhängens sind die Meinungen geteilt: die einen behaupten, der Turm sei absichtlich so gebaut worden; andere hingegen leugnen, daß er schief sei, und reden von einer Täuschung der Augen; wieder andere glauben, daß sich der Turm je nach dem Standpunkt des Betrachters nach allen Seiten hin neige. Schön und gut. Meines Erachtens nehmen es alle drei Parteien mit der Wahrheit nicht sehr ernst, und keine trifft ins Schwarze. Blind sind jedenfalls diejenigen, die nicht sehen, daß sich der Turm nur zu einer einzigen Seite hin neigt, so daß diese Neigung gewiß von einem Erdbeben oder einem ähnlichen Unglück verursacht worden ist, bei dem sich die Fundamente auf der einen Seite gesenkt haben. Es wäre auch wahrhaftig närrisch gewesen, den Turm so zu bauen, wie er heute dasteht, zumal sein ganzer innerer Aufbau sowie die verschiedenen Stockwerke, in die er unterteilt ist und die alle gleichermaßen überhängen, uns vom Gegenteil überzeugen.

Wer Zeit im Überfluß hat, mag auch dem Giardino de' Semplici respektive Giardino Medicinale einen Besuch abstatten, wo man am Eingang das fast vollständig erhaltene Skelett eines Walfisches von erstaunlicher Größe aufgehängt hat. Über dem Portal heißt es:

Hic Argus esto non Briareus.

Man versicherte uns, daß dort mehr als 4000 Heilkräuter angepflanzt seien; wenn sich aber nichts verändert hat, seitdem Michelangelo Tilly, der Professor für Botanik, 1723 in Florenz ein Verzeichnis drucken ließ, dann beläuft sich die Zahl der Pflanzen sogar auf 5000. Trotz alledem scheint mir dieser Garten, obwohl er sehr weitläufig ist, nicht ausreichend gepflegt zu sein. Nebenan im Naturalienkabinett kann man einen Kristall bestaunen, in dem sich ein Wassertropfen bewegt, und dazu ein Korallenzweiglein, das auf einem Totenkopf gewachsen ist. Das übrige sind Dinge, über die man schon mehrfach aus anderen Kabinetten dieser Art berichtet hat.

Nun will ich noch auf die berühmte Loggia de' Mercanti zu sprechen kommen. Sie ist sehr groß und wird von zahlreichen starken Pfeilern getragen, aber diesem ansehnlichen Bauwerk ergeht es wie vielen anderen öffentlichen Gebäuden, auf die ich schon eingegangen bin: der Schmutz nimmt ihnen viel von ihrem Reiz.

Von Pisa nach Lucca sind es 15 Meilen, und die Straße ist ziemlich bequem und völlig eben. Der letztgenannte Ort darf sich gewiß vor allen anderen rühmen, in einer anmutigen und in jeder Hinsicht fruchtbaren Ebene zu liegen, die sich ungeheuer weit erstreckt und erst von den Bergen begrenzt wird, die mit den Villen und Landhäusern der Nobili von Lucca reich bestückt sind. Diese Landhäuser liegen ungefähr sechs bis acht Meilen von der Stadt entfernt, und alles zusammen sieht sehr schön aus. Nicht weniger reizvoll ist der Anblick, den Lucca aus der Ferne bietet; es versteckt sich nämlich hinter den sorgsam auf den Befestigungsanlagen gepflanzten Bäumen, so daß die Stadt einem Garten ähnelt.

Wir trafen am Abend des 14. Mai in Lucca ein und wurden am Stadttor aufgefordert, die Schußwaffen abzugeben, nicht aber auch die Stichwaffen. Erstere mußten wir dort lassen und bekamen sie erst zwei Tage später beim Verlassen der Stadt am anderen Tor zurück, was uns freilich eine Kleinigkeit kostete. Abgesehen davon gilt in der Stadt eine strenge Regelung hinsichtlich des Tragens von Degen, das mit wenigen Ausnahmen nur den Soldaten erlaubt ist. Es ist ja ein Gebot der Staatsklugheit, daß man mit allen Mitteln versucht, die Wohlfahrt der Untertanen zu sichern und alles zu verhindern, was dem Gemeinwesen unter Umständen zum Schaden gereichen könnte. Die Lage der Stadt erfordert zudem höchste Wachsamkeit, denn Lucca wird zur Gänze vom florentinischen Herzogtum umgeben, das seinerseits ständig nach Gelegenheiten sucht, sich der

Stadt zu bemächtigen. Bislang sind das aber vergebliche Gedanken geblieben, da Lucca sich noch immer des Glücks seiner Freiheit erfreut, was man an den Stadttoren und an öffentlichen Gebäuden auch kundtut. Die Regierung ist rein aristokratisch und setzt sich aus einem Gonfaloniere oder Dogen und neun Räten zusammen, die gewählt werden und alle drei Monate abwechseln; außerdem gehören 140 Nobili dazu. Dies wäre freilich noch nicht hinreichend, um die Freiheit zu erhalten, wenn die Republik nicht unter dem Schutz Seiner Kaiserlichen Majestät stünde, deren Lehen sie ist. Das mächtige und große Rathaus ist der Besichtigung durch fremde Reisende kaum wert. Es wohnen dort der Gonfaloniere und die neun Räte oder Ältesten, die übrigens während ihrer Amtszeit das Rathaus nicht verlassen dürfen und auf Kosten der Allgemeinheit unterhalten werden. Sollte nun der eine oder andere dennoch gezwungen sein, sich zu sich nach Hause zu begeben, dann tut er das in aller Heimlichkeit und läßt sich in einer Sänfte hin- und wieder zurücktragen, ohne dabei irgend etwas zu sehen oder gesehen zu werden. Die Wache von 60 Schweizern befindet sich auf der gegenüberliegenden Seite, ebenso das Arsenal, wo Waffen für über 20000 Mann lagern, die in Ordnung gehalten werden und jederzeit gebrauchsfähig sind. Der Dom ist von sehr alter Bauart; man kann darin die Kapelle des Volto Santo besichtigen, der wichtigsten Reliquie der Stadt. Ihre Geschichte ist derart bekannt und zudem von einer solchen Beschaffenheit, daß ich mich versündigen würde, wenn ich sie hier wiederholen wollte. Es mag genügen, daß Nikodemus, als er den Gekreuzigten malen wollte, zu keinem Ende kommen konnte, so daß schließlich die Engel sein Werk fertigstellten. Es hängen dort 60 silberne Leuchter, die zusammen mit schönen Marmorstatuen diesem Ort seinen Reiz verleihen; die Statue des hl. Sebastian schien mir besonders gelungen zu sein. Darüber hinaus findet man in dieser Kirche Gemälde von Tintoretto und ähnliche Dinge mehr, die ebenfalls der Aufmerksamkeit wert sind.

Wenn man den Dom verläßt, blickt man auf einen großen leeren Platz, der mit Eisengittern abgesperrt ist. An dieser Stelle stand einst das Haus eines Nobile, der seine Vaterstadt verriet; man brachte ihn mitsamt seiner ganzen Familie um und ordnete anschließend an, daß zum abschreckenden Beispiel an diesem Ort nie wieder ein Haus gebaut werden dürfe.

In der Kirche S. Frediano lohnt es sich, einen großen Marmorblock zu besichtigen, der 25 Spannen lang und sechs Spannen breit ist. Die folgende Inschrift erklärt uns die diesbezügliche Geschichte:

>    O quisquis legis...

Ich bekenne unumwunden, daß ich damit schon das Wichtigste von dieser Stadt berichtet habe und daß man den Rest unbesorgt übergehen kann. Wer dennoch erfahren will, was es in den Kirchen S. Michele oder S. Pietro Maggiore zu sehen gibt, kann das bei Nemeitz nachlesen.

Ich will mich mit dem Hinweis begnügen, daß es in Lucca, wo insbesondere der Seidenhandel betrieben wird, viele Werkstätten für Damast und Ähnliches gibt, womit man in ganz Italien, aber auch in anderen Ländern guten Gewinn macht. Was die Früchte des Feldes angeht, so gelten die dortigen Oliven als die wohlschmeckendsten und besten von ganz Italien, weshalb auch sie viel Geld einbringen. Die Zahl der Einwohner läßt den Schluß zu, daß Lucca eine sehr fleißige Stadt ist, da die meisten der 50000 Seelen ihren Lebensunterhalt in den erwähnten Werkstätten verdienen. Knapp eine Stunde dauert der Rundgang auf der Stadtmauer, die den Bürgern weniger zur Verteidigung denn als behagliche Promenade dient; vor allem kommt dort zu Fuß oder in Kutschen die Blüte beider Geschlechter zusammen. Sie müssen sich eine regelmäßige, neue und gut in Ordnung gehaltene Befestigungsanlage vorstellen, darauf vier Reihen hoher Bäume, eine weite Ebene voller Olivenhaine und Weinberge auf den kleinen Hügeln sowie in der Ferne die Berge mit ihren unzähligen Villen, Landhäusern, kleinen Häuschen und Hütten; all das bietet zusammen einen sehr reizvollen Anblick. Fügt man dann noch die Freundlichkeit und das gute Benehmen der Bürger hinzu, so wird der Aufenthalt in

Lucca dadurch noch angenehmer. Zwei jener Villen, die sechs respektive acht Meilen von der Stadt entfernt in den Bergen liegen, haben wir besucht. Die eine davon gehört Mansi, einem Nobile, die andere Santini; beide sind sowohl ihrer ungewöhnlich schönen Lage als auch der Wasserspiele und Wasserfälle wegen einer Besichtigung wert. In ersterer kann man an einer Mauer des geräumigen und für das Landleben zweckmäßig eingerichteten Hauses folgendes lesen:

Octavius Guido ...

Gegenüber heißt es:

Foelix horti ...

Man schrieb den 17. Mai, als wir uns von Lucca verabschiedeten und nach Pistoia weiterreisten; die 20 Meilen lange Straße war zur Hälfte gut, zur anderen schlecht. Es ist deutlich zu sehen, daß diese Stadt einmal schön war, da sie lange und gerade Straßen sowie schöne Häuser besitzt; heutzutage ist sie allerdings leer und entvölkert. Es fehlt zwar nicht an geräumigen Plätzen und prachtvollen Palästen, um so mehr aber an lebendigen Menschen. Weil wir gezwungen waren, uns eine Weile lang in Pistoia aufzuhalten, wollte ich diese Zeit nicht sinnlos verstreichen lassen und machte sie mir also zunutze. Im Dom, der in deutscher oder vielmehr gotischer Weise erbaut ist, fand ich einige Grabdenkmäler, Ölgemälde von Bronzino und Malereien auf Holz sowie die Kapelle des hl. Jakob, die mit einem Eisengitter verschlossen ist, auf dem eine kleine Tafel folgendes berichtet:

O Lux et gloria ... SS$^{me}$ Iacobe ...

Die Verehrung, die die Bewohner der Stadt diesem Heiligen entgegenbringen, ist zwar in der Tat sehr groß, man muß aber dennoch bezweifeln, daß er wirklich der erste Apostel war, der sich die Märtyrerkrone erwarb. Nemeitz will sogar folgendes gelesen haben: »tu qui primatum tenes inter apostolos« etc.; in obigem Gebet, das ich vollständig kopiert habe, kommen diese Worte jedoch nicht vor.

In der Kirche S. Andrea fand ich an einer Mauer eine große Steinsäule, von der es heißt, daß sie einmal auf ein kleines Kind gestürzt sei; weil dieses Kind aber den Namen der Jungfrau Maria ausrief, habe ihm die Säule keinerlei Schaden zugefügt. Die Basreliefs um die Kanzel sind sehr schön. Die vier Fresken in der Kirche Madonna dell' Umiltà stammen ebenfalls von vortrefflicher Hand. Wer die folgenden Worte prägte, hat freilich keineswegs Unrecht:

> Città Pistoja, chiare case, ed oscure chiese.

Der Kardinal Fabroni hat in Pistoia eine schöne Bibliothek gestiftet, die täglich geöffnet ist und über 16000 Bände verfügt, wenn man die Handschriften nicht mitrechnet. Sie ist in einem prächtigen Palast untergebracht.

Dennoch scheint mir, daß die ärmlichen Lebensverhältnisse die Bürger nicht gerade dazu anregen, diese Schatzkammer der Gelehrsamkeit des öfteren aufzusuchen. Die Familien von Adel, die sich der billigen Lebensmittel wegen in Pistoia angesiedelt haben, lassen sich jene Kost freilich ebensowenig munden, und folglich dürfte der Aufseher ziemlich ruhige Tage haben. Auch die Komödie wurde nur von sehr wenigen Leuten besucht, so daß wohl anzunehmen ist, daß man in Pistoia entweder über wenig Geschmack oder über eine seltene Heiligkeit verfügt. Auf diese Weise bestätigt sich jedenfalls, was man über die Zahl der Bewohner sagt, die sich nämlich auf kaum mehr als 5000 Seelen belaufen soll, was für eine so große Stadt gewiß nicht viel ist.

Berühmt geworden ist die Stadt durch die Niederlage Catilinas, worüber Cassiodorus folgendes berichtet: »Catilina in agro Pistoriensi ab Antonio peremptus est.« Manche wollen auch die beiden Parteien der Guelfen und der Ghibellinen aus Pistoia herleiten, weil ihre beiden Oberhäupter zwei Brüder aus dieser Stadt gewesen sein sollen; man ist hierüber freilich geteilter Meinung.

Da ich in Florenz noch Novize bin und noch nicht die geringste Nachricht habe, die Ihrer Aufmerksamkeit würdig wäre, will ich zuerst in den nächsten Tagen meinen Rundgang durch die Sehenswürdigkeiten der Stadt machen, um Ihnen dann auch künftig zeigen zu können, daß ich Ihnen von Herzen ergeben bin als

E. H.

untert. Diener.

## XXXV. Brief

Florenz, am 20. Mai 1740

Vorbemerkung. Allgemeiner Eindruck von Florenz. Alter der Stadt; gegenwärtiger Zustand. Arno. Häuser und Kastelle. Gepflogenheit beim Zoll. Brücken. Herzoglicher Palast. Treppe, die man mit der Kutsche befahren kann. Zwinger für Vögel und wilde Tiere. Affenhaus. Neue Kapelle. Kirche S. Lorenzo und alte Kapelle. Alter Herzogspalast. Galerie. Münzkabinett des Herzogs. Kirche S. Croce. Basilika. Palazzo Riccardi. Akademien. Gelehrte. Weibliche Verschlagenheit. Florentinischer Marmor. Brauch auf dem Land. Der Adel treibt Handel. Beschluß.

Nachdem ich mich in den vergangenen zwei Tagen schon ein wenig mit den florentinischen Sehenswürdigkeiten vertraut gemacht habe, will ich E. H. nun weiterhin, der schlichten und natürlichen Ordnung meines Tagebuchs folgend, über all das, was ich in Florenz zusammentragen konnte, Bericht erstatten.

Wie gewohnt will ich auch dieses Mal zuerst einen allgemeinen Eindruck von dem Ort, an dem ich mich gerade aufhalte, vorausschicken. So muß ich berichten, daß Florenz zwar einst den Beinamen »die Schöne« erhalten hat, meiner Meinung nach die Berühmtheit aber eher diesen Lobreden als der tatsächlichen

Schönheit verdankt; die Stadt ist nämlich keineswegs außergewöhnlich schön. Ich will jedoch Florenz seine diesbezüglichen Verdienste nicht ganz absprechen, da es mit gutem Grund zu den schönsten Städten Italiens gezählt wird. Im Gegenteil: was die Sehenswürdigkeiten angeht, so hat Ottavio di Ferrara Florenz gewiß nicht zu Unrecht »ipsius Italiae Italia« genannt; es ist auch nach Rom die Stadt, die als erste aller Aufmerksamkeit fremder Reisender wert ist. Freilich müssen diese, ehe sie hier ankommen, der schlechten Straßen wegen manches Ungemach erdulden, wofür sie dann aber gebührend belohnt werden.

Florenz war schon zur Zeit des Tiberius bekannt, wie aus einer Erwähnung durch den Geschichtsschreiber Tacitus hervorgeht, wo von einer Botschaft der Florentiner an Rom die Rede ist, durch die eine Verbindung des Tibers mit dem Arno verhindert werden sollte.

Heute ist Florenz die Hauptstadt der Toskana und Sitz eines Erzbischofs; außerdem hat es eine Universität. Einst war die Stadt auch Residenz der Großherzöge, aber diese Ehre und diesen Vorzug scheint sie heute und für alle Zukunft verloren zu haben.

Der Arno teilt die Stadt in zwei Hälften. Die vorwiegend engen und krummen Straßen sind ebenso wie die unregelmäßigen Plätze mit viereckigen und harten Steinen gepflastert; es ist aber sehr schade und zeigt ein öffentliches Versäumnis an, daß es mit der Erhaltung dieser Pflasterung nicht zum besten bestellt ist, was das Spazierengehen sehr beschwerlich macht.

Es heißt, die Stadt beherberge innerhalb ihrer Mauern 8000 Häuser, darunter zahlreiche sehr geräumige und schöne Paläste, deren Bauweise vielen anderen vorzuziehen ist. Obwohl Florenz nur eine einfache Mauer zu seiner Befestigung hat, besitzt es dennoch drei Zitadellen, die jedoch bis auf eine einzige keinen großen Widerstand leisten können. Was die Zahl der Einwohner angeht, so behaupten die einen, sie belaufe sich auf 60000; andere sprechen hingegen nur von 50000 Seelen, was mich aber wenig bekümmern soll. Die Stadt ist jedenfalls gut bevölkert und wird, abgesehen von besagten Palästen, auch von prächtigen Kirchen und Klöstern geschmückt, von denen wir in aller Kürze die wichtigsten erwähnen wollen.

Ich muß zuvor noch erzählen, daß man uns am Tor aufhielt und fragte, ob wir Schmuggelware mit uns führen würden; trotz unserer Erklärung, nur Sachen zum eigenen Gebrauch bei uns zu tragen, mußten wir unsere Sedien zur Zollstelle schicken, nachdem wir in einer Herberge abgestiegen waren; die Gepflogenheiten sind hier also anders als in Rom, wo man die fremden Reisenden zwingt, unverzüglich mitsamt ihren Sedien zur Zollstelle zu fahren. Die Durchsuchung der Koffer wird dann freilich nicht so streng gehandhabt, wie es auf den ersten Blick den Anschein hat.

Ich habe eben erwähnt, daß Florenz vom Arno in zwei Hälften geteilt wird, die man »diesseits« und »jenseits« des Arno nennt. Sie sind durch vier steinerne Brücken miteinander verbunden, von denen diejenige, die SS. Trinità heißt, die wichtigste ist. Sie ist mit Häusern oder vielmehr Läden bestückt und wird von vier schönen Statuen geziert, die die vier Jahreszeiten darstellen.

Der Herzogspalast, der gegenwärtige Aufenthaltsort der fürstlichen Familie, befindet sich jenseits des Arno auf einem kleinen Hügel. Diese günstige Lage verleiht ihm eine gewisse Anmut, obwohl er an sich sehr schwerfällig gegliedert und zudem äußerlich sehr roh behauen ist. An der dem Garten zugewandten Seite, an der die drei Ordnungen der Baukunst zur Anwendung gebracht wurden, ist er jedoch sehr kunstvoll entworfen. Einst hat dieser Palast dem florentinischen Nobile Luca Pitti gehört, der mit dem Bau begonnen hatte; später ist er dann in den Besitz der Großherzöge übergegangen und von diesen auch fertiggestellt worden. Vor mir haben schon viele andere Besucher einen offensichtlichen Fehler der gesamten Anlage bemerkt, daß nämlich zwischen der Größe des Palastes und der des Hofes kein richtiges Verhältnis besteht. Letzterer ist nämlich nur 84 Schritt lang, während man deutlich sehen kann, daß in diesem Palast fünf fürstliche Familien behaglich nebeneinander leben könnten, wie das in früheren Zeiten auch tatsächlich schon der Fall war. Gegenwärtig hält sich dort aber allein die Großherzogin-Witwe auf, die lediglich einen kleinen Teil für sich beansprucht, so daß beinahe alles leersteht; dieser Umstand ist den fremden Reisenden natürlich nicht unangenehm, da sie infolgedessen alles Schöne im Palast ungehindert besichtigen können.

Und gewiß, in allen Sälen gibt es die kostbarsten Möbel und Gemälde der berühmtesten Meister zu sehen. Zu ersteren zähle ich die Teppiche, einen Schrank aus Lapislazuli und Lüster aus Silber und Kristall, alles von seltener Schönheit, außerdem weiteren Zierat aus Alabaster und Marmor. Von letzteren will ich die Schlachtenmalereien des Bergognonc namentlich erwähnen, dazu des weiteren Gemälde von Rubens, Salvator Rosa, Riccio, Bassano, Tizian, Raffaello d' Urbino, Bentivoglio, Annibale Carracci, Paolo Veronese, Spagnoletto, Leonardo da Vinci, Andrea del Sarto, des älteren Palma etc. Von dort steigt man zu den kleinen Räumen empor, die der jungen herzoglichen Familie vorbehalten sind, wo ich unter den vielen Gemälden vor allem zwei kleine Chiaroscuro-Malereien bewunderte, die mir recht gut gelungen schienen, und ferner die Deckengemälde in den drei Zimmern, die nach Jupiter, Mars und Venus benannt sind. Sie stammen von Pietro Berrettini da Cortona und genießen so hohe Wertschätzung, daß man sie in Kupfer nachgestochen und in Rom veröffentlicht hat. Unter diesen heidnischen Gestalten ist merkwürdigerweise die gesamte Medici-Familie versteckt.

Die Lage dieses Palastes an einem sanft ansteigenden Hang hat den wunderlichen Gedanken eingegeben, eine Straße oder vielmehr Treppe anzulegen, auf der man mit der Kutsche vom Garten aus bis ins zweite oder dritte Stockwerk des Palastes hinauffahren kann. Ich stieg über diese Treppe in den Garten hinunter, der ziemlich weitläufig ist und dem es an marmornen Brunnen mit schönen Verzierungen nicht fehlt. Besonders gefielen mir die beiden Figuren von Adam und Eva, die von Michelangelo Buonarroti stammen. Liebhaber von Alleen, Lauben und Gartenwegen, von Lorbeer, Orangen- und Zitronenbäu-

men, Jasmin und anderen Pflanzen finden dort reichlich Anlaß zur Freude, zumal alles in gutem Zustand ist.

Im Zwinger für die Vögel kann man Strauße, Papageien und sonstige gefiederte Tiere sehen. Dieser Zwinger liegt sehr schön; nicht weit von ihm entfernt erblickt man einen ebenso schönen Brunnen, der einen Bauern darstellt, welcher Wasser in ein Faß füllt; dieses Faß war derart natürlich gearbeitet, daß man hätte glauben mögen, es sei aus Holz, obwohl es doch aus Marmor war. Eine Besichtigung lohnt schließlich im hinteren Teil des Parks auch die kleine Insel mit dem kostbaren Brunnen aus Granito orientale in ihrer Mitte. Dort sind zahlreiche unterirdische Kanäle verborgen, so daß nur selten jemand trocken davonkommt.

Ebenfalls einen Blick verdient der Zwinger für die wilden Tiere bei der Piazza S. Marco, obwohl es dort nur zwei Löwen, zwei Tiger, einen Wolf und einen Bären gibt; diese Tiere werden aber in unglaublicher Sauberkeit gehalten. In der Mitte befindet sich ein kleiner Platz für die Tierhetzen; wenn nun ein solches Schauspiel abgehalten worden ist, dann treibt man die besagten Tiere mittels eines Drachens wieder in ihre Gehege zurück. Im Innern dieses Drachens halten sich einige Männer versteckt, die brennende Fackeln in den Händen tragen, was ein höchst wirkungsvolles Mittel ist, um die Tiere zu scheuchen.

Ein fremder Reisender, der allen Einzelheiten nachspürt, wird sich auch das Affenhaus nicht entgehen lassen, und ich habe wahrhaftig noch nie eine so große Zahl von diesen Tieren an einem Ort gesehen. Es war uns ein Vergnügen, bei dem es viel zu lachen gab, diese närrischen Tiere bei ihren üblichen Torheiten zu beobachten, ganz so, wie es ihre unterschiedlichen Temperamente ihnen eingaben. Es steht nämlich außer Zweifel, daß sie darüber ebenso verfügen wie die vernunftbegabten Tiere, und wer gesagt hat: »simia quam similis turpissima bestia nobis«, der hatte recht. Ich kann für diesen Satz einen guten Beweis liefern: als ich den großen Saal betrat, blies ich dem ersten Affen, der Wache hielt, ins Gesicht. Er geriet daraufhin in derart großen Zorn auf mich, daß er jedesmal, wenn ich an ihm vorüberging, vor Wut wie rasend wurde; um die anderen Leute bekümmerte er sich jedoch nicht. Sicherlich hätte er mich auch gerne seine Zähne spüren lassen, wenn ihn nicht die Kette und die Drohungen des Wärters daran gehindert hätten.

Ich komme nun zur Beschreibung des reizvollsten und prächtigsten Gegenstandes, den es hier in puncto Kirchen zu sehen gibt, nämlich zur neuen Grabkapelle der Großherzöge von Florenz. Bevor man diese Kapelle betritt, geht man an der Stelle vorbei, an der zahlreiche für den Bau bestimmte Sachen gelagert sind, darunter Säulen, Tafeln und ähnlich kostbare Dinge aus Marmor, die alle einmal die Kapelle schmücken sollen. Die Arbeiten an dieser Kapelle sind im Jahre 1604 begonnen worden, aber sie sind noch immer nicht beendet. Man steigt zu der Kapelle in einen gleichsam unterirdischen Raum hinab; am Altar erblickt man dann drei Marmorstatuen, worunter eine von dem berühmten Bildhauer Bernini stammt, ein Werk, das es wahrlich verdienen würde, im Licht anstatt in der Dunkelheit zu stehen. Obwohl die Kirche S. Lorenzo selbst weder schlicht noch klein ist und es ihr an Sehenswürdigkeiten auch keineswegs fehlt, so machte doch die wahrhaft königliche Pracht besagter Kapelle alles andere vergessen und ließ uns geradezu erstarren. Diese Kapelle ist sowohl hinsichtlich der ungeheuren Kosten als auch des Geschmacks und der Kunstfertigkeit wegen ein Unterfangen, das eines so großen Fürsten würdig ist, und könnte (hiermit sage ich nicht zuviel) etwas ganz Einzigartiges sein, wenn sie nur fertiggestellt wäre. Die gegenwärtigen Umstände machen das jedoch nicht wahrscheinlich, wenngleich die Arbeiten fortgeführt werden und auch die Herzogin-Witwe sie vollendet sehen möchte. Die Kapelle hat einen achteckigen Grundriß, und ihre Wände sind bis zur Decke hinauf mit verschiedenfarbigem Marmor verkleidet, der mit viel Sorgfalt ineinander verfugt ist. Überall sieht man nichts als Lapislazuli, Porphyr, Alabaster, Jaspis und Probierstein, also ausschließlich die allerkostbarsten Steine, die es nur gibt, und zwar im Überfluß.

Nun will ich, so unzulänglich es auch bleiben mag, beschreiben, wie diese Kapelle beschaffen ist. Der Sarg oder vielmehr die Graburne besteht aus Granito orientale oder Porphyr; auf ihr liegt ein Kissen aus Jaspis, das reich mit Juwelen besetzt ist und auf 50000 Scudi geschätzt wird; auf diesem Kissen wiederum liegt eine Königskrone, die ebenfalls mit erlesenen Steinen verziert ist. In den mit Probierstein verkleideten Nischen stehen die vergoldeten Bronzestatuen der Großherzöge. Ihre Sockel sind ebenfalls aus Porphyr und tragen schickliche Inschriften. Die von mir kopierte lautet folgendermaßen:

Quae pietas ...

Das Deckengewölbe soll ganz aus Lapislazuli gemacht werden, um auf diese Weise das Himmelszelt nachzuahmen. Weiter will ich nichts erwähnen, denn das bisher Gesagte wird genügen, um sich eine einigermaßen umfassende Vorstellung von der Kapelle zu bilden.

Die alte Kapelle von S. Lorenzo besitzt einige vortreffliche Marmorstatuen. Wer sich mit den schönen Wissenschaften beschäftigt, wird gewiß auf einen Besuch der Klosterbibliothek, die für ihre Handschriften berühmt ist, nicht verzichten. Was ihre gedruckten Kodizes angeht, so hat man es so eingerichtet, daß diese auf langen Pulten liegen und an Ketten befestigt sind. Über dem Eingang heißt es:

Deo praesidibusque ...

Unter den Handschriften befinden sich ein sehr alter Titus Livius auf Pergament und ein Quintus Curtius, mit dem man beweist, daß es sich bei seiner Geschichte nicht um eine Fälschung handelt.

Die Großherzöge haben einst im Palazzo Vecchio am großen Markt gewohnt; über diesen Platz ist zu sagen, daß er mit einem schönen Brunnen und zwei Bronzestandbildern aus der Hand berühmter Meister geschmückt ist. Dasjenige, das Cosimo I. zu Pferd darstellt, ist wahrhaft geeignet, die Kunst seines Meisters zu rühmen. An seinem Sockel erblickt man vier Basreliefs, zuerst die Wahl Cosimos I. mit folgender Unterschrift:

> Plenis liberis Sen. Fl. suffragiis Dux Patriae renunciatur.

Dann mit diesen Worten seine Krönung:

> Ob zelum religionis praecipuumque Iustitiae studium.

Nun sein feierlicher Einzug in Siena:

> Profligatis hostibus in deditionem acceptis Senensibus.

Auf der vierten Seite heißt es:

> Cosmo Medici ...

Der Turm des Palastes wird gewöhnlich als »in die Wolken ragend« bezeichnet, was er aber nicht verdient. Wenn man diesen Palast betritt, so trifft man unter anderem auf die Statuen des David und des Herkules. Schließlich kamen wir zur Galerie, die in der ganzen Welt für ihre einzigartigen und vortrefflichen Besitztümer berühmt ist. Vor Begier, sie zu sehen, hatten wir ganz vergessen, die Erlaubnis zur Besichtigung der herzoglichen Garderobe, des Florentinischen Kodex und der Urschrift des Johannes-Evangeliums einzuholen; das ist aber nicht so schlimm, weil bei Keyßler alles derart genau beschrieben ist, daß es Sie gänzlich zufriedenstellen wird. Was den Florentinischen Kodex angeht, so hat Heinrich Brenkmann dessen Geschichte beschrieben und 1722 in Holland veröffentlicht; sie ist daher jedem Gelehrten bekannt. Es wundert mich, daß Keyßler davon als von einer Sache spricht, auf die man noch wartet.

Gewiß werden die fremden Reisenden von nichts mehr angezogen als von der Herzoglichen Galerie, so daß ich mit Fug und Recht genauestens Rechenschaft darüber ablegen darf. Die Gestalt des Gebäudes müssen sich E. H. folgendermaßen vorstellen:

Die Gänge erreichen eine Länge von 400 Spannen und sind zwölf Schritt breit. Es handelt sich um zwei einander gegenüberliegende Gebäude, die an einem Ende durch ein querstehendes drittes verbunden sind; im Erdgeschoß besitzen alle drei Arkaden. Im Vorraum gibt es Lampen, Statuen, Götzenbilder und an den Wänden zahlreiche Grabinschriften zu sehen; letztere sind einschließlich der zugehörigen Erläuterungen in einem Buch namens ›Colombario‹ enthalten, das man für 30 Paoli in der herzoglichen Druckerei kaufen kann und das mich der Mühe des Kopierens enthebt. In der Galerie stehen die Marmorstatuen von Kaisern und anderen hohen Persönlichkeiten, zum Teil in Lebensgröße, zum Teil als Büsten. Unmittelbar gegenüber hat man jeweils ihre Gattinnen aufgestellt. Insgesamt sind es an die 300 Stück, und zwar lauter Originale. Oberhalb dieser Statuen hängen die Bildnisse der herausragendsten Männer aus dem Hause Medici, die Dichter, Philosophen und Kunstrichter, Staatsminister und sonstige große Männer waren. Bei den vielen anderen Altertümern wäre es unmöglich, sie alle einzeln aufzuführen, so daß Sie sich hier mit den wichtigsten zufriedengeben müssen: zunächst eine Chimäre aus Bronze, ein an Kunst und Altertum einzigartiges Stück; Lukrez hat dieses poetische Tier folgendermaßen beschrieben:

> Prima Leo postrema Draco media capra est chimera.

Bei Horaz heißt es in den letzten Versen der 27. Ode aus Buch 1:

> Vix illigatum te triformi/Pegasus expediet Chimerae.

»Triformi« meint hier also nicht drei Köpfe verschiedener Tiere, nämlich den eines Löwen, den einer Ziege und den eines Drachens, wie manche Gelehrte annehmen. Gemeint ist vielmehr ein aus drei verschiedenen Teilen zusammengesetztes Tier: der vordere Teil, also Kopf und Hals, ähnelt einem Löwen, der mittlere einer Ziege und der hintere einem Drachen, wie Lukrez richtig gesagt hat; diese uralte Figur befindet sich in besagter Galerie und kann die horazischen Verse erklären helfen. In seinem Tagebuch aus Italien irrt Nemeitz folglich sehr, wenn er glaubt, daß diese Figur vorne einen Löwen, in der Mitte einen Drachen und hinten eine Chimäre darstelle; vielmehr wird die Gestalt als ganze Chimäre genannt, das heißt ein Tier, das nicht in der Natur vorkommt, sondern ein poetisches und erdichtetes Ungeheuer ist. Anschließend sah ich ein bronzenes Götzenbild, das ein von Kardinal Bembo verfaßtes Distichon trägt:

> Ut potui huc veni delphis et fratre relictis.

Des weiteren eine Bronzestatue, die wahrscheinlich einen etruskischen Herrscher darstellt und ein höchst kostbares Stück aus dem Altertum ist, jedoch einige Beschädigungen aufweist; einige halten sie auch für eine Statue des Scipio Africanus. Ein marmorner Faun, der auf zwei Flöten bläst, und tausenderlei andere Altertümer; eine Laokoon-Gruppe, die von den Florentinern so sehr geschätzt wird, daß man sie dem Vorbild im Vatikan zu Rom an die Seite stellt. Von dort gelangt man in weitere Säle, die ebenfalls voller Kostbarkeiten sind. Insgesamt gibt es sieben solcher Säle, von denen der eine schöner ist als der andere.

Der erste enthält eine erlesene Sammlung von 250 bis 300 Selbstbildnissen in Öl der berühmtesten und vortrefflichsten Maler. In der Mitte dieses Saales steht die Marmorstatue des Kardinals Leopold von Medici, die folgende Worte trägt: »Semper rectus semper idem«; ein kurzer, aber sehr vielsagender Ausdruck. Ich glaube nicht, daß man irgendwo ein Kabinett finden wird, das so viele Meisterwerke besitzt.

Im zweiten Saal befindet sich das chinesische Porzellan; vor allem aber kann man dort den mit Edelsteinen besetzten Tisch besichtigen, der eine florentinische Arbeit ist. Anschließend gelangt man in den dritten Saal, in die sogenannte Stanza di Madama, die zur einen Hälfte mit zahlreichen Götzenfiguren aus Bronze und zur anderen Hälfte mit kleinen Gemälden angefüllt ist. Insbesondere findet man dort eine Säule aus Alabastro orientale, die vollständig erhalten und durchscheinend ist und die als sehr wertvoll gilt; außerdem einen mit Edelsteinen besetzten Schrank und einen in der Mitte des Saales hängenden Kerzenleuchter aus Bernstein. Eine der Bronzearbeiten wird Carità militare genannt, weil sie darstellt, wie ein Soldat einen anderen zu Grabe trägt. Eine Corona muralis und zwei vollständige Altäre oder vielmehr Tripoden; ein Musikinstrument namens Sistro; eine Chimäre, die oben erwähnter sehr ähnelt und zwar kleiner, aber ebenso alt ist.

Im vierten Saal sah ich zwei Wachsarbeiten, die mit soviel Geschick angefertigt waren, daß sie mit der Natur selbst wetteifern konnten. Die eine stellt in einem Grab die verschiedenen Grade der Verwesung des menschlichen Körpers dar und die andere in gleicher Weise die Pest; beide stammen von dem Geistlichen Giulio Gaetano Zumbo. An ihnen ist alles so bewundernswert genau dargestellt, daß man des Schauens nicht müde wird, was vor allem für ein Spinnennetz gilt, das sich über die Leichen spannt und das man für ein echtes halten möchte. Außerdem gibt es dort zwei mit Elfenbein überfüllte Schränke, ein Kästchen aus Ebenholz, einen Schrein aus Bernstein und dazu ein Kästchen aus demselben Material.

Im fünften Saal sind zahlreiche Gemälde von flämischen und holländischen Malern ausgestellt. Ich fand dort auch einen aufgeschnittenen Menschenkopf aus Wachs, der ebenfalls von dem oben erwähnten vortrefflichen Zumbo stammt, womit alles gesagt ist. Außerdem ein Kabinett aus Ebenholz mit gut gearbeiteten Basreliefs.

Der sechste Saal ist der mathematische und enthält die Instrumente dieser Wissenschaft sowie Darstellungen der unterschiedlichen Systeme der Astronomen Ptolemaios, Kopernikus und Tycho Brahe. Zwei Erd- und Himmelsgloben von außergewöhnlicher Größe, mit einem Durchmesser von über acht Fuß nämlich. Ein Magnet, der 60 Pfund heben kann. Eine orientalische Aloe von acht Ellen. Schließlich betritt man den siebten Saal, die achteckige Tribuna, wo die kostbarsten und erlesensten Stücke ausgestellt sind. Diese Tribuna hat einen Durchmesser von zwölf Schritt; der Fußboden und die Kuppel sind kunstvoll mit unterschiedlichem Marmor verkleidet. Dort stehen zwei Fechter, darunter der sogenannte Schleifer, sowie drei Venusstatuen; bei der mittleren handelt es sich um die in aller Welt berühmte Statue, die ihrer Vortrefflichkeit wegen die Mediceische genannt wird. Aufgrund ihrer schönen Gestalt wird sie insbesondere von den Engländern, die ihr sogar die Hand küssen, gleichsam angebetet. Obwohl man sie nicht nur allen Statuen in dieser Galerie, sondern überhaupt allen Statuen der Welt vorzieht, wird sie doch von manchen, die jedes Glied einzeln untersuchen, getadelt und der Unvollkommenheit geziehen; als Ganzes genommen kann sie sich aber durchaus in dem Rang behaupten, den ihr die Kenner zuerkannt haben. Wer ausführliche Erläuterungen zu dieser Venus wünscht, mag in Keyßlers Italienreise nachschlagen, wo sie peinlich genau beschrieben wird. In der Tribuna befindet sich die Marmorstatue eines Satyrs oder Fauns, die von Praxiteles begonnen und von Michelangelo teilweise überarbeitet worden sein soll. Eine kleine Büste des Kaisers Tiberius aus einem einzigen Türkis von der Größe eines Hühnereis. Eine Marmorstatuette des Sohnes von Claudius, die von Biraldo stammt. Das Modell des großen Diamanten von 139¾ Karat, wenn die Berechnung, die Tavernier angestellt hat, nicht falsch ist; der echte Stein soll jetzt im Kabinett des Großherzogs verwahrt werden, und offensichtlich wird kein Reisender mehr das Glück haben, ihn zu sehen. Dieser Edelstein ist vieleckig geschliffen und nicht der einzige, den man heutzutage nicht mehr zeigt; früher befanden sich nämlich auch noch viele andere Steine von ebenfalls hohem Wert in der Tribuna, sie sind aber nicht mehr zu sehen.

Dann steigt man wieder nach unten, um den Altar zu besichtigen, der für die bereits erwähnte neue Kapelle von S. Lorenzo bestimmt ist. Er befindet sich zwar noch in den Händen der Künstler, die unablässig an seiner Fertigstellung arbeiten, aber bereits jetzt läßt sich erkennen, daß es ein unbeschreiblich prachtvolles und einzigartig schönes Werk werden wird. Sollte dieser Altar tatsächlich einmal vollendet sein, dann wird es in seiner Art nichts Reizvolleres mehr geben. Außerdem fand ich

dort ein anmutiges und ungewöhnliches Mosaik, das aus Edelsteinen zusammengesetzt ist.

Zum Abschluß dieses Rundgangs gelangt man in die geheime Rüstkammer, die mit schönen Dingen angefüllt ist. Eine genaue Beschreibung von ihr können Sie bei anderen Schriftstellern finden.

Um das Großherzogliche Münz- und Medaillenkabinett besichtigen zu können, das einen Besuch ganz gewiß lohnt, muß man vom Vorsteher eine Erlaubnis einholen. Aus Zeitmangel konnte ich aber nicht in den Genuß dieses Vorzugs kommen und gab mich deshalb mit den Beschreibungen anderer zufrieden, was meinem Vergnügen freilich keinen Abbruch tat, da ich mich nun der Kirche S. Croce zuwendete.

Es liegt dort Michelangelo Buonarroti begraben, Misson sagt jedoch zu Recht, daß das Epitaph, so schön es ist, eines so großen Mannes nicht würdig sei. Es ruhen dort auch Galileo Galilei und sein Sohn. Auf einem anderen Epitaph liest man:

Postquam Leonardus ...

Es heißt, daß auf dem Altargemälde in der Gestalt der Eva die Geliebte des Malers Bronzino versteckt sei und im Adam der Maler selbst. So etwas kommt häufiger vor, und Misson ist an Pinturicchio erinnert worden, der denselben Einfall hatte, als er im Vatikan zu Rom Papst Alexander VI. malte, wie dieser unter dem Vorwand, zur Hl. Jungfrau zu beten, vor Giulia Farnese kniet. An weiteren Beispielen dieser Art, die in Klöstern und

Kirchen ausgestellt sind, hat es keinen Mangel, und so beugen Mönche, Priester und Laien vor solchen unterschobenen Bildnissen ihr Knie. Hier noch einige schöne Verse vom Grab Carlo Marsuppinis, eines florentinischen Sekretärs:

Siste, vides ...

Die Kathedrale S. Maria del Fiore ist alt und gotisch und prunkt innen wie außen mit Marmor, Statuen und Ölgemälden. Wer neugierig genug ist und einige Stückchen vom Stab des Moses und auch dem Aarons sehen will, die man dort zu besitzen und zu verehren glaubt, kann seinem Wunsch Genüge tun. Unter einer Marmorbüste heißt es:

Quantum Philippus ...

Was den Turm dieser Basilika angeht, so ist er außen mit verschiedenfarbigen viereckigen Marmorplatten verkleidet, was sehr eigenartig ist und eindrucksvoll aussieht.

Ich komme nun zum Palast des Marchese Riccardi, einem prachtvollen Gebäude, in dem man eine wunderschöne Bibliothek und in dieser wiederum eine Handschrift des älteren Plinius besichtigen kann. Außerdem findet man dort eine Galerie mit zahlreichen Statuen aus dem Altertum, so daß niemand den Besuch dieses Palastes bereuen wird.

Einmal in der Woche findet eine Sitzung statt, wo sowohl kluge Köpfe wie wunderliche Geister vorlesen, was sie zu Hause geschrieben haben. So hat dieser Tage Dr. Lauri eine treffliche Rede über den Stillstand der Sonne gehalten und seine Ansicht mit kaum widerlegbaren Beweisgründen verteidigt. Bekanntlich gibt es hier viele Akademien, namentlich die Crusca, die Immobili, die Infocati, die Alterati und die Rinnovati; merkwürdigerweise sind aber die Italiener das einzige Volk, das sich darin gefällt, seinen gelehrten Versammlungen derart absonderliche Namen zu geben.

Unter den Männern der Wissenschaft hat sich Anton Francesco Gori durch seine großen Kenntnisse insbesondere auf dem Gebiet des Kunsturteils und der antiquarischen Studien auch außerhalb seiner Vaterstadt einen Namen gemacht. Boccaccio, der einer der berühmtesten Dichter Italiens ist, stammt ebenfalls aus Florenz und wird seiner Vaterstadt auf ewig Ehre machen. Wer sein Dekameron respektive die Zehn Tage oder seine Genealogie der falschen Götter sowie seine anderen bewundernswerten Werke nicht kennt, der ist in der Republik der Gelehrten gewiß nicht sehr bewandert. Bekanntlich kommt auch Amerigo Vespucci, der Entdecker der Neuen Welt, aus Florenz, wo er am 9. Mai 1451 in einer vornehmen, sehr alten und mächtigen Familie geboren wurde, wie aus verschiedenen Zeugnissen hervorgeht, die sich bis auf den heutigen Tag erhalten haben. Das Haus dieser Familie ist jetzt ein Hospital, das den Patres von S. Giov. dell' Iddio gehört, aber das Wappen der Vespucci hat sich erhalten. Die folgende Inschrift konnte ich über dem Haupteingang finden:

    Americo Vespucio ...

Mit Ihrer Erlaubnis will ich hier noch ein Beispiel für die Verschlagenheit einer Frau anführen, die in unserem Gasthof wohnt. Dieses arme, junge Geschöpf, das in Tränen gleichsam zerfließt, behauptet nämlich, es habe das Unglück gehabt, den Geliebten zu verlieren, und hat sich deshalb das Leben nehmen wollen; da man sie daran gehindert hat, ihr Grab im Wasser zu suchen, hält sie es nun für besser, ein wenig auszugehen und auf diese Weise ihr verstörtes Gemüt wieder zu beruhigen. Dieser hübschen Geschichte ist freilich nicht zu trauen; ich für meinen Teil halte die Frau jedenfalls für eine durchtriebene und höchst geschickte Abenteurerin, die unter diesem Vorwand irgendeinen Gimpel einfangen will, der dann ihrer frei erfundenen Geschichte zum Opfer fällt.

Ich habe hier zwei Täfelchen florentinischen Marmors gekauft, der für die Spielereien der Natur berühmt ist, die darauf ganze Bäume, Landschaften und Überreste von Städten darstellt. Es bedarf jedoch, wie bei jedem anderen Marmor auch, einer Politur, damit diese Hervorbringungen der Natur sichtbar werden. Das Besondere daran ist, daß sich diese Maserungen nicht nur an der Oberfläche zeigen, sondern sich durch den ganzen Stein hindurch fortpflanzen; sie bestehen aus den beiden Farben Gelb und Braun, der Untergrund ist weiß.

Zum Abschluß will ich noch einen Brauch erwähnen, dem man in italienischen Dörfern begegnet und der uns Deutschen überaus großes Vergnügen bereitete, weil wir ihn noch nicht gekannt hatten; in den Genuß kommt jeder, der zu dieser Jahreszeit unterwegs ist. In gegenwärtigem Monat, der der gesamten Natur neue Kraft und neues Leben verleiht, tun sich die als Schäferinnen verkleideten Mädchen zwischen 12 und 15 Jahren zusammen, putzen sich mit Blumenkränzen heraus und ziehen so durch die Dörfer. Sie gehen auch in die Gasthöfe und wünschen dort den fremden Reisenden einen glücklichen Mai, wobei sie hübsche Liedchen singen, die aus den besten Wünschen für das irdische und das himmlische Glück bestehen; in letzteren war von niemandem sonst die Rede als vom hl. Antonius von Padua, von der Jungfrau Maria und der hl. Katharina von Siena. Zwischen den Gesängen wird getanzt, und jeden dieser Tänze beschließt ein dreifacher Wunsch für einen glücklichen und fröhlichen Mai. Das alles geschieht natürlich nicht umsonst.

Die florentinischen Nobili sind hinsichtlich der Handelsgeschäfte, die sie hier sowohl im Großen wie im Kleinen betreiben, weniger zurückhaltend als die unsrigen. Es ist dies für sie das sicherste Mittel, ihre Familien in Pracht und Würden zu erhalten, weil sie sich auf diese Weise ungeheure Reichtümer erwerben. Die Folgen des Kaufmannsgeistes beim Adel sieht man den großen Besitztümern der Nobili auch tatsächlich an. Der Herzog Cosimo di Medici hat hierfür ein leuchtendes Beispiel gegeben; er soll nämlich der größte Kaufmann und Bankier seiner Zeit gewesen sein, und da er auf der ganzen Welt an die 25 Banken besaß, konnte er gar nicht umhin, reich zu werden.

Die Halle der Kaufleute, der sogenannte Neue Markt, wo sich diese Leute jeweils um die Mittagszeit treffen, ist ein schönes Gebäude, an dem die folgenden Worte stehen:

Cosmus Medices ...

Um noch rechtzeitig zum Himmelfahrtsfest in Venedig einzutreffen, muß ich meine Abreise, die auf morgen festgesetzt ist, beschleunigen, so daß es not tut, meinen Berichten hier ein Ende zu machen. Haben Sie die Güte, sie gnädig aufzunehmen, und falls sie dessen nicht würdig sein sollten, dann mögen Sie sie wenigstens als Ausdruck meiner Zuneigung verstehen, mit der ich Ihre Hände küsse als

E. H.

untert. Diener.

XXXVI. Brief

Venedig, am 6. Juni 1740

> Vorbemerkung. Ergriffenheit von der Vermählung mit dem Meer. Berge um Florenz; Unannehmlichkeiten bei ihrer Überquerung. Ein Abenteuer, das sich dabei zugetragen hat. Firenzuola. Bologna. Das Institut. Ferrara. Der Po. Venedig. Beschreibung der feierlichen Vermählung. Erklärung dieser Feierlichkeit und ihrer Bedeutung. Ungewöhnliche Vorsicht. Zeremoniell zwischen dem Vize-Dogen und den Botschaftern. Rialto-Brücke. Stolz der Venezianer. Kirche S. Salvatore. Kirchen S. Lorenzo; S. Luca; S. Croce; S. Zaccaria; S. Maria de' Carmini.

Das prachtvolle Fest der Vermählung mit dem Adriatischen Meer, die der Durchlauchtigste Doge der Republik alljährlich am Tag der Himmelfahrt Jesu Christi vollzieht und die kürzlich stattgefunden hat, war hauptsächlich der Grund dafür, daß ich so lange nicht mehr geschrieben habe. Ich kann Ihnen nur soviel sagen, daß dieser prunkvolle Auftritt meine Seele derart aufgewühlt hat, daß ich der Einzigartigkeit und Pracht wegen bislang gezögert habe, den Bericht über meine Reise wie gewohnt fortzuführen. Wenn mich dieses Schauspiel aber auch überwältigt hat, so will ich es dennoch wagen, gegenwärtigen Brief mit ehrerbietigster Hochachtung und immerwährender Dankbarkeit in E. H. Hände zu legen, wiewohl Sie mit anderen und schwerwiegenderen Obliegenheiten beschäftigt sein mögen. Ich beginne mit den Ereignissen, die mir seit meiner Abreise aus Florenz bis auf den heutigen Tag begegnet sind, und hoffe, daß Ihre geneigte Nachsicht meinem Bericht diejenigen Verdienste zuschreiben möge, die ihm eigentlich fehlen.

Die Absicht, die ich schon bei meiner Ankunft in Italien faßte, nämlich mich zum Himmelfahrtstag wieder in Venedig einzufinden, ließ mich den Aufenthalt in Florenz abkürzen; ich verabschiedete mich daher von meiner Reisegesellschaft und reiste allein weiter, um das so berühmte Schauspiel nicht zu versäumen.

Da ich nun beschlossen hatte, am 20. Mai aus Florenz abzureisen, wollte ich möglichst alle Hindernisse vermeiden, um die schrecklichen Berge um Florenz, die Ausläufer des Apennin sind, schneller hinter mich bringen zu können. Ich schickte daher mein Gepäck mit Maultieren nach Bologna voraus und nahm zusammen mit meinem Diener die Pferdepost. Bald nach Florenz begann der Aufstieg; weil aber alles gar so langsam ging, so konnte ich mich nicht enthalten zu sagen, wir hätten wohl die Extrapost auf Schnecken genommen. Wenn wir zu einer Poststation kamen, dann standen dort nur selten Pferde bereit; wenn es aber welche gab, hatte der Halter ganz gewiß keine Eile, ihnen Hafer zu geben und sie zur Tränke zu führen, und er tat so, als wäre gar niemand da, der nach ihnen verlangte. Je mehr man sich aber über diese Trägheit beschwerte, desto größer wurde die Bosheit dieser Leute, die schließlich ja doch immer nur das tun, was ihnen paßt. Genug: es bedurfte eines in Geduld geübten Gemüts und vielen Geldes, denn Leute dieses Schlages geben sich nur selten mit dem vorgeschriebenen Preis zufrieden und lassen sich dadurch keineswegs daran hindern, die Reisenden zu prellen, vor allem, wenn diese allein unterwegs sind. Aber in Gottesnamen! Da ich mit Leuten umgehen mußte, die ebenso ungeschliffen, grob und verhärtet sind wie die Felsen, zwischen denen sie leben, hielt ich es für besser, bei der Höflichkeit zu bleiben, als mich zu widersetzen. Ich fügte mich daher ihrem widerrechtlichen Tun, das doch schließlich und endlich kaum von Belang war. Ich hatte also viel Ungemach zu überstehen, befinde mich nun aber Gott sei Dank wieder in Ruhe und Sicherheit. Da mir bis zum Himmelfahrtstag nur noch wenig Zeit blieb, mußte ich bei Tag und Nacht reisen, wobei die Fahrt durch schreckliche Abgründe in finsterer Nacht gewiß auch dem unerschrockensten Mann hätte Angst einjagen können. Es ist auch tatsächlich etwas vorgefallen, wovon ich E. H. berichten muß. Wir ritten bei tiefer Dunkelheit allmählich den Berg hinauf, und der Postillon war mit meinem Diener ein wenig vorausgeeilt, da blieb mein Klepper ganz plötzlich stehen und wollte, obwohl ich ihm die Sporen gab, keinen Schritt mehr weiter. Er schnaubte lauter als gewöhnlich, und ich hätte fast die Fassung verloren, als auf mein lautes Rufen von den beiden Männern vor mir keine Antwort kam. Da mich diese aber nicht mehr hinter sich hörten, kehrten sie schließlich von sich aus um und suchten nach mir; als sie mich erreicht hatten, fiel auch mein Pferd wieder in seinen freien Trab. Ich weiß wahrhaftig nicht, was ich davon halten soll. Zwar möchte ich nicht gerade zu denen gerechnet werden, die in gewissen Dingen gar zu leichtgläubig sind; andererseits aber wäre es vielleicht eine Sünde, wenn ich das Vorhandensein von Geistern allzu hartnäckig leugnen wollte, denn am Vorfall selbst läßt sich nicht zweifeln. Ein einziger Umstand nur läßt das Abenteuer fragwürdig erscheinen: die Nacht war nämlich so finster, daß ich kaum mehr den Kopf meines Pferdes erkennen konnte, so daß es leicht möglich war, daß ich mich täuschte und mir Dinge einbildete, die es gar nicht wirklich gab; als der Postillon und mein Diener kamen, setzte das Pferd ja seinen Weg fort. Wenn man aber dem Postillon, der mit der Gegend wohlvertraut ist und sie für nicht ganz geheuer hält, Glauben schenken will, so wird man nicht umhinkönnen und zugeben müssen, daß ein solcher Vorfall durchaus auf Ursachen beruhen kann, die die Ungläubigen so sehr zum Lachen bringen. Ich werde jedenfalls nicht klug daraus.

Um Mitternacht erreichten wir die auf dem höchsten Punkt des Berges gelegene Poststation Firenzuola. Sie bestand aus einem einzigen Haus, in dem wir uns unter nicht sehr angenehmen Umständen bis zum Morgengrauen aufhalten mußten. Mein Zimmer lag nämlich über dem Stall für Pferde und andere Tiere und war in der Art von Arkaden auf einer Seite offen, so daß die Ausdünstungen der Tiere bis zu uns hinaufstiegen. Zum Glück hatte ich wenigstens nicht viel Appetit, denn ich wäre wohl erbärmlich bedient worden. Dafür war mir der Schlaf um so lieber, und während ich schlief, hielt mein Bedienter Wache. So haben wir abwechselnd die Nacht verbracht, wobei ich meinen Magen nur mit einem Glas Aquavit stärken konnte.

Bei Morgengrauen verließen wir dieses dürftige Gasthaus wieder. Ein dichter Nebel raubte uns leider die Sicht auf die Umgebung, die unsere Augen wahrscheinlich mit einem einzigartigen Anblick erfreut hätte. Eingehüllt in diesen Nebel begannen wir langsam den Abstieg, aber je weiter wir in diesen schrecklichen und beschwerlichen Bergen vorankamen, desto klarer wurde die Luft, bis wir schließlich die ganze weite Ebene von Bologna mitsamt der Stadt selbst erblicken konnten. Es war Sonntag, als ich um die Mittagszeit in die Stadt galoppierte, und weil man gerade auf die Nachricht von der Wahl eines neuen Papstes wartete, so wurden wir für die Boten gehalten und in allen Straßen, durch die wir kamen, scharte sich das Volk um uns, was ein ungewöhnliches Schauspiel bot. Nachdem die Leute aber aufgeklärt worden waren, liefen sie alle wieder auseinander.

Nun war es das erste, im Gasthof nach meinem Gepäck zu fragen, das zwei Tage vor mir aus Florenz abgegangen war; unglücklicherweise war es noch unterwegs, was mir meiner Eile wegen ziemlich unangenehm war. In der Zwischenzeit versäumte ich jedoch nicht, meinen Aufenthalt nützlich anzuwenden, und stattete deshalb dem Institut respektive der Akademie der Wissenschaften einen Besuch ab. Dieses Institut ist im Jahre

1712 vom Grafen Marsili gegründet worden, der dem Senat eine Summe Geldes und eine Vielzahl von Instrumenten und anderer seltener Dinge überließ. Wenn ich mich nicht irre, dann gibt es davon bereits eine sehr ausführliche Beschreibung, die im Jahre 1723 in Amsterdam erschienen ist. Diese Einrichtung ist einer eigenständigen Darstellung auch tatsächlich wert, da dort zahllose merkwürdige Dinge aufbewahrt werden; gewiß wäre aber ein aufmerksamer Besuch von mehr als einem halben Tag erforderlich, wenn ich Ihre Wißbegierde vollständig befriedigen wollte. Abgesehen von natürlichen Gegenständen wie Versteinerungen, Fossilien, Meerespflanzen, Schalentieren, Edelsteinen, verschiedenen Marmorsorten und Kristallen etc. zeigt man auch physikalische, mathematische, chemische und anatomische Instrumente sowie eine große Sammlung von Altertümern wie Tränenurnen und Vasen. Bildhauer, Drechsler und Maler sind ebenfalls dort untergebracht, und darüber hinaus hat man zwei Schulen für Astronomie und Geographie eingerichtet. In der wunderschönen Bibliothek, die dem so weitgefaßten Zweck des Instituts angemessen ist, sind derart viele Dinge versammelt, daß man mit Fug und Recht von einem Hort aller schönen Wissenschaften sprechen darf.

Als ich von dieser anregenden Besichtigung in meine Herberge zurückkehrte, fand ich meine Sachen vor und konnte somit am folgenden Morgen meinen Weg fortsetzen. Ich gab mich der Hoffnung hin, daß meine Weiterreise nunmehr von Beeinträchtigungen verschont bliebe, aber kaum hatte ich die erste Station erreicht, so fehlte es schon wieder an Pferden, und ich mußte erneut warten. Kurz darauf traf ein gewisser Graf Baar aus Österreich in Begleitung seines Hofmeisters ein. Er wurde ebenso aufgehalten wie ich, und daher kamen wir überein, gemeinsam weiterzureisen. Dieser Entschluß erwies sich in der Folge für uns beide als sehr vorteilhaft, da uns noch weit größeres Ungemach begegnet wäre, wenn jeder die Reise alleine fortgesetzt hätte. Der anhaltende Regen hatte die Straßen derart unwegsam gemacht, daß wir jeweils abwechselnd unsere Sedien aus dem grundlosen Boden ziehen mußten, wo wir dennoch immer wieder wie in Pech steckenblieben. Was unser Unglück noch verschlimmerte, war die Nacht; wir kamen nämlich der Dunkelheit wegen von der Hauptstraße ab, fanden aber mit Hilfe einiger Bauern wieder zurück, so daß wir weiterreisen konnten und mit knapper Not am Nachmittag des folgenden Tages Ferrara erreichten. Wir setzten dort aber keinen Fuß auf den Boden, sondern schifften uns unverzüglich auf dem Po ein, der wenige Meilen hinter Ferrara in das Adriatische Meer mündet. Über Chioggia, Pellestrina und andere Inseln erreichten wir am 25. Venedig, gerade noch rechtzeitig also, um jenem Fest beiwohnen zu können, das am darauffolgenden Tag mit großer Pracht und Ausgelassenheit gefeiert wurde. Hier nun die Beschreibung: am Morgen des 26. war die ganze Stadt in Aufruhr, und die Boote versammelten sich in ungewöhnlich prächtigem Schmuck am Lido, die meisten davon mit Musik. Sie warten dort auf den Bucentaurus, wobei, sobald dieser mit dem Dogen an Bord ankommt, das Freudengeschrei und das Getöse der Trompeten, Pauken und vieler anderer Instrumente alles erzittern lassen. Falsch ist das Gerücht, daß der Kapitän des besagten Bucentaurus schwören müsse, das Schiff an diesem Tag unbeschädigt zurückzubringen, auch wenn das Meer stürmisch ist, oder daß man einen klaren Tag bei ruhiger See wähle, um jegliche Gefahr auszuschließen. Der Bucentaurus fährt nämlich niemals so weit aufs offene Meer hinaus, daß er nicht jederzeit umkehren könnte. Man verschiebt die Feierlichkeit vielmehr aus dem Grund gern auf einen schönen Tag, weil man sonst auf die Begleitung der vielen Gondeln und Barken verzichten müßte, die zum prächtigen und herrlichen Anblick das meiste beitragen. Obwohl das Meer dieses Mal sehr unruhig war und die Wolken die Sonne verdeckten, wurde die Vermählung dennoch vollzogen und zu einem glücklichen Ende gebracht. Anstelle des kranken Dogen bestieg zwischen der 14. und 15. Stunde das älteste Ratsmitglied gemeinsam mit den zwei Gesandten des Kaisers und Frankreichs sowie mit der gesamten Signoria bei den beiden Säulen das prunkvolle Schiff, das von 40 Ruderern wie gewöhnlich zu einem Ort nahe der Insel S. Erasmo gebracht wurde, den man Lido nennt. Dort waren die Kriegsschiffe, Galeeren und Handelsschiffe in zwei Reihen angeordnet; sie begrüßten den von abertausend Gondeln und Barken umgebenen Bucentaurus mit Schüssen aus Kanonen und Musketen. Nachdem man ein wenig auf die freie See hinausgefahren war, wurde auf dem Achterdeck ein kleines Gerüst geöffnet, von dem aus der Vizedoge mit den bekannten Worten »Desponsamus nobis te mare in signum veri perpetuique dominii« einen Ring ins Meer warf. Auf die Bedeutung dieser Worte will ich später noch eingehen. Zuvor hatte der Patriarch, der allein in einem Boot stand, das Meer gesegnet. Angeblich wird bei dieser Feier ein kostbarer Ring verwendet, den man an einem Bindfaden befestigt, damit er nicht verlorengeht. Aber um die Wahrheit zu sagen: ich stand zwar ziemlich nahe bei der Stelle, wo er versenkt wurde, aber ich konnte weder einen solchen Ring noch den Faden sehen; man wirft nämlich einen Ring ins Meer, der lediglich vier oder fünf Gulden wert ist und es nicht lohnt, daß wie früher einmal kühne Taucher unter Lebensgefahr nach ihm suchen.

Dann begab man sich zur Kirche S. Nicolò, wo der Vizedoge mit seinem ganzen Gefolge die Andacht verrichtete. Inzwischen findet unter den Gondeln und Barken ein Wettrennen statt, das solange dauert, bis die Andacht beendet ist, was durch zahlreiche Kanonenschüsse angezeigt wird. Man schifft sich dann von neuem auf dem Bucentaurus ein, der auf der Rückfahrt aber sein großes Gefolge allmählich verliert, weil sich jedermann auf eigene Faust entfernt. Eigentlich ist es der Brauch, daß der Fürst anschließend gemeinsam mit den Botschaftern und der Signoria in der Öffentlichkeit speist, aber in diesem Jahr fand dies aufgrund der Unpäßlichkeit des Dogen nicht statt. Nach Tisch versammelten sich beinahe alle Gondeln und Barken, die schon am Vormittag dabeigewesen waren, in Murano, um auf dem Canal Grande ein neuerliches Wettrennen abzuhalten, bei dem das ganze Volk vor Jubel wie trunken war. Soweit der eingehende Bericht von diesem Tag. Wenn ich mich recht entsinne, dann habe ich in einem meiner ersten Briefe schon einiges über das Aussehen des Bucentaurus und seine Ausmaße mitgeteilt; es bleibt mir daher nur zu ergänzen, daß es sich um eine Art Galeasse handelt. Nun will ich Ihnen aber berichten, wie das Schiff und die Feierlichkeit entstanden sind, und daran einige unbedeutende Gedanken über den mutmaßlichen Sinn anschließen. Was die Herkunft des Wortes angeht, so sagt man, daß das erste Schiff, das man zu diesem Zweck benützte, einem Kentauren ähnlich gesehen habe und daß »Bu« in schlechter Sprache »groß« heiße. Obwohl die Verzierungen des gegenwärtigen Schiffes lediglich verschiedene Götter und Göttinnen sowie Apoll in Gesellschaft der neun Musen darstellen, hat es den alten Namen dennoch behalten. Den Ursprung der Feierlichkeit führt man gewöhnlich auf Papst Alexander III. zurück, der die Herrschaft über den Golf, deren sich die Venezianer schon vorher rühmten, bestätigte und die Stadt auf diese Weise für die Dienste belohnte, die sie ihm in einem Krieg gegen Otto, den Sohn Kaiser Friedrichs I., erwiesen hatte. Da nun aber der Papst nicht gut verschenken konnte, was ihm gar nicht gehörte, so erhellt daraus, daß es sich bei der Feierlichkeit um nichts anderes als um ein prunkvolles Fest handelt, das sonst keine Bedeutung hat. Die Republik scheint sich trotzdem einzubilden, die oberste Beherrscherin des Adriatischen Golfs zu sein, und zum Zeichen dafür feiert sie mit derartigem Gepränge jene sinnbildliche Vermählung mit dem Meer. Man erlaubt deshalb auch keinem ausländischen Schiff, sobald es eine bestimmte Größe überschreitet, in die Adria einzufahren, zumal sich dem keine europäische Macht unmittelbar widersetzt; die Venezianer wiederum halten sich viel auf ihr abgeriegeltes Meer zugute. Selbst Österreich hat sich bislang nie darum bekümmert, und merkwürdigerweise hat nicht einmal der Kaiserliche Gesandte, der selbst auf dem Bucentaurus mitfährt, dagegen Einspruch erhoben. Sollten Sie hierüber Genaueres erfahren wollen, so können Sie alles im ›Dubbio chiarito intorno al dominio del mare adriatico‹ von August Berger nachlesen, das im Jahre 1725 erschienen ist. Damit aber genug vom Himmelfahrtstag und allem, was damit zusammenhängt.

Während der folgenden zwei Wochen findet eine Messe statt, und es ist erneut Maskenzeit. Weil es dabei jedoch Unterschiede zum Karneval gibt, will ich Ihnen in aller Kürze erläutern, in welcher Hinsicht die Vergnügungen voneinander abweichen. Der Karneval beginnt am zweiten Weihnachtsfeiertag und endet am Aschermittwoch, das Himmelfahrtsfest dauert hingegen nur 14 Tage. Im Karneval trägt man Masken verschiedenster Art, so daß man auf dem Markusplatz, dem hauptsächlichen Treffpunkt, tagtäglich die schönsten und neuesten Einfälle erblicken kann. Wer das Spiel liebt, kann bei den Ridotti sein Glück machen oder auch arm werden; wer hingegen Musik und Theater vorzieht, der kann seine Wünsche in drei Opernhäusern zur Genüge befriedigen, nämlich in S. Grisostomo, S. Angelo und S. Samuele. Der, dessen Sinn mehr nach Scherzen steht, geht in die Komödien, und wer gerne Bälle besucht, der wird ebenfalls ausreichend Gelegenheit finden, sich hinlänglich zu unterhalten. Zum Himmelfahrtsfest hingegen wird nur in S. Samuele eine Oper gegeben, und Komödien oder Ridotti finden überhaupt nicht statt. Außerdem wird man die Vielzahl und Schönheit der Masken vermissen, und allein die Vermählung mit dem Meer bietet hierfür Ersatz. Sogar der reizvolle Anblick des herrlichen Markusplatzes wird durch die reihenweise angeordneten Jahrmarktsbuden verdorben. Wenn Sie dieser Vergleich zufriedenstellen kann, so will ich mich glücklich schätzen. Nun noch ein paar Worte über die Messe selbst, die weder mit der von Leipzig noch mit der unsrigen verglichen werden kann, obwohl sie doch einen guten Ruf hat: immerhin findet man zwei Buden, eine mit Porzellan und die andere mit Glas, wo tatsächlich ungewöhnliche Sachen angeboten werden. In letzterer verkauft man Schalen mit Obst und Vasen mit Blumen, die ganz natürlich aussehen, obwohl doch alles aus Kristall ist. In der anderen Bude kann man ebenfalls Schalen mit Obst, Tassen sowie andere Porzellanwaren bewundern. Alle diese Dinge werden in Murano hergestellt; sie sind so schön, daß sich neben anderen herausragenden Persönlichkeiten auch der Kurprinz von Sachsen dazu herabließ, diesen Handwerkswaren wiederholt seine Aufmerksamkeit zu schenken.

In vielerlei Hinsicht legt die Republik eine etwas übertriebene Vorsicht an den Tag. Hierzu gehört etwa, daß es jedem Mitglied des Rates und sogar dem Durchlauchtigsten Dogen untersagt ist, sich privat mit den Gesandten der anderen Staaten zu unterhalten. Daher kommt es, daß sich ein venezianischer Nobile unverzüglich zurückziehen muß, wenn er im Kaffeehaus oder auf einem Ball einen Kammerdiener, Sekretär oder sonst jemanden antrifft, der zum Gefolge der Gesandten gehört. Der durchlauchtigste Doge gewährt den Botschaftern anderer Länder deshalb ausschließlich in einem eigens hierfür eingerichteten Rat Audienz, und zwar nur in Gegenwart der 26 Nobili, aus denen sich dieser Rat zusammensetzt. Ansonsten zeigt sich der Doge mehr als 15 Mal im Jahr gemeinsam mit den Gesandten dem Volk, und viermal speist die gesamte Signoria in der Öffentlichkeit: am Himmelfahrtstag, am Stephanstag, am Markustag und schließlich am Theodorstag. Mehr will ich zur Regierung nicht sagen, da abgesehen von dem, was ich andernorts schon berichtet habe, Amelot de la Houssaye in seiner venezianischen Geschichte ausführlich auf diesen Gegenstand eingeht.

Am Tag des hl. Antonius von Padua beobachtete ich, wie der Vizedoge mit den Gesandten und dem Senat feierlich zur Madonna della Salute zog; nachdem sie dort die Messe gehört hatten, kehrten alle wieder in den Dogenpalast zurück. Als die erlauchte Schar an der Galeere vorbeikam, die ständig bei den beiden Säulen liegt, erhoben die Galeoten oder vielmehr Sträflinge ein fürchterliches Geschrei und feuerten einige Kanonen ab. Nachdem man dann bei dem Eingang zum Dogenpalast angelangt war, der zur Kanalseite hingeht, stieg man aus; die beiden Gesandten begleiteten den Vizedogen bis zur Treppe, und hinter ihnen folgten paarweise die Nobili. Als der Vizedoge bei der ersten Stufe angelangt war, verabschiedete er die beiden Gesandten, woraufhin sich diese ein wenig zur Mauer zurückzogen und warteten, bis die gesamte Signoria an ihnen vorbeigegangen und die Treppe emporgestiegen war. In meinen

Augen ist das eine viel zu große Herablassung und ein erniedrigendes Zeremoniell, das so hochgestellten Persönlichkeiten nicht gut ansteht; die Gesandten müssen sogar jedesmal niederknien, wenn sie von einem Nobile gegrüßt werden. Oben auf dem Treppenabsatz bildeten die Nobili zwei Reihen, die der Vizedoge durchschritt. Anschließend drehte sich dieser um, lüftete die Mütze und grüßte sie als seinesgleichen.

Unter den schönen und reizvollen Dingen Venedigs ist die Rialto-Brücke respektive die Königliche Brücke in ihrer Art gewiß das vornehmste, wenngleich sie es meines Erachtens nicht verdient, daß man sie zu den sieben Weltwundern rechnet. Die Bürger der Stadt sind hierüber allerdings anderer Ansicht, aber ihnen erscheint ja beinahe alles außerordentlich, wunderbar und einzigartig, auch wenn es diese Beiwörter nicht immer verdient. Ich will freilich nicht leugnen, daß diese Brücke, die der Baumeister Antonio da Ponte auf halber Höhe des Canal Grande errichtet hat, ein prächtiges Bauwerk ist. Dieser Kanal hat die Gestalt eines spiegelverkehrten S und trennt die Stadt in zwei, allerdings ziemlich ungleiche Hälften. Die Brücke ist 30 Schritt breit und 80 Schritt lang; sie hat nur einen einzigen Bogen, der den dritten Teil eines Kreises ausmachen dürfte. Auf ihr stehen in zwei Reihen insgesamt 24 Buden, wodurch drei Gassen gebildet werden: eine breite in der Mitte und zwei schmälere zu beiden Seiten. Alles ist aus weißem Marmor oder einem ähnlichen Stein. Diese Brücke wurde im Jahre 1591 errichtet, wie aus der bereits erwähnten Inschrift zu beiden Seiten der Brücke hervorgeht; was die Kosten angeht, so heißt es, daß sie sich auf mehr als 250000 Dukaten belaufen haben. Über den Ursprung des Namens Rialto gibt es unterschiedliche Auffassungen: die einen reden vom Ponte Reale, so als würde es sich um die Königin aller Brücken handeln, und diese Herleitung könnte der Wahrheit ziemlich nahe kommen; andere führen den Namen auf das Stadtviertel zurück, das Rialto heißt, und diese Ansicht scheint sogar noch begründeter zu sein. Zu der Zeit nämlich, als Attila viele Städte Italiens zerstörte und auch die Bewohner der Insel Torcello vertrieb, die älter als

Venedig ist, haben sich einige Leute aus Torcello auf eine Insel geflüchtet, die sie Rialto oder vielmehr Rio Alto nannten. Dort scheint der allererste Grundstein zur Stadt Venedig gelegt worden zu sein, die dann allmählich derart anwuchs, daß sie heute aus über hundert Inseln besteht, die durch 400 Brücken miteinander verbunden sind, und zahllose schöne Gebäude, sowohl weltliche als auch geistliche, besitzt. Die Gewohnheit der Venezianer, manche ganz alltäglichen Dinge als »außerordentlich« oder »wunderbar« zu bezeichnen, obwohl sie dies gewiß nicht sind, habe ich bereits erwähnt. Dies gilt auch für die geräumigen Häuser, die in ihrer Sprache alle Paläste heißen; um aber den Palast des Dogen besonders auszuzeichnen, nennen sie diesen »Palazzo Pubblico«. Nun stimmt es zwar, daß ebenso wie in Rom oder Neapel auch in Venedig viele Privathäuser den Namen »Palast« verdienen, aber daraus folgt doch nicht, daß jegliches Haus aus Stein bereits ein Palast wäre. Es ist dies freilich eine Eigenart aller Italiener, daß sie sich mit dem Gewöhnlichen nicht zufriedengeben wollen; ihre Zungen sind solche Ausdrücke von Kindheit an gewöhnt, aber ein wenig merkwürdig klingt es schon, wenn ein Gondelführer einen fremden Reisenden fragt: »Wie gefällt Ihnen denn Venedig mit all seinen Herrlichkeiten?«

Ich will nun meinen Faden wiederaufnehmen und die Beschreibung der Kirchen fortsetzen. Beginnen will ich mit der Kirche S. Salvatore, die es der schönen Basreliefs, der Ölgemälde und des Grabschmucks wegen in der Tat verdient, daß man die Feder bemüht. Vor dem Eingang zur Sakristei erblickt man das Epitaph für die Königin von Zypern; auf dem Boden heißt es:

    D.O.M. Catharinae ...

Darüber hinaus gibt es in S. Salvatore noch zwei weitere wunderschöne Epitaphe für das Brüderpaar Lorenzo und Geronimo Priuli. Rechter Hand befindet sich das Denkmal für den Fürsten Francesco Venier, das folgende Inschrift trägt:

    Franciscus Venerius ...

Nicht weit davon entfernt liegt die Kirche S. Pietro in Castello, die ihrer Bauweise wegen das Anschauen lohnt. Sie ist weder klein noch groß, aber sehr hell und gut angelegt; außerdem verfügt sie über schöne Ölgemälde. In der Nähe des Hauptaltars kann man zwölf Marmorstatuen bewundern, die einen Sarg tragen. Linker Hand in der Kapelle des Kardinals Vendramino fand ich ein Basrelief von Michele Ungaro, das die Verleihung der Kardinalswürde an Vendramino darstellt. Es ist in der Tat sehr schön, und man zählt es sogar zu den besten Basreliefs. Auch ein steinerner Stuhl mit verschiedenen Verzierungen, die von einem hohen Alter zeugen, ist dort zu sehen. Aus der Inschrift am Pfeiler geht hervor, daß es sich dabei um den Katheder des hl. Petrus handelt, der auf ihm in Antiochia gepredigt hat:

> Cathedram hanc ...

Eine weitere reizvolle Inschrift lautet:

> Ossa Helenae ...

Ich komme nun zu S. Lorenzo, einer viereckigen und schönen Kirche, die vornehmen Benediktinerinnen gehört; die Ordensfrauen kleiden sich dementsprechend weiß und schwarz, sind aber anscheinend nicht sehr streng eingesperrt. Diese Kirche ist mit verschiedenen Gemälden Palmas und Tintorettos geschmückt.

Das Epitaph des berühmten Dichters Pietro Aretino in S. Luca habe ich nicht mehr gesehen. Es heißt, man habe es beim Umbau der Kirche entfernt, und der eine oder andere bezweifelt sogar ganz, daß Aretino jemals dort begraben lag, weil er ein gar so unflätiger Mensch und grobes Schandmaul war, obwohl doch Ariost sein Lob gesungen hat:

> Ecco il flagello
> Dei Principi, il Divin Pietro Aretino ...

Die vollständige Inschrift soll so gelautet haben:

> Qui giace l'Aretin ...

In jener Streitfrage können sich die Gelehrten nicht einig werden, darin jedoch stimmen sie überein, daß Aretino ein gemeiner und verworfener Dichter war, der einem Gutes nachsagte, wenn man ihn dafür belohnte, sonst aber nur Schlechtes, auch wenn er dazu gar keinen Anlaß hatte.

Die Kirche S. Croce auf der Giudecca besitzt schöne Malereien. Ich habe sie zwar schon einmal erwähnt, aber da dort am 27. Juni zwei aus der Stadt stammende Schwestern namens Contini feierlich den Schleier nahmen und eingekleidet wurden, will ich Ihnen nun von diesem prunkvollen Vorgang berichten, der in Anwesenheit eines Großteils der Signoria, Venezianern beiderlei Geschlechts und auch von Fremden stattfand. Es begann mit einer vortrefflichen Musik, die während der ganzen heiligen Handlung andauerte und zwischen Sonaten, Kantaten, Sinfonien und Konzerten abwechselte. Die Kirche war mit Wandteppichen verziert. Unter zahlreichen Kanonenschüssen wurde die Messe gelesen, und die beiden armen Mädchen saßen indes zu beiden Seiten des Hauptaltars. Sie waren vornehm gekleidet und erwarteten in dieser Aufmachung voll Freude ihren Bräutigam, nämlich die Kirche. Schließlich wurde das Hochamt gehalten, und als dieses beendet war, zogen die beiden Schwestern mit Kerzen in den Händen feierlich ins Sprechzimmer, wo sie unter den üblichen Gebeten ausgekleidet wurden; ihre Einkleidung nahm dann viel Zeit in Anspruch. Als dies geschehen war, traten sie als Nonnen an das Gitter, wo sie zuerst von ihrem Vater und dann von einigen Frauen geküßt wurden. O wie töricht das ist! Da kerkert man zwei Mädchen ein, von denen die Erstgeborene nur 1... und die andere erst 1... Jahre zählt. Es ist doch wahrhaft ein bedenkliches Unterfangen, der Welt in einem Alter zu entsagen, in dem es einem noch an Urteilsvermögen fehlt. Wenn dann solche Mädchen beginnen, den Stachel der Leidenschaft zu verspüren und die irdischen Vergnügungen kennenzulernen, was wird sie dann trösten können? Gewiß nichts als Gebete und die Geduld. Vortrefflich! Ich weiß freilich nicht, ob sich die Natur damit zufriedengeben kann und darf, da unser Schöpfer doch gewollt hat, daß die Natur auf eine Weise befriedigt wird, die zum universalen Zweck besser paßt. Und gerade diese beiden Schwestern waren von der gütigen Natur mit einem so wohlgefälligen Äußeren versehen worden, daß sich alle, die der Feierlichkeit beiwohnten, in sie geradezu verliebten. Während die beiden noch vor dem Hauptaltar standen, konnte ich mich nicht enthalten, zu einer Dame zu sagen, wie schade es doch sei, daß diese unschuldigen und mit so vielen Vorzügen des Leibes ausgestatteten Wesen in den Schrecken eines Klosters begraben werden sollten und daß sie doch wohl von allen Anwesenden bemitleidet würden. Ihrem Äußeren nach zu schließen, schienen sie mir nicht für Klostermauern gemacht zu sein, und es bedarf ja in der Tat einer großen und übermenschlichen Tugend, wenn man dem widerstehen will, was die Natur uns befiehlt. Die Dame erwiderte mir freilich lachend, es sei eben der väterliche Wille und der eigene Entschluß jener Mädchen, und außerdem stehe der Himmel einem frommen Geist schon bei, wenn künftig einmal das Fleisch aufbegehren wollte. Diesen guten Wünschen schloß ich mich vorbehaltlos an.

S. Zaccaria prunkt mit einer schönen Fassade aus erlesenem Marmor; vortrefflich sind auch die Malereien im Innern der Kirche, insbesondere die beiden Gemälde mit der Ankunft der drei Weisen aus dem Morgenland und der Anbetung des Heilands. Eine lebensgroße Marmorstatue stellt Zacharias dar. Sie stammt von dem Bildhauer Alessandro Vittoria, dessen Grabmal ebenfalls schön ist und folgende Worte trägt:

Alexander Victoria/Qui vivus vivos duxit e marmore vultus.

Das zugehörige Kloster gehört vornehmen Damen, die nach der Regel des hl. Benedikt leben.

Am Canal Grande haben die Barfüßigen Karmeliter eine Kirche, die innen wie außen Pracht und Herrlichkeit verströmt. Die Fassade vor allem ist die schönste von allen venezianischen Kirchen, da sie nicht nur aus schneeweißem Marmor besteht, sondern auch von unvergleichlicher Kunst und Meisterschaft zeugt. Im Innern der Kirche sind die Wände mit verschiedenfar-

bigem Marmor verkleidet, und es gibt zahlreiche Statuen aus weißem Marmor sowie viele schöne Malereien; der Hochaltar verdient ebenfalls besondere Aufmerksamkeit. Das vortreffliche Grab des Giacomo Foscarini, des Prokurators von S. Marco, ziert die Kirche gleichfalls nicht wenig. Die Inschrift darauf lautet:

    D.O.M. Jacobo Foscareno ...

Damit bin ich mit meinen Bemühungen vorerst ans Ende gelangt und hoffe, daß E.H. sie eines gnädigen Blickes für würdig befinden werden, damit ich meinen Faden mit neuer Kraft und frischem Mut wiederaufgreifen kann. Mögen Sie auch weiterhin demjenigen Ihre Zuneigung bewahren, der unterzeichnet als

        E.H.
                        untert. Diener.
                        N.


## XXXVII. Brief

                  Venedig, am 8. Juli 1740

> Leere in Venedig. Bibliothek von S. Marco. Geistliche Musik. Kirche der Mendicanti. Fondaco Tedesco. Gärten und Plätze. Öffentliche Plätze. Schatz von S. Marco. Umliegende Inseln. Mestre. Kirche S. Giuliano. Fronleichnamsfest. Dolmetscher für Türkisch. Denkmäler für Morosini. Gesandte. Gelehrte. Venezianische Sprichwörter. Panegyrikos des Sannazaro. Maler und Akademien. Metamorphosen. Forestiere illuminato. Beschluß.

Wenn ich je Muße genug hatte, auch den verborgensten Dingen Venedigs nachzuspüren, um sie zu bewundern, und mein noch frisches Gemüt zufriedenzustellen, dann zu dieser Zeit, da die sonst so überaus volkreiche Stadt mir allein zu gehören scheint. Ich muß mich wohl deutlicher ausdrücken. Während des Karnevals und des Himmelfahrtsfestes glich Venedig einem Ameisenhaufen und war ganz von den Geschäften und den Vergnügungen eingenommen. Kaum ist aber das eine oder das andere vorbei, so scheint die Stadt aller Lebewesen beraubt zu sein, und die Straßen und sonstigen öffentlichen Orte sind menschenleer. Diese Veränderung läßt sich leicht erklären. Die Damen genießen nämlich zur Maskenzeit uneingeschränkte Freiheit und entschlüpfen dann ihren Nestern, um sich im Schutz der Masken in der Stadt herumzutreiben; sobald aber die Zeit der öffentlichen Vergnügungen wieder abgelaufen ist, werden sie erneut häuslich. Diejenigen, die Güter respektive Landhäuser an der Brenta oder anderswo besitzen, wechseln den Aufenthaltsort und begeben sich aufs Land; auch die Fremden zieht es zu dieser Zeit in der Regel dorthin, so daß tatsächlich alles abreist. Wenn dann die große Hitze kommt, die jetzt bereits zu spüren ist, halten sich die Daheimgebliebenen in ihren Häusern auf, und es läßt sich leicht denken, daß die Stadt leer sein muß. Da ich also durch nichts daran gehindert wurde, überall hinzugehen, machte ich mir die Leere der Stadt zunutze und begann, sowohl einige schon früher gemachte Besichtigungen zu wiederholen als auch zahlreiche neue zu unternehmen. Ich hoffe nun, daß Sie meinen Berichten auch weiterhin Ihre gütige Nachsicht gewähren wollen.

Nach diesen unumgänglichen Vorbemerkungen will ich Sie jetzt ein zweites Mal in die öffentliche Bibliothek von S. Marco führen, die in der Neuen Prokuratie untergebracht ist, also dem Dogenpalast gegenüber und neben der Zecca respektive der Münze. Im Vorraum stehen verschiedene griechische Statuen aus dem Altertum; es sind sehr gute Arbeiten, die man demnächst auch in Kupfer stechen will. Unter anderem gibt es dort einen Jupiter, der in Adlergestalt Ganymed entführt, einen kleinen Apoll, eine Venus und anderes mehr. Der reich verzierte Bibliothekssaal enthält über 20000 gedruckte Bücher. Mir wurde vom Bibliothekar Zanetti, einem ebenso gesitteten wie gelehrten Mann, bestätigt, daß die Republik schon früh daran gedacht habe, einen sicheren Aufbewahrungsort für die griechischen Handschriften zu wählen, die ihr Kardinal Bessarione testamentarisch vermacht hatte. Über dem Portal heißt es deshalb:

    Bessarionis Cardinalis ...

Auf ausdrückliche Anordnung des Staates hat man jetzt ein Verzeichnis dieser Handschriften gedruckt. Auch die Bibliothek des ruhmreichen Petrarca und diejenigen der Kardinäle Aleandro und Grimani sind dort untergebracht. Ersteren muß man als den Begründer der ganzen Bibliothek ansehen, da er alle seine Bücher dem Senat geschenkt hat; man findet sie in einem Büchlein mit dem Titel ›I.P. Thomasini Petrarca redivivo‹ aufgezählt.

Ich entsinne mich, in einem meiner ersten Briefe von der geistlichen Musik gesprochen zu haben, die hier in drei Hospitälern aufgeführt wird, nämlich bei den Incurabili, in der Pietà und bei den Mendicanti; in jedem dieser Hospitäler singen die Mädchen, die dort in Gesang und an den Instrumenten unterrichtet werden, zu bestimmten Zeiten bei den Gottesdiensten im Chor. Da ich diese Einrichtung, durch die sich Venedig vor allen anderen Städten Italiens auszeichnet, nicht genug bewundern kann, habe ich meine Besuche viele Male mit unbeschreiblichem Vergnügen wiederholt, denn man prunkt mit allen musikalischen Tugenden, insbesondere mit den Stimmen, die, wie mir scheint, selbst die von Männern bei weitem übertreffen. Zum Unterricht dieser Mädchen unterhält die Republik aus Mitteln der Allgemeinheit große Meister, die dieses Amt auch nicht verschmähen; selbst der berühmte und vortreffliche Hasse, den man hier »Il Sassone« nennt, hat sich dessen nicht geschämt.

Da ich diesen Gegenstand nun ausreichend behandelt habe, will ich zu anderen Dingen übergehen, die ich ebenfalls für bemerkenswert halte.

Die Kirche der Mendicanti ist reich an edlem Marmor und

besitzt zahlreiche Inschriften, die größtenteils bei Nemeitz in seinem Buch ›Inscriptionum singularium maximam partem novissimarum fasciculus quas‹ etc. etc. zu finden sind, das 1726 in Leipzig in Oktav erschienen ist. Diese Kirche wird außerdem von vielen Gemälden vortrefflicher Meister geschmückt.

An einer anderen frommen Stätte, bei den Incurabili, fand ich an einer Mauer folgende Worte:

> D.O.M. Questo povero archiospedale ...

Zu den privilegierten Häusern Venedigs gehört auch der Fondaco dei Tedeschi, das Lager, in dem die aus Deutschland kommenden Waren aufbewahrt werden. Er wird von einer Gesellschaft deutscher Kaufleute unterhalten, das Gebäude selbst gehört jedoch dem Staat. Solange die Kaufleute unverheiratet sind, dürfen sie dort wohnen, aber sobald sie sich verehelichen, verlieren sie dieses Anrecht. Auf dem Hauptportal heißt es:

> Principatus Leonardi Lauredani inclyti Ducis an. sexto.

So sehr die Meinungen hinsichtlich der Zahl der Brücken und Inseln auseinandergehen, so sehr unterscheiden sie sich auch im Falle der Plätze und Gärten. Über die Brücken und Inseln habe ich schon genug gesagt, sprechen wir daher jetzt von letzteren. Manche Leute übertreiben die Zahl der Gärten gar zu sehr, indem sie jede schmale oder nur ein wenig größere Fläche schon hinzuzählen. Meiner Meinung nach verdienen diesen Namen lediglich der sehr weitläufige Garten hinter der Kirche S. Giorgio M., die Gärten bei S. Maria dell'Orto und noch einige andere, die da und dort verstreut liegen. Obwohl sie zum Teil nicht schlecht gepflegt werden, mangelt es ihnen doch an den wirklich erlesenen Dingen, etwa an Orangerien oder anderen Obstbäumen und an Blumen, und so sind die Alleen der vornehmste Gegenstand in ihnen. Auf der Giudecca gibt es einen weiteren Garten, der zum Palast des Cavaliere Nani gehört und der 250 Schritt lang sowie 80 Schritt breit ist. Sonst konnte ich aber nichts finden, das die Bezeichnung Garten verdient hätte.

Was die Plätze angeht, so beehren die in alle ihre Besitztümer verliebten Venezianer gleichermaßen jeden Fleck von zwölf Fuß im Quadrat schon mit dem Namen Platz. Man muß sich freilich bewußtmachen, daß in einer ins Meer hinein errichteten Stadt nicht immer so gebaut werden konnte, wie man gewollt hätte, sondern nur so, wie es die Umstände zuließen. Die Gründer der Stadt hatten daher Sorge getragen, daß der wenige und kostbare Boden für Wohnungen genutzt wurde; diesem Grundsatz sind ihre Nachfolger mit Bedacht treu geblieben, so daß man, den Markusplatz und den kleinen Platz, der Broglio heißt, ausgenommen, fast nichts zu sehen bekommt, was Platz genannt werden dürfte; bei allen übrigen handelt es sich nämlich immer nur um Flächen von geringem Ausmaß.

Bevor ich Sie aus der Stadt hinausführe, will ich noch kurz auf den kostbaren Schatz von S. Marco zu sprechen kommen, der so bekannt und berühmt ist, daß ich mich versündigen würde, wenn ich ihn hier mit Schweigen überginge. Um ihn besichtigen zu dürfen, muß man bei einem der drei Prokuratoren von S. Marco, denen die Aufsicht über diesen Schatz obliegt, ein gutes Wort für sich einlegen. Bevor er geöffnet wird, muß sich erst eine gewisse Anzahl von wißbegierigen und ungeduldigen Besuchern eingefunden haben; so war also eine große Zahl von Menschen aus aller Herren Länder versammelt, deren verschiedene Sprachen es unmöglich machten, allem mit der nötigen Aufmerksamkeit zu folgen. Immerhin kann ich Ihnen berichten, daß der Schatz auf zwei Säle verteilt ist. Im ersten verwahrt man eine umfangreiche Sammlung von heiligen Reliquien, die für diejenigen, die daran glauben, sehr hohen Wert besitzen, nämlich: 1) ein kleines Kreuz aus dem Holz vom wahren Kreuz unseres Herrn Jesus Christus mitsamt zwei weiteren, kleineren Kreuzen; 2) etwas vom Blut Christi; 3) Milch und Haare der Hl. Jungfrau; 4) Leinenzeug, das Christus als Kind getragen hat; 5) Teile von seinen Windeln; 6) Teile vom Leib des hl. Martin; 7) das Schwert des hl. Petrus; 8) das Messer, das Jesus beim Letzten Abendmahl benutzt hat, etc.

Im zweiten Saal befinden sich die Kostbarkeiten, die entweder in Kriegs- oder in Friedenszeiten brauchbar sind. Sie sind in drei Schränke eingeschlossen, wobei vor allem der mittlere unermeßliche Reichtümer enthält. Man verwahrt darin zwei fünfeckige Kronen aus Gold, die mit orientalischen Perlen und Edelsteinen besetzt sind. Zwölf Brustharnische und ebensoviele Kronen, die sich ein wenig von den vorigen unterscheiden, aber in derselben Weise verziert sind; eine davon war sehr groß. Außerdem fand ich dort einen griechischen Kelch mit überaus erlesenen Verzierungen. Eine taubeneigroße Kamee. Viele Rubine. Einen Saphir von zwölf Unzen. Einen Pinienzapfen aus Türkis. Ein Faß aus einem einzigen Granat. Das Horn respektive die Mütze des Dogen, die meiner Meinung nach das schönste Ding von allen ist und deren sich der Doge bei festlichen Anlässen bedient. Ansonsten findet man zahlreiche andere Gegenstände aus Gold und Edelstein sowie einen Becher aus einer einzigen Kamee, der ägyptische Schriftzeichen trägt. Damit aber genug von diesem berühmten Schatz von S. Marco, dessen Reichtum der letzte Krieg gegen die Türken sehr geschmälert hat, wodurch er viel von seinem alten Ruhm verlor. Wenn Sie die ›Guida de' forestieri per la città di Venezia‹ zu Rate ziehen, dann haben Sie dort eine genauere Beschreibung; mir genügt es, das Wichtigste genannt zu haben. Zu erwähnen bleibt mir noch die Handschrift des Markus-Evangeliums, die man als das kostbarste Stück des Schatzes hütet. Weil ich davon nur mit Mühe die Oberfläche gesehen habe und auch diese lediglich von weitem, so muß ich mich mit den Angaben bei Misson und Keyßler bescheiden; letzterer berichtet über den Zustand der Handschrift, daß sich die einzelnen Blätter nicht mehr ohne Gefahr voneinander lösen lassen, da besagtes Buch durch die beständige Feuchtigkeit zu einem Brei geworden sein soll.

Ich begebe mich nun aus der Stadt hinaus, um verschiedene umliegende Inseln zu besuchen, wobei ich hoffe, daß es Ihnen nicht mißfallen wird, wenn ich kurz mitteile, was es dort an Merkwürdigem und Schönem zu sehen gibt. Burano, der erste Ort, ist ziemlich bevölkert, und die dem hl. Martin geweihte Pfarrkirche ist nicht schlecht, da sie von vornehmen Altären und Gemälden geschmückt wird, die von Gasp. Diziani, Fontebasso und Tiepolo stammen. Anschließend besichtigte ich Torcello, das man seines hohen Alters wegen auch Alt-Venedig nennt; es soll nämlich schon vor Venedig gegründet worden sein. Die Kirche von Torcello, die zu Beginn des 11. Jahrhunderts umgebaut wurde, ist der Hl. Jungfrau geweiht; neben vielen anderen Reliquien besitzt man dort auch den Leib des hl. Liberalis. Die vielen anderen Sehenswürdigkeiten bezeugen übereinstimmend das hohe Alter der Kirche, allen voran zahlreiche Mosaiken in überaus altem Geschmack und die inneren Wände, die mit feinem und durchscheinendem Marmor überzogen sind. Zur Zeit des Hunnenkönigs Attila, der Padua, Concordia und andere Städte verwüstete, wurde auch Torcello zum größten Teil zerstört. Anstelle der sonst üblichen hölzernen Läden, mit denen man die Kirchenfenster verschließt, benützt man dort schwere und starke Marmorplatten; das ist zwar ungewöhnlich, war aber in früherer Zeit dringend nötig. Das gesamte Dach ist mit Blei gedeckt. Das Weihwasserbecken ist sehr alt und mit schönen Figuren verziert, die verschiedene heidnische und abergläubische Riten darstellen; in diesem Becken haben die Heiden einst ihre Opfer getötet. Aus alter Zeit stammt auch die Inschrift, die ich auf der Tür des Glockenturms gefunden habe:

    L. AQVILIVS NARCISSVS AVGVST. BEL. V. S.

Andere Inschriften beweisen sogar, daß dieser Ort bereits bewohnt wurde, ehe sich das Licht des Evangeliums im Venezianischen ausgebreitet hatte. Hier ist eine dieser Inschriften, die abergläubische Bräuche des Götzendienstes nennt:

    Patroclus/Secutus ...

Dieser Stein befindet sich im Palast des Podestà. Ein ähnliches Denkmal ist über dem Portal der Kirche, die der Kathedrale gegenüberliegt, angebracht. Es lautet folgendermaßen:

    Hortos Municipio Dedi.

Es gibt in Torcello auch sonst noch Kirchen und Klöster, die mit schönen Malereien von vortrefflichen Meistern geschmückt sind und Reliquien besitzen. Da ich mich aber mit den eben erwähnten Sehenswürdigkeiten zufriedengab, komme ich nun zu einer anderen Insel namens Chioggia, wohin mich ein freundlicher Abate aus der Stadt begleitete; dieser hat überhaupt viel dazu beigetragen, daß ich meine Zeit hier mit Nutzen zubringen konnte, da er zahlreiche Bekannte besaß. Während dieses Ausflugs konnte ich zweierlei Geschäft erledigen: unterwegs habe ich gefischt, und ansonsten habe ich Kirchen sowie Klöster und ihre Bewohner besucht. Im Dom kopierte ich von der Kanzel folgende Inschrift:

> D.O.M. Catholicae veritati...

Was ich über die Eigenart der Italiener berichtet habe, daß sie überall geheime Kräfte zu finden wissen, die es gar nicht gibt, gilt in besonderem Maße für die Leute von Chioggia. Diese behaupten nämlich, daß jene Kanzel die Fähigkeit habe, alle Prediger gleich groß erscheinen zu lassen, gleichgültig, ob sie groß oder klein sind. Wenn gerade eine günstige Zeit gewesen wäre, so hätte es mich nicht viel Mühe gekostet, dieses Geschwätz gründlich zu widerlegen. In dieser Kirche gibt es einige schöne Malereien und ein schönes Taufbecken. Der Ort hat sogar einen Podestà. Außerdem habe ich das Kloster der Benediktinerinnen besucht, die dort anscheinend mehr Freiheit genießen als in ihrem Elternhaus; merkwürdig erschien mir allerdings, daß die Kirche dem hl. Franziskus geweiht ist, während die Tracht der Nonnen dem hl. Augustinus gehört und ihre Regel vom hl. Benedikt stammt. Auf dem Rückweg warfen wir dann im Meer unsere Netze aus, um einen guten und reichen Fischzug zu machen. Das Wasser hatte freilich keine Fische für uns, und wir erwischten nichts als einen lebenden Meerschwamm; weil es sich jedoch, wie uns die Matrosen sagten, um eine giftige Art handelte, wollten wir ihn mit der bloßen Hand nicht berühren. Dennoch waren wir darauf aus, ihn nicht nur zu betrachten, sondern auch zu zergliedern, aber die Männer sagten uns, daß wir dadurch einen Sturm heraufbeschwören würden. Wir gaben ihn deshalb der Tiefe wieder, nachdem wir ihn betrachtet und tatsächlich Anzeichen des Lebens festgestellt hatten. Dieser Schwamm war von weißlicher Farbe und etwa so groß wie eine Faust; die Natur hatte ihn den Erdschwämmen nachgebildet, so daß man hieran einen neuerlichen Beweis für die enge Verbindung zwischen dem Reich der Pflanzen und dem der Tiere erkennen kann. Hierher paßt auch der Glaube der Araber, die bei der Palme eine gewisse Ähnlichkeit mit den Menschen darin sehen wollen, daß sie auch bei ihr in der Regel zwei Geschlechter annehmen. Zu ihren Krankheiten zählen sie sogar die Liebe: wenn sich nämlich ein Baum nach dem anderen Geschlecht sehnt, dann wird er unfruchtbar und verliert gleichsam seine Kräfte. Die Araber verbinden daher beide Bäume mit einem Strick, schnüren je zwei Äste aneinander oder streuen wenigstens über den einen Baum ein wenig Samen vom geliebten anderen, so daß beide wieder zu neuen Kräften kommen. Die Palme soll sogar unter einer Art von Verstopfung leiden, der man durch einen Schnitt in den Stamm abhelfen kann. Ist das nicht ein Beweis für den engen Zusammenhang zwischen dem Pflanzen- und dem Tierreich?

Eines Nachmittags begab ich mich nach Mestre, das auf dem Festland liegt; mein Führer hatte dort eine Schwester, die bis zum heiratsfähigen Alter in ein Kloster gesperrt war. Ich weiß nicht, ob ich von diesem Brauch schon gesprochen habe; soviel kann ich jedenfalls sagen, daß viele Leute ihre Töchter schon im zarten Alter ins Kloster schicken, um sie in allen Künsten, die sich für dieses Geschlecht ziemen, unterrichten zu lassen und um sie von den Schmeichelreden der Männer fernzuhalten. Die Mädchen sind dort aber weder an irgendwelche Verpflichtungen noch an die Ordensregeln gebunden, außer daß sie während dieser Zeit sogar ihre Väter und Brüder lediglich durch die Gitter des Sprechzimmers sehen dürfen, wo sie sich allerdings auch nur im Beisein der Ordensschwestern unterhalten können. Auch mein Freund mußte diese Erfahrung machen. Als wir angekommen waren, ließ er seine Schwester rufen, die sogleich erschien; da sie kurz vor ihrer Heirat stand, strahlte ihr Gesicht vor Heiterkeit und Freude über ihren künftigen Gemahl. Eigentlich wäre dieser Brauch nicht zu verachten, sondern eher zu loben, wenn nur die Eltern ihre Töchter nicht verheiraten würden, ohne sie gebührend darüber zu unterrichten, mit wem sie sich verbinden müssen; diese Vorsicht stellt jedoch die Ausnahme dar, so daß die Rückkehr der Tochter ins Elternhaus und ihre Fesselung durch das Band der Ehe beinahe im selben Augenblick geschehen. Daraus entstehen dann die vielen unglücklichen Ehen und die vielen Paare, die man nur durch Gewalt verbunden hat und die sich in Geist und Gefühl vollkommen widersprechen. Diese unnatürliche Gewohnheit ist aber nicht bloß bei den Italienern üblich, man hat sie auch in Spanien eingeführt.

Die Kirche S. Giuliano schmücken Malereien der besten und vortrefflichsten Meister: von Palma, Vicentino, Paolo und vielen anderen, die nicht weniger berühmt sind, so daß es niemanden gereuen wird, diese Kirche aufgesucht zu haben. Ihre weitgehende Umgestaltung wurde durch die Wohltätigkeit des Arztes Tomaso ermöglicht, der die Kosten trug; zum Dank dafür hat man ihm über dem Hauptportal eine Bronzestatue mit Inschrift gesetzt. Vor dieser in der Merceria gelegenen Kirche kann man auf dem Straßenpflaster, gut eine Spanne von der Kirchenmauer entfernt, auf einigen kleinen Steinen diese beiden Worte lesen: »Sacrum Sacrum«. Das soll zweifellos bedeuten, daß jeder, der sich dorthin rettet, vor allen Nachstellungen und Verfolgungen ebenso sicher sein soll, als wenn er die Kirche selbst betreten hätte; die Päpste verleihen dieses Vorrecht nämlich an bestimmte Kirchen, damit die Missetäter für jegliches Verbrechen eine unverletzliche Freistatt finden können. Das ist also die einfache Erklärung besagter Worte: daß die Spitzbuben, die sich dorthin geflüchtet haben, gerettet sind; vielleicht hat man sie aber auch deswegen an jener Stelle in den Stein gehauen, um jedermann zu ermahnen, sich an diesem Ort nicht der Last seines Leibes zu entledigen und die heiligen Mauern nicht mit dem Wasser seiner Eingeweide zu benetzen. Diese Erklärung hätte den Umstand für sich, daß sich die Venezianer nicht einmal scheuen, sich im Dogenpalast zu entleeren, und sogar auf dessen Galerie urinieren. Um dieser Unreinlichkeit ein wenig zu wehren, hat man an verschiedenen Stellen des Palastes Gefäße zu besagtem Gebrauch aufgestellt.

Das Fronleichnamsfest, das kürzlich in Venedig gefeiert wurde, hatte nichts Besonderes an sich. In Begleitung von sechs Nobili trägt der Patriarch das Allerheiligste aus dem Hauptportal des Markusdoms über den Markusplatz und die Piazzetta und dann wieder zurück. Tiefe Andacht konnte ich dabei aber nicht beobachten, vielmehr mußte ich mich über soviel Lauheit der Monstranz gegenüber sehr verwundern. Den Römern gelten die Venezianer daher zu Recht als Ketzer, die man dulden muß; sie knien nämlich kaum nieder, und diejenigen, die ein wenig abseits standen, schauten nicht einmal auf und zeigten keinerlei Ehrfurcht. Obwohl das Volk den Reliquien und der Verehrung von Bildnissen sehr zugetan ist, etwa der in der Monstranz eingeschlossenen Hostie, die den Katholiken so teuer ist, machen die Angehörigen der höheren Stände nicht viel Aufhebens davon, sondern überlassen die Frömmigkeit den anderen.

Ihrer Lage wegen hat die Republik Venedig stets mit der Ottomanischen Pforte zu tun, weshalb sie Leute braucht, die deren Sprache genau verstehen, damit die Interessen des Staates am dortigen Hof mit Erfolg vertreten werden können; die Republik unterhält daher ständig 16 Personen, von denen acht als Dolmetscher dienen, während die übrigen damit beschäftigt sind, die türkische Sprache zu lehren oder zu lernen.

Die Republik pflegt die Heldentaten ihrer Krieger, die ihretwegen Leib und Leben gewagt haben, gut zu belohnen, was ein überaus geeignetes Mittel ist, sich treue Diener zu sichern. Der Senat hat hierfür einst ein großes Beispiel gegeben, als er dem Fürsten Morosini noch zu Lebzeiten eine Statue mit folgender Inschrift errichten ließ:

> Francisco Mauroceno Peloponesiaco adhuc viventi Senatus.

Morosini wurde 1688 nach dem Tod Giustinianis in Abwesenheit zum Dogen gewählt; wer mehr über ihn erfahren will, kann die vierbändige Lebensbeschreibung zu Rate ziehen, die Giovanni Graziani in lateinischer Sprache vier Jahre nach Morosinis Tod in Padua veröffentlicht hat. Morosini ist in Nauplia gestorben und dort auch begraben worden. Nach seinem Tod hat ihm der Senat ein weiteres Denkmal in der Sala dello Scrutinio gesetzt, was ebenfalls ungewöhnlich ist.

Gegenwärtig beehren vier ausländische Höfe die Republik mit ihren Gesandten: mit dem Fürsten Pio für den Römischen Kaiser, dem französischen Gesandten, dem Nuntius des Papstes, der aber sein Amt noch nicht angetreten hat, und dem Abgesandten Spaniens, der nicht mehr in der Öffentlichkeit erscheint, seitdem man ihm den Botschafter Frankreichs vorgezogen hat.

Im Verhältnis zu den Buchhändlern der Stadt und deren Emsigkeit, die sie hinsichtlich des Drucks und der Übersetzung von Büchern an den Tag legen, die der Verbreitung der Gelehrsamkeit dienen, scheint mir die Zahl der allseits anerkannten Gelehrten nicht sehr groß zu sein; mit Ausnahme des berühmten Dichters Apostolo Zeno, den ich bereits in einem meiner ersten Briefe erwähnt habe, und eines Nobile namens Correr, eines insbesondere in zahlreichen Sprachen überaus bewanderten Mannes, war sonst von niemandem die Rede.

Es wird Ihnen wohl nicht mißfallen, wenn ich nun einige nicht gerade ehrenvolle Sprichwörter und Distichen wiedergebe, die sich auf Venedig beziehen. Das erste lautet: »Troppe teste, troppe feste, troppe tempeste«, wobei der Verfasser auf die hohe Zahl der Mitglieder der Regierung, der Festtage und der Unwetter anspielt, von denen die Stadt im Sommer immer heimgesucht wird. Das zweite ist der Rat, sich vor den folgenden vier P zu hüten, nämlich: Pietra bianca, Puttana, Prete und Pantalone. Die blanken Steine sind nach einem Regen in der Tat ziemlich glitschig, so daß man vor allem auf den Brücken Gefahr läuft, sich unglücklicherweise ein Bein zu brechen. Das folgende Distichon lehrt uns die natürliche Ursache dafür, warum es in Venedig soviele Huren gibt:

    Urbe tot...

Zu den Pfaffen rechnet man auch die Abaten und ähnliche Müßiggänger, die sich dem Spiel und anderen schändlichen Vergnügungen hingeben; mit dem letzten P bezeichnet das Volk die Nobili, die für diejenigen Fremden, denen es an der nötigen Gewandtheit im Umgang mit der Welt noch fehlt, gefährliche Klippen darstellen.

Es mangelt freilich auch nicht an Leuten, die zum Ruhm Venedigs geschrieben haben. Den ersten Platz unter ihnen verdient Sannazaro, der die Stadt folgendermaßen besingt:

 Viderat Adriacis ...

Vom Senat ist er dafür sehr großzügig belohnt worden, denn man überreichte ihm für jeden Vers 100 Louis d'or, ein Geschenk, das der Republik als einem derart reichen Mäzen würdig war. Wer noch weitere Lobgesänge hören möchte, mag diese in einem Buch von Ottavio Ferrario nachlesen, das den Titel ›De Veneta munificentia‹ trägt.

An vortrefflichen Bildhauern und an Malern in Öl, Fresko und Pastell leidet man in Venedig keine Not, aber es genügt wohl, wenn ich hier lediglich auf die Sig. Rosalba hinweise, die sich insbesondere in der Pastellmalerei große Verdienste erworben hat. In ihren Bildnissen herrschen Leben und Kunst, und die Natur wird darin derart getreu nachgeahmt, daß jeder, der diese Gemälde einmal gesehen hat, sie immer wieder sehen möchte. Da ich nun schon auf die Maler zu sprechen gekommen bin, schickt es sich wohl, daß ich auch auf die Malerakademien eingehe, die man in Venedig eingerichtet hat. Es gibt hier deren zwei, die für ihren Zweck besonders geeignet sind, weil sich dort lebende Menschen beiderlei Geschlechts nackt zur Schau stellen und sich dafür bezahlen lassen, daß sie verschiedene Stellungen und Bewegungen vorführen sowie bestimmte Körperhaltungen einnehmen, wie man es ihnen jeweils befiehlt. Und dann behauptet man, daß irgendeine Jungfrau, die nach einem dieser verworfenen Geschöpfe gemalt wurde, Wunder tun soll. Sie sehen ja selbst, welch schöne Schule der Schändlichkeiten das ist! Hoffentlich verübeln Sie mir diese Bemerkung nicht, aber ich bin nun einmal Moralist und würde platzen, wenn ich solche Gedanken nicht äußern dürfte.

Zur Maskenzeit kann man eine sehr merkwürdige und plötzliche Veränderung beobachten, die immer dann eintritt, wenn ein Glockenschlag das Ave-Maria ankündigt. Im Nu werden aus all den Narren wieder anständige und vernünftige Menschen, denn für einen Augenblick bleiben alle Masken stehen, und während der Andacht hört man nicht einmal mehr eine Fliege summen; es ist so still, als wenn plötzlich keine Lebewesen mehr zugegen wären. Gleich darauf zeigt sich alles von neuem in der vorigen Erregung, ein Schauspiel, das man aber mit eigenen Augen sehen muß, denn die bloße Beschreibung bleibt unzulänglich.

Kürzlich ist ein neuer Führer durch die kostbarsten und namhaftesten Dinge erschienen, die es in Venedig aus alter und neuerer Zeit zu sehen gibt; außerdem hat der Verfasser eine knappe Beschreibung der umliegenden Inseln und aller Sehenswürdigkeiten in den dortigen Kirchen, Klöstern und Hospitälern beigegeben. Dieses Büchlein ist in Oktav bei Albrizzi gedruckt worden und trägt den Titel ›Forestiere illuminato‹; gewidmet ist es dem sächsischen Kurprinzen, der zur selben Zeit Venedig mit seiner liebenswürdigen Person beehrt hatte. Es stellt in der Tat einen verläßlichen Führer durch die Metropolis dar und hätte mir manches erleichtert, wenn es mir schon früher in die Hände gefallen wäre. Das von zahlreichen Kupfern mit Ansichten der wichtigsten Gebäude geschmückte Buch ist in sechs Tage unterteilt, die den sechs »sestieri«, den Stadtvierteln Venedigs, entsprechen, als da sind: S. Marco, Castello, Canal Regio, S. Paolo, S. Croce und Dorsoduro. Kurz und gut, dieser Führer darf sich die beste Aufnahme beim Publikum versprechen.

Nachdem ich alles, was ich in dieser ruhmreichen Stadt an Merkwürdigem und Ergötzlichem finden konnte, zusammengetragen und so gut als möglich beschrieben habe, komme ich mit den vielen Dingen nun allmählich zu einem Ende; diese dürften dabei freilich viel von ihrem eigentlichen Wert eingebüßt haben, da eine voller tönende Leier als die meine vonnöten gewesen wäre, um Ihnen alles in angemessener Weise zu berichten. Gewiß hätte es eines Stils bedurft, der ebenso fein und erlesen wäre wie die beschriebenen Dinge selbst, aber zwischen dem Anschauen und dem Lesen einer Beschreibung bestünde selbst dann noch ein großer Unterschied, wenn letztere die allerdeutlichsten Eindrücke vermitteln könnte. Eines bleibt mir allerdings noch zu sagen, und ich bekenne es freimütig: ein fremder Reisender von guten Sitten, der sich eine gewisse Vertrautheit mit der Wesensart der venezianischen Signori erworben hat, wird zwar in ihrer Gesellschaft große Freuden genießen; wenn er sich aber nicht ins Unglück stürzen will, dann sei ihm geraten, sich nicht überall gar zu genau nach ihrer Regierung zu erkundigen und sich auch beim Umgang mit Frauen zurückzuhalten. Diese Umsicht ist für ganz Italien anzuraten, und die Regel leidet nur dann eine Ausnahme, wenn man weiß, mit wem man es zu tun hat und mit wem man spricht. Dann kann man es sich erlauben, mit größerer Freiheit zu reden und sich zu unterhalten, vorausgesetzt man läßt es nicht am Anstand fehlen, der die Begierde verurteilt, sich in fremde Angelegenheiten einzumischen und von den Tellern vornehmer Schlemmer zu naschen. Damit will ich meinen Überlegungen, die ich ohne weiteres noch lange fortsetzen könnte, ein Ende machen; schließlich ist nicht alles des Berichtens wert, auch wenn andere Reisende in ihren Erinnerungen, die sie dem Publikum gedruckt anbieten, berufsmäßig davon reden. Ich will Sie nur bitten, daß Sie mein Geschwätz Ihrer gnädigen Aufmerksamkeit würdigen und mich auf diese Weise dazu ermutigen, Ihnen auch künftig von meinen Geschicken zu berichten. Ich habe nämlich beschlossen, von dem wundervollen Venedig Abschied zu nehmen, ganz so wie ich nun auch von Ihnen Abschied nehme und unterzeichne als

E.H.

untert. Diener.

## XXXVIII. Brief

Mailand, am 5. Juli 1740

> Ankunft in Mailand. Vicenza. Kirche Madonna di Berico. Neuer Triumphbogen. Garten des Grafen di Valmarana. Triumphbogen auf dem Marsfeld. Teatro Olimpico. Die Vicentiner sind alle Grafen. Verona. Kastelle. Palazzo di Bevilacqua. Maffeis öffentliches Museum. Musellis Kabinett. Kirche S. Giorgio. Kathedrale. Erlauchte Männer. Scaliger-Gräber. Heilige Eselin von Verona. Amphitheater. Köstliche Komödie. Graf von Öttingen. Lästige Fliegen. Mantua. Ursache seines Niedergangs. Judenghetto. Justizpalast. Vier Türme. Eiserner Käfig. Herzogspalast. Barnabitenkirche. Kathedrale. Kirche S. Andrea. S. Egidio. Theater und Reitschule. Paläste. Gegenwärtige Gouverneure. Bozzolo. Cremona. Pizzighettone. Lodi. Schandsäule für Straßenräuber. Prozeß gegen zwei Banditen. Beschluß.

Eine meiner ersten Beschäftigungen hier in Mailand, wo ich gestern gesund und munter angekommen bin, soll darin bestehen, Ihnen meine untertänigste Ergebenheit dadurch ins Gedächtnis zurückzurufen, daß ich niederschreibe, was mir seit dem letzten Brief an Sie auf der Reise begegnet ist. Nachdem ich in Venedig zahllose ehrbare Vergnügungen genossen hatte, die aber mit ebensovielem Nutzen und Gewinn verbunden und verflochten waren, reiste ich am 14. Juli nachts von dort ab und sah am nächsten Tag das gelehrte Padua wieder. Über das schon hinlänglich abgehandelte Flüßchen namens Brenta will ich nicht mehr viel sagen. Es wird zu beiden Seiten von schönen Landhäusern der venezianischen Signori geschmückt, was diese Reise noch angenehmer macht, aber ich komme lieber auf die erlauchte Gesellschaft zu sprechen, mit der ich Venedig verlassen habe. Es hatten sich dort nämlich über ein Dutzend Personen zusammengefunden, die alle im Scudo di Francia gewohnt hatten; es waren sämtlich Deutsche und zum größten Teil Grafen und Barone. Diese mieteten gemeinsam einen sehr bequemen Burchiello (Baricello oder Barke) mit Fenstern, der außen Holzverzierungen trug und von Pferden gezogen wurde. In diese achtbare Gesellschaft hatten mich zwei Hofmeister eingeführt, mit denen ich in Venedig bekannt geworden war und die über ungewöhnliche Kenntnisse verfügten, was ja auch unerläßlich ist, wenn man auf Reisen der Leitstern einer hochstehenden Person sein soll. Den Tag unserer Ankunft in Padua verbrachten wir gemeinsam, indem wir nach dem Mittagessen die Stadt besichtigten, wobei wenigstens ich nichts sah, was mir nicht schon bekannt gewesen wäre. Schön war es dann, am folgenden Morgen mitanzusehen, wie alles aufbrach und in die vier verschiedenen Himmelsrichtungen abreiste. Ich meinerseits machte mich auf den Weg nach Vicenza, wo der Boden im höchsten Maß gut bestellt ist und seiner natürlichen Fruchtbarkeit wegen Lebensmittel aller Art hervorbringt. Dieselbe Üppigkeit könnte überall in Italien herrschen, wenn nur die Bauern entsprechend fleißig wären. Einen besonders schönen Anblick bietet dort der Weinbau, der sich von unsrigem darin unterscheidet, daß man um Vicenza, ähnlich wie überall im Venezianischen, die Weinstöcke an Bäume bindet, die in großem Abstand voneinander in Reihen gepflanzt sind. Die Reben hängen deshalb jeweils zwischen zwei Bäumen wie zusammengeknüpfte Blumen herab, so wie es hier die Zeichnung zeigt:

Man könnte sogar einen Karren hindurchziehen, ohne die Reben zu berühren. Der Boden wird dort in jeder Hinsicht genutzt, denn unter dem Wein wächst Gras und Getreide, so daß ein und dasselbe Feld in der Tat alles hervorbringt. Was die Weine angeht, so haben sie einen sehr guten Ruf; sie sind außergewöhnlich süß und tun unserem gemeinsamen Freund wohl, der trotz des Podagras seine Neigung zu diesem ihm ansonsten so schädlichen Getränk nicht mäßigen kann.

Besagte Stadt Vicenza liegt zwischen zwei Hügeln; auf der gegenüberliegenden Seite erstreckt sich eine weite und fruchtbare Ebene, weshalb man Vicenza das Schlachthaus und den Garten Venedigs nennt. Die Stadt selbst ist jedoch nur von mittlerer Größe, und ihre Mauern taugen nicht viel. Als ich zur Kirche Madonna di Berico hinaufstieg, konnte ich die schöne Lage und den wunderbaren Rundblick genießen. Mein Esel von Cicerone erzählte mir dabei alles Mögliche über diese Kirche, weil er mich anspornen und darüber hinwegtrösten wollte, daß ich den Aufstieg bei ungewöhnlicher Hitze machen mußte und dann doch nur ein mittelmäßiges Gotteshaus vorfand, das weder Verzierungen noch Malereien besitzt, ein Gemälde im Refektorium der Servitenmönche ausgenommen, das von Paolo Veronese stammt. Dieses ist zwar von unvergleichlicher Kunstfertigkeit, aber die Erfindung ist um so abgeschmackter: unser Herr sitzt nämlich zwischen Papst Gregor und zwei Kardinälen an einer Tafel und wird von einem Pagen in spanischer Kleidung bedient. Von dort ging ich zum Triumphbogen weiter, der am Fuß der neugebauten Treppe steht und gegenwärtig einen armseligen Eindruck macht. Als ich mich dann nach rechts wandte, fand ich an einer Madonnenstatue die folgenden Verse:

> Havrà di marmo il core ...

Anschließend zeigte mir mein Führer den Garten des Grafen di Valmarana, wo ich meine Wißbegier hinlänglich zu befriedigen gedachte, wie es mir die folgende Inschrift über dem Hauptportal auch verhieß:

> Novum viridarii ...

Dieser Garten wäre in der Tat ebenso schön wie anmutig, wenn er noch so wäre wie früher. Die liebenswürdige Großzügigkeit des erlauchten Besitzers geht aus einer anderen Inschrift hervor, die dort sehr schön angebracht ist:

    Advena qui ...

Unweit davon erblickt man auf dem Marsfeld einen weiteren Triumphbogen, den der Baumeister Andrea Palladio entworfen hat. Dieser große Mann, der bestrebt war, in solchen Bauwerken den Geschmack der Alten nachzuahmen, hat auch das Teatro Olimpico geschaffen, das eine Besichtigung lohnt und über das der vicentinische Graf Montenari eine Abhandlung hat drucken lassen. Besagter ruhmreicher Baumeister, dessen Wohnhaus man fremden Reisenden mit soviel Ehrerbietung zeigt, als ob es sich um einen Heiligen handelte, hat über eine wahrhaft große Beschlagenheit in seiner Kunst verfügt, so daß das eben erwähnte Theater trotz seiner geringen Größe ein wunderschöner Bau ist. Die folgenden Worte stehen dort über dem Portal zu lesen:

    Petro Paulo Bissario ...

An diesem Ort versammelt sich die Akademie der Olympier, die sich um die Verbesserung der italienischen Sprache bemüht. Allerliebst ist eine kleine Geschichte, die man über die Einwohner von Vicenza erzählt: es heißt, daß sie allesamt den Kitzel hatten, Grafen sein zu wollen. Als nämlich Kaiser Karl V. einmal in Vicenza war, sollen sie ihm die folgende Antwort geradezu abgenötigt haben: »Ja, ja, ich mache euch alle zu Grafen, die ganze Stadt mitsamt den Vorstädten«. Man sagt, daß es aus diesem Grund heute in Vicenza Grafen in Hülle und Fülle gibt, von denen aber keiner von Krösus abstammt, wie dies die anläßlich jener Begebenheit entstandene Redensart ausdrückt:

    Permultos comites Vicentia nutrit egenos.

Was die Paläste der Stadt angeht, so möchte ich nicht gern zu viel über sie sagen, da es nur drei oder vier gibt, die diese

Bezeichnung verdienen; man findet in Vicenza aber zahlreiche schöne Häuser. Das Rathaus, das man Palazzo della Ragione nennt, ist wegen seines Reichtums an schönen Malereien des Besuchs fremder Reisender wert.

Von Vicenza aus sind es noch drei Poststationen bis zu dem sehr anmutig gelegenen Verona; man sieht unterwegs, daß in dieser Gegend alles, die Täler ebenso wie die Hügel, bewirtschaftet wird. Die Etsch trennt die Stadt in zwei Teile; diese werden durch vier Brücken miteinander verbunden, die Ponte di Pietra, Ponte delle Navi, Ponte del Castel Vecchio und Ponte Nuovo heißen. Der machtvoll dahinströmende Fluß ist schön anzusehen. In der Stadt gibt es drei Kastelle; das eine heißt S. Felice, das zweite S. Pietro und das dritte Castel Vecchio. In Zeiten des Bürgerkriegs können sie sehr hilfreich sein, bei anderen Gelegenheiten aber kaum, da die umliegenden Hügel zu nahe sind.

Insgesamt macht Verona gar keinen schlechten Eindruck. Misson meint, diese Stadt sei weder schön noch häßlich, weder arm noch reich und weder volkreich noch entvölkert, also alles in allem mittelmäßig. Man versicherte mir, daß es trotz der Größe der Stadt kein unbewohntes Haus gebe und daß man 50000 Seelen zähle. Außerdem betreibt man einigen Handelsverkehr, der dadurch begünstigt wird, daß alle Güter, die von Bozen kommen, nach Verona gebracht werden müssen, um dann auf dem Kanal bequem nach Venedig verschifft zu werden. Besonders gute Geschäfte macht Verona mit roher und mit verarbeiteter Seide, mit Leinen, Wolle, Öl und Oliven. Dem Äußeren nach zu schließen, können die Nobili zwar keinen großen Staat machen, es gibt aber dennoch nicht wenige Familien, die sehr reich sind.

Das Haus des Grafen Bevilacqua ist wahrhaftig ein Palast und lohnt den Besuch, da man dort viele Marmorstatuen und -büsten sehen kann, die von großer Meisterschaft zeugen. Der berühmte Marchese Scipio Maffei hat besagten Palast als die in dieser Hinsicht führende Sammlung eingeschätzt, während er vom Kabinett des Grafen Moscardo, das sich erheblich verändert hat, seitdem es von Misson besucht und beschrieben wurde, mit weniger Hochachtung spricht. Ich würde nun versuchen, eine eingehende Beschreibung vom Kabinett des Grafen Bevilacqua zu liefern, wenn ich nicht wüßte, daß der besagte erlauchte Maffei in ›Verona illustrata‹ so gut wie alle Drucke, Büsten und Statuen gebührend verzeichnet, die jedem fremden Reisenden dort ohne weiteres zugänglich sind. Weil ich nun den Marchese Maffei als bedeutenden Mann erwähnt habe, so muß ich jetzt auch auf sein öffentliches Museum eingehen. Er hat viel Geld für eine Sammlung von antiken Basreliefs mit etruskischen, griechischen und lateinischen Inschriften ausgegeben, die er unter freiem Himmel an einer Mauer des Anatomischen Theaters in sinnvoller Anordnung anbringen ließ; außerdem hat er die Absicht, zum Nutzen der Republik der Gelehrten alles zu veröffentlichen. Die Akademie der Filarmonici hat ihm seiner Verdienste wegen eine Marmorbüste mit folgenden Worten gesetzt:

Marchioni Scipioni Maffeio ...

Er selbst besitzt zahlreiche Kostbarkeiten auf dem Gebiet der Handschriften, ebenso etruskische Vasen, Edelsteine, Gemälde und Statuen. Ich durfte seine höchst freundliche und liebenswürdige Gesellschaft ausgiebigst genießen, da sich ein gewisser Graf von Öttingen zusammen mit seinem Reisebegleiter, einem sehr gebildeten Mann, eben in Verona aufhielt. Diese beiden wichen dem Marchese nicht von der Seite und erwiesen mir die Ehre, sie auf allen ihren Streifzügen zu den verschiedenen Sehenswürdigkeiten begleiten zu dürfen, was ich immer in angenehmster Erinnerung behalten werde. Hinsichtlich der vielen Bücher, die Maffei veröffentlicht hat, kann ich berichten, daß sich darunter auch die hochgelehrten ›Osservazioni letterarie‹ befinden, von denen nun schon der sechste Band erscheint, der von der etruskischen Sprache handelt. In Maffeis Museum kopierte ich von einem Säulenstumpf die folgende verstümmelte Inschrift:

.... Veto ne de nomine meo exiat in F.P.x. in ag. P.x.

Neben diesem überaus vornehmen Mann gab es in Verona aber auch noch eine weitere, nicht weniger hervorstechende Persönlichkeit, nämlich den Abate Vallarsi, der in Sprachen sehr bewandert ist und mich ebenfalls seiner willkommenen Bekanntschaft würdigte.

Nun will ich Ihnen eine Vorstellung vom Kabinett des Erzpriesters Muselli geben, der von den Dingen, die ihm gehören, kaum etwas versteht. Man kann dort ein Stück von einer Toga sehen, einem Kleidungsstück der römischen Jugend; ein steinernes Buch, das aus einigen antiken Steinplatten und ihren Inschriften besteht; ein Stück von der Ilischen Tafel, die man im antiken Ilium gefunden hat; eine sehr alte und eigenartige gläserne Urne, in der das Blut von Märtyrern aufbewahrt worden war, und dazu einige Werkzeuge, mit denen sie gepeinigt wurden; ein kristallener Kelch, den Christen einst beim Hl. Abendmahl benutzt haben. Außerdem findet man dort auch eine erlesene Bibliothek und zahlreiche Bronzen. Dieser Erzpriester gehört zwar nicht gerade zu den umgänglichsten Leuten, aber er gab mir immerhin die Erlaubnis, aus jenem steinernen Buch die folgende Inschrift »ἀκέφαλος«, also ohne den Kopf, zu kopieren:

FACTIONIS VE ...

Auch wenn sich in Verona nicht gerade die Kirchen Roms finden lassen, so darf ich doch die Kirche S. Giorgio nicht übergehen, da sie sowohl ihrer Bauweise als auch ihrer Gemälde wegen die beste der Stadt ist. Die Mönche leben nach der Regel des hl. Benedikt. Es gibt dort auch eine Kapelle, deren Inschrift über dem Eingang uns kundtut, daß an dieser Stelle der hl. Petrus geboren worden und aufgewachsen ist; sein Haus wurde später abgerissen und in diese Kapelle verwandelt, die dem besagten Heiligen geweiht ist. Hier nun die kurze Inschrift, die unter seiner Büste zu lesen steht:

Cum Petrus Martir ...

Am Hauptportal heißt es:

Numini sancto ...

In der kleinen und düsteren Kathedrale kann man am Fußboden vor dem Hauptaltar das Grab des Papstes Lucius III. sehen, das folgende Inschrift trägt:

Ossa Lucii III. P.M. ...

Dieser Papst hatte viele Händel mit Kaiser Friedrich Barbarossa und dem römischen Volk, und als er einmal gar zu sehr den Herrscher spielen wollte, hat ihn letzteres aus Rom verjagt. Die folgenden Verse, die man auf ihn gemacht hat, sind in der Tat nicht sehr ehrenvoll:

Lucius est ...

Verona ist auch die Vaterstadt vieler erlauchter Männer der Wissenschaften und der Kunst: des vortrefflichen Baumeisters Vitruv, des berühmten Dichters Catull, des feinsinnigen Geschichtsschreibers Cornelius Nepos, des würdevollen Naturforschers Plinius, des Dichters Aemilius Macer und des berühmten Arztes, Dichters und Mathematikers Fracastoro; die Statuen dieser Männer befinden sich an der Giebelseite des Rathauses. Außerdem ist Verona die Vaterstadt der berühmten Scaliger, des Vaters und des Sohnes, bei denen man gar nicht weiß, welcher von den beiden der gelehrtere war, oder wie Casaubon sich ausdrückt: »Iulius Scaliger pater, vir incomparabilis nisi genuisset Iosephum«. Von dort soll auch Severinus Monzambano, der treffliche Beschreiber seiner Zeit, abstammen, der das berühmte Buch ›De statu imperii germanici ad Laelium fratrem‹ verfaßt hat. Petrus Martyr, der gelehrte Dominikaner, ist ebenfalls aus Verona gebürtig. Darüber hinaus ist diese Stadt auch der Geburtsort einiger Maler: des ruhmreichen Paolo Veronese ebenso wie von Pietro Rotari und Antonio Balestra.

Es ist allseits bekannt, daß die Scaliger einst die Fürsten von Verona waren. Ihre Gräber kann man heute noch bei der Kirche S. Maria Antica sehen; es handelt sich dabei um vier große und drei kleinere Marmorgräber, die mit altertümlichen, aber sehr beschädigten und zerstörten Bildhauerarbeiten verziert sind. Wißbegierige Reisende werden es sich nicht entgehen lassen, auch den Garten des Grafen Giusti zu besuchen, der sehr reich an bereits veröffentlichten Inschriften ist. Darunter befindet sich auch die folgende, die man für eine Fälschung hält:

IPSI THILLAE ...

An weiteren Inschriften dieses Schlages mangelt es nicht, und so wird selbst ein kundiger Mann auf diesem Gebiet Gelegenheit genug finden, sein Wissen noch zu schärfen, indem er solchen Fälschungen nachspürt. Oftmals nämlich hat der Fälscher den Stil der Alten so gut nachzuahmen gewußt, daß sich auch der Erfahrenste täuschen läßt, wenn er sich nicht der größten Sorgfalt und Aufmerksamkeit befleißigt.

Besagter Garten wird außerdem von zahlreichen Zypressen geschmückt, die in erstaunliche Höhen wachsen. Sie scheinen bis an die Wolken zu reichen, ja diese sogar zu durchstoßen, und der Gärtner versicherte mir, daß sie bis zu 80 Fuß hoch seien. Es ist aber bedauerlich, daß dieser Garten so sehr vernachlässigt wird; selbst das Labyrinth, mit dem er geschmückt ist, verfällt zusehends. Ich fand dort eine Venusstatue mit folgender kurzen, aber überaus anmutigen Inschrift:

SINE ME LAETVM ...

Nicht weniger reizvoll ist eine andere Inschrift, die unter einer Bacchusstatue zu lesen steht:

AMBVLATOR NE TREPIDES ...

Auf dem Sockel einer Büste, die als Ceres gilt, las ich diese Inschrift, die ebenso schön ist wie die obige und sich auch darauf bezieht:

NE QVID VENERI/DEESSET/CUM BACHO CERES/ASSOCIATVR

Wegen Missons bissigen und teilweise boshaften Berichtes über die heilige Reliquie der Mula, der Eselin Christi, die in Verona verehrt wird, war ich auf eine Besichtigung begierig. Nachdem ich dies mehrmals versucht und viele gute Worte eingelegt hatte, ergab sich schließlich doch noch die Gelegenheit, meinen Wunsch wenigstens halbwegs zu befriedigen. Ich wurde nämlich zu einer Zeit eingelassen, da in der Kapelle des hl. Benedikt irgendwelche Arbeiten verrichtet werden mußten. Bei dieser Gelegenheit konnte ich auf die Eselin, die eine Christusfigur trug, einen flüchtigen Blick werfen, mit dem ich mich aber schon wieder zufriedengeben mußte. Besagte Kapelle befindet sich in der Kirche S. Maria in Organo, die den Olivetanern gehört. Diese hüten die Hl. Eselin, die ziemlich ebenmäßig aus Holz gebaut ist und in deren Bauch die echten Gebeine eingeschlossen sein sollen. Da ich mich nun schon derart weit auf diesen Gegenstand eingelassen habe, will ich in aller Kürze die zugehörige hübsche Geschichte erzählen: nachdem unser Herr auf einer Eselin seinen feierlichen Einzug in Jerusalem gehalten hatte, gab er ihr für diesen Dienst die Freiheit und ließ sie laufen, wohin ihr der Sinn stand. Der Eselin gefiel das Reisen, und als sie durch viele Länder gelaufen und sogar über das Meer gesegelt war, kam sie schließlich entkräftet und ermattet nach Verona, wo sie starb. Die Veroneser zogen ihr daraufhin das Fell ab und bekleideten damit jenes hölzerne Standbild, in dessen Inneres sie die hochverehrten heiligen Gebeine einschlossen; in feierlichen Umzügen wurden diese dann mehrmals im Jahr durch die Stadt getragen. Heute geschieht das aber nur noch selten, nämlich einmal im Jahr, und es steht zu hoffen, daß man von dieser Zeremonie allmählich gänzlich Abstand nimmt, weil man nicht mehr gern darüber spricht und weil es in Verona ja auch mehr gescheite Leute als Einfaltspinsel gibt. Als ich die Kirche wieder verließ, erblickte ich an der Außenmauer eine Inschrift, die folgendermaßen lautete:

> Quod incuria perdiderat diligentia/Antiquitati restituit MCCCCXCVI.

Darunter stand:

V. DIIS MANIBUS F ...

Ich könnte nun in gebührender Ausführlichkeit auf das Amphitheater, die Triumphbögen und die anderen Altertümer der

Stadt eingehen, wenn nicht schon Scipio Maffei in seinem Buch ›Verona illustrata‹ eine vollständige Beschreibung davon geliefert hätte. Dennoch will ich kurz anmerken, daß besagtes Amphitheater ein herrliches Bauwerk ist, das durch die Sorgfalt der Obrigkeit instand gehalten werden konnte; was seine Größe angeht, so steht es aber dem Kolosseum in Rom bei weitem nach, das 40000 Menschen fassen konnte, während das von Verona nur knapp der Hälfte Platz bietet. Es heißt, daß es schon zur Zeit des Augustus erbaut worden sei, aber Keyßler hat mit kaum widerlegbaren Gründen das Gegenteil bewiesen. Mehr will ich dazu nicht sagen, da sich bei Maffei die umfassende Darstellung findet; Keyßler hat sie gut zusammengefaßt, so daß ich sie hier nicht abzuschreiben brauche, denn sein Reisebericht befindet sich ja in allen Händen. Vor Maffei schon sind diese einzigartigen Altertümer von einem gewissen Giovanni Caroto beschrieben worden, so daß ich mit Fug und Recht schweigen kann.

Einen unvergleichlichen Anblick bieten die italienischen Komödianten im Amphitheater, die dort unter freiem Himmel und dennoch in einem großen und wohlgeordneten Theater spielen, in dem die Zuschauer sogar auf Stühlen sitzen. Die Aufführung fand bei Sonnenuntergang statt, damit man in den Genuß der kühleren Luft kommen konnte, was in einer Gegend, wo man sich weder vor Wind noch vor Regen zu fürchten braucht, gar keine schlechte Sache ist. Im Unterschied zu den Gauklern bei uns war aber alles abgeschlossen; man zahlte wie gewöhnlich beim Eintritt, und zwar je nachdem, welchen Platz man bevorzugte.

Ich wäre sehr zu tadeln, wenn ich die außerordentliche Gnade nicht erwähnen würde, mit der mich der erlauchte Graf von Öttingen seiner Aufmerksamkeit gewürdigt hat. Über das bereits Erwähnte hinaus erwies er mir auch die Gunst, daß ich mich während meines Aufenthalts in Verona an seiner Tafel einfinden durfte. Ich fiel ihm zwar, was die Unkosten angeht, nicht zur Last, aber es war mir doch sehr angenehm, mich mit einem so erlesenen Umgang beehrt zu wissen und zur Mittagszeit in seinem Zimmer die kühle Luft zu genießen; man ließ dort nämlich nicht mehr Licht ein als zur Beleuchtung der Tafel nötig war. Gleichzeitig konnte man dadurch auch alle Mücken, diese so lästigen Insekten, aus dem Raum verbannen. Die mir gewährte Gunst entsprang einzig der gnädigen Freundlichkeit dieser vornehmen Persönlichkeit, und ich will nicht versäumen, den Grafen auch Ihnen gegenüber zu rühmen, da ich sonst keine Gelegenheit habe, mich seiner würdig zu erweisen.

Im selben Gasthaus, das sehr sauber war, gab es einen runden Tisch für die Kaufleute, der aber derart der Sonne ausgesetzt war, daß darüber ein Fächer von erstaunlicher Größe aufgehängt werden mußte, um mit dessen Hilfe die Mücken zu verjagen und die Luft zu kühlen; ein Knabe hielt diesen Fächer von außerhalb des Zimmers in unablässiger Bewegung. Wenn ich in Vicenza ebenfalls einen solchen Fächer gehabt hätte, dann wäre ich dort weniger gequält worden. Als ich nämlich in dieser Stadt eines Mittags von einem zweistündigen Rundgang durch die Altertümer ins Gasthaus zurückkam, war ich entsetzt, weil der bereits gedeckte Tisch von Abertausenden von Fliegen übersät war, die mich dann auch arg quälten. Mit der einen Hand mußte ich die Mücken vertreiben und mit der anderen essen, aber das ist eine in ganz Italien verbreitete Plage, wenngleich in dieser Gegend besonders.

Der Weg zwischen Verona und Mantua kam mir kurz vor; dabei sind es 24 italienische Meilen, die ich dank der guten Straße in wenigen Stunden zurücklegen konnte, so daß wir schon am 22. Juli ankamen. Ehe man letzteren Ort erreicht, kommt man an der Festung vorbei, die einen traurigen Eindruck macht. Sie steht auf einem ziemlich langen Damm, der sich mitten durch einen ausgedehnten Sumpf bis zur Stadt hinzieht, dem ebenfalls die unseligen Beschädigungen aus den wiederholten Belagerungen anzumerken waren. Mantua liegt in den Sümpfen, die der Mincio, der auf der anderen Seite der Festung vorbeifließt, mit seinen Überschwemmungen verursacht; insbesondere im Sommer hat das zur Folge, daß die Bewohner von Mantua von den Ausdünstungen und den Dämpfen des stinkenden Wassers sehr belästigt werden. Sollte man die Stadt erobern oder sich ihr nähern wollen, so ist dies nur über fünf große und kleine Brücken möglich, deren wichtigste S. Giorgio heißt; diese dient der vornehmeren Gesellschaft auch als Spazierweg. Der Fluß ist übrigens schiffbar, so daß man auf ihm Waren bis nach Ferrara und darüber hinaus schaffen kann. Die Natur hat Mantua also besser befestigt als die Kunst, und folglich ist es sehr schwer, die Stadt einzunehmen; sie kann nämlich belagert, aber nicht wirksam angegriffen werden, da sie dank des breiten Wassergürtels von Bomben und sonstigen Geschossen nicht erreicht wird. Wenn die Feinde dennoch versuchen wollten, über die Brücken zu kommen, dann würden sie dort nicht nur auf eine doppelte Befestigung, sondern auch auf großen Widerstand und auf unendliche Hindernisse stoßen. Mörser und Kanonen haben allerdings während der zahlreichen Belagerungen großen Schaden angerichtet, insbesondere an der Festung; da diese schon oft erobert und wieder zurückerobert worden ist, kann man sich leicht denken, daß ihr Zustand nicht der beste ist. In Mantua leben nur wenige Menschen, die zumeist arm sind. Man findet deshalb viele unbewohnte Viertel, aber ansonsten ist Mantua nicht schlecht angelegt, da es viele gerade und breite Straßen sowie schöne Häuser und Paläste besitzt. Palast ist dort freilich ein unbekannter oder zumindest ungebräuchlicher Begriff, vielleicht weil man in Ermangelung des Geldes nicht prunkvoll genug baut.

Was neben den erwähnten Veränderungen in der Herrschaft ebenfalls zum Niedergang des Handels beitrug, war der Tod des letzten Herzogs, dessen glanzvoller und umfangreicher Hof viele Menschen angezogen hatte, wovon die Einwohner den Nutzen hatten. Wenn es aber noch Geschäfte zu machen gäbe, dann würden die Juden, die in Mantua geduldet werden, sie gewiß an sich reißen; sie haben in der Stadt ein Ghetto und vier Synagogen, was gewiß mehr ist als für 4000 oder 5000 Seelen nötig wäre.

Diesen nicht gerade sehr vorteilhaften Umständen zum Trotz besitzt die Stadt dennoch verschiedene Sehenswürdigkeiten. Bei der Kirche S. Francesco etwa kann man unter einem Portal des Justizpalastes drei Steinbüsten sehen, die freilich nicht sehr kunstreich sind. Die mittlere davon stellt F. Gonzaga dar, den Herzog von Mantua, und darunter steht folgender Vers:

> Argumentum utrique ingens si secla coissent.

Zu ihrer Rechten steht die Büste respektive Statue Vergils mit dieser Unterschrift:

> Publius Virgilius Maro.

Die Büste zur Linken, die keine Unterschrift trägt, scheint mir einen Karmelitermönch darzustellen. Da man gewiß weiß, daß Vergil in einem nahegelegenen Dorf namens Andes geboren wurde, das heute Pietole heißt, wunderte es mich, daß man so wenige Reliquien zeigte, die dieses großen Mannes würdig sind; dabei hätte er sie doch im höchsten Maße verdient. Das einzige, von der eben erwähnten Büste abgesehen, ist das Tor, das nach Andes führt und ihm zu Ehren Porta Virgiliana heißt.

In der Stadt kann man vier Türme sehen, von denen man folgende Besonderheit erzählt: als in Mantua einst vier Fürsten wohnten, denen die Stadt gehörte, besaß jeder von ihnen einen dieser Türme, um sich im Notfall verteidigen zu können. An einem davon hing ein eiserner Käfig, in dem einmal ein Missetäter sein Leben lassen mußte. Ich will mich dafür jedoch nicht verbürgen, da den Mietlakaien in solchen Dingen nicht zu trauen ist.

Wir kamen dann zum Herzogspalast, der innen wie außen nicht gerade prunkvoll ist. Früher besaß man einen beträchtlichen Schatz mit vielen kostbaren und seltenen Beutestücken aus Kriegen; obwohl die Herzöge diesen Schatz später wieder zurückgeben wollten, fiel er zu Beginn unseres Jahrhunderts erneut Feinden in die Hände, die die Stadt plünderten und alles raubten und verwüsteten, was List und Witz angesammelt hatten. Man erzählt auch, daß bei dieser Eroberung im Jahre 1630 ein einziger Soldat 80000 Dukaten zusammengerafft habe, daß er aber gehenkt worden sei, nachdem er sie noch am selben

Abend beim Spiel wieder verloren hatte. Wer Gemälde liebt, der wird in Mantua viele von berühmten Meistern finden, etwa von Palma, Paolo Veronese, Tizian und Annibale Carracci. Die Galerie enthält auch verschiedene schöne Marmorbüsten und einige Schränke, denen die Eroberer die Edelsteinverzierungen weggenommen und deren Inhalt sie ausgeplündert haben. Das ist eine sehr schmerzliche Erinnerung.

Ich folgte meinem Führer in die Barnabitenkirche, die bedeutendste und schönste Kirche Mantuas, wo man am Hauptaltar eine vortreffliche Florentiner Einlegearbeit sehen kann, außerdem ein Gemälde des Bolognesers Carlo Cignani. Gegenüber der Orgel hängt ein wunderschönes Gemälde von Paolo Veronese.

Die Kathedrale ist alt und geht auf einen Entwurf von Giulio Romano zurück. Man findet darin einige Gemälde, vor allem ein Nachtstück von Paolo Veronese. Es handelt sich übrigens um ein sehr geräumiges Gotteshaus.

Man tut gut daran, die Kirche S. Andrea zu besuchen, aber nicht ihrer Schönheit wegen, sondern weil sie hinsichtlich der heiligen Reliquien und ähnlicher Dinge den ersten Rang einnimmt: man glaubt nämlich, etwas vom Blut Christi zu besitzen, das er am Kreuz vergossen hat. Herzog Vinzenz I. hat deshalb den Orden »Sanguinis Christi« gegründet, dem 20 Ritter angehören, die folgenden Wahlspruch haben: »Nihil isto triste recepto«. Mich verdrießt wirklich nichts mehr, als wenn ich sehe, daß vernünftige Menschen ohne Grund etwas glauben oder empfinden. An einer Pforte erblickte ich eine aus Bronze gegossene Glocke mit acht Löchern, die wie Fenster aussahen. Sie ist das Werk einer zum Tode verurteilten Frau, die dieser Kunstfertigkeit wegen ihre Freiheit wiedererhielt. Vielleicht ist diese Geschichte und das, was man über die Kraft der Glocke sagt, aber nur ein Märchen.

Da ich mich nun schon auf geistlichen Wegen befand, warf ich auch einen Blick in die Kirche S. Egidio, wo ich auf zwei lohnende Dinge stieß. Das eine war das Grabmal von Bernardo Tasso, dem Vater des berühmten Dichters Torquato Tasso; man weiß freilich nicht, wo er genau begraben liegt. Beim anderen handelt es sich um ein Grabmal, dessen Basreliefs Musikinstrumente darstellen; die Inschrift belehrte uns, daß dort eine Sängerin begraben liegt, die offenbar verdienstvoller war als Battista Mantovano, der große Theologe und General des Karmeliterordens. Dieser liegt nämlich jener Dame gegenüber, aber seinem großen Namen hat man kein Denkmal gesetzt. Hier nun, was die Sängerin singt:

Inspice, Lege ...

Das Theater von Mantua ist vom selben Geschmack wie das von Verona, jedoch nicht so groß. Ich war auch in der Reitschule, die sehr schön wäre, wenn man sie aus Stein erbaut hätte; für den ihr bestimmten Zweck ist sie nämlich sehr gut angelegt und eingerichtet.

Die herausragendsten Häuser sind folgende: das der Valenti, das eine Fassade aus Marmor hat, sowie die von Donna Maria Rosa Gonzaga, den Arrivabene, Benedetto Sordi, dem Marchese Sassoldo del Cavriani und Castiglione. Mehr Namen will ich nicht aufzählen, weil ich fürchte, Sie sonst allzusehr zu langweilen.

Derzeitiger Gouverneur der Festung ist General Sterz, Gouverneur der Stadt ist Graf Cocastelli. Es sind dies zwei überaus tüchtige Männer mit großer Erfahrung in der Kriegskunst, so daß sie des hohen Ranges würdig sind, den sie aufgrund ihrer ungewöhnlichen Verdienste erhalten haben.

Am folgenden Tag reise ich aus Mantua ab und erreichte zunächst Bozzolo, eine hübsche Stadt, die dem Grafen von Guastalla gehört. Die Festungen beweisen, daß dieser Ort einst nicht unbedeutend gewesen sein kann. Die Straßen sind dort übrigens schnurgerade angelegt.

Dann kam ich nach Cremona, das berühmter ist als es eigentlich verdient, denn seine Befestigungsanlagen taugen nicht viel und die alte Mauer mit ihrem ausgetrockneten Graben kann heute gewiß keiner langen Belagerung mehr standhalten. Diese Stadt war entweder in früherer Zeit besser geschützt, oder sie muß ihren Ruhm durch eine Unternehmung des Prinzen Eugen erlangt haben; dieser hat nämlich zu Beginn unseres Jahrhunderts einige Truppen durch einen unterirdischen Gang heimlich in die Stadt geführt und den französischen Marschall de Villeroi inmitten einer Besatzung von 18 000 Mann im Bett gefangengenommen. Wir hatten es aber so eilig, daß ich diesen Gang kaum besichtigen konnte; sein Eingang liegt unweit der Porta Santa und ist heute mit einem Eisengitter versperrt, ganz wie das Sprichwort sagt: »A vacca rubata si chiude la stalla«.

Anschließend erreichten wir Pizzighettone, eine vortreffliche Festung am Fluß Adda, der die Stadt in zwei Hälften teilt. Man kann mit einer Schiffsbrücke auf die andere Seite übersetzen, wo man zunächst auf einen mit Wasser gefüllten Graben stößt, dahinter kommen Palisaden, danach ein weiterer Graben, dann ein Erdwall, wiederum ein Graben und schließlich erneut ein Erdwall, der innen wie außen ummauert ist. Mir kam diese Festung, deren gegenwärtiger Kommandant der Piemonteser Graf Mattei Olseati ist, ein wenig eng vor.

Der Weg von dort nach Lodi ist der schönste, den ich je gesehen habe, denn man fährt beständig zwischen überaus hohen Bäumen an bepflanzten Flußufern entlang, die sich manchmal bis zu zwei Stunden weit erstrecken, so daß man glauben möchte, man befände sich auf einem Spazierweg, der einen zu dieser Jahreszeit vor den Sonnenstrahlen schützt. Als ich ziemlich spät abends in Lodi eintraf, das dem Kaiser untersteht, verwunderte sich der Wirt über alle Maßen, daß ich es gewagt hatte, diesen nicht gerade sicheren Weg in der Dunkelheit zurückzulegen, worauf ich ihm erwiderte, daß mich meine Unschuld und Rechtschaffenheit begleitet hätten. Wir waren auch nur einem einzigen Mann begegnet, dem unser Kutscher auf seine etwas unwirsche Frage bloß eine knappe Antwort gab, die der andere aber nicht verstand. Ob dies ein Schuft oder ein Ehrenmann war, darum habe ich mich wenig bekümmert, und schließlich geht man immer zuversichtlicher und mutiger durch die Gefahr, wenn man von ihr nichts weiß.

Am nächsten Morgen erblickten wir auf dem Weg nach Mailand neben der Straße eine Säule. Sie trug einen Käfig, der die Köpfe zweier Verbrecher enthielt, die dort geviertelt worden waren, weil sie einen gewissen Marchese und seine Braut überfallen hatten. Diese hatte einen kostbaren Ring getragen, wovon die Räuber wußten; da sie seiner nicht anders habhaft werden konnten, schnitten sie ihr den Finger mitsamt dem Ring ab und entflohen. Später wurden sie jedoch gefaßt und hingerichtet. Um diese Gegend sicherer zu machen, hat der Erlauchte Kaiser schon vor einiger Zeit dafür Sorge getragen, daß ein Kommando von Husaren und Kürassieren diesen Landstrich Tag und Nacht durchstreift; tatsächlich werden dadurch viele Morde und Diebstähle verhindert, zumindest werden solche Schandtaten jetzt nur noch viel seltener begangen.

Es ist schrecklich, wenn man sich die vergangenen Jahre ins Gedächtnis zurückruft, als niemand mehr außer Haus gehen konnte, weil er sonst ermordet wurde; Straßenräuber aus dem Mailändischen hatten nämlich mehr als 100 Menschen umgebracht, ehe man sie mit viel List gefangennehmen und hinrichten konnte. Man kann dies in den veröffentlichten Akten des Prozesses nachlesen, der gegen zwei berüchtigte Straßenräuber namens Giacomo Legorino und Battista Scorlino sowie deren Gefolgsleute geführt wurde. Es ist erbaulich, wenn man sich beim Lesen ihrer Lebensläufe darüber klar wird, zu welchem Ende sie geführt haben. Falls Sie über diesen Prozeß Genaueres erfahren wollen, dann kann ich Ihnen mein Exemplar, das ich mir des höchst merkwürdigen Gegenstands wegen gekauft habe, später gerne einmal überlassen.

Das waren nun die bemerkenswerten Ereignisse auf meinem Weg, und ich habe die Ehre, sie E.H. mit ehrerbietiger Hochachtung überreichen zu dürfen. Ich hege nicht den mindesten Zweifel, daß Sie die Güte haben werden, meine Berichte mit gnädigem Wohlwollen aufzunehmen. Mit diesem Wunsch unterzeichne ich hocherfreut als

E.H.

untert. Diener.
N.N.

XXXIX. Brief

Mailand, am 2. August 1740

> Vorbemerkung. Allgemeiner Eindruck. Befestigung. Zivile Regierung. Graf Simonetta. Verschiedene Kabinette. Urkunden. Libreria Ambrosiana. Kirchen S. Maria e Tecla; S. Lorenzo; S. Ambrogio. Grab Pippins. Kirchen S. Eustorgio; S. Vittore; S. Alessandro; S. Paolo; S. Celso; della Passione. Schandsäule. Hinrichtung zweier Schurken. Domplatz. Beschluß.

Da es mir nicht schwerfiel, mich über die zahlreichen Schönheiten Mailands zu unterrichten, so will ich nun nicht säumen, Ihnen in aller Kürze einen Überblick zu geben. Wenn man mit Gewinn reisen will, so kann ja nichts mehr anspornen und größeren Nutzen bringen, als wenn den Berichten die Ehre zuteil wird, von einem so scharfen Verstand, wie Euer Hochedelgeboren ihn haben, gelesen und beurteilt zu werden. Mailand kann sich nun mit den anderen schönen Städten Italiens zwar nicht messen, aber es ist doch erstaunlich, wie sich diese Stadt nach dem Unglück so vieler Belagerungen und insbesondere nach der viermaligen völligen Zerstörung und Plünderung wieder zum gegenwärtigen Stand emporheben konnte.

Es stimmt allerdings, daß die Straßen krumm und eng sind und Häuser wie Paläste nur über Fenster aus Papier verfügen, was in einer so großen Stadt, die einen Umfang von zehn italienischen Meilen hat, häßlich aussieht. Ansonsten ist Mailand sehr volkreich. In seinen Mauern wohnen über 30 000 Seelen, und das weibliche Geschlecht gilt dem Äußeren nach als das schönste von ganz Italien; der Berechnung eines Kenners und guten Mathematikers zufolge soll hier auf fünf Schöne nur eine Häßliche kommen, aber das ist eine Rechnung, die ich weder unterschreiben kann noch will. Den Einwohnern Mailands ist aufgrund der zahlreichen Besuche von Spaniern, Franzosen und Deutschen im allgemeinen eine andere Lebensart eigen als den übrigen Italienern. Weniger üblich ist in Mailand etwa die Unterordnung der Frauen, da diese minder streng beaufsichtigt und zudem von Cicisbei begleitet werden; die Mädchen bleiben bis zu ihrer Verheiratung im väterlichen Haus, ohne daß man sie in die Mauern eines düsteren Klosters einsperren würde, wie dies vorzüglich die eifersüchtigen Venezianer und Neapolitaner tun. Alles in allem genießen die Frauen und Mädchen hier große Freiheit, und es ist nur bedauerlich, daß ihre Aussprache hinter ihrem Geist zurückbleibt.

Die Stadt ist nicht sehr stark befestigt, da sie nur von einem Erdwall und einer alten, teilweise eingestürzten Mauer umgeben wird. Auf dieser kann man den gesamten Umfang der Stadt abmessen, wobei man sich beständig zwischen weißen Mauern ergeht, die zu beiden Seiten gebaut wurden. Dafür wird die Stadt von einer etwas beengten Festung beschützt und verteidigt, die ungefähr 300 Schritt südlich auf sumpfigem Gebiet liegt. Ihr derzeitiger Kommandant, dem auch die Gouverneure unterstellt sind, heißt Marchese Visconti.

Was die bürgerliche Verfassung angeht, so setzt sich der mailändische Staat aus einem Präsidenten und 20 vornehmen Doktoren zusammen, die alle von der allgemeinen Regierung unabhängig sind. Ich spreche hier von vornehmen Doktoren, weil sie zum Glanz ihres Blutes den akademischen Lorbeer hinzugefügt haben; anders als bei uns gilt es in Mailand nämlich nicht als unehrenhaft, wenn man mit der erlauchten Geburt auch die Verdienste des Gelehrten vereint.

An gebildeten Männern leidet Mailand keinen Mangel; unter diesen darf sich der Graf Simonetta als wahrer Mäzen bezeichnen, und ich wüßte nicht zu sagen, ob er größere Höflichkeit oder größere Kenntnisse besitzt. Er verfügt über eine vortreffliche historische und juristische Bibliothek, und zweimal in der Woche treffen sich in seinem Haus die Männer der Wissenschaft, um dort gelehrte Gegenstände aller Art zu besprechen. Auch ich hatte die Ehre, daran teilnehmen zu dürfen, und habe den Grafen sogar außerhalb dieser Zusammenkünfte mehrmals persönlich aufgesucht, da mich Graf Ponzio bei ihm eingeführt hatte; bei letzterem handelt es sich um einen gebürtigen Spanier, der Generalleutnant der mailändischen Truppen ist und an den ich aus Venedig empfohlen war.

Die Bibliothek des Grafen Archinto ist ebenso wie dessen Sammlung von Statuen und Gemälden aller Aufmerksamkeit wert; die Bibliotheken des Präsidenten Peralta, der Jesuiten und des Grafen d'Aguirre, des Quästors von Mailand, darf man ebenfalls nicht übergehen. Der Marchese Peralta unterhält außerdem ein gutes Münzkabinett und besitzt ungefähr 200 etruskische Vasen.

Ferner kann man im Kloster von S. Ambrogio eine ungewöhnliche Sammlung von kostbaren Urkunden besichtigen, die ungefähr mit dem Jahr 1200 beginnen und bis ins Jahr 1600 reichen. Es handelt sich dabei um sehr seltene und wertvolle Papiere.

Diese Urkundensammlung darf man aber nicht mit der Biblioteca Ambrosiana verwechseln, die auf eine Schenkung des Kardinals Federico Borromeo zurückgeht, der der Allgemeinheit auch alle seine Statuen und Gemälde übergab, die als wirklich schöne Dinge dort ebenfalls ausgestellt sind. Diese Bibliothek besteht aus drei Sälen: der erste und größte mißt 50 Schritt, der nächste ist ein wenig kleiner, und der dritte enthält 1500 Handschriften. An gedruckten Büchern besitzt man 40000, und manche Leute behaupten sogar, es seien noch einmal so viele. Die Bibliothek ist an jedem Werktag geöffnet, und zwar jeweils zwei Stunden am Vormittag und am Nachmittag; außerdem hat sie den Vorzug, daß sie im Winter geheizt wird. Der gegenwärtige Bibliothekar, der ob seiner großen Kenntnisse in der ganzen Republik der Gelehrten gerühmte Hochwürden Dr. Sassi, macht den Besuch noch angenehmer; einen derart liebenswürdigen Mann findet man auf einem solchen Posten nämlich nur selten. Wenn Pater Bosca nicht schon die Abhandlung ›De Origine et Statu Bibliothecae Ambrosianae‹ verfaßt hätte, könnte ich vieles Schöne darüber berichten; da ich aber dem Laster, bereits Gedrucktes nur zu wiederholen, nicht gern verfallen möchte, gehe ich gleich zu anderen Dingen weiter.

Die prachtvollste Kirche der Stadt ist die Kathedrale. Innen wie außen handelt es sich um ein wahrhaft wundervolles Gebäude, das kaum kleiner ist als die Peterskirche zu Rom; allerdings ist sie im gotischen Stil erbaut. Bedauerlicherweise ist diese Kathedrale aber bei weitem noch nicht vollendet. Der ursprüngliche Plan sieht nämlich 5000 Statuen vor, von denen jedoch erst 2000 aufgestellt sind, wenn man die kleinen Statuen hinzurechnet. Es dürfte also noch viel Zeit und große Kunst vonnöten sein, ehe der Mailänder Dom jenes Vorbild ganz erreicht, aber eine jüngst eingerichtete Kapelle zeigt, daß sie sich aufs vollkommenste entsprechen werden. Wer die Größe und die schöne Lage der Stadt bewundern möchte, der muß auf das Dach des Doms steigen; von dort oben hat man auch einen guten Blick auf das Dach und die vielen Verzierungen, die von unten gar nicht zu erkennen sind. Da es in Mailand ein Büchlein zu kaufen gibt, das ausschließlich diese Kirche beschreibt, will ich auf alles weitere nur kurz eingehen. In einer unterirdischen Kapelle wird der vollständige und gut erhaltene Leib des hl. Karl Borromäus verwahrt, und in der reichen Schatzkammer kann man unter anderem die überlebensgroße Silberstatue dieses Heiligen sehen, die mit einem Kreuz aus Diamanten geschmückt ist. Ihretwegen, aber auch um der vielen anderen Dinge aus Gold und Edelstein willen, sind die Patres gezwungen, sogar die Nacht über Wache zu halten, und so befinden sich ständig fünf der jüngeren Mönche in Begleitung von Hunden in dieser Schatzkammer. In einem Alter, das den Schlaf allen anderen Schätzen vorzieht, ist dies zwar eine sehr lästige Pflicht, es scheint mir jedoch ein wirksames Mittel zu sein, um den Dieben die Lust zu verderben, die sonst vielleicht versucht wären, einen Raub zu unternehmen, wenn man nicht derartige Vorsichtsmaßnahmen eingeführt hätte. Außerdem hütet man dort einige heilige Reliquien, und welch Wunder! Man will sogar einen der Nägel besitzen, mit denen unser Herr ans Kreuz geschlagen wurde. Dieses Stück, das man vor allen anderen verehrt, wird im Gewölbe über dem Hauptaltar aufbewahrt und sowohl an bestimmten Tagen als auch bei allgemeinen Unglücksfällen wie Überschwemmungen, Pestseuchen oder großen Dürren vom Erzbischof unter einem überaus kostbaren Baldachin in einem feierlichen Umzug herumgetragen. Der gesamte Klerus und die vornehmsten Männer der Stadt begleiten dann diesen Nagel, damit sich Gott ihrer erbarmen möge und dem Unheil, von dem das Land heimgesucht wird, ein Ende mache. Um das göttliche Erbarmen noch nachdrücklicher zu erregen, hängt sich der Träger des Nagels abgesehen von seinen Bischofsgewändern sogar noch einen Strick um den Hals und marschiert mit nackten Füßen, wie dies schon der Kardinal Borromäus, den man den hl. Karl nennt, im Jahre 1576 tat, als Mailand von der Pest heimgesucht wurde. In ihrem Aberglauben behaupten die Leute sogar, der hl. Ambrosius habe im Traum erfahren, daß sich besagter Nagel in einem römischen Laden für Eisenwaren befinde; er habe ihn dort gesucht und schließlich der Kirche zum Geschenk gemacht. Wenn Sie über diesen Nagel und darüber, was man über den Stab des Moses und den Aarons erzählt, mehr wissen wollen, dann müssen Sie bei Misson in Band III, Seite 24 nachschlagen. Die Decke respektive das Gewölbe der Kirche wird von 60 Säulen oder vielmehr marmornen Pilastern getragen, die, wie es heißt, jeweils einen Wert von 40000 Gulden haben und so dick sind, daß drei Männer sie kaum umfassen können. Der Fußboden ist viel gediegener und schöner als der in der Vatikanskirche zu Rom; er ist jedoch noch lange nicht fertiggestellt, ebensowenig wie vieles andere, wo überall noch ein ordentliches Stück Arbeit vonnöten sein wird, ehe innen und außen alles vollendet ist. Dem Geschmack der Kenner wird der Dom aber auch dann nicht zusagen, da diese die neueren Entwürfe den gotischen Formen vorziehen, deren Regeln keine hellen, sondern düstere Kirchen verlangen. Man darf zwar sagen, daß der Bau, mit dem man jetzt schon mehr als dreieinhalb Jahrhunderte lang beschäftigt ist, nunmehr vorangetrieben wird, doch obwohl das Geld reichlich vorhanden ist, geht es nur sehr langsam weiter. Die Reichtümer, die fromme Seelen zu diesem Zweck immer wieder beitragen, sind unglaublich groß. Besondere Verdienste hat sich in dieser Hinsicht der Kaufmann Pietro Carcano erworben, der allein für die Vorderfront eine ansehnliche Summe hinterlassen hat, wie folgende Inschrift besagt:

> Templi huius ...

Zweifellos hat seine Wohltätigkeit verschiedentlich Nachahmer und Gefolgsleute gefunden, aber trotzdem befindet sich die Fassade noch immer in einem sehr unfertigen Zustand, ganz so wie das übrige auch. Selbst wenn die Arbeiten fortgeführt werden, so wird man mit ihnen dennoch zu keinem Ende kommen, und zwar sowohl des bereits erwähnten veralteten Geschmacks wegen als auch aufgrund der Stiftungen, die verfallen würden, wenn der Bau vollendet wäre.

Bei der Kirche S. Lorenzo, deren Gestalt dem Pantheon zu Rom nachgebildet ist, finden sich verschiedene Altertümer. An der Straße vor der Kirche stehen 18 riesige Säulen aus rotem Marmor in korinthischer Ordnung; sie sollen entweder aus dem eigentlichen Bad in den Thermen des Kaisers Aurelius stammen oder wenigstens aus einer Galerie, die zu diesen Thermen hinführte. Jedenfalls handelt es sich dabei um wirklich alte Stücke, die um so bemerkenswerter sind, als sie schon viele Unglücksfälle erlitten und überstanden haben, insbesondere die vollkommene Zerstörung der Stadt durch Barbarossa im Jahre 1162; damals wurde alles niedergerissen und mit Salz bestreut, einige Kirchen ausgenommen, die der Kaiser verschonte. Manche halten die Kolonnade auch für ein Überbleibsel vom Palast jenes Kaisers, worauf auch die Inschrift hindeutet, die dort zu lesen steht:

> Imper .....

Weiter oben habe ich bereits von der Bibliothek des hl. Ambrosius gesprochen, nun will ich auf die Kirche und das Kloster dieses Heiligen eingehen. Bei ersterer handelt es sich um ein sehr altes Gotteshaus, was man unter anderem an den Bildhauerarbeiten und an den rohen und plumpen Malereien erkennen kann. Kaum hatte ich diese Kirche betreten, da begann mein Cicerone, der der Geistlichkeit wohlgesonnen war, schon damit, den kühnen Mut des hl. Ambrosius zu rühmen, der dem Kaiser Theodosius das Hauptportal der Kirche vor der Nase zugeschlagen und ihm den Eintritt solange verwehrt haben soll, bis dieser seine Schandtat bitter bereute, die er zu Thessalonike begangen hatte. Dann zeigte mir mein Führer eine bronzene Schlange auf einer Säule und erklärte, daß man darüber geteilter Meinung sei; die einen würden sie für das Abbild derjenigen Schlange halten, in die der Stab des Moses verwandelt worden sei, andere sähen in ihr hingegen ein Abbild derjenigen Schlange, die Moses auf göttlichen Befehl hin in der Wüste aufrichtete und durch deren Anblick die Gebissenen sofort geheilt wurden. Wieder andere behaupteten, daß es sich bei dieser Schlange um eine bildhafte Darstellung des Gottes Äskulap handele; die Mailänder bringen deshalb mehrmals im Jahr ihre kranken Kinder dorthin, weil sie hoffen, daß diese dadurch wieder gesund würden. Kurz und gut: dem Volk gilt diese Schlange als eine ziemlich wirksame Reliquie, und es versäumt nicht, sie in Notfällen aufzusuchen. Seitlich der Kanzel erblickte ich ein weiteres bronzenes Götzenbild, und ich bezweifle nicht, daß es sich bei beiden um uralte Stücke aus heidnischen Zeiten handelt, die in dieser Kirche nur zufälligerweise und als besondere Seltenheiten ausgestellt werden; es wäre wohl auch passender, sie anderswo aufzubewahren. Auf dem Hauptaltar kann man vier Säulen aus Porphyr sehen, die das Allerheiligste schmücken und einschließen. Darunter soll der Leib des hl. Ambrosius bestattet sein, den man dem Volk allerdings noch nicht gezeigt hat.

Nicht verschweigen darf ich die Gräber der beiden italienischen Könige Pippin und Bernhard, die unmittelbare Nachfahren Karls des Großen waren. Über König Bernhard heißt es in einer Inschrift:

Bernhardus civilitate ...

Man hält diese Kirche für die älteste von Mailand, und der Boden, auf dem sie erbaut wurde, soll mit heiliger Asche durchsetzt sein.

Anschließend besichtigte ich die Kirche S. Eustorgio, wo ich das unvergleichlich kunstvolle Marmorgrab des Dominikaners Petrus Martyr fand. Im Jahre 330 hatte man dort auch die drei Könige aus dem Morgenland beigesetzt, die später, im Jahre 1163 nämlich, nach Köln gebracht wurden. Ob sie damals von einem Erzbischof oder von einer gewitzten Frau geraubt wurden, tut nichts zur Sache; sicher ist jedenfalls, daß man solche Gaunereien in jenen Zeiten für ehrenhaft hielt, wenn es darum ging, sich gegenseitig die heiligen Reliquien zu stehlen. Ein Beispiel hierfür kann man schon bei Hieronymus in der ›Vita Hilarii‹, Bd. 1, S. 252, nachlesen. Jetzt ist jenes Grab freilich leer, und übriggeblieben sind nur drei Worte: »Sepulcrum Trium Magorum«. Mich hatte die Neugier dorthin geführt, aber so sehr meinem Führer auch der Geruch der Heiligkeit in die Nase stach: ich konnte keine andere als die gewöhnliche Luft atmen. An einer Wand fand ich zwei Gemälde, auf denen das Wunder des hl. Eustorgius dargestellt war. Als nämlich zwei Ochsen seinen Sarg von Genua nach Pavia zogen, wurde einer von einem hungrigen Wolf angefallen; nachdem dieser den Ochsen umgebracht hatte, wurde er durch ein Wunder des besagten Heiligen derart zahm, daß er sich anstelle des zerrissenen Ochsen ins Joch spannen ließ und nun selbst den Karren zog, der bald darauf mit seinem heiligen Kutscher in Mailand ankam. Vielleicht hat man diese beiden Gemälde deshalb im Dunklen aufgehängt, um darauf hinzuweisen, daß schon ihr Maler in völliger Finsternis gelebt hat. Ich kann diesen Ort jedoch nicht verlassen, ohne Ihnen die unterschiedlichen Ansichten der Gelehrten über die Zahl der Weisen aus dem Morgenland mitzuteilen: die einen beziffern sie auf zwölf, andere auf 14; der hl. Epiphanius spricht sogar von 15. Neuere päpstliche Schriftsteller geben drei an, die Beda namentlich anführt: Kaspar, Melchior und Balthasar. Der erste, dessen Name »Schatzmeister« bedeutet, brachte das Gold dar, der zweite mit dem Namen »Honigmacher« den Weihrauch und der dritte, der »Balsamhändler« heißt, die Myrrhe. Viele Leute wollen zwar an der Dreizahl etwas Heiliges finden, aber es steht außer Zweifel, daß die Hl. Schrift die Zahl dieser Weisen verschweigt, um so mehr also ihre Namen. Es handelt sich bei den Namen auch lediglich um Ableitungen aus den Gaben, die sie dem Jesuskind zum Geschenk brachten, aber wer würde nicht merken, wie sehr das hinkt. Nun habe ich diesen unterirdischen Ort wieder verlassen und stehe vor dem Epitaph für Giorgio Merula, den Mailänder Geschichtsschreiber. Ich will Ihnen daraus das folgende Distichon mitteilen, das ich auf einem unbehauenen Stück Marmor fand:

>    Vixi etc.

Bei dieser Kirche befindet sich das Kloster der Zisterzienser, in deren Garten man sich eine Reliquie aus dem Pflanzenreich nicht entgehen lassen darf, nämlich den Feigenbaum, unter dem ein Engel dem noch zweifelnden hl. Ambrosius mit diesen Worten ein Buch reichte: »Tolle et lege«. Zur Erinnerung an diese Geschichte hat man später daneben eine Kapelle erbaut, die das weibliche Geschlecht aber nur am Gründonnerstag betreten darf, damit in diese Einsiedelei keine unziemliche Störung getragen werde. Ferner zeigt man die Kapelle, wo der hl. Ambrosius getauft wurde.

Die Kirche S. Vittore ist groß und vor allem ihrer Stukkaturen und Bildhauerarbeiten wegen schön; am Hauptaltar und im Chor sind einzigartige Einlegearbeiten zu sehen. Diese Kirche gehört zusammen mit dem Kloster 60 überwiegend adeligen Olivetanermönchen, die dort gut und großzügig untergebracht sind; ihre Behausungen sind nämlich insgesamt sehr geräumig und ordentlich, und das Refektorium ist der Zahl der Mönche angemessen.

Die Kirche S. Alessandro verdient nicht minder einen Besuch, weil man dort abgesehen von vielen Malereien, Stukkaturen, Vergoldungen und Marmor, mit denen die Kirche reichlich ausgestattet ist, vor allem eine Kanzel und einen Beichtstuhl bewundern kann, die beide mit Edelsteinen besetzt sind. Die Gemälde sind schön, und das Fresko in einer Kapelle stammt aus der Hand eines vortrefflichen Meisters.

An S. Paolo, der Kirche der Dominikanerinnen, gilt es die schöne Fassade zu beachten, zu der auch ein Basrelief mit der Vision des hl. Paulus gehört, die dieser auf dem Weg nach Damaskus hatte. Im Kircheninneren befindet sich neben vielen Marmorverzierungen auch ein Ölgemälde von Leonardo da Vinci, auf dem dasselbe Ereignis dargestellt ist. Dieses wahrhaft kunstvolle Werk ist jedoch darin zu tadeln, daß es den hl. Paulus als Ritter von des Malers Gnaden darstellt, was mit der Hl. Schrift nicht übereinstimmt.

Eine schöne Vorderfront besitzt auch die Kirche S. Celso, die ganz aus weißem Marmor besteht und von zahlreichen Statuen geschmückt wird. Im Kirchenvorraum genießen zwei Statuen besondere Wertschätzung, nämlich Adam und Eva, die beide Meisterwerke sind. In der Kirche selbst fand ich eine weiße Marmorfigur, die die Himmelfahrt Mariens zeigt und von zahlreichen silbernen Lampen umgeben wird. In den Hauptaltar sind überall kostbare Steine eingelegt. Zwischen den vielen schönen Marmorarbeiten, die man sowohl innerhalb wie außerhalb bewundern kann, liegt der berühmte Bildhauer Fontana begraben, dessen Kunst und große Tüchtigkeit das folgende Epitaph zum Ausdruck bringt:

Annibali Fontanae ...

Man darf auch nicht versäumen, im Refektorium ein Gemälde von Raffaello d' Urbino zu besichtigen, das ihn viel Schweiß gekostet haben muß.

Eine der schönsten Kirchen der Stadt ist die Passionskirche, die den Regularkanonikern gehört, die sich über ihren geräumigen Palast gewiß nicht beklagen können. Diese Kirche stammt aus jüngster Zeit, so daß die Verzierungen dem allerneuesten Geschmack entsprechen; zudem prunkt die Fassade mit Statuen, Basreliefs und Bronzeschmuck. Abgesehen von den vielen Gemälden sah ich dort auch acht Tafeln aus schwarzem Marmor, auf denen in Goldbuchstaben die Leidensgeschichte Jesu Christi von Anfang bis zu seinem Tod erzählt wird, was sich auf den Namen dieses Gotteshauses bezieht. Das große Fresko von Paolo Lomazzo im Refektorium stellt die Geschichte von Isaak und Melchisedek dar.

Gegenüber der Kirche S. Lorenzo hat man eine Schandsäule aufgestellt, um die Erinnerung an die gräßlichen Verbrechen wachzuhalten, die ein Barbier namens Giov. Giac. Mora gemeinsam mit seinen Helfern begangen hat. Er hatte giftige Salben und Wundpflaster verfertigt und allerorten verteilt, wodurch er den Tod vieler Menschen verschuldete, die der Pest entgangen waren. Nachdem man ihn hingerichtet hatte, wurde sein Haus als die Werkstatt dieser Greueltaten niedergerissen und statt dessen jene Säule errichtet. Die darauf eingemeißelte Inschrift endet feierlich:

Procul hinc ...

Im Anschluß hieran will ich Ihnen von der recht sonderbaren Art und Weise berichten, in der hier die Verbrecher vom Leben zum Tode befördert werden. Vorgestern habe ich nämlich zugesehen, wie zwei Missetäter gehenkt wurden, wobei viele feierliche Handlungen und Umstände zu beobachten waren, die anderswo nicht üblich sind. Die Bruderschaft der Carità, die sich aus Adeligen und sonstigen Bürgern der Stadt zusammensetzt, versammelte sich vor dem Gefängnis; alle waren in die Ordenstracht gekleidet, die mit Ausnahme der Augen den gesamten Körper bedeckt, und hielten in der einen Hand eine brennende Kerze und in der anderen einen Rosenkranz von erstaunlicher Größe. Sie stellen sich in einer Reihe auf und marschieren dann, die Diener an der Seite, paarweise hinter dem Kruzifix einher. Ihnen folgt der Verbrecher, der von einem Franziskaner-Pater und einem Angehörigen der Bruderschaft, der dem taumelnden Verurteilten aus reiner Barmherzigkeit die Hand reicht, geführt wird; hinter diesen kommt der Henker. Alle zusammen werden von den Sbirren umringt und entfernen sich nie weit von den Soldaten, um jegliche Störung zu vermeiden. Unter Geschrei, Gesängen und Gebeten nähert man sich auf diese Weise dem

Galgen, der dieses Mal auf dem Domplatz errichtet worden war. Als die Übeltäter dort ankamen, legten sie die Beichte ab und wurden anschließend auf das Gerüst hinaufgezogen. Von der anderen Seite her steigt einer aus der Bruderschaft hinauf, um dem Unglücklichen solange das Kreuz zu zeigen, bis dieser vom Henker an zwei langen Seilen hinabgestoßen wird; das eine erdrosselt ihn, und das andere benützt man der Sicherheit halber, falls das erste reißen sollte. Wenn der Verurteilte dann in der Luft hängt, springt ihm der Henker an den Hals und tanzt solange an ihm herum, bis der Unglückliche tot ist; daraufhin läßt er ihn wieder los. Nun steigt ein Mitglied der Bruderschaft hinauf und schneidet die Stricke ab, wobei ihm die anderen vom Boden aus helfen; der Leichnam wird vom Galgen genommen und in einen Sarg gelegt, den man zum Friedhof der Kirche S. Giov. delle Case Rotte bringt, wo er schließlich begraben wird. Was die verwendeten Stricke angeht, so werden diese dann verbrannt, damit sie niemand zu einer Hexerei gebrauchen kann. Ich habe bei diesem Bericht auch nicht den kleinsten Umstand ausgelassen, weil alles ganz anders abläuft als bei uns zu Hause. Unmittelbar nach der Hinrichtung der beiden Schurken entstand auf dem Platz ein großer Tumult, und die Luft wurde von dem Geschrei und den Klagerufen der vielen tausend Seelen erfüllt; dieser Lärm wurde mit jedem Augenblick größer, und weil einer den anderen stieß, geriet alles in Verwirrung, so daß selbst das Regiment Soldaten, das man der Vorsicht halber an einer Seite aufgestellt hatte, vor der Gewalt zurückweichen mußte. Jedermann befürchtete Schlimmes, und da das Gerücht umging, daß die Gesellen der Gehenkten deren Tod rächen wollten, stand allen ein großes Gemetzel vor Augen. Dieser Befürchtungen wurde man aber bald enthoben, denn man erfuhr, daß der ganze Aufruhr durch zwei Kutschenpferde verursacht worden war, die den Zügeln und dem Kutscher nicht mehr gehorcht hatten und durchgegangen waren; jedermann versuchte sich deshalb vor den Rädern zu retten, und diese Bewegung hatte sich dann rasch über den gesamten Platz verbreitet. So schrecklich anfangs die Gefahr erschienen war, so vergnügt war man schließlich, als sich auf der leeren Fläche, die die rasenden Pferde hervorgerufen hatten, allerlei verlorene Dinge wiederfanden; es war wirklich hübsch anzusehen, wie die wahren Besitzer alles wieder unter sich aufteilten. Da ich nun schon derart weitschweifig gewesen bin, will ich auch noch berichten, daß man den Platz an allen Ecken mit berittenen Wachposten besetzt und die Tore geschlossen hatte, um jedem erdenklichen Unglück zuvorzukommen. Gewöhnlich aber dient der Domplatz den Kutschen und Fußgängern zur Promenade, und ich konnte dort die Cicisbei und andere Männer dieses Schlages bei ihrem Handwerk beobachten. Noch mehr staunte ich über die Abaten und Patres, die auf ihren Nasen Brillen trugen. Sie müssen sich einmal vorstellen, bei uns zu Hause würde ein solcher Herr in dieser Aufmachung durch die Straßen lustwandeln; was würden unsere Mitbürger dazu wohl sagen? Hier schützt freilich die Mode vor dem Gelächter.

Da ich E. H. nun schon allzulange beansprucht habe, scheue ich mich, den Faden noch weiter fortzuführen, obwohl es manches gäbe, das Ihrer ebenfalls würdig wäre. Hierzu rechne ich etwa die Mailänder Inquisition oder das Hospital, das jedem Kranken, woher er auch immer kommen mag, eine sichere Zufluchtsstätte bietet. Werfen Sie doch, wenn Sie wollen, einen Blick in die Reisebeschreibung Keyßlers, der davon ausführlich spricht. Sollte ich aber mit meinem Bericht Ihrem schönen Geist nicht genügt haben, so hoffe ich doch, Sie mit den nachfolgenden Briefen gänzlich zufriedenstellen zu können. Ich hatte nämlich das Glück, in meinem Gasthof hinter einer alten Vertäfelung einen Umschlag mit Briefen in ziemlich alter und kaum noch lesbarer Handschrift zu finden, die ich unter großen Mühen und Anstrengungen schon zur Hälfte fein säuberlich abgeschrieben habe. Es handelt sich um einen Briefwechsel zwischen zwei Liebenden, und obwohl er aus dem vergangenen Jahrhundert stammt, sind die Einfälle des Mannes doch sehr anmutig und die Antworten der Geliebten sinnreich und geistvoll, so daß sie Ihrer besonderen Aufmerksamkeit wert sein dürften. Sehen Sie mir meine Schwächen nach, denn nicht um Ihrem hohen

Geist zu gefallen, sondern um Ihren mir überaus teuren Befehlen zu gehorchen, bin ich auf ewig

E.H.

untert. Diener.<br>N.N.

## XL. Brief

Turin, am 9. August 1740

> Vorbemerkung. Gefährliche Straßen. Novara. Vercelli. Turin. Allgemeiner Eindruck. Königliche Anordnung, die Straßen betreffend. Kastell von Turin. Kapelle des Hl. Schweißtuches. Der königliche Hof. Akademie. Valentino. Neues Theater. Verbot der Seidenraupen. Nützlicher Empfehlungsbrief. Beschluß.

Allmählich neigt sich meine Reise ihrem Ende zu, und das Vergnügen wäre meinerseits weit weniger vollkommen gewesen, wenn E.H. nicht die gütige Herablassung besessen hätten, meine Bemerkungen stets entgegenzunehmen und gutzuheißen, was mir immer wieder Mut und Kraft zu jedweder nur möglichen Nachforschung gegeben hat. Sollte ich daher mit meinen Bemühungen einen wenn auch noch so geringen Nutzen erzielt haben, so verdanke ich dies allein Ihrer überaus liebenswürdigen Geduld, der ich unendlichen Respekt zolle. Sie sollen also wissen, daß ich am 7. August aus Mailand abgereist und über Novara und Vercelli zwei Tage später in Turin angekommen bin.

Obwohl diese Straße ziemlich eben, folglich bequem und der reizvollen Umgebung wegen auch angenehm war, erwies sie sich aufgrund der anhaltenden Regenfälle, die uns überraschten, dennoch als ebenso mühselig wie gefährlich. Es regnete so stark, daß die Straßen, die ein wenig tiefer lagen als der Erdboden zu beiden Seiten, überflutet und folglich unpassierbar waren.

Als ersten Ort erreichten wir, wie schon gesagt, das an der mailändischen Grenze liegende Novara, eine Stadt, die regelmäßig und schön angelegt ist und erst jüngst von neuem befestigt wurde. Ich kam dort gegen Mittag an und stattete der Kathedrale einen kurzen Besuch ab, die ihrer zahlreichen marmornen Statuen und Säulen sowie der Bronzearbeiten wegen schön ist. In dieser Gegend wird türkisches oder vielmehr sarazenisches Korn sowie Reis im Überfluß angebaut. Die Kanäle und Bäche machen diesen Landstrich derart fruchtbar, daß man zweimal im Jahr ernten kann. Unweit der Stadt erblickt man einen Stein, der darauf hinweisen soll, daß jenseits der Grenze der Anbau von Reis verboten ist.

Dann kamen wir nach Vercelli, eine Stadt in Piemont, die ziemlich groß ist und sich in gutem Zustand befindet. Ihre Zitadelle hingegen ist ebenso wie die gesamten Befestigungsanlagen noch immer beschädigt, seitdem sie von den Franzosen eingenommen und dann wieder aufgegeben wurde. Sonderbar sind die Worte an der Vorderfront der Kirche, aber auch unverständlich und nicht recht sinnvoll. Meines Erachtens beziehen sie sich möglicherweise auf eine Freistatt. Hier sind sie: ...

Nach diesem Vorspiel betrat ich Turin. Falls ein Reisender nichts anderes im Sinn hat als Altertümer durchzukauen, und zwar auch davon immer nur die allernamhaftesten Stücke, dann wird er seinen Aufenthalt hier rasch beenden. Ich will nun kurz berichten, was ich in Turin an Bemerkenswertem gefunden habe, um auf diese Weise Ihre Wißbegier zu befriedigen und gleichzeitig von meinem Aufenthalt in der Stadt Rechenschaft abzulegen.

Über die allgemeine Pracht der Stadt will ich nicht viel sagen; es ist ja allseits bekannt, daß sie vornehm und schön ist. Die schnurgeraden, langen und breiten Straßen gewähren einen vortrefflichen Anblick, und dadurch, daß die Häuser alle gleich groß sind, erscheint alles noch eindrucksvoller. Kurz und gut, man muß in ganz Turin, das ja erst in jüngster Zeit vollständig neu erbaut worden ist, vor Staunen große Augen machen, aber die Strada del Po und die zu Recht als wahrhaft königlich zu bezeichnende Straße zur Porta Nuova verdienen besondere Aufmerksamkeit.

Um die Residenz prunkvoller zu gestalten, hat Seine Sardische Majestät befohlen, die alte Stadt der neuen dadurch anzugleichen, daß man die Häuser abreißt und größer wiederaufbaut, damit alle Straßen ganz geradlinig aussehen. Man hat damit in großem Umfang begonnen, aber um die Wahrheit zu sagen: es geschieht sehr zum Leidwesen der Besitzer, weil man diese zwingt, entweder einen Teil ihres Hauses an den Nachbarn abzutreten oder alles zu verlieren, wie das der neue Plan verlangt. Auf diese Weise sind die größeren Häuser sehr klein und die kleineren sehr groß geworden. Diejenigen, deren Häuser erweitert wurden, hat man gezwungen, die anderen anteilsmäßig auszuzahlen, aber nicht selten haben jene ihr Geld ebenso widerwillig verloren wie diese ihren Grund und Boden. Wahrlich, bei diesem Unternehmen regiert nicht die Vernunft, sondern einzig und allein die Willkür des Herrschers, der man sich besser nicht widersetzt. Wie man sich leicht vorstellen kann, hat diese äußere Gleichheit im Innern der Häuser eine beispiellose Ungleichheit verursacht. Vielleicht ändert sich in dieser Angelegenheit der Geschmack des Königs noch, wenn er erkennt, wie wenig Gutes und wieviel Schlechtes dabei entsteht.

Das Turiner Kastell, das vollständig unterminiert ist, darf man zu den schönsten und ansehnlichsten Festungen Italiens zählen. Es hat die Gestalt eines regelmäßigen Fünfecks oder besitzt vielmehr fünf Bastionen, die jeweils über einen eigenen gewölbten Ziehbrunnen verfügen, so daß sie nicht vom Wasser abgeschnitten werden können. Abgesehen von diesen Brunnen sind alle diese Bastionen jeweils auch mit einem Backofen und einem Vorratslager versehen. Mit einer besonderen Erlaubnis des Kommandanten darf man dieses Kastell zwar betreten, aber es ist dennoch nicht gestattet, alles zu besichtigen, so daß auch ich mich mit der äußeren Schale zufriedengeben mußte. Mich hat das freilich nicht allzusehr betrübt, da der Hauptzweck meiner Reise nicht eigentlich auf Dinge dieser Art gerichtet ist und ich mich mit anderweitigen Nachforschungen begnüge, die solchen Einschränkungen nicht unterliegen. Gewiß hätte es mich mehr verdrossen, wenn sich die Bibliothekare so verhalten hätten wie der Kommandant besagter Festung. Den Franzosen ist die Besichtigung dieses Kastells sogar gänzlich untersagt, aber Deutsche genießen doch ein wenig mehr an Freiheit. Kurzum: das Kastell ist gut befestigt und wurde 1706 vergebens berannt, da die Belagerung beim Herannahen des Prinzen Eugen, der das französische Heer in die Flucht schlug, aufgehoben werden mußte. Seit jener Zeit ist die Zitadelle noch beträchtlich erweitert worden.

Nun betrete ich die Kapelle des Hl. Schweißtuches in der Kathedrale, deren Name sich von der Reliquie herleitet, die hier in Turin die höchste Verehrung genießt. Diese Kapelle ist wahrlich herrlich; innen ist sie vollständig mit schwarzgrauem Marmor ausgekleidet, ganz so wie die entsprechende Kapelle in Rom. Um es aber unverhohlen zu sagen: was die Kunstfertigkeit und den Prunk angeht, so erreicht die Turiner Kapelle die römische nicht, obwohl sie doch in derselben Weise erbaut ist. Der König und die Königin hören dort regelmäßig jeden Tag die Messe, die von einer wirklich meisterhaften und unvergleichlichen Musik begleitet wird. Die Mauern sind mit schwarzem Marmor verkleidet, der weder schön aussieht noch glänzt, was seinen Grund darin hat, daß sie an den Tod Christi gemahnen sollen. Was das in dieser Kapelle verwahrte Schweißtuch angeht, so kennt man außer ihm noch viele andere, obwohl Christus doch nur mit einem einzigen bedeckt gewesen sein kann. Trotzdem ist allen vom Papst die Echtheit bestätigt worden.

Der König speist nur selten in der Öffentlichkeit, es sei denn, er gibt eine Gesellschaft, aber dennoch gilt sein Hof als der prächtigste und angenehmste von ganz Italien. Was die Sauberkeit der Straßen angeht, so reinigt man diese mittels eines Baches, der auch im Falle eines Brandes von großem Nutzen ist.

Der Sitz oder vielmehr das Gebäude der Akademie ist geräumig. Dieser Bau gehört zu den bedeutendsten der Stadt, und es ist darin auch die Bibliothek der Universität untergebracht, die sowohl vormittags als auch nachmittags geöffnet hat. Von anderen Kostbarkeiten abgesehen verwahrt man dort zahlreiche hebräische, lateinische und griechische Handschriften; von letzteren ist insbesondere eine echte Bulle eines griechischen Kaisers zu nennen, die er eigenhändig unterzeichnet hat.

Unterbibliothekar ist der geistvolle und liebenswürdige Abate Rivautella. Auf Anordnung des berühmten Marchese Maffei hat man in diesem Palast unter den Arkaden des Innenhofes ein Museum eingerichtet, das aus vielen alten Inschriften, marmornen Basreliefs und zahlreichen anderen Fragmenten aus dem Altertum besteht. In den Sammlungen des Königs befindet sich auch die Isische Tafel.

Zum Valentino, das eine halbe Stunde Weges jenseits der Porta Nuova liegt, muß man mit der Kutsche fahren. Es ist dies ein am Po gelegenes königliches Lustschloß, wo sich der Hof regelmäßig zu seinen Belustigungen einfindet. Gefälliger und vornehmer ist aber die Veneria, deren Name sich wohl auf Venus bezieht, die die schönste aller falschen Göttinnen ist. Mit ihren Spazierwegen, Lauben, Laubengängen und der Lage im Angesicht der Alpen ist die ungefähr zwei Stunden von Turin entfernte Veneria sicherlich die prächtigste Wohnung des Königs von Sardinien. Die königliche Familie hält sich dort gewöhnlich vom Frühling bis zum Herbst auf, obwohl der Palast noch gar nicht ganz fertiggestellt ist. Die Gemälde und die Galerie sowie die Hofkapelle sind dennoch einer Besichtigung wert.

In der Stadt selbst hat man übrigens mit dem Bau eines neuen Theaters begonnen; wenn es einmal fertig ist, soll es das schönste und angenehmste von ganz Europa sein.

Seidenraupen dürfen in Turin nicht in großen Mengen gehalten werden. Man glaubt nämlich, daß diese Insekten Dünste und Gärstoffe erzeugen und damit die Luft verpesten, die sich zwischen den Mauern und Häusern einer Stadt nicht so frei verteilen kann wie auf dem Land. Aus eben diesem Grund ist es auch untersagt, die Seidenwürmer respektive Seidenritter, solange sie noch in ihre Kokons eingesponnen sind, in Öfen zu ersticken, die ansonsten zum Brotbacken verwendet werden. Darüber hinaus hat man angeordnet, daß die Schmetterlinge und toten Würmer ins Meer und nicht in die ausgetrockneten Gräben zu werfen sind. Die Nobili, die mit der Seide Geschäfte machen wollen, sind daher gezwungen, in dieser Angelegenheit mit den Bauern Abmachungen zu treffen, damit diese auf dem Land unter bestimmten Bedingungen eine große Menge von besagten Seidenrittern füttern; in Anbetracht der vielen Arbeit bei der Beaufsichtigung erhalten die Bauern die Hälfte der von ihnen gewonnenen Seide. Der Nobile hingegen sorgt für die Samen und für einen ausreichenden Vorrat an weißen Maulbeerblättern.

Soweit meine Beobachtungen im Laufe einiger Tage in dieser reinlichen und prächtigen Stadt. Sollte jemand Geschmack daran finden, am königlichen Hof in der Gesellschaft von Personen allerhöchsten Ranges zu verkehren, so wird er, falls es ihm an Geld nicht mangelt, seine Zeit in Turin angenehm zubringen können. Bei dieser Gelegenheit muß ich Ihnen mitteilen, daß mir die Dienste keineswegs unnütz waren, die mir jener venezianische Freund anbot, an den E.H. mich zu empfehlen geruhten. Zum Abschluß dieses Briefes will ich Ihnen deshalb den Dankesbrief mitteilen, den ich ihm sowohl als Bericht über die Vorteile, die er mir verschafft hat, wie auch als Ausdruck meiner Dankbarkeit geschrieben habe; er enthält darüber hinaus auch einige nicht überflüssige Einzelheiten. Hier die vollständige Abschrift:

Hochgeschätzter Herr.
Ihre Empfehlungsbriefe haben mir keine geringen Vorteile verschafft, so daß es sehr unhöflich von mir wäre, wenn ich E.H. nicht wenigstens meinen untertänigsten Dank aussprechen wollte, solange sich keine Gelegenheit für mich ergibt, nun auch Ihnen nützlich sein zu können und Ihnen ebenfalls einen Dienst zu erweisen. Ihre Briefe hatten in der Tat derart großes Gewicht, daß mir Graf Ponzio in Mailand allein Ihretwegen seine

große Gunst erwies und mich sehr gnädig aufnahm. Dieselbe Auszeichnung wäre mir gewiß auch durch Herrn de Villets zuteil geworden, wenn ihm die Länge meines Aufenthaltes dies gestattet hätte. Ich habe in Mailand mit großem Vergnügen 14 Tage verbracht und oft der gelehrten Gesellschaft beigewohnt, die sich regelmäßig beim Grafen Simonetta versammelt. Dieser sehr gütige und gebildete Mann verfügt nicht nur über eine erlesene Bibliothek, sondern auch über außergewöhnliche Kenntnisse in den schönen Wissenschaften, ganz zu schweigen von der Höflichkeit, die er fremden Reisenden gegenüber an den Tag legt und die ihn vor vielen seiner Landsleute auszeichnet. Ein gewisser Herr Argelati, der jetzt in Mailand lebt, ist auch bei uns in Deutschland wohlbekannt; er ist Buchhändler von Beruf und hat sich die höchsten Würden des Gelehrten erworben, indem er neue Bücher herausgab und alte wieder auflegte, womit er sich überall im Ausland, insbesondere aber in Deutschland, einen guten Namen gemacht hat. In wenigen Tagen werde ich nach Genua abreisen, das in Anbetracht seiner Reinlichkeit, seiner Schönheit und seiner Lage nicht nur jede andere Stadt Italiens, sondern der ganzen Welt übertreffen soll. Von dort aus werde ich mich dann nach kurzem Aufenthalt nach Marseille einschiffen. Über Mailand ließe sich zwar ebenso wie über Turin noch vieles sagen, aber da ich Ihre Ohren wohl schon über Gebühr ermüdet habe, will ich Ihnen nicht länger zur Last fallen. Ich bin so frei, mich Ihnen zu empfehlen; möge es glaubhaft sein, wenn ich unterzeichne als

E.H.
untert. und ergebenster Diener.
N.

Morgen früh reise ich nach Genua ab, wo ich in drei Tagen gesund und wohlbehalten anzukommen glaube und hoffe. Nehmen Sie einstweilen meine unbedeutenden Zeilen als Ausdruck meines Bedürfnisses an, Ihnen in allem gehorsam zu sein, denn ich will mich immer bekennen als

E.H.

untert. Diener.
N.N.


XLI. Brief

Genua, am 16. August 1740

Asti. Alessandria. Kathedrale. Novi – Genua. Strada Nuova. Kirche dell'Annunziata. S. Ambrogio. Bibliothek der Jesuiten. Vorstädte. Königlicher Palast.

Dem Himmel sei Dank, denn es ist alles so eingetroffen, wie ich es mir zu Ende meines letzten Briefes gewünscht habe, und so bin ich vorgestern bei bester Gesundheit hier angekommen. Meiner bisherigen Gepflogenheit entsprechend will ich Ihnen aber zunächst von den, wenngleich nur spärlichen, Ereignissen auf dem Weg von Turin hierher berichten, ehe ich E. H. die Sehenswürdigkeiten Genuas nahebringen kann.

Ich habe den Weg über Asti oder vielmehr Asta genommen, das am Fluß Tanaro liegt und Hauptstadt sowie Bischofssitz der Grafschaft Asti im Gebiet von Monferrato ist. Die Stadt liegt in einem anmutigen und fruchtbaren Tal, ist aber derzeit kaum befestigt; das Kastell ist sogar größtenteils eingestürzt und zerstört. Als die Franzosen Turin belagerten, zogen sie aus allen ihren Festungen die Truppen zusammen und so auch aus Acqui; weil aber der Sekretär des Herzogs la Feuillade im schriftlichen Befehl versehentlich Asti anstelle von Acqui geschrieben hatte, ergriff der Herzog von Savoyen von der Stadt sofort Besitz.

Anschließend kam ich nach Alessandria, das auch »della paglia« genannt wird, wo es ebenfalls einen Bischof gibt. Da es dem König von Sardinien an der Grenze zu Mailand an Festungen mangelte, ließ er in Alessandria die alte Befestigungsanlage der Burg erneuern, um sein Land auch auf dieser Seite decken zu können. Alessandria ist reich an Einwohnern, denn deren Zahl beläuft sich auf über 15 000. Das Theater der Stadt, das ein Privatmann gegründet hat, ist ziemlich groß, und die Werke, die man dort aufführt, sind weder besonders gut noch besonders schlecht.

In der Kathedrale gibt es schöne Marmorarbeiten und Fresken. Ich fand in einer ihrer Kapellen die folgende recht sonderbare und gewiß nicht orthodoxe Inschrift:

D.O.M. Deiparae Patibulato filio ...

Die Katholiken schämen sich nicht und finden nichts dabei, solche und ähnliche Beiwörter, die Gott allein zukommen, auch der Hl. Jungfrau zu geben, die sie über alles verehren. Dieser Ausdruck »patibulato filio« ist unsinnig und vollkommen unangebracht; man sollte sich seiner besser enthalten, um nicht denen, die aus unserer heiligen Religion nur Gift ziehen, mit schlechtem Beispiel voranzugehen.

Als nächstes erreichte ich Novi, eine kleine Stadt in den Ausläufern der Alpen. Sie ist Poststation und liegt 30 genuesische Meilen von der Hauptstadt entfernt, deren Herrschaft sie untersteht. Die Straße wurde dem Ende zu ziemlich beschwerlich und steinig, was bis Genua so andauerte. Ehe man diese Stadt erreicht, hat man noch hohe Berge und Felsenklüfte zu durchqueren. Wenn es regnet, dann ist diese Straße des Wassers und der Sturzbäche wegen, die sich in ihr sammeln, nicht mehr benützbar. Schließlich passiert man die berüchtigte Bocchetta, einen engen und befestigten Paß, der in Kriegszeiten nicht leicht zu überwinden sein dürfte. Nach und nach gelangt man dann endlich wieder auf eine ebene Straße, die bis nach Genua hineinführt, in diese große, schöne, reiche und prächtige Stadt.

Gestatten Sie mir nun, daß ich Ihnen eine allgemeine Beschreibung von Genua gebe. Die Stadt liegt am oberen Ende des Ligurischen Golfes respektive des Ligustischen Meeres und ähnelt einem Halbmond oder Amphitheater, so daß ihre Mauern bei Flut beständig von den Wogen bespült werden. Die schmalen aber sauberen Straßen sind mit viereckigem Felsgestein gepflastert, weswegen man besser Sänften als Kutschen benutzt. Da die Häuser an sanft ansteigenden Hügeln liegen, erscheint die Stadt wie ein schönes Amphitheater, und keine andere Stadt Italiens kommt diesem wundervollen Anblick gleich. Zudem sind die Fassaden in den verschiedensten Farben bemalt, und den meisten Häusern ist eine Erdaufschüttung mit Orangenbäumen vorgelagert, was die Schönheit noch erheblich steigert. Dennoch handelt es sich aber keineswegs um hängende Gärten, wie manche Leute das glauben. Auf der Festlandseite, den Bergen zu, wird die Stadt von zwei Mauergürteln umgeben und eingeschlossen, von denen der äußere im Umkreis von bis zu zehn Meilen auch die benachbarten Berge umfaßt, während der zweite und stärkere in einem engeren Bogen um die Stadt gezogen ist. Beide enden jeweils am Meer und bestehen aus mächtigen Mauern mit starken Bastionen und steinernen Türmen, so daß die Stadt in Kriegszeiten von der Landseite her weniger leicht angegriffen und eingenommen werden kann als vom Meer her. Die Franzosen, die das gut wußten, haben Genua im Jahre 1654 aus diesem Grund vom Meer aus bombardiert und traurige Erinnerungszeichen zurückgelassen, die bis zum heutigen Tag zu sehen sind, und zwar vor allem im Viertel um die Carignano-Brücke, das noch immer nicht vollständig wiederaufgebaut ist. Diese Brücke, ein Meisterwerk Saulis, verbindet zwei Hügel miteinander. Die Ruinen unten im trockengelegten Graben erinnern an jene grausame Belagerung, da die Besitzer damals so arm wurden, daß sie nicht mehr in der Lage waren, ihre Häuser wieder herzurichten. Ich habe dort das höchste Haus gesehen, das man nur irgend sehen kann; es besteht aus zehn Stockwerken, von denen sich fünf oberhalb und fünf unterhalb der Brücke befinden. Trotz all dieser Zerstörungen verdient Genua aber immer noch den Beinamen »die Prächtige«, allerdings nicht nur seiner Marmorpaläste wegen, sondern auch aufgrund der Wesensart und des Verhaltens seiner Bewohner. Der Hafen ist ziemlich tief, und die beiden Dämme aus viereckigen Steinen, die weit ins Meer hinein gebaut sind und die Stadt schützen, sind überaus bewundernswert. Auf einem dieser Dämme steht der Pharus, ein Turm mit einem Leuchtfeuer nämlich, der den Seeleuten gute Dienste leistet und 360 Stufen hoch ist.

Am Tag nach meiner Ankunft wollte ich die Strada Nuova sehen, die unbestritten prachtvoll und herrlich ist; ihre Länge beträgt 350 gewöhnliche Schritt und ihre Breite 25 Schritt. Dennoch stehen zu beiden Seiten nur 13 Paläste, von denen aber ein jeder geeignet wäre, einen König mit seinem ganzen Gefolge zu beherbergen. Die Fassaden sind fast ausschließlich aus weißem Marmor. In dieser Straße und in einer anderen, die Balbi heißt, findet man die besten Paläste von ganz Italien.

Von dort ging ich zur Kirche dell'Annunziata, die zwar zu den schönsten gehört, aber noch nicht ganz fertiggestellt ist; man hat bei ihr weder an Marmor noch an Deckenvergoldungen gespart. Im Innern dieser Kirche ist über dem Hauptportal ein vortreffliches Ölgemälde von Giulio Cesare Procaccini angebracht. Die Fassade bietet jedoch, wie bei den meisten anderen Kirchen auch, einen armseligen Anblick, weil das Vermächtnis des Stifters die Stadt zu träge macht, die Kirche zu vollenden. Ein Angehöriger der Familie Lomellini kommt nämlich für alles auf, und es wird allgemein angenommen, daß er mit dem Beitrag zu dieser Kirche seine Seele aus dem Fegefeuer befreien wollte.

Die Kirche S. Ambrogio gehört den Jesuiten. Sie ist ein schöner Bau, und die Wände sind bis zur vergoldeten Decke hinauf mit Marmor verkleidet. Der Doge hört dort gewöhnlich die Messe, wobei er die Kirche über eine verborgene Treppe betritt. Am Hauptaltar ist ein Gemälde von Rubens zu sehen, das die Beschneidung Christi zeigt, außerdem ein hl. Ignaz desselben Meisters.

Genuas einzige namhafte Bibliothek ist die der Jesuiten in der

Casa Professa, selbst diese ist im Vergleich zu anderen in Italien klein und besitzt keinerlei Sehenswürdigkeiten. Man darf sich darüber jedoch nicht wundern, denn durch die Bomben der Franzosen ist unter anderem auch die alte Bibliothek vollständig verbrannt. Es konnte nichts gerettet werden als ein Marienbild, das in der neuen Bibliothek gezeigt wird und mit einer entsprechenden Inschrift versehen ist. Der Bibliothekar pries dieses Gemälde sehr und sprach von einem beispiellosen Wunder. Mir wäre es freilich lieber gewesen, wenn die französischen Blitze die Bibliothek verschont und dafür 100 solcher Gemälde eingeäschert hätten.

Von den beiden Vorstädten, die Bisagno und S. Pietro d'Arena heißen, ist letztere die schönere und größere; die dortigen Paläste sind wahrhaft vortrefflich, wenngleich die Gärten vernachlässigt werden. Man kann indes den einen oder anderen betreten, um den Blick aufs Meer zu genießen. Im Palast des Fürsten Doria, der für jedermann zugänglich ist, trifft sich die feine genuesische Gesellschaft. Dieser Palast liegt sehr schön, da er unmittelbar ans Meer grenzt, und außerdem wird er gut gepflegt. Gegenüber erblickt man in einem weiteren Garten desselben Fürsten die Gipsfigur eines Riesen, unter der die berühmte Inschrift für einen treuen Hund zu lesen steht, der an dieser Stelle begraben liegt. Über die Stiftung, die man zum Unterhalt dieses Hundes ausgesetzt hatte und die sich jährlich auf 500 Scudi belief, konnte ich jedoch nichts Genaueres erfahren. Jedenfalls beruht die Geschichte auf Wahrheit, und es braucht sich darüber auch niemand zu wundern, da wir schließlich nicht wenige Beispiele für eine maßlose Liebe zu den vernunftlosen Tieren kennen.

Der Dogenpalast weist weder außen noch innen etwas Besonderes auf, außer daß er groß ist. Die Wohnungen des Dogen und der Dogaressa sowie ihrer Familie sind mit scharlachrotem Damast und Goldstickereien geschmückt, was alles auf Kosten des Dogen angefertigt wurde. Auch einige Senatoren wohnen in diesem Palast. Der Große Saal ist neu und schön, und im Kleinen Ratssaal befinden sich drei vortreffliche Ölgemälde. Im

Hof stehen zwei Marmorstatuen von Fürsten aus dem Hause Doria, die durch ihre Tapferkeit das Vaterland aus der Hand der Feinde befreit haben. Das Arsenal des Palastes ist zwar nicht groß, besitzt aber dennoch einige bemerkenswerte Stücke. Man verwahrt dort unter anderem ein »rostrum«, einen Schiffsschnabel aus Bronze (oder aus Eisen, wie andere behaupten), wie er bei den alten Römern in Gebrauch war; es handelt sich jedenfalls um ein herausragendes Stück aus dem Altertum, zumal es das einzige dieser Art ist. Die Inschrift darauf lautet folgendermaßen: »Vetustiori« etc., vgl. Keyßler, ›Italienreise‹, S. 316. In diesem Arsenal gibt es außerdem Rüstungen für Frauen, die für einen Trupp vornehmer Genueserinnen angefertigt wurden, die unter Bonifaz VIII. einen Kreuzzug ins Hl. Land unternahmen. Es soll sich dabei um 40 oder 50 solcher Heldinnen gehandelt haben, und Misson macht sich sehr über sie lustig. Die Besonderheit des Geschlechts ist an der Form der Rüstungen deutlich zu erkennen. Des weiteren befinden sich dort: ein Schild mit 120 Pistolenläufen; eine Flagge von Papst Pius V., die im Krieg gegen die Türken gedient hat, sowie eine Kanone aus gehärtetem Leder, die man zur Erinnerung an die Vergangenheit aufbewahrt. Die Republik besitzt auch eine kleine Sammlung von Büchern, und da sie um die Erweiterung des Bestandes bemüht ist, wird daraus wohl bald eine ansehnliche Bibliothek werden. Nun werde ich zu einem Ausflug in die Umgebung Genuas gerufen, von dem ich Ihnen ebenso wie von den sonstigen Dingen, die ich in der Stadt beobachten konnte, nach meiner Rückkehr berichten will. Ich schließe daher meinen Brief und unterzeichne zwar in größter Eile, aber mit der nachdrücklichsten Ehrerbietung als

                Euer Hochedelgeboren

                              untert. Diener.
                              N.N.

XLII. Brief

Genua, am 20. August 1740

Sestri Levante. S. Mar. dell'Assunta. Öffentliche Feierlichkeit. Verschiedene Beobachtungen. Cicisbei. Sträflinge. Protestanten. Reiche Privatleute. Schluß.

O wie reich bin ich für die gestrige Unterbrechung belohnt worden! Ich will deshalb unverzüglich zur Feder greifen, um E. H. darüber Bericht zu erstatten. Wir haben nämlich einen Ausflug in das genuesische Paradies unternommen, an dem ich so großes Vergnügen fand, daß ich meine Pflicht sehr vernachlässigen würde, wenn ich diesen Brief nicht mit der Erzählung davon begänne. Ich hatte die Absicht, in Sestri Levante, das einige Meilen von Genua entfernt liegt, die Orangenpflanzungen zu besichtigen, und fuhr zu diesem Zweck von dem wunderschönen Genueser Hafen aus dorthin. Als ich die Berge dieser Gegend sah, die blühenden Gärten gleichen und zahllose reizvolle Anblicke bieten, war ich vor Staunen ganz starr. Bevor man auf den Kamm dieser Berge gelangt, durchquert man Wälder, wo die Natur unzählige duftende Pflanzen hervorbringt; bei diesem steilen Aufstieg kam ich durch einen Wald, der so dicht mit Myrthen und Orangen, Lorbeer und ähnlichen, ebenfalls wildwachsenden Sträuchern bestanden war, daß die Sonnenstrahlen nicht durch das Laub dringen konnten, obwohl es doch ein Mittag im August war. Oben auf den Bergen gibt es eine große Zahl Orangenbäume aller Art, die zwischen drei und zwölf Fuß hoch werden. Es war sehr schön, eine solche Pflanzung dieser edlen Früchte zu sehen, aus der nicht nur ein Teil Italiens, sondern auch Deutschland seinen Bedarf bezieht. Die Bergbewohner verdienen ihren Lebensunterhalt durch das Veredeln und Aufpfropfen, was unglaublich einträglich ist. Diese Menschen hausen in Hütten auf diesen Bergkämmen und halten den Winter über die ganze Pflanzung bedeckt, damit die

Kälte keinen Schaden anrichten kann. Sie sind ziemlich geldgierig, denn gestern kamen dieselben Bergbewohner, die ich schon beim Ausflug gesehen hatte, in mein Gasthaus und boten ihre Waren feil, weil sie wohl glauben mochten, ich sei der Beauftragte irgendeines ausländischen Fürsten und der Einkäufe wegen nach Genua gekommen. Dieser Ausflug auf dem Wasser war in der Tat sehr aufschlußreich. Ich hatte eine zweirudrige Barke genommen und war damit bis Sestri gefahren; obwohl mein Ziel sehr weit vom Meer abgelegen war, machte ich mich auf die Beine und bekümmerte mich nicht um die Beschwerlichkeit des Bergsteigens, weil ich an nichts sonst dachte als meine Wißbegier zu befriedigen. Nachdem ich die bereits beschriebenen Wälder und Berge mit ihren Orangenbäumen durchstreift und alle Schönheiten der Natur und der Kunst gesehen hatte, kehrte ich überaus zufrieden in meine Herberge zurück und war ganz erfüllt von den Eindrücken aus dieser fruchtbaren und reizvollen Umgebung Genuas. Auf der anderen Seite, nach Westen zu, ist die Landschaft dagegen derart nackt, daß man der Redensart beipflichten muß: »Berge ohne Holz«.

Nun aber zurück in die Stadt, wo ich mich zunächst in die prachtvolle Kirche S. Maria dell' Assunta, das Gotteshaus der Familie Sauli, begab. Ihre Fassade ist noch nicht vollendet, weil sonst eine unbefristete Stiftung verfallen würde; die Ölgemälde und die Marmorstatuen im Innern der Kirche sind aber dennoch eines aufmerksamen Besuchs wert, weil sie über die Maßen schön sind. Von dieser Kirche aus kann man einen wundervollen Blick auf die Stadt und auf das Meer genießen. Die Inschrift über dem Eingang lautet:

Deipara in coelum assumta.

Heute morgen hat sich der Durchlauchtigste Doge in einem öffentlichen Umzug in den Dom begeben, der dem hl. Laurentius geweiht ist, und dort die Kapelle des hl. Bernhard aufgesucht, wo, wenn ich mich nicht irre, die Asche des hl. Johannes des Täufers aufbewahrt wird, um die herum beständig über 30 Silberlampen brennen. Seine Durchlaucht wurde in der folgenden Weise von der Signoria begleitet: die Beamten der Republik gingen voraus, ohne daß dabei irgendeine Ordnung zu beobachten gewesen wäre, ganz so, als hätte es sich um ein Rudel Hirsche gehandelt. Dann kamen zwölf vornehme Pagen in rotem und grünem Damast, der reich mit Gold bestickt war; einige gingen in dieser Aufmachung respektive Tracht voran, die übrigen begleiteten den Dogen zu beiden Seiten. Ihnen folgten, wie gewöhnlich paarweise, die genuesischen Signori, die schwarz gekleidet waren und einen Mantel trugen. Diesen schlossen sich die ebenfalls schwarz gekleideten Senatoren an, desgleichen der General der Republik mit dem Zeremonienmeister. Schließlich kam der in Scharlach gewandete Doge; Mantel, Tuch, Mütze und Strümpfe sowie die Schuhe waren von derselben Farbe, aber aus unterschiedlichem Stoff. 30 bis 40 Schweizer umgaben den Dogen und die Senatoren. Zwei Szepter oder vielmehr Rutenbündel wurden vorangetragen, und an drei Stellen längs des Weges waren Soldaten aufgestellt; verschiedentlich ließ sich auch Musik hören. Auf diese Weise betrat Seine Durchlaucht den Dom. Dort wurde der Doge von etlichen Geistlichen umringt und zusammen mit bestimmten heiligen Reliquien, die er gemeinsam mit den Senatoren unter einem Baldachin trug, in die Kapelle des hl. Bernhard geleitet. Dort hörte der Doge dann ein Hochamt mit Musik, die aber elend war. Anschließend überreichten die Geistlichen dem Dogen und den Senatoren kleine Blumensträuße aus Seide; damit diese Ausgabe nicht umsonst war, wurden daraufhin auch die Geistlichen reich beschenkt, und gleichzeitig stattete der Doge zwölf arme Mädchen mit einer Mitgift aus. Als dies geschehen war, begab sich der gesamte Zug in derselben Ordnung, wie ich sie bereits ausführlich beschrieben habe, zu Fuß wieder in den Palast zurück. Im Unterschied zu den Gepflogenheiten in Venedig wird die genuesische Durchlaucht also nicht von den Botschaftern oder Gesandten begleitet.

An dieser Stelle will ich in aller Kürze einige Bemerkungen über die Regierung und den Wechsel des Dogen anfügen, auch wenn ich sehr wohl weiß, daß viele andere schon vor mir des langen und breiten davon gesprochen haben. Ferner will ich einige Worte über die Cicisbei sagen, die hier besonders große Freiheiten genießen, und schließlich auch über die Galeerensträflinge sowie über den Gottesdienst der Protestanten. Was die Regierung angeht, so ist sie rein aristokratisch, seitdem die Genueser ihre Freiheit wiedererlangt haben. Alle zwei Jahre wird der Doge abgelöst, worin man sich von den Venezianern unterscheidet, bei denen er lebenslang regiert. Hier das Kompliment, das man ihm am Ende seiner Amtszeit macht:

»Ihro Durchlaucht haben Ihre Zeit vollendet; Ihro Durchlaucht mögen geruhen, nun nach Hause zu gehen.«

Unter dem hübschen Namen der platonischen Liebe hat man hier einen Brauch eingeführt, demzufolge die Damen bei verschiedenen Anlässen von bestimmten Kavalieren begleitet werden dürfen, ohne daß ihre Ehemänner eifersüchtig würden. Aber diese Sitte, die allmählich immer ungebräuchlicher wird, scheint dem Geschmack der Stadt nicht mehr zu entsprechen; es haben nämlich schon zahlreiche Paare in ihren Ehevertrag die Abmachung aufgenommen, entweder die Dienste eines Cicisbeo nicht anzunehmen oder keine derartigen Dienste zu leisten. So nimmt die Welt doch stets an Weisheit zu.

In der Stadt stößt man hie und da auf Männer, die paarweise angekettet sind und verschiedene Waren verkaufen. Das sind zur Zwangsarbeit Verurteilte und Galeerensträflinge, und man muß sehr auf der Hut sein, wenn man ihnen nicht auf den Leim gehen will. Mich haben sie mit einem Leinenstoff für Taschentücher hereingelegt, der wie Stroh zerfiel, als er das erste Mal gewaschen wurde.

Die hier lebenden Angehörigen der Augsburgischen Konfession lassen mehrmals im Jahr, wenn sie ihren Gottesdienst abhalten wollen, den Prediger des protestantischen Regiments kommen, das in Alessandria in Garnison liegt; sie sorgen sich nicht um die Inquisition, die jedoch bei Fremden ihr Amt weniger streng ausübt.

Sowohl die Mitglieder der Regierung als auch einige Privatpersonen besitzen bedeutende Reichtümer; die Republik selbst ist hingegen nicht reich, wenn man von dem Banco di S. Giorgio absieht, der riesige Vermögen angehäuft hat. Es gibt gewiß nirgendwo so viele reiche Bankiers wie in dieser Stadt, denn bekanntlich ruht die Republik Venedig zwar auf goldenen Fundamenten, aber die einzelnen Signori stammen dort keineswegs von Krösus ab. Dies ist leicht damit zu erklären, daß in Venedig die Allgemeinheit die Geschäfte macht und die Signoria davon ausgeschlossen ist, während in Genua jeder Fürst auch als Kaufmann tätig ist, so daß die Allgemeinheit das Nachsehen hat, wenn es um Gewinn und Nutzen geht. Ein weiterer Unterschied ist der, daß sich die genuesischen Nobili in Herzöge, Marquis und Grafen unterteilen, während die venezianische Signoria keinen dieser Titel anerkennt.

Mir scheint, ich habe Ihnen nun genug von meinem Geschick in diesem einzigartigen Teil Europas erzählt; an dieser Stelle will ich meinem Aufenthalt hier und zugleich meinen Briefen ein Ende machen, mit denen ich Ihren feinen Ohren, die sich jetzt zur Genüge erholen mögen, über die Maßen beschwerlich gefallen bin. Alles ist nunmehr beschlossen; meine Abreise steht fest, und die Feluke, das ist eine bestimmte Schiffsart, liegt bereit. Kurz und gut: für meine Einschiffung nach Marseille ist alles vorbereitet. Gott, dessen Güte mich bislang beschützt und vor allem Unglück bewahrt hat, möge mir dieselbe Gnade auch weiterhin erweisen und mich überall hin begleiten, bis ich endlich meine mir so teure Vaterstadt wiedersehen werde, und so will ich mich denn unter Gottes Obhut übermorgen den Wogen anvertrauen. E. H. werden es mir nicht verargen, wenn ich dann dieses mein Geschäft in französischer Sprache fortsetze und ergänzend von alledem berichte, das mir von hier bis nach Marseille auf dem Meer begegnet. Damit unterzeichne ich als

E. H.

1. Appendix

Beschreibung all der Gesteinsarten, die die Seiner Königlichen Hoheit, dem Großherzog von Toskana, gehörende prachtvolle und herrliche Kapelle von S. Lorenzo schmücken, so wie diese in dem unten angeführten Jahr beschaffen war, damit sich jeder, sofern er willens ist, eine Vorstellung von diesem großartigen Bauwerk und der Beschaffenheit seiner verschiedenen Steine machen kann.

Ehe man diese Kapelle betritt, kommt man durch einen Raum, in dem eine der sechs Platten zu besichtigen ist, aus denen der Tabernakel zusammengesetzt werden soll. Sie besteht aus verschiedenen edlen Steinen, nämlich sowohl aus Diaspro di Cipro wie auch aus Diaspro di Sicilia; der Untergrund ist aus Probierstein, in den das Wappen der Medici eingelegt ist; außerdem zeigt der Schild das Wappen der Orleans, weil Fürst Ferdinand, der den Grundstein zu diesem großen Gebäude gelegt hat, im Jahre 1604 eine Prinzessin aus diesem Haus heiratete. Die Lilienblüte in der Mitte der Krone besteht ebenso wie die im Wappen der Orleans aus Cornalina. Den Hintergrund der Wappen bildet Diaspro di Corsica und di Boemia. Im selben Raum kann man auch zwei Säulen aus flandrischem Probierstein sehen, die acht Ellen hoch sind und einen entsprechenden Durchmesser haben; sie sollen am Eingang zur Kapelle aufgestellt werden. Wenn man dann die Kapelle betritt, so erblickt man über dem Fußboden eine Leiste aus poliertem Granit von der Insel Elba, die um die gesamte Kapelle herumführt; darüber ist eine zweite derartige Leiste aus Diaspro di Sicilia angebracht.

Oberhalb dieser beiden Leisten befinden sich die Blenden aus Diaspro di Barga, die unendlich teuer gekommen sind, weil allein schon die Ausführung pro Elle 100 Scudi gekostet hat.

Auf diesen Blenden sind der Reihe nach die Wappen aller Städte angebracht, die zum Großherzogtum Toskana gehören.

Ich beginne rechts vom ständig geschlossenen Hauptportal, wo man zunächst die Wappen von Pienza und Chiusi findet, die aus folgenden Steinen zusammengesetzt sind: Lapislazuli, flandrischem Probierstein sowie Verde antico, einer Gesteinsart, deren Farbe dem Schleim ähnelt, den eine kriechende Schnecke hinterläßt; auf Italienisch heißt dieser Stein »lumachella«. Außerdem findet man dort Agata orientale und Diaspro di Sicilia. Die Schrift in den Wappen ist aus Lapislazuli, das in Giallo antico eingelegt ist, und die Wappen selbst werden von Perlmutt umgeben.

Zwischen diesen Wappen gibt es jeweils weitere Einlegearbeiten, nämlich Vasen oder vielmehr Urnen aus Diaspro di Corsica oder Diaspro di Barga; die Henkel bestehen aus Diaspro di Boemia.

Wenn man die Reihe weiter verfolgt, so gelangt man zu folgender Inschrift:

FERDINANDVS...

Auf einem prächtigen Sarg, dessen Untergrund von Granito d'Egitto und Diaspro di Corsica gebildet wird, bestehen die Kugeln (die das Wappen des Hauses Medici bilden) aus Diaspro di Sicilia; sie werden von Giallo antico umgeben. Die Nische, in der die Statue des Fürsten Ferdinand aufgestellt werden soll, ist aus flandrischem Probierstein. Die Schrift, deren Anfertigung jeweils drei Dublonen gekostet hat, besteht aus Calcedonio; sie ist in eine Platte aus Porphyr eingelassen.

Daran schließen sich die Wappen der beiden Städte Savana und Montalcino an, die in derselben Weise ausgeführt sind wie die vorhergehenden. Dazwischen sieht man erneut Vasen oder Urnen, die den vorigen vollkommen entsprechen.

Dann erblickt man den zweiten Sarg aus Granito orientale, der aus 200 Einzelstücken zusammengesetzt ist, die aber so gut verbunden und ineinandergefügt sind, daß man glauben möchte, es handle sich um ein einziges Stück, weil ich nirgendwo Ritzen entdecken konnte.

Auf diesem Sarg liegt ein Kissen aus edlem Calcedonio orientale und aus Diaspro di Cipro, das mit Rubinen und Topasen besetzt ist; die Unterlage aus Rosso di Trapani ist mit einer Borte aus vergoldeter Bronze verziert. Dieses Kissen allein hat Seiner Königlichen Hoheit 12000 Scudi gekostet. In der Nische steht die Bronzestatue des Großherzogs Cosimo, und unterhalb des Sarkophags liest man folgende Inschrift:

COSMVS ...

Nun kommen die Wappen der beiden Städte Massa und Grosseto; sie bestehen aus denselben Steinen und sind in derselben Art und Weise ausgeführt, wie ich es schon beschrieben habe. Darüber befindet sich der dritte Sarg, dessen Untergrund wie der des ersten aus Granito d'Egitto besteht. Darunter steht folgende Inschrift:

FERDINANDVS ...

Dieser Fürst hat im Jahre 1604 mit dem schönen Bau begonnen, weil er die Absicht hatte, das Hl. Grab aus Jerusalem nach Florenz zu schaffen und in dieser Kapelle aufzustellen.

Nach diesem Sarg erblickt man die Wappen von Siena und Fiesole, die den vorigen in jeder Hinsicht ähnlich sind. Dann kommt der Chor, der ausschließlich aus Marmor, und zwar aus den unterschiedlichsten Arten besteht, nämlich aus: Rosso di Corliano und di Bardiglio, Giallo antico, Verde di Portoferraio, Rosso di Francia, Melarancia di Saravezza und Breccia antica.

Außerdem sind noch zwei weitere Nischen aus flandrischem Probierstein vorhanden, die zwei Statuen aufnehmen sollen. Aus demselben Stein besteht auch der Fußboden des Chors, und der der gesamten Kapelle soll ebenfalls daraus gemacht werden.

Der Altarsockel gegenüber dem Chor ist ausschließlich aus Diaspro di Barga.

Wenn man den Chor verläßt, findet man rechter Hand die Wappen der Städte Florenz und Pisa, wobei die Lilienblüte im Florentiner Wappen ganz aus Korallen und Cornalina zusammengesetzt ist; ansonsten gleichen auch diese beiden Arbeiten den bereits beschriebenen.

Der nun folgende vierte Sarg stimmt hinsichtlich der Auswahl der Steine und des Entwurfs mit dem ersten überein. Die Inschrift darunter lautet:

COSMVS ...

Seitlich dieses Sarges befinden sich die Wappen der Städte Pistoia und Arezzo. Letzteres stellt ein Pferd aus Nero antico dar, an dem man sogar die Zähne erkennen kann. Nach diesen Wappen kommt der fünfte Sarg aus Granito orientale, der dem zweiten vollkommen entspricht. Das daraufliegende Kissen aus demselben Material hat ebensoviel gekostet wie jenes erste, nämlich 12000 Scudi. Jeder Sarg soll ein entsprechendes bekommen. Unter besagtem Sarg heißt es:

FRANCISCVS ...

Daran schließen sich die Wappen der Städte Volterra und Cortona an, die so wie die anderen aus kostbaren Steinen zusammengefügt sind. Nun gelangt man zum sechsten Sarg aus Granito d'Egitto, der dem ersten, dritten und vierten ähnlich ist; darunter befindet sich die folgende Inschrift:

COSMVS ...

Dann kommt man zu den Wappen der beiden Städte San Sepolcro und Montepulciano. Das kleine Grabmal auf dem Wappen der gleichnamigen Stadt besteht aus Lapislazuli und Diaspro di Cipro. Die Verzierungen dieses Wappens sind wie die der übrigen.

Die Höhe der Kapelle vom Fußboden bis zur Laterne der Kuppel beträgt 100 Ellen, der Durchmesser 48 Ellen.

Wenn man diese Kapelle verläßt und in das Untergeschoß des Gebäudes hinabsteigt, muß man eine Mauer von 14 Ellen durchqueren.

In diesem Untergeschoß erblickt man Kapellen, die jeweils zu den Grabmälern gehören. Hier sollen die Leiber der Großherzöge und sonstiger Fürsten aus dieser Familie, die nicht regiert haben, beigesetzt werden.

Auf dem Altar in der Mitte dieses Untergeschosses befindet sich ein Kruzifix aus weißem Marmor, das aus einem einzigen Stück gearbeitet ist und weder an den Händen noch an den Füßen Nägel hat. Dieses Werk stammt von dem berühmten Bildhauer Giambologna.

Ferner gibt es dort eine von Michelangelo Buonarroti geschaffene Hl. Jungfrau und einen hl. Johannes von einem seiner Schüler.

Der erste Baumeister des Gebäudes war Matteo Nigetti, der im Jahre 1604 mit der Arbeit begann; sie dauert immer noch an, selbst heute noch im Jahre 1740.

## 2. Appendix

Auszug aus einer Beschreibung des Monte Cassino

Herr Grosley, der 176... Italien bereist und auch Monte Cassino aufgesucht hat, kann dieses Kloster gar nicht gebührend und hinreichend preisen. Ihm scheint es, als hätten dort die Natur und der menschliche Geist zusammengearbeitet, um die Besitzer dieses Berges zu bereichern. Den Boden hält Grosley für den fruchtbarsten, den es nur geben kann. Die Pracht der Gebäude übersteigt, wie er sagt, jede Abbildung und Beschreibung. Wohin man auch immer das Auge richten mag, man findet überall nur Gold, Silber, herausragende Gemälde und vortreffliche Statuen, deren Zahl von Tag zu Tag größer wird. Man wähnt sich geradezu in Peru oder in Golkonda. Die Einwohner der Stadt Cassino (die früher schon herrlich und prächtig war, heute aber vor allem dreier Denkmäler wegen berühmt ist) waren im 10. Jahrhundert Götzendiener und brachten dem Apoll Opfer dar. Der diesem Gott geweihte Tempel lag außerhalb der Stadtmauern ungefähr an der Stelle, wo sich jetzt die Königin der Abteien befindet. Der hl. Benedikt hat das Götzenbild zertrümmert, den Tempel niedergerissen und dort ein kleines Kloster erbaut, wo er das Evangelium predigte und die Götzendiener bekehrte, die ihn zum Dank dafür als ihr geistliches und weltliches Oberhaupt anerkannten. Der Monte Cassino wurde später von den Langobarden verwüstet; das zerstörte Kloster wurde jedoch bald darauf schöner wiederaufgebaut. Und so wurde es mehrfach verwüstet und ausgeraubt, aber dann von neuem wiederaufgebaut, und zwar schöner als vorher. In den Annalen der Abtei heißt es: »crevit ruinis«. Über verschiedene Vorhöfe gelangt man zu einer Treppe, die mit prachtvollen Säulen geschmückt ist und in den inneren Vorhof der Kirche führt. 20 Säulen, alle aus Porfido orientale, stützen die Decke. Diese Säulen ruhen auf

17 mannshohen Marmorstatuen, an denen die folgende Inschrift zu lesen steht:

Heroibus bene merentibus ...

Acht der 20 Päpste, die dem Benediktinerorden angehört haben, stammen von hier. Der hl. Gregor steht am Anfang der Reihe dieser Helden, und Benedikt XIV. beschließt sie. Das Kircheninnere übertrifft alles, was man sich an Herrlichkeiten nur vorstellen kann. Dort entdeckte ich eine unschätzbare Anhäufung von einzigartigen und kostbaren Malereien und Bildhauerarbeiten der berühmtesten Meister. Das Auge ermüdet dabei. Was immer man erblickt, verströmt Pracht und blendet den Betrachter.

Wollte man alles, was Dichter und Erzähler je an prachtvollen Bauwerken erdacht und beschrieben haben, zusammennehmen, so ergäbe sich dennoch bloß eine unvollkommene Vorstellung von dem, was man auf dem Monte Cassino tatsächlich und wirklich sehen kann.

In einer Entfernung von ca. 50 bis 60 Schritt von der eben beschriebenen Abtei liegt Albanetta, ein kleines Haus, das deswegen bekannt ist, weil sich der hl. Ignatius von Loyola im Jahre 1538 einige Monate lang dort aufgehalten hat, um die Regel und die Vorschriften für seinen Orden zu entwerfen, der in der Folgezeit so berühmt wurde.

## 3. Appendix

Einige Bemerkungen über Italien.

Man kann nicht sagen, daß die Italiener Musikliebhaber seien, weil sie daran Geschmack fänden; es handelt sich vielmehr um eine derart rasende Leidenschaft, daß sie ihr sogar ihre Kinder einschließlich der Hoffnung auf eine zahlreiche Nachkommenschaft, die dem Menschengeschlecht sonst doch so teuer ist, aufopfern.

Es ist kaum zu glauben, wieviele unglückliche und unschuldige Knaben alljährlich verstümmelt werden. Und zu welchem Zweck? Damit sie eine helle und angenehme Stimme behalten.

Noch sonderbarer ist es, daß man in diesem Land der Frömmigkeit wegen Kastraten macht; man behauptet nämlich, die Andächtigkeit würde durch die entzückenden Töne eines derart Verstümmelten außerordentlich gesteigert.

Nirgendwo findet man mehr heilige Reliquien als in Italien. Die eigenartigsten und merkwürdigsten davon sind zweifellos zwei Glasflaschen; in der einen bewahrt man den Strahl des Sterns auf, der die drei Könige aus dem Morgenland begleitete, und in der anderen den Klang einer Glocke aus Jerusalem.

In Italien findet man nur selten einen Fürsten oder vielmehr Kardinal, der nicht einige Neubekehrte in seinen Diensten stehen hätte. Der letzte Großherzog aus dem Hause Medici hatte besonders viele und unterhielt sogar einige Hofnarren, was für die Menschheit doch wirklich schimpflich ist. Ein Engländer, der durch Florenz reiste und dort einige seiner Landsleute traf, erkundigte sich, was sie denn dort täten. Einer davon antwortete ihm: Ich bin Hofnarr des Großherzogs und werde gut dafür bezahlt; außerdem erhalte ich alljährlich einen Lohn dafür, daß ich die Rolle eines Neukatholiken so gut spiele.

# 4. Appendix

Weitere Ergänzungen, die obige Beschreibung einer Italienreise betreffend.

Die Reformierten genießen keine solche Freiheit, so daß es auf ihrer Seite nur den holländischen Konsul gibt. Die erwähnte Duldung erstreckt sich also ausschließlich auf die Lutheraner, von denen derzeit 24 Familien in dieser Stadt leben. Man muß sich vor Augen halten, daß es vieler Umsicht der Geistlichen bedarf, wenn diese Gemeinde ein neues Mitglied aufnehmen soll. Wenn dies geschehen ist, wird der Doge oder vielmehr die Republik über das neue Mitglied in Kenntnis gesetzt, was aber nur der Förmlichkeit halber geschieht, da man noch kein Beispiel dafür hat, daß jemand zurückgewiesen worden wäre. Besagte Lutheraner haben ihren Friedhof auf der Insel S. Lorenzo della Pace.

Eine weitere Eigentümlichkeit liegt darin, daß die Lutheraner keine eigenen Häuser besitzen, sondern nur zur Miete wohnen. Sogar viele der Katholiken haben, obwohl sie reich sind, kein eigenes Haus. Der Grund hierfür ist folgender: die Häuser in Venedig gehören größtenteils den Nobili und stellen Fideikommisse dar, was bedeutet, daß die ehemaligen Besitzer ihre Häuser, selbst wenn sie mit ihrem Einverständnis und zu ihrem Vorteil verkauft worden waren, jederzeit von einer Familie zurückfordern können, indem sie ihr dieselbe Summe anbieten, die sie beim Verkauf erhalten haben. Es fällt dabei nicht ins Gewicht, ob inzwischen Verbesserungen vorgenommen wurden oder nicht. Dies ist ein Brauch, der den Besitz von Häusern sehr unsicher macht und folglich davon abhält, sich auf einen Kauf einzulassen, so daß man sich mit dem Mieten zufriedengibt.

Auch wenn die Venezianer nicht allzu feurig sind, so wird die Republik dennoch häufiger von Religionsstreitigkeiten erschüttert als von Auseinandersetzungen über die Regierung.

Neptunalia i.e. lo sposalitio dell mare adriatico 1750. Saggio del S.D. Vitaliano Donati fol. 21. sog. 10. Cap. Venetos fabulosa Graecorum antiquitas ex Paphlagonum ad Pontum Euxinum gente, duce Antenoro a Trojae excidio, huc deduxisse fertur.

Didier behauptet in seinem Buch ›Ville et Republique de Venise‹, daß sich unter zehn jungen Mädchen, die sich fleischlichen Sünden hingeben, neun befinden, mit denen die jeweiligen Mütter oder Schwägerinnen Handel treiben.

Die Veneter, die am Adriatischen Golf wohnten, besetzten einen nahegelegenen Ort, der auch heute noch Rio Alto heißt und legten dort den Grundstein zu dieser Stadt, die man die Königin nennt; dies geschah um das Jahr 479, als Theodosius im Römischen Reich die Fäden in der Hand hielt.

Vor dem Rat der Zehn, der sich aus dem Dogen und seinen Räten zusammensetzt, werden Strafsachen verhandelt; weil es keine weiteren Rechtsmittel gibt und auch keine Berufung möglich ist, wird dieses Gericht seiner Strenge wegen sehr gefürchtet. Man nennt es »eccelso«, weil sich seine Macht und Gewalt sogar über den Dogen selbst erstreckt. Dennoch irrt man sich, wenn man behauptet, daß es für den, der diesen Richtern einmal in die Hände gefallen ist, keine Rettung mehr gäbe, so als ob jeder, der sich vor diesem Gericht zu verantworten hat, notwendigerweise zum Tode verurteilt würde, und zwar unabhängig davon, ob die Anklage berechtigt ist oder nicht. Gewiß ist ein solches Geschwätz angesichts der Würde eines so hohen und weisen Rates nicht angebracht.


Padua.
Neben der römischen Lucretia gibt es noch zwei weitere, nämlich eine aus Padua und eine Markgräfin aus Brandenburg; vgl. Vielheuer, S. 65.

Antenor Batavium condidisse ...

Getreue Zeichnung des Schandsteins, der in der Mitte des großen Saals im Rathaus steht.

Venedig.
Der ›Forestiere illuminato di Venezia‹, S. 195, gibt den Radius der Rialto-Brücke mit 22 Fuß an und ihre Länge mit 43. Im Gentleman's Magazine vom Dezember 1764 liest man jedoch, daß die Höhe 24 Fuß und die Länge 95 Fuß betragen sollen.

Wie dem auch sein mag, so hat diese Brücke jedenfalls immer als der größte Bogen Europas gegolten. Nun wurde aber 1756 in England, und zwar in Glamorganshire im Fürstentum Wales, eine Brücke aus einem einzigen Bogen gebaut, die 45 Fuß länger und 11 Fuß höher ist als die Rialto-Brücke. Insgesamt ist sie 140 Fuß lang und 35 Fuß hoch und übertrumpft damit die venezianische Brücke bei weitem. Obwohl dem so ist, braucht die Brücke in Venedig hinsichtlich der Pracht und Herrlichkeit sowohl des Materials als auch der Gestalt und aller Verzierungen dennoch hinter keiner anderen Brücke zurückzustehen, auch nicht hinter jener neuen, da diese ganz schlicht ist und nur aus viereckigen Steinblöcken erbaut wurde.

Rom.
Es gibt in Rom neun Stadttore, die folgendermaßen heißen:
die Porta Pinciana, die nach dem Pincio-Hügel benannt ist;
die Porta Salaria, deren Name darauf zurückgeht, daß das Volk der Sabiner durch sie das Salz in die Stadt brachte;
die Porta Pia, die so heißt, weil sie durch Pius IV. umgebaut wurde;
die Porta S. Lorenzo, die nach der berühmten Patriarchalkirche des gleichnamigen Heiligen heißt, die jenseits dieses Tores liegt;
die Porta Maggiore, für deren Namen es weder bei den Alten noch bei neueren Schriftstellern eine Erklärung gibt;

die Porta S. Giovanni, die nach der nahegelegenen Basilika dieses Heiligen benannt ist;

die Porta Latia, weil man durch sie nach Latium reiste, das heute die römische Campagna heißt;

die Porta S. Sebastiano, die ihren Namen von der jenseits von ihr gelegenen alten und vornehmen Basilika hat, die diesem Heiligen geweiht ist;

die Porta S. Paolo, die nach der Patriarchalkirche dieses Heiligen heißt. Alles weitere s. ›Roma antica e moderna‹, S. 457.

Es sind im wesentlichen sieben Hügel, auf denen Rom erbaut wurde. Der wichtigste davon ist

der Kapitolinische, den man auch den Tarpejischen Hügel oder den Hügel des Saturn nannte, der aber heute Kapitol heißt. Unter den 40 Tempeln und Heiligtümern auf dem Kapitol war der berühmteste der Tempel des Jupiter O.M., zu dem das siegreiche Heer nach dem Triumphzug emporstieg, um dort den Dank für die Erfolge im Krieg abzustatten;

der Palatin, dessen Name in seiner Herkunft ungewiß ist;

der Aventin, der nach Aventinus, dem König der Albaner, heißt;

der Caelius, der zwischen der Kirche S. Giovanni e Paolo und S. Giov. Later. liegt und seinen Namen von einem Hauptmann hat, der Romulus gegen den König Latinus zu Hilfe kam;

der Esquilin, über dessen Bezeichnung man geteilter Meinung ist;

der Viminal, der nach dem Jupiter Viminus heißt;

der Quirinal, den man heute Monte Cavallo nennt.

Daneben gibt es in Rom noch fünf weitere Hügel, den Gianicolo, den Pincio, den Citorio, den Giordano und den Vatikanischen.

Neapel.
Über das Blut des hl. Januarius.
Die Neapolitaner verehren mit der größten Inbrunst das Blut des hl. Januarius, das zu schäumen beginnt, wenn es öffentlich

gezeigt wird. Der verstorbene König von Preußen ließ denselben Versuch von seinem Chemiker und Apotheker in Anwesenheit hoher Herren nachmachen. Da er aber das angebliche Wunder im Beisein von Katholiken nicht widerlegen wollte, sagte er zu ihnen: Meine Herren, aus dem, was hier auf künstliche Weise geschehen ist, folgt noch nicht, daß jenes Wunder nicht doch auf Gottes Willen beruhen könnte, denn auch die Zauberer des Pharao konnten mittels ihrer Künste dieselben Wunderzeichen geschehen lassen, die Gott Moses aufgetragen hatte.

Pozzuoli.
In einem englischen Buch mit dem Titel ›Remarks and Dissertations on Virgil. London, 4°, 1768 by Mr. Spence‹, das voller ergötzlicher Beobachtungen ist, werden Zweifel gegen die Lage des Grabes von Vergil vorgebracht, wie sie Addison angegeben hat, der es entweder innerhalb der Stadt Neapel oder in der Gegend um den Vesuv vermutet. Weil Addison aber nur ein flüchtiger Reisender war, hatte er weniger Zeit zur Untersuchung solcher Dinge als die einheimischen Gelehrten. Er verdient deshalb keine Beachtung, zumal er auch der einzige ist, der diese Auffassung vertritt. Der Abate und Bischof Sarnelli hingegen, ein Mann von höchster Glaubwürdigkeit, enthebt uns in seinem 1713 in Neapel gedruckten ›Guida de' forastieri‹, S. 228, jeglicher Ungewißheit und gibt als Ort des Grabes den Posilip an. Er weist sogar den Weg, damit man es aufsuchen kann, was aber ohne einen Führer stets sehr schwierig sein dürfte, denn wißbegierige Leute haben es schon oft vergeblich gesucht. Bei dieser Gelegenheit ist auch auf Donat zu verweisen, der erwähnt, daß Vergil an der Via Puteolana begraben worden sei. Es heißt bei ihm: »Voluit Augustus ...«. Diese Straße war eine der größten und am häufigsten benutzten. Sie führte nach Pozzuoli, Baia und Cuma, und dann weiter nach Rom und Miseno, zum Averner See und zur Grotte der Sibylle. Die bei Donat und Hieronymus angegebene Entfernung entspricht ganz genau der des besagten Steines, nämlich zwei altrömischen

Meilen. Seneca berichtet im 57. Brief, daß er auf dem Weg von Baia nach Neapel eine dunkle und schreckliche Höhle unter dem Posilip durchquert habe; er gesteht, sich trotz aller stoischen Weisheit gefürchtet zu haben, und denkt mit diesen Worten daran zurück: »ad primum conspectum ...«. Ob es nun Virgiliarium oder Virgilianum heißt, das Grab Vergils liegt jedenfalls am Ausgang dieser unterirdischen Straße in den Felsen, wie uns auch Petrarca mitteilt: »Sub finem« etc.

## 5. Appendix

Es folgt nun der Briefwechsel zwischen zwei Personen unterschiedlichen Geschlechts.

Hier folgen nun jene schon vor langer Zeit gewechselten Briefe zweier Liebender, die ich, wie ich bereits in meinem letzten Brief aus Mailand berichtet habe, zufällig entdeckte. Wie man einigen Stellen entnehmen kann, wohnten die beiden einander gegenüber, und als der Buhle seiner Dame persönlich die Reverenz erweisen will, wird ihm das aus verschiedenen Gründen und Vorwänden verweigert. Dies ging bis zu seiner Abreise so fort, und die Erfüllung seines Wunsches wurde ihm erst in dem Augenblick gewährt, als es schon zu spät war, so daß er nicht mehr darauf eingehen wollte. Es scheint, als sei der Herr Briefsteller abgereist, als er bemerkte, daß sich sein Stroh allzusehr erhitzen wollte. Es ist ihm also ergangen, wie es Verliebten auf einer verzauberten Insel zu ergehen pflegt: zuerst suchen sie sich ohne Unterlaß, aber wenn sie sich schließlich gefunden haben, dann hindert sie ein Fluß oder Ähnliches daran, miteinander vertraut zu werden und sich zu umarmen, so daß beide betrogen bleiben. Es finden sich in diesem Briefwechsel zwar keine erhabenen Gedanken, sondern nur wechselseitige herzliche Bezeugungen der Liebe, die zwischen den beiden ganz plötzlich entstanden war und, wie man im folgenden erfährt, platonisch genannt werden darf; diese Briefe sind aber dennoch, insonderheit seitens der Dame, sehr reizvoll und aller Bewunderung wert, da sie sich unendlich fein auszudrücken weiß und ein vorzügliches Geschick in der Leichtigkeit und Anmut des Stils und in der Höflichkeit ihrer Darlegungen zeigt. Auch werden ihre Zärtlichkeit und ihre Güte nirgendwo ihresgleichen finden.

Am Anfang des Briefwechsels standen folgende Fragen, die man sich in riesigen Buchstaben aus der Ferne zeigte, durch ein Fernrohr las und dann ebenso beantwortete:

I. Frage: Wann darf man Sie aus größerer Nähe anbeten?
Antwort: Wenn ich eine Heilige bin.
II. Frage: Es ist unmöglich, Ihre Schönheit nicht anzubeten; sollte Sie dieses Wort aber beleidigen, so will ich mich vor Ihrer Schönheit nur verneigen.
Antwort: Es gibt hier keine Schönheit und daher auch keine Beleidigung; Ihr Auge täuscht sich, ich kann es nicht anders glauben.
III. Frage: Wollen Sie denn wirklich mein Herz im Zweifel darüber lassen, ob es von den Augen betrogen wird?
Antwort: Schreiben Sie, wenn Sie wollen; fragen Sie nach, damit Sie Gewißheit erlangen; ich will mich nicht länger plagen; es ist nicht schwer; dies mag Ihnen genügen.

*Signora.*

Seit dem Augenblick, in dem ich das Glück hatte, Ihre liebenswürdige Person zum ersten Mal zu erblicken, herrscht eine große Verwirrung in meinem Herzen, und seitdem schmachtet es, ich bekenne es gern, nach Euer Hochedelgeboren Liebe. Aus diesem gerechten Grund bitte ich Sie höflichst um die Ehre, Ihnen persönlich meine Reverenz erweisen zu dürfen, damit meine große Qual dadurch ein wenig gelindert werde. Es wird Ihnen doch nicht fremd sein, was man fühlt, wenn ein gewisses unbekanntes Etwas in unsere Brust eindringt und sich ihrer vollständig bemächtigt, und dies läßt mich hoffen, daß es Ihnen nicht unangenehm sein wird, meinem unschuldigen und ehrbaren Wunsch zu willfahren. Es wäre auch gar zu unmenschlich, wenn Sie mich dessen berauben wollten, und widerspräche im übrigen der Höflichkeit, die man einem Fremden schuldet, dessen wundes Herz der Arznei bedarf. Haben Sie die Güte, gnädigst zu erwägen, ob Ihrerseits nicht gar eine moralische Verpflichtung vorliegt, mir beizustehen, da doch Ihr holdes Wesen die alleinige Ursache meines Unglücks ist. Bedenken Sie auch, daß Sie damit einem Menschen helfen, der, selbst wenn dies schwer zu glauben ist, während seiner ganzen Reise durch Italien in ihnen die erste Dame findet, deren Schönheit seine Augen blendet und deren holde Erscheinung sein bis zur Stunde noch freies Herz bezaubert hat. Ich bin daher ganz trunken vor Verlangen nach einem Besuch bei Ihnen und bitte Sie, über mich zu verfügen und mir den Ort und die Stunde zu nennen, mir mitzuteilen, wann und wo Sie meine Unterhaltung wünschen! Ich will alles Ihrer Klugheit und Güte überlassen, die denjenigen einer gnädigen Antwort würdigen möge, der auf der Suche nach Arznei mit den heißesten Wünschen und der größten Hochachtung unterzeichnet als

E. H.

untert. Diener.<br>N. N.

Mailand, am 8. Juli 740.

*Antwort der Dame.*

Kein Glück, sondern ein Unglück war es also, daß Sie mich erblickt haben, da daraus (sofern es denn wahr sein sollte) eine so große Verwirrung in Ihrem Herzen entstanden ist. Wenn Sie sich aber (was ich nicht glaube) schon aus der Ferne in Liebe zu mir verzehren, was sollte erst bei größerer Nähe daraus werden? Es wird daher besser sein, wenn ich mich ganz zurückziehe, um Ihnen keinen Anlaß zum Schmachten mehr zu geben. Würden Sie mir nämlich, wie Sie dies begehren, persönlich Ihre Reverenz erweisen, so könnte Ihnen das die Ruhe nicht zurückgeben, sondern müßte Ihr Herz erst recht unrettbar in Verwirrung stürzen. Ich gebe auf solche plötzlichen Liebeleien nicht viel; ich erfreue mich daran und nehme sie als ergötzliche Anwandlungen hin (wie ich lese), die ebenso schnell wieder hinsterben, als sie entstanden sind. Sollten Sie ihr wundes Herz aber wirklich heilen wollen, dann tun Sie am besten daran, sich auf Ihre schöne Seele zu besinnen, die an Ihrem Leiden, wie Sie sagen, ganz unschuldig ist. Sie sind ja geistreich genug, um sich selbst zu behelfen. Gesellschaft ist mir nicht unangenehm, aber nur aus der Ferne; auch kann ich mich nicht daran gewöhnen, mit der Liebe aus der Nähe, wie man sagt, zu scherzen, nicht einmal zum Spiel und selbst dann nicht, wenn ich dabei mit beinahe engelreinen Geistern umgehen dürfte. Daß Sie auf Ihrer ganzen Reise durch Italien keine Dame getroffen haben wollen, die Ihre Augen geblendet hätte, ist ganz offensichtlich falsch, wenn man bedenkt, mit welcher Meisterschaft Sie sich Ihrer Augen im rechten Augenblick zu bedienen wissen; mit größerem Recht dürfte ich sagen, daß ich noch niemanden getroffen habe, der in dieser Kunst erfahrener gewesen wäre als Sie. Wenn schließlich Ihr Herz aus derart geringem Anlaß so sehr leiden muß, sich gar so leicht verwunden läßt und so schnell zur Liebe neigt, dann muß ich daraus schließen, daß ich nichts von alledem glauben kann, ja glauben darf. Ich verfüge auch weder über die Freiheit noch über die Möglichkeit, Ihnen Zeit und Ort für ein Beisammensein anzugeben. Sollten Sie aber dennoch einen Versuch unternehmen, so werden Sie uns dadurch sehr schnell unseres gegenwärtigen Briefwechsels berauben. Ich bin und bleibe hochachtungsvollst Ihre

ergebenste Dienerin
M. M.

Mailand, am 10. Juli 740.


*Meine hochgeschätzte Gebieterin.*

Ich kann und will mein Glück, Sie erblickt zu haben, kein Unglück nennen, obwohl Euer Hochedelgeb. mir meinen unschuldigen Wunsch verweigern. Zu Anbeginn war ich glücklich, glücklich, von einer solchen Schönheit verwundet worden zu sein; nun bin ich freilich unglücklich, weil sie mir keine Hilfe reichen will. Ich will es noch einmal gestehen, daß ich vor Liebe brenne, aber diese Liebe ist rein, und wenn ich Ihnen näher wäre, dann würde sie sich noch mehr läutern, ganz so wie das Gold im Feuer. Wollten Sie sich deshalb zurückziehen, so müßte gerade dies mein Leiden vergrößern; Ihre Nähe hingegen wäre für mich das rechte Mittel, um mein Herz nicht gänzlich, wie Sie schreiben, in Verwirrung zu stürzen. Wenn Sie mir das zugestehen würden, dann wären Sie wenigstens von aller Schuld frei. Schön ist Ihr Ausdruck von den plötzlichen Liebeleien, und ich will Ihnen glauben, da ich nicht aus dem Stoff bin, der mich Ihnen so liebenswürdig machen könnte, wie Sie geliebt zu werden verdienen. Übrigens glaube auch ich, daß meine schöne Seele mich trösten könnte, aber nur wenn Einigkeit zwischen uns herrscht; mehr begehre ich auch gar nicht, denn zu diesem Zweck wird meine Seele geistreich genug sein. Wenn Ihnen unsere bisherige Gesellschaft nicht unangenehm war, warum legen wir uns dann den Zwang auf, nur aus der Ferne beisammen zu sein? Für mich steht außer Zweifel, daß meine Achtung für Sie auf das höchste steigen würde, wenn ich Sie von Angesicht zu Angesicht sehen dürfte. Haben Sie keine Angst, daß ich zu leichtfertig nur scherze oder mit der Liebe aus der Nähe spiele, wie dies die zügellose Welt zu tun pflegt; ich möchte auch nicht, daß Sie unter dem Wort Liebe etwas Ungebührliches verstehen, denn ich begehre nichts, als Ihnen persönlich meine Reverenz erweisen zu dürfen. Sie würden dann beurteilen können, mit welcher Zartheit ich Sie verehre; daß ich mich so schnell verliebt habe, lehrt uns doch gerade, daß es sich um etwas Besonderes handeln muß. Ich fliehe jede Heuchelei, insbesondere im Umgang mit Ihresgleichen, und wiederhole daher, daß Sie die Erste und Einzige sind und bleiben, der ich solche Hochachtung entgegenbringe. Daß Sie nicht frei sind, kann entweder heißen, daß Sie Ihr Herz bereits vergeben haben, oder aber, daß Sie unter der Aufsicht Ihrer Eltern stehen. Wenn ersteres der Fall wäre, dann würde ich mich versündigen, wenn ich den ruhigen Besitz eines geliebten Herzens stören wollte; sollte jedoch letzteres zutreffen, dann gibt es nicht wenige Mittel, um der Unterdrückung zu entfliehen. Der Versuch würde nicht schaden, denn wir könnten uns gemeinsam über eine Verbindung klarwerden, an der ich weder zweifeln noch herumdeuteln kann, wenn ich Ihre Worte durch das Fernrohr richtig verstanden habe: »Schreiben Sie, wenn Sie wollen; fragen Sie nach, damit Sie Gewißheit erlangen; ich will mich nicht länger plagen; es ist nicht schwer; dies mag Ihnen genügen«. Ein guter Interpret kommt, wie ich glaube, schon mit wenigen Worten aus. Auch wenn Ihr gestriges Schreiben das Gegenteil vermuten läßt, so wünsche ich doch, von Ihrer Versöhnung zu erfahren. Darauf harre ich und bitte Sie, mir gnädigst mitzuteilen, ob mir das gewünschte Gespräch gewährt wird. Ich küsse Ihre Hand und bin

E. H.
untert. und ergeb. Diener.
N. N.

Mailand, am 12. Juli 740.


*Mein hochgeschätzter Herr.*

Erlauben Sie mir, daß ich in meiner Antwort auf Ihr freundliches Schreiben alle sonstigen Erwiderungen zurückhalte, auch wenn diese nicht ganz überflüssig wären, und mich darauf beschränke, Ihr Begehren, mir persönlich Ihre Reverenz zu erweisen, des näheren untersuche. Ich will Ihnen ferner erläutern, was ich mit diesen Worten meinte: *Schreiben Sie, wenn Sie wollen; fragen Sie nach, damit Sie Gewißheit erlangen; ich will mich nicht länger plagen; es ist nicht schwer; dies mag Ihnen genügen.* Sie wünschen also, wie das Gold im Feuer Ihre reine

Liebe zu läutern, in welcher Sie (wie Sie sagen), brennen. Ich kann darauf nur antworten, daß Ihre Liebe der Läuterung gewiß nicht bedarf, wenn sie bereits derart rein ist; da Sie zudem schon in Flammen stehen, würden Sie sich bei dem Versuch, diese Flammen einzudämmen, wohl doch nur der Gefahr aussetzen, nun gänzlich zugrunde zu gehen. Wenn Sie Ihre Liebe weiter läutern wollen, um sie noch strahlender zu machen, dann dürfte der Widerschein jener angemessenen, obschon geringen Entfernung, die zwischen uns besteht, dem günstig sein. Damit Sie sehen, daß ich Ihnen gegenüber ebenso lauter bin wie Sie zu mir, sollen Sie erfahren, daß ich ganz wie Sie Verdruß verspüre; ich würde Ihnen gern willfahren, aber es gibt gute Gründe, die dies verbieten. Sie können sich also damit trösten, daß es uns beiden gleich ergeht, und es sollte keine geringe Linderung Ihres Leidens sein, daß Sie mich darin als Ihre Gefährtin wissen. Es bleibt uns daher wie bisher nur, uns so gut es geht zu trösten, bis uns der gütige Himmel tatsächlich einmal die Gelegenheit bietet, uns persönlich die Reverenz zu erweisen, wie Sie das von mir so sehr begehren. *Schreiben Sie, wenn Sie wollen;* das habe ich gesagt, um Ihren Wunsch zu befriedigen, mich Ihre Empfindungen wissen zu lassen. *Fragen Sie nach,* damit Sie Gewißheit erlangen, daß Ihre Briefe angenommen werden. *Es ist nicht schwer,* das sollte Sie ermuntern und Sie von Ihrer allzu gestrengen Hingabe an die Studien ablenken, in denen ich Sie unablässig begriffen sehe, damit auch ich einige Früchte Ihrer Gelehrtheit genießen kann. *Ich will mich nicht länger plagen,* weil es mich schmerzt, wenn ich sehe, wie wir uns damit abmühen, uns zu verstehen, obwohl wir es soviel leichter haben könnten. *Dies mag Ihnen genügen,* um zu verstehen, daß ich bei der Freiheit, die mir meine Umstände erlauben, nur bis hierher und nicht weiter gehen darf, da es sich für mich nicht schickt, Briefe und Besuche von Fremden ohne weiteres anzunehmen; dies haben auch schon andere, aber stets vergeblich, versucht. Hiermit will ich schließen und Sie bitten, mir die Unmöglichkeit Ihres Besuchs zu verzeihen, der mir ebensosehr angenehm wäre; lasten Sie das nicht meinem Herzen an, denn ich bin voller Aufrichtigkeit

Ihre untert. und ergebenste Dienerin.<br>M.M.

Mailand, am 14. Juli 740.

*Hochzuverehrende Gebieterin.*

Es tut mir sehr leid, daß ich Ihre sonstigen Erwiderungen, die Sie für sich behalten haben, nicht erfahren durfte, da sie mir vielleicht geholfen hätten, irgendeinem Ungeschick der Feder auf die Spur zu kommen, das mir in meinem letzten Brief wider Willen unterlaufen sein muß. Anstelle dessen genießen Sie es, meine Schmerzen zu vervielfachen und zu vergrößern, obwohl es Ihnen doch nicht unbekannt sein kann, daß allzu große Widerspenstigkeit mein Leiden unheilbar machen kann. Man sagt doch zu Recht, daß das Gold, obwohl es schon rein ist, noch glänzender wird, wenn man es erneut ins Feuer hält; auf meine Liebe bezogen heißt das, daß sie nicht strahlender werden kann, solange sie dem geliebten Gegenstand fern ist und dazwischen ein so großer Abstand liegt. Ich bin mir sicher, daß jene Erlaubnis einzig von Ihrem freien Willen abhängt, denn wenn es gestattet ist, sich mit den Augen und durch Zeichen aus der Ferne zu verständigen, dann kann es auch nicht verboten sein, sich persönlich die Reverenz zu erweisen, wobei doch nur Worte an die Stelle von Zeichen treten. Wenn Sie nun sagen, daß Sie die Gefährtin meiner Leiden seien, so kann das, wenn es denn wahr sein sollte, mein niedergeschlagenes Gemüt nur wenig trösten; um so nötiger wäre es hingegen, daß sich unsere beiden wunden Herzen zusammentun, um sich gemeinsam Erleichterung zu verschaffen. So wie Feuer das Feuer vertreibt, so können sich auch zwei Wunden wechselseitig heilen, wenn man sie aneinanderhält. Aber was sage ich, was schreibe ich? Es ist doch alles vergebens, da Sie erklärt haben, es schicke sich nicht, ohne weiteres Besuche oder Briefe von Fremden entgegenzunehmen. Das ist nun dein Trost, armer Fremder! Immerhin habe ich den Vorzug, mehr erreicht zu haben als die anderen vor mir, aber es war dennoch vergebens. Das ist nur ein geringer Trost für mein Leiden, das kein anderes Heilmittel kennt als dasjenige, daß ich nun schon hundertmal wiederholt habe. Ich will indes tun, was mir möglich ist, um meine allzu hochgegriffenen Erwartungen zu unterdrücken. Seien Sie dennoch versichert, daß meine Leidenschaft und Hochachtung für Ihre gnädige und liebenswürdige Person in nichts nachlassen werden, und gewiß werden Sie mich im Geiste auf meiner weiteren Reise begleiten. Da ich nicht auch noch den Rest Ihrer Zuneigung verlieren möchte, leiste ich hiermit, wenngleich mit dem größten Bedauern, auf meinen Wunsch Verzicht; in wenigen Tagen will ich die Last sogar gänzlich von Ihnen nehmen, da die von Ihnen vorgegebene Unmöglichkeit meine Abreise beschleunigt. Ich flehe Sie an, mir ein wenig gut zu sein und an denjenigen zurückzudenken, dessen Liebe und Achtung für Sie ihresgleichen sucht und der tief betrübt unterzeichnet als

E. H.

untert. Diener.
N. N.

Mailand, am 16. Juli 740.


*Antwort der Dame.*

Aber nicht doch! Sie halten mich für widerspenstig, was ich überhaupt nicht bin. Daß ich nicht auf alle Ausführungen in Ihrem vorigen, überaus höflichen Brief geantwortet habe, ist zwar zutreffend; dies geschah aber nicht, weil Sie unversehens einen Fehler begangen hätten, sondern weil ich Ihr Leiden nicht noch durch einen langen und verdrießlichen Brief vergrößern wollte. Es wäre rücksichtslos von mir, wenn ich, indem ich Ihnen schreibe, mich daran vergnügen wollte, Ihre Schmerzen zu vervielfachen. Mein Herz, das sich nicht verstellen kann, ist dazu viel zu aufrichtig. Eine unverschuldete Unmöglichkeit verdient die Bezeichnung Widerspenstigkeit aber nicht, denn wenn sie dies wäre, dann könnte sie Ihr Leiden wohl schwerlich verursachen. Ich möchte vielmehr meinen, daß dieses Leiden (soweit ich sehe) gerade dann unheilbar würde, wenn Sie an Ihr ersehntes Ziel gelangten. Ich habe schon gesagt, daß man das reine und über alle Maßen geläuterte Gold nicht noch länger im Feuer zu quälen braucht, das ist nicht nötig, weil es selbst aus einer geringen Entfernung schon durch die kleinste Flamme zum Funkeln gebracht werden kann; um es verstärkt zum Glitzern zu bringen, dient ihm die vorbeistreichende Luft ebenso wie den Sternen der Wind. In der Tat sind Worte ebenso wie Zeichen vom Willen abhängig; wenn dieser Wille aber unverschuldet auf einen einzigen Grundsatz eingeschränkt ist, dann ist das, was er innerhalb seiner Grenzen tut, ebenso gut und verdienstvoll, als wenn er alles tun würde. Ja, ich wiederhole es, ich bin in diesem Leiden Ihre Gefährtin. Aber wozu wäre es gut, mich zu betrüben, wenn es mir doch Linderung verschafft, Sie zu sehen und Ihnen zu schreiben (was ich mir schon gewünscht hatte, als Sie noch gar nicht daran dachten). Wenn man eine Wunde an eine andere hält, dann sollen beide heilen? Sie müssen es sich schon gefallen lassen, wenn ich Ihnen sage, daß uns die Erfahrung ganz andere Folgen lehrt. Wer wüßte nicht, daß eine Wunde niemals mehr Blut verströmt als dann, wenn der Verursacher in ihrer Nähe ist? Unsere Wunden, die sich durch unsere Nähe nur verschlimmern würden, müßten durch den beständigen Schmerz dann nahezu unheilbar werden. Sie werden in Kürze abreisen, aber ich sage Ihnen, daß dies ganz allein auf Ihrem Willen beruht und nicht auf der Unmöglichkeit, ans begehrte Ziel zu gelangen; wenn Sie mir ebenso gehorsam sein wollten (was gewisse Rücksichten auf mich wie auf Sie nicht gestatten) wie Sie mir echte Zuneigung entgegenbringen, dann könnten Sie nicht so hartnäckig darauf bestehen, mich zu verlassen. Reisen Sie denn glücklich, aber nennen Sie mir zuvor (wenn Sie mir das nicht versagen wollen) um meines Seelenfriedens willen Ihren Namen und Vornamen, Ihre Vaterstadt und das Land, in das Sie sich begeben wollen. Wenn ich einmal, wie ich es oft tun werde, an Ihr gutes Herz zurückdenke, dann könnte ich Sie wenigstens in der Ferne mit einem Seufzer rufen; schließlich könnte ich, indem ich meinen Blick auf jenen Himmel richte, der Sie erwartet, mich in Gedanken ebenfalls dorthin begeben, um Ihnen zu bezeugen, daß ich nicht *grausam* bin, sondern Ihre

ergebenste Dienerin
Maria Giuseffa M.

Mailand, am 18. Juli 740.


*Hochverehrte Gebieterin.*

Ach! Sie müssen mir die Schwäche verzeihen, die ich in meinen Liebesangelegenheiten an den Tag gelegt habe. Ich bin Ihnen unendlich dankbar, daß Sie mir entdeckt haben, was Sie empfinden, denn wenn Sie dies unterdrückt hätten, dann hätte jenes Übel nahezu unheilbar werden können. Ich schenke Ihren Worten, die ich für aufrichtig halte, Glauben und will Sie mir, so gut ich kann, zunutze machen. Welche Vertreterin des weiblichen Geschlechts hat je so große Güte besessen, bei einem derart schlimmen Leiden einen so guten Rat zu geben und noch dazu so schnell? Sie haben mir gleichzeitig bewiesen, daß dieses unheilbar geworden wäre, wenn wir uns persönlich die Reverenz erwiesen hätten. Auch wenn dies für mich schwer zu verstehen ist, so darf ich mich doch einer solchen Arznei, von der Sie glauben, daß sie meiner Unvollkommenheit angemessen sei, nicht widersetzen. Ich will auch nicht mehr auf das eingehen, was Sie vom Gold sagen, das des Feuers nicht mehr bedürftig sein soll, wenn es schon geläutert ist. Ich stimme Ihnen in allem zu und will damit unter unsere Streitigkeiten einen Schlußstrich ziehen. Ich habe wahrhaftig nicht gewußt, daß sich unsere Wunden durch die beständige Qual der Nähe noch verschlimmern könnten, und ich gestehe Ihnen mit der Feder, aber noch nicht mit dem Herzen, daß ich an mir genau die entgegengesetzten Wirkungen verspüre. Ich hatte mir ein Leben mit mehr Freude und Zufriedenheit erhofft. Ich hatte mir Wonnen und süßeste Früchte vorgestellt, welche die Gegenwart einer so geliebten und tugendhaften Person mit sich bringen würde, aber wo gerate ich hin? Ich will mich nicht länger widersetzen und widersetze mich doch. Wenn ich damit etwas Unrechtes getan habe, so will ich es nicht getan haben. Der Zeitpunkt meiner Abreise ist auch noch nicht so nah, daß ich ihn Ihnen melden müßte, aber ich fühle mich verpflichtet, Ihnen untertänigst für die besondere Ehre und Freude zu danken, die Sie mir, der es gar nicht verdient, aus der Ferne erwiesen haben. Wenn ich abreise, so ist einzig die angebliche Unmöglichkeit, um nicht zu sagen: Grausamkeit, der Grund dafür. Ich weiß daher nicht, wozu Ihnen mein Name, den ich Ihnen bei unserer ersten Zusammenkunft enthüllt hätte, dienen kann, da Sie doch die Nähe der Person, die er bezeichnet, nicht ertragen (oder vielmehr: sie nicht empfangen) können. Sie fragen mich sogar, wohin ich reise; mir scheint nun zwar, daß Sie damit meiner spotten wollen, aber Sie sollen dennoch erfahren, daß ich nach Frankreich etc. und endlich zurück nach F... gehe. Sie mögen mir verzeihen, wenn ich Ihre Nachforschung nur Ihrer Höflichkeit zuschreibe, ebenso Ihre weiteren Freundlichkeiten dieser Art, um damit meinen Schmerz zu lindern, ohne aber meine Wunde von Grund auf zu heilen. Dennoch: sollte ich auf meinen weiteren Wegen Ihrem holden Wesen wieder begegnen, so will ich nichts schneller ausführen als Ihre Befehle, denn ich bleibe mit der lebhaftesten Zuneigung

      E. H.
      untert. und eifrigster Diener.
      N. N.

Mailand, am 20. Juli 740.

*Liebenswürdigster Herr.*

Warum bitten Sie mich denn, es Ihrer Schwäche nachzusehen, daß Ihre Liebe offenbar geworden ist? Warum, ja warum denn? Ist es etwa eine Schande, wenn man liebt? Oder glauben Sie, etwas Unrechtes getan zu haben, indem Sie mir Ihre Liebe entdeckten? Ach, das *Gesetz der Liebe* (so will auch ich mit dem Dichter sagen) *wird in unserer Brust geboren und wächst dort allmählich heran; man kann es nicht lehren oder lernen, sondern die Natur drückt es eigenhändig und ohne Lehrer in die Menschenherzen ein, und wo die Natur befiehlt, da muß nicht nur die Erde, sondern auch der Himmel gehorchen.* Daß ich Ihnen einen schwachen Rat gegeben habe, den sogar Sie als einen heilsamen gutheißen, beruht auf einer Empfindung, die jener Herzenseinfalt verwandt ist, die ich vor niemandem verbergen kann und um so weniger vor Ihnen, dem ich mein Herz mit Freuden darbringen möchte, damit Sie sähen, daß es mit meiner Hand übereinstimmt. Wenn ich sage, daß Ihr Leiden vielleicht unheilbar werden könnte, wenn Sie mir persönlich Ihre Reverenz erweisen würden, dann nicht deshalb, weil ich vor Ihnen großmütig scheinen möchte; vielmehr messe ich die Gefahr für andere an meiner eigenen und kann immer nur die Wahrheit sagen; anders aber hält es derjenige, der sich, wie er sagt, entfernt, weil er glaubt (worin er sich täuscht), dadurch in die Kälte zurückkehren zu können. Vom Gold will ich nicht mehr reden, ob es die erneute Qual im Feuer verdient, wenn es doch schon ausreichend geläutert ist, und über die Wunden, die man aneinanderlegt, habe ich auch schon gesagt, was zu sagen war; ebenso über das, was wir zu gewärtigen hätten, wenn wir zusammenträfen. Ich will deshalb erneut mit dem anderen berühmten Dichter sagen, daß *die Liebe ein seltenes und ein seltsames Wundertier mit menschlichem und göttlichem Antlitz ist; sie ist blind und unwissend, und Sinne und Verstand, Vernunft und Wollen sind ihr verwirrt.* Da Sie nun aber entschlossen sind, mit Ihrem wunden Herzen in Freude und Zufriedenheit weiterzuleben und sich zugleich bereits die Früchte und Wonnen vorstellen, die Ihnen aus dem Gespräch mit einer Person, die Sie tugendhaft nennen, erwachsen würden, so verstehe ich aus alledem nur, daß nichts davon wahr ist; dennoch will ich das Ihrer allzu höflichen Zustimmung anheimstellen, Ihnen, der Sie sich darin gefallen, wann immer die grundlose Grausamkeit es will, mit derjenigen Scherz zu treiben, die noch leidet. – Ich freue mich einstweilen, daß Sie doch noch nicht so bald abreisen; vor Ihrer endgültigen Abreise müssen Sie mir aber sagen, ob dies wirklich nur wegen der unverschuldeten Unmöglichkeit meinerseits geschieht. Dabei weiß doch ein jeder, daß es keine größere Schuld gibt, als sich aus Verzweiflung dem Schicksal auszuliefern. Ihre Verzweiflung tut der sinnreichen Güte unrecht, mit der Sie sich, wie Sie meinen, sonst trösten könnten. Ihr Name ist mir aus Ihrem ersten Brief nicht hinreichend deutlich geworden; es ist im übrigen nicht vonnöten, daß man jemanden zu sich kommen läßt, um aus einem ehrbaren Grund seinen Namen zu erfahren. Ich möchte ihn wissen, damit ich Ihnen, wie ich geschrieben habe, auch nach Ihrer Abreise noch nahe sein kann und damit ich Sie mir zum nicht geringen Vergnügen meiner Liebe überall dort vorstellen kann, wo Sie sich gerade aufhalten. So meine ich zu meiner großen Freude schon, Ihnen nach Genua und Turin, nach Frankreich, England und Holland zu folgen; mit noch größerer Freude werde ich dann sehen, wie Sie glücklich in Ihre Vaterstadt Frankfurt zurückkehren, die wahrhaft zu lieben Sie in Ihrem teuren Brief wie der berühmte Dichter behaupten. Bislang hat immer nur mein Herz gesprochen, nicht meine Höflichkeit, das müssen Sie mir glauben, denn ich verdiene es. Und wenn Sie denn wollen, daß ich Ihnen mit meinen Befehlen vor Ihrer Abreise womöglich zu Diensten bin, dann werde ich Sie vielleicht trösten und gleichzeitig verwirren, wenn ich Ihnen sage, daß sich jemand ganz ohne Grund grausam gegen mich bezeigt, die ich von ganzem Herzen bin meines hochverehrten Gebieters

ergebenste Dienerin.

Mailand, am 22. Juli 740.

*Teuerste, hochgeschätzte Dame.*

Weder die eine noch die andere Ihrer Vermutungen trifft den wahren Grund, warum ich Sie um Vergebung meiner Schwäche in der Liebe gebeten habe, denn ich hoffe doch, Ihnen durch meine Liebe keinerlei Unrecht zugefügt zu haben; ich schäme mich auch nicht, geliebt zu haben, denn viele Helden, sogar Herkules, haben gleichfalls geliebt. Ich schäme mich vielmehr, daß meine Beschlagenheit hinsichtlich der Wirkungen einer so reinen und lauteren Liebe wie der meinigen nur oberflächlich war. Da nun E.H. aus den berühmten Dichtern wohl wissen, daß der Natur in dieser heiklen Angelegenheit selbst der Himmel und die Erde gehorchen müssen, so frage ich, ob Sie denn davon eine Ausnahme machen wollen? Ich verstehe solche Reden nicht und sage es deshalb noch einmal, daß ich sehnsüchtig danach verlange, Ihrem holden Herzen nahe zu sein. Es ließe sich dann leicht erkennen, ob Ihr Herz tatsächlich mit Ihrer allzu schmeichlerischen Feder übereinstimmt. Sie sind auch weiterhin so großmütig, mir das Übel zu offenbaren, das uns widerfahren wäre, wenn ich Ihnen meine Reverenz erwiesen hätte. Welch ein Unglück wäre das gewesen, wenn ich gleichzeitig Verstand und Vernunft verloren hätte? Es schmerzt mich, wenn Sie vorgeben, Gefährtin meiner Leiden zu sein, denn ich kann das nicht glauben, ebensowenig als ich Freude und Zufriedenheit empfinden wollte; auch habe ich mir keinerlei Früchte und Wonnen vorgestellt, o nein, bei meinem Leben nicht! Mein Herz wird erst dann wieder zur Ruhe kommen, wenn die ersehnte Begegnung stattgefunden hat; wenn dies aber, wie es scheint, nicht geschehen wird, so werde ich ein wundes Herz davontragen, das sich zu seiner Zeit rächen wird, mit einer Rache, die um so gerechter ist, als mein Herz keine Schuld trifft. Deshalb sehe ich nicht ein, zu welchem Zweck Ihnen mein Name dienen könnte, der doch schon deutlich genug ist, deutlicher jedenfalls als mir der Ihre. Ihr Verlangen, meinen Namen zu erfahren, ist ebenso ehrenhaft wie mein Wunsch, Ihnen persönlich meine Reverenz zu erweisen. Ich bezweifle keineswegs, daß Sie mich in Gedanken begleiten werden, aber gewiß nicht weiter als bis zum Stadttor nach Pavia. Mich hingegen wird Ihr holdes Bild, das sich tief in mein Herz eingedrückt hat, überallhin begleiten, und es soll mir mit seinen Vollkommenheiten allerorten der Wegweiser sein. Es wird mich trösten, wenn ich weine, und es wird mein erzürntes Gemüt wieder besänftigen, wenn ich daran denke, daß das Original zwar grausam war, aber dennoch würdig ist, über mich zu gebieten. Trotz Ihrer Widerspenstigkeit bekenne ich mich weiterhin mit aufrichtigem Herzen als

E.H.
untert. und ergeb. Diener.
N.N.

Mailand, am 24. Juli 740.

*Mein bester Herr.*

Gewiß, der Streit zwischen uns wird, wie ich es sehe, wohl nie ein Ende finden. Wenn ich nun antworten sollte, wie es meinem schwachen Verstand entspricht, dann könnte ich Ihnen noch viel mehr sagen, als ich Ihnen schon geschrieben habe. Aber machen wir es kurz, und bestimmen wir das Wesen dieser Liebe zu mir, deren Sie sich so sehr rühmen. Sie sagen, es sei eine lautere, eine reine Liebe; sie müßte in diesem Fall maßvoll und ehrbar sein und weit davon entfernt, sich ins Übermaß zu steigern, denn sonst würde aus ihr (wenn ich nicht irre) eine tyrannische Leidenschaft. Es wird sich also zumindest um eine Liebe aus Wohlwollen handeln, denn um diese in eine Liebe aus Freundschaft zu verwandeln, dazu ist die Zeit unserer Bekanntschaft doch zu kurz gewesen. Es gibt auch keinen Weg und keine Hoffnung, daß sie sich dazu noch entwickelt, da Sie ja ein Fremder sind, der sich nur auf der Durchreise hier aufhält; Sie haben deshalb keinen Anlaß zur Unzufriedenheit, da Sie in wenigen Tagen mehr von mir erlangt haben, als ich bislang meinen Landsleuten zugestanden habe. Ich glaube, die Höflichkeit und Freundlichkeit, die Sie mir entgegenbrachten, auf diese Weise würdig belohnt zu haben. Ob der Grund hierfür in jener natürlichen Neigung zu seinesgleichen liegt, von der so oft die Rede ist, oder ob es an einer gewissen Gleichartigkeit der Gemüter liegt, was meines Erachtens dasselbe ist, weiß ich nicht. Zwischen uns ist jedenfalls unversehens eine derartige Übereinstimmung entstanden, daß die geringe Entfernung nichts von dem rauben kann, was uns die Nähe geben könnte. Aber angenommen, wir hätten die Möglichkeit, persönlich miteinander zu verkehren, so daß unsere Zuneigung mit der Zeit zu jener gleichsam unwandelbaren Freundschaft zwischen den beiden Geschlechtern heranwachsen würde, welche die Welt mit dem geschickt verschleiernden Namen der *platonischen Liebe* bezeichnet – welche Früchte der Freude und Ruhe (sagen Sie doch!) könnten Sie dabei ernten? Bedenken Sie das gut, denn ich freue mich darauf, Ihre Meinung zu erfahren. Da nun kein Tag mehr vergeht, an dem wir nicht unsere Empfindungen austauschen, und da Sie, sobald Sie zu Hause sind, keinen Augenblick verstreichen lassen, ohne einen Brief zu schreiben, was könnten wir da im gegenwärtigen Zustand unserer wie auch immer beschaffenen Zuneigung noch mehr begehren? Sie werden wieder abreisen, und ich (das wiederhole ich) werde Sie so bald nicht vergessen. Ich werde zumindest Ihre Briefe und das, was ich darauf geantwortet habe, immer wieder lesen und mich daran erfreuen, mich Ihnen immer noch nahe zu fühlen; Sie können dasselbe tun und werden bemerken, daß ich nie grausam gewesen bin, sondern, soweit es mir erlaubt war, es nicht versäumt habe, Ihnen zu Willen zu sein. Geben Sie sich daher keine Mühe, wegen meiner angeblichen Widerspenstigkeit so zu tun, als seien Sie untröstlich; es fiele Ihnen gar zu schwer, wenn Ihr gutes Herz mich täuschen wollte und mir die Tränen darbrächte, die Sie sich vielleicht auspressen möchten. Ihr Herz weiß nur zu gut, daß es kein Recht zum Weinen hat; es weiß nur zu gut, daß ich dazu kein geeigneter Anlaß bin. Geben Sie sich daher keine Mühe, denn Sie laufen sonst Gefahr, meine Achtung zu verlieren, die aufrichtig ist und nicht bloß vorgetäuscht. Wenn Sie mir vor Ihrer Abreise eine Nachricht geben wollen, dann habe ich Hoffnung, Ihnen noch ein kleines Zeichen der großen Hochachtung zu geben, die für Ihre liebenswürdige Person auf immer empfinden wird Ihre

ergebenste Dienerin
M.G.M.

Mailand, am 27. Juli 740.


*Meine hochverehrte Herrin.*

Da ich nun aus verschiedenen Gründen gezwungen bin, von meiner B.G. Abschied zu nehmen, wäre es jetzt zu spät, noch einmal meinen heißen Wunsch zu wiederholen, ihr persönlich meine Reverenz erweisen zu dürfen; bislang hätte ich dies mit unbeschreiblicher Freude angenommen. Ich will Ihnen aber dennoch in aller Kürze sagen, was ich von unserer Liebe denke. In der Hoffnung auf Ihr Einverständnis will ich auch jeden Streit beiseite lassen und in aller Vorsicht nur jenen Punkt ansprechen, der allein in einem Abschiedsbrief einen Platz verdient. Unsere, oder richtiger: meine Liebe ist, wenn ich an ihren Ursprung zurückdenke, aus den Vollkommenheiten entstanden, die ich sehr bald an Ihrer vortrefflichen Person bemerken konnte; diese Vollkommenheiten haben mich veranlaßt, Sie vor allen anderen auszuzeichnen. Daß ich Sie, mein holdes Wesen, erblickt habe, war gewiß ein Zufall, aber dieser ist im Gesamtzusammenhang aller Dinge begründet gewesen; nachdem ich Sie einmal gesehen hatte, hing es nicht mehr von mir ab, mich von Ihnen wieder zu lösen, und ein geheimer Trieb hat meine Liebe bestimmt, welche die obenerwähnten Gründe zu ihrem Fundament hatte. Wer auf der ganzen Welt möchte unter diesen Umständen seine Wünsche nicht erfüllt sehen, um sich durch den näheren Umgang mit solchen Vollkommenheiten und durch das Vernehmen Ihrer gnädigen Stimme auch selbst zu vervollkommnen? Meine Empfindung sagt mir, daß die Gegenwart mehr Freuden birgt als die Ferne, selbst wenn man Briefe und Zeichen austauscht; ich habe nämlich das Gespräch von Angesicht zu Angesicht immer für das wahre Gut im menschlichen Leben gehalten, für die erste Grundregel des Gesetzes der Natur, die uns die persönliche Gemeinschaft befiehlt. Daß aber vorher und nach der Trennung der Austausch von Briefen stehen muß, darin stimmen wir wohl vollkommen überein. Ich habe daher nichts anderes versucht, als jenes Gebot zu befolgen, das das, was ich sage, nicht nur billigt, sondern sogar verlangt; ich glaube deshalb, daß ich in dieser Hinsicht gänzlich entschuldigt bin. Die Gründe für Ihre beständige Weigerung muß ich folglich woanders suchen, vielleicht in einer, wenngleich unbewußten Abneigung gegen die Nähe meiner Person. Wenn nämlich unsere Zuneigung unwandelbar geworden wäre, dann hätte es uns nicht an den Hilfsmitteln gefehlt, und es würde uns auch gewiß nie daran fehlen. Solange etwas noch nicht eingetreten ist, solange läßt sich darüber noch nicht rechten. Was nun Ihre Unterscheidung zwischen der Liebe des Wohlwollens, wie ich lese, und der Freundschaft angeht, so scheint mir das in der Tat ein und dasselbe zu sein und sich nur dem Namen nach zu unterscheiden; oder sollten Sie sich etwa schämen, mit einem fremden Reisenden Freundschaft zu schließen, dessen Namen, Vaterstadt und Absichten, ja dessen ganzes Herz Sie gut genug kennen? Freilich, es ist auch meine Meinung, daß Sie mit Ihrer Höflichkeit, die bei weitem über das Maß hinausgeht, das man gewöhnlich bei jungen Damen findet, eine viel würdigere Person als mich verdienen; aber wenn ich dann wieder Ihre überaus anmutigen und freundlichen Ausführungen lese, dann gerate ich darüber ganz außer mich, da ich mich als fremder Reisender von einer engelsgleichen Frau allen anderen vorgezogen sehe und von ihr liebenswürdig genannt werde; sogar Ihr holdes Herz haben Sie mir angeboten. Oh, wer sollte da nicht gänzlich in Verwirrung geraten? Zudem tun sie Ihr Möglichstes, um mir gefällig zu sein, wenn Sie mir versprechen, mich im Gedächtnis zu behalten und meine Briefe immer wieder zu lesen, wie trocken und schlicht diese auch sein mögen. Wenn Sie mich auf so mancherlei Weise trösten, dann liegt dem kein bloßes Wohlwollen zugrunde, sondern wahre Freundschaft. O Sie reine und selbst dem Himmel wohlgefällige Seele! Mir fehlen im Augenblick die Gedanken und Worte, um Ihnen mein von Dankbarkeit erfülltes Herz zu offenbaren. Versuchen Sie es nur, und verfügen Sie nach Belieben über mich, dann werden Sie sehen, ob Ihnen mein Herz nicht in allem gehorsam ist! Aber um eines nur möchte ich Sie bitten, nämlich daß Sie mir meine Tränen und Seufzer nicht verbieten, denn damit tun Sie mir unrecht. Ich habe schließlich guten Grund zum Weinen und kann kein Lächeln heucheln oder mich nach außen hin anders geben, als ich tief in meiner Seele empfinde. Wie, meine Teuerste, ich sollte nicht weinen dürfen, wenn ich nicht lachen kann? Das Dritte wäre dann, in Gleichgültigkeit zu leben, um weder gegen Ihr Gebot noch gegen mich selbst zu sündigen. O welch ein Glück wäre es für mich, wenn ich diesen Grad an Selbstzucht erlangen könnte, aber ich fürchte, daß mir das unmöglich ist. Nun muß ich jedoch, um Sie nicht noch mehr zu belästigen, von Ihnen Abschied nehmen. Dieser Abschied macht meine Hände zittern und läßt meine Augen feucht werden, und B.G. ist die Ursache und der Grund hierfür. Ich sage nichts mehr über die unverschuldete Unmöglichkeit, mit der Sie sich immer zu entschuldigen wußten; genug, ich will an anderes denken. Ihr lieblicher und liebenswürdiger Anblick wird mir geraubt. Ach, so bald schon geraubt, daß ich Sie nicht mehr sehen oder Ihnen meine Empfindungen aus so geringer Entfernung mitteilen kann. Morgen früh reise ich ab. Ihr glücklichen Augenblicke in Mailand, lebt wohl! Oh, warum sollte ich mich an Hoffnungen erfreuen, die schon sterben, ehe sie geboren sind? Verzeihen Sie mir, wenn ich Sie vielleicht in einem meiner Briefe unversehens beleidigt habe; verzeihen Sie mir das Ungemach und den Verdruß, die Ihnen der Umgang mit mir in nicht geringem Maße verursacht haben dürfte; verzeihen Sie schließlich meinem heftigen Verlangen den Wunsch, Ihnen meine Reverenz persönlich erweisen zu dürfen. Klagen Sie den Himmel an, wenn Sie mir nicht verzeihen wollen! Klagen Sie sich selbst Ihrer Schönheit und Tugend wegen an, welche die ursprünglichen Ursachen gewesen sind. Leben Sie also glücklich und zufrieden, so wie Sie es verdienen, und verlangen Sie vom Himmel nichts anderes, als einmal ein so reines und lauteres Herz zu besitzen, wie es das meinige war. Am heutigen Tag will ich Ihre unschätzbare Gegenwart noch genießen, und wenn mir dies dann durch die Nacht und den Schlaf verwehrt wird, dann sage ich Ihnen seufzend Lebewohl als

Euer Hochedelgeboren

gehors. Diener.<br>N.N.

Mailand, am 31. Juli 740.

*Mein einziger Gebieter.*

Zweimal, ja sogar dreimal habe ich Ihren sehr deutlichen und überaus höflichen Brief ernsthaft gelesen, und die darin zum Ausdruck gebrachten Empfindungen haben meinen Verdruß, Ihrem Verlangen nach einer Begegnung nicht nachgegeben zu haben, so groß werden lassen, daß es mir nun beinahe lieber wäre, wenn ich Sie niemals kennengelernt hätte; ich meine dies aber nicht, weil ich diese Bekanntschaft, von der ich nicht weiß, ob ich sie für ein Glück oder für ein Unglück halten soll, bereuen würde, sondern weil Sie mir zu spät zu verstehen gegeben haben, daß Sie einer solchen Zusammenkunft – ich will nicht sagen: meiner Liebe, wie Sie verstehen werden – würdig sind. Sie haben mich gebeten, vor Ihrer Abreise über Sie zu verfügen; für eben diesen Augenblick hatte ich mir vorbehalten, Ihnen zu zeigen, daß ich denselben Wunsch hegte wie Sie, nämlich Ihnen persönlich meine Reverenz erweisen zu können, wenn mir das nicht Gründe verboten hätten, die sich auf dem Papier nicht aussprechen lassen. Ich hatte nicht geglaubt, daß Ihre verhängnisvolle Abreise schon so nahe bevorstünde; mir kann diese Abreise nun aber mehr zum Verhängnis werden als Ihnen, denn Ihnen wird es an anderen Frauen, die Ihrer würdiger sind als ich, nicht fehlen. Ich werde jedoch mit dem Vorwurf, Ihnen meine Liebe nicht mündlich und von Angesicht zu Angesicht gestanden zu haben, hier zurückbleiben müssen. Ich bat Sie ja auch zu kommen, aber Sie entschuldigten sich und sagten, daß ... Aber es ist überflüssig, das zu wiederholen. Reisen Sie also glücklich, aber denken Sie stets daran, daß ich Sie geliebt habe, Sie liebe und daß ich Sie lieben werde, solange ich lebe! Schenken Sie mir, wenn Sie sich künftig an Mailand zurückerinnern, einen mitleidigen Blick und denken Sie an unser, ich will es noch einmal sagen, allzu unglückliches Zusammentreffen zurück! Sie müssen wissen, daß ich solange keinen Seelenfrieden mehr haben werde, bis ich von Ihrer liebenswürdigen Person Nachricht erhalte, selbst wenn dies auch Jahre dauerte. Wenn ich Ihnen nun zärtlich Lebewohl sage und vom Himmel alles Glück für Sie erflehe, so bleibe ich nur mit der Feder, nicht aber mit dem Herzen hier zurück. Ich bin auf immer

> meines hochverehrten Gebieters und liebenswürdigen Herrn
> ergebenste, gehorsamste und geneigteste Dienerin
> M. G. Merati.

Mailand, am 6. August 740.


*Meine geistvolle Gebieterin.*

Ich war eine Zeitlang in Zweifel, ob ich Ihnen gegenwärtigen Brief schicken sollte oder nicht; da Sie es mir aber in Ihrem letzten, mir teuren Brief gestattet haben und mir darin auch Ihre Empfindungen so offen mitteilten, sehe ich es als meine Verpflichtung an, Ihnen so schnell ich konnte zu antworten. Sie sollen wissen, um mit mir zu beginnen, meine Liebste, daß ich am 8. August bei guter Gesundheit, aber über meine Abreise aus Mailand zutiefst betrübt, hier in Turin angekommen bin; es ist leicht einzusehen, daß der unschätzbare Verlust Ihrer teuren Person die Ursache dafür war. Wenn mir durch das Wiederlesen Ihrer so geistvollen Briefe nicht bessere Gedanken in den Sinn gekommen wären, dann wäre ich wahrhaftig ganz und gar schwermütig geworden, so aber fand ich in Ihren angenehmen Zeilen, die ich wieder und wieder las und küßte, eine höchst kostbare Arznei. Ihr letzter Brief verdient nun eine keineswegs überflüssige Antwort, da Sie mir vorwerfen, ich hätte mich erst zu spät einer Zusammenkunft würdig erwiesen. Falls Sie geruhen wollten, meine Briefe von Anfang bis Ende durchzulesen, so werden Sie in allen dahingehend Übereinstimmung feststellen, daß ich nie etwas anderes begehrt habe, als Ihnen aufrichtigen Herzens und trunken vor lauter Liebe persönlich meine Reverenz erweisen zu dürfen. Sie werden daher auf ewig die Schuld tragen, einem derart reinen Verlangen nicht nachgegeben zu haben und können sich auch nicht damit entschuldigen, daß vor meiner Abreise noch ausreichend Zeit gewesen wäre, mir einen Besuch zu gestatten; gewiß, die Zeit hätte gereicht, aber nur um mich noch unglücklicher zu machen als ich schon war; Freud und Leid wären aufeinandergetroffen, im selben Augenblick lachen und weinen zu müssen, ist jedoch gar zu hart. Gleichzeitig eine so liebenswürdige Person sowohl begrüßen zu dürfen als auch von ihr Abschied nehmen zu müssen, hätte meine Qualen nur noch vergrößert, und Ihre Voraussagen würden sich dann tatsächlich bewahrheitet haben, weil das Feuer meiner Liebe von Tag zu Tag mächtiger geworden war. Ich mußte daher an meine Rettung durch den völligen Rückzug denken, da ich das Gut nicht erlangen konnte, das ich so inbrünstig begehrte, nämlich dadurch glücklich zu werden, daß ich Ihnen meine Reverenz erweisen durfte. Haben Sie also die Güte, genauestens zu untersuchen, was der wahre Grund meiner plötzlichen Abreise gewesen ist! Ich weiß wohl, daß Sie sich immer mit einer angeblichen Unmöglichkeit entschuldigt haben oder auch mit Hinderungsgründen, die sich auf Papier nicht aussprechen ließen. Ich wäre schon zufrieden, wenn ich wenigstens einen einzigen dieser Gründe erfahren könnte, denn wenn ich sähe, daß Sie wirklich so sind, wie Sie vorgeben, dann könnte ich Sie von jeder Schuld freisprechen; wenn nicht, dann will ich Sie auf ewig, aber nur leise, ganz leise, grausam nennen. Trotzdem gestehe ich, und ich will dies auch in Zukunft gestehen, daß ich Sie, die ich aus der Nähe schon so sehr geliebt habe, aus der Ferne nur um so mehr lieben werde. Ich bedaure zutiefst, daß mein Vorhaben durch die vielen Einwände verwirrt worden ist. Aber man muß Geduld haben. Auch wenn es Ihnen gleichgültig sein dürfte, wo ich mich aufhalte, so will ich Ihnen doch nicht verhehlen, daß ich morgen nach Genua weiterreise, von wo aus ich mich nach einigen Tagen, die der Erholung und den Besichtigungen gewidmet sind, nach Marseille einschiffen werde. Dort hoffe ich dann, falls es Ihnen nicht allzu beschwerlich fällt, eine Ihrer mir so teuren Antworten küssen zu dürfen; Sie können sie an Herrn B., einen Samthändler, adressieren. Geben Sie mir aber auch an, wie meine Briefe in Ihre Hand gelangen können! Da die Feder von dem überfließt, wovon das Herz voll ist, will ich meinen Aufenthalt in Mailand glücklich nennen; überaus glücklich wäre er gewesen, wenn sich mein Wunsch erfüllt hätte. Dieser Brief hier mag Ihnen beweisen, daß ich nicht erst ein Jahr abwarten wollte, um Ihnen zu schreiben. Falls es Ihnen nicht unangenehm ist, dann werde ich Sie während meiner Reise noch öfters besuchen; ja, auch dann, wenn ich in meine Vaterstadt zurückgekehrt bin, will mich weiterhin nach dem Wohlergehen meiner liebenswürdigen und anmutigen G. erkundigen und danach, ob Ihr Wohlwollen für den noch nicht abgenommen hat, der sich sehnlichst wünscht, auf immer zu sein

Ihr untertänigster und hingebungsvollster Diener
N.N.

Turin, am 10. August 740.

erhlt. Genua, am 20. August 740.

*Mein einziger Herr.*

Ihre teuren Nachrichten habe ich mit dem größten Vergnügen empfangen. Mit meinen Gebeten, in denen ich vom Himmel für Ihre Reisen alles erdenkliche Glück erflehte, habe ich mir Ihr freundliches Schreiben ja auch verdient. Da mich Ihre Abreise aus Mailand sehr betrübt hat, habe ich ebenfalls versucht, mich durch das Wiederlesen Ihrer mir so kostbaren Briefe, insbesondere Ihres letzten zum Abschied, ein wenig aufzurichten. Glauben Sie mir, je mehr ich darin lese, desto mehr reizt es mich, von Ihrer rechtschaffenen Offenheit Verschiedenes zu erfahren, das mein Verstand bis jetzt noch nicht begreifen konnte. So sagen Sie mir, daß Ihre Liebe zu mir aus den Vollkommenheiten entstanden sei (die Sie im übrigen in mir nur vermuten) und daß diese Ihre Neigung dazu veranlaßt hätten, mich vor allen anderen auszuzeichnen; Sie sagen auch, daß ich mich, nachdem ich Ihre Liebe einmal erkannt hatte, mich darauf hätte stützen sollen und vieles andere mehr, das alles darauf abzielt, mir zu beweisen, daß ich Sie hätte empfangen müssen. Ich habe mich aber nicht, wie Sie sagen, mit einer zu großen Angst vor Ihrer Person oder Ihrem etwaigen unschicklichen Betragen im Falle einer Begegnung entschuldigt, an beidem habe ich vielmehr nie gezweifelt. Hingegen konnte ich mir nicht vorstellen, welchen Zweck die Liebe zu einem nur auf der Durchreise befindlichen, wenngleich sehr würdigen Fremden haben sollte, die in wenigen Tagen entstanden, auch in ebenso wenigen Tagen gewachsen war und nach seiner Abreise wieder vergehen mußte. Verdient denn ein Mädchen, das noch unter der Obhut seiner Eltern steht und dem auch schon Landsleute aus reiner Güte ihre Zuneigung entgegengebracht und aufrichtiges Wohlwollen bezeigt haben, nicht eher Mitgefühl, wenn es nicht sofort Besuche von Fremden zuläßt? Verdient es nicht um so mehr Mitgefühl, da es sich durch ehrbare Gründe daran gehindert sieht, den Besuch zu gestatten, obwohl es ihn gern empfangen würde? Deshalb also meine Nachfrage, als ich von Ihnen wissen wollte, welcher Art Ihre Liebe zu mir sei: ob sie sich auf meine Schönheit gründe (die Sie bei mir vermuten, obwohl sie gar nicht vorhanden ist, oder auf die Vollkommenheiten meiner Seele, die Sie noch gar nicht kennen konnten, selbst wenn ich sie besäße) oder aber auf jene Neigung, die von manchen platonisch genannt wird? Sollte ersteres der Fall sein, dann hat es sich sicherlich nur um eine äußerliche Liebe gehandelt, und dieser hätte unsere geringe Entfernung genügt, ja mehr noch, sie wäre sogar angemessen gewesen; sollte aber letzteres der Fall sein, dann wäre es sehr nötig gewesen, daß Sie sich deutlicher und frühzeitiger erklärt hätten. Ich will gar nicht mehr davon sprechen, ob es für unsere Empfindungen, wie Sie meinen, tatsächlich viele Hilfsmittel gegeben hätte, wenn die Nähe, wie ich es voraussagte, fast zu einem unheilbaren Übel geführt hätte. Nun aber, nach Ihrer unvermeidlichen Abreise, weiß ich gewiß, daß in diesem Fall das einzig richtige Mittel die Fortdauer der Entfernung gewesen wäre, die, wie das Sprichwort sagt, jede noch so große Wunde heilt. So wäre es zumindest bei Ihnen gewesen, aber nicht bei mir, die ich unablässig aus jenem verhängnisvollen Fenster geblickt hätte, wobei mir meine lebhafte Einbildungskraft Sie vor Augen geführt hätte, so daß ich meine Wunde mit um so größerem Stolz empfunden hätte, je unheilbarer sie geworden wäre. Ich hätte auch wahrhaftig keine Scham dabei empfunden, mit einem Fremden Freundschaft zu schließen, wenn mir sein Name und seine Vaterstadt bekannt gewesen wären, auch wenn ich von obenerwähnter Absicht noch nichts gewußt hätte und sein Herz, wie Sie sagten, von reiner und lauterer und daher ehrbarer Liebe erfüllt war, wie man es ja von einem Mann erwarten darf, der sich des schönen Titels eines ehrenwerten Mannes rühmt. Sie können also Ihren Aufenthalt in Mailand getrost einen glücklichen nennen, aber für mich gilt das nicht mehr, seitdem Sie mich halb, um nicht zu sagen ganz, mit sich fortgenommen haben. Das Schlimmste dabei ist, daß ich keine Hoffnung habe, Sie wenigstens einmal wiederzusehen, von anderem ganz zu schweigen. Glauben Sie nur, daß ich immer um Sie bin, so wie der Schatten auf allen Ihren Wegen; ich sehe Sie auch schon in Genua, wie Sie diese stolze Stadt vom Meer aus betrachten; ich besteige mit Ihnen das Schiff, um nach Marseille, wie Sie schreiben, mitzusegeln und Sie dann von Ort zu Ort zu begleiten, wohin Ihr schöner Geist sich auch immer wenden mag; dabei will ich stets Ihren Nachrichten folgen, die Sie mir mit der gewöhnlichen Post zusenden können. Es genügt, wenn Sie die für mich bestimmten Briefe in einen Umschlag stecken und diesen an *Herrn Frederico Antonio Ponzone, Regimentsoffizier, Postamt Mailand*, adressieren; dieser Herr hat die Güte, mir die Briefe sicher zukommen zu lassen. Auf diese Weise können Sie mir Ihre mir so teuren Nachrichten übersenden. Ich will dann sehen, was Sie mir zu meinem Trost schreiben werden: inwiefern Sie mich vor allen anderen auszeichnen wollen; welchen Grund ich gehabt hätte, Sie zu empfangen; worin das wahre Wesen Ihrer Liebe zu mir besteht; wie Ihre Reise und Ihre Rückkehr in die Vaterstadt vonstatten gehen, und was aus Ihnen wird, wenn Sie wieder zu Hause sind; ob Sie meiner dann vollkommen vergessen, oder ob Sie mich in Erinnerung behalten werden, und sei es nur (was ich aber nicht glauben will) um der Eitelkeit willen, auch mich unter den vielen zu wissen, mit denen Sie dasselbe Spiel treiben, nämlich auf vornehme und verliebte Art mit einem einfältigen Mädchen, das vielleicht nur allzu leichtgläubig ist, Briefe zu wechseln. Verzeihen Sie mir diesen Ausdruck, aber ich komme nicht dahinter, was Sie mit Ihrer Seelenliebe von mir wollen. Mein Liebster! Wenn ich so schreibe, dann müssen Sie das den Schwächen der Feder nachsehen, ich hätte nämlich das Herz, noch mehr zu sagen. An Ihrer Antwort werde ich sehen, ob Sie meine Bedenken reiflich erwogen haben. Weil sich Ihr Name in mein Gedächtnis eingeprägt hat, habe ich ihn aus dem Buch entfernt, in das Sie ihn bei Ihrer Ankunft in Mailand eigenhändig geschrieben haben. Sie sehen ihn hier eingeschlossen; leben Sie einstweilen wohl, und seien Sie versichert, daß ich nicht aufhören werde, Sie zu lieben, solange ich lebe. Ebensowenig wie ich es während Ihres viel zu kurzen Aufenthalts versäumt habe, Sie zu beobachten, will ich je aufhören, Ihnen zu schreiben, solange ich nicht zu befürchten habe, daß Sie meiner überdrüssig werden. Dies verspreche ich Ihnen mit dem lebhaftesten Nachdruck, und es wird mir auch nicht an Empfindungen fehlen, die Ihr gewohntes Mitgefühl verdienen. Gestatten Sie mir nun, diesen Brief zwar mit der Feder, aber nicht mit dem Herzen zu beenden, denn ich bin immer und unwandelbar

E.H.
ergebenste und zärtlichste Dienerin
M.G.M.

Mailand, am 17. August 740.

*Hochverehrte Gebieterin.*

Es fällt mir nicht leicht, nach einem Schweigen von mehreren Monaten wieder zur Feder zu greifen. Dies geschah nicht etwa deshalb, weil Sie mir inzwischen gleichgültig geworden wären (was meine Liebe gar nicht zuließe, da sie doch in Ihren Vollkommenheiten so fest verwurzelt ist), sondern weil ich Ihrerseits möglicherweise einen Sinneswandel vermuten muß, wenn ich einzelne Wendungen in Ihrem mir teuren Brief, den ich in Genua erhalten habe, richtig auslege. Der Jahreswechsel hat mich nun aber veranlaßt, meine erdenklich besten Wünsche für Ihr Wohlergehen, an dem mir soviel gelegen ist, zu erneuern; möge dieses Jahr ebenso wie die folgenden für Sie von himmlischem Segen erfüllt sein! Mögen Sie daran auch die unwandelbare Wertschätzung erkennen, die ich Ihrer gnädigen Person nach wie vor entgegenbringe; ich muß dies um so mehr erklären, als ich weder Zeit noch Tinte für einen bloß tändelnden Brief vergeuden möchte, im Gegenteil: ich will Ihnen auch aus der Ferne die Redlichkeit meines Gemüts beweisen, das Ihnen innigst ein unwandelbares Glück wünscht. Da dies die Hauptabsicht meines Briefes ist, werden Sie hoffentlich weder jetzt noch künftig jenes beliebte Spiel fortsetzen wollen, dasjenige nämlich, sich den, der Ihnen einst so teuer war, von einer ganzen Karawane verliebter Damen umschwirrt vorzustellen, so als wäre ihm beinahe jede recht. Sie würden mit dieser Vermutung gewiß nicht ins Schwarze treffen, und ich wundere mich, wie Sie, die Sie sonst so tugendhaft und klug sind, von mir derlei denken können. Sie müssen doch wissen, daß das menschliche Leben viel zu kurz ist, um sich auf solch unnütze Abschweifungen einzulassen. Aber ich will ja gar nicht versuchen, Sie zu einer Meinung zu zwingen, die meinem Sinn mehr entspricht. Sollten Sie Ihre Unterstellungen aber fortsetzen wollen, dann fügen Sie mir damit ein nicht zu entschuldigendes Unrecht zu. Außerdem versuchen Sie in Ihrem letzten Brief, den ich am 20. August in Genua erhalten habe, Ihre Verweigerung meines Wunsches, Ihnen meine Reverenz persönlich erweisen zu dürfen, damit zu entschuldigen, daß Sie unter der Obhut Ihrer Eltern stünden; Sie fordern mich dazu auf, darüber nachzudenken, welcher Art meine wahre Liebe zu Ihnen sei. Um nun zunächst auf ersteres zu antworten, so muß ich Ihnen sagen, daß der von Ihnen genannte Grund im vorliegenden Fall nicht stichhaltig ist, da Ihre Familie, wie man annehmen darf, über alles unterrichtet gewesen sein dürfte, was sich zwischen uns ereignete; wenn aber Ihre Familie dem Briefwechsel zustimmte, dann hätte sie auch erlaubt, daß Sie meinen Besuch empfangen. In diesem Fall wäre Ihnen dasjenige nicht länger dunkel geblieben, was Sie bislang nicht verstehen konnten: daß ich Sie mit meiner ehrbaren Liebe vor allen anderen auszeichnen will, ist keineswegs, wie Sie behaupten, von jedem redlichen Mann zu erwarten. In welcher Weise ich Ihre Überlegungen erwogen und bedacht habe, glaube ich hiermit deutlich genug gezeigt zu haben. Sie werden mir verzeihen, wenn ich sonst nichts schreibe, das Sie aufrichten könnte, obwohl Sie dies angeblich von mir begehren; diejenige wird einen derart schwachen Trost gewiß nicht nötig haben, der sich so zahlreiche Landsleute, die von Ihrem holden Wesen bezaubert wurden, geneigt und wohlgesonnen zeigen. Diese Herren wissen wohl besser als ich Armer, wie man Sie hinreichend trösten kann. Ich entsinne mich freilich sehr wohl, wie wenig es mir genützt hat, Ihnen zu Willen zu sein, als Sie mich mit der geringen Entfernung zwischen uns beiden erfreuten, obwohl wir uns damals doch gegenwärtig waren. Gesetzt den Fall, ich schriebe erneut zu Ihrem Trost, sagen Sie mir doch, welchen Vorteil das dann in so großer Entfernung haben sollte! Ich will dennoch nicht versäumen, mir unablässig und mit lebhafter Einbildungskraft Ihre liebenswürdige Person vorzustellen und Sie mit der größten Achtung zu ehren, die man für jemanden empfinden kann, der den Menschen und dem Himmel teuer ist. Mit dieser zuverlässigen Arznei, deren ich mich bislang bedient habe, konnte ich während meiner Reise viele verdrießliche Vorfälle überstehen, denn umgeben von Strahlen einer solchen Sonne hat man an keinem Ort etwas zu befürchten. Hier nun, wo ich wenige Tage vor einer schrecklichen Überschwemmung angekommen bin, ergeht es mir wohl. Ich habe vor, für einige Monate zu bleiben, bis das neue Oberhaupt des Reiches gewählt wird; inzwischen erwarte ich Ihre mir angenehmen Nachrichten unter der Adresse von Herrn Bankier Korn. Wenn es Ihnen gefällt, mein Herz, dann dürfen Sie meine Sätze ruhig drehen und wenden; Sie werden dennoch keine Beleidigung darin finden. Ich würde Ihnen gerne mehr schreiben, aber der Schmerz darüber, daß Sie meinen Besuch ausgeschlagen haben, hemmt meine Feder; er gebietet mir jedoch auch, Ihnen erneut zu beteuern, daß es kein Herz geben kann, das Ihnen mehr Achtung und Gehorsam entgegenbrächte als das meinige, denn ich bin

E.H.
untert. und ergebenster Diener
N.N.

Straßburg, am 2. Januar 1741.

A Monsieur
Gian Gaspar de Goeda
Docteur de Loy
per M. Kornmann, Banquier,
Argentina.

*Mein einziger Herr und vorzüglicher Gebieter.*

Dank sei dem Jahreswechsel, der E.H. endlich verpflichtet hat, all Ihre guten Wünsche zu erneuern und jemanden mit einer höflichen Erinnerung zu erfreuen, der Sie bislang weder vergessen konnte noch je vergessen wird; es ist höchst lobenswert, daß Sie entschlossen sind, keinesfalls Zeit und Tinte an einen tändelnden Brief (wie Sie sagen) zu vergeuden, den ich ja auch gar nicht verlangt habe. Vielmehr zeigen Sie mir, wie es in Ihrem Herzen aussieht (das ich bislang weder begreifen noch ausspüren konnte), und wünschen mir herzlich und eifrigst die Fortdauer meines Glückes. Das ist nun zwar eine liebenswürdige Geste, aber bei einem Freund, wenn ich Sie als den meinen bezeichnen darf, ist sie doch auch wieder selbstverständlich. Und wenn ich auf Ihren freundlichen Brief antworten darf, der mir noch gegenwärtig ist, ja mir vor Augen liegt, so kann ich nur das sagen, was ich Ihnen bereits am 13. August vergangenen Jahres sehr ausführlich geschrieben habe, als ich wissen wollte, wie es Ihnen geht und welche Absichten Sie in Hinsicht auf mich verfolgen. Ich will Ihnen daher sagen (wobei ich auf sonstige Erwiderungen verzichte, selbst wenn diese vielleicht nicht gänzlich überflüssig wären), daß ich nie aufhören werde, bei Ihnen nachzufragen, welche Art von Liebe Sie für mich empfanden, und was Sie veranlaßte, mich, solange Sie noch in Mailand waren, vor allen anderen auszuzeichnen, oder, denn das dürfen Sie mir doch nicht verweigern, welche Art von Liebe Sie mir nun aus der Ferne entgegenbringen, falls Sie mich nicht vielmehr hassen. Diese meine schlichte, unschuldige und gleichzeitig so oft wiederholte Frage verdient doch wohl eine wahre, aufrichtige und verläßliche Antwort. Es nützt ja nichts, wenn

Sie mir sagen, daß ich darüber, was ich bis heute nicht verstehen kann, und darüber, wie Ihre Liebe zu mir beschaffen ist, nicht mehr im unklaren wäre, wenn ich Ihnen erlaubt hätte, mir persönlich Ihre Reverenz zu erweisen. Das ist doch wieder nur ein Vorwand, eine neue schöne Ausflucht! Wie kann sich ein Mann der Aufrichtigkeit und Redlichkeit rühmen, der sich selbst auf Bitten hin weigert, das zu offenbaren, was er vordem angeblich auch ohne Aufforderung so bereitwillig preisgegeben hätte? Wenn Sie damals (aus der Nähe) willens gewesen wären (wie Sie sagen), ohne Verstellung die Wahrheit kundzutun, vor welchen Schwierigkeiten stehen Sie dann jetzt? Ich muß daraus doch mit gutem Grund schließen, daß Sie entweder meinen besagten Brief nur oberflächlich gelesen haben und über die so oft wiederholte eindringliche Bitte einfach hinwegsehen oder daß Sie mich nie geliebt haben, ja noch nicht einmal begonnen haben, mich zu lieben. Ich tue Ihnen nicht unrecht, wenn ich Ihnen dies sage und dabei an den Briefwechsel denke, den ich bislang mit Ihnen geführt habe und der bei weitem übertrifft, was meine Landsleute und Freunde bislang bei mir erreicht haben, die sich keiner zwei Zeilen, geschweige denn mehrerer Briefe rühmen können... Aber ich tue wohl besser daran, mich über Ihre glückliche Ankunft vor einer so verhängnisvollen Überschwemmung zu freuen; möge Sie der Himmel viele Jahre lang mit seinem Segen begleiten! Wenn Sie mir schreiben, dann werde ich die Freude haben, Ihnen antworten zu dürfen... Ich könnte noch lange fortfahren, aber meine Feder sträubt sich angesichts Ihrer Weigerung, mir eine derart berechtigte Forderung zu erfüllen, so daß mir auch weiterhin verborgen bleibt, welcher Art von Liebe zu mir Sie sich rühmen. Ich werde wohl nie erfahren, was Sie sich aus meiner Person machen. Dabei hätte ich Ihnen noch so vieles zu sagen, wenn Sie ebenfalls ein wenig mehr zu einem unverstellten und aufrichtigen Briefwechsel bereit wären. Hiermit glaube ich, mich zur Genüge erklärt zu haben, und Sie werden bei mir keine Entschuldigungen und keine Ausflüchte mit der verweigerten Nähe oder der hinderlichen Ferne finden, ebensowenig wie andere Halbheiten, die auch mir zu Gebote stünden, wenn ich es gewohnt wäre, mich ihrer zu bedienen. Mit diesem neuerlichen Ausdruck der tiefsten Ergebenheit unterzeichne ich als

                E. H.
                ergebenste und zugeneigteste Dienerin
                            M. G. Merati.
Mailand, am 6. Febr. 1741.


O wie anmutig ist dieses Wechselspiel voller Klugheit und Tugend! Schön ist der Stil, wohlgeordnet sind die Gedanken und sehr geistreich; die Ausdrücke sind im allgemeinen von solcher Kraft, daß sie jedem, der sie liest, tief in die Seele dringen.

## ANHANG

## NACHWORT

J. C. Lavater hat Johann Caspar Goethe 1777 im dritten Band der ›Physiognomischen Fragmente‹ als »vortrefflich geschickreichen, alles wohl ordnenden, bedächtlich – und klug – anstellenden – aber auf keinen Funken dichterischen Genies Anspruch machenden« Mann beschrieben. Auch der Sohn Johann Wolfgang Goethe schildert seinen Vater in ›Dichtung und Wahrheit‹ als ernst, trocken und pedantisch – überdies sei er mit zunehmendem Alter immer grämlicher und hypochondrischer geworden. Daß dies freilich die ganze Wahrheit nicht sein kann, legt der Sohn selbst nahe, wenn er den Verzicht des Vaters auf ein öffentliches Amt in der freien Reichsstadt Frankfurt am Main durch Auffassungen begründet, die den Horizont der Ratsmitglieder überstiegen:

> Mein Vater mochte sich auf Reisen und in der freien Welt, die er gesehen, von einer elegantern und liberalern Lebensweise einen Begriff gemacht haben, als sie vielleicht unter seinen Mitbürgern gewöhnlich war.

1710 ist Johann Caspar Goethe im Weidenhof, einem der ersten Gasthöfe Frankfurts, geboren worden. Sein Vater, der sich dreisprachig Fridericus Georg Göthé schrieb, war nach langem Frankreichaufenthalt als Schneider für die besseren Damen der Reichsstadt zu Ansehen und Vermögen gekommen; die Mutter Cornelia, selbst eine Schneiderstochter, hatte als Witwe des Gastwirts Schellhorn den ertragreichen Gasthof mit in die Ehe gebracht. Diese auch für die reiche Handelsstadt mit ihrem wohlhabenden und selbstbewußten Patriziat sehr günstigen materiellen Voraussetzungen ermöglichten J. C. Goethe nach Abschluß seines Jurastudiums eine ca. zweijährige Reise mit längeren Aufenthalten in Regensburg, Wien, Venedig, Neapel, Rom, Paris und Straßburg. Die nunmehr erworbene Bildung, die am Regensburger Reichstag und am Wiener Reichshofrat durch praktische juristische Erfahrungen untermauert worden war, hätte J. C. Goethe nach seiner Rückkehr zu einer diplomatischen Karriere oder zur Übernahme eines hohen Amtes in seiner Heimatstadt prädestiniert. Warum ersteres nicht geschah, ist nicht bekannt – ein Platz im Rat der Stadt Frankfurt war dem Doktor beider Rechte aber deshalb verwehrt, weil zunächst ein Vetter und später dann der Schwiegervater J. W. Textor Ratsmitglieder waren, was ihre Verwandten von politischen Ämtern grundsätzlich ausschloß.

Der Kaiserliche Rat (diesen nicht mit einer Tätigkeit verbundenen Titel hatte sich J. C. Goethe 1742 erkauft) entschloß sich jedenfalls zum Privatisieren. Der ererbte Besitz machte es möglich, auch ohne Einkommen aus eigener Arbeit eine ungewöhnlich umfangreiche Bibliothek und Gemäldesammlung anzulegen und eine Rolle im kulturellen Leben Frankfurts zu spielen. Besondere Bedeutung im Leben J. C. Goethes kam der Erziehung der Kinder Johann Wolfgang und Cornelia zu, die der Vater zu einem erheblichen Teil selbst unterrichtete und die er nachdrücklich künstlerisch förderte. Die große Reise, die J. C. Goethe mit knapp 30 Jahren durch Deutschland, Österreich, Italien und Frankreich gemacht hatte, spielte dabei eine wesentliche Rolle – wie der Sohn Johann Wolfgang Goethe in seiner Autobiographie berichtet, lebte der Vater immer auf, wenn er seinen Kindern von Italien und insbesondere von Neapel erzählen konnte. Die Begeisterung ging so weit, daß Johann Wolfgang wiederholt die Empfehlung hören konnte, Paris keinesfalls erst nach einer Italienreise zu besuchen, »weil man aus Italien kommend sich an nichts mehr ergötze«. Daß diese väterlichen Anregungen beim Sohn auf fruchtbaren Boden fielen, ist bekannt – es läßt sich aber nicht verschweigen, daß sich J. C. Goethe in einem Brief aus Italien ganz anders über seine Erfahrungen mit dem fremden Land geäußert hat:

> Was ich froh bin, wieder in Venedig zu seyn, ist unglaublich, weilen mich der Weg nach Rom und Napoli zwar viel Geld, aber noch 10 mahl mehr Verdruß gekostet. Und ich wundere mich, da es doch allen Reisenden gleich wie mir ergangen und noch ergehet, daß man denen Italienern ihre alten Mau-

ern, worauf sie sich so viel einbilden, nicht lässet, und davor Frankreich, England, Holland und Niedersachsen alleine besuchet. ... Genau gesagt ist es, daß man in ganz Europa vor sein Geldt nicht unbequemer und verdriesslicher reiset, als in besagtem Italien. Man bringt nichts mehr mit nach Hause als einen Kopf voller Curiosideten, vor welche man insgesammt, wenn man sie in seiner Vatterstadt auf den Markt tragen sollte, nicht zwey baare Heller bekäme. (An Johann Philipp Strecker; Venedig, Juni 1740)

Trotz der in diesem Brief geäußerten Verstimmtheit darf die ungefähr achtmonatige Italienreise wohl als der Höhepunkt im Leben von Goethes Vater betrachtet werden. Ein Vierteljahrhundert später (vielleicht nach dem Ende der Einquartierung des französischen Königsleutnants Thoranc im Juni 1761) entstand die umfangreiche Beschreibung dieser Reise, wobei der besondere Reiz darin liegt, daß sich J. C. Goethe die Mühe gemacht hat, sein Italienerlebnis in der Sprache des bereisten Landes literarisch zu wiederholen. Soweit man weiß, ist der Stolz des Autors, als einziger derartiges geleistet zu haben (vgl. ›Viaggio‹, S. 50), wenigstens im Hinblick aufs Deutsche auch heute noch berechtigt.

Der Hauptgrund für das gewiß sehr arbeitsreiche und sprachlich auch nicht immer gelungene Unterfangen war nicht nur eine persönliche Grille oder der Versuch, mit Bildung zu glänzen. Der wohlhabende Bürger einer Stadt, die im 18. Jahrhundert einer der wichtigsten Umschlagplätze des Handels zwischen Italien und Deutschland war und in der die Beherrschung des Italienischen zu den kulturellen Selbstverständlichkeiten gehörte, verstand das Schreiben in der Fremdsprache als Übung mit praktischen Vorteilen: die Sprachkompetenz, die in Italien den Aufenthalt hatte sicherer und nützlicher machen sollen (vgl. S. 9), sollte nun zu Hause das Verständnis der fremden Kultur fördern, weil sie unmittelbarere Erfahrung bzw. profunderes Wissen garantierte. Das hiermit verbundene Bildungsideal, das sich streng an dem im ›Viaggio‹ immer wieder beschworenen Nützlichkeitspostulat ausrichtet, wendet sich bewußt gegen die vor allem auf Sinnenfreuden und Abenteuer abzielende

Kavalierstour des europäischen Adels. Diesem hedonistischen Prinzip wird das Ideal der »curiositas« gegenübergestellt, das in Zedlers ›Universallexikon‹, der wichtigsten deutschsprachigen Enzyklopädie des 18. Jahrhunderts, unter dem Stichwort »Neugierigkeit, Curiosität« in der folgenden Weise erläutert wird:

> [Die gelehrte Curiosität] ... erwecket Nachdencken; Nachdencken bringet scharffsinnige Wahrheiten hervor; diese zeigen einen vielfältigen zuvor unerkannten Nutzen der Dinge. Und eben die Erwegung dieses Nutzens bekräfftiget und rechtfertiget die Curiosität derer, die mit guten Fortgange nachdencken und scharffsinnige Wahrheiten zu erfinden trachten.

Als Reisebeschreibung in der Tradition der »gelehrten Reisen« ist J. C. Goethes ›Viaggio per l'Italia‹ in hohem Maße typisch für die Ansprüche, die in der ersten Hälfte des 18. Jahrhunderts an den Besuch fremder Länder geknüpft waren. Worum es dabei ging, beschreibt am besten erneut Zedlers ›Universallexikon‹ im 1742 erschienenen Artikel »Reisen«:

> Das gemeine Absehen bey Reisen soll gemeiniglich darinnen bestehen, daß man die Welt kennen lerne, das ist, die Völcker in ihren Sitten, Gewohnheiten, Aufführung betrachtet, und alles gehöriger massen zu seinen Nutzen anwendet.

Diesem enzyklopädischen Interesse, das sich auf die Gesamtheit aller Wissensgebiete erstreckt, kommt es primär darauf an, alle Erfahrungen persönlich zu machen, d.h. die jeweiligen Sehenswürdigkeiten immer mit eigenen Augen zu betrachten, weil nur dies als Voraussetzung für wirklich verläßliches Wissen und damit auch für dessen Nutzbarmachung aufgefaßt wird. Auch dieses empiristische Grundprinzip wird in Zedlers ›Universallexikon‹ propagiert und als Ratschlag an die Reisenden formuliert:

> Du must auch auf Reisen mehr observiren, sehen, hören, aufschreiben, als lesen oder meditiren.

Trotz der wiederholten Beteuerungen, stets nur selbstgemachte Beobachtungen und Erlebnisse zu referieren, anstatt aus

Büchern nur abzuschreiben, besteht J. C. Goethes ›Viaggio‹ dennoch zu einem großen Teil aus häufig wörtlichen Anleihen bei den zeitgenössischen Reiseführern, vor allem aus Maximilien Misson, Johann Georg Keyßler und Joachim Christoph Nemeitz (vgl. Literaturverzeichnis).

Bei einer so starken Bindung an die Auffassungen und Konventionen der Zeit wäre es ungerecht, J. C. Goethes Reisebeschreibung an der ›Italienischen Reise‹ seines Sohnes oder an einer der zahlreichen romantischen Italienreisen in dessen Nachfolge zu messen. Der durch das klassische Dokument deutscher Italiensehnsucht geprägte Blick könnte nur die zeitbedingten Schwächen des literarisch unerfahrenen Juristen wahrnehmen, ohne daneben auch die eigentümlichen Qualitäten des aufklärerischen Italienbildes zu erkennen. Auch mit den zeitgenössischen englischen und französischen Italienreisenden wie Joseph Addison und Charles de Brosses läßt sich J. C. Goethe nicht vergleichen, da das Bürgertum dieser Länder schon damals eine literarische Kultur entwickelt hatte, die ein diesseits des Rheins kaum vorstellbares Maß an geistreicher Eleganz ermöglichte – in Deutschland sollte dieser Vorsprung erst Jahrzehnte später durch Christoph Martin Wieland eingeholt werden. Aufschlußreich und historisch legitim kann daher nur sein, J. C. Goethe an den von ihm ausgiebig benützten Reiseführern Keyßlers und Nemeitz' zu messen. Diese beiden Autoren, die zusammen mit dem in derselben Tradition stehenden Johann Jakob Volkmann (der u. a. Lessing, Johann Wolfgang Goethe und Herder durch Italien begleitete) das Italienbild der Deutschen bis zum Ende des 18. Jahrhunderts prägten, reisten ebenfalls auf der Suche nach Kuriositäten, den Schätzen der Wissenschaft, der Künste, des Brauchtums und der Landschaft. In Missons 1691 zum erstenmal erschienenem ›Nouveau Voyage de l'Italie‹, der auch in stilistischer Hinsicht zum Prototyp der Reisebeschreibungen des 18. Jahrhunderts geworden war und den J. C. Goethe in der 5. Auflage (Utrecht 1722) besaß, findet sich der für diese Zeit maßgebliche Katalog der wissens- und erforschenswerten Dinge:

> Klima. Regierungsform. Militär. Schlösser. Zitadellen. Arsenale. Garnisonen. Befestigungsanlagen. Freudenhäuser. Grenzen. Größe der Städte. Religion. Sprache. Geld. Handel. Messen. Manufakturen. Reichtum. Akademien. Universität. Bischofssitz. Altertum. Denkmäler. Bibliotheken. Raritätenkabinette. Gelehrte. Geschickte Handwerker. Malerei. Bildhauerei. Baukunst. Paläste. Aussichtspunkte. Handelswege. Umgebung. Brücken. Flüsse. Wälder. Berge. Vorstädte und Dörfer. Brauchtum. Kleidersitten. Privilegien. Seltsame Begebenheiten. Feste und alljährliche Feierlichkeiten. Begebenheiten aus jüngerer Zeit. Merkwürdigkeiten der Natur und der Kunst. Boden. Pflanzen. Früchte des Feldes. Tiere usw.

Schon ein flüchtiger Blick auf den ›Viaggio per l'Italia‹ bestätigt, daß sich J. C. Goethe im großen und ganzen an diese Anweisungen hält. Oft genug wird allerdings Überdruß am gelehrten Pflichtprogramm deutlich, und die sowohl inhaltlich interessantesten wie sprachlich gelungensten Passagen bestehen denn auch in den weltanschaulich-religiösen Stellungnahmen, den sehr persönlichen Schilderungen der Umstände der Reise und nicht zuletzt in den noch für heutige Italienreisende typischen Überempfindlichkeiten gegen Schmutz und Betrügereien. All dies bietet einen sehr unmittelbaren Einblick in die Interessen, Meinungen und Wahrnehmungsweisen eines gebildeten Laien, der nicht nur deshalb von Bedeutung ist, weil es sich um den Vater Goethes handelt, sondern weil damit ein einzigartiges Dokument vorliegt, das anders als die bekannten Reiseführer die geistige Welt des damaligen deutschen Bürgertums veranschaulicht.

Von kulturgeschichtlicher Bedeutung ist die Reisebeschreibung von Goethes Vater auch deshalb, weil sich an den Unterschieden zur ›Italienischen Reise‹ des Sohnes, in Gestalt zweier Generationen also, ein historischer Paradigmenwechsel ablesen läßt. Die Absichten der gelehrten Italienreisenden vor Johann Wolfgang Goethe richteten sich, wie der oben zitierte Fragenkatalog Missons verdeutlicht, auf das Erfassen von Objekten, wobei es im einzelnen gar nicht darauf ankommt, ob es sich um ein Kunstwerk oder um ein Naturphänomen, um Kleidersitten oder um Inschriften handelt. Das enzyklopädische Interesse zielt auf die größtmögliche Fülle an Daten aus Geschichte, Naturwissenschaft, Volkstum usw., weil das Sammeln von geprüften, mit eigenen Augen gewonnenen Informationen helfen soll, tradierte Fehler zu korrigieren und das Wissen über Mensch und Umwelt gleichzeitig zu erweitern und durch kritische Analyse zu vertiefen. Ganz anders verhält es sich bei den im weitesten Sinn romantischen Reisenden im Umkreis Johann Wolfgang Goethes, für die nicht der Schatz der fremden Dinge im Mittelpunkt des Interesses steht, sondern die Beziehung zwischen der reisenden Persönlichkeit und der anderen Kultur. Wenn deshalb J. C. Goethe »Nachrichten« über Italien sammelt, so durchlebt sein Sohn im konkreten Wortsinn eine »italienische« Reise. Deren Wert besteht darin, sich in die fremde Lebensform einzufühlen und neue Erfahrungen zu machen, um die in der Heimat entstandenen seelischen Defizite ausgleichen zu können, d.h. zu sich selbst zu finden und als »ganzer« Mensch zurückzukehren. Erst durch Johann Wolfgang Goethe hat Italien die auch im heutigen Italienbild noch dominante Qualität gewonnen: es wird seitdem als komplementär zu Deutschland aufgefaßt, weil sich die Gegensätze von Nord und Süd, von geistigem und sinnlichem Leben usw. ergänzen sollen, um in der Vereinigung humane Ganzheit zu ermöglichen.

Diese Verschiebung der Absichten vom Wissenserwerb zur Persönlichkeitsbildung markiert die Entwicklung von der wissensfreudigen, auf die Vernunft vertrauenden und deshalb optimistischen Hochaufklärung zur skeptischen Spätaufklärung, der es zum Problem geworden ist, daß es keine von der Sinnlichkeit und damit von der Subjektivität unabhängige Erkenntnis gibt. Dieser Unterschied zwischen Vater und Sohn, zwischen der rationalen und der sentimentalen Reise, drückt sich auch in der äußeren Gestalt aus: mit ihrer achtmonatigen Dauer beansprucht die Reise Johann Caspar Goethes nur ungefähr ein Drittel der Reisezeit Johann Wolfgang Goethes – und wenn für den Älteren Venedig, Neapel und Rom gleichermaßen die Höhepunkte bilden, so kulminiert für den Jüngeren die Italienreise in der einen Stadt Rom. Allerdings lebte Johann Wolfgang Goethe in Rom fast ausschließlich in Gesellschaft von Deutschen, deren Künstlerexistenz Arkadien anscheinend besser verkörpern konnte als die Gegenwart der Italiener.

Da für den Vater das Fahren, für den Sohn hingegen der Aufenthalt im Vordergrund stand, so werden bei J. C. Goethe gerade die Beschwerlichkeiten des Reisens deutlich: die Unbequemlichkeit der einachsigen und einspännigen *Sedien,* das oft gar nicht einladende Essen und die primitiven Unterkünfte, das Risiko, betrogen zu werden, usw. Man muß sich die Details einmal vor Augen führen. J. C. Goethe reiste in einer Gruppe von adeligen Zufallsbekannten und selbstverständlich in Begleitung eines persönlichen Dieners; alles geschah unter der Obhut eines »Impresarios«, modern gesprochen: eines Reiseleiters, der sowohl für die Bereitstellung der Kutschen und Pferde als auch für die Streckenwahl, die Verhandlungen mit den Behörden und nicht zuletzt für die Verpflegung zuständig war. So gut man sich mit Empfehlungsschreiben versehen hatte, so unangemessen war man gekleidet, wodurch sich die ansonsten unverständlichen Mühen bei der Vesuv-Besteigung erklären – schließlich trug man den in gehobenen Kreisen unverzichtbaren Galanteriedegen auch unterwegs. Daß J. C. Goethe sogar funktionstüchtige Pistolen mit sich führte, wird mehrfach erwähnt und entspricht den einschlägigen Empfehlungen der Reiseführer. Die Route ging traditionsgemäß von Venedig (des Karnevals wegen zu Jahresbeginn) über Bologna und die Adriaküste nach Neapel, dem Gipfelpunkt des *Giro,* wo der Aufenthalt besonders im Frühjahr angeraten wurde – auf dem Rückweg standen Rom, die mittelalterlichen Städte der Toskana und erneut Venedig (zu Himmelfahrt, um die Vermählung mit dem Meer zu erleben) auf dem Programm, bevor dann Norditalien, d.h. Verona, Mailand, Turin und Genua, den Abschluß bildete.

Was dabei zu besichtigen war, stand im wesentlichen fest. Gerade deshalb ist es jedoch von Interesse, nach J. C. Goethes persönlicher Wahrnehmung und nach seiner Gewichtung der verschiedenen Wissensgebiete zu fragen.

Besonders auffällig ist natürlich die Hilflosigkeit J. C. Goethes vor Kunstwerken. Nicht nur, daß er viele der auch damals schon weithin berühmten Werke gar nicht erwähnt (z.B. den Laokoon) – von größerer Bedeutung ist, daß kaum etwas anderes geboten wird als die trockene Aufzählung des Gesehenen, das mit stereotypen Urteilen wie »schön« oder »gut gemacht« quittiert wird. Goethes Vater bemüht sich weder um die genaue Beschreibung eines Werkes, noch äußert er je eine subjektive Empfindung, die über Billigung bzw. Mißbilligung des Motivs hinausginge. Dabei ist unübersehbar, wie sehr die Kriterien für seine Urteile vom Zeitgeschmack vorgegeben sind. Als wichtigste Aufgabe der Kunst gilt ihm die Nachahmung, die sachlich korrekte Wiedergabe der Natur (vgl. das Lob für die getreue Darstellung vieler verschiedener Tiere auf einem Gemälde in Venedig, ›Viaggio‹, S. 23). Diese Betonung des Handwerklichen erklärt auch die häufige Nennung von Preisangaben, die zumeist allein für den hohen Rang von Kunstwerken Zeugnis ablegen müssen. Größte Bewunderung zollt J. C. Goethe dem Bildhauer Gian Lorenzo Bernini und seinem beispiellos virtuosen Umgang mit dem Marmor – von dem Klassiker Winckelmann wird Bernini dann bezeichnenderweise als Inbegriff des Barocken scharf abgelehnt.

Die Würdigung der Gotik fällt J. C. Goethe schwer – im Unterschied zum Sohn lehnt er diesen Stil allerdings nicht kategorisch ab, sondern akzeptiert z.B. die Dome von Pisa, Siena oder Mailand als Ausdruck ihrer Zeit. Auf dem Gebiet der Architektur wird der spätbarocken Moderne uneingeschränkte Anerkennung zuteil – dieselbe Wertschätzung genießt aber bereits auch der dann für Johann Wolfgang Goethe so wichtige Neoklassizist Palladio. Der gemeinsame Nenner dieser Vorlieben besteht in der generellen Forderung nach Klarheit der Strukturen und nach Helligkeit, die auf der aufklärerischen Formel von der »Einheit im Mannigfaltigen« beruht – das immer wieder gebrauchte Schlagwort lautet demgemäß »regolarmente« (»regelmäßig«, d.h. rational geordnet).

Wichtiger als diese recht konventionellen Kunsturteile und

das ebenfalls zeitbedingte Interesse an den Naturwissenschaften ist das Hauptthema des ›Viaggio‹: die Kritik am Katholizismus der Italiener, den der überzeugte Protestant nur als Aberglauben und intellektuelle Dumpfheit verstehen kann. Die besondere Note liegt darin, daß sich J. C. Goethe getreu der aufklärerischen Idee vom »Priestertrug« nicht auf das hochmütige Verlachen des Reliquien- und Wunderunwesens beschränkt, sondern die Religiosität als politisches Faktum auffaßt. Der unvernünftige Glaube wird demgemäß als Voraussetzung für Unmündigkeit verstanden:

> Das Heidentum strotzt von solchen Torheiten, die meiner Meinung nach ausschließlich dem Volk zur Zerstreuung gedient haben, um diesem die schöne Einfalt zu bewahren, die denjenigen zu großem Nutzen gereichte, welche die Herrschaft innehatten. Eine gewisse Sekte [gemeint sind die Katholiken], die in vielen Dingen das Heidentum sogar noch übertrifft, macht das in unseren Tagen nur unwesentlich anders. (›Viaggio‹, S. 219)

So wie J. C. Goethe hier religiöse Unvernunft tadelt, so verurteilt er auch – als der wohl einzige Italienreisende seiner Zeit – die Umgestaltung Turins zu einer architektonisch einheitlichen Stadt mit lauter gleichgroßen und gleichartigen Häusern. Obwohl sie seinem Schönheitsideal vollkommen entsprechen, lehnt er die städtebaulichen Maßnahmen des Königs ab, weil er darin die Gefahr sozialer Ungerechtigkeit erkennt. Dabei geht es weniger um allgemeine humanitäre Prinzipien, wie sich an den Vorurteilen gegenüber Juden oder an der kommentarlosen Erwähnung der Zwangsarbeit von Negern in Livorno zeigt. Die Kritik beruht vielmehr auf einer grundsätzlichen Ablehnung von Staatsformen, in denen ein Fürst nach seiner bloßen Willkür regiert, ohne sich vor allem anderen dem Wohl des Staates verpflichtet zu fühlen. Diese kompromißlose Ablehnung tyrannischer Herrschaft (gleichgültig, ob weltlicher oder geistlicher Fürsten) verweist auf das zweite wesentliche Merkmal der weltanschaulichen Haltung J. C. Goethes: auf seinen Bürgerstolz. Der Vergleich zwischen den Verhältnissen in Italien und denen in Deutschland führt wiederholt zu Vorwürfen an den deutschen Adel, was sozialgeschichtlich von Interesse ist, da die ständische Gesellschaftsordnung als solche keineswegs verworfen wird – der Angriff gilt einzig und allein bestimmten Tendenzen im Adel, die auf eine hochmütige Distanzierung vom Bürgertum hinauslaufen. Dieser Kritik liegt der Anspruch zugrunde, daß auch der Adel auf soziale Nützlichkeit verpflichtet sei und daß die Bürger in dieser Hinsicht gleichberechtigt neben dem Adel zu stehen haben. J. C. Goethe nimmt infolgedessen keine soziale Konkurrenz zwischen Adel und Bürgertum wahr – auf dem Hintergrund der Forderung, beide Stände müßten im Interesse des Gemeinwesens zusammenarbeiten, erscheint das soziale Gefälle vielmehr als ethisches Problem, das durch individuell vernünftiges Verhalten auf beiden Seiten überwunden werden muß. Als zeittypischer Moralist glaubt J. C. Goethe daran, daß sich der Staat harmonisch ordnen ließe und jedem das verdiente Maß an Glück garantieren könnte, wenn sich nur alle Mühe gäben, die tierischen, d.h. egoistischen Leidenschaften durch die Vernunft zu kontrollieren.

Ein wirklich poetischer Wert ist von dieser Reisebeschreibung nicht zu erwarten, da J. C. Goethe viel zu sehr von dem gelehrten Geschmack der Aufklärung geprägt war, dem das Sammeln von Inschriften (etwa dem heutigen Photographieren vergleichbar) wichtiger war als das Sammeln von subjektiven Eindrücken. Dennoch lag Goethes Vater die literarische Ausgestaltung seines großen Werks durchaus am Herzen. Das beweist zum einen der aller Wahrscheinlichkeit nach rein fiktive Liebesbriefwechsel mit einer Mailänderin, der sowohl von der Liebesphilosophie des 16. Jahrhunderts als auch von der empfindsamen Literatur des 18. Jahrhunderts (die ihren mustergültigen Ausdruck in Rousseaus ›Nouvelle Héloïse‹ gefunden hat) bestimmt ist. Für den literarischen Stilwillen zeugt zum anderen die grundsätzliche Orientierung an dem durch Misson vorgegebenen formalen Modell, eine Reise von Station zu Station durch Briefe an einen fiktiven Adressaten in der Heimat zu strukturieren. Erwähnungen von Antwortschreiben des angeblichen

Brieffreundes, Ratschläge an diesen und die seinerzeit üblichen devoten Höflichkeitsfloskeln sollen diese Fiktion spielerisch glaubhaft machen – gewiß hat J. C. Goethe neben den weidlich ausgeschlachteten Reiseführern und persönlichen Notizen auch authentische Briefe in die Heimat in den ›Viaggio per l'Italia‹ eingearbeitet. In stilistischer Hinsicht ist zudem der Versuch bemerkenswert, die jeweiligen Briefschlüsse assoziativ an den vorhergehenden Bericht anzuschließen: so läßt sich J. C. Goethe z. B. von der Segelwerkstatt im Großen Arsenal zu Venedig daran gemahnen, »nun auch selbst die Segel zu setzen, um meiner langen Erzählung ein Ende zu machen und Sie noch an andere Orte zu führen« (›Viaggio‹, S. 36). Derlei rhetorische Anstrengungen können freilich nicht darüber hinwegtäuschen, daß es dem Autor sehr schwerfällt, das Beobachtete genau zu beschreiben oder Erzählungen über mehrere Sätze hinweg flüssig zu gestalten und dabei überzeugend zwischen Wichtigem und Belanglosem zu unterscheiden. Die großen Sprachschnitzer (falsche Wortstellung, Verstöße gegen Grammatik und Orthographie, Wortneubildungen in Anlehnung ans Lateinische oder Französische) beweisen immerhin, daß J. C. Goethe seine Reisebeschreibung zumindest zum größten Teil allein verfaßt hat, also ohne umfangreiche Mithilfe des nur bis 1762 im Hause Goethe besoldeten Sprachlehrers Giovanni Giovinazzi.

Über solche Mängel scheint sich J. C. Goethe selbst im klaren gewesen zu sein, wie aus zahlreichen Nebenbemerkungen hervorgeht. Trotzdem finden sich in dem ausdrücklich als privat verstandenen Werk immer wieder praktische Ratschläge an künftige Italienreisende, die nur dann zweckmäßig sind, wenn sie sich tatsächlich an Leser wenden. Man darf daher vermuten, und auch der stattliche Ledereinband der in Weimar aufbewahrten Handschrift spricht dafür, daß J. C. Goethe zwar keine Veröffentlichung des ›Viaggio‹ als Buch im Sinn hatte, sein Werk aber im Freundeskreis für vorzeigbar hielt. So sehr diese aus der eigenen Erfahrung hervorgegangenen Empfehlungen ihren Wert mittlerweile verloren haben, so sehr hat aber die Beschreibung der Reise an Bedeutung gewonnen: sie erhellt nicht nur den familären Hintergrund des Dichters Johann Wolfgang Goethe, sondern gibt neben manchen pedantischen Passagen oft auch in vergnüglicher Weise Auskunft über die aufklärerische Kultur unter philosophischen Dilettanten, über die tatsächlichen Lebensumstände eines »vernünftigen« deutschen Bürgers im 18. Jahrhundert.

Albert Meier

# ZEITTAFEL

| | |
|---|---|
| 1710 | 29. Juli: Johann Caspar Goethe wird als Sohn des Damenschneiders Fridericus Georg Göthé und der Gastwirtswitwe Cornelia Schellhorn in Frankfurt/Main geboren. |
| 1725 | Eintritt in das lutheranische Gymnasium Casimirianum in Coburg. |
| 1730 | Beginn des Jura-Studiums in Gießen. |
| 1731 | Fortsetzung des Studiums in Leipzig (bis 1735). |
| 1735 | Beginn der Tätigkeit am Kammergericht in Wetzlar. |
| 1738 | In Gießen Promotion zum Doktor beider Rechte mit einer Arbeit über den römischen und den deutschen Erbvollzug. |
| 1739 | Während der ersten Jahreshälfte Aufenthalt am Reichstag zu Regensburg, anschließend am Reichshofrat in Wien. 30. Dezember: Abreise aus Wien – Beginn der Italienreise. |
| 1740 | Reise durch Italien. Herbst: Aufenthalt in Paris. |
| 1741 | 2. Januar: Ankunft in Straßburg. Immatrikulation an der juristischen Fakultät der Universität Straßburg. Sommer: Rückkehr nach Frankfurt/Main. |
| 1742 | Ernennung zum Wirklichen Kaiserlichen Rat. |
| 1748 | 20. August: Heirat mit Catharina Elisabeth Textor, der 17jährigen Tochter des Frankfurter Schultheißen. |
| 1749 | Geburt Johann Wolfgang Goethes. |
| 1750 | Übernahme der Vormundschaft für Balthasar Johann David Clauer (wird wegen seelischer Krankheit von 1758 bis 1783 im Hause Goethe gepflegt). Geburt Cornelia Goethes. |
| 1752 | Geburt Hermann Jacob Goethes (gest. 1759). |
| 1754 | Geburt Catharina Elisabeth Goethes (gest. 1755). |
| 1755 | Umbau des Hauses am Großen Hirschgraben – Entwurf des Wappens »Zu den drei Leyern«. |
| 1757 | Geburt Johanna Maria Goethes (gest. 1759). |
| 1759 | Einquartierung des französischen Königsleutnants Graf Thoranc nach der Besetzung Frankfurts durch französische Truppen (bis 1761). |
| 1760 | Geburt Georg Adolf Goethes (gest. 1761). |
| 1762 | Mutmaßlicher Beginn der Arbeit am ›Viaggio per l'Italia‹ (mindestens bis 1768). |
| 1771 | Johann Wolfgang Goethe eröffnet zu Hause vorübergehend eine Anwaltspraxis (unter Mitarbeit des Vaters). |

1775 Johann Wolfgang Goethe übersiedelt nach Weimar.
1779 September: Johann Caspar Goethe erleidet einen Schlaganfall (einige Wochen später einen zweiten).
1782 25. Mai: Tod Johann Caspar Goethes.

# ZU DIESER AUSGABE

Vorliegende Übersetzung geht auf das Originalmanuskript des ›Viaggio per l'Italia‹ (im Besitz der Nationalen Forschungs- und Gedenkstätten der klassischen deutschen Literatur in Weimar) zurück und bietet im Unterschied zu der redigierten und geringfügig gekürzten Edition des italienischen Textes durch Arturo Farinelli (›Viaggio in Italia‹. 2 Bde. Rom 1932f.) zum erstenmal den vollständigen Text mit sämtlichen Appendizes Johann Caspar Goethes. Anders als bei den bislang erschienenen Teilübersetzungen (s. Lit.-Verz.), die sich über die Stilebene des Originals hinwegsetzen, wird versucht, dem authentischen Wortlaut bei der Übertragung in moderne Umgangssprache gerecht zu werden, d.h. so wenig als möglich gegen die historischen Sprachgegebenheiten und die persönlichen Eigenwilligkeiten des Verfassers zu verstoßen – in Zweifelsfällen wurden die von J. C. Goethe benutzten Reiseführer und Wörterbücher zum Vergleich herangezogen. Fachausdrücke sowie Lehn- und Fremdwörter, die zur Entstehungszeit des ›Viaggio‹ (um 1765) im Deutschen noch nicht geläufig waren, werden daher zugunsten zeitgenössischer Prägungen vermieden, sofern dies ohne Beeinträchtigung heutiger Sprachkonventionen möglich war. So konnte z.B. »moderno« noch nicht mit »modern« wiedergegeben werden, sondern mußte in der Regel durch »neueres« ersetzt werden; ähnlich verhält es sich mit »repubblica de' letterati« (erst nach 1770 durch Klopstock zu »Gelehrtenrepublik« eingedeutscht und daher hier mit »Republik der Gelehrten« übertragen) oder mit »rimarchevole«, einem der am häufigsten vorkommenden Wörter, dem heute zwar »interessant« am nächsten kommt, für das aber unter Berücksichtigung des historischen Gebrauchs u.a. »bemerkenswert« zu wählen war.

Offensichtlich gewollte Eigenheiten des Verfassers bleiben gewahrt, stilistische Mängel jedoch, die von der unzulänglichen Beherrschung des Italienischen bei J. C. Goethe herrühren, wurden stillschweigend verbessert, sofern es sich nur um geringfügige Eingriffe handelte. Die zahllosen semantischen und syntaktischen Wiederholungen des Originals wurden zur Erleichterung der Lektüre im Rahmen der genannten Richtlinien vermieden. Sachliche Fehler im Original, z.B. Verwechslungen von Personen, wurden in schwerwiegenderen Fällen zumeist direkt im Text korrigiert oder als Signal für die Besonderheit des Textes in signifikanten Fällen im Anmerkungsapparat richtiggestellt. Die Schreibweise von Namen wurde gewöhnlich den modernen Konventionen angepaßt. Die im Originalmanuskript nicht seltenen Unterstreichungen wurden außer acht gelassen, da kein schlüssiges Prinzip zu erkennen war; eine Ausnahme bildet der 5. Appendix, der ›Briefwechsel zwischen zwei Liebenden‹, wo die Unterstreichungen Zitate signalisieren und deshalb nicht übergangen werden konnten. Die von J. C. Goethe in der Handschrift gesetzten Marginalien wurden nicht berücksichtigt.

Anleihen J. C. Goethes bei zeitgenössischen Reiseführern und sonstiger Literatur wurden nur in Ausnahmefällen verzeichnet; in dieser Hinsicht ist generell auf die (allerdings keineswegs vollständigen) Angaben in Farinellis Kommentarband zu verweisen.

Bei den zahlreichen und nicht selten seitenlangen Inschriften und Zitaten wurde zur Erleichterung der Lektüre das Vorgehen Farinellis beibehalten: nehmen sie mehr als eine Textzeile in Anspruch, werden sie im Haupttext nur anzitiert, im Anhang aber vollständig wiedergegeben. Im fortlaufenden Text entsprechen sie in Syntax und Orthographie grundsätzlich dem Originalmanuskript – konventionalisierte Abkürzungen (»-q.« für »-que« oder »m̄« für »mm«) wurden zur Verdeutlichung aufgelöst.

In den Anmerkungen sind italienische und lateinische Zitate durchgehend übersetzt, lateinische Inschriften nur dann, wenn sie zum Verständnis des Haupttextes beitragen. Zusätzliche Erläuterungen hierzu und zu den möglichst textnahen Zusammenfassungen stehen in Klammern, ebenso die Varianten aus dem Originalmanuskript: soweit es sich nicht um bloße Schreibfehler handelt, sind sie bei Übersetzungen vollständig aufgeführt. Zur übersichtlichen Orientierung über Fundort bzw. Quelle der Inschriften werden Siglen verwendet, die sich – soweit vorhanden – auf die Angaben in Farinellis Kommentar stützen. Sie verzeichnen, ob eine Inschrift in entsprechenden Sammlungen nachgewiesen (»I«) oder nur bei J. C. Goethe belegt ist (»G«), oder ob sie von Farinelli am Ort überprüft wurde, d. h. zumindest bis 1933 erhalten war (»E«).

Der Text der Inschriften im Anhang (ohne sonstige Zitate) folgt Farinellis Edition. Dabei wurden Druckfehler berichtigt und Originalabschriften am Manuskript, antike Inschriften am CIL überprüft (Corpus Inscriptionum Latinarum. Hg. von Th. Mommsen u.a. Berlin 1869 ff.). Zugunsten einer besseren Lesbarkeit wurde in Übereinstimmung mit dem Manuskript – von begründeten Ausnahmen abgesehen – auf Großbuchstaben und Zeilenmarkierung verzichtet; statt dessen ist ein fortlaufender Text mit sinnentsprechender Zeichensetzung erstellt, wie es auch bei den zeitgenössischen Handbüchern üblich ist.

Wir danken der Deutsch-Italienischen Vereinigung (Frankfurt a. M.), namentlich ihrem Vorsitzenden Salvatore A. Sanna, für die Übernahme der Herausgeberschaft und für das uns entgegengebrachte Vertrauen.

Ebenso danken wir den Nationalen Forschungs- und Gedenkstätten der klassischen deutschen Literatur in Weimar, insbesondere Karl-

Heinz Hahn und Werner Schubert, für die Möglichkeit, die Handschrift des ›Viaggio per l'Italia‹ mit der Edition Farinellis zu vergleichen.

Zu danken haben wir Anette Syndikus, die die Edierung und Kommentierung der von J. C. Goethe zitierten lateinischen Texte besorgt hat; des weiteren Christine Lessle und Nadia Malverti für die Überprüfung der Ausgabe von A. Farinelli am Originalmanuskript sowie Jenny Maria von Nolcken für die kritische Durchsicht der Übersetzung.

Für Rat und Tat zu Dank verpflichtet sind wir darüber hinaus: Johann Arzberger, Wolfgang Bunzel, Heiner Eichner, Bernhard Gajek, Gerhard Hahn, Stefan Härtl, Reinhard Hauke, Nikolaus Henkel, Josefa Hönig, Reinhold Janke, Peter Michalski, Petra Neuner, Alberto Noceti, Angelika Reich, Heinz Schlaffer, Ralf Schlüter, Adrian Schmatz, Hans-Wolfgang Schönhardt, Marianne Sedlmeier, Hans Peter Syndikus und Klaus Thraede.

Dem Klassik-Lektorat des Deutschen Taschenbuch Verlags danken wir für die zuverlässige Betreuung.

Albert Meier/Heide Hollmer

### Zu den lateinischen Originaltexten

Eine Reisebeschreibung, die beinahe auf jeder Seite lateinische Sentenzen, Gedichte und vor allem Inschriften zitiert, mag den heutigen Leser überraschen, für J. C. Goethe jedoch waren diese geschichtlichen und kulturellen Zeugnisse seines Gastlandes ein wichtiger Gegenstand seines Interesses: ein Gebet neben der juristischen Dissertation, anzüglich-scherzhafte Distichen oder ein Preis auf Dichter und Fürsten, Gedenkinschriften für teure Verstorbene wie auch zu bedeutenden Ereignissen und Bauwerken – all dies wird mit der damals noch selbstverständlichen Vertrautheit mit der Sprache der Gebildeten in den Bericht aufgenommen. Wenn Goethes Vater immer wieder eine Inschrift zusammenfaßt oder dazu Stellung nimmt, wenn er sie historisch einzuordnen versucht oder einen unpassenden Ausdruck bzw. die mangelhafte Orthographie kritisiert, so zeigt er damit deutlich, daß er den scheinbar »höchst lästigen Ballast« (vgl. Farinelli II, 8) als unverzichtbaren Bestandteil des Gesamtwerks versteht; hinzu kommt eine Vorliebe, zu der er sich beim Besuch der Kirche S. Chiara in Neapel ausdrücklich bekennt: »..., wo ich meine Neigungen befriedigen konnte, weil es dort viele Inschriften gab.« (S. 156)

Die hier erstmals vorliegende Erschließung der Inschriften und Zitate soll gerade ihre Verbindungen zum Haupttext erhellen: dessen Absichten werden durch sie teils bestätigt, teils genauer erkennbar. Im Umgang mit den lateinischen Originaltexten zeigt der Verfasser einerseits persönliche Interessen und Anliegen, andererseits sucht er allgemeine Erwartungen an den gebildeten Reisenden im Zeitalter der Aufklärung zu erfüllen (vgl. Nachwort).

Hinter der Themenvielfalt steht insgesamt das enzyklopädische Interesse an jeder Art von Nachrichten und Merkwürdigkeiten. Gerade anhand der Inschriften läßt sich gut verfolgen, wie J. C. Goethe auch den damit verbundenen Anspruch, den gegenwärtigen Zustand selbst durch eigene Besichtigung überprüft zu haben, erfüllt. So bringt er die bei seinen Reiseführern zitierten Beispiele auf den neuesten Stand und belegt durch einen Verweis auf das entsprechende schriftliche Zeugnis historische Begebenheiten. Gehören sie der jüngsten Zeitgeschichte an (etwa ab 1725), so sind sie als bisher unveröffentlichte Dokumentation seiner Erforschung der neuesten politischen, ökonomischen oder kulturellen Entwicklungen für den Verfasser von besonderer Bedeutung.

Mit solchen Nachweisen der Authentizität reiht er sich bewußt in den zeitgenössischen Wunsch nach Wissenserweiterung ein; auch die Zitierfreude teilt er mit anderen Reisenden. Doch J. Chr. Nemeitz z. B. beschränkt sich auf eine unkommentierte Sammlung in einem eigenen Band, und selbst bei J. G. Keyßler, der wichtigsten Quelle, finden sich meist nur Epitaphe und Fürsteninschriften. J. C. Goethe hebt sich also gerade im Umgang mit dem Material, das ihm seine Vorlagen nur in begrenztem Umfang zur Verfügung stellen konnten, von diesen ab. Dies betrifft die Auswahl von ihn persönlich ansprechenden Inschriften (als »geistreich«, »anmutig« oder »schön« hervorgehoben), die Vielfalt der mitteilenswerten »Curiositäten«, vor allem aber deren Gewichtung und Einschätzung.

Ähnlich wie im Haupttext ist die kritische Absetzung von katholischen Glaubensformen oder dem Verhalten des Klerus auch hier ein wichtiges Thema; die lateinischen Quellen dienen dabei oft als Grundlage der Auseinandersetzung. Erst durch die Gegenüberstellung fallen die Nuancen der Ironie auf, mit der sich J. C. Goethe auf die Vorlage bezieht: diese Eigentümlichkeit tritt – auch bei Inschriften anderer Thematik – gegenüber den Reiseführern deutlich hervor. Eine Vorstellung von der Persönlichkeit des Verfassers vermittelt auch seine Vorliebe für Grabsteine mit einem Lob weiblicher Tugenden. Was lateinisch über eine jungverstorbene Geliebte oder eine treue Gattin gesagt wird, regt ihn z. B. zu Betrachtungen über eine gute Ehe an (S. 83; vgl. S. 94). Diese individuellen Interessenschwerpunkte, zu denen u. a. auch juristische Texte gehören, werden allerdings relativ häufig durch die Fülle der aus Italienhandbüchern kopierten Inschriften verdeckt, die oft überhaupt nicht oder nur stereotyp gewürdigt sind.

Die Antike schließlich, die in ihrer Gesamtheit erst von der kommenden Generation der Italienreisenden entdeckt werden wird, nimmt Goethes Vater nur auf dem Gebiet der Epigraphik mit Engagement wahr:

Durch selbständige Abschriften und ihre sichere Beurteilung geht er sogar weit über die zeitgenössischen Reiseführer hinaus; vertiefte Kenntnisse fehlen jedoch, was sich an den Verständnisfehlern ablesen läßt, die ihm beim Kopieren dieser Inschriften unterlaufen. Auch die Zitate antiker Autoren verdankt er nicht eigener Lektüre, sondern seinen Vorlagen – vor allem M. Misson.

Für J. C. Goethe war anderes wichtiger: die Sprache der Römer in den Zeugnissen der Vergangenheit seines Reiselands. Er selbst begründet den Mangel an italienischen Inschriften damit, daß »dies eine zu unbeständige Sprache ist und deshalb nicht für Dinge taugt, die für die Ewigkeit geschaffen sind.« (S. 90)

Anette Syndikus

## ANMERKUNGEN

7   *Giro:* ital.: »Rundreise« (der im 18. Jh. übliche Fachbegriff für die Reise durch Italien bis hinunter nach Neapel). – *Ohne zu erröten ...:* im Unterschied zu dieser und ähnlichen Behauptungen handelt es sich bei einem Großteil des ›Viaggio‹ um eine oft wörtliche Kompilation aus Reiseführern (die Entlehnungen sind im Kommentarband der Farinelli-Edition ausführlich, wenngleich nicht vollständig verzeichnet).

8   *Nemeitz:* J. Chr. Nemeitz: ›Nachlese besonderer Nachrichten von Italien .... Zweyter Theil: Inscriptionum singularium maximam partem novissimarum fasciculus ...‹. Leipzig 1726.

9   *wißbegierigen:* im Original »curioso«, das ital. Pendant zu »curiös« (mehrere orthogr. Varianten), dem Fachbegriff des 17. und 18. Jh. für das am literarisch-gelehrten Bildungsideal orientierte Sammeln von wissenswerten Daten; die zeitgenössisch übliche Übersetzung mit »neugierig« verbietet sich im Regelfall aufgrund des heute pejorativen Beiklangs. – *Antiquare oder Ciceroni:* zeitgenössische Bezeichnungen für Fremdenführer; im Unterschied zum »cicerone« handelt es sich beim »antiquario« in der Regel um einen Fachgelehrten, für den das Führen von Reisenden (abgesehen vom finanziellen Aspekt) nur eine Nebentätigkeit darstellte.

10  *der erste zu sein:* J. C. Goethes Stolz ist nicht ganz berechtigt, da zumindest Michel de Montaigne in seinem ›Journal de Voyage en Italie par la Suisse et l'Allemagne‹ (1580/81) die auf Italien bezogenen Passagen in ital. Sprache beschrieben hat; da dieses Werk aber erst 1774 zum erstenmal veröffentlicht wurde, konnte J. C. Goethe davon noch keine Kenntnis haben (für den Hinweis auf Montaigne danke ich Dr. Salvatore A. Sanna, Frankfurt a. M.).

12  *Beschlagenheit:* im Original »infarinatura«, ein bei J. C. Goethe sehr beliebtes Wort; Matthias Kramers ›Italiänisch-Teutsches Sprach- und Wörterbuch‹ (Nürnberg 1693) übersetzt mit: »Bestreuung mit Mehl/it. der Studenten Mehl-Kasten/id est, ein buch/darein sie allerley/was sie Gelehrtes hören und lesen/ohne Unterschied eintragen.«

13  *Palmada:* veralteter (slowenischer) Name für Palmanova; in einem Brief an J. Ph. Strecker, der während der Quarantäne geschrieben wurde, stellt J. C. Goethe seinen Zwangsaufenthalt als wesentlich weniger unangenehm dar.

19  *Primolano:* im Manuskript nachträglich (durch Farinelli?) kor-

rigiert aus »Palmolano«; gemeint ist Palmada/Palmanova. – *Leier:* das der Muse der Dichtkunst zugeordnete Instrument verweist auf die schon antike Vorstellung, ein größeres Werk nur mit Hilfe der Muse beginnen zu können; J. C. Goethe zeigt hier sein Bemühen um literarische Ausgestaltung.

21 *Ridotti:* vgl. die Beschreibung im VI. Brief, S. 44. – *Tabarro:* langer schwarzer Mantel. – *Bautta:* kurzer schwarzer Mantel mit Kapuze und Dreispitz, wird über dem Tabarro getragen. – *»Venit in pace ...«:* »Er kam in Frieden. Und Gott ward Mensch.« – *Pantaloni:* der Pantalone ist eigtl. die Figur des älteren, wohlhabenden Mannes in der Commedia dell'arte; hier ironisch für »Nobile«. – *Marco Antonio ...:* einem Dogen, »der einzigartig war bei der Regierung seiner Völker und der zur höchsten Freude der Stadt und des Erdkreises zum Dogenamt Venedigs aufgestiegen war«, von seinen beiden Neffen errichtet; Memmo starb 1615 nach dreimonatiger Amtszeit (E).

22 *Tizian:* in Wahrheit handelt es sich um Gemälde von Matteo Ponzone, Tintoretto und Leandro Bassano. – *Cav.:* »Cavaliere«, der Adelstitel »Ritter«. – *drei Gemälde:* in Wahrheit nur ein einziges Gemälde des jüngeren Palma. – *hl. Benedikt:* Verwechslung mit dem hl. Bernhard.

23 *Beschreibung Zanettis:* die durch Z. überarbeitete Ausgabe von Marco Boschini: Descrizione di tutte le pubbliche pitture della città di Venezia e isole circovicine; ... colla aggiunta di tutte le opere che uscirono dal 1674, fino al presente 1735. Con un compendio delle vite, e maniere de' principali pittori ... Venezia 1733 (in J. C. Goethes Bibliothek nachweisbar). – *Vivos videns ...:* die gelegentlich selbständige Auseinandersetzung mit dem Gelesenen führt J. C. Goethe hier zu einem Mißverständnis: es handelt sich nicht um einen Papst, sondern um Matteo San(n)uto, einen Bischof von Concordia; noch zu Lebzeiten ließ er sich 1616 diesen Grabstein setzen (E). – *Forestiere illuminato:* G. B. Albrizzi: Forestiere illuminato (wörtl.: »der erleuchtete, aufgeklärte Fremde«) intorno le cose più rare, e curiose, antiche, e moderne della città di Venezia, e dell'isole circonvicine ... Venezia 1740; sollte die Erwähnung des »F. i.« im XXXVII. Brief, S. 386, auf Wahrheit beruhen, so handelt es sich hier um ein beim nachträglichen Abfassen der Briefe unterlaufenes Versehen.

24 *Beschreibung Italiens:* J. C. Goethe benutzte Missons Reisebeschreibung, die ihm sowohl formal (Briefstil) wie inhaltlich (Kirchenkritik) als Vorbild diente, in dieser Ausgabe: F. M. Misson: ›Nouveau Voyage d'Italie‹. Tome I–IV. Utrecht 1722 (bei Bd. IV handelt es sich um die frz. Übersetzung der Reise

Addisons: ›Remarques sur divers endroits de l'Italie par Mons$^r$. Addisson, pour seroir au Voyage de Mons$^r$. Misson‹). – *hocce inclyti ...:* »Dieses Grabmal des weithin berühmten Dogen, das infolge seines Alters abgebrochen worden war, errichteten die Mönche nach dem ehrerbietigen Beschluß des Senats erneut mit der alten, vollständig erhaltenen Inschrift 1637.«; J. C. Goethes Anspruch, Misson mit selbständigen Beobachtungen zu ergänzen, dürfte berechtigt sein, da die Inschrift weder am Ort noch in Sammelwerken erhalten ist (vgl. Farinelli II, 16). – *freundlichen Brief:* innerhalb der Brieffiktion sehr unglücklich, da auf den ersten Brief noch keine Antwort erfolgt sein kann.

25 ›*Adriano in Siria*‹: Melodram von Metastasio; von seinen zahllosen Vertonungen hörte J. C. Goethe lt. Farinelli (II, 200) die Fassung von Antonio Giai. – *deutscher Zeit:* vgl. hierzu die Erläuterungen des Sohnes J. W. Goethe, die in der ›Italienischen Reise‹ dem Bericht über Verona beigefügt sind. – ›*Cleonice*‹: häufig vertontes Melodram von Metastasio (Originaltitel: ›Demetrio‹); lt. Farinelli (II, 200) hörte J. C. Goethe die Komposition Hasses, für 1740 ist in Venedig aber auch eine Vertonung durch Tomaso Albinoni belegt.

26 *S. Geminiano:* 1807 abgerissen. – *Nymphen Venedigs:* die auffallend häufigen Warnungen vor Prostituierten finden evtl. in einer u. a. von E. Beutler (s. Lit.-Verz.) referierten Mitteilung von J. C. Goethes Arzt eine Begründung: »Johann Christian Senckenberg erzählt unter dem 25. März 1746: Rat Goethe sei im vergangenen Jahr in Aachen zur Kur gewesen, wo ihm ein Franzose gesagt hätte, er habe sich seine Krankheit auch nicht in der Kirche geholt.« (Beutler, S. 177) – wahrscheinlicher ist freilich, daß es sich um die Beseitigung einer Phimose gehandelt hat; Senckenbergs Tagebuch ist noch unveröffentlicht.

27 *sächsischen Kurprinzen:* Friedrich Christian.

29 *Iste conventus ...:* »Diese Klostergemeinde wurde gegründet aus dem Vermächtnis des Archus Michael von S. Marco. Er starb 1347.« (G)

30 »*Femina licet ...*«: »Mag auch eine Frau, die mit dem Erblasser in männlicher Linie verbunden ist, als Erbin eingesetzt sein, so wird durch jenes neue Gesetz, das nicht weit von hier verfaßt wurde [1700], auch jener die Zahlung des fünften Teils des Gesamtvermögens auferlegt. Schließlich ist es durchaus erwähnenswert, daß dies auch bei ungewissem Namen abgezogen wird oder bei solchen Dingen, die schwieriger zu besteuern sind. Nicht minder wird jener Teil auch aus Vermächtnissen gezahlt, und zwar vom Vermächtnisnehmer selbst. Welches Recht aber unter Berücksichtigung der auf- und absteigenden Verwandt-

schaftsgrade [Anwendung findet], wird in den Satzungen Venedigs, die ich kaufte, deutlich mitgeteilt: p.m. 296.321.332.« – J. C. Goethe faßt mit eigenen Worten lateinisch zusammen.

31 *Vulgo concepti ...«:* J. C. Goethe meint Modestinus im Sammelwerk des ›Corpus iuris‹ (6.Jh.): ›Digesten‹ I.V »über die bürgerliche Stellung des Menschen«, § 23: »In öffentlichem Umgang empfangen [werden diejenigen genannt], die keinen Vater angeben können, oder die es zwar können, aber einen zum Vater haben, den sie nicht haben sollten.«

32 *Musiknarren:* vgl. hierzu den Appendix Nr. 3, S. 444. – *D. O. M. Beataeque...:* Weihinschrift von 1622, die das Patronat Mariae Heimsuchung nennt (G); die Eingangsformel »D. O. M.« (= Deo Optimo Maximo) findet sich häufig als Ausdruck umfassender Verehrung zu Beginn einer christlichen Inschrift: »Dem überaus guten und großen Gott ...«.

33 *Geheimen Rats der Zehn:* der Consiglio de' Dieci, der vom Dogen formal unabhängig war, fungierte als oberste Instanz der venez. Staatsinquisition. – *Schnitzerei:* zwar bei Misson und Keyßler erwähnt, historisch aber nicht nachweisbar (Farinelli II, 203 f.). – *Albert Dürer:* einst häufig für Albrecht Dürer (z.B. noch bei J. W. Goethe). – *»propter singulare artificium«:* »wegen einer außergewöhnlichen Kunstfertigkeit« (im antiken röm. Recht nicht nachweisbar). – *60schüssiger Selbstlader:* in Wahrheit 20schüssig.

34 *Continet haec ...:* die Pointe nach J. C. Goethes einleitenden Worten ist nur dem lat. Text zu entnehmen: »Dieses Bild des hl. Markus, das nicht in Farben, sondern mit Buchstaben gezeichnet ist, enthält genauestens das vollständige Evangelium unseres Herrn Jesus Christus, das von demselben verfaßt ist; und ohne irgendeine Zusammenziehung der Worte stellt es [ihn] auf nicht größerem Raum Papier dar, als die Handschrift des danebenstehenden Pistacius einnimmt. Um aber die richtige Art des Lesens festzusetzen, so ist darauf zu achten, das Evangelium beim Scheitel des Kopfes zu beginnen.« – *Felix est ...:* »Glücklich ist der Staat, der in Friedenszeiten an den Krieg denkt.« (G)

35 *2) geschmiedet:* die Ziffern wurden nachträglich eingefügt, wobei diese sinnlose Zählung unterlaufen ist. – *Schriftsteller:* u.U. Antonio Maria Luchini: ›La nuova regia su' l'acque nel bucintoro nuovamente eretto all'annua solenne funzione del giorno dell'ascensione di nostro signore ...‹ Venezia ²1737 (zuerst 1729).

36 *Palast der Ridotti:* der Palazzo Dandolo bei S. Moisè.

37 *Indulgenza plenaria ...:* »Vollständiger Ablaß an allen Tagen, ebenso wie in S. Giovanni in Laterano zu Rom«. – *Deiparae*

*virgini ...:* Weihinschrift für Maria, die »die Bürger 1630 von der Pest errettete« (E). – *Jesuaten:* der von dem Sieneser Giovanni Colombini (1304–1367) um 1355 begründete Bettelorden der Jesuaten vom hl. Hieronymus.

38 *Giovanni Polletto:* irrt. für Giambattista Tiepolo (Farinelli I, 29). – *D. O. M. In honorem ...:* »Zu Ehren der Hl. Jungfrau vom Rosenkranz, der Gottesgebärerin, aus dem gesammelten Geld der Frommen im Jahr 1736« (E). – *Kapuzinerkirche:* Il Redentore. – *Bassano:* B. il Giovine (Farinelli II, 205).

39 *Ora pro nobis ...:* »Bitte für uns, Glückselige, daß uns Jesus gnädig sei, den du in deinen Armen aufgenommen hast. Amen.« – Die Ablehnung kath. Glaubensformen führt J. C. Goethe zu einem produktiven Mißverständnis: wie in der nachfolgenden Erklärung deutlich wird, meint er, Maria selbst werde angerufen (»beat*a f*oelix«), dem Wortlaut der Bildunterschrift zufolge ist es aber der Selige Felix (»beat*e F*elix«), ein Kapuzinermönch aus Cantalice, dem die Hl. Jungfrau auf dem Gemälde von Pietro Vecchio das Jesuskind überreicht (E). – *Primus lapis ...:* »Der Grundstein [wurde] von Johannes aus Treviso, dem Patriarchen Venedigs, [gesetzt]« (E), im Ms. mit dem Zusatz: »nach dem Willen des Dogen Alvise Mocenigo am 7. Mai 1575.« – *hl. Christophorus:* S. Cristoforo della Pace. – *hl. Michael:* S. Michele in Isola. – *Anbetung der Könige:* im Original »avvento« (»Advent«); da das dritte Relief der Cappella Emiliana aber eine Anbetung der Könige zeigt, liegt wohl eine Verwechslung mit »adorazione« vor.

40 *Laurentia:* vgl. in solchen Fällen Benjamin Hederich: ›Gründliches mythologisches Lexicon ...‹ (erstmals erschienen 1724, Reprint: Darmstadt 1967). – *Lector parumper ...:* »Leser, bleib einen Augenblick stehen: du liest von einem erstaunlichen Vorfall. Hier liegt der Leib des Eusebius, eines Mönches aus Spanien, der allenthalben der gelehrteste Mann war und für unser Leben ein bewundernswertes Vorbild darstellte. An einer Krankheit leidend, aß und trank er 16 ganze Tage überhaupt nichts, und fortwährend die Seinen ermunternd, ging er zu Gott. Daß du dies wissest, war mein Wunsch; geh' fort und leb' wohl. Im Jahr 1501 am 10. Februar; [er war] 51 (Ms.: 57) Jahre alt, 17 Jahre im Hl. Dienst.« (E) – J. C. Goethes Behauptung, die Inschrift selbst kopiert zu haben, könnte berechtigt sein, da Keßler, Misson und Nemeitz mehrfach deutlich vom Original abweichen, dem J. C. G. seinerseits bis auf die Schreibgewohnheiten genau folgt (nur er überliefert auch die Lebensdaten!). – *Name des Malers:* A. Zanchi (Farinelli II, 206).

41 *giovedì grasso:* »der fette Donnerstag vor Ascher-Mittwoch / da

man Fastnacht hält.« (Kramer: ›Italiänisch-Teutsches Sprach- und Wörterbuch ...‹)

42 *wie Diogenes:* J. C. Goethe vergleicht sich selbstironisch mit dem törichten Volk Athens, das die provozierende Lebensweise des kynischen Philosophen verlachte, weil es – befangen in Vorurteilen – seine Selbstgenügsamkeit nicht verstehen konnte. – *Nicolotti und Castellani:* Mannschaften aus unterschiedlichen Stadtteilen, die traditionell miteinander rivalisierten. – *Herkulesstärken:* im Original »forze d'Ercole«, von Menschen gestellte Pyramiden; das deutsche Wort ist u.a. bei J. W. Goethe belegt (›Wilhelm Meisters theatralische Sendung‹) – *Fürst:* der amtierende Doge, also Alvise Pisani.

43 *»Verum multa ...«:* »Doch vieles sagt man, weniges nur ist wahr.« – *»Trahit sua ...«:* »Seine Lust reißt einen jeden dahin.« (Vergil: Eklogen 2.65)

44 *Bassetta:* ein dem Pharao ähnliches Glücksspiel mit Karten; vgl. hierzu Zedler (s. Lit.-Verz.): »ein Karten=Spiel, welches ein gewisser Venetianischer Edelmann erfunden; derjenige, so die Karte in Händen hat, heist *Tailleur,* oder *Banquier,* weil er aus seiner *Banque* die Gewinne auszahlet; die andern, so auf ein, zwey oder mehr Karten=Blätter setzen, heissen *Pointeurs.*« – *zu sehr armen Leuten gemacht:* im Original ein nicht adäquat übersetzbares Wortspiel mit »ridotto«, das sowohl substantivische wie partizipiale Bedeutung haben kann; wörtl. meint »ridotto« hier »umgewandelt« (»reduziert«).

46 *»vir justus ...«:* »Ein ehrlicher Mann wird nie schnell reich.«

47 *»Vitiosum enim ...«:* »Krankhaft ist nämlich alles das, was zuviel ist.«

48 *Lebensbeschreibung:* F. K. Conradi: ›Vita Haloandri‹. In: ›Parergorum libri quatuor, in quibus antiquitates et historia juris romani illustrantur‹. Helmstadii 1711 (²1740).

49 *Namensvetter:* Johann Christian Wolff. – *Pasquali:* Verwechslung mit Almorò Albrizzi. – *Auszug:* ›Opuscula omnia Actis Eruditorum Lipsiensibus inserta‹, tom. 1–7. Venetiis 1740–1746 (in J. C. Goethes Bibliothek nachweisbar). – *V ...:* Varrentrapp (Farinelli II, 210).

50 *Künstlers:* G. B. Piazzetta (Farinelli II, 210). – *Lehrer:* nicht bekannt.

51 *Reiterstatue:* die Statue des Bartolommeo Colleoni von Andrea Verrocchio (1496 enthüllt). *Bartholomeo Coleoni ...:* »Dem Bartholomeus Coleonus aus Bergamo, für seine herausragenden Kriegstaten, auf Senatsbeschluß.«; daran schließen sich Angaben zu den verantwortlichen Beamten an (E). – *Quos natura ...:* Das in Hexametern abgefaßte Epitaph für Jacopo Tiepolo

und seinen Sohn Lorenzo preist vor allem die militärischen Leistungen beider Dogen.

52 *Dns Iachobus ...*: »Herr Iacobus starb 1251, Herr Laurentius starb 1278.« (E) – Die kritisierten orthographischen »Fehler« gehören zu den zahlreichen Eigentümlichkeiten einer noch nicht in Einzelheiten geregelten Schreibweise; zudem bedeuten sie für einen Italiener keinen Unterschied in der Aussprache. Weniger auffallende Einzelheiten, bei deren Gebrauch J. C. Goethe selbst schwankt, sind z.B.: y statt i (inclytus) oder e statt ae (nicht umkehrbar). In voranstehender Versinschrift ist auch J. C. Goethe bei entsprechenden Richtigstellungen ein sinnentstellender Fehler unterlaufen: statt »ingenti strage« (Z. 11) »stragae«! – *verdienstvolle Dogen:* Jacopo und Lorenzo Tiepolo. – »*tacuit, ideoque ...*«: »er schwieg, und deshalb ist er ein Philosoph geblieben« (in Abwandlung des antiken Sprichworts: »wenn er geschwiegen hätte, ...«). – *Iacobo Salerno ...*: die Inschrift rühmt einen tapferen Truppenführer: ... deswegen war Jacopo Salerno Pisano (gest. 1569) »bei Kaiser Karl V. und bei dem unbesiegten König Philipp, den Österreichern, überaus geschätzt« (G). – *Lebensläufe der Maler:* Carlo Ridolfi: ›Le maraviglie dell'arte, overo le Vite de gl'illustri pittori veneti, e dello stato ...‹ Venezia 1648. – *Siste pedem ...*: »Bleib einen Augenblick stehen, freundlicher Wanderer. Begraben liegt unter diesem Stein der Ritter Carolus Rudolphus. Als er andere mit Feder und Pinsel aus ihren Gräbern zu holen versuchte, schuf er sich selbst ein Grab, auf daß er endlich Ruhe fände nach seinen Mühen. Er lebte 64 Jahre, 5 Monate, 5 Tage und starb im Jahr des Herrn 1658.« (E) – Die Inschriften im Kreuzgang von S. Stefano, die J. C. Goethe im folgenden kommentarlos auflistet, müssen eine wichtige Station für Inschriftensammler bedeutet haben, da sie bei Keyßler vollständig (mit Ausnahme von »Hic sacer ...«) und bei Nemeitz teilweise aufgeführt sind. – *Antoni ad ...*: »Bei der Asche des Antonius bleib hier stehen, Wanderer! Diesen Cornelius bewunderte einst, als er über die Grundstoffe der Dinge und über die Götter lehrte, das Athen Antenors [= Padua]. Wiederholt an die heimatliche Küste gerufen, ausgezeichnet mit Ehrennamen und hohen Ämtern, beschenkte er die Stadt Venedig mit seiner Gelehrsamkeit. Er starb im Alter von 52 Jahren.« (E) – *Vivianum Vivianum ...*: der angesehene, segensreiche Arzt war lange Jahre an Zunge und Händen gelähmt, dennoch hatte er sich schon mit seinen gelehrten Schriften unvergänglichen Ruhm erworben, als ihn der Tod endlich zur wahren Unsterblichkeit führte. Er starb 1648 mit 78 Jahren (E).

53 *Vincentius Gassonus ...*: der langgediente Beamte, ein Ritter, errichtete sich 1642 dieses Elogium selbst (E). – *Hic sacer ...*: Andrea Contarini, ein bedeutender General, wurde 1367 zum Dogen gewählt und starb 1382 (E). – *Vincentius eques ...*: der Ritter Vincenzo Gussono war Procurator von S. Marco; er starb 1654 (E). – *Angusto hoc ...*: Domenico Molino starb 1635 (im Ms. irrt. »Dominus« für »Dominicus«; E). – *Grammaticam scivi ...*: »Auf die Grammatik verstand ich mich und lehrte sie viele Jahre; das Grab konnte ich dennoch nicht abwenden« (eigtl. »beugen«, »deklinieren«); J. C. Goethe kommt es hier nur auf das Distichon an, nicht auf die Vollständigkeit der Wiedergabe: Artusius war 12 Jahre vor Goethes Besuch gestorben. – *Sono proibiti ...*: die auch im Original (Farinelli II, 26) nicht mehr gut entzifferbare Inschrift lautet ungefähr: »11. Januar 1610. Aufgrund eines Beschlusses der Aufseher über die Gotteslästerer sind in diesem Kloster Spiele aller Art verboten. Verstöße werden mit Gefängnis, Galeerendienst, Verbannung sowie 300 Lire Strafe zugunsten des Anklägers und der Helfer geahndet. Nicolo [Fero] Vidal Lando/Zorzi Foscarini – Antonio Barbaro.« – »*Nitimur ...«*: »Wir streben immer nach Verbotenem und begehren, was untersagt ist.« (Ovid, ›Amores‹ 3.4.17). – »*superflua non nocent*«: »Überflüssiges schadet nicht.« – *Kirche gestiftet*: Stifter war nicht Zobenigo, sondern Antonio Barbaro (Farinelli II, 212).

54 *Zara*: das heute jugosl. Zadar. – *Candia*: Heraklion auf Kreta. – *Padua, Korfu*: dazwischen hätte Rom genannt werden müssen (Farinelli II, 212). – *Spalato*: das heutige jugosl. Split. – *Deo optimo ...*: für Vincenzo Fini (gest. 1660) stiftete der Bruder 1673 dieses Denkmal mit einem Portrait (E).

56 *Sorbett*: »... ist ein Türckisches Getränke, welches aus einem abgesüsseten Wasser bestehet, so der gemeine Mann über gestossene Damascener Rosinen giesset, wer es aber besser haben will, nimmt darzu Citronen=Safft, Zucker und Ambra. Daraus machet man einen Syrup, oder formiret Küchlein, welche sich gut auf die Reise mit nehmen lassen, denn man darff nur in eine Kanne Wasser, ein solches Küchlein werffen, und darinnen zertreiben, so bekommt es einen sehr annehmlichen Geschmack.« (Zedler XXXVIII/923).

58 *25. Febr.*: Datierungsfehler J. C. Goethes, da der vorhergehende IX. Brief auf den 26. Febr. datiert ist.

59 *Paschale Ciconia ...*: »Unter dem Dogen der Venezianer Paschalis Ciconia, im Jahr des Herrn 1591, [im Jahr] der Stadtgründung 1170, unter der Aufsicht von etc.« (E) – J. C. Goethe übergeht die Namen der drei verantwortlichen Beamten. – »*der*

*deutschen Kaufleute Niederlage«:* im Original deutsch. – *Regatta:* gewöhnlich bei den Palazzi Foscari und Balbi. – *Alvise Pisani:* der amtierende Doge.

60 *Eminentissimus et ...:* »Der besonders ausgezeichnete und verehrungswürdigste Bischof und Kardinal Ottobonus, Großneffe von Papst Alexander VIII., Vizekanzler der Hl. Römischen Kirche, Bischof der Sabiner, erwirkte für die Familie Pisani in freundlichster Weise die Erlaubnis, verbotene Bücher zu besitzen und zu lesen.« (G)

61 ›*Histoire de Vénise*‹: Amelot de la Houssaye: ›Histoire du Gouvernement de Venise‹. 3 Bde. Lyon 1711 (in der Bibliothek J. C. Goethes nachweisbar). – *vier Brüdern:* in Wahrheit von zwei nicht verwandten Dieben. – *Doge:* Marino Falieri. – *Podestà:* »Gewalt/Macht/it. Anwalt/Gewalt-Richter/it. Stadt-Schultheiß« (Kramer: ›Italiänisch-Teutsches Sprach- und Wörter-Buch‹). – »*Sunt magistratus ...«:* »Sie sind höhere Beamte, die eine übertragene Amts- und Herrschaftsgewalt innehaben und sie gegenüber den Unterworfenen ausüben; sie besteht in einer staatlichen Vollmacht gegenüber den Untertanen, Hilfe zu leisten und Maßnahmen zu treffen.«

65 *Lukretien ... Phrynen:* im Unterschied zu der von J. C. Goethe mehrfach erwähnten tugendhaften Römerin Lukretia galt die griech. Hetäre Phryne (4. Jh. v. Chr.) als Inbegriff der erotischen, verführerischen Frau.

66 »*ad evitandum ...«:* »Um also größeres Übel zu verhindern, soll man ein geringeres zulassen.«

69 *vor geraumer Zeit:* 1577.

70 *einige dieser Inschriften:* bei Farinelli ist diese schwer entzifferbare und stellenweise nicht eindeutig verständliche Aufzählung ausgelassen. – *Sublimat:* »... ist ein, durch die Säure des Saltzes, Salpeter und Vitriols, vermittelst der Sublimation zu einem dichtern und crystallinischen Cörper gebrachtes Quecksilber, an Gestalt weiß, und schwer von Gewichte, von ätzender und fressender Krafft, daher er auch schlechtweg Corrosiv genennet, und von den Wundärtzten zu Beitzung des wilden Fleisches gebrauchet wird. Innerlich ist er ein Gift, und daher zufliehen.« (Zedler XL/1557). – *Karrenführer:* hypothetisch für das unverständliche »sontoghetti« im Original.

71 *Zwieback:* im Original »biscotto«; Spiel mit der wörtl. Bedeutung »doppelt gebacken«. – »*Olera biscocta ...«:* »Aufgewärmten Kohl will ich nicht auftragen.«

73 »*Finis coronat opus«:* »Der Schluß krönt das Werk.«

74 *Bericht:* Relazione della sontuosa regatta che si ha fatta il giorno di Mercoledì li 4 maggio 1746 (vermtl. irrt. für 1740) nel

78 *Wirkursache:* die zeitgenössische Philosophie unterschied zwischen Wirkursachen (»causa efficiens«) für natürliche mechanische Zusammenhänge und Endursachen (»causa finalis«).

79 *Sant'Ufficio:* wörtl.: »Heiliges Amt« (der Inquisition). – *Alexander VIII.:* eigtl. Alexander VI. (Farinelli II, 218). – *jener höchst menschlichen Gesellschaft:* die Gesellschaft Jesu – die Kritik an den Jesuiten gehört zu den Topoi nicht nur J. C. Goethes, sondern aller protest. Italienreisenden.

82 *Autor:* Anonym: ›Le Delizie della Brenta‹. Venedig o. J. (Farinelli II, 219). – *»Exaudit, quos ...«:* »Er erhört die, die selbst Gott nicht erhört.« – ein schönes Beispiel für J. C. Goethes Interesse an abstrusen Glaubensvorstellungen; schon Nemeitz (I, 106) hat diese Inschrift vergeblich gesucht.

83 *Age Mors ...:* »Auf Tod, da die Sense ihren Dienst getan, zücke die Feder! Um das abgeschnittene Leben mit längerdauerndem Weiterleben aufzuwiegen, schreibe: Die sterblichen Reste des Ritters von S. Marco Petrus de Marchetis und des Dominicus de Marchetis liegen in diesem Grab. Darüber hinaus ist nichts an ihnen sterblich: im anatomischen Hörsaal, in den ersten Lehrsälen der Chirugie und Medizin, bei aussichtslosen Krankheiten, in ihren veröffentlichten Schriften – stets wurden sie von der Stadt, dem Vaterland (Ms.: der Stadt Padua), den Fürstenhöfen und dem gesamten Erdkreis für unvergänglich gehalten. Ich selbst – ich schäme mich, es zu bekennen, aber des überlebenden Antonius' immerwährende Liebe zu Vater und Bruder erzwingt es: daß die Marchetis mir soviel tun konnten, davor trat ich öfters erstaunend zurück. Wer aber wagte es, den Tod einen Lügner zu nennen? Noch lernte er es nicht, mit Sense oder Feder zu schmeicheln. Im Jahre des Herrn 1690.« (I) – *Casandrae Muratae ...:* »Seiner liebsten und unvergleichlichen Gattin Cassandra Mussata, mit der er [...] lebte« etc. 1506; J. C. Goethe übergeht die restlichen 6 Zeilen (I). – *Traktat:* ›Barnabae Brissonii De formulis et solennibus populi romani verbis libri VIII. Ex recensione Francisci Caroli Conradi ... cum Vita et elogiis Barnabae Brissonii ...‹ Francofurti et Lipsiae, 1754 (zuerst Paris 1583). – *»Cum qua ...«:* »Mit der er 30 Jahre lebte, ohne Bitterkeit, ohne jeden Streit, ohne Bedrängnis.« – *Iacobus Alvarotus ...:* »der Bürgerschaft und des Bischofs berühmter Jurist im privaten und öffentlichen Recht, hervorragend in den Überlieferungen des Feudalrechts ...«, gest. am 1. Juli 1453 (Ms.: 18. Juni).

84 *Lapis vituperii ...:* die Strafe für Betrug war also »Schandstein und Herausgabe der Güter« – beim letzten im Ms. schwer zu entziffernden Wort hat J. C. Goethe ein mittellat. Schreibkürzel entweder undeutlich geschrieben oder seine Vorlage ohne Verständnis kopiert (Farinelli: »... cess. B° N.4 +); bei Nemeitz (I, 110) heißt es: »... & cessionis bonorum«, dazu die Erläuterung: »... einem Stein, ... auf welchen diejenige, so in Schulden stecken, und nicht bezahlen können, ... sich mit dem blossen Hintern 3. mahl stossen müssen, wann sie denen Verfolgungen ihrer Creditoren entgehen wollen.« – *Lucretia von Padua:* Lucrezia Dondi dell'Orologio. – *deutschen Verse:* aus der Oper von Barthold Feind/Reinhard Keiser: ›Die kleinmütige Selbstmörderin Lucretia oder die Staatstorheit des Brutus‹ (1705 in Hamburg aufgeführt; Farinelli II, 219 f.).

85 *Inclito Alphonso ...:* »Alphonsus, dem berühmten König von Aragon, dem Beschützer der Wissenschaften und dem Verbündeten der Republik Venedig, haben die Bürger Paduas von den Gebeinen des Titus Livius, die in diesem Grabe liegen, einen Arm als Geschenk überlassen. Es geschah dies auf Bitten des Dichters Antonius Panormita, seines Gesandten, und durch Vermittlung des Matteo Vittorio, des besonnenen (Ms.: hochgeschätzten) Podestà dieser Stadt im Jahr des Herrn 1451, am 19. August.« (I) – *Deus potuit ...:* »Gott vermochte es, der Mutter ziemte es, also beschloß er es und schuf sie unbefleckt.« – *»a posse ...«:* »Eine Schlußfolgerung von der Möglichkeit zum Sein hat keine Gültigkeit.« – *hölzernen Pferdes:* das 1466 für Annibale Capodilista angefertigte Pferd befindet sich seit 1837 restauriert im Palazzo della Ragione.

86 *T. LIVIUS E SIBI ...:* »Titus Livius, Sohn des Gaius, für sich und die Seinen: für Titus Livius Priscus, Sohn des Titus, und für Titus Livius Longus, Sohn des Titus, und für Cassia, Tochter des Sextus, seine erste Frau.«; der Stifter ist tatsächlich der antike Geschichtsschreiber (I). – *Kirche:* J. C. Goethes etwas formelhafte und bequeme Begeisterung für die Renaissancekirche S. Giustina geht auf ein Urteil seines Reiseführers Nemeitz zurück: »Die Kirche der heiligen *Justinae* ist eine von den schönsten, so iehmahls mit Augen gesehen werden mag.« (Nemeitz I, 108) – *guivalisti:* nach dem Ruf »chi va lì?« (»Wer da?«).

87 *»Üppige«:* im Original »la grassa«.

88 *Prinzessin:* Maria Amalia. – *Königs:* Karl VII. – *Maria Amalia:* »Maria Amalia, die Tochter Friedrich Augusts III., des Kurfürsten von Sachsen und Königs von Polen, die Braut Karls von Bourbon, des Königs beider Sizilien, betrat auf der Reise nach Neapel durch dieses Tor die Stadt, verweilte eine Nacht und

verließ die Stadt auf der Weiterreise nach Ferrara durch die Porta Arquati. Im Jahr des Herrn 1738 am 5. Juni. ...« (E) – *Denonzie secrete ...:* »Denonzie secrete contro trasgressori di pompe in ess:ᵉ de Ducali del Eccl. Senato MDCLXXXIII« (vertrauliche Anzeigen über Verstöße gegen die Vorschriften über unerlaubte Prachtentfaltung). – *Urbem Rodigium ...:* »Die Stadt Rovigo, die der ruhige Strom teilt, wird durch diese Brükke für dich verbunden; mach dich auf den Weg, Wanderer!« (Distichon; E) – *Nicolao de Ponte...:* zur Erneuerung der Brükke 1583; neben dem Dogen von Venedig wird u. a. der Podestà von Rovigo (»praetor«) genannt; vgl. J. C. Goethes anschließende Erklärung seiner Funktionen (E). – Buch: ›Historia del sig. Andrea Nicolio, dell'origine et antichità di Rovigo. Con tutte le guerre, & avenimenti notabili fin' all'anno M.D.LXXVIII‹. Verona 1582. – *Venetorum hoc ...:* »Dieses Wahrzeichen Venedigs [der geflügelte Löwe] errichtete die unbesiegte Bürgerschaft von Rovigo zum Zeichen ihrer redlichen Treue.« (E)

89   *Ioanne Georgio ...:* auf dieser wie auf den beiden folgenden Säulenaufschriften werden die für ihre Errichtung zuständigen Beamten genannt. – *Demirare furtim ...:* »Wundere dich heimlich über die Macht der Lachesis, wundere dich heimlich über die Vorzeichen der Leto (Ms.: bewundere offen): bei Laura, der verstorbenen Tochter des Pietro Redetti und der Cecilia Rossi, die im Alter von fast 15 Jahren zur Unzeit für die Sterne Sühne leistete. Sie ließ alle Tugenden, die die Spartanerinnen nur einzeln zeigten, in ihrem Leben einzigartig und klar erstrahlen (Ms.: sie versprach). Nicolaus Casalini mußte dem Ehebund und zum Sproß der Freuden (Ms.: Verlobungsbund) auf ewig dieses Denkmal seiner glühenden Liebe hinzusetzen. 1653« (E) – Für »ungewöhnlich geistreich« hält J. C. Goethe diese Inschrift wohl ihrer antiken Anspielungen wegen, mit denen der junge Mann seinen Verlust zu erklären versucht: Lachesis, eine der drei Moiren (Parzen), bemißt den Lebensfaden des einzelnen; Leto, die Mutter von Apollon und Artemis, ist wohl mit der (unheilvollen) Geburtsstunde zu verbinden; mit den Tugenden der Spartanerinnen dürfte Bereitschaft zu Verzicht und Opfer gemeint sein. – *Laurae de Campis ...:* »Seiner liebevollen und treuen Gattin Laura de Campis setzte der Ritter Raymundus Lupati de Macchiavellis dieses Denkmal im Jahre 1690.« (E) – *D. O. M. Nobili Matronae ...:* J. C Goethe vergleicht zu Recht kritisch, handelt es sich doch um denselben Lupati de Macchiavellis, der 1682 der Mutter Camilla de Campis (gest. 1671) »in Liebe, nicht aus Verschwendung einen bescheidenen

Beweis ihrer großen Verdienste entbot.« – in mehr als hundert Wörtern wird die Fürsorge der tatkräftigen Witwe für ihre vier Kinder, besonders aber für den Sohn, beschrieben (I). – *Numine propitio ...*: »Durch gnädiges Walten Gottes kam die Jungfrau hier (Ms.: diese J.) vom Altar herab zu Hilfe (»succurrit«). Also wende dich an sie, und der Name sei dir eine glückliche Vorbedeutung!« (E) – das Distichon spielt auf das Patronat der hilfreichen Muttergottes an.

90 *Hospes miraris ...*: »Fremder, du wunderst dich mit Recht über die Wunderzeichen. Wunderbar ist dies, daß das eine Bildnis so viele Abbilder schaffen kann. Die göttliche Kraft, die unter dem Bild der gütigen Jungfrau verborgen liegt, füllt von allen Seiten dieses Heiligtum mit Bildern. Eine unbedeutende Probe der Zeichen gibt dir der vergängliche Kreis. Alle Zeichen, glaube ich, könnte der Zeichenträger nicht fassen!« (in Distichen; E) – *italienische Inschrift:* vgl. den sachlich nicht begründeten Kommentar bei Eissler (s. Lit.-Verz.): »Johann Kaspar Goethe war von diesen Versen tief bewegt, und Goethe muß sie als Junge mehr als einmal von ihm gehört haben. Die verblüffende Koinzidenz besteht darin, daß diese Verse den Geist und die emotionale Atmosphäre der Schlußszene des zweiten Teils des ›Faust‹ zum Ausdruck bringen, besonders mit den acht Versen des Chorus Mysticus übereinstimmen, mit denen das Drama endet und die Goethes letzte Botschaft an die Welt enthalten: ›Alles Vergängliche ...‹« (Eissler II, 1164); Eissler bezieht sich auf die Übersetzung des Mariengedichtes bei Glaser (s. Lit.-Verz.): »Der du nach oben wölbst, o Pilger, Deine Brauen,/Weil im Erschauen/Dich Staunen vor Mariens Herrlichkeiten trifft,/Die von dem Bild du liest, wie in des Buches Schrift,/Vernimm: Kein Pinsel mag gerecht zu malen/Die Wunder, die von ihrem Antlitz strahlen./In höchster Kunst, begrenzt von Raum und Zeit,/Erschimmert nur Mariens Seligkeit.« (Glaser, S. 62) – vgl. hierzu die Interlinearübersetzung in der folgenden Anm. – *Tu che incurvando ...*: »Pilger, der du voller Staunen die Augenbrauen wölbst, um die Wunder Mariens zu betrachten, und der du auf dieser Leinwand wie auf Papier liest, was ein geschickter Pinsel uns entdeckt: wisse, daß solch wunderbare Kunst doch nur einen schmalen Teil der großen Wunder erfassen konnte.« – *Vater:* Camillo Silvestri. – *Iussu Proserpinae ...*: auf antike Herkunft lassen der Stifter, ein freigelassener Sklave und die Totengöttin schließen, der man üblicherweise keine Altäre weihte: »Auf Geheiß der Proserpina errichtete Calventius Festus, der Freigelassene des Lucius, diesen heiligen Altar.« (vgl. CIL V. 1, Nr. 2804) – *Capelluncia:* Farinelli (I, 78) vermutet eine Ver-

wechslung mit »capeduncola«, einer Art von Vasen, die in der Antike gebräuchlich war.

91 *Pflugscharen:* im Original »catapulchi«, also eigtl. Armbrüste.

93 *9. März:* Datierungsfehler J. C. Goethes, da der vorhergehende XVI. Brief auf den 10. März datiert ist.

94 *D.O.M. Qui legis ...:* »Wenn du mitfühlend bist, Leser, sollst du deine Tränen nicht zurückhalten: In dieser uralten Kapelle der beiden de Bonacossi liegt eine kluge und tapfere Frau begraben – denn die Gottesfürchtige pflegte häufig hierher zu kommen –, eine Frau, wie sie in ihrer Zeit äußerst selten anzutreffen ist und die sich auch mit jeder beliebigen Frau aus alter Zeit vergleichen darf: Sie war der Glanz der vornehmen Damen, die Zierde der Gattinnen, ein Schatz der Lauterkeit, die Krone aller Tugenden, sehr begütert, hoch berühmt durch ihre Fürsorge, von vornehmer Abstammung, noch höhergestellt aber durch ihren Gatten, der Schmuck der Familie und die Wonne des Gemahls, jetzt ihr Schmerz und ihre Klage; ihr mangelte nichts, was man rechtens wünschen kann; mit einem Wort, sie war die Glückseligkeit [aller]: Marchionissa de Hippolitis, Comitessa de Gazoldo. Sie hatte zweimal geboren, aber keines ihrer Kinder überlebte sie; in der Blüte ihrer Jahre wurde sie dahingerafft und gab dem Schöpfer zurück, was sie empfangen hatte, im Alter von 34 Jahren, am 24. August 1727.« – es folgen die trauernden Brüder Scipio und Afranius de Bonacossi, die das Denkmal »zwei Jahre nach der Hochzeit« errichteten (G). – *D.O.M. Antonio Rimaldo ...:* die Werturteile der Zeit spiegeln sich hier im Werdegang des Patriziers ebenso wie in den Tugenden obiger junger Frau: »... Er stellte den kriegerischen Ruhm hintan und zog es mit seiner herausragenden Begabung vor, geistreichen Männern nachzufolgen, die den Adel des alten Geschlechts mit unvergänglichen Werken der Jurisprudenz förderten. Denn ausgebildet im griechischen und lateinischen Studium der schönen Künste, zeigte er auch in den Naturwissenschaften erstaunlichen Scharfsinn. Und nachdem er die heiligen Weihen empfangen hatte, hatte er bereits der wahren Weisheit reichste Quellen in den Heiligen Schriften betrachtend gekostet und hätte in naher Zukunft den Ruhm eines großen Namens erlangt. ...«; er starb 1715 im Alter von 22 Jahren auf dem Rückweg nach Rom (G, mit zwei widersprüchlichen Jahreszahlen im Ms.). – *Chiron Franciscus ...:* weniger ein »Lebenslauf« als vielmehr die weitschweifige Aneinanderreihung der milit. Großtaten des Ch. Fr. Villa (gest. 1671); für J. C. Goethe ist die Haltung seiner »gänzlich vereinsamten Gattin« wichtiger, daher gibt er im Haupttext den Inhalt der sieben Schlußzeilen recht genau wieder (I).

95 *Filippo Neri:* Spiel mit der wörtl. Bedeutung des Namens »schwarz«; vgl. hierzu die Beschäftigung des Sohnes mit F. Neri während des 2. röm. Aufenthalts. – *»Manes Thekel Phares«:* im Alten Testament erklärt der Prophet Daniel (5.25–28) dem babylonischen König Balthasar die unerklärliche Schrift von unsichtbarer Hand: Gott habe ihm als Strafe für seinen Hochmut diese Hinweise auf das Ende seiner Herrschaft gesendet (recte: »Mane«). – *D.O.M. Ludovico Ariosto ...:* »Für Ludovico Ariosto, jenen überaus bedeutenden und im Munde aller gefeierten Mann, der von Kaiser Karl V. gekrönt wurde, der durch Adel der Abstammung und des Geistes berühmt war, der sich bei der Staatsverwaltung, bei der Regierung von Völkern, bei bedeutenden Gesandtschaften vor dem Papst auszeichnete durch Klugheit, Einsicht und Beredsamkeit: Sein Urenkel Ludovico Ariosto ließ dem Großoheim, dessen Gebeine hier wahrhaftig begraben liegen, 1612 dies errichten, damit es nicht den Anschein habe, a dankbarer Liebe der Familie habe es zur Krönung des Ruhms eines so großen Mannes gefehlt. Er lebte 52 Jahre und starb im Jahr des Heils 1533 am 6. Juni.« (E) – *Notus et Hesperiis ...:* »Ariost, bekannt in Hesperien wie in Indien, liegt hier, dem die toskanische Muse einen ewigen Namen verliehen hat, sei es, daß er die Satire gegen Laster schärfte, daß er spielerisch Komödien verfaßte oder daß er feierlich mit der Schlachttrompete von Kriegen und Fürsten sang; er, der dreifach höchste Sänger, der auf dem Gipfel des Musenbergs die Locken mit dreimal doppeltem Laub bekränzen durfte.« (E) – die Bilder dieser Distichen sind der antiken Dichtung entnommen, z.B. der Ruhm, der bis an die Grenzen der Welt reicht, oder die Umschreibung der Gattungen. – *Ne templi ...:* Weihinschrift zur Grundsteinlegung (15. Jh.): »Wundere dich nicht über die Lage des Heiligtums: denn ein Stern von dieser Gestalt erforderte den Boden für die größere Kapelle und belehrte uns damit, wie der Fürst aufgezeigt hatte, den Bau ins Werk zu setzen. ...« – im folgenden wird der Fürst Ercole d'Este durch den Vergleich mit antiken Gestalten gepriesen; J. C. Goethes Bezeichnung als »Verse« ist berechtigt, da der erste Abschnitt in Hexametern, der zweite und dritte in (z.T. verstümmelten) Distichen abgefaßt ist – im Ms. sind die Verszeilen jedoch jeweils geteilt untereinander geschrieben (G). – *Quisquis adis ...:* Grabgedicht in Distichen, in dem sich der Verstorbene direkt an den Leser wendet, um ihm die wichtigsten Stationen seines Lebens (im Militärdienst beim Fürsten d'Este) zu erzählen.

96 *wo er gewirkt hat:* die nicht recht verständliche Stelle lautet im Original: »la dove era in officiato«; sie bezieht sich möglicher-

weise darauf, daß Borso d'Este den Bau der Kartause veranlaßt hat. – *Caesar Alexander ...:* »Caesar, Alexander, Traianus liegen in diesem Grab eingeschlossen; aber nicht drei, sondern einen birgt die Urne, den hochgepriesenen Borsus Estensis natürlich, in dessen Brust die Gesittung so großer Kaiser wieder lebendig war.« (Hexameter; G) – *Reiterstandbild:* in Wahrheit eine Sitzstatue. – *Herzog von Modena:* eigtl. Nicolò III. di Ferrara (Farinelli II, 225). – *Quod in creatione ...:* es wird dreier Ereignisse gedacht: 1660 anläßlich der Wahl von Papst Alexander VII. geweiht, wurde das Standbild 1675 auf dem genannten Sockel aufgestellt (G). – *Ne simulacro ...:* 1680 wurde diese Statue »von den engen Plätzen (Ms.: aus der Enge des gewöhnlichen Marktplatzes) in die Weite dieses Marktes überführt« (d. h. von der Piazza della Cattedrale auf die Piazza Nuova, heute Ariostea); die verantwortlichen Beamten wollten ihre Namen ausdrücklich in Stein verewigt wissen (I).

97  *Carolo Bononio ...:* »... er malte in dieser Kirche die Wölbung über dem Hauptaltar aus und fügte kunstreiche Gemälde als Schmuck ein. ...« (E); das Epitaph für den 1632 mittellos gestorbenen Maler stammt erst vom Urenkel (1696). – *D.O.M. Hier. Titio ...:* J. C. Goethe verfolgt den bisherigen Gedanken weiter, denn der Theologe Hieronymus Guriophilus (gest. 1581) ist im Ms. als »Sohn des berühmten Malers B. [Beneventus]« genannt (G).

98  *Rathaus:* J. C. Goethe beschreibt nicht das Rathaus, sondern den Palazzo de' Diamanti.

99  *Pulcinella:* im Original »boricinello«.

100 *Akademie:* erst im 11. Jh. gegründet.

101 *Fori ornamento ...:* »Zum Schmuck des Palastes [S], zum Nutzen des Volkes [W], 1564 (Ms.: 1664) [N], aus öffentlichen Mitteln [O]« – eigentlich in umgekehrter Richtung zu lesen (W, S, O, N). – *Lambertini:* wurde beim laufenden Konklave zum Papst gewählt (Benedikt XIV.). – *Priesterschule:* im Original »scuola politica«; lt. Farinelli (II, 226) nicht im an sich näher liegenden Sinn als »öffentliche Schule« zu verstehen. – *Guido:* Guido Reni. – *Prosper Card. Lambertinus ...:* 1737 (E).

102 »*Iustissima pars ...«:* »Der genaueste Abschnitt der Höhe der Wölbung ist tausendmal unterteilt.« – *Linea meridiana ...:* nach der Überschrift »Mittagslinie vom Pol zum Wendekreis des Steinbocks 1655 (Ms.: 1656)« folgen weitere Entfernungsangaben, um die Dauer des Tages abzulesen (um 90° nach links gedreht; Ms.: als fortlaufender Text); sie werden von jeweils nach außen (im Ms. nach innen) gerichteten Zeilen eingerahmt: links die »untergehenden Zeichen des Tierkreises«, rechts »die

aufgehenden« (im Ms. umgekehrt), unten: »der Punkt der Senkrechten« (I). – *eadem ossa:* »... wiederum erneuert im Jahr des Herrn 1690 ...«; die ursprüngliche Inschrift referiert J. C. Goethe in seinem Lebenslauf des Enzio; danach werden zwei Renovierungen des Grabes vermerkt; der jüngste Zusatz auf derselben Tafel, den J. C. Goethe als Ergänzung zu Nemeitz (II, 253 f.) kopiert, berichtet von der Überführung der Gebeine in die restaurierte Kirche S. Petronio 1731, da die Bürgerschaft nicht hinter der pietätvollen Haltung früherer Zeiten zurückstehen wollte. Im Ms. ist um den Namen »König Hentius« ein Kreis gezogen (I). – *D.O.M. Sacrum ...:* zum Gedenken an die Überführung des Hauptes des hl. Dominikus 1715; der dafür verantwortliche Abt befahl auch, »die Taten [des Heiligen] in diesen Marmor zu hauen« (E).

103 *Donato Celi:* offensichtlicher Irrtum durch Vermischung von Bartolomeo Cesi und Donato Creti. – *S. Dominicus ...:* »Der hl. Dominikus starb aus Gottes höchstem Ratschluß hier im Jahr des Herrn 1221« (G).

104 *Thesaurus est ...:* die üblichen Angaben über den Verstorbenen sind in zwei Hexametern jeweils mit zwei Substantiven knapp zusammengefaßt; G. mißachtet das Metrum mit »Thesaurus« (recte: »Theseus« bei Keyßler II, 960). – *Erbauer:* der Turm wurde vermtl. nicht durch die Familie Garisenda erbaut, sondern von der Stadt Bologna. – *Columellas:* ›De re rustica‹. Venezia: Merula 1472 (Farinelli II, 229).

105 *»Ugolino ...«:* »Der Seidenspinner Ugolino ist ein Vaterlandsverräter«. – *N. N.:* »nomen nescio« bzw. »nomen nominandum« – von J. C. Goethe ohne erkennbares System gelegentlich als Ersatz für die Unterschrift gebraucht.

106 *Furlino:* Passo del Furlo (Farinelli I, 93). – *Bologneser Stein:* »Dieser ist ein kleiner weißgrauer Stein, von ungleicher Fläche, schwefeligen Theilgen, nicht allzuvester Materie, schwerer als man nach seiner Grösse vermuthen solte, und an vielen Orten nach Art des Talksteines glänzend. ... Insgemein ist er von der Grösse einer Welschen Nuß, und vor seiner Zubereitung zwischen ihm und einem jeden andern Stein im Finstern kein Unterschied zu finden; vermittelst einer sonderbaren *Calcination* aber bekommt er die Eigenschaft, daß er am hellen Tages Lichte in wenig Minuten so vielen Schein und Licht gleichsam in sich sauget, daß er hernach im Finstern acht bis funfzehen Minuten lang als eine glüende Kohle wiewol ohne empfindliche Wärme leuchtet.« (Keyßler II, 542)

107 *Si procul ...:* Wortspiel mit dem Namen und lat. »procul a« (»fern von«). Distichon; nur im Ms. in Verszeilen (E).

108 *Tizian:* nicht nachweisbar; vermtl. Verwechslung mit einem Gemälde Guido Renis (Farinelli II, 230). – *Sublimia petit* ...: der stolze Erbauer sagt von sich (was J. C. Goethe mit »hochgelegen« belustigt aufgreift): »Nach Höherem (Ms.: nach Hohem) strebte Ludovicus Herculeus [...] aus eigenen Mitteln.«

109 *Viam aemiliam* ...: »Die Via Aemilia, die der Konsul Marcus Aemilius Lepidus ungefähr im Jahr 566 seit Gründung der Stadt [Rom; genau: 187 v. Chr.] erstmalig mit Steinen gepflastert hatte, die aber verschmälert und im langen Verlauf der Jahrhunderte beschädigt worden war, – diese Straße stellte Marcellus Kardinal Duratius in altem Glanz und alter Bequemlichkeit wieder her.« (E) – *Canelli del Lupo:* nicht identifizierbar. – *D.O.M. Jacobi Mazonii* ...: der Advokat war J. C. Goethe offenbar bekannt, da in der Gedenktafel die Berufsangabe fehlt: »... ein Adeliger aus Cesena (das übrige kennt ein jeder) ...« (gest. 1598); der unsterbliche Ruhm wird freilich nicht verschwiegen (E).

110 *VIII ICVSTVS* ...: die auf jeder Seite der Brüstung angebrachte Inschrift war unterschiedlich erhalten; J. C. Goethe fand beim Betreten der Stadt die Vorlage seiner Zeichnung linker Hand (dort sind die Anfangsworte der beiden Zeilen zerstört, sie lassen sich jedoch aus der 2. Inschrift ergänzen); bis auf den Beginn und einige fehlende Buchstaben der abgekürzten Titel gibt J. C. Goethe eine dennoch verhältnismäßig genaue Abschrift, die von ihm selbst stammen dürfte – der vollständige Wortlaut ist: »Imperator Caesar, Sohn des Vergöttlichten, Augustus, höchster Priester, zum 13. Mal Konsul, zum 20. Mal Imperator, zum 37. Mal Inhaber der tribunizischen Gewalt, der Vater des Vaterlandes, – und Tiberius Caesar, Sohn des vergöttlichten Augustus, Enkel des vergöttlichten Iulius [hier folgt die Angabe der Ämter] – sie ließen [diese Brücke] erbauen.«; die Brücke wurde wohl 22 n. Chr., im Todesjahr des Augustus, von Tiberius fertiggestellt (vgl. CIL XI. 1, Nr. 367). – *Clem. VIII.* ...: »Papst Clemens VIII., Senat und Volk von Rom (Ms.: von Alba Fucentia = S.P.Q.A.) ließen es im Jahr des Herrn 1598 errichten.« – »*Pauli III.* ...: »ein Geschenk von Papst Paul III.« (eigtl. Paul V. – Farinelli II, 231). – *Blanchetto Iulio* ...: von den Eltern gesetzte Inschrift für den Erstgeborenen, der mit 13 Monaten 1677 gestorben war (I). – *Carolo Francisco* ...: von der Gattin für C. F. Marchesellius (Ms.: Mareschallus), »... der den Gelehrten und den wahren Fürsten, die er oft gastfreundlich aufnahm, teuer war. Er starb unter beständigen Schmerzen seines Blasensteins, außerordentlich betrauert von Bürgern und Fremden 1753 ...« (E).

111  *Basinii Parmensis ...:* die beiden ersten Inschriften (ohne Jahresangaben) beziehen sich auf den im nachfolgenden Text erwähnten Pandolfo Malatesta: Basinius Parmensis war sein Dichter, Iustus Romanus Redner und Rechtsgelehrter während seiner Königsherrschaft; Philosophen und Ärzte zugleich waren die beiden Arnulphi (I), und die zuletzt aufgeführte längere Grabinschrift wurde Bartolomeo Traficchetto, einem Arzt und Doktor der Medizin (gest. 1529), von Sohn und Enkel gewidmet (E). – *Sigismundus Pandolphus ...:* »S. P. Malatesta, Sohn des Pandulphus, [errichtete] wegen seiner außerordentlichen Verdienste aus Rechtschaffenheit und Tapferkeit [dieses Grabmal] für seine berühmte Familie, den Vorfahren und Nachkommen.« (1417–1468; I) – *Caius Caesar ...:* »Nachdem der Diktator Gaius Caesar den Rubicon überschritten hatte, sprach er zu seinen Mitsoldaten hier auf dem Forum von Ariminum.« – in Mommsens Sammelwerk (CIL XI. 1, Nr. 34) als unecht einer späteren Zeit zugeschrieben – die Rückseite, die von einer Wiederherstellung 1555 berichtet, fehlt bei J. C. Goethe. – *Ad honorem ...:* zur Erinnerung an die Wiederherstellung der Kapelle, deren Dach durch ein Erdbeben beschädigt worden war (1672).

112  *»Css. Sep. des.«:* recte: »... Cos. Sept. Designat. ...«; auch Nemeitz (II, 65) konnte nur den Mittelteil der Inschrift lesen, mit der Senat und Volk von Rom »[dem Augustus,] Konsul zum 7. Mal, dem designierten [Konsul zum 8. Mal]« für die Befestigung der Via Flaminia dankten (vgl. CIL XI.1, S. 80, Nr. 365; das folgende Fragment ist dort nicht nachgewiesen). – *»Im Caes.div.«:* »Imperator Caesar, [Sohn] des vergöttlichten Iulius, [Augustus, ...]« hat diese Mauer errichten lassen (ergänzt nach Nemeitz II, 65). – *E fundamentis ...:* die Kirche wurde durch ein Erdbeben bis auf die Grundmauern zerstört; Papst Clemens X. ließ sie 1672 wieder aufbauen (G).

114  *Providentiae ...:* die Dankinschrift befindet sich eigtl. am öffentl. Wasch- und Badehaus, das Fulvio Kardinal Astallio errichten lassen hat; Senat und Volk von Pesaro erinnerten 1697 (Ms.: 1507) nach seinem Tod an diese und andere großzügige Wohltaten (E). – *Comes Virginius ...:* anläßlich der Restauration 1635 unter dem röm. Bildhauer Lorenzo Ottonio; im Ms. sind die beiden ersten Namen (Patrizier aus Pesaro) an den Schluß gesetzt (E).

115  *Korallen:* Zedlers Universallexikon glaubt noch 1733 eher an die mineralische Natur der Korallen; um diese Zeit entstehen aber bereits die ersten Theorien über die (tatsächliche) Zugehörigkeit zum Tierreich.

116 *Laffen:* im Original »fioramuzzo«; der weder bei Kramer noch in heutigen Wörterbüchern belegte Ausdruck meint lt. Farinelli (I, 102): »persona di bell'apparenza, ma dappoco« (»Person von hübschem Äußeren, hinter der aber nicht viel steckt«). – *Pio IIII ...:* »Unter Papst Pius IV. im Jahre 1563.« – *D.O.M. Templum ...:* zur Erinnerung an die Weihung der Kirche durch Giulio Kardinal Sacchetto 1631 (E).

117 *Nobile:* Jacopo Torelli; Torelli war kinderlos, so daß J. C. Goethes Erklärung für den Theaterbau gegenstandslos ist (Farinelli II; 236f.).

118 *Sigismundo Pandulfo ...:* Weihinschrift des Pandolfo Malatesta, der das Heiligtum 1460 (Ms.: 1456) für seinen Vater stiftete; J. C. Goethe mißversteht dies als Epitaph, das dem Sohn und »scinem und der Seinen Vater« gewidmet sei (»suorum« statt »sacrum«; E). – *D.O.M. Hieronimo ...«:* obwohl J. C. Goethe kritische Verbesserungen anstrebt, lautet sogar das Zitat bei Nemeitz (II, 68) anders: »D.O.M. Hieronymo Gabrieli ...«. *D.O.M. Cenotaphium ...:* für Antonia Maria Anguissola aus Piacenza (gest. 1730) von ihrem Gatten, einem Ritter Carraria aus Fano; neben den hausfraulichen Tugenden wird vor allem die »Standhaftigkeit im Ertragen ihrer langen Krankheit« gerühmt. – *»Sena gallica ...«:* »Das gallische Sena wurde von den gallischen Senonen erbaut und gehört bis heute zum diesseitigen oder römischen Gallien.«; es handelt sich hier wohl um eine neulat. Prägung, an der lediglich der Bezug auf die Gründung durch die Senonen historisch richtig ist (4. Jh. v. Chr.) – als röm. Bürgerkolonie (ab 283 v. Chr.) lag der Ort nie in der Provinz Gallia Cisalpina, sondern im »Ager Gallicus« (daher der Name).

119 *Alexandro VIII. ...:* unter diesem Papst »... ließen Senat und Volk von Senigallia den alten Hafen wieder zu einem sicheren Anlaufplatz für Schiffe ausbauen: die unbeschränkte Gewalt von Meer und Wind wurde gebändigt, und starke Dämme wurden auf beiden Seiten aufgeführt.« (G)

120 *Clementi XII. ...:* Senat und Volk von Ancona ließen 1732 diese Dankinschrift errichten: »Für Papst Clemens XII., den überaus wohltätigen Erbauer des freien Hafens, weil er das bedeutende Tor, das durch die Unbill der Zeiten beinahe zusammenbrach, zum Schmuck und zur öffentlichen Sicherheit wiederherstellen ließ ...« (G). – *sechseckige Festung:* in Wahrheit fünfeckig.

121 *Clemens XII. ...:* Papst Clemens XII. erbaute die Quarantäneanstalt, um den Verdacht auf Pest dadurch zu beseitigen, daß Waren und Seereisende aufgefangen werden. ...« 1734 (I);

»Quarantäneanstalt«: »Locmocomium« (Farinelli II, 68 vermutet: »Loimocomium«, vgl. griech.: »loimós« = »Seuche«, »komé« = »Viertel« – Ms.: »Loemodochium«, vgl. griech.: »doché« = »Aufnahme«) J. C. Goethes Variante ist also durchaus sinnvoll.

122 *Clem. XII. ...:* die Bürger Anconas danken dem Papst mit dieser Statue für die (bereits genannten) Wohltaten, die Quarantäneanstalt und die Befestigung des Trajanshafens, aber auch »... dafür, daß er den Hafenzoll aufgehoben, den Handel für alle Nationen geöffnet und das Staatswesen gefördert hat«. (E); J. C. Goethe interessiert sich vor allem deshalb für Clemens XII., weil er beim Inschriftensammeln den neuesten Entwicklungen in Städtebau und Wirtschaftspolitik auf der Spur ist. (Die beiden folgenden Inschriften nennen das Jahr 1734 und die beauftragten Beamten.) – *Aeneum pedem ...:* »Den bronzenen Fuß von Trajans Pferd, der aus dem Hafen ausgegraben worden war (Ms.: den zerstörten Fuß aus dem Hafen), ein denkwürdiges Bruchstück aus dem Altertum, ließen Senat und Volk von Ancona in der Halle des Rathauses ausstellen, damit die Freigebigkeit des so bedeutenden Kaisers in der Erinnerung wieder lebendig werde, seine Freigebigkeit gegenüber der Stadt, diesem Angelpunkt Italiens, der Hauptstadt, dem Bollwerk und dem Mittelpunkt von Picenum.« – im zweiten Teil werden in ähnlicher Weise die Verdienste des damaligen Papstes Innozenz-VI. um die Bevölkerung gerühmt, die dem Apostolischen Stuhl dankbar ergeben sei (1680; E).

124 *Herzogs von Ancona:* keine historische Gestalt. – *ballari:* »Sie haben die äusserste Seite ihrer dünnen Schale rauh, sind länglich und gleichen einiger massen den Dattel-Kernen, indem man sie auch *Dattili del mare* nennet. Sie werden vornemlich bey dem *Monte Comero* oder *Conaro,* zehen Italienische Meilen von *Ancona* in dem seichten Ufer des Meeres gefunden, woselbst viele leimichte Erde, die mit dem grauen Töpfer-Thone übereinkommet, und verschiedene Arten von porosen Steinen anzutreffen sind. In den kleinen Oeffnungen dieser Steine und klumpen Thones fügen sich die *ovula* der Muschel oder ihre noch ganz kleine Brut, welche vermittelst der obgleich gar engen Löcher dennoch Luft und Wasser schöpfen, mithin durch ihre eigene Bewegung den Stein, der sie umschliesset, etwas abnutzen und sich also mehrern Platz zum Wachsthum bereiten kan. Der Thon ist innenher zwar hart, dabey aber immer feucht, und das äusserst desselben weichlich. ... Oftmals verstopfet sich oder verschlammet die Oeffnung, wodurch der Same der Muschel in den Stein gekommen, also daß man nichts mehr von

solchem Eingange erkennet, die Muschel aber fähret fort zu wachsen und ihre Nahrung von der Feuchte des Steines zu nehmen.« (Keyßler, S. 476 f.)

125 *18. März:* Datierungsfehler J. C. Goethes, da der vorhergehende XX. Brief auf den 19. März datiert ist. – *S.C.:* Santa Casa. – *gereinigte ... Luft:* Anspielung auf die unter Clemens VII. durchgeführten Maßnahmen zur Luftverbesserung. – *»Chi è stato ...«:* »Wer nur in Loreto war und nicht auch in Sirolo, der hat zwar die Mutter gesehen, den Sohn aber versäumt.«

126 *Sedente Gregorio XIII. ...:* unter Gregor XIII. ließ der Kardinal der Stadt 1573 »... zur Bequemlichkeit der Pilger, die täglich hier aus Frömmigkeit zusammenströmen, diesen Weg zusammen mit wasserspendenden Brunnen in solch weitläufigen Ausmaßen pflastern und befestigen ...«. – *befindet. Der Spur ...:* der logische Sprung beruht wohl auf einem Versehen J. C. Goethes.

127 *Büchlein:* vermtl. das in der Bibliothek J. C. Goethes nachweisbare: ›Notizie della santa casa della gran Madre di Dio Maria Vergine adorata in Loreto.‹ Ancona 1739 (das Buch trug den Vermerk: »17. Marzo 1740 J. C. Goethe«).

128 *Gondel:* offenbar Verwechslung zwischen »gondola« und »nuvola« (»Wolke«) – Keyßler (II, 434) erwähnt eine Perle mit dem »Bildniß der H. Mariä, die gleichsam auf einer Wolke sitzet und das Kind Jesu auf dem Arm hält.« – *entweder sie machen ein Geschenk ...:* im Original »o un presente o assente«, ein Wortspiel mit der doppelten Bedeutung von »presente« (»Geschenk« / »anwesend«). – *Prinzessin:* vgl. Keyßler (II, 436): »Eine silberne und 153. Pfund schwere Statua, so von der Bayerischen Chur-Fürstin Adelheit verehret worden.«

129 *Quisto quinto ...:* die dankbare Bevölkerung schenkte 1588 Papst Sixtus V., der aus dem Picenum stammte, seine Statue; er hatte u. a. die Verbrecher vertrieben und damit die Ruhe wiederhergestellt sowie das Volk von einer Hungersnot befreit (E). – *»Die Geheimnisse Mariens«:* Joh. de Cartagena: Homiliae cathol. de sacris arcanis Deiparae Mariae et Joseph. Colonia 1613–1618 (Farinelli II, 240).

130 *Illotus timeat ...:* »Jeder der unrein ist, möge sich scheuen, die innere Kapelle zu betreten. Der Erdkreis trägt nichts Heiligeres.« (gegenüber einer zweiten Quelle ist J. C. Goethes Lesart die wahrscheinlichere). – *Intrantes ...:* »Wer mit Waffen eintritt, wird exkommuniziert.« – *Indulgentia ...:* »Vollständiger Ablaß auch fürbittweise.« (G). – *Declarantur ...:* »Für exkommuniziert wird erklärt, wer eintritt ohne Erlaubnis des erlauchten römischen Herrn und Lenkers.« (G)

131 *Templa alibi ...:* »Kirchen erbauten die Vorfahren an anderer Stelle, aber dies ist heiliger: durch die Engelsschar richten die Jungfrau und Gott es hier auf.« (Quellenlage wie bei der ersten Türinschrift)

132 *Serenissimus Archidux ...:* »Seine Durchlaucht der Erzherzog Ferdinand von Österreich ahmte das Vorbild seiner überaus frommen und gottesfürchtigen Mutter nach und stiftete eine so große Menge Holz für die Bauhütte der Kirche zu Loreto, daß er sich mit Recht verdient gemacht hat um dieses Denkmal der Ewigkeit. [... Es folgen die Namen der Ausführenden.] 1615.« (G)

133 *Ave Maria ...:* es folgen weitere Gebetsanrufungen. – *Ecclesia S. Mariae ...:* es wird die Geschichte des Hauses Mariens »nach den Zeugnissen der Alten und nach den Berichten der Frommen« erzählt; später sollen es die Apostel der Gottesmutter geweiht haben. »Als Schmuck für die Kirche kam das wahrheitsgetreue Bildnis der Jungfrau hinzu, ein Werk des Lukas.«

134 »*Roma caput mundi ...«:* »Rom, das Haupt der Welt, des Erdkreises Zügel in Händen hält.« (der gereimte Vers erschien seit etwa 1030 als Umschrift auf der Rückseite des päpstlichen Siegels).

135 *aufgeweicht:* im Original »macerato«, ein Wortspiel mit dem Namen der Stadt Macerata. – *Kardinal Pius:* Rodolfo Pio da Carpi (Farinelli II, 241). – *Ex S. C. Schola ...:* antike Bauinschrift der Zimmermannszunft (vgl. CIL IX, Nr. 5568). – *Clemen XI. ...:* der Papst ließ 1708 den ausgeschwemmten Berg mit fünf Mauern befestigen und die zerstörte Straße zur Kirche von Loreto prachtvoll wiederaufbauen (G).

137 *Divum hic ossa ...:* »Den Gebeinen der Heiligen huldige hier, hier verehre die Haare Mariens und hier das Holz des Kreuzes, die Dornen Gottes bete an!« (G)

138 »*Porta quam ...«:* »Das Tor, das du durchschreitest, Wanderer, ...« – bei Nemeitz (II, 72f.) erinnert sich die Stadt an ihre großen Söhne: an den Geschichtsschreiber Tacitus (falsche Zuschreibung) und an den Consul Claudius Nero, der 207 v.Chr. die Punier beim Fluß Metaurus entscheidend schlug; J. C. Goethes Kritik an diesem Stolz »auf die Größe und den Pomp ihrer Ahnen« muß sich auf diese Torinschrift beziehen, da er der folgenden keine bekannten Namen entnehmen konnte. – *RVFUS. TALB. ...:* »Rufus Titus Albius [errichtete] auf gekauftem Grund und mit öffentlichen [Mitteln] ...« (der Rest ist zerstört; vgl. CIL XI.2 Nr. 4196). – *Monte Cicoli:* vermtl.: Colle Scipoli (Farinelli II, 242). – *Cascata delle Marmore:* der berühmte Wasserfall liegt nicht bei Narni, sondern bei Terni.

139 *Pons Milvius:* diese Brücke hinter Otricoli ist nicht mit der Milvischen Brücke vor dem nördlichen Stadttor Roms (»Ponte Molle«) identisch; Kaiser Konstantin hat seinen Sieg über Maxentius deshalb auch an anderer Stelle errungen. – *Petrus Lapis ...:* der Spanier Pedro Lope Ciarro (Ms.: Petrus Lapis Clausus) hat diesen Grabstein seinem 13jährigen Sohn gesetzt; vor der Angabe »unter Papst Innozenz VIII. am 26. November 1485 ...« fügt J. C. Goethe auf Italienisch ein: »der Rest war ohne Zusammenhang damit eingehauen oder eingegraben«, was auf kritische, wenn auch irrige Überlegungen beim Kopieren schließen läßt (am Ende fehlen im Ms. dementsprechend u.a. die genauen Altersangaben; E). – *Clementi VIII. ...:* der Papst wollte den jüngst von ihm erbauten Damm der Tiberbrücke in Augenschein nehmen, den einst Sixtus V. begonnen hatte (Ponte Felice bei Borghetto; erst unter Urban VIII. vollendet, von J. C. Goethe fälschlich als Milvische Brücke bezeichnet – vgl. obige Anm. zu Pons Milvius); er begab sich zu diesem Zweck zu seinem Neffen Kardinal Aldobrandini, wo er glänzend aufgenommen wurde (1597) – des weiteren werden päpstliche Gnadenakte erwähnt (E).

140 *Lucas armipotens ...:* »Der waffengewaltige Lucas Sabellus veranlaßte: Burg, Brücke, Tor und einen zweifachen Damm, damit der doppelgesichtige Altar des Janus sicher sei. Im Jahr 1500.« (G) – *Geheimmittel:* vgl. Anm. zu S. 189.

141 *Nolesino:* »einer so die Leut um Geld führt/it. ein Roß-Leyher/ Pferd-Leyher« (Kramer: ›Ital.-Teut. Sprach- und Wörter-Buch‹). – *Rockelor:* »eine art reise- oder regenmantel; die mitte zwischen mantel und rock haltend.« (Grimm: ›Deutsches Wörterbuch‹)

142 *Nobili vincendi ...:* »Eine edle Art zu siegen ist geduldiges Ertragen: es siegt,/wer erträgt. Wenn du Sieger sein willst, lerne zu ertragen!«

143 *liebenswürdige Stadt:* im Original »la garbata«. – *Parthenope:* klassisch-mythologischer Name für Neapel. – *Villa Mariana ...:* einst die Kleinstadt Castrimoenium; es hatten dort aber auch zahlreiche röm. Adelige ihre Landgüter (»villa«) – erst im Mittelalter erhält das Wort die Bedeutung »Stadt«. – *Fabritio Taleacotii ...:* Herzog Filippo Colonna widmete seinem Vorfahren Fabrizio die Stadt, in der dieser gelebt hatte, zum Gedenken an dessen Kriegstaten, die er seit 1642 im Dienst der neapolitanischen Könige vollbracht hatte (restauriert 1689; G).

144 *Q. POM. MVSAE COS.:* Bruchstück einer antiken Inschrift: »Quintus Pomponius Musa, Konsul« – zwischen 145 und 160 n. Chr. unter dem Kaiser Antoninus Pius (CIL X.1 Nr. 6568). –

*Optimo principi ...:* die Stadt Velletri dankt dem Papst besonders dafür, daß er sie, die einst durch Augustus und dessen Vorfahren berühmt gewesen war (Ms.: durch die Vorfahren des A.), in spezieller Zuneigung durch neue Ehrenstellen ausgezeichnet hatte: den Bürger Marzio Ginetti hatte er zum Kardinal erhoben und zum Friedensunterhändler zwischen den Fürsten des Kirchenstaates bestimmt (1637; I). – *Tom. Valle:* eigtl. Teodoro Valle (Farinelli II, 245).

145 *Apostelgeschichte:* 28, 15. – *Piperno:* heute Priverno. – *»Pantoffel-Holz«:* im Original deutsch.

146 *Q AVFIDIVS ...:* Fragment einer antiken Inschrift: »Quintus Aufidius, Sohn des Quintus, Quintus Maculnius, Sohn des Quintus [ließen auf Senatsbeschluß errichten].« (CIL X.1 Nr. 6327) – *TI IVLIO AVGVSTO ...:* Ehreninschrift »für Tiberius Iulius Optatus, den Freigelassenen des Augustus, von [der Insel] Ponza, Procurator und Admiral ...« – J. C. Goethe schreibt den Namen Ti. Iulius Augustus (!) groß, »optatus« (= »auserwählt«) hingegen wie den übrigen Text klein (CIL X.1 Nr. 6318). – *Misson:* vgl. Misson II, 14f. (Misson referiert nur mögliche Erklärungen).

147 *›Totengesprächen‹:* Fontenelle: ›Dialogues des morts‹ (1683). – *Sultans:* Sulaiman I. – *Prinzessin:* Giulia Gonzaga. – *Edelmann:* Giulia Gonzaga wurde von einem Kammerdiener gerettet, nicht vom Kardinal Ippolito Medici, der erst später hinzukam. – *Valeriae et ...:* »Den Totengöttern (fehlt im Ms.) der Valeria Victoria, Tochter des Sextus (Ms.: für Val. und Vict.), die 18 Jahre lebte, errichtet von den ehrfürchtigen Töchtern des Valerius, Neptunalis und Harmonia (Ms.: neiuna ... harmonia ... die vorzügliche des Valerius; mit den angezeigten Auslassungen) J. C. Goethes sind grundsätzlich richtig: die Ausfallstraßen Roms waren tatsächlich bevorzugte Begräbnisstätten – zahllose Inschriften redeten die Vorübergehenden an. Grabinschriften wie die vorliegende sind jedoch nicht ungewöhnlich; oft wird sogar nur der Name genannt, was genügte, um das Gedächtnis des Toten zu bewahren; eine lange Folge von Vorfahren, Titeln und Verdiensten konnte J. C. Goethe viel eher barocken Epitaphen entnehmen. – *»Flaminea ...«:* »[die, deren] Asche an der Via Flaminia oder Latina ruht« – eine Umschreibung für Verstorbene überhaupt (Juvenal: Satiren 1.171).

148 *Benedictus XIII. ...:* der Papst ließ 1723 die Straße, »die früher in der angrenzenden Ebene am Ufer des Flusses Amasinus verlief und häufigen Überschwemmungen ausgesetzt war, ... auf einem höhergelegenen Ort anlegen und mit Brücken befesti-

gen.« (G) – *am Meer gelegenen Ort:* Minturno. – *Philippo II. ...:* Gedenktafel eines Herzogs zum Bau einer Brücke unter Philipp II. Carolus (G). – *Huius monumenti ...:* bei diesem Turm muß es sich um ein Grab handeln, da weitere Bestattungen innerhalb der Umfriedung untersagt werden (CIL X.1 Nr. 6069).

150 ›*Italienisch-deutschen Gespräche*‹: L. A. Muratori: ›Italiänisch-Teutsche Gespräche.‹ Nürnberg 1732 (in J. C. Goethes Bibliothek nachweisbar); Farinelli (II, 248) referiert aus dem Bücherlexikon von Heinsius: ›Dialoghi curiosi‹, italienisch und deutsch, Nürnberg 1721. – *Improba mens ...:* »Ein vermessener Geist freilich lehnte ab zu glauben, was die Überlieferung / verkündete; doch der Fels, unter den Fingern erweicht, erweist sie.« (I)

151 *Sacco di Roma:* Plünderung Roms durch die Truppen des späteren Kaisers Karl V. (1527). – *Tu quoque ...:* »Du auch, Amme des Aeneas, hast unseren Ufern/sterbend ewigen Ruhm geschenkt, Caieta.« (Vergil: Aeneis 7. 1 f.). – *Agata:* Sant'Agata. – *Capua:* S. Maria Capua Vetere. – »*Omnium olim ...*«: »die Stadt, die einst unter allen Städten am meisten vom Glück begünstigt war« – lat. Übersetzung des hellenistischen Historikers (3.91.6); J. C. Goethe konnte sämtliche Zitate zu Capua bei Misson finden. – »*caput urbium*«: »die Hauptstadt aller Städte« – auch die folgende Erklärung ist dem Geschichtsabriß (›Epitome‹) des Lucius (!) Annaeus Florus entnommen (1.11.6), freilich in der damaligen Lesart; tatsächlich stellten die Romer Capua zunächst den Städten Karthago und Korinth zur Seite.

152 *Urbs Capys ...:* »Die Stadt Capua auf diesem Feld? Die ehrgeizige Nebenbuhlerin Roms?/Welch unbedeutende Gebeine eines großen Körpers liegen da!« – ... *Wachposten daran gehindert:* vgl. das analoge Erlebnis des Sohnes J. W. Goethe in Malcesine (›Italienische Reise‹; 14. Sept. 1786). – *D.O.M. Anonymorum ...:* J. C. Goethe faßt richtig zusammen: die Urnen wurden 1722 durch Kardinal Caracciolo beim Bau der neuen Kirche in einer großen Urne verschlossen und erneut unter dem Altar der Krypta beigesetzt (G).

153 *Terra di Lavoro:* »nicht das Land der *Arbeit,* sondern das Land des *Ackerbaues*« (J. W. Goethe: ›Italienische Reise‹; Neapel, den 28. Mai 1787). – »*Talem arat ...*«: (eigtl.: »talem divos arat...«) »solchen bestellt das reiche Capua und das [Küstenland] um den Vesuv ...« (Vergil: Georgica 2.224). – »*Campagna stellata*«: wörtl.: »die bestirnte Gegend«. – *Magg$^{re}$.:* Abkürzung für »Maggiore«.

155 *was die Kunst überhaupt nur ersinnen kann:* Farinelli (II, 251) vermutet hier Ironie J. C. Goethes.
156 *Nata eheu ...:* »Die Tochter – weh mir Unglücklichem – wurde mir unglücklichem Vater geboren, auf daß du, einzige Tochter, mein alleiniger Schmerz würdest. Denn eben in Vorbereitungen für Gemahl, Hochzeitsfackeln und Brautgemach – siehe, da rüste ich schon voll Sorge zu deinem Begräbnis und Totenopfer. Wir, Vater und Mutter, hätten mit dir beigesetzt werden müssen, damit diese Urne drei Unglückliche aufgenommen hätte...« (E) – J. C. Goethe gibt die Distichen nicht vollständig wieder, auch die Lebensdaten fehlen (so auch bei Misson II, 39): das Mädchen starb 1530 mit knapp 14 Jahren. – *Antonio Epicuro ...:* von Bernardino Rota für den 1555 mit 80 Jahren verstorbenen Freund errichtet (I). – *Hic inter ...:* für Beatrice Rossa (gest. 1696), wohl eine der genannten Ordensfrauen. – *Quisquis adis ...:* Aufforderung, die in der Kapelle Ruhenden zu verehren; der Sohn des Fürsten von Benevent hatte die Gebeine des hl. Bartholomäus von den Liparischen Inseln dorthin überführen lassen; seine Schwester und deren Nachkommen hielten die Reliquie dann jahrhundertelang verwahrt. – *Cernite Robertum...:* »Nehmt wahr den König Robert, den tugendreichen!« (I). – *Anno sub ...:* J. C. Goethe kopiert lediglich die Inschrift auf der Ostseite des Turmes (1348 angebracht); weiter werden einige der zahlreichen Prälaten aus verschiedenen Bistümern Unteritaliens aufgezählt, die bei der Einweihung beteiligt waren (lt. Farinelli II, 89: 1340) – Angaben zu »Gründung« und »Bau ... der Kirche« sind auf der Süd- und Westseite zu finden (Nemeitz II, 82); da die gesamte Chronik in Hexametern abgefaßt ist, werden z.B. die Jahreszahlen (1300 bzw. 1330) umständlich umschrieben (E).
157 *Inclyta Parthenopes ...:* »Die weitbekannte Königin von Neapel, Johanna I., liegt hier; zuerst begünstigt, alsdann überaus bedauernswert. Des Carolus Tochter bestrafte Carolus II. mit dem Tod; auf dieselbe Weise hatte jene vorher ihren Mann aus dem Weg geräumt. Am 22. Mai 1372.« (I). – *Karl:* Karl III. von Anjou-Durazzo. – *Templum hoc ...:* »Von Kaiser Hadrian erbaut und von Konstantin dem Großen der Märtyrerin Lucia und Johannes dem Täufer geweiht«; den weiteren Wortlaut faßt J. C. Goethe richtig zusammen (nur im Ms. mit der Jahreszahl 1635; I). – *Parthenope ... Eumelos:* Eumelos, auch Acheloos, galt der antiken Mythologie als ältester der Flüsse, daher auch als Vater der Parthenope (einer der drei unteritalischen Sirenen); Eumelos war Stadtheros von Neapel. – *S. Onustus ...:* der Haupttext für den Abt und späteren Humanisten lautet:

»Belastet von seinem Alter, suchte Giano Anisio einen besseren Weg; er gab seine Bürde auf, denn wer von ihr beschwert ist, dem ist keine Ruhe vergönnt. Wenn er dann irgendwie glänzte, so war es auf dem Gebiet der Musen, doch brachten ihm diese bald mehr Mühe.« (I). – *Mors tumulatum* ...: der Tod wird hier auf Gräber und zu Bestattende hingewiesen. – *Triste hoc* ...: von J. C. Goethe als dem einzigen Zeugen wohl fehlerhaft kopiert: »Die traurige Vorstadt des Todes hier wurde dieser Jungfrau als Hilfe geweiht; zu Anwohnern hat sie die Verstorbenen.«

158 *Thomas Filomarinus* ...: zur Erinnerung an den Erbauer (1613; E). – *Caesaris de ponte* ...: »[Sie] ... erbauten das Gymnasium von den Grundmauern bis zum First (Ms.: »Licht«) aus dem väterlichen Vermögen, 1605 ...« (E); J. C. Goethe faßt die Dankinschrift der Gesellschaft Jesu richtig zusammen.

159 *Ter caput* ...: Erzählung der Gründungssage: als Bruno schon auf der Leichenbahre lag, hob er dreimal den Kopf und berichtete von einer Höllenvision. Darauf sagte er dem Teufel und der Fleischeslust den Kampf an und zog mit einigen Gefährten in die Einsamkeit. Eines Morgens fanden sie den Platz für die erste Kartause (E).

161 »*Bene scripsisti* ...« ...: »Treffliche Schriften hast du über mich verfaßt; welchen Lohn nimmst du nun an?« ... »Keinen anderen als dich selbst.« – *Viator, huc* ...: Aufforderung an den Eintretenden, das Bildnis und den Lehrstuhl zu bewundern, auf dem Thomas von Aquin »... unter großem Zustrom von Zuhörern – was angemessen war – in jenem segensreichen Zeitalter so viele Leute als möglich mit seiner bewundernswerten Gelehrsamkeit in der Theologie unterwies; er, der bereits von König Karl I. herbeigerufen war, ...« (1272) – die Lohnzahlung gibt J. C. Goethe richtig wieder (I). – *Pietati et* ...: »Zum ewigen Andenken an das vortreffliche Erdenleben des Gottesstreiters und an den verdienten Lohn im Himmel« (fehlerhaft kopiert; G). – *Diomede Carafa:* nicht der Kardinal von Ariano, sondern der Conte di Maddaloni (Farinelli II, 255). – *Vivat adhuc* ...: »Noch immer lebt er, gleichwohl das Bildnis einen Verstorbenen darstellt. Möge doch ein jeder lernen, über sein Grab hinaus zu leben!« (Ms. und Misson II, 40: »er möge noch immer leben«; Text hier wie bei Keyßler II, 271). – *Sceptra* ...: unter König Philipp II. dem Katholischen erneuerte sein span. Vizekönig 1594 die (im folgenden genannten) Gräber: die Erinnerung an die aragonischen Könige von Neapel sollte lebendig erhalten werden (I).

162 *Nimbifer ille* ...: in der Tat rätselhafte Distichen, die »wegen

ihrer dunklen Ausdrückungen den Gelehrten Gelegenheit zu vielem Grübeln gegeben« haben (Keyßler II, 273); bis heute sind sie nicht zu entschlüsseln (I). – »*Davus sum* ...«: »Auch ich ›bin nur Davus, bin nicht Ödipus‹«, d.h. kein Rätsellöser, sagt der Sklave Davus in der Komödie ›Andria‹ von Terenz (V. 194; schon in der Antike sprichwörtlich). – *Ne mireris* ...: die Säule am Hauptaltar erzählt: Als Lastträger das Bild des Erlösers auf ihr absetzten – ein Geschenk des Kaisers von Konstantinopel an den Erzbischof von Neapel –, konnte es durch ein Wunder nicht mehr entfernt werden. Deshalb wurden beide zusammen über dem Altar des hl. Marcellinus angebracht (die Jahreszahl 1282 fehlt im Ms.; E). – *Improba mors* ...: eine Klage in Hexametern über den plötzlichen Tod, der den König aus seinen hochfliegenden Plänen gerissen hatte (I). – *Qui populos* ...: Johanna II. errichtete ihrem kriegerischen Bruder das prächtige Denkmal, auf dem die beiden letzten franz. Könige (Nachkommen Karls aus dem Hause Anjou) thronten (I).

163 *Miraris niveis* ...: nicht nur das Grabmal, den König hoch zu Roß, mehr noch dessen Mut und unbesiegte Stärke soll der Fremde bewundern: wieder werden die Heldentaten in verschiedenen Kriegen besungen (I). – *Nil mihi* ...: als die Königin durch hohes Alter geschwächt war, führte Caracciolo für sie die Regierung, und nur der Titel fehlte ihm zum höchsten Amt – »... Aber mich hat derselbe Neid wie dich, großer Cäsar, im Schlaf ausgelöscht, denn die Nacht unterstützte den hinterlistigen Anschlag. Nicht mich, sondern das gesamte Königreich zerfleischst du, gottlose Hand, und die holde Parthenope verlor ihre Zier (Ms. und Keyßler II, 287: »... zerfleischt die gottlose Hand).«; der Zusatz mit den genauen Namen und dem Jahr der Errichtung (1533) fehlt bei J. C. Goethe (I). – *Enthauptung:* bei Keyßler (II, 308) auf Johannes den Täufer bezogen. – *D.O.M. et memoriae* ...: »... zur Erinnerung an den Ritter Giovanni Battista Marino, den unvergleichlichen Dichter, den Könige und fürstliche Herren wegen seines glücklichen Gelingens bei der Abfassung von Gedichten jeder Art gleichermaßen auszeichneten und den alle Freunde der Musen bewunderten ...« (errichtet 1683; I).

164 *Anno Dom.* ...: die wundersame Begebenheit aus dem Jahr 1300 ist richtig wiedergegeben; freilich fand J. C. Goethe schon bei Keyßler (II, 260) eine umfangreiche Inhaltsangabe vor (ihm und Misson folgt er auch getreulich in der Textfassung; E).

165 *Lac pueris* ...: »Milch für die Knaben, Mitgift für die Unverheirateten, Kleidung für die Unschuldigen und Heilmittel für die Kranken – das spendet dieses großzügige Haus. Deshalb ist es

zu Recht jener geweiht (Ms. »ist jene zu Recht heilig«), die – verheiratet, unschuldig und milchspendend – das wahrhafte Heilmittel des Erdkreises war.« (I). – *Rad:* die ausgesetzten Kinder konnten durch eine drehbare Vorrichtung in der Mauer anonym ins Innere des Klosters befördert werden. – *legitimiert:* bei Keyßler (II, 300) heißt es genauer: »... weil die in diesem Hospital aufgenommene Findlinge Kraft eines vom Papste Nicolao IV. erhaltenen Privilegii, ohngeachtet ihrer in Zweifel hangenden Geburt, dennoch auch sogar der Priesterlichen Würde fähig erkläret worden sind.«

167 *S. Restituta:* bei J. C. Goethe zumindest mißverständlich formuliert, da der »Tesoro« der Kirche S. Restituta, die heute eine Seitenkapelle des Doms bildet, gegenüberliegt.

168 *natürlichen Ursachen:* vgl. hierzu Keyßler (II, 280): »Die in dem Glase befindliche Materie ist braun=roth und gleichet dem *Balsamo Peruviano,* welcher auch leicht flüßig gemacht werden kan. An dem Tage, da das Wunder geschehen soll, steht dieses Blut zwischen einer Menge Lichter; das Glas, worin es noch in der kleinern Phiole (die etwan eines Fingers lang) eingeschlossen ist, wird denen Umstehenden und mit grosser Begierde herzu sich dringenden Personen zum Kusse an den Mund und hernach an die Stirn gehalten, bey solcher Gelegenheit stürzt der Priester dasselbe mehr als tausend mal um, daß der Boden oben und auf die Seite zu stehen kommt. Die Wärme seiner Hände, der Qualm der Lichter, der Dunst, welcher aus der Menge des Volkes in einer warmen Jahres=Zeit, und endlich der warme Odem, der aus dem Munde der Küssenden kommt, nebst andern Umständen, könten auch eine andere vorher flüßig gewesene Materie schmelzen machen...«. – *Dichter:* Francesco de Pietri. – *Nondum credis...:* »Glaubst du noch nicht, Araber, warum flüchtest du Barbar von den skythischen Küsten dich nicht auf den Weg der wahren Religion? Betrachte, berühre dies: lange nach der Zeit des Märtyrers überdauert das Blut bis heute rein und ohne zu verwesen. Im Gegenteil, lebendig nimmt es zu, steigt auf, verbreitet sich, funkelt; und schneller strebt es über den Rand der Röhre hinaus. Nimmst du, Ungläubiger, wahr, daß das Blut – vorher kalt und hart – dem Haupt angenähert, schäumt und flüssig ist? Wenn du auch härter als Fels oder ein Punier aus Stahl bist, warum wirst du nicht weich, da doch das feste Blut von selbst flüssig wird?«

169 *Carolo I. ...:* »Für Karl I. von Anjou, den Erbauer dieser Kirche, für Karl Martell, den König von Ungarn, und für Clementia, dessen Gattin, die Tochter von Kaiser Rudolf I.: damit die Gebeine des Königs von Neapel, die seines Enkels und die der

Königin aus österreichischem [= habsburgischem] Geblüt nicht ohne die geschuldete Ehre begraben liegen. ...« (1599; I) – *Conditur hac ...:* Grabspruch in Distichen für den König, »... dem das neidische Schicksal Szepter und Leben nahm, da es seinen Ruhm nicht zerstören konnte.« (I) – *Andreae Caroli ...:* »... Er wurde hier bestattet, damit für die Nachwelt weder der Leichnam des Königs unbegraben noch das Verbrechen begraben bleibe. Er starb 29jährig am 18. September 1355.« (I) – *Guglia:* allg. Bezeichnung für spitz emporragende Denkmäler (von J. C. Goethe vor allem für die röm. Obelisken verwendet); hier eine komplizierte barocke Säulenkonstruktion. – *Divo Ianuario ...:* ein Dank der Stadt für ihren Schutzheiligen (I). – *Karl:* Karl von Anjou, Herzog von Durazzo.

170 *Alessandro di Sangro ...:* vermtl. Irrtum aufgrund des Vornamens – bei Zedler ist A. di Sangallo als Erzbischof von Benevento verzeichnet. – *D.O.M. Paulo de Sangro ...:* die »vornehme Lobrede« für den Militär (gest. 1642) geht in ihren allg. Formulierungen nicht über das Übliche hinaus; »ausgewählt« hat sie auch Keyßler (II, 318). – *S. Pietro e Paolo Maggiore:* eigtl. S. Paolo Maggiore; der Irrtum erklärt sich wohl dadurch, daß die Kirche die Statuen beider Apostelfürsten (des christlichen Dioskurenpaares) besitzt. – *Tiberius Iulius ...:* »Tiberius Iulius Tarsus, Freigelassener des Kaisers Tiberius und Procurator über die Küste, errichtete und weihte den Söhnen Jupiters und der Bürgerschaft den Tempel und das, was im Tempel ist, aus eigenen Mitteln.« – J. C. Goethe übersetzt aus dem Griechischen. – *Audit vel ...:* »Obwohl taub, hörten sogar Castor und Pollux den Petrus, und keinen Aufschub gab es: kopfüber stürzten beide vom Marmorgesims herab.« (I) – *Tindaridas vox ...:* »Die Stimme, die sich erhob, traf die Tyndariden: die Siegespalme gebührt dem Petrus ungeschmälert. Aber er teilt mit dir, Paulus, gerne den Preis.« (I)

171 *Et dirutis ...:* »Aus dem zerstörten Marmortempel, einst den falschen Göttern Castor und Pollux, jetzt den wahren Heiligen Petrus und Paulus geweiht«, ließen die Chorherren eine Treppe erbauen (das Datum 1578 nur im Ms.; I). – *SS.:* Abkürzung für »Santi«, die »Heiligen«. – *D.O.M. Ioannes Baptista ...:* an Marino wird besonders gerühmt, daß er die griech. und lat. Muse in einem einzigen italischen Dialekt verband und damit den Geist der altehrwürdigen Dichter zum Ausdruck brachte, daß er mit geistlichen und weltlichen Themen gleichermaßen Anerkennung erwarb; schließlich kehrte er nach Neapel zurück, »damit Marino dem Maro [= Vergil] näher sei« (I); vgl. Anm. zu S. 163. – *Mors Quae ...:* die Trostgedanken, die die Anver-

wandten hier in den Distichen formulieren, entstammen nicht der christlichen, sondern der antiken Lebensauffassung: Candida lebt in der Erinnerung der Ihren und vor allem in ihrem Sohn weiter, wie sie es sich immer gewünscht hatte – lediglich vor ihren Lebensdaten findet sich die christl. Formel »hier ruht in Frieden ...«; sie starb 50jährig im Jahr 585 (vgl. CIL X.1 Nr. 1537).

172 *Hic duo ...:* Hinweis auf die Reliquien der beiden Heiligen. – *Siste fidelis ...:* Aufforderung, den hl. Petrus, der das Meßopfer feiert, zu verehren, da er an dieser Stelle die Bekehrten »mit jenem süßesten Brot gespeist hat«; der Altar wird in einem Distichon erwähnt, das J. C. Goethe nicht mehr kopiert (I). – *Margarethe:* eigtl. Elisabeth; schon Keyßler (II, 303) hatte auf den Fehler der Inschrift hingewiesen.

173 *Papst:* Alexander IV. – *Herzog von Österreich:* Friedrich I. von Baden, Herzog von Österreich. – *Herzog von Anjou:* Karl von Anjou. – *Papstes:* Clemens IV. – *Guicciardini:* wohl nicht identisch mit dem Historiker Francesco G. – *Infoelix juvenis ...:* »Unglückseliger Jüngling, welches Los bleibt dir denn, während du dich anschickst, das väterliche Reich im Krieg zu unterwerfen? Dich vertreibt von hier der Gallier, den Flüchtigen nimmt Astur gefangen, und Neapel selbst stößt ihn von seinem Pferd herab. Was nimmt es da wunder, daß du, vom Feind gefangen, als dahingeschlachtetes Opfer unter dem Eisen des Henkers fällst? Ah, allzugut hat sich die Stimme des Volkes bewahrheitet, daß Karls Leben schließlich dein Tod war. Mögen von jetzt an die Gesetze schweigen und alle Ordnung sich verkehren, wenn ein König über einen König Macht hat.« (I) – *Asturis ungue ...:* »Mit der Klaue Asturs raubte der Löwe das kleine Adlerjunge; hier rupfte er es und riß ihm den Kopf ab.« (E)

174 *Eo sò la morte ...:* »Ich bin der Tod,/Der unter euch irdischen Menschen/Dem Kranken ebenso wie dem Gesunden nachstellt./Tag und Nacht bin ich auf der Jagd nach euch;/Niemand kann sich vor mir verstecken./Und meiner Schlinge entfliehen,/Denn die ganze Welt ereile ich/Und das gesamte Menschengeschlecht./Niemand darf sich vor mir in Sicherheit wähnen,/Sondern er soll Angst fühlen,/Daß ich auf höheren Befehl/Den hole, dessen Zeit abgelaufen ist./Diese Figur des Todes/Sei euch eine Mahnung,/Damit ihr daran denkt,/Den Weg des Heils zu gehen.« – *Tutti Ti ...:* »Alles will ich dir geben,/Wenn du mich nur verschonst.« – *Se mi potesti ...:* »Wenn du mir geben könntest,/Was sich nur immer verlangen ließe,/So könntest du dem Tod dennoch nicht entkommen,/Wenn deine Stunde schlägt.« – *Mille laudi ...:* die schlecht erhaltene und daher z. T. unver-

ständliche Inschrift formuliert den Dank eines zweimal vom Ertrinken geretteten Mannes (13. August 1361). – *Alphonso Aragonio II. ...:* J. C. Goethes anschließender Kommentar entspricht inhaltlich der dankbaren Erinnerung der Mönche, denen der König obendrein auch bei Tisch vorgelesen hat (I).

175 *Qui legis ...:* wie auch in der voranstehenden Inschrift hebt J. C. Goethe den eigtl. reizvollen Teil deutlich hervor; Maria starb 1480 mit 20 Jahren und hinterließ ihrem Gatten, einem Herzog von Amalfi, drei Knaben (das Ms. gibt wie Keyßler II, 325 als Todesjahr 1460 an; I). – *Vizekönig von Sizilien:* Garcia de Toledo, Marquis von Villafranca. – *Petrus Toletus ...:* hier hat J. C. Goethe z. T. ungenau gelesen: das Grabmal hat sich der Vizekönig (gest. 1553) zu Lebzeiten selbst gesetzt, der Sohn fügte lediglich das Bild der Mutter hinzu (1570); im übrigen werden der Sieg über die Türken sowie die Befestigung und Verschönerung der Stadt gerühmt (E).

177 *Capaccio:* ›Puteolana historia. Accessit ejusdem De balneis libellus.‹ Neapolis 1604.

178 *»moeroris cessatio«:* »Unterbrechung des Kummers«; vgl. griech. »pausílypos« (»kummerstillend«). – *Pausilypus noster ...:* »Unser Pausilypus gibt jetzt dem Berg seinen Namen; so nannte schon der große Caesar seine Villa, weil sie ihm in seinen übermäßigen Sorgen sichere Ruhe schenkte und dem sturmgeschüttelten Schiff einen Hafen bot.« – *Vesorius Zoilus ...:* T. Vestorius Zelotus (nach anderer Lesart auch Vesiorius Zeloius) stiftete für den Fortuna-Tempel eine Statue der Allgottheit Pantheos (vgl. CIL X.1 Nr. 1557). – *»Quisquis sive ...«:* »Wer immer [du bist], sei es ein Einheimischer [oder ein Neuankömmling] ...« – ein Hinweis auf die erst kürzlich wiederhergestellten heilkräftigen Bäder in den Campi Phlegraei (Nemeitz II, 107).

179 *Sub finem ...:* »Am Ende eines dunklen Pfades, wo man erstmals den Himmel zu sehen anfängt, erblickt man über einem steilen Abhang die Grabstätte von Vergil selbst, ein überaus altes Bauwerk.« – *»Vera Guida ...«:* Pompeo Sarnelli: ›Guida de' forestieri, curiosi di vedere e considerare le cose notabili di Pozzoli, Baia, Miseno, Cuma ed altri luoghi convincini ...‹ Napoli 1685 (mehrere veränderte Ausgaben). – *Nostradamus:* im Original »Nostro Adamo«, wörtl. »Unser Adam«. – *Dichter:* im Original »poeta«; Farinelli (II, 264) vermutet eine Verwechslung mit »profeta«. – *Bericht ... Plinius:* Plinius berichtet in dem unten zitierten Brief (3.7) von Tod des Epikers Silius Italicus (gest. ca. 100 n. Chr.) und erinnert sich dabei ausführlich an dessen Lebensumstände. – *»Vergilii ante ...«:* Vergili (sc. imaginem) ante onmes (sc. venerabatur), cuius natalem religiosius

quam suum celebrabat, Neapoli maxime, ubi monimentum eius adire ut templum solebat.« – In seinen Villen habe Silius »vor allen anderen Vergils« Bildnis verehrt; das weitere ist dem lat. Plinius-Zitat fast wörtl. entnommen.

180 *Hospita Parthenope ...*: P. Papinius Statius, ein neapolit. Zeitgenosse des Silius, sieht sich – wie einst »die Fremde, Parthenope« – an dieser Küste zur Ruhe kommen: »auf der Schwelle von Maros Heiligtum sitzend«, dichtet er am Grab des großen Meisters; J. C. Goethe zitiert mit Auslassungen V. 52–54. – *Silius haec ...*: »Silius verehrt feierlich dieses Grabmal Vergils, er, der das Landgut des beredten Cicero besitzt. Als Erben und Herrn, einmal des Grabs, einmal des Hauses, sähen weder Vergil noch Cicero einen anderen lieber.« (Martial: Epigramme 11.48; im Ms. nach der damaligen Lesart: »Herr des Grabs *und* des Hauses«) – *Die ältere Inschrift:* bei Sarnelli heißt es, daß ein neuerer Stein mit dem alten Distichon (»Mantua me genuit ...«) gesetzt worden sei (Farinelli II, 264). – *Mantua me genuit ...*: als Grabdistichon in der Vergilvita des Donat zitiert (36; Mitte des 4. Jh.): »Mantua gab mir das Leben, Kalabrien nahm es, jetzt birgt mich / Neapel. Ich sang von Weiden, Feldern und Führern.« – *Mabillon:* ›Iter Italicum, Musaeum Italicum‹. Lutetiae Parisiorum 1725 (Farinelli II, 264). – *Sistite viatores ...*: »Haltet bitte ein, ihr Wanderer, lest die wenigen Worte: hier liegt Maro begraben.«

181 *Seneca:* »Nichts ist länger als dieser Kerker, nichts finsterer als diese Schlünde! ... Wenn übrigens der Ort auch Licht hätte, so würde der Staub es wegnehmen, der schon im Freien so lästig und unangenehm ist ...« (Seneca: ›Briefe an Lucilius‹ 57.2; übers. von D. J. W. Olshausen, Kiel 1811). – *O lieta Piaggia ...*: »O heitrer Strand, o einsames Tal,/O willkommener Hügel, der du mich schützt/Vor brennender Sonne mit deinen schattigen Schultern,/O kühler und klarer Bach, der du herabfließt/In grüne Wiesen durch blühende Ufer/und ein süßes Murmeln hören läßt usw.«. – *SS.:* Abkürzung für »Santissimo« (»allerheiligst«). – *D. Ianuario iam ...*: 1580 durch die Stadt Neapel errichtet: die Blutspritzer des Märtyrers hier sollten nicht als einzige ohne Ehre bleiben (I).

182 *D. O. M. Divo Ianuario ...*: 1647 vom Erzbischof Neapels für den höchsten Schutzheiligen des Königreichs gesetzt: das Blut, das 1400 Jahre zuvor auf dem unweit davon liegenden Stein vergossen und in Weingefäßen aufbewahrt wurde, ist »ewiges Zeugnis katholischen Glaubens« (bei Keyßler II, 357 und im Ms. mit dem Zusatz D. O. M. und der Jahreszahl 1697; I). – *Solforara:* »... das gemeine Volk giebt ihr heut zu tage den

Namen von *Solfatara,* anstatt *Solforata* zu sagen.« (Keyßler II, 352)

183 *Schwitzbädern des hl. Januarius:* eigtl. Bagni di San Germano; die Verwechslung beruht auf der Namensähnlichkeit im Italienischen: »San Germano« – »San Gennaro«.

184 *Edelmann:* der Franzose de Tournon.

185 *In hoc amphitheatro ...:* der Bischof von Pozzuoli hatte 1689 nach dem Kerker des hl. Januarius und seiner Gefährten graben lassen, konnte das Gesuchte jedoch nicht finden: »Während die Trümmer der Heiden deutlich zu sehen sind, bestehen die heiligen Orte unversehrt fort. Verehre das Heiligtum, das jüngst gefunden wurde ...« (denn dieser Fund ist nur im Glauben möglich; I).

186 *Lavaurs Vergleich:* ›Conférence de la fable avec l'histoire sainte.‹ Paris 1730; unter geringfügig verändertem Titel auch Amsterdam 1731.

187 *Ekloge:* die 4. Ekloge (»Musen Siziliens, laßt uns ein wenig Größeres singen ...« – V.1) wurde seit Augustinus als Prophezeiung der Geburt Jesu angesehen, die nicht dem Dichter selbst, sondern einer Inspiration durch das Sibyllinische Orakel zugeschrieben wurde; J. C. Goethe vermischt diese Auffassung (vgl. weiter unten) mit den apokalyptischen Bildern der Dichtung (V. 4–10): »Schon bricht das letzte Weltzeitalter nach cumaeischer Prophezeiung an ...« (V. 4; mit der Geburt des Knaben »erhebt sich auf der ganzen Welt ein goldenes Geschlecht« – V.9). – *Fall Trojas:* diese Deutung ist aus Vergils ›Aeneis‹ entnommen, wo die Sibylle dem Trojaner Aeneas den Weg in die Unterwelt weist (B. 6); mit dem Sibyllinischen Orakel in Cumae, das die historischen Römer befragten, ist sie nicht in Verbindung zu bringen. – *»Cento Stufe«:* J. C. Goethes unsinnige Beschreibung beruht auf einem sprachlichen Versehen: »stufe« heißt ital. natürlich nicht »Stufen«, sondern »Öfen« – es handelt sich um heiße Quellen.

188 *Baumstamm:* »In einer Neben=Cammer, wozu man durch ein Loch kriechen muß, hat der Tropf=Stein die Gestalt eines Baumes abgebildet, welchen etliche ohne Ursache vor ein versteinertes Gewächs ausgeben.« (Keyßler II, 378) – die im Unterschied zu dieser dezidierten Äußerung des Reiseführers sehr zurückhaltende Formulierung J. C. Goethes, die Versteinerungsthese zu bezweifeln, ist ein schönes Beispiel für die häufig zu beobachtende Absicht, das Zitat zu kaschieren und der eigenen Reisebeschreibung den Charakter von Authentizität zu verleihen. – *Gellius nach Apion:* Gellius (Noctes Atticae 6.8.4–5) zitiert den hellenistischen Gelehrten Apion; während dort von einem

Schulgang nicht die Rede ist, berichtet Plinius der Ältere die Wundergeschichte wie J. C. Goethe (Naturgeschichte 9.25). – *jüngere Plinius:* Irrtum J. C. Goethes (vgl. obige Anm.).

189 *»Percute, percute, ...«:* »Durchbohre, durchbohre bitte, mein Aniceta, den Leib, der Nero geboren hat, das teuflische Ungeheuer«; bei Tacitus sind lediglich die Worte »den Leib triff!« überliefert (Annalen 14.8.5.; vgl. Sueton: Nero 34). – *Vitruv und Plinius:* Puteolanerde vulkanischen Ursprungs war tatsächlich zusammen mit Kalk und Bruchstein unverzichtbarer Bestandteil des röm. Betons, wie ihn schon Plinius d. Ä. (Naturgeschichte 35.167) und vor allem Vitruv (Baukunst 2.6., 5.12.2) beschreiben; mit diesem neuartigen Baustoff (vgl. J. C. Goethe, S. 140) konnten erstmals weite Gewölbe und Bögen errichtet werden (Pantheon!) – Roms entscheidender Beitrag zur Architekturgeschichte.

190 *Baios:* so z. B. bei Silius Italicus 8.539, 12.113–115. – *»Nullus in orbe ...«:* »Keine Bucht der Welt überstrahlt das anmutige Baiae.« (nicht bei Juvenal, sondern bei Horaz: Episteln 1.1.83) – *»Littus beatae ...«:* »Baiae, goldener Strand der glückseligen Venus; Baiae, verlockendes Geschenk der Natur, auf das sie stolz ist! Selbst wenn ich, Flaccus, in tausend Versen Baiae priese, wird mein Lob Baiae dennoch nicht genügend würdigen.« (Martial: Epigramme 11.80.1–4).

191 *»Nam Bajarum ...«:* »Nam Bajarum medium intervallum Puteolanas ad moles, trium milium et sescentorum fere passuum spatium, ponte coniunxit contractis undique onerariis navibus et ordine duplici ad ancoras conlocatis, superiectoque terreno ac derecto in Appiae viae formam.« – J. C. Goethe faßt Suetons Bericht (Kap. 19) über die 5,3 km lange Schiffsbrücke mit täuschend echter Steinauflage richtig zusammen (in Wahrheit ca. 3,5 km); auch Keyßler (II, 365 f.) und Misson (II, 69 f.) widerlegen den Volksglauben. – *Dichter Alcedinus:* evtl. Verwechslung mit dem siz. Arzt Alcadino (um 1200), der die Heilquellen dieser Gegend untersucht hat. – *Est locus:* »Es gibt einen Ort, an dem Christus die Pforten der Unterwelt aufsprengte, und umglänzt führte er von dort die heiligen Vorväter heraus.«

192 *Mercato di Sabbato:* »Il Mercato del Sabato scheint nicht sowol ein blosser Ort, woselbst die Kauf=Leute alle Sonnabend feil gehalten, gewesen zu seyn, als vielmehr ein Circus, in welchem Schau= und Ritter=Spiele gehalten worden.« (Keyßler II, 381) – *Bruchstück einer Marmorsäule:* lt. Keyßler (II, 362 f.) handelt es sich um einen Sockel mit allegorischen Darstellungen kleinasiatischer Städte. – *1. Temnos. Cibra ...:* die »Göttinnen« stehen für 14 kleinasiatische Städte (bei J. C. Goethe unter Nr. 1–3),

denen Kaiser Tiberius 30 n. Chr. Hilfe leistete, als sie durch Erdbeben zerstört worden waren (ähnliche Erklärung bei Keyßler II, 362 f.); wie in Rom wurde ihm dafür auch in Pozzuoli eine Kolossalstatue errichtet (vgl. CIL X.1 Nr. 1624). – *Q. Flavio Maevio ...*: tatsächlich handelt es sich um eine weitere antike Basis, die 1704 gefunden und wiederaufgestellt wurde; mit der zugehörigen Statue war Flavius Maesius, ein hoher Beamter der Stadt, geehrt worden (vgl. CIL X.1 Nr. 1696).

193 *Imp. Caesar Divi ...*: der Stein entstammt der antiken Hafenmole, die J. C. Goethe als »Überreste der angeblichen Brücke des Caligula« beschreibt (S. 191); Kaiser Antoninus Pius hatte sie der Gedenkinschrift zufolge wiederherstellen lassen (139 n. Chr.) – diese Inschrift wurde 1575 im Hafen aufgefunden (vgl. CIL X.1 Nr. 1640). – *Calphornius L. F. ...*: »Lucius Calpurnius, der Freigelassene des Lucius, errichtete dem Augustus den Tempel mit seinen Verzierungen [korinthischen Kapitellen], aus eigenen Mitteln« (dieser Zusatz fehlt im Ms.); Schreibfehler und die falsche Zuschreibung an Jupiter aus Nemeitz I, 305 f. – *D. O. M. Retenta ...*: der Bischof von Pozzuoli ließ 1634 das Gotteshaus des hl. Proculus grundlegend erneuern und erweitern, »wobei er lediglich die äußere Fassade des calpurnianischen Tempels zur Erinnerung an das Altertum beibehielt ...« (I). – *Urbis liberatori ...*: »... Nachdem ihm an eben dem Platz seines Martyriums eine Kirche geweiht war, bewahrte er, eingedenk der öffentlichen Ehrenbezeugung, seine Puteolaner unversehrt vor todbringenden Flammen und beständigen Erdstößen, als bis 1631 der Vesuv noch brannte; denn er ließ nicht zu, daß der durch sein Blut geschützte Boden erbebe, daß die durch den Lorbeer seines Triumphes gezierte Herberge brenne ...«; die Statue des Schutzheiligen der Stadt wurde von dem erwähnten Bischof bei der zweiten Renovierung der Basilika 1647 aufgestellt (I).

194 »*ab equo ad asinum*«: »vom Pferd zum Esel«.

197 *ledernen Riemen*: im Original »pendoni«; Übersetzung hier in Anlehnung an J. W. Goethe: ›Italienische Reise‹; Neapel, 6. März 1787.

198 *älteren Plinius*: er starb während des großen Vesuvausbruchs 79 n. Chr., dem Pompeji und Herkulaneum zum Opfer fielen; J. C. Goethes Ausführungen stimmen mit dem Augenzeugenbericht von Plinius d. J. (Briefe 6.16) im wesentlichen überein, verschweigen jedoch, daß Plinius d. Ä. nur anfänglich aus wissenschaftlichem Interesse herbeigeeilt war, dann aber u. a. einer Frau namens Rectina (nicht: »bei Resina«) zur Hilfe kommen wollte.

202  25. *Ausbruch:* J. C. Goethe meint wohl den Ausbruch von 1707. – »*D. Januario ...«:* »Dem hl. Januarius, dem Befreier der Stadt, dem Stifter der Ruhe.« – »*Postquam Collapsi ...«:* »Nachdem die Asche zusammengesunken und die Flammen zur Ruhe gekommen waren, blieben die Bürger Neapels unversehrt. Im Jahr des Herrn 1707.« – *1731:* irrtüml. für 1737.

203  *uralte Denkmal:* Versehen J. C. Goethes, da sich dieses Monument durchaus noch an seinem Ort befand. – *Posteri, Posteri ...:* J. C. Goethe scheint von seiner bergsteigerischen Leistung so beeindruckt zu sein, daß er den Hinweis völlig mißversteht: nicht vor dem Aufstieg, sondern vor jeder weiteren Ansiedelung wird angesichts der Verwüstungen von 1631 eindringlich gewarnt; in drastischen Bildern wird der Berg als Ungeheuer beschrieben, dessen »Bauch schwanger geht mit Alaun, Eisen, Schwefel, Gold, Silber, Natron, Wasserquellen« – früher oder später wird er kreißen und gebären: »er wird erschüttert und erschüttert den Boden, er dampft, stößt mit den Hörnern, speit Feuer, schlägt die Luft, brüllt schauerlich auf und heult. ... Verschmäh' deinen Herd, verschmäh' deine Habseligkeiten! Keinen Aufschub, flieh'!« (I) – *Cellarius:* Christoph Cellarius: ›Alte und neue Geographie, in deutsche Fragen abgefasset, mit vielen curieusen Anmerckungen vermehret, und biss 1709 continuiret ....‹ Jena 1709(?) – in J. C. Goethes Bibliothek nachweisbar.

204  *Minister:* J. C. Goethe denkt wohl an Bernardo Tanucci (1698 bis 1783). – *Trajan:* Verwechslung mit Titus, der 79 n. Chr. regierte.

206  *Nimphis sacrum:* »den Nymphen geweiht«. – *Philippo IV Rege ...:* anläßlich der Wiederherstellung einer wichtigen Straße von Apulien nach Neapel; sie war 1631 durch das Wasser, das über die Lavakruste herabströmen konnte, unpassierbar geworden (G).

208  *Philippo regum ...:* unter König Philipp II. wurde dieser Platz mit Ziegeln und Kieselsteinen gepflastert: er war für Soldaten und Bürger, zu militärischen und schauspielerischen Darbietungen bestimmt (G). – *Carolo secondo ...:* anläßlich der äußerst schwierigen Befestigung des Hafens, die 1668 unter Karl II. vom Vizekönig ausgeführt wurde: der sich weithin erstreckenden lieblichen Küste sollte endlich ein sicherer Anlegeplatz für die Seereisenden entsprechen (I).

209  *Philippo IV ...:* der Leuchtturm, der durch einen Brand eingestürzt war, wurde 1626 unter Philipp IV. wiederhergestellt (E). – *Straße:* die heutige Via S. Biagio dei Librai. – *Vetustissimam Nili ...:* zur Erinnerung an die Wiederaufstellung 1667 (»damit

nicht ehrlos daliege, was dieser Gegend den berühmten Namen gab«) wurde 1734 eine neue Inschrift angebracht: »Die uralte Statue des Nil war einst der Sage nach von Alexandrinern, die in der Nähe lebten, gleichsam einem väterlichen Schutzgeist errichtet worden, wurde dann aber durch der Zeiten Unbill zerstört und am Kopf verstümmelt. ...« (E); für die Aufstellung mit einem neuen Kopf nennt die ursprüngliche Inschrift allerdings das Jahr 1657 (bei Keyßler II, 247, Nemeitz II, 101 f.). – *der seiner Majestät zusammen mit der Vicaria:* es handelt sich um ein und denselben Palast.

210 *Gründers:* Karl III. – *Carolus utriusque ...:* Karl III. beschloß 1727 nach Beendigung des Krieges, das Theater zu errichten, »damit das Volk sich ergötze« (G). – *Turcia:* Farinelli (II, 284) vermutet eine Verwechslung mit Tarsia. – *Hactenus effrenis ...:* »Bisher ohne Zaum, gehorcht es jetzt den Zügeln des Herrn; der gerechte König von Neapel zähmt jetzt dieses Pferd« (lt. Keyßler II, 253, hat Karl dem Pferdekopf ein Gebiß anlegen lassen, als er sich nach achtmonatiger Belagerung der Stadt bemächtigt hatte). – *Monti di Pietà:* wörtl. »Berge der Barmherzigkeit«.

211 *»Estrich«:* im Original deutsch.

212 *zum Hause Österreich:* Neapel war 1713 zu Österreich gekommen, Sizilien 1720; 1735 ging das Königreich Neapel-Sizilien an die span. Bourbonen über.

214 *Pietro Giannone:* ›Dell'Istoria civile del Regno di Napoli.‹ 4 Bde., Neapel 1720.

219 *Priapus:* der Fruchtbarkeitsgott wurde mit einem überdimensionalen Phallos dargestellt; die rotbemalten Holzstatuen standen allenthalben in Wein- und Obstgärten. – *Nunc te ...:* »Jetzt formten wir dich einstweilen aus Marmor, doch sollst du, wenn Nachwuchs die Herde ergänzt hat, in Gold glänzen.« (Vergil: Ekloge 7.35 f.; V. 33 f. erst im übernächsten Zitat) – bei einem Sängerwettstreit übertreibt ein Hirte in der Rolle eines armen Bauern die üblichen Verehrungsformen. – *Qua muneretur ...:* »(Birnen und Trauben) ... dir zum Geschenk, Priapus, und dir, Vater Silvanus, Hüter seiner Fluren« (Horaz: Epoden 2.21 f.). – *Sinum lactis ...:* »Einen Krug Milch und diese Opferkuchen jährlich zu erwarten, genügt dir, Priapus (Ms.: ist rechtmäßig); du bist Beschützer eines armen Gartens.« – *Sekte:* Farinelli (II, 289 f.) vermutet eine Anspielung auf die Freimaurer, aus der folgenden Literaturangabe geht jedoch zweifelsfrei hervor, daß sich J. C. Goethe hier wie so oft polemisch auf die katholische Kirche bezieht.

220 *Hamberger:* eigtl.: Gesner, Johann Mathias: ›Rituum, quos Romana Ecclesia a maioribus suis gentilibus in sua sacra transtulit,

enarratio.‹ Goettingae 1751 (Hamberger war Respondent der Dissertation). – *»quod Appius Claudius ...«:* J. C. Goethe zitiert ungenau aus den Digesten des ›Corpus Iuris‹ (6.Jh.) B.I.V »Über die Entstehung des Rechts ...« (2. Pomponius) §36; dort heißt es über den Zensor des Jahres 312 v.Chr.: »Weiter besaß Appius Claudius auch sehr große Kenntnisse auf dem genannten Gebiet [des Privatrechts]; er wurde der ›Hunderthändige‹ genannt, ließ die Via Appia pflastern und die Aqua Claudia anlegen.« – *Plinius:* schon er klagt freilich über den Verfall bestimmter Weinbaugebiete und rechnet den Veliterner zur dritten Qualitätsstufe (›Naturgeschichte‹ 14.65).

221  *vom Volk erbaut:* J. C. Goethe fällt hier der zeitgenössischen falschen Etymologie zum Opfer, da sich der Beiname »del Popolo« weder von »Volk« noch von »Pappel« (»populus«, »pioppo«) herleitet; der Name geht vielmehr auf »populi«, die mittelalterliche Bezeichnung für Landpfarren, zurück. – *Hospes disce...:* »Fremder, erfahre von einer unerhörten Todesart: Während ich die schlechte Katze fortziehe, beißt sie mich in den Finger – und ich sterbe ...«; die auf den Namen folgende Widmung (»dem geliebten Sohn«) fehlt im Ms. (I)

220  *Septimius auratum ...:* zur Erinnerung an eine Überschwemmung im Oktober 1530 (I). – *Imp. Caes. ...:* J. C. Goethe berichtet richtig über den Anlaß dieser und der folgenden Gedenkinschrift: der Obelisk (schon im alten Ägypten der Sonnengottheit geweiht) wurde 23 v.Chr. nach der Unterwerfung Ägyptens von Kaiser Augustus aufgerichtet und 1589 von Papst Sixtus V. wiederaufgestellt; auf der Ostseite wird an die gegenüberliegende Kirche Mariens erinnert, die zur Zeit des Kaisers Augustus die Sonne der Gerechtigkeit geboren hat (I).

223  *Capponi:* im Original »Caprone« – Korrektur nach Farinelli II, 295. – *Viator ad aerarium:* »Ein Wanderer zur Staatskasse« (vgl. CIL VI.1 Nr. 1932). – *Semper ...:* »Immer spielten wir Freunde vergnügt auf dieser Tafel.« – *Virgineam vicini ...:* ein Lob auf zwei der großen Wasserleitungen Roms (»Acqua Vergine« und »Acqua Paola«).

224  *D.O.M. Benedicto ...:* Epitaph für den Bruder des Erbauers der Kirche, des Kardinals Gastaldo; dieser hatte 1681 die Asche des genuesischen Patriziers hierher – neben sein eigenes künftiges Grab – überführen lassen (I).

225  *Papst:* Farinelli (II, 296) vermutet hier Clemens VII. – *Metellus Varus ...:* aus dem Vermächtnis von Martia Portia mit einem Beitrag von Metellus Varus gestiftet (I).

226  *Che sia scomunicato ...:* »Wer sich erkühnt, irgendein Buch der

Libreria Casanatense mit- oder fortzunehmen, der ist ipso facto exkommuniziert«. – *Rotonda:* das Pantheon.

227 *Corsa del pallio ...:* »Palliolauf im Konklave. Sonett.: Warum schaut dieses Jahr das Volk von Rom/Auf den betrübten, traurigen Hof?/Verboten ist das Maskenfest,/Zu sehen ist der Palliolauf im Vatikan./Bei diesem hohen Rennen geschieht ein seltsam' Ding:/Daß wer am meisten rennt, nicht selten bleibt zurück;/Man rennt nicht mit den Füßen, vielmehr rennt man mit dem Kopf;/Und den geschwächten Fuß ersetzt das kluge Haupt./Unter den Berbern wird man sehen: Accoramboni,/Pico Aldovrandi und auch Corradini,/Maffei, sodann Riviera und Alberoni;/Unter den Gäulen sind Mosca und Lambertini,/Im Haufen Lescari, Petra und Sonnino/Und bei den Eseln Bichi und Borghesino.« – *Se il Dorico prepuzio ...:* »Ist die Dorische Vorhaut so beschaffen,/Daß sie die Samensoße gleich verschmiert,/Wenn sie die Wärme der Natur verspürt,/Dann aber eingeschrumpft, verblüfft verharrt;/Unmöglich kann sodann die schon geschloss'ne Ehe/Noch weiterhin bestehen; bei einer solchen Frage/Sagt jeder rechte Physikus in Rom zur Lage,/Sofern er den Verstand noch hat: ›Einführung und Mixtur sind so vorhanden,/Wie sie zu Zeugungen vonnöten sind,/Und keine unverdauliche Eierspeise;/Aus solchen Bedingungen und Konditionen folgt:/Entweder gibt man ihm zur Gattin eine Pfanne,/Oder die Schmiere mag zum Wickel dienen für die H(oden)‹.« – *Avvisi dalla Marca ...:* »Kunde aus der Mark vernehmen wir,/Wonach zum großen Schaden Eurer Exzellenz/Euer Bräutigam, der Herzog, zu Fesi in der Stadt/Sein Ding zur Schau gestellt hat./Ob nun die Prüfer übereingekommen sind,/Daß er im Turnier der heiligen Ehe/Gebührend wohl bestehe,/Erfahren Sie in höher gelegenen Ländern./Die Luft der Niederungen macht soviel aus,/Daß selbst die kleinen Kekse,/Macht man sie in Savoyen, besser geraten:/Und wer kennt nicht die Naturgesetze,/Wonach dort, wo die E(ier) hart und prall sind,/Jene Dinger ebenso hart und prall werden?« (Übersetzung der Pasquinaden: Alberto Noceti).

228 *Imp. Caes. ...:* Wegen der weithin sichtbaren Bauinschrift auf dem Epistyl der Vorhalle galt das Pantheon bis zum Ende des 19. Jh. als Werk Agrippas aus augusteischer Zeit; tatsächlich wollte sich aber Kaiser Hadrian als zweiter Erbauer (nach dem Brand von 110 n. Chr.) ungenannt lassen; J. C. Goethe weist auf diese Hauptinschrift nur hin, zitiert hingegen die in kleineren Buchstaben angefügte Inschrift zur Restaurierung (202) unter Septimius Severus und dessen Sohn Caracalla (Mitkaiser seit 198, wie hier auch unter dem Namen M. Aurelius Antoninus) –

vgl. CIL VI.1 Nr. 896 (E). – *Pantheon aedificium ...:* dem »berühmtesten Bauwerk auf dem ganzen Erdkreis«, dessen christliche Geschichte J. C. Goethe in Übereinstimmung mit der päpstlichen Bauinschrift wiedergibt, wurden 1632 durch Bernini zwei Glockentürme aufgesetzt; des weiteren rühmt sich Urban VIII., in der Vorhalle die antike Kassettendecke aus Bronze durch ein Holzgebälk ersetzt zu haben – aus diesem »unnützen Schmuck« wurden die Säulen des Hauptaltars von St. Peter und Kanonen für die Engelsburg gegossen (E). – *Laus ejus ...:* zur voranstehenden Inschrift gehörend. – *D.O.M. Raphaelo Sanctio ..:* »Für Raffael Sanzio, Sohn des Johannes, den hervorragenden Maler aus Urbino, der mit den Alten wetteiferte. Wenn man seine Gemälde, die zu leben scheinen, betrachtet, kann man leicht die Vereinigung von Kunst und Natur wahrnehmen. Den Ruhm der Päpste Julius II. und Leo X. mehrte er mit seinen Werken der Malerei und Architektur. Unbescholten lebte er 37 vollständige Jahre: an dem Tag, an dem er geboren wurde, hörte er auf zu sein; am 6. April 1520.« (E)

229 *Ille hic ...:* »Jener hier ist Raffael. Zu seinen Lebzeiten fürchtete die Allmutter [die Natur], von ihm übertroffen zu werden, bei seinem Tod aber, mit ihm zu sterben.« (E). – *Quem cernis ...:* für den Bildhauer Camillo Rusconi von seinem dankbaren Schüler Giuseppe Rusconi 1736 errichtet; die genauen Angaben unter dem Distichon fehlen im Ms. (I) – *»in locum turpitudinis«:* »an dem Ort der Schandbarkeit«.

230 *Silberfluß:* der Rio de la Plata in Argentinien. – *Kuppel:* Verwechslung mit S. Ignazio, wo es sich tatsächlich nur um eine gemalte Scheinkuppel handelt.

231 *Boncompagni:* eigtl. Ludovisi. – *Meister:* Andrea Pozzo. – *Campo Vaccino:* wörtl.: »Kuhweide«.

232 *dieses Forum:* Verwechslung des heute sog. Forum Romanum mit dem Gebiet zwischen Kapitol und Forum Boiarum. – *In queste pietre ...:* »In diese Steine drückte der hl. Petrus seine Knie, als die Dämonen Simon Magus durch die Lüfte entführten.« (E) – *Imp. Caes. ...:* Dankinschrift für Kaiser Gordianus III. aus dem Jahr 239 n. Chr. (vgl. CIL VI.1 Nr. 1089; E)

233 *antiken Worte:* bei der folgenden Namensangabe handelt es sich um eine neue Inschrift. – *Opus Phidiae ...:* »Ein Werk von Phidias und Praxiteles«. – *verstorbenen Papstes:* Clemens XII.

234 *Urbanus VIII. ...:* dieser Papst hat 1628 den Park erweitert, ihn durch Quellen bewässert, ein verstecktes Gartenhaus im Ostteil verschönert, für die Schweizergarde ein Wachhaus errichtet und nicht zuletzt die Gärten ringsumher mit einer Mauer gesichert (G).

235 S.P.Q.R. *Divo Tito ...*: »Vom römischen Senat und Volk [im Original nicht abgekürzt] dem vergöttlichten Titus Vespasianus Augustus, Sohn des vergöttlichten Vespasianus« (für die Eroberung Jerusalems 70 n.Chr.; vgl. CIL VI.1 Nr. 945 – E). – *Ponte Molle:* umgangssprachl. Namensform für den Ponte Milvio, die nördliche Tiberbrücke Roms, über die die deutschen Reisenden die Stadt betraten.

236 *Imp. Caes. ...:* für den Sieg »über den Tyrannen [Maxentius] und dessen Anhängerschaft« (28. Okt. 312; geweiht im Jahr 315 – vgl. CIL VI.1 Nr. 1139; E). – *Clemente XII ...:* die Dankinschrift wurde dem Papst, »dem Beschützer des altehrwürdigen Ansehens der Stadt«, vom Senat und Volk Roms gewidmet: er hatte 1733 den Bogen wiederherstellen lassen (vgl. J.C. Goethes eigene Beobachtung), »da der berühmte Sieg über Maxentius im Heilszeichen des Kreuzes errungen wurde« – eine Anspielung auf die legendenhafte Vision des Kaisers: »In diesem Zeichen wirst du siegen« (Ms.: »Unter Papst Clemens XII.«; vgl. Anm. zu S. 122 – I). – *Imp. Caes. ...:* den beiden Kaisern Septimius Severus und Caracalla (vgl. Anm. zu S. 228) für die Neuordnung des Staats und die Erweiterung des röm. Herrschaftsgebiets (203 n.Chr.; vgl. CIL VI.1 Nr. 1033 – E). – *Tiberius:* irrtüml. für Titus. – *Papst ... Nepoten:* J.C. Goethe denkt wahrscheinlich an Leo X. und Kardinal Alessandro Farnese, den späteren Papst Paul III. – *Quod non fecerunt ...:* »Was die Barbaren nicht taten, brachten die Barberini zustande.«

237 *Herzog von Parma:* Francesco Farnese.

238 *Aulam Palatinam ...:* nicht das Haus des Nero (Domus Aurea), sondern die kaiserliche Residenz am Palatin wird von dem erwähnten Herzog von Parma und Piacenza den Besuchern als seine Entdeckung vorgestellt (1726): abgesehen von der Baugeschichte preist er Säulen, Gesimse, Basen und Kolossalstatuen aus verschiedenen ausländischen Gesteinsarten (E). – *Arkadier:* in diese lit. Gesellschaft wurde J.W. Goethe aufgenommen (vgl. den Bericht in der ›Ital. Reise‹: Zweiter röm. Aufenthalt; Januar 1788). – *Leges Arcadum ...:* die Arkadier, eine Gesellschaft zur Beförderung der lat. und ital. Poesie (vgl. Keyßler II, 132), benannten sich nach der griech. Landschaft, die seit Vergils Eklogen als das der Wirklichkeit entrückte Land der Hirtendichtung gilt – in der Satzung heißen die Mitglieder demgemäß »Hirten« (VI, X); Versammlungsort unter freiem Himmel ist der arkadische Hain auf dem Palatin (»nemus Parrhasius«), wo auch Dichterwettbewerbe abgehalten wurden, deren Kriterien genau festgelegt sind (VIII, IX) – im übrigen sind die Rechte der Mitglieder (I, X), die Wahl des Präsidenten (II, IV) und seiner Beige-

ordneten (III) nach strengen demokratischen Prinzipien geregelt (J. C. Goethe nennt nach den Strafbestimmungen nur das Datum, der Bericht über die verfassunggebende Versammlung fehlt). – *Urbanus VIII. ...*: die Inschrift zur Erinnerung an die Renovierung (1633) berichtet keine Einzelheiten über die einstigen und jetzigen Namenspatronen (I).

239 *In honorem Dei ...*: die Treppe ist allerdings von der Erzbruderschaft der Drechsler im Jubeljahr 1625 restauriert worden (G).

240 ›*Roma antica e moderna*‹: J. C. Goethe besaß diesen Führer in der Ausgabe: Rom 1660. – ›*In coena Domini etc.*‹: »am Gründonnerstag«.

241 *In honorem principis ...*: im Jahr 1612 unter Paul V. Borghese (Ms.: »Burgesius«). – *Romanae Ecclesiae ...*: »dem Beschützer der Römischen Kirche, im Jubeljahr 1727« (1725?) – wohl wegen der Christianisierung der Sachsen (7768–814). – *Benedictus XIII. ...*: »Papst Benedikt XIII. ließ die Goldene Pforte, die von Papst Innozenz XII. geöffnet und von Papst Clemens X. geschlossen worden war, im Jubeljahr 1700 öffnen und schloß sie im Jubeljahr 1725.« (I) – *was ich empfand:* der Bericht vom überwältigenden ersten Eindruck der Peterskirche gehört zu den Topoi in Italienreisen. – *Deckel:* J. C. Goethe schreibt »coperchio«, also »Deckel«; da die Becken keine Deckel besitzen, liegt möglicherweise eine Verwechslung mit »coperta« (»Decke«) vor, da unter den Becken in Marmor eine Umhüllung durch schweres Tuch nachgeahmt ist. – *Super isto ...*: zum Gedenken an die Märtyrer, die auf diesem Stein getötet wurden; 1606 wurde der Stein aus der alten Basilika an den jetzigen Ort gebracht (I).

242 *besagten Papstes:* Urban VIII. – *Caius:* Caligula.

243 *Grab der ... Mathilde:* Irrtum J. C. Goethes; das Grab befindet sich in der Oberkirche. – *Fragmentum donationis ...*: »Ein Bruchstück (?) aus der Schenkung der Gräfin Mathilde wurde 1631 hier aufgestellt. Urban VIII.« – *Silvester:* Silvester I. – *Huc mulieribus ...*: J. C. Goethe gibt den Inhalt richtig wieder, allerdings ohne den Zusatz: »Wer zuwiderhandelt, soll verflucht sein.« (I). – *Jupiter Ammon:* Keyßler (I, 766) spricht von einer »Statua Capitolini«, zweifelt diese Zuschreibung aber an. – *Gregorio XIII. ...*: vom Urururgroßneffen Jacopo Boncompagni, dem Erzbischof von Bologna, 1723 errichtet (I).

244 *Patruo magno ...*: für den Großoheim im Jubeljahr 1725 von Pietro Ottoboni, dem Bischof von Sabina und stellvertretenden Leiter der päpstlichen Kanzlei, errichtet (I). – *Alessandro Chigi*

*P. M.:* Papst Alexander VII., bürgerlich Fabio Chigi. – *Alessandro Farnese:* Papst Paul III. – *Bronze:* J. C. Goethe spricht zwar von »Kupfer« (»rame«), in Wahrheit handelt es sich aber um Bronze (»bronzo«). – *Bizzarrie Academiche:* Giovanni Francesco Loredano: ›Bizzarrie Academiche‹. Venetia 1638; J. C. Goethe besaß folgende Ausgabe: ›Opere‹. Venezia 1667.

245 *S. Heyns:* (»S.« u. U. für »Signor«) Johan Heyn, ›Gesammlete Briefe von den Cometen, der sündflut und dem vorspiel des jüngsten gerichts...‹. Leipzig 1745.

246 *Sixtus V.:* vermtl. Sixtus IV. – *Alexander VII. ...:* zwei im Ms. aufeinanderfolgende Inschriften berichten vom Bau einer neuen Münze (1665), die mit Wasserantrieb schneller arbeitete, sowie von der Einrichtung eines Archivs (1661), mit dem zur Sicherheit der Gläubiger die Akten der Bankiers öffentlich zugänglich gemacht werden sollten (E bzw. G). – *Baltasaris Castellionis ...:* Hauptthema dieses hexametrischen Gedichts von B. C. ist die Liebe zwischen Kleopatra (gest. 30 v. Chr.) und Julius (J. Caesar), der als ewigen Beweis dafür Tränen an der Statue anbringen ließ, die die Römer an Stelle der toten Feindin im Triumphzug mitgeführt hatten – da die Römer sie dann sogar ihrer Tränen beraubten, bittet die Statue jetzt Papst Leo, ihr diesen Trost der Liebenden zurückzugeben, da doch die Liebe ihr einziges Vergehen war. – *Sopra la Cleopatra ...:* »Auf die Kleopatra im Vatikan. Sonett: ›Ich, die so heiter vom Nil empfangen wurde,/betrachte nun betrübt und voll Schmerz den Tiber./Auf der Flucht vor der Kühnheit und dem Zorn des römischen Siegers/traf ich auf meine Bestimmung und beklage dies nicht./Mein königlicher Nacken wollte nicht/unwürdige Ketten erdulden; darum danke ich dem Gift,/das die Schlange aushaucht, die sich kalt um meine nackte Haut ringelt,/und ihr, die meine Fesseln löst./Der Sieger ist nicht allmächtig; seinen erhabenen Triumph/habe ich nicht geschmückt, obwohl er in weißen Marmor schlug,/was ich verberge./Als Königin war ich frei, und das herbe Schicksal/hat mir die Freiheit nicht genommen./Als freier Geist und freier Schatten gehe ich ins Inferno.‹« – *Augustini Favoriti ...:* in diesem Gedicht von A. F. wendet sich Kleopatra an Christine, die Königin der Schweden, Goten und Vandalen (Ms.: »die christliche«; sie lebte von 1655 bis zu ihrem Tod 1684 in Rom): an diesem Ort der Musen könne sie Laokoon oder Herkules (den »Torso«) bewundern, griech. Kunstwerke also, die sogar ihre Völker bewundernd verschont hatten – heute kämen Männer von der Saône und vom Rhein, um durch das Kopieren zu lernen (vgl. hierzu die folgenden Ausführungen von J. C. Goethe); nach weiteren Hinweisen

preist Kleopatra als Prophetin Alexander VII., der oft in diesem Park weile, als künftigen Friedensfürsten.

247 *Divo Nerva ...:* Widmungsinschrift des Kaisers Hadrian für seinen Adoptivvater, »den vergöttlichten Traianus Parthicus«, und dessen Gemahlin Plotina aus dem Jahr 119 n. Chr.; der von J. C. Goethe kopierte Beginn (»Divo Nerva e Traiano ...«) der heute teilweise unleserlichen Inschrift stellt u. U. eine glaubhafte Variante zu den Ergänzungen im CIL (VI.1 Nr. 966) dar, zumal J. C. Goethe im übrigen mit den dort zitierten Zeugen übereinstimmt. – *Statua Hippoliti ...:* die Statue des Bischofs Hippolytus von Porto (bei Rom) wurde von Pius IV. in den Trümmern Roms gefunden und wiederhergestellt (heute im Lateransmuseum).

248 ›*Henrici VIII. ...‹:* »Des Königs Heinrich VIII. von England Bestätigung der sieben Sakramente, gegen Luther, veröffentlicht vom unbesiegten König.« – *Anglorum Rex ...:* »Heinrich, König der Engländer, schickt dieses Werk an Leo X. zum Unterpfand seiner Treue und Freundschaft. – Henricus.«

249 *Clem. XI. P. M. ...:* dieser Papst, Restaurator der eben erwähnten Fresken, hatte 1715 den von ihm entdeckten Sarkophag der Bibliothek gestiftet, dazu u. a. syrische und arab. Handschriften aus dem südl. Ägypten (E). – *Urbanus VIII. P. M. ...:* Kurfürst Maximilian I. von Bayern hatte seine »Kriegsbeute«, die Heidelberger Bibliothek, Papst Gregor XV. (gest. 1623) und dem Apostolischen Stuhl geschenkt (die Stadt war 1622 im 30jährigen Krieg von Tilly eingenommen worden); Urban VIII. ließ die Bibliothek nach Rom überführen und brachte sie 1624 in dem neuausgestatteten Raum unter – L. Allacci taucht in der Inschrift nicht auf, wohl aber bei Keyßler I, 795 f. (E) – *Theca quam ...:* es handelt sich eigtl. nur um das Behältnis für den Stuhl des Apostelfürsten; ein Abbild der echten Cattedra wurde darauf angebracht, als das Behältnis 1705 aus dem Petersdom ins Belvedere überführt wurde – über seiner Papstkritik vernachlässigt J. C. Goethe den genauen Wortlaut.

250 *Mercurius:* J. C. Goethes Beiwort des Hermes (»der heilige Gelehrte«) ist nicht antik, dürfte aber von der ihm zugeschriebenen Unterstützung beim Auslegen und Erklären von Texten abgeleitet sein. – *Cathedra Antiochena ...:* diese und die nächste Inschrift erinnern an eine Zeit, in der Rom neben den Patriarchaten von Antiochia und Alexandria nur eine der fünf Reichsdiözesen war; der Inschrift zufolge hat Petrus selbst diese Bischofsstühle begründet, die bei der Verbreitung des christlichen Glaubens bedeutende theologische Zentren wurden (I).

251 *S. P. Q. R. Sanctio ...:* eine Strafbestimmung des röm. Volkes

und Senates: jedem im Heer vom Feldherrn bis zum Rekruten ist es untersagt, den Rubicon zu überschreiten – wer zuwiderhandelt, wird als Landesfeind betrachtet; diese Inschrift (ursprünglich bei einer Brücke über den Rubicon) wurde in zahlreichen Versionen immer mehr erweitert (vgl. CIL XI.1 S. 6⁺ f.; dort unter den nichtantiken verzeichnet) – J. C. Goethe übernimmt Varianten sowohl von Keyßler (II, 464; bei Cesena verzeichnet) als auch von der Vorlage im Vatikan. – *französische König:* Ludwig XIV.

252 *Subiecit arma litteris.:* »Er hat die Waffen den Wissenschaften untergeordnet.« – wie bei J. C. Goethe ist (ironisch) auch eine räumliche Auffassung möglich. – *Pius IV. ...:* er erbaute 1651 die Laubengänge, den Wasserfall und das Casino (I).

253 *Statue des Stiers:* der sog. »Toro Farnese«, heute im Museo Nazionale, Neapel.

255 *Thesis CXXXVI ...:* »136. These: Luther und Calvin sowie deren Anhänger behaupten, gute Werke seien Gott nicht wohlgefällig und auch für die, die sie verrichten, nicht von Vorteil; vielmehr besäßen sie aus sich und aus ihrem inneren Wert heraus keinerlei Verdienst, sondern nur durch die Gnade Gottes und seine von ihm ausgehende Güte. Sie alle verdammen wir in Übereinstimmung mit dem Tridentinischen Konzil, 6. Sitzung, Abschnitt 32 und 33, und deshalb vertreten wir den Anspruch, daß sich die Gerechten durch Werke der Frömmigkeit wahrhaft und unmittelbar Verdienste erwerben.«

256 *unnütze Knechte:* Lukas 17, 10. – *Lucchese:* lt. Farinelli (II, 318) handelt es sich in Wahrheit um Paolo Guidotti. – *Cormagio:* Farinelli (II, 318) vermutet hier eine Verballhornung aus Giorgio Vasari. – *König und Königin:* Ferdinand V. und Isabella I.

257 *Apostoli Martyrio ...:* zur Erinnerung an Ferdinand und Isabella, 1500 (Ms.: 1502; I). – *Julius VII.:* die Kirchengeschichte kennt nur 3 Julii; J. C. Goethe meint evtl. Julius III.

258 *Hinc ad ...:* Hinweis auf den von Gregor XIII. neueröffneten Zugang zum Kapitol, an dessen Stelle es früher nur dichtes Gestrüpp gegeben hatte.

259 *Sixtus V. ...:* der Mosesbrunnen ist der Endpunkt der Acqua Felice; der Inschrift zufolge benannte sie ihr Erbauer (fertiggestellt 1587) nach seinem bürgerlichen Namen Felice Peretti (I). – *Constantinus et ...:* J. C. Goethe verkürzt die teilweise zerstörte Inschrift selbständig (vgl. CIL VI.1 Nr. 1130): »[Die beiden zurückgetretenen Kaiser Diocletian und Maximian sowie] Konstantin, sein Mitkaiser Maximian und die ihnen beigeordneten Caesaren Severus und Maximinus (Ms.: Severius und Maximia-

nus) schmückten die Thermen aus (»ornaverunt« = Zusammenfassung im Ms.) und schenkten sie ihren Römern.« – dem vollständigen Wortlaut zufolge wurde die Anlage 298 von Maximian I. begonnen und dem Namen Diocletians geweiht; 305/6 war sie vollendet. – ›*Libri lintei*‹ *und die Elefantinen:* auf Leinwand geschriebene Chroniken der röm. Frühzeit bzw. nach einer fiktiven Hetäre benannte Erotika (!). – *Frider. Christiani* ...: Friedrich Christian Kurfürst von Sachsen, Sohn von König August III. von Polen, brachte 1738 auf der Linie ein Zeichen an, wohl während einer bestimmten astronomischen Konstellation (I). – *L. 30 Linea ...:* Angaben zur Länge der Linie im Verhältnis zum Erdumfang. – *Maria Casimira ...:* auch diese polnische Königin hatte 1702 die Linie gekennzeichnet (I).

261 *S. P. Q. R. Columnam ...:* es handelt sich nicht um den Goldenen Meilenstein vom Forum, sondern um den ersten außerhalb der Stadt; 1584 (fehlt im Ms.) ließen ihn Senat und Volk von Rom von der Via Appia auf das Kapitol bringen (I). – *Imper. Caesari ...:* die scheinbar antike Widmung mit Namen und Vorfahren des Kaisers ist in Wahrheit eine Rekonstruktion des Bibliothekars und Sekretärs von Sixtus IV. (vgl. E. Knauer, in: R. Klein (Hg.): Marc Aurel. Darmstadt 1979, S. 311–314). – *Paulus III. ...:* dieser Versuch steht im Zusammenhang mit dem Bestreben der Renaissancepäpste, »für das Andenken an den vorzüglichen Kaiser zu sorgen«, wie dies auch aus der Weihinschrift Pauls III. hervorgeht; mit seiner als besonders ehrwürdig geltenden Statue sollte dem Kapitol, dem Zeugen röm. Größe, neue Würde verliehen werden – sie wurde 1538 von dem unbedeutenderen Platz vor dem Lateran, wo 1474 schon Sixtus IV. das Denkmal aufgerichtet hatte, unter Paul III. auf das Kapitol gebracht (I).

262 *S. P. Q. R. Monumenta ...:* das Grabmal für (M. Aurelius) Alexander Severus (208–235 n. Chr.) und dessen Mutter Julia (Avita) Mammaea wurde 1590 von der Porta Labiena auf das Kapitol gebracht (Ms.: 1591; es fehlen auch die Namen der ausführenden Beamten; I). – *Quo pede ...:* »Welchen Fuß ich jetzt gebrauchen soll, ist mir zweifelhaft.« – Ovid (›Briefe vom Pontus‹ 3. 4. 87) spricht freilich vom Versfuß! – *Persius:* Farinelli (II, 323) vermutet eine Verwechslung mit Pyrrhus. – *Pan rusticum ...:* »Pan, einst eine bäuerliche Gottheit, wird von seinem vernachlässigten Platz wieder an einen gepflegteren zurückgeholt.« (I) – *Scipionem Africanum ...:* ein Ritter aus Rimini ließ den siegreichen Feldherrn 1655 aus seinen Museumsbeständen gleichsam zum Kapitol zurückkehren (I). – *Marmoreae quas ...:* der Unterschrift zufolge, die den Bildinhalt ähnlich wie

J. C. Goethe erläutert, wurde der zweiseitige Reliefstein unter Alexander VII. (1655–67) zum Schmuck des neuen Konservatorenpalastes auf das Kapitol gebracht (I). – *S. P. Q. R. Signum* ...: auf der Inschrift heißt er »Halbgott vom Aventin, den das abergläubische Altertum Sohn des Herkules nannte« – wieder übergeht J. C. Goethe die Namen der Konsuln, die die Statue überführen ließen (I).

263 *Zeno:* entweder Zenon von Elea (ca. 490–430 v.Chr.) oder Zenon von Kition (ca. 354–262 v.Chr.). – *Aerei Colossi*...: die Statue wurde »von den Erforschern der alten Großartigkeit Roms« wiederaufgestellt (I). – *Colonna navale:* eigtl. »Columna rostrata«; vgl. hierzu Keyßler (II, 70): »Bey der Treppe stehet ein sonderliches Alterthum, nemlich die *Columna Rostrata,* aus *Marmore Pario* mit einer weitläufigen Inscription, die *anno Urbis Conditae* 494. dem Burgemeister *Cajo Duellio* wegen eines wider die Carthaginenser zur See erfochtenen Sieges gesetzt worden.« – *ano Dexemet*...: die mit Schiffsschnäbeln verzierte Säule, die sich ursprünglich auf dem Forum neben der Rednerbühne befand, wurde dem Gaius Duilius nach dem Seesieg über die Karthager (260 v.Chr.) errichtet – J. C. Goethe kopiert den ersten Teil des altlat. Textes wohl selbständig; die Ränder des Bruchstücks sind im Gegensatz zur sonstigen Übung jeweils durch Schrägstriche gekennzeichnet (vgl. CIL VI.1 Nr. 1300; F. Coarelli: ›Rom ...‹. Freiburg 1975, S. 72). – *Catilina (III.8):* genauer in Ciceros 3. Rede gegen Catilina 8, 19; die vergoldete Figur der Wölfin wurde 65 v.Chr. vom Blitz getroffen.

264 *Fasti consulares:* auf diesen Marmortafeln wurden jedes Jahr die höchsten Ämter und die wichtigen Ereignisse festgehalten; sie sind z.T. erhalten.

265 *C. Calpetanus Statius*...: die Tafeln wurden von den Staatsarchivaren angebracht (I). – *korinthischem Metall:* Legierung aus Gold und Kupfer. – *Maß für Fische:* »Vor dem Eingange des grossen Saales ist in weissem Marmor ein Stöhr von sechstehalb Spannen lang eingehauen, mit der Verordnung, daß von jedem Fische solcher Art, der länger als dieses Maaß ist, der Kopf umsonst den *Conservatoribus* geliefert werden soll.« (Keyßler II, 71). – *A. Gellius:* ›Noctes Atticae‹ 5.14.

266 *Circus des Antoninus Caracalla:* heute Maxentius zugeschrieben. – *Siebenschläfer:* unerklärliche Erwähnung, da die Legende von den Siebenschläfern nichts mit Rom zu tun hat.

267 *Hic situs*...: Grabspruch in Distichen für Victor (Ms.: Nestor), einen röm. Senator (E; Fragment). – *Visitet hic*...: J. C. Goethe bezieht »busta« (lat.: »Gräber«) fälschlich auf die Büsten in der Kirche; tatsächlich steht das Distichon über der folgenden In-

schrift, aus der auch der Grund für die häufigen Besuche deutlich wird (I). – *Hic est ...:* »Wer nach reuevollem Schuldbekenntnis die Begräbnisstätte des hl. Papstes und Märtyrers Kallistus betritt, erhält vollständige Vergebung aller seiner Sünden, kraft der Verdienste der 174.000 Märtyrer und der 46 hl. Märtyrerpäpste« (I). – *Puerorum ...:* »Für Kinder, Männer und Frauen«. – *In hoc loco ...:* der Inschrift zufolge lagen die beiden Leichen lange in einer Grube (vielleicht auch »Zisterne«) unter dem Altar und wurden dort verehrt, wofür dieselben Ablässe zugestanden wurden, wie sie der hl. Papst Silvester (314–336) in den Kirchen der beiden Apostel gewährt hatte. – *Hic quondam ...:* J. C. Goethe verbindet die Inschrift für das einstige Grab der hl. Caecilia (1409) mit dem Namen der ebenfalls dort bestatteten hl. Lucina, auch sie Jungfrau (!) und Märtyrerin (I; vgl. Farinelli II, 152).

268   ›*Roma subterranea*‹: Paolo Aringhis Bearbeitung von Antonio Bosio: ›Roma sotteranea‹. Roma 1632 (zahlreiche weitere Auflagen). – *Leopardus ...:* »Der Präfekt Leopardus, der 55 Jahre, 6 Monate und 2 Tage in Frieden lebte.« – *Arzt:* Onorio Belli. – *D. O. M. Otto Bellus ...:* J. C. Goethe faßt richtig zusammen: im Bewußtsein seiner Schranken wählte der Arzt 1605 den Platz »beim Vertreiber der Pest« (I; nur im Ms. mit dem Schlußdistichon: einer Aufforderung an die Nachwelt, keine Tränen zu vergießen, sondern zu leben, da der Tod allen bevorsteht.

269   *Ceciliae Q. ...:* »Für Caecilia Metella, die Tochter des Q. [Caecilius Metellus] Creticus, [die Frau des Marcus] Crassus«; ihr Gatte war Sohn des Triumvirn, ihr Vater (Konsul 69 v. Chr.) unterwarf als Gegner des Pompejus Kreta (vgl. CIL VI.1 Nr. 1274).

270   *Carafa ... Pius IV.:* Versehen J. C. Goethes – in Wahrheit wurde Carafa auf Befehl Pius IV. ermordet.

271   *Cav. Giuseppe:* Giuseppe Cesari d'Arpino. – *Lucretia:* es handelt sich um Überreste einer Kolossalstatue der Isis.

272   *Bocca della Verità:* »Mund der Wahrheit«.

273   *Simulacrum hoc ...:* es wird die Geschichte des ehemaligen Tempels und seines »Götterbildes« berichtet: einst von Hercules dem Juppiter Ammonius geweiht, soll sich eine Verehrungsform eingebürgert haben, bei der zur Bekräftigung eines feierlichen Eides die Hand in das Maul des Steines gelegt wurde; später war der Ort der Göttin der Schamhaftigkeit (Pudicitia) heilig, jetzt der Jungfrau Maria (I) – Keyßler (I, 712) u. a. berichtigen diese »Schwachheiten«: das Bild habe lediglich als Abflußstein über der Kloake gedient.

274 *D. O. M. D D Dionisio ...:* »Dem Bischof Dionysius Antonius und der Iustina geweiht.« – *Sedente Bened. XIII. ...:* im Jahr 1725 hatte dies Kardinal Fabrizio Paolucci ausgeführt. – *Apollonier:* irrt. für »epulones« bzw. »septemviri« (vgl. die folgende Anm.). – *C. Cestius ...:* Cestius aus der Tribus (Bezirk) Publilia, dessen Namen und Herkunft J. C. Goethe richtig wiedergibt, war nicht nur eines der sieben Mitglieder des Priesterkollegiums zur Ausrichtung des Festmahls bei öffentlichen Spielen (»epulones«), sondern auch Volkstribun und Praetor. – *Opus absolutum ...:* das Grabmal wurde in 330 Tagen (Ms.: 130) nach testamentarischer Bestimmung von den Erben fertiggestellt (vgl. CIL VI.1 Nr. 1374; E).

275 »*L. Pisonem ...«:* »Wer wüßte nicht, daß L. Piso gerade in unserer Zeit einen überaus großen und hochheiligen Dianatempel auf dem Caeliculus beseitigt hat?« (Cicero: Rede über das Gutachten der Opferbeschauer 32).

277 *Excommunicamus ...:* die Verfluchung (aus der Bulle zum Gründonnerstag) schließt nicht nur alle einzeln aufgeführten »Ketzer« ein, sondern auch deren Gönner und Verteidiger, alle, die ihre Bücher besitzen, lesen oder verbreiten, und nicht zuletzt die Schismatiker, die den Papst nicht anerkennen und ihm den Gehorsam verweigern (I) – im Ms. mit dem von J. C. Goethe hinzugefügten lat. Kommentar, dies habe Christus (Johannes 16.2) vorhergesagt. (»Man wird euch aus den Synagogen stoßen. Ja, es kommt die Stunde, da jeder, der euch tötet, Gott damit einen Dienst zu erweisen glaubt.«)

278 »*D'ogni chiesa ...«:* »Über jede andere Kirche bin ich zum Oberhaupt gesetzt.«

279 *aus weißem Marmor:* in Wahrheit aus Bronze (Farinelli II, 340).

280 *Kloster:* gemeint ist der Kreuzgang. – *Et petrae ...:* »Und die Felsen zersprangen.« (Matth. 27.51) – *Et super vestem ...:* »und über mein Gewand warfen sie das Los.« (Johannes 19.24 = Psalm 21.19).

282 ›*Guida spirituale*‹: Guida spirituale per le più principali & frequentate devotioni dell'alma città di Roma. Composta da Fra Pietro Martire Felini da Cremona, dell'ordine de' Servi della B. Vergine. In Roma, per Stefano Paolini, MDCVIII. – *Gallieno Clementissimo ...:* dem Kaiser und seiner Gattin nach beider Tod geweiht (vgl. CIL VI.1 Nr. 1106; E). – *Villae ianuam ...:* Hinweis auf den reichen Besitzer (1680; G).

283 *Dichter:* Francesco Colonna. – *Di marmo è ...:* »Aus Marmor ijb Ler Säule Schaft,/Aus Marmor Deine vielen harten Richter!/ Und Du Herr selbst bist fester, dichter/Marmor. – Wie sie naturbegabt mit Marmorskraft,/Bist Du beharrlich, stark und

gleichst dem Steine!/Und mich in Mitleid, weher Trauer,/Ergreift beim Anblick Deiner Qualen Schauer:/Marmor bin ich, wenn ich nicht weine!« (Übersetzung von Rudolf Glaser in: R. G.: ›Goethes Vater‹, S. 110; s. Lit.-Verz.) – *Cav. Giuseppe:* Cesari d'Arpino. – *Esquilin:* im Original fälschlich Gianicolo. – *Krippenkapelle:* die Kapelle befindet sich nicht in der Cappella Paolina, sondern in der Cappella Sistina (Farinelli II, 343 f.).

284  *Sic praemia ...:* Keyßler (I, 512) spricht zu Recht von einer »undeutlichen Inscription«; anscheinend handelt sie von Gaudentius, einem Baumeister und Märtyrer unter Vespasian, nicht aber von der hl. Martina, wie J. C. Goethe zu verstehen gibt.

285  *Martyrii gestans ...:* »Die Jungfrau Martina, die die Märtyrerkrone trägt, ist Herrin des Tempels, seitdem die Gottheit Mars von hier vertrieben ist.« – *Flavius Clemens ...:* »Flavius Clemens der Märtyrer liegt hier zur Glückseligkeit begraben.«

286  *Sisto V. ...:* fehlerhafte Kurzfassung der folgenden Inschrift. – *Sixtus V. ...:* diese und die folgende päpstliche Inschrift aus dem Jahr 1589 berichten von der Weihung und »Reinigung von jeder Gottlosigkeit« bzw. von der Wiederherstellung des ursprünglichen Zustands der Säule (I). – *M. Aurelius Imp. ...:* mit der Zuschreibung der eigtl. Marc-Aurel-Säule an Antoninus Pius folgt J. C. Goethe der pseudoantiken Inschrift, ebenfalls von Sixtus V. (Reste der eigtl. Antoninus-Säule wurden erst 1703 gefunden); ist die Säule hier ein Zeichen des Triumphs (für den Sieg über Armenier, Parther und Germanen) genannt, so sucht die vierte Inschrift dies zu überbieten: Petrus habe durch die Verkündigung des Kreuzes gleichsam über Römer *und* Barbaren gesiegt – an dieser Vereinnahmung lassen sich die Absichten des während der Reformationszeit regierenden Papstes, der auch die Obelisken als Zeichen der siegreichen Kirche aufrichten ließ, gut erkennen.

287  *S. P. Q. R. Imp. Caesari ...:* vom röm. Volk und Senat für den Kaiser errichtet, »um zu zeigen, welche Höhe der Berg hatte, der unter sovielen Mühen abgetragen wurde« (für den Bau des Trajansforums); im Sockel (!) der 113 n. Chr. geweihten Säule stand die Urne des 117 verstorbenen Kaisers (vgl. CIL VI.1 Nr. 960; E). – *Eques ...:* Domenico Fontana und sein Neffe Carlo Maderna, die Architekten von Sixtus V. (1589). – *S. Paolo in Colonna:* die heute nicht mehr existierende Kirche befand sich bei der Colonna Antonina.

289  *Dum tenet ...:* die Ölquelle, die im Soldatenquartier bei der Geburt Christi entsprang, soll dessen Barmherzigkeit zu erkennen geben, die jetzt allen, die sie erbitten, in der Kirche der Hl. Jungfrau zuteil wird (die metrisch unbeholfenen Hexameter

dürften fehlerhaft überliefert sein; I). – *Spirito Santissimo:* lt. Farinelli (II, 349) S. Spirito in Sassia.

290 *Scossacavalli:* wörtl.: »Pferdestoß, -wurf«. – *Konstantin den Großen:* irrtüml. für Karl den Großen.

291 *Gregor:* Gregor I. – *Serenissimo Principi ...:* J. C. Goethe berichtet korrekt über den Anlaß der Dankinschrift von 1637 (I).

292 *Papst Leo:* Leo X.

294 *Ara Primogeniti Dei.:* »Altar des erstgeborenen Gottes.« – *Me puer ...:* »Mir befiehlt ein hebräischer Knabe, der – selbst ein Gott – durch Gott herrscht, von meinem Platz zu weichen und in den traurigen Orkus zu gehen. Von unseren Altären sollst du dich also künftig schweigend fernhalten.« – 21 *Stufen:* in Wahrheit 124.

296 *Tessala quid ...:* »Was verlangst du nach dem Tempetal in Thessalien oder nach den Gärten des Adonis? Für all dieses wird dir die Villa des Drachen stehen.« (lat.: »Villa Draconis« = »Mon(te) Dragone«). – *Hesperidum nostris ...:* »Wie sehr die Gärten der Hesperiden den unseren nachstehen, so sehr ist der sie bewachende Drache sanftmütiger.« (der Göttergarten hatte einen hundertköpfigen Drachen als Wächter). – *Haec subit ...:* »Wenn Paulus auf diesem Weg heraufkommt und das ihm aufgebürdete Gewicht der Welt ablegt, dann, Sorge, entferne deinen Fuß vom Eingang!« – lt. Keyßler (II, 150) war Papst Paul V. der Autor dieser Verse; auch die folgenden bereits zitierten Distichen sind dort verzeichnet, nicht jedoch das vierte: »Von hier aus erblickst du in der Ferne Tivoli, die Hügel und Ländereien Catos. Welche Bühne wüßtest du, die schöner wäre als dieser Anblick?«

297 *Huc ego ...:* »Hierher zog ich, Apoll, in Begleitung der Musen. Hier wird Delphi, der Helikon, hier wird für mich Delos sein.« (I)

298 *Stadt Hadrians:* die heute sog. Villa Adriana unterhalb von Tivoli. – *Raffaello:* seinerzeit übliche Zuschreibung – in Wahrheit stammt das Fresko von Zuccari (Farinelli II, 354). – *Regios Estensium ...:* drei Kardinäle rühmen sich, die Gärten der Villa d'Este angelegt zu haben: steilabfallende Felsen wurden unter ungeheurem Aufwand in sanfte Spaziergänge verwandelt und durch das Innere des durchlöcherten Berges zahllose Quellen vom Aniene hergeleitet (E). – »*Superbum Tibur«:* »das stolze Tibur (= Tivoli)«.

299 *M. Plautius ...:* vor ihrem Grabdenkmal ließen M. Plautius Silvanus und seine Frau dem neunjährigen Sohn (der wohl als erster darin bestattet wurde) dieses Epitaph setzen, das Auskunft gibt über die Laufbahn des Konsuls (2 v. Chr. gemeinsam

mit Augustus) und siegreichen Feldherrn im Illyrischen Krieg (8/9 n.Chr.; vgl. CIL XIV Nr. 3606; E). – *Tusculum:* auch schon zu J. C. Goethes Zeit falsche Zuschreibung – Tusculum wird heute in der Nähe Frascatis vermutet.

300 *Pius V.:* irrtüml. für Paul V.

302 *Antonius sibi ...:* Grabinschrift, wohl für ein Sklavenehepaar: »Antonius, für sich und Antonia Arete, seine Gefährtin; die Erzieher des M. Antonius Florus.«

303 *Statue eines nackten Jünglings:* Marmorkopie des berühmten Spinario (Dornausziehers) im Konservatorenpalast, Rom.

304 *Villa Borghese ...:* Domenico Montelatici: ›Villa Borghese fvori di Porta Pinciana, con l'ornamenti che si osseruano nel di lei palazzo, e con le figure delle statue più singolari ...‹. Roma 1700.

305 *Königs ... Papstes:* Ludwig XV./Clemens XII.

306 *... vergangenen Jahres:* das genaue Datum (6. Februar) ist im Original offengelassen; es handelt sich auch nicht um das vergangene, sondern selbstverständlich um das laufende Jahr 1740.

307 *»Papa Clemente XII, vivis?« ...:* »Papst Clemens XII., lebst du noch?« ... »Friedrich, lebst du noch?« ... »Er antwortet nicht, also ist er tot.«

309 *»Vexat censura columbas«:* »Die Bestrafung sucht Tauben heim« (ironisch für »Unschuldige«).

313 *»Maecenas atavis ...«:* »Maecenas, Nachkomme eines alten Fürstengeschlechts, ...« (Horaz: Oden 1.1.1.); M. stammt tatsächlich von führenden Familien der Etruskerstadt Arezzo ab (mütterlicherseits war der Name »Cilnius«).

314 *Benennungen:* »... 3. Marmo Pavonazzo ātico. 4. Lumachella di Carrara. 5. Giallo di Siena Brecciato. 6. Paragone Antico. 7. Breccia di Sette base ant. 8. Cipollino Antico. 9. Giallo Brecciato scuro Ant. 10. Pallomino (Palloncino?) Antico. 11. Alabstro orient. a vena Ant. 12. Giallo di Siena Schietto. 13. Marmo Greco Antico. 14. Giallo in paglia ant. 15. Verdi di Ponsevere. 16. Broccatello di Spagna. 17. Alab. orient. ā occhio ant. 18. Verde antico. 19. Giallo di Corsia Brecciato. 20. Alab. di monte arto (?) chiaro. 21. Diaspro di Sicilia Brecciato. 22. Bianco e Nero antico. 23. Giallo di Napoli. 24. Occhio di Pavone ant. 25. Carnagione antica. 26. Verde africanato ant. 27. Alabastro scuro à Nuole ant. 28. Cotonella di Carrara. 29. Alabastro à pecorella ant. 30. Verde Prato. 31. Giallo Brecciato scuro ant. 32. Alabastro di Monte Arto Scuro. 33. Diaspro di Sicilia Scuro. 34. Alab. à ventresca antico. 35. Lumachella antica. 36. Alabastro fiorito Antico. 37. Breccia Minuta di Saravezza (?). 38. Paesino di Napoli. 39. Fior di Persico antico. 40. Breccieta mi-

nuta rossa. 41. Verde di Fiorenza. 42. Fior di Persico chiaro. 43. Brecciatta minuta corallina ant. 44. Africano Antico. 45. Breccia di Sette base chiara. 46. Alabastro orientale ant. 47. Verde antico Brecciato. 48. Porta Santa Celeste. 49. Alabastro Giallo Antico. 50. Breccia di Francia. 51. Alabastro trasparente ant. 52. Verdone antico. 53. Alabastro a vena ant. 54. Paesino antico. 55. Bigio antico. 56. Al. ori. bianco a vena ant. 57. Breccia chiara pezzata ant. 58. Alab. scuro antic. a vena. 59. Breccia pezzata scura ant. 60. Alab. fiorito chiaro ant. 61. Breccia antica. 62. Alabastro di Caserta. 63. Giallo e Nero di Carrara. 64. Bigio Africanato Ant. 65. Al. a vena minuta ant. 66. Porta Santa antica. 67. Rosso antico. 68. Pietra stellaria antica. 69. Bigio lumachellato ant. 70. Giallo Brecciato di Napo. 71. Diaspro di Sicilia. 72. Al. orient. a vena ant. 73. Porfido verde ant. 74. Al. cotognino bianco ant. 75. Giallo di Siena schietto. 76. Bardilio di Carrara. 77. Marmo saligno venato ant. 78. Alab. fiorito giallo ant. 79. Breccia di Aladri. 80. Al. Fiorito di Sezza. 81. Giallo Brecciato paluto ant. 82. Alab. cotogrino ant. 83. Macchia di fior di pers. 84. Al. a nuvole bianco ant. 85. Cipollino brecciato ant. 86. Al. di ponte Mollo. 87. Al. à occhi Antico. 88. Verde piombino. 89. Porta Santa rossa ant. 90. Giallo di Verona. 91. Giallo di Corsia. 92. Serpentino antico. 93. Ala. a pecorella a occhi ant. 94. Bianco e nero moder. di Carr. 95. Porta santa chiara ant. 96. Bardiglio africanato. 97. Granito orient. ant. 98. Al. fior. a vena ant. 99. Giallo di Bauch. 100 Bigio di Carrara. 101. Porfido Rosso ant. 102. Nero Antico.« (alle Abkürzungen und Verschreibungen J. C. Goethes sind beibehalten, soweit sie zu entziffern waren – insbesondere zwischen Groß- und Kleinschreibung ist in der Handschrift kaum zu unterscheiden).

315 *Numeri:* das 4. Buch Mose.
*Hanc Fanum ...:* »Die einstigen Landstädtchen Fanum, Arbanum Vetulonia und Longula bilden diese Stadt: ihre Anfangsbuchstaben F. A. V. L.« (I) – die Bewohner werden daher im folgenden lat. »je vier Stämme« und die Stadt griech. (!) »Vierstadt« genannt (vielleicht Verwechslung J. C. Goethes mit »metropolis«, vgl. die folgende Inschrift). – *Aeternae memoriae ...:* die Gräfin Mathilde hatte ihr väterliches Erbe dem Hl. Stuhl vermacht; Paschalis II. vereinigte daraufhin 1113 das Bistum Tuscania mit Viterbo, wobei er die alte Bischofsstadt als Mittelpunkt (»metropolis«) beibehielt (E). – »*Beati possidentes«:* »Selig die Besitzenden« – in Abwandlung des Satzes aus der Bergpredigt: »Selig die Armen, denn Euer ist das Reich Gottes.« (Lukas 6.20).

319 *Colonia Falisca ...*: Hinweis auf den etruskischen Ursprung von Colonia Faliscia (I); die Stadt wird heute allerdings mit Civita Castellana (am Tiber) identifiziert. – *Est Est Est ...*: »Est [sinngemäß; »es gibt hier guten Wein!«], Est, Est; wegen zuviel Est ist mein Herr Johannes de Fugger hier [fehlt im Ms.; Fuccer] gestorben.« – die berühmte Grabinschrift für den legendenumwobenen Bischof oder Abt wird in verschiedenen Versionen überliefert (E; unleserlich), wobei J. C. Goethe im wesentlichen Keyßler I, 575 folgt, der eine daneben angebrachte Umschrift ohne deren Abkürzungen wiedergibt (danach der Text hier). – *Germani possunt ...*: »Die Deutschen können große Mühen ertragen./O daß sie so doch auch den Durst ertragen könnten!« (I)

320 *»Sacerdos quidam ...«*: »Sacerdos quidam Bolseniam veniens, quod est oppidum non longe distans ab urbe veteri, in qua Papa Urbanus IV tunc cum curia residebat, dum celebraret missam, inter verba consecrationis dubius in fide vidit carneis oculis hostiam in forma pietatis et de ea sanguinem fluere in calicem.« – Ein Priester, der während der Wandlung in seinem Glauben schwankte, sah »die Hostie in der Gestalt des toten Christus und aus ihr Blut in den Kelch fließen«. – *Omnia dic ...*: »Wanderer, sage, alles möge glücklich ausgehen für Gregor, der für dich die Straße sicher gemacht hat.«

321 *Herrn:* Franz Stephan von Lothringen, später als röm.-dt. Kaiser Franz I.

323 *Päpste:* Pius IV. und Paul IV. stammen nicht aus Siena, einen Marcellus V. hat es nicht gegeben. – *»Ioannes VIII. ...«:* »Johannes VIII., eine Frau aus England«.

324 *Fulgurantibus pro ...*: Aufforderung an den Betrachter, sich an die Predigten des hl. Bernhard ehrerbietig zu erinnern, die einst von dieser Kanzel erschallten (I). – *D. O. M. Antonius ...*: zum Gedenken an den Ritter Antonio Ugolini, Leiter des Hospitals (gest. 1730), der 20 Jahre lang väterlich für die Kranken, seine Untergebenen und den Besitz der Einrichtung gesorgt und die Kirche ausgeschmückt hatte, u.a. mit dem Gemälde, das J. C. Goethe bewundert (E). – *Sutor ...*: »Ein Schuster, der über seine Leisten hinausging« – in Abwandlung der Anekdote über den griech. Maler Apelles (bei Plinius: ›Naturgeschichte‹ 35.85; bei J. C. Goethe im folgenden ungenau). – *»Ne sutor ...«:* Apelles riet dem Schuster, der an einer Sandale berechtigte Kritik geübt hatte und dann auch noch den Fuß tadeln wollte, er solle »nicht über die Sandale hinaus« Urteile abgeben (schon in der Antike sprichwörtlich). – *Vina dabant ...*: »Der Wein schenkte mir Leben, er gab mir den Tod; nüchtern konnte ich dem Morgen

nicht ins Auge blicken. Meine Gebeine dürsten nach Wein, besprenge damit das Grab; und wenn der Becher geleert ist, geh weiter, freundlicher Wanderer! – Lebt wohl, ihr Säufer!« (I)

325 *Chi qui ...:* »Wer hier verweilt, gewinnt, was er verliert.« – *Suevia me genuit ...:* für Georg Adam aus Freiberg, der als Student zu Siena gestorben war, von seinen Eltern (1592); J. C. Goethe kopiert nur die ersten vier Verse, deren Beginn nach dem Grabspruch Vergils formuliert ist (vgl. Anm. zu S. 180): »Schwaben gab mir das Leben, Siena nahm es, aber Gebeine und Asche birgt dieses Grabmal. ...« (E). – ›*Iuris Theses ...*‹: »Juristische Thesen; unter dem Schutz der Gottesgebärerin Maria, seiner Patronin, vorgelegt zur öffentlichen Verteidigung von dem Chorherren Francesco Cosatto, Patrizier aus Siena und Mitglied der Universität.« – *Deiparae Virgini ...:* »Der Jungfrau und Gottesmutter, die dem Senat und Volk von Siena immer huldvoll gewogen ist und auch ihn immer beschützt hat, weiht Francesco Cosatto voll Ehrerbietung und demütig bittend sich und seine Thesen und fleht ihre Hilfe in seiner Angelegenheit herab.« – die Thesen sind folgenden Gesetzessammlungen entnommen: »Über den Erwerb von Privatbesitz«, »Sammlung zu Gesetzen und Verordnungen«, »Sammlung zum Schenkungsrecht«. – *Disputabuntur ...:* »Sie werden im Rathaussaal zu Siena öffentlich erörtert werden im Jahr 1740, im ... Monat, am ... Tag, zur ... Stunde.« (das genaue Datum ist im Ms. offengelassen; bei Farinelli fehlt der gesamte Abschnitt nach dem Titel).

326 *Cor ipsum ...:* »Das Herz selbst reißt ihr der Bräutigam aus und vertauscht es mit seinem eigenen.« (Farinelli II, 166 zufolge sind darüber Jesus und die Heilige mit ihren Herzen in der Hand dargestellt). – ›*D. Catharinae ...*‹: »Leben und ausgewählte Wunder der hl. Katharina von Siena, der allerheiligsten Jungfrau aus dem Dominikanerorden, gedruckt ...«.

327 »*leccio«:* Steineiche.

329 *Mercatores huc ...:* die Einladung wendet sich an Kaufleute und erinnert sie daran, daß Cosimo III. im Jahre 1715 (Ms.: 1695) für sie die weitläufigen Salzmagazine errichtet hat (E).

330 *Ne quid ...:* weder den Bedürfnissen der Untergebenen noch der Bequemlichkeit der Kaufleute soll es an irgend etwas fehlen; 1705 (I).

332 *Ferdinando II. ...:* zur Erinnerung an die Wiederherstellung im Jahre 1660 unter dem toskanischen Großherzog Ferdinand II. (E; am Nordende der Brücke) – für die beiden Inschriften am südlichen Ende verweist J. C. Goethe auf Nemeitz, II, 232.

333 *Vides horam ...:* »Du siehst die Stunde, doch du kennst die Stunde [deines Todes] nicht.« – *Questo è ...:* »Dies ist das Gewicht, das Kaiser Cäsar der Stadt Pisa übergeben hat, um damit den Zins zu bemessen, der ihm gebührte.«

334 *Philipus Decius ...:* »Filippo Decio [... Auslassung im Ms.] ließ sich dieses Grabmal verfertigen, um es nicht seinen Nachkommen zu überlassen.« (E) – für den Lebenslauf des Toten mit den Stationen der akademischen Laufbahn interessiert sich J. C. Goethe hier nicht.

335 *Hic Argus ...:* »Hier soll [der hundertäugige] Argus wachen, nicht [der hundertarmige] Briareus!«

337 *Volto Santo:* wörtl.: »Heiliges Antlitz«; Holzfigur des gekreuzigten, bärtigen Christus (angeblich aus dem 8. Jh.).

338 *O quisquis legis ...:* beim Bau der Kirche im 6. Jh. konnte der hl. Fredianus mit seinen Mönchen diesen Stein kraft seines Glaubens auf einen Wagen heben (E).

339 *Octavius Guido ...:* Bauinschrift des Ritters F. G. Mansi aus dem Jahre 1727 (Ms.: 1732). – *Foelix horti ...:* mit genauer Stellenangabe (1.33; recte: 1.34.1) wird aus dem Kapitel über die Lage der Gärten in Palladius' landwirtschaftlichem Fachbuch zitiert (5. Jh.): besonders begünstigt sei die Lage in einer leicht geneigten Ebene (I). – *O Lux ...:* der Heilige, der den verklärten Jesus schauen durfte (Lukas 9.28 u.a.) und der der erste Märtyrer wurde (vgl. J. C. Goethe im folgenden), wird hier um Fürsprache bei Gott angerufen (G). – *»tu qui ...«:* »Du, der du die erste Stelle unter den Aposteln einnimmst ...« (nicht bei Nemeitz, sondern bei Misson II, 325).

340 *Città Pistoja ...:* »Die Stadt Pistoia: helle Häuser und düstere Kirchen.« – *Catilina in ...«:* »Catilina wurde im Gebiet von Pistoia durch Antonius vernichtet.« (62 v. Chr.) – bei Cassiodorus nicht nachweisbar; der Feldherr C. Antonius hatte die Leitung abgegeben (vgl. den griech. Historiker Cassius Dio 37.39-40, wo die Ortsangabe fehlt, und Sallust: ›Die Verschwörung des Catilina‹ 57.1; 59-60).

342 *»ipsius Italiae Italia«:* »Das Italien Italiens«. – *Tacitus:* ›Annalen‹ 1.79: durch die Einwände der Florentiner wurde der Plan abgelehnt, einen Nebenfluß des Tiber zur Verhütung von Überschwemmungen in den Arno abzuleiten (15 n. Chr.).

343 *SS. Trinità:* J. C. Goethe vermengt hier die Brücke SS. Trinità mit dem Ponte Vecchio. – *fünf fürstliche Familien:* vgl. hierzu Nemeitz, S. 351 f.: »Es logiren in demselben 5. differente Fürstliche Hofhaltungen, als der Groß=Hertzog, der itzige Groß=Printz *Don Gaston,* die verwittwete Chur=Fürstin von der Pfaltz, die *Gouvernantin* von Siena, *Violenta Beatrix* aus Bayern, als

344 *des vorigen Groß=Printzens nachgelassene Wittib, und dann des gewesenen Cardinals de Medicis nachgelassene Wittib aus dem Hause Gonzaga.«*

344 *Großherzogin-Witwe:* Anna Maria Luisa; die Tochter Cosimos III. sollte nach dem Tod ihres Bruders Giangastone (1671 bis 1737) dessen Nachfolgerin werden – Kaiser Karl IV. hat diesen Plan Cosimos III. jedoch verhindert, wodurch das Haus Medici die Herrschaft über die Toskana verlor. – *Riccio:* nicht identifizierbar. – *Bentivoglio:* Versehen J.C. Goethes; es handelt sich um ein Portrait Bentivoglios von Van Dyck. – *Michelangelo Buonarroti:* eigtl. Michelangelo Naccarini.

345 *»simia quam ...«:* »Wie ähnlich ist uns der Affe, dieses häßliche Tier!« (Hexameter; Wortspiel mit »simia«/»Affe« und »similis«/»ähnlich«).

346 *Bernini:* nirgendwo belegt (Farinelli II, 397). – *Fürsten:* J.C. Goethe meint wohl Ferdinand I., der mit dem Bau der Kapelle begonnen hatte.

347 *Quae pietas ...:* Grabdistichon für einen Unbekannten, dessen Frömmigkeit und Klugheit gerühmt werden; bei J.C. Goethe fehlerhaft überliefert (G). – *Deo praesidibusque ...:* Papst Clemens VII. Medici schenkte die Bibliothek mit den Büchern seiner Vorfahren der Stadt; Großherzog Cosimo I. vollendete sie 1570 (E). – *Meisters:* Giambologna; es handelt sich allerdings um eine Marmorplastik.

348 *Plenis liberis ...:* »Nach vollständiger, ungehinderter Stimmabgabe des Senats von Florenz wird er zum Herzog der Heimat ausgerufen.« – *Ob zelum ...:* »Wegen seines besonderen Einsatzes für Religion und Gerechtigkeit.« – *Profligatis ...:* »Nach Niederschlagung der Feinde wurde die Kapitulation Sienas angenommen.« – *Cosmo Medici ...:* dem ersten Großherzog der Toskana 1594 (Ms.: 1584) von seinem Sohn Ferdinand errichtet (E). – *Heinrich Brenkmann:* Henrici Brencmanni ... ›Historia Pandectarum, seu, Fatum exemplaris florentini‹. Accedit gemina dissertatio de Amalphi. Trajecti ad Rhenum, apud Gulielmum vande Water, 1722. – *... folgendermaßen vorstellen:* die Skizze des Neunecks ist unsinnig; Keyßler hat an dieser Stelle eine L-förmige Skizze.

349 ›*Colombario*‹: vermtl. Vermengung zweier Bücher von Gori: ›Inscriptiones Antiquae in Etruriae urbibus extantes‹, 1726, und ›Monumentum sive Columbarium libertorum ...‹, 1727 (Farinelli II, 401f.). – *Prima Leo ...:* in J.C. Goethes Zitat aus Lukrez (5.905) ist eine erklärende Randglosse in den Hexameter aufgenommen; richtig: »Vorn ein Löwe, hinten ein Drache, in der Mitte, wie ihr Name sagt, eine Ziege ...« (»chimaera«

hier in der Bedeutung »Ziege«, sonst auch »feuerspeiendes Ungeheuer«) – J.C. Goethes Auslegung im folgenden ist also grundsätzlich richtig. – *Vix illigatum ...:* »Kaum ein Pegasus wird dich befreien, der du von der dreigestaltigen Chimäre umschlungen bist.« (V. 23 f.; gemeint ist hier eine wenig geschätzte Hetäre).

350 *Ut potui ...:* »Sobald ich konnte, kam ich hierher; Delphi und den Bruder hatt' ich zurückgelassen.« (Hexameter über Artemis). – *etruskischen Herrscher:* im Original »governatore dell'Etruria«, evtl. versehentlich für »oratore«/»Redner« (Farinelli II, 402). – »*Semper rectus* ...«*:* »Immer aufrecht, immer derselbe«.

351 *Corona muralis:* im Original »corona militare«, korrigiert nach Keyßler (I, 495). – *Sistro:* Krummhorn bzw. Zincke.

352 *Sohnes:* vermtl. der Adoptivsohn Nero. – *Biraldo:* auch für Farinelli (II, 405) unerklärliche Namensnennung; es handelt sich möglicherweise um den mailändischen Steinschneider Clemente Birague (um die Mitte des 16. Jh.).

354 *anderen Schriftstellern:* vor allem Keyßler (I, 508f.). – *Sohn:* J. C. Goethe bezieht sich entweder auf das Grabmal für Alessandro Galilei (gest. 1737) oder auf das für Galileus de Galileis (um 1450) – natürlich handelt es sich bei keinem um einen Sohn des Naturwissenschaftlers. – *Postquam Leonardus ...:* für den Historiker Leonardo d'Arezzo; um ihn trauern die Geschichte, die Beredsamkeit sowie die griech. und latinischen Musen (E).

355 *Siste, vides ...:* in seinem Grabepigramm wird er als großer Dichter und Sänger betrauert (E). – *Quantum Philippus ...:* das Grab des Architekten Filippo Brunelleschi (gest. 1446 zu Rom), in dem ihn die dankbare Heimatstadt beisetzen ließ; unter den Beweisen für die Größe seiner Kunst wird ausdrücklich die berühmte Domkuppel genannt (E).

356 *Entdecker:* im Original »inventore« (heute: »Erfinder«); keine Verwechslung mit »scopritore« (»Entdecker«), sondern schon damals veralteter Sprachgebrauch (vor allem im 16. Jh. sprach man vorsichtshalber von der »Erfindung« der Neuen Welt, wobei die Leistung Amerigo Vespuccis, Amerika als eigenen Kontinent erkannt zu haben, als wichtiger galt als die seefahrerische Leistung von Kolumbus). – *Americo Vespucio ...:* die genannten Patres errichteten 1719 (fehlt im Ms.) die Tafel zur dankbaren Erinnerung »an Amerigo Vespucci, den florentinischen Patrizier, der durch die Entdeckung Amerikas seinem und der Heimat Namen Glanz verliehen hat, der den Erdkreis erweitert hat. ...« (E). – *Beispiel:* vgl. hierzu die analoge Erfahrung Goldonis 1733 in Mailand, referiert in seiner Autobiographie: ›Mémoires

357 *Brauch:* der sog. »calendimaggio«. – *Cosmus Medices...:* Bauinschrift von Cosimo II., 1548 (E).

362 *Beschreibung:* ›Histoire de l'Académie appelée l'Institut des Sciences et des beaux arts, établi à Boulogne, en 1712, par Mr. de Limiers, à Amsterdam 1723‹ (Farinelli II, 411). – *Baar:* vielleicht der 1719 geborene Wenzel Johann Joseph Graf von Paar (Farinelli II, 411 f.).

364 »*Desponsamus nobis*...«: »Wir vermählen uns mit dir, Meer, zum Zeichen der wahren und ewigen Herrschaft.« – *Patriarch:* Francesco Antonio Correr.

365 *Galeasse:* »ist eine grosse Art Galeeren mit niedrigen Boort auf dem *Archipelago* und Mittelländischen Meer gebräuchlich, welche man so wohl mit Rudern als mit Segeln fortbringet, und welche Masten hat, nemlich den grossen, den Vorder= und Hinter=Mast, und hierinne ist sie unter andern auch von einer Galeere unterschieden, welche keinen hinter=Mast hat. ...« (Zedler: Universallexikon Bd. 10, Sp. 100). – »*Dubbio chiarito...*«: die gleichzeitig erschienene ital. Übersetzung von August Bergers ›Succinta commentatio de imperio maris Adriatici‹, Lipsia, 1723.

369 *Königin von Zypern:* Caterina Cornaro. – *Franciscus Venerius...:* ein umfangreiches Lob seiner Unbestechlichkeit, Würde und Weisheit (gest. 1556; E).

370 *Cathedram hanc...:* der Bischofsstuhl von Antiochia (vgl. Anm. zu S. 250) wurde dem Dogen 1310 geschenkt (E). – *Ossa Helenae...:* für »reizvoll« hält J. C. Goethe die Erinnerung an Helena Capella, die Gattin des Francesco Morosini, aufgrund des Vergleichs: »... Sie war in ihrer Abstammung und Gestalt sowie in ihrem Liebreiz ein Ebenbild der griechischen Helena [der Gattin des Menelaos und Geliebten des Trojaners Paris], in ihrer Treue, Züchtigkeit und Frömmigkeit ein Ebenbild der römischen Helena [der Mutter Kaiser Konstantins, einer Heiligen]. ...« (E). – *Ecco il flagello...:* »Dies ist die Geißel der Fürsten, der göttliche Pietro Aretino« (Zitat aus Ariosts ›Orlando Furioso‹, Canto XLVI, Ottava XIV). – *vollständige Inschrift:* vgl. hierzu die Zusammenstellung der Äußerungen verschiedener Reiseführer bei Farinelli (II, 419). – *Qui giace...:* »Hier ruht Aretino, das bittere Gift (Wortspiel, daher auch: der scharfzüngige Toskaner) des Menschengeschlechts, dessen Zunge Tote wie Lebendige durchbohrte; Gott aber redete er niemals Übles nach, was er folgendermaßen entschuldigte: Ich kenne ihn eben nicht.«

371 *Schwestern namens Contini:* auf einer eigenen Seite des Ms. hat J. C. Goethe ein Sonett von Domenico Darduin (»Auf die feierliche Einkleidung der beiden hocherlauchten Damen Adriana und Francesca Contini, die die Namen Maria Augusta und Maria Assunta angenommen haben, im erlauchten Benediktinerkloster della Croce auf der Giudecca«) eingetragen: »Ihr anmutigen Seelen und reinen Engel,/Die ihr dem Himmel so teuer seid; auf eurem heiligen Antlitz/Schweben die Grazien; ihr seid so schön/Und weiser und vollkommener als andere./Vom göttlichen Bräutigam auf ewig erwählt/Aus diesem düstren und schlimmen Jammertal,/Um glücklich an seiner Seite zu leben,/ Wo er euch unsterbliche Freuden verheißt./Einen Anteil an der Gottheit sehe ich auf eurem Antlitz funkeln,/Die euer reines Herz mit Süßigkeit erquickt/Und bei eurem großen Schritt der Führer sein wird./Und o, wie vom himmlischen Licht/Befreit und losgelöst aus jeder irdischen Hülle,/Wird euer Geist im Himmel in höherer Schönheit wiedergeboren werden.«

372 *Alexander Victoria ...:* »A.V., der zu seinen Lebzeiten aus Marmor lebendige Gesichter schuf« (E) – formuliert nach Vergil: Aeneis 6.848.

373 *D.O.M. Jacobo Foscareno ...:* ein Lobpreis auf all die Eigenschaften, die ihn seine Aufgaben als Gesandter, Feldherr, Admiral und Statthalter auf Kreta aufs beste erfüllen ließen (gest. 1602, Ms.: 1601; E).

375 *Bessarionis Cardinalis ...:* aus dem Vermächtnis des Kardinals, auf Befehl des Senats und unter der Aufsicht der Prokuratoren von S. Marco wurde die Bibliothek errichtet. – ›*I. P. Thomasini* ...‹: Iacobi Philippi Tomasini Patavini ... Petrarcha redivivus, integram poetae celeberrime vitam iconibus aere caelatis exhibens. Accessit nobilissimae foeminae Laurae brevis historia. Patavii 1635.

376 *D.O.M. Questo povero ...:* »Dieses Armenhospital für die ›Unheilbaren‹ nimmt kranke Männer und Frauen auf, ebenso verlassene Waisen; es verheiratet die Mädchen bei guter Aussteuer und beherbergt Pilgerinnen für drei Nächte. Am 3. April werden alle »franzosati«/»frannosati« (?) angenommen. Da es sich nunmehr in großer Bedrängnis befindet, bittet es um der Barmherzigkeit willen um Unterstützung. Im Jahre MDCLXXVII.« – *Principatus Leonardi ...:* »Unter dem weltberühmten Dogen Leonardo Loredano im sechsten Jahr seines Amtes« (d.h. 1506).

379 *L. AQVILIVS ...:* röm. Weihinschrift des Augustalen (= Priester des Kaiserkults) L. A. Narcissus für den keltischen Gott Belinus (vgl. CIL V.1 Nr. 2134). – *Patroclus/Secutus ...:* »Pa-

troclus aus dem Kollegium der Centenariatsbeamten stiftete in frommem Sinn zu seinen Lebzeiten Gärten und ein dazugehörendes Gebäude, damit aus dessen Einkünften ihm und seinem Patron Rosen und Speiseopfer vorgelegt würden.« – der Stifter trifft also Vorsorge für das nach »abergläubischem« Brauch jährlich stattfindende Totenopfer (Text nach Farinelli bzw. J. C. Goethes Quelle; vgl. CIL V.1 Nr. 2176 mit zwei Varianten). – *Hortos Municipio Dedi.:* »Die Gärten schenkte ich der Landstadt.« – unvollständiges Zitat einer Inschrift des späteren Kaisers Tiberius: »als Konsul (13 v. Chr.) schenkte er der Landstadt Tempel, Säulenhallen und Gärten« (die erste Zeile ist in der oberen Hälfte zerstört; vgl. CIL V.1 Nr. 2149).

380 *D.O.M. Catholicae...:* die Kanzel wurde 1677 erbaut, »um die katholische Wahrheit zu verteidigen, die Tugenden zu befördern und die Laster niederzuschlagen« – die Bauherren werden im Ms. übergangen (E).

382 *Paolo:* Veronese. – *Tomaso:* eigtl. Tommaso Rangoni.

383 *Francisco Mauroceno...:* »Für Francesco Morosini, dem Sieger auf der Peloponnes, noch zu seinen Lebzeiten, der Senat.« (E)

384 *Giovanni Graziani:* Francisci Mauroceni Peloponnesiaci Venetiarum principis gesta. Patavii 1698. – *Correr:* vermtl. irrtüml. für Corner, Flaminio (Farinelli II, 426). – *»Troppe teste...«:* »Zuviele Köpfe, zuviele Feiertage, zuviele Stürme«. – *Urbe tot ...:* »Warum gibt es in Venedig so viele tausend Huren?/Der Grund ist offenkundig: Venus wurde aus dem Meer geboren.«

385 *Viderat Adriacis...:* »Neptun sah, wie die Stadt Venedig im Adriatischen Meer lag und über das gesamte Meer gebot. ›Jetzt, Juppiter, halte mir das Kapitol dagegen, soviel du willst, und jene Mauern Roms‹, sagte er; ›wenn du dem Meer den Tiber vorziehst, betrachte nur beide Städte: jene, wirst du sagen, haben Menschen erbaut, diese aber die Götter.‹« – *Ottavio Ferrario:* vermtl. Ottavio Ferrari (1607–1682).

388 *5. Juli:* irrtüml. Datierung, vermtl. für 25. Juli.

389 *Weg nach Vicenza:* vgl. hierzu die sehr ähnliche Passage im Reisetagebuch Johann Wolfgang Goethes für Frau von Stein (»Vicenz d. 19. Sept.«) in: ›Tagebücher und Briefe Goethes aus Italien an Frau von Stein und Herder‹. Weimar 1886, S. 90 (= Schriften der Goethe-Gesellschaft 2). – *die Zeichnung:* falls Spekulieren erlaubt ist: vielleicht stammt die im Vergleich zu den sonstigen Skizzen im ›Viaggio‹ verhältnismäßig geschickte Zeichnung von J. W. Goethe – jedenfalls beansprucht J. C. Goethe hier ausnahmsweise nicht die Urheberschaft.

390 *Podagras:* »... und rühmet man insbesondere an den Vicentinischen Weinen, daß sie den *Podagricis* keine Beschwerlichkeit

verursachen.« (Keyßler II, 623). – *Havrà di marmo ...*: »Der muß ein Herz aus Marmor haben/Und eine Seele aus Diamant,/ Der hier vorbeigeht/Und nicht die Augen niedersenkt/Und mit frommem Sinn/ein Ave Maria spricht.« – *Novum viridarii ...*: den Fremden erwartet ein vergnüglicher Anblick: »hier das Gefilde des Mars, dort das der Flora«; Graf Valmarana hatte einen neuen und sichereren Zugang anlegen lassen (E).

391 *Advena qui ...*: schon der Vater dieses Grafen hatte 1592 zur Erholung an diesen lieblichen Platz eingeladen – im Vertrauen auf Anstand und Zurückhaltung des Besuchers als die besten Wächter gebe es keinen Hund, Drachen oder sichelbewehrten Gott (= Priapus); die Jahreszahl stammt aus Nemeitz (II, 291) oder Keyßler (II, 623), der den Garten noch »unter die angenehmsten von Italien« rechnete (E). – *Abhandlung*: Giovanni Montenari: ›Del Teatro olimpico di Andrea Palladio in Vicenza‹. Padova 1733. – *Petro Paulo Bissario ...*: die Akademie der Olympier ließ diese dankbare Erinnerung an ihre beiden Gesandten beim Dogen 1611 (Ms.: 1640) errichten (E). – *Permultos comites ...*: »Vicenza ernährt sehr viele bedürftige Grafen.« (Hexameter).

393 ›*Verona illustrata*‹: 4 Bände. Verona 1731–32. – *Marchioni Scipioni ...*: aus öffentlichen Mitteln 1726 (Ms.: 1727) von der genannten Akademie errichtet (E). – ›*Osservazioni letterarie*‹: F.S. Maffei: ›Osservazioni letterarie che possono servir di continuazione al Giornal de' letterati d'Italia‹. 4 Bde. Verona 1737 bis 1740. – *... veto ...*: ein Verbot, das als Bruchstück nicht eindeutig zu bestimmen ist (G).

394 *Ilium*: Troja. – *FACTIONIS VE ...*: wohl eine antike Grabinschrift; sie wurde von Crispina Meroe für einen 25jährigen Sieger im Zwei- und Viergespann errichtet, dessen Namen J.C. Goethe nicht kopieren durfte; der unleserliche Rand ist im Ms. jeweils durch Querstriche (===) gekennzeichnet (G). – *Cum Petrus ...*: J.C. Goethes einleitende Angaben referieren den Inhalt der Inschrift von 1457 richtig (E). – *Numini sancto ...*: Weihinschrift für den hl. Georg (E).

395 *Ossa Lucii ...*: als ihn die Mißgunst aus Rom vertrieben hatte, konnte Verona ihm willkommene Zuflucht bieten (E). – *Lucius est ...*: der Papst wird mit einem Raubfisch, dem Tyrann des Meeres, verglichen: dieser verschlingt Menschen und wird dabei zuweilen satt – Lucius dagegen ist unersättlich bei seiner Jagd (ironische Anspielung auf Lukas 4.10: Petrus wurde von Jesus zum »Menschenfischer« bestimmt; I). – »*Iulius Scaliger ...*«: »I. S. der Vater wäre ein unvergleichlicher Mann, hätte er nicht Iosephus gezeugt.« – ›*De statu imperii ...*‹: Severini de Mon-

396 IPSI THILLAE...: »Den Totengöttern seiner süßesten Ipsitilla, Gaius Valerius Catullus, um seine Wonne trauernd.« – der Fälscher ließ sich von Catulls 32. Gedicht inspirieren, J. C. Goethe war die scherzhaft-frivole Bitte um ein Schäferstündchen wohl nicht im Gedächtnis (vgl. im Ms.: D. M. fehlt; nach dem entstellten Namen folgt die unverständliche Abkürzung L. T. CO. statt »dulcissimae«). – SINE ME LAETVM ...: »Ohne mich entsteht keine Freude. Die Statue im Garten wurde mir errichtet, damit inmitten der Anmut Venus nicht fehle.« (I) – AMBVLATOR NE TREPIDES ...: »Spaziergänger, zittere nicht: Bacchus als Liebhaber, nicht als Krieger, hat der Herr zum Schutzgeist des Ortes bestimmt.« (I) – NE QVID ...: »Damit es der Venus an nichts fehle, wird Ceres mit Bacchus verbunden.« (I) – wie in der ersten Inschrift ist »Venus« in zwei Bedeutungen gebraucht: »Liebreiz« bzw. »Göttin der Liebe«.

397 Quod incuria ...: »Was Nachlässigkeit verdorben hatte, gab Sorgfalt dem Altertum wieder zurück; 1496.« – J. C. Goethes Beschreibung als Überschrift (für die folgende antike Grabinschrift) ist im CIL (V.1 Nr. 3590) bestätigt. – V. DIIS MANIBUS F ...: von einer Freigelassenen für ihre Patronin (die frühere Herrin) und deren Sohn.

398 Giovanni Caroto: ›De la Antiquità di Verona‹. Verona 1560 (Farinelli II, 441); vielleicht kannte J. C. Goethe auch diese Ausgabe: ›Antichità di Verona ... nuovamente date in luce‹. Verona 1764.

400 letzten Herzogs: Carlo Ferdinando di Gonzaga.

401 Argumentum utrique ...: »Die Dargestellten wären beide außerordentlich, wenn die Jahrhunderte sich vereinigt hätten.«

402 »Nihil isto ...«: »Nichts ist traurig, wenn man dies bei sich aufgenommen hat« (der Wahlspruch des Ordens »Vom Blut Christi«). – Kraft der Glocke: die Glocke soll einen derart starken Klang gehabt haben, »daß er schwangeren Frauen die Kinder abtrieb«. (Keyßler II, 589)

403 Sängerin: Caterina Martinelli. – Inspice, Lege ...: Caterina Martinelli übertraf mit ihrem Gesang die Sirenen und die himmlischen Heerscharen: »durch bedeutende Tugend und ihren liebenswürdigen Charakter, durch Schönheit, Liebreiz und Anmut war sie dem Herzog von Mantua besonders teuer. ...«; sie starb 1608 mit 18 Jahren (Keyßler II, 590 vermutet, »daß diese schöne Sängerin eine Maitresse des Herzogs gewesen, bei deren Tod er etwas mehr als eine schöne Stimme beklaget hat«. – den

boshaften Vergleich mit dem Ordensgeneral fügt J.C. Goethe hinzu).

404 *18000 Mann:* eigtl. 8000 Mann (Farinelli II, 446). – »*A vacca rubata* ...«: »Hinter der gestohlenen Kuh wird der Stall zugesperrt.«

405 *Erlauchte Kaiser:* Karl VI. – *Exemplar:* nicht identifizierbar.

406 *30000 Seelen:* eigtl. 300000 (Farinelli II, 447).

407 *Graf Ponzio:* vermtl. Ponce de Leon (Farinelli II, 449).

408 *Abhandlung:* ›De origine et statu Bibliothecae ambrosianae hemidecas‹. Mediolani 1672.

409 *Büchlein:* vermtl. Paolo Morigia (1525–1604): ›Il duomo di Milano descritto con l'origine, e dichiaratione di molte cose notabili ...‹ Milano 1642.

411 *Templi huius ...:* J.C. Goethe faßt richtig zusammen; die Schlußwidmung der Bauhütte ist im Ms. übergangen (E). – *Aurelius:* J.C. Goethe meint vielleicht den Adressaten der folgenden Inschrift (L. Aurelius Verus), doch ist diese Zuschreibung wohl nicht korrekt; es handelt sich um Säulen aus der späten Kaiserzeit, ein Bezug zu Thermen ist archäologisch nicht gesichert. – *Imper......:* ein Zusammenhang mit der Kolonnade ist der Weihinschrift, deren Text J.C. Goethe im Ms. nicht wiedergibt, nicht zu entnehmen; der Gemeinderat stiftete die Inschrift (E) 167 n.Chr. dem Kaiser L.Aurelius Verus (vgl. CIL V.2 Nr. 5805).

412 *Bernhardus civilitate ...:* »Er war bewundernswert in seiner Umgänglichkeit und weitberühmt durch die übrigen frommen Tugenden ...«; die abgekürzte Schlußwidmung übernimmt J.C. Goethe in Keyßlers falscher (lat.) Deutung (I, 370): »der Sohn Pippins, zum treuen Gedenken« anstatt »der Sohn errichtete es z.t.G.«.

413 »*Sepulcrum Trium Magorum*«: »Das Grab der drei Weisen« (erst seit dem Mittelalter werden sie als »Könige« bezeichnet). – *Wunder des hl. Eustorgius:* fehlerhafter Bericht J.C. Goethes, da sich das Wunder beim Transport der Leiber der Hll. Drei Könige ereignet haben soll, den der hl. Eustorgius durchführte.

414 *Vixi etc.:* J.C. Goethe scheint der Inschriften ein wenig leid zu sein, da er hier bereits zum zweiten Mal auf die Wiedergabe verzichtet; vollständig zitiert Keyßler (I, 379): der Tote preist sich glücklich, im Himmel jetzt für sich, nicht mehr nur für andere zu leben. – *hl. Ambrosius:* irrtüml. für Augustinus. – »*Tolle et lege*«: »Nimm es, lies es« – einen Engel nennt Augustinus nicht (vgl.: Bekenntnisse 8.12.29).

415 *Leonardo da Vinci:* nicht belegt (Farinelli II, 456). – *Annibali Fontanae ...:* »Er verwandelte zum Erstaunen der Natur Mar-

mor in Menschen und ließ die Bilder der Menschen im Marmor leben. ...«; die Bauhütte der Kirche hat diesen Grabstein als Dank für die Ausstattung der Kirche errichtet (Fontana starb 1537, Ms.: 1637; I). – *Regularkanonikern:* »Denen *Canonicis Secularibus* werden entgegen gesetzt *Canonici Regulares,* welche letztere nicht nur die allen Geistlichen vorgeschriebene, sondern auch noch absonderliche und schärffere Regeln (die insgemein des heil. Augustini seine sind) in Acht zunehmen haben.« (Zedler: Universallexikon Bd. V, Sp. 574).

416 *Procul hinc ...:* J. C. Goethe übergeht die Vorgeschichte, da er sie bereits der Inschrift entsprechend zusammengefaßt hat – die abschließende Warnung fordert alle rechtschaffenen Bürger auf, sich vom Ort des Verbrechens fernzuhalten (1630; I).

418 *nachfolgenden Briefen:* im 5. Appendix.

420 *türkisches ... Korn:* »gran turco« ist Mais; das »sarazenische« Korn ist eigtl. Buchweizen (im Dt. auch »Heidenkorn«). – *Hier sind sie:* im Original erneut ausgelassen: es handelt sich um eine Weihinschrift für den hl. Andreas mit vielen Abkürzungen (vgl. Farinelli II, 190; E).

421 *Sardische Majestät:* Regent während J. C. Goethes Aufenthalt in Turin war Karl Emanuel III.; der Ausbau der Residenzstadt Turin geht jedoch nicht auf einen einzigen Herrscher zurück, sondern vollzieht sich in verschiedenen Etappen über Jahrhunderte hinweg.

422 *Hl. Schweißtuches:* S. Sindone, d.h. eigtl. das Hl. Grabtuch – im 18. Jh. aber oft vermischt mit dem S. Sudario. – *Kapelle in Rom:* das Schweißtuch (S. Sudario) wird im Petersdom aufbewahrt. – *Königin:* Elisabeth Theresia von Lothringen.

423 *Isische Tafel:* »Mensa Isiaca bestehet in einer ziemlich grossen länglich viereckichten kupfernen Tafel, auf welche viele Egyptische Götzenbilder und Hieroglyphia mit Silber und einem gewissen zusammengesetzten Metall, so als angelauffener Stahl aussiehet, eingelegt sind.« (Zedler: Universallexikon Bd. XLV, Sp. 1887 – bei Zedler abgeschrieben aus Keyßler I, 265). – *Seidenritter:* in der Phase des Spinnens wurden die Seidenraupen »cavalieri« genannt.

424 *venezianische Freund:* nicht eindeutig nachweisbar.

426 *Herzog von Savoyen:* Viktor Amadeus II. (1705).

427 *»della paglia«:* wörtl. »vom Stroh«, »strohern«. – *Privatmann:* Filippo Gerasco Gallarati, Marchese di Solerio (Farinelli II, 466). – *D.O.M. Deiparae ...:* »Für die frommen Verehrer der Gottesgebärerin, die zugleich mit ihrem gekreuzigten Sohn starb, wurde das Grab in diesem jungfräulichen Boden gegraben, damit Tote und Lebende gleichermaßen die Mutter der

Barmherzigkeit erfahren. ...« (1689); J. C. Goethes Einwände stützen sich auf Keyßler (I, 417f.), der eine Verehrung als »Ursprung ... aller Barmherzigkeit« auf Gott allein beschränkt wünscht – auch Keyßler verwahrt sich gegen das Wort »patibulum« (= »Kreuzesquerbalken«): es gebe »jetziger Zeit ... einen Begriff von einer ganz anderen Todesart« als das Kreuz; obendrein würden »die heutigen Juden unseren Heyland zum Spott den Gehenkten nennen.«

431 *»Vetustiori« etc.:* bei Keyßler (I, 435) vollständig zitiert: der Schiffsschnabel, der damals der einzige seiner Art zu sein schien, wurde 1597 bei der Reinigung des Hafens gefunden.

433 *Deipara in ...:* »Die Gottesmutter, die in den Himmel aufgenommen worden ist.« – *Doge:* Costantino Balbi.

436 *in französischer Sprache:* über eine Fortsetzung des Reiseberichts ist nichts bekannt.

437 *Prinzessin:* Christina von Lothringen.

438 *FERDINANDVS ...:* »Ferdinand, der 5. Großherzog der Toskana. Er lebte 59 Jahre und starb am 24. Mai 1670.« (E); die folgenden Inschriften für vier weitere Großherzöge sind abgesehen von den jeweiligen Daten identisch.

440 *San Sepolcro:* wörtl.: »Heiliges Grab«.

442 *Beschreibung:* J. C. Goethe zitiert im folgenden weitgehend wörtlich aus Grosleys ›Observations‹ (s. Lit.-Verz.). – *176...:* im Original nicht genauer bezeichnet. – *»crevit ruinis«:* »Sie wurde durch Verwüstungen größer«.

443 *Heroibus bene ...:* »Ihren verdienten Helden setzten die Bewohner von Cassino zum Beweis der eigenen Ehrerbietung ein Denkmal für die Frömmigkeit anderer. 1646.« – *hl. Gregor:* Gregor VII.

444 *Großherzog:* Gian Gastone.

445 *Ergänzungen:* der Appendix bezieht sich auf S. 59.

446 *Venetos fabulosa ...:* »Die griechische Sagenüberlieferung soll die Veneter, ein Volk aus Paphlagonien am Schwarzen Meer, nach dem Untergang Trojas unter der Führung Antenors hier angesiedelt haben.« – *Didier:* Limojon de Saint-Didier: ›Description de la Ville et Republique de Vénise‹. Paris et Amsterdam 1680. – *479... Theodosius:* die Jahreszahl ist im Ms. nicht eindeutig zu entziffern: es heißt evtl. auch 471, wenig wahrscheinlich ist hingegen 419, obwohl die historische Angabe dann zuträfe (Theodosius II. regierte 408–450). – *Vielheuer:* nicht identifizierbar. – *Antenor Batavium ...:* »Antenor soll Padua im Jahr der Welt 2873 gegründet haben, was in die Zeit fällt, in der die späteren Sieben Richter lebten« (Anspielung auf das ›Buch der Richter‹ im Alten Testament).

449 *verstorbene König:* vermtl. Friedrich Wilhelm I. – *»Voluit Augustus ...«:* J. C. Goethe zitiert ungenau aus den Interpolationen zur Donat-Vita (›Donatus Auctus‹ 130): »Er [= Vergil; im Ms. aber Augustus] wollte auch [fehlt im Ms.] seine Gebeine nach Neapel überführen lassen, wo er lange und sehr angenehm [fehlt im Ms.] gelebt hatte. Also wurden seine Gebeine [Ms.: »sie«] auf Befehl des Augustus [im Ms. eingefügt: »des Kaisers«]; es fehlt: »wie er selbst festgesetzt hatte«] nach Neapel überführt und an der Straße nach Puteoli innerhalb des zweiten Meilensteins beigesetzt.«

450 *»ad primum conspectum ...«:* J. C. Goethes Zitat setzt nach Senecas Schilderung seiner inneren Bewegung beim Gang durch die Grotte ein (57.6): »Sobald ich das Tageslicht wieder erblickte, kehrte meine Munterkeit wieder zurück, ohne einen Gedanken daran und ungeheißen. Darauf begann ich bei mir zu überlegen, wie töricht wir sind, wenn wir manche Dinge mehr, manche weniger fürchten, da sie doch alle denselben Ausgang nehmen. Denn was macht es für einen Unterschied, ob ein Wächterhäuschen oder ein Berg über einem zusammenstürzt?« – statt »Wächterhäuschen« (»vigiliarium«) liest J. C. Goethe seinem Gedankengang entsprechend »Grabmal des Vergil« (»Virgiliarium«). – *»Sub finem«:* vgl. Anm. zu S. 179.

451 *Buhle:* im Original das ungewöhnliche »drudo«.

453 *8. Juli 740:* diese Datierung auf den Zeitpunkt von J. C. Goethes Aufenthalt in Mailand steht im Widerspruch zur früher formulierten Brieffiktion (S. 418), wonach der Briefwechsel aus dem vergangenen Jahrhundert stammen sollte – in Anbetracht von J. C. Goethes Nachlässigkeit bei Datierungen kann dies jedoch nicht als wesentliches Indiz dafür genommen werden, die im Liebesbriefwechsel geschilderten Ereignisse seien authentische Erlebnisse J. C. Goethes (der Verlauf der Liebelei und der Sprachstil sind literarisch zu konventionell, als daß den Briefen wirklich biographischer Wert zugemessen werden könnte – vgl. die Überlegungen zu möglichen Quellen bei Farinelli II, 475 bis 482).

463 *das Gesetz der Liebe ...:* Zitat aus Battista Guarinis ›Il pastor fido‹, wo Corisca spricht: »Questa [legge] ne' nostri petti/nasce, Amarilli, e con l'età s'avanza;/né s'apprende o s'insegna,/ma negli umani cuori,/senza maestro, la natura stessa/di propria man l'imprime;/e dov'ella comanda,/ubbidisce anco il ciel, non che la terra.« (III, 5). – *Dichter:* Guarini. – *Dichter:* ebenfalls Guarini. – *seltenes ... Wundertier ...:* Zitat aus Guarinis ›Pastor fido‹: »Raro mostro e mirabile, d'umano/e di divino aspet-

to;/di veder cieco e di saver insano/di senso e d'intelletto,/di ragion e desio confuso affetto!« (Chor in III, 9).
468 *B. G.:* wohl nicht irrtüml. für »M. G.«, da im selben Brief wiederholt; J. C. Goethe denkt womöglich an »Beata Gioseffa«.
472 *Merati:* der Name der Briefpartnerin konnte für die fragliche Zeit in Mailand nachgewiesen werden (Farinelli II, 481); da Merati aber kein ungewöhnlicher Name ist, kann sein Vorkommen nicht aussagekräftig sein – im ›Elenco di dame milanesi della fine del Settecento‹ (1921) taucht jedenfalls keine Merati auf (Farinelli II, 481).
476 *Sprichwort:* vermtl. »Lontano dagli occhi, lontano dal cuore« (»Aus den Augen, aus dem Sinn«).
481 *Argentina:* im 18. Jh. der ital. Name für Straßburg. – *13. August:* der angesprochene Brief ist auf den 17. August datiert (vgl. S. 478).

# LITERATURVERZEICHNIS

### Italienische Originalausgabe

Goethe, Johann Caspar: Viaggio in Italia (1740). Prima edizione a cura e con introduzione di Arturo Farinelli per incarico della Reale Accademia d'Italia.
Volume primo: Testo. Roma 1932.
Volume secondo: Epigrafi e iscrizioni. Note illustrative e rettifiche. Indici. Roma 1933.

### Teilübersetzungen

Anonym: Venedig. Aus der italienischen Reise von Johann Caspar Goethe. In: Die Rampe. Blätter des Staatlichen Schauspielhauses Hamburg. Sonderheft 1943, S. 26 f.
Goethes Vater reist in Italien. ›Reise durch Italien‹ von J. Caspar Goethe. Herausgegeben von Erwin Koppen. Übersetzung der Briefe aus dem Italienischen von Carl Nagel, bearbeitet und ergänzt vom Herausgeber. Mainz und Berlin 1972.

### Zur Biographie Johann Caspar Goethes

Beutler, Ernst: Der Kaiserliche Rat. In: Am Großen Hirschgraben. Goethes Vater, Schwester und Mutter, dargestellt von Ernst Beutler. Zürich und München 1981, S. 11–185.
Eissler, K. R.: Goethe. Eine psychoanalytische Studie. 1775–1786. Band 1: Aus dem Amerikanischen übersetzt von Peter Fischer. In Verbindung mit Wolfram Mauser und Johannes Cremerius herausgegeben von Rüdiger Scholz. Basel und Frankfurt am Main 1983.
Band 2: Aus dem Amerikanischen übersetzt von Rüdiger Scholz. In Verbindung mit Wolfram Mauser und Johannes Cremerius herausgegeben von Rüdiger Scholz. Basel und Frankfurt am Main 1985.
Ewart, Felicie: Goethes Vater. Eine Studie. Hamburg und Leipzig 1899.
Farinelli, Arturo: Dalle lettere inedite del padre di Goethe. (L'episodio milanese). In: Gerarchia Vol. 12 (1932), S. 179–189.
Freydank, Hanns: Die Bildnisse des Goethe-Vaters. Halle (Saale) 1933.
Glaser, Rudolf: Goethes Vater. In: Die Grenzboten 73,1 (1914), S. 247–264.
Ders.: Goethes Vater. Sein Leben nach Tagebüchern und Zeitberichten. Leipzig 1929 (enthält umfangreiche Abschnitte aus dem ›Viaggio per l'Italia‹ in sehr unzulänglicher deutscher Übersetzung).

Goethe, Johann Caspar: Liber Domesticus. 1753–1779. Übertragen und kommentiert von Helmut Holtzhauer unter Mitarbeit von Irmgard Möller. 2 Bände. Bern und Frankfurt/M. 1973.

Götting, Franz: Die Bibliothek von Goethes Vater. In: Nassauische Annalen. Jahrbuch des Vereins für Nassauische Altertumskunde und Geschichtsforschung. Band 64 (1953), S. 23–69.

Heuer, Otto: Goethes Vater. Zum zweihundertsten Gedächtnistage seiner Geburt. In: Jahrbuch des Freien Deutschen Hochstifts 1910, S. 293–318.

Ders.: Goethes Geburtshaus und sein Umbau durch den Herrn Rat im Jahre 1755. In: Jahrbuch des Freien Deutschen Hochstifts 1910, S. 408–432.

Krüger-Westend, Herman: Goethe und seine Eltern. Weimar 1904.

Mentzel, Elisabeth: Goethes Vater als Vormund. In: Jahrbuch des Freien Deutschen Hochstifts 1914/1915, S. 153–202.

Reinsch, F. H.: The Correspondence of Johann Caspar Goethe. University of California Publications in Modern Philology Vol. 28, No. 2. Berkeley and Los Angeles 1946.

Ruland, C.: Des Herrn Rath Haushaltungsbuch. In: Weimars Festgrüße zum 18. August 1899. Weimar 1899, S. 55–92.

Rumpf-Fleck, Josefine: Frankfurter Patrizier und Gelehrte als Förderer italienischer Kultur, mit besonderer Berücksichtigung J. C. Goethes. In: Rumpf-Fleck: Italienische Kultur in Frankfurt am Main im 18. Jahrhundert. Petrarca-Haus Köln 1936, S. 91–114.

Schulenburg, Werner von der: Johann Kaspar Goethe. Vater eines Genies. Berlin o. J. (1937).

Volger, Otto: Goethe's Vaterhaus. Ein Beitrag zu des Dichters Entwicklungsgeschichte. Zweite verbesserte und vermehrte Auflage. Frankfurt am Main 1863.

## Italienreisen im Umkreis J. C. Goethes

Addison, Joseph: Remarques sur divers endroits de l'Italie. In: Maximilien Misson: Voyage d'Italie. Band 4. Utrecht 1722 (die von J. C. Goethe benützte Übersetzung von Joseph Addisons ›Remarks on several parts of Italy‹. London 1705).

Brosses, Charles de: Lettres historiques et critiques sur l'Italie. 3 Bde. Paris An VII (= 1798); (deutsch: Des Präsidenten de Brosses vertrauliche Briefe aus Italien an seine Freunde in Dijon. 1739–40. München 1918/22).

Cochin, Charles-Nicolas: Voyage d'Italie, ou recueil de notes sur les ouvrages de peinture & de sculpture, qu'on voit dans les principales villes d'Italie. 3 Bde. Paris 1758.

Grosley, Pierre Jean: Nouveaux mémoires ou observations sur l'Italie et sur les Italiens, par deux gentilshommes suédois. Traduit du Suédois. 3 Bände. London 1764.

Keyßler, Johann Georg: Neueste Reise durch Teutschland, Böhmen, Ungarn, die Schweiz, Italien, und Lothringen, worin der Zustand und das merckwürdigste dieser Länder beschrieben und vermittelst der Natürl: Gelehrten, und Politischen Geschichte, der Mechanick, Mahler- Bau- und Bildhauer-Kunst, Müntzen und Alterthümer erläutert wird. 3 Bde. Hannover 1740f.

Krebel, Gottlob Friedrich: Die vornehmsten Europaeischen Reisen, wie solche durch Deutschland, Franckreich, Italien, Holl- und Engeland, Dännemarck und Schweden, vermittelst der darzu verfertigten Reise-Carten nach den bequemsten Post-Wegen anzustellen, und was auf solchen curieuses zu bemercken.... Hamburg/Lauenburg 1713.

Misson, Maximilien: Voyage d'Italie. 4 Bände. 5. Auflage: Utrecht 1722.

Nemeitz, Joachim Christoph: Nachlese besonderer Nachrichten von Italien, Als ein Supplement von Misson, Burnet, Addisson, und andern, welche ihre in diesem Theil von Europa gethane Reisen der Nachwelt in Schrifften hinterlassen haben. Leipzig 1726.

Volkmann, Johann Jakob: Historisch-kritische Nachrichten von Italien, welche eine genaue Beschreibung dieses Landes, der Sitten und Gebräuche, der Regierungsform, Handlung, Oekonomie, des Zustandes der Wissenschaften, und insonderheit der Werke der Kunst nebst einer Beurtheilung derselben enthalten. Aus den neuesten französischen und englischen Reisebeschreibungen und aus eignen Anmerkungen zusammengetragen. 3 Bde. Leizig 1770/71.

## Zur Italienreise J. C. Goethes

Bojanowski, P. von: Johann Caspar Goethe in Venedig. In: Weimars Festgrüße zum 28. August 1899. Weimar 1899, S. 1–54.

Bottacchiari, Rodolfo: Il padre di Goethe e il suo viaggio in Italia. In: Bollettino della Regia Università Italiana per stranieri Perugia 4 (1932), S. 437–445.

Friepes, Erna: Des Herrn Rates ›Viaggio in Italia‹. In: Chronik des Wiener Goethe-Vereins. 47. Band (1942), S. 63–66.

Reinsch, Frank H.: Johann Caspar Goethe's Italian Diary. In: The Modern Language Forum 34, 3–4 (1949), S. 101–108.

Sandvoß, Franz: Goethes Vater in Italien. In: Das neue Jahrhundert 1. Jg., 2. Band (1899), S. 1516–1525.

Weißel, Otto: Drei italienische Reisen (Großvater, Vater und Sohn). In: Chronik des Wiener Goethe-Vereins. 33. Band (1922), S. 41–48.

Auch ich in Arcadien. Kunstreisen nach Italien 1600–1900. Sonderausstellung des Schiller-Nationalmuseums Marbach/Neckar. Katalog Nr. 16. Bearbeitet von Dorothea Kuhn. Stuttgart 1966.

Harder, Hermann: Le Président de Brosses et le voyage en Italie au dix-huitième siècle. Genf 1981.

Ders.: Französische Italien-Reisende des XVIII. Jahrhunderts. In: Arcadia. Zeitschrift für vergleichende Literaturwissenschaft 19 (1984), S. 1–19.

Klenze, Camillo von: The Interpretation of Italy During the Last Two Centuries. A Contribution to the Study of Goethe's ›Italienischer Reise‹. Chicago 1907.

Noack, Friedrich: Deutsches Leben in Rom (1700–1900). Stuttgart 1907.

Schudt, Ludwig: Italienreisen im 17. und 18. Jahrhundert. Wien/München 1959.

Stewart, William E.: Reisebeschreibung und ihre Theorie im Deutschland des 18. Jahrhunderts. Bonn 1978.

Waetzold, Wilhelm: Das klassische Land. Wandlungen der Italiensehnsucht. Leipzig 1927.

Ders.: Kulturgeschichte der Italienreisen. In: Preußische Jahrbücher. Bd. 230, S. 13–24.

Watt, Helga Schutte: Deutsche Reisebeschreibungen von Kaempfer bis Stolberg. Vielfalt und Tradition des Genres im 18. Jahrhundert. Ann Arbor 1978.

Wuthenow, Ralph-Rainer: Die erfahrene Welt. Europäische Reiseliteratur im Zeitalter der Aufklärung. Frankfurt/Main 1980.

# INSCHRIFTEN

Zur Kennzeichnung von Versenden dienen Schrägstriche; Zeilenenden einer Inschrift werden in besonderen Fällen durch senkrechte Striche markiert. Die Kursivierung von einzelnen Buchstaben und Wörtern weist darauf hin, daß es sich hier um Rekonstruktionen handelt.

21   Marco Antonio Memmo, in regendis populis singulari, summa urbis et orbis laetitia ad ducatum Venetiar. evecto, Petrus et Marcus Antonius, ex tribuno Memmo pronepotes et haeredes, patruo magno fieri curaverunt. Vixit annos LXXIIII, in ducatu tres menses, tres dies sex. Obiit XXVIIII Octobris MDCXV.

23   Vivos videns fecit sibi, sibi posuit Mattheus Sanutus, Pontifex Concordiensis, qui quum esset annorum LXX substituto ad sacrum munus ex fre. nepote cognomine, sancta haec intra claustra voluit vivere, mori voluit bene et beate. MDXVI Kal. Mais.

24   Hocce inclyti ducis sepulcrum vetustate destructum, piissimo senatus decreto monachi veteri prorsus servato epigrammate iterum exstruxere 1637.

29   Iste conventus fundatus fuit ex legato D.M. Archi Michaeli. Obiit a. 1347.

32   D.O.M. Beataeque Genetricis Mariae Visitationi dicatum Ioannes Theophilus Venet. Patriarcha consecravit, Antonio Priolo Duce Ioannes Cornelius D.M. Procurat., Michael Priolus, Vincentius Dandolus, Laurentius Capella, pii huius orphanotrophii procuratores, f.c. sal. an. MDCXXII, prid. Cal. Febr.

34   Continet haec imago S. Marci Evangelistae non coloribus, sed literis delineata integrum Dni. Jesu Christi Evangelium ab eodem conscriptum exactissime, absque ulla vocum contractione exprimens non maiori chartae spatio, quam quod adiecti Pistacii codice comprehenditur. Ut vero recta instituatur legendi ratio, animadvertendum est Evangelium in capitis vertice incipere (etc.). Opus hoc excelso Decem Virum Consilio per Joannem Casparinum ad vetusta reipubl. transponenda in secretis electum (...) an. 1677.

37   Deiparae Virgini Publicae Salutis sacrarium senatus votum, ob cives ex pestilentia servatos, anno MDCXXX.

38   D.O.M. in honorem Virginis Deiparae titulo Rosarii, piorum aere collato, an. MDCCXXXVI.

39   Ora pro nobis, Beate Felix, ut nobis Jesus sit propitius, quem manibus recepisti. Amen.

Primarius lapis a Joan. Trevisano, Patriarca Venetiarum.

40   Lector parumper siste, rem miram leges: hic Eusebi Hispani monachi corpus situm est, vir undecumque qui fuit doctissimus nostraeque vitae exemplar admirabile. Morbo laborans sexdecim totos dies ebens bibens nil prorsus et usque suos monens deum adiit. Hoc scires volebam, abi et vale! Ann. D. MDI, X Feb., aetat. suae LI, sacrae militiae XVII.

51  Quos natura pares studiis virtutibusque arte/Edidit illustres, genitor natusque sepulti/Hac sub rupe duces, Venetum clarissima proles./Theupula collatis dedit hos celebranda triumphis/Omnia presentis donavit predia templi./Dux Jacobus valido fixit moderamine leges/Urbis et ingratam redimens certamine Jadram/Dalmatiosque dedit patrie, post Marte subactas/Graiorum pelago maculavit sanguine classes./Suscipit oblatos princeps Laurentius Istros/Et domuit rigidos ingenti strage cadentes/Bononie populos, hinc subdita Cervia cessit./Fundavere vias pacis fortique relicta/Re superos sacris petierunt mentibus ambo.

52  Deo Opt. Max.- Andreas Franciscus Petri filius, post innumera praeclaraque summae probitatis et fidei exempla edita gratus patribus, ob ingenii mansuetudinem et beneficentiam singularemque in suos pietatem charus omnibus, universae nobilitatis consensu Magnus Venetae reipub. lectus Cancellarius, humi regione quiescit, utrumque parentem a se ante hic conditos sequutus sequuturamque prosapiam omnem, id quod serum optat, interim expectans. Vixit annos LXXIX, dies duos. MDLI.

Jacobo Salerno Pisano, strenuo cohortium duci, fide integritate corporisque praestantia Carolo V Imperat. august. nec non Philippo Regi invictissimo, Austriacis, admodum caro stipendiisque non minimis, dum viveret, honestato l. a. h. m. p. Obiit MDLXIX, V Idus Febr., aet. suae 52.

Siste pedem parumper, amice viator! Conditur sub hoc lapide Carolus Rudolphius Auratus Eques, qui cum alios calamo et penicillo e sepulcris eruere conaretur, tumulum sibi paravit, ut quies tandem laboribus inveniretur. Dic requiesce, praecor, et abi! Vixit annos LXIIII, mensis V, dies V, obiit anno Dm. M.D.L.IIX.

Antoni ad cinerem, viator, asta! Hic Cornelius ille, quem solebant rer. principia et deos docentem olim Antenoreae stupere Athenae. Accitus patrias subinde ad oras, ornatus titolisque fascibusque doctrina Venetam beavit urbem. Obiit ann. aet. suae LII.

D.M. Vivianum Vivianum, Venetum civem, medicum vere opiferum et salutarem, cui caeteri vel primores assurgerent merito fascesque submitterent, multos iam annos linguae manusque usu a paralysi mulctatum, ut amplius scribere nequiret, mors tandem ipsa tradidit immortalitati, quam ille prius clarissimo nomini docta scriptione paraverat. Obiit IV Non. Mart., an. a Cho. nato MDCXLVIII, aetat. LXXVIII. (...)

53  Vincentius Gussonus aeques, Francisci filius, pluribus praeturis praefectus legationibusque perfunctus div. reip. consilio summo studio incubuit, nec non reb.[s] suis consulens, adhuc vivens hoc sibi posuit monumentum, anno Dni. MDCXLII.

Hic sacer Andreas stirps Contarena morat[s]/Dux patriae precibus senior, qui ianua cives/Marte suos fundens et victor classe potit[s]/ Amissam Veneto Clugiam pacemque reduxit. – M.CCC.LXVII Dux creatus, M.CCC.LXXXII in coelum sublatus.

Vincentius Eques, Andreae Equitis fil., Dei et patriae gratia D. Marci Proc[r] Gussonus, domi forisque functus supremis publicis oneribus vel consiliarii vel sapientis consilii, vel praefecti vel exteri provisoris, pluriesque vel designatus vel exspeditus orator apud Belgicos, Brittannicos Cesareos Pontificiosque potentatus. Obiit an. M.DC.LIV, III Non. Aug., aetat. sue LXVI.

Angusto hoc clauditur cippo, cuius augustam non capit orbis famam:
Dominicus Molinus, qui in conservanda reip. maiestate provehendaque
litterarum gloria nunquam quievit. Fratri dulcissimo Franc.ˢ D.M. Proc.ʳ
moestissimus pos. Obiit dec. sex. Kalendas Xmbris MDCXXXV, vixit
annos LXII, m.ᵉˢ XI, d.ᵉˢ XXVI.
Grammaticam scivi multos docuique per annos; /
Declinare tamen non potui tumulum. (...)

54 D.O.M. Omne fastigium virtute implet Vincentius Fini, Venetae nobilitatis honore ac Procuratoria D. Marci dignitate amplissimus. Tanto fratri consilio, eloquentia, beneficentia de cunctis optime merito Hieronimi fratris pietas perenne h. m. p. anno M. DCLXXIII. Obiit anno M.D.C.LX, aetatis LV.

59 Paschale Ciconia Venetiar. Duce, anno Christi MDXCI, urbis conditae MCLXX, curantibus (...).

60 Eminentissimus et reverendissimus P. Cardin. Ottobonus, Alexandri VIII Pont. Max. pronepos, S.R.E. Vicecancellarius, Sabinorum Episcopus, facultatem retinendi legendique prohibitos libros familiae Pisanae humanissime impetravit.

83 Age Mors, falce defuncta calamum stringe, succisasque vitas aevo vitaliori compensatura scribe: Petri Equit. D.Marci atque Dominici de Marchetis mortales exuvias hoc tumulo contineri. Praeter has nihil in iis non immortale: in anatomico theatro, in primariis chirurgiae ac medicinae exsedris, in desperatis morbis, in editis librorum monumentis urbs, patria, principum aulae, orbis universus nunquam mortales credidere. Egomet – pudet fateri, sed cogit superstitis Antonii in patrem et fratrem pietas perennatura – tantum in me licuisse Marchetis saepius abstupui. Mortem quis dicere falsam audet? Nondum vel falce vel calamo didicit adulari. Anno Domini MDCLXXXX.

Cassandrae Mussatae ux. dulciss. et incomparabili, cum qua vixit (...)
Iacobus Alvarotus, Alvaroti f., civi. pontif.que iurisconsultus privatim ac publice clarus, in traditionibus feudorum eminentissimus, in hoc delubro quiescit. Excessit anno a Christi Natali MCCCCLIII, Cal. Iulii.

85 Inclito Alphonso Aragonum Regi, studiorum fautori, rei p. Venetae foederato, Antonio Panormita poeta, legato suo, orante et Matheo Victurio, huius urbis Praetore constantissimo, intercedente, ex historiarum parentis T. Livii ossibus, que hoc tumulo conduntur, brachium Patavi cives in munus concessere. Anno Christi M.CCCC.LI, XIIII Kl. Septemb.

86 T. Livius C.f. sibi et suis: T. Livio T.f. Prisco et T. Livio T.f. Longo et Cassiae Sex. f. primae uxori.

88 Maria Amalia, Friderici Aug. III Elect. Saxoniae Poloniaeque Regis fil., Carolo Borboniae utriusque Siciliae Regi nupta, Neapolim pergens, per hanc portam urbem ingressa nocte una hic permansit et Ferrariam se conferens per portam Arquati die V Iunii exivit anno Dni. MDCCXXXVIII. Bartolommeo II Mora Praetore ac Praef., Constantius Campo, M. Ant. Veazza IIviri h.m.p.p.

Urbem Rodigium, placidus quam dividit amnis, /
Hic tibi pons iungit. Carpe, viator, iter!
Nicolao de Ponte serenissimo Venetiarum Principe, Petro Eryctio Rhodigii Praetore totiusque peninsulae Praefecto, Ioanne Ripa Quaesto-

re, Superantio Brixia Tarvisino I.C. Vicario, et Hercule Bilontio I.C. et Bartholomeo Almino Rhodiginae reipublicae Regulatoribus pons hic reformatus est anno a Christo nato MDLXXXIII.

Venetorum hoc insigne invictiss. Rhodingiana respubl. candidam prae se ferens fidem erexit.

Leonar. Cicon. praesid. opt. et integerr. ac Rhod. penins. patris et protect. vigilantiss. diligentia erectu. an. MDLXXXIX.

Demirare furtim Lachesis fastigia, demirare furtim Latois prodigia in Lauram, Petri Redetti, Coeciliae Rossi quondam prognatam, an. aet. suae prope XV intempeste astra lustrante; quae virtutes omnes in Lacaenis singulas, in ipsa singulares vivens liquido prompsit. Nicolaus Casalini coniugii foedus, prolubii foetus aestuantis monimentum amoris perpetim apposuit. MDCLIII.

Laurae de Campis uxori piissimae Raymundus Eques Lupati de Machiavellis p.m. anno MDCXC.

D.O.M. Nobili matronae Camillae de Campis, olim nobilis Lupati uxori carissimae, in qua erga deum pietas, erga natos cura miro nexu coniunctae floruere. Haec orbata viro maternum munus paterno munere adauxit, filiisque duabus celesti sponso dicatis honestum in conubium tertiam collocavit. Unico filio, quem supra modum dilexit, domi Patavii Romae opere, consilio, pecunia praesto fuit, in rei familiaris regimine foeminis non modo, sed viris dignum exemplar. Matri desideratisimae, longo senio brevique morbo anno MDCLXXI suaviter defunctae isdem filius devinctissimus, Raymundus Lupati de Machiavellis I.V.D. et Eques, magnorum meritorum exiguum indicem amanter, non sumptuose excitavit anno MDCLXXXII.

Numine propitio hac virgo succurit ab ara./
Ergo pete et laetum nominis omen habe!

Hospes miraris merito miracula. Mirum hoc,/Una quod effigies tot facit effigies./Vis divina latens sub imagine Virginis almae/Undique delubrum hoc complet imaginibus./Signorum exiguum specimen tibi dat brevis orbis./Omnia signa puto signifer haud caperet.

Iussu Proserpinae Calventius Festus, Lucii libertus, aram hanc posuit sacram.

D.O.M. Qui legis, si pius es, lacrymis ne parcito! In hoc perantiquo d.d. de Bonacossi sacello, quod illo frequens Dei cultrix adire solita fuit, conditur foemina prudens et fortis, inter sui temporis rarissimas numeranda et cum quavis antiqua comparanda: matronarum splendor, coniugum honor, sanctimoniae thesaurus, virtutum omnium cumulus, opibus affluentissima rei familiaris, cura clarissima, nobilissimo genere orta, felicior vero coniuge facta, decus familiae, delicium coniugis, nunc dolor et querimonia, cuius nihil defuit, quod fas esset optare, uno verbo felicitas: Marchionissa de Hippolitis, Comitissa de Gazoldo, quae bis enixa, sed nullo liberorum superstite, in ipso aetatis flore rapta creatori quod acceperat reddidit, anno aet. suae 34, d. 24 Augusti an. 1727. Scipio et Afranius fratres CC. de Bonacossi, ille maritus, hic levir, mutuae concordiae monumentum uxori et fratriae integerrimae, cariss., suaviss. an. a nuptiis secundo cum lacrymis p.p.

D.O.M. Antonio Rimaldo, patricio Ferrariensi, iuveni eximia probitate et suavissimis moribus praedito, cuius egregia indoles bellica armorum laude posthabita eorum maluit ingenia sectari, qui antiqui generis nobilitatem aeternis jurisprudentiae monumentis auxerunt. Graecis enim ac Latinis amoeniorum literarum studiis excultus, miram in scientiis acerrimi ingenii speciem praebuit, iamque sacris initiatus verae intuens sapientiae uberrimos sacrarum literarum fontes degustaverat. Magni propediem nominis gloriam consecuturus, ni mors invita tot patriae spes in ipso aetatis flore succidisset. Cum enim Romam per Hetruriam redierit Pisasque pervenisset, brevi conflictatus morbo, quo purior ad aeterna spiritus evolaret. Mortales exuvias in sepulcro Equitum S.$^{ti}$ Stephani honorifice servandas ingenti amicorum luctu deposuit Idib. Dec. an. sal. 1615, aetatis suae 22. Comites Franciscus Maria et Caleatus frater de Rimaldis filio et nepoti dilectissimo ac benemerenti non sine lacrymis p.p. an. Dom. MDCCXVII.

Ghiron Franciscus Villa, Ciliani Septimi Vulpiani Marchio Guidi patris, Francisci avi strenuorumque proavorum, bellica virtute uno in pectore collecta, per militarium dignitatum gradus omnes adusque supremum equitatus peditatusque magisterium singula decora singularibus gestis decoravit. Nullibi iubente principe vestigia fixit, quin principi trophaea surgerent. Arces evictae, acies fugatae, aggeres pervasi; Secia, Tanagrus, Scrivia, ferocissima flumina, vel instante hoste praeclusa vel obstante trajecta; Spineum expugnatum, Verruca defensa, Crescentinum receptum, celebres urbes, vel feliciter servatae vel fortiter vindicatae: nam arte suburbio et duabus arcibus hostili astu interceptis, ut victores pellerentur, auxilia civibus festinavit et hostium auxilia ad victoriae spem festinantia conspectu citius quam conflictu revocavit. Ad Tridinum pactas inter inducias ab adversariis surreptum et contra Cisalpinos validissime communitum parvo agmine, brevibus momentis, subito Marte aggressus, iucundo ephebi principis regiae matris spectaculo sub eorum oculis praesidiarios depulit, praesidium patefecit, ut veteranae virtutis ludicrum videretur urbes expugnare. Agnovit Ghironis fortitudinem regum fortissimus. Itaque Ludovici Decimi Quarti in Italia Generalis locum tenens, Valentiae atque Mortariae obsidium praemente Mutinensi Duce, dum obsidentibus suppetias affert, obsessis aufert et inquietus ipse quietem nullam hostibus indulget. Tantum victoriae profuit, ut tantundem profuerit paci; sed ferox animus pacis impatiens, Christianorum foedere feriatum gladium in Turcas vertit: nam Cretensi regno ad interitum miserrime vergente, peditum praefecturam a Venetis oblatam strenue suscipiens, per tela, per caedes, per flammarum terrarumque vortices Candiam tandem servavit, quamdiu praefuit. Tot gestis fidem astruunt Sabaudus torquis, Gallica dona, Veneta monumenta, clarissimae scriptorum literae et clariores vulnerum characteres, forti brachio adverso vultui in certamine impressi. – Quamquam igitur tumulo non egeat, vivida virtus tamen; ut amori et moerori suo satisfaciat, Camilla Bevilaqua, desolatissima coniunx, donec caris cineribus cineres restituat suos, hoc monumentum secundum nempe thalamum viro ponit, sibi parat anno sibi semper deflendo MDCLXXI.

95  D.O.M. Ludovico Ariosto, ter illi max. atque ore omnium celebri, a Carolo V. Caes. coronato, nobilitate generis atque animi claro, in rep.

administranda, in regendis populis, in gravissimis ad summum pontificem legationibus prudentia, consilio, eloquentia praestantissimo, Ludovicus Ariostus pronepos: ne quid domesticae pietatis ad tanti viri gloriam cumulus defuisse videri possit, magno patruo, cuius ossa hic vere condita sunt, p.c. an. MDCXII. Vixit an. LIX, obiit ann. sal. MDXXXIII, VIII Idus Iunii.

Notus et Hesperiis iacet hic Ariostus et Indis, / Cui Musa aeternum nomen Hetrusca dedit. / Seu Satyram in vitia exacuit, seu comica lusit, / Seu cecinit grandi bella ducesque tuba: / Ter summus vates, cui docti in vertice Pindi / Ter gemina licuit cingere fronde comas.

Ne templi mirere situm, nam stella figurae / Huius humum poscens maioris lenta sacelli, / Ut princeps signarat, opus docuit faciundum. / Hinc toto spectante pio cum Principe clero / Et populo primus lapis est subiectus in imbrem, / Ardens terra disgratum suscepit eodem. // Herculis impensa ducis armipotentis et alto / Ingenio hoc mirum surgere coepit opus, / Quum iam terdenos regnasset forte per annos, / Semper et Estensis gloria magna domus. / Est Cato namque gravis, Numa religiosus et Ancus, / Consilio Nestor, Regulus atque fide, / Melior Enea Trojano iustior inde, / Quod summo carus militat ipse dea. / Templa pius, aedes, loca plurima struxit et urbem, / Herculeae profugis pauperibusque pater. / Hinc praestante deo, quod coepit, finiet et post / Tot meritis gaudens regna beata petet.

Quisquis adis magnae templum memorabile matris, / Ad nova ne pigeat sistere busta pedem: / Quid cupiam nomenque meum patriamque domumque, / Versibus hic paucis verba notata docent. / Ille ego Campanis Aloysius ortus in oris, / Urbs cui natalis Parthenopea fuit, / Quem genuit claro Bramantia sanguine proles, / Cum decus eximium Martia dextra dedit, / Qui totiens ausus forti certare duello / Exuvias domito victor ab hoste tuli. / Gallia semper erit semperque Britannia Estis / Pugnarum et multis parta decora locis. / Estensi tandem senio confectus in aula / Hic tegor. Hac de me sint tibi nota, vale!

96 Caesar Alexander tumulo Traianus in isto / Clauduntur, nec treis clausos tenet urna, sed unum: / Scilicet Estensem sublatum in sydera Borsum, / Cuius erant mores tantorum in pectore regum / Restituta.

Quod in creatione Alexandri VII P.M. viventis simulacrum sacratum fuit MDCLX, in eiusdem transportatione hac huius columnae excitatione Sigismundi Card. Chisii Ferrariae Legati, tanti patrui dignissimi nepotis splendori Hercules Trottus Marchio iudex reliquique decemviri respublicas moderantes dicaverunt, an. ab orbe redempto MDCLXXV.

Ne simulacro Alexandri Sept. Pont. Maximi e foris angustiis in huius nundinalis amplitudinem traducto, Laurentius quoque Card. Imper. Ferr. Legatus et Co. Hieronimus Novarra sap. iudex an. MDCLX, tanti auspices monumenti in oblivionem traducerentur, ipsorum nomina hoc perennant in lapide.

97 Carolo Bononio, Ferrariensi pictori egregio, pietate, studiis, modestia insigni, qui arae maioris fornice in hoc templo depicto, iniunctis tabulis elegantissimis exornato, post alia passim artis relicta monumenta, aeternitate sibi comparata, decedens vix loculum habuit Sept. an. 1632, Carolus Brisighella pronepos h.m.p., a. MDCLXXXXVI.

D.O.M. Hier. Titio Guriophilo, Benvenuti pictoris celebris filio, viro summae integritatis ac pietatis, multae lectionis atque doctrinae in deo admodum exquisivit, consilium operamque suam amicis nunquam deneganti, Hieron. Boccius ad mutuam in antiquiss. amicum testandam poster. benevolentiam memoriae gratia m.h. non sine lacrymis. V. pot. rex. an. 45, m. 1, obiit 12 Sept. MDXXCI.

101 Prosper. Card. Lambertinus, Archiep. Bonon. et S.R.I. P. ceps, post erectam aere suo aram Divo Ignatio, hoc sibi et familiae vivens posuit, anno Dni. MDCCXXXVII.

102 Linea Meridiana a vertice ad tropicum capricorni MDC LV. – Maximi terrae circuli II. & III. gradus distantiae a vertice perpendiculi, partes centesimae, horae ab occasu ad ortum. – Signa zodiaci descendentia. – Signa zodiaci ascendentia. – Punctum verticale.

(...) Eadem ossa, quum elegantius templum instauraretur, e priore loco translata hic demum senatus, avitae memor gloriae ac pietatis aemulator, aere publico recondi iussit, anno a partu Virginis MDCCXXXI. – Rex Hentius.

D.O.M. Sacrum D. Dominici caput, quod ad tria fere saecula in sacello nobilium de Bologninis, ob grati animi tesseram erga Ludovicum fundatorem et maximum benefactorem huiusce coenobii patres indulserant considere, Sac. Congreg. Episc. et Regular. huc transferri decrevit iussitque gesta signari hoc marmore, quo avita inclytae gentis pietas et decus perenniter starent, a.D. MDCCXV, die XIII Sept.

104 Theseus est nomen, stirps Oda, Perusia castrum,/
Ars bellum, pubens aetas, mors febris acuta.

D.O.M. Turrim hanc a supremis pinnis ad siliceum pavimentum tricenis et octo unciis occasum versus inclinatam, temporum et fulminum iniuria deformatam, senatus Bononiensis DD. munimini Praefectorum admota cura restauratam voluit, a.D. MDCCVI.

107 Si procul a Proculo Proculi campana fuisset,/nunc procul a Proculo Proculus ipse foret. – A.D. 1393.

108 Sublimiora petit Ludov. Hercul., nob. Forliu., arc. gubern., aere suo.

109 Viam Aemiliam, a M. Aemilio Lepido Consule anno ab u.c. circiter DLXVI primum lapidibus stratam et in angustiorem formam redactam, longo saeculorum defluxu labefactatam, pristino nitori et commoditati restituit Marcellus Cardinalis Duratius, Episcopus Faventinus, Aemiliae a latere Legatus, cuius etiam iussu et auspiciis Brittinoriensis ager stagnantibus iam diu aquis fatiscens novo aquaeductu novaque alveolorum effossione uberior atque fertilior redditus est. Tanto principi maiori imperio dignissimo, duplici legatione Bononiae primo, nunc Romandiolae rebusque quamplurimis praeclare gestis, de Pontificia ditione optime merito, civitas Brittinorii, olim Forum Truentinorum, in cuius agro turris haec et pars viae sita est, tot beneficiorum memor, hoc aeternae gratitudinis monumentum publico decreto p.c., anno salutis MDCCVI.

D.O.M. Iacobi Mazonii nob. Caesenatis (cetera quisque novit) cineres hoc conduntur tumulo, gloria nullo loco temporeve clauditur. Pasolina Pasolinia Iulia Mazonia coniugi et parenti, ad nature usque miraculum omniscio, qui sibi vivens immortalitatis monumenta struxit, hoc vita functo monumentum ponunt. Vixit an. XLVIIII, men. IIII, d. XIIII, ob. d. X April. MDXCVIII.

110   Imp. Caesar Divi f. Augustus Pontifex Maxim. Cos. $\overline{\text{XIII}}$, Imp. $\overline{\text{XX}}$, Tribunic. Potest. XXXVII., P. P.; Ti. Caesar, Divi Augusti f. Divi Iuli n. Augustus Pontif. Maxim., Cos. IIII, Imp. VIII, Trib. Potest. XXII: dedere.

D.O.M. Blanchetto Iulio de Blanchettis, genitorum delicio, sed nimium brevi, quia gratiosae vitae beneficio vix luce delibata, mortis acerbioris ingenio Idib. Maii a.D. MDCLXXVII peracto mense XIII terris erepto, reddito coelis, quibus auspicato nomen dederat ab Eleonora Gonzaga Imperatrice lustrali e fonte sublatus, ut vitae fugien. inter ang.$^{os}$ max. geminataeque felic.$^{s}$ compendia exequeretur: Caesar Gambalonga Falcini Comes, Bononiae Arimini ac Pisauri patritius, nec non Anna Teresia de Balduciis, Ord.$^{i}$ Supremo Crucifer.$^{m}$ et aulicis familiarib. ab eadem augusta aggregata, primogenito parentes amantissimi hoc monumentum posuere, ut qui teneriori aetatulae vix obivit exordia, coronidem impleat aeternitatis et coelitibus vivens aeque suorum ob oculos, quor. habitat in animo, vel perennet extinctus.

Carolo Francisco Marchesellio, patric. Arimin., gentis suae postremo, morum probitate et bonis literis conspicuo, doctis hominibus verisque principibus, quos saepe hospitio excepit, caro, diuturnis calculi vesicae doloribus ingenti civium et esteror. moerore obiit, a.D. MDCCXXXV, Kal. XV Quint. Vixit annis LXIV, m. VIII, d. XI. Ludovica Rinalduccia marito m. p.

111   Basinii Parmensis poetae, D. Sigismundi Pandulfi Mal. Pandulfi f. tempestate vita functi, condita hic sunt ossa.

Iustus orator Romanus iurisque consultus, D. Sigismundo Pandulfo Malatesta Pan. f. Rege, hoc saxe situs est.

Gentili Arnulpho, philosopho ac medico rarissimo, Iuliani Arnaldi, mathematici, philosophi, medici, Pont. Max. Alexandri V filio, qui vixit annis LXXIII, obiit MDXLVI.

Iuliano Arnulpho, philosopho ac medico magnae expectationis, Gentilis Iuliani nepot., qui vixit an. 34, raptus MDXLVIII, Petrus Melcius I.V.D. socero et sororio p. m. fecit MDI.

Hospes, Bartolomeum Trafficchettum hic tumulatum si novisses, vivum optares et fleres, neutiquam solus. Aegros visitans aliis vitam adaugebat, scriptitans edita in omni posteritate sibi imminuebat. Augent haec et minuunt insignis iacturae moerorem Flaminio, eius filio, Bartolomeoque nepoti, in qua avita paternaque professio propagatur, medicinae doctoribus omnibus, avo, filio, nepote. Obiit an. aet. XXXVI, a. s. MDXXIX.

Sigismundus Pandulphus Malatesta, Pandulphi filius, ingentibus meritis probitatis fortitudinisque, illustri generi suo, maioribus posterisque.

C. Caesar Dict. Rubicone superato civili bell. commilit. suos hic in foro Ar. adlocut.

Ad honorem Divi Antonii Lisbonen., eminentis. et reverendiss. D., D. S. R. E. Card. Iacobus Rosbiliosus in signum protectionis et pietatis aedem hanc antiquissimam et celeberrimae Eucharestiae prodigio insignem, sed terrae motu in culmine deturbatam tegit statim et instauravit MDCLXXII. Hinc sodalitas ad honorem eminentiss. liberalitatis et confratrum memoriam, ut futuris saeculis, sicut hodie et quotidie, pro piiss. benefact. orent, denuo posuit anno 1683.

112 E fundamentis evulsum terrae motu anno MDCLXXII Clem. X P.O.M. aere dato fanum hoc erectum voluit, ut cui templum apparuit coelum sibi videat reclusum rector quot annis licet, XIV Apr.

114 Providentiae emi. et rev.<sup>mi</sup> principis Fulvii Card. Astalli, a latere Legato, quod aere alieno exemta annona, restitutis magistratuum emolumentis, re litteraria muneribus enutrita, portu iam diruto in meliorem formam redacto et annua locupleti dote munito, hoc quoque lavacrum ad decus publicum privatumque commodum construendum munificentiss. excitaverit, S.P.Q.P. grati animi monumentum etiam renventi post discessum dicavit a.o D. MDCXCVII.

Federicus de Hondedeis, Hannibal de Abbatibus, Oliverius Comes Virginius de Almericis, Pisauri patricii, aere publico ex s.c. ad fontem in aqueductus delecti intus restauraverunt elegantius Laurentio Ottono Romano sculptore, anno ab orbe redempto MDCXXXV.

116 Templum hoc Divae Theresiae dicatum, ex Ludovicae Rusticutiae pio testamento una cum monast.° a fundamentis extructum, Iulius S. R. E. Card. Sacchettus, Fan.<sup>s</sup> Ep.us consecravit, die XIX Octobris MDCXXXI, Pompeio Taurellio Canonico poenitentia.°, Hieronymo Gabriellio ex Congreg.<sup>e</sup> orator., Hieronymo Taurellio curantibus.

118 Sigismundus Pandulfus Mal. D. et clementiss. Principi Pandulfo Malateste, patri suo, sacrum dedit. M.CCCC.LX.

Cenotaphium dominae Antoniae Mariae Anguissolae Placentinae illustri, primum Margaritae Farnetiae Estensis Mutinensium Ducis familiaritate donatae, Petro Paulo Carrariae Equiti Fanensi deinde nuptae. Cuius mira quaedam in deum pietas et virtutum officia, quae vel erga coniugem, vel erga liberos alendos educandosque, vel in crudeli diuturnoque corporis morbo incredibili constantia tolerando domi exercuit, si tibi, lector, aeque nota essent, atque utriusque generis nobilitas nota omnibus et perspicua est, tum vero, quantus in hoc monumento splendor et gloria insit, intelligeres. Obiit anno salutis MDCCXXX, die XXII Iulii, aetatis an. XLVIII, superstite contra spem et votum coniuge.

D.T.V. Laurentius Fan. patr., quem Attilius militiae Dux ab antiqua claraque ortus Alavolinor. familia atque Constantia Daniellia genuere, sacellum hoc magnificentius integrandum cultuque rei sacrae augendum suscepit. Sed ad coelum evolatus, pium opus Papirio, ex Gentili Bertolia uxore filio, conficiendum legavit. Postremo vias suas optime directus, clausit in sepulcro an. MDCLX, aet. suae LXXIII.

119 Alexandro VIII Pont. Max. sedente, Opitio Card. Pallavicino promovente, Card. Cantelmo succedente Legatis, Raynaldo de Albicis Vice Legato, coercita maris ventorumque licentia validis hinc inde productis aggeribus, in tutiorem navium stationem veterem portum restituendum curavit S.P.Q.S.

120 Clementi XII P. Max., liberi portus auctori beneficentissimo, quod insigniorem portam temporum iniuria collabentem ornamento et securitati publicae restituerit, curante Carolo Maria Sacripante Aer. pos. S.P.Q.A., an. sal. MDCCXXXII.

121    Clemens XII P. M. ad pestilentiae suspicionem removendam mercibus loimocomium ac navigantibus excipiendis exstruxit, Carolo M. Sacripante Aerario Pontificio et orae maritimae Praef. curante, a.D. MDCCXXXIV.

122    1) Clem. XII. P. M., ob exstructas ad pestem avertendam in medio mari amplissimas aedes, productum tutioremque factum Trajani portum et portorio sublato cunctis apertum nationibus commercium et publicam rem auctam, S.P.Q.A. statuam p. – 2) An. repar. sal. MDCCXXXIV, pontificatus Clementis P.M. an. X. – 3) Curantibus Guelpho Comit. Tancredo, Angelo Marganetto, Io. Petro Quarenghio, Io. Baptista Com. Ferretto, Iosepho Com. Reppio.

Aeneum pedem equi Trajani ex portu erutum, insigne antiquitatis fragmentum, in aula palatii S.P.Q.A. extolli curavit, ut tanti imperatoris munificentia erga urbem, hanc Italiae cardinem, Piconi caput, praesidium, sedem memoriae reviviscat et regnantis Innocentii VI Pont. Max. augeatque amor, cum noverit in populum beneficiorum non immemorem, imperatoribus charum, Apostolicae Sedi fidelissimum et fidei primogenitum, splendidum se ostendisse in construendis moenibus, Trajani Imperatoris gloriam aemulaturus, an. sal. MDCLXXX.

126    Sedente Gregorio XIII Bonon. Pont. Max., Iulius Fel. de Kufer, Card. urb. Lauretanae domus protect., commoditati peregrinorum huc quotidie devotionis ergo confluentium viam hanc cum irriguis fontibus in hanc amplitudinem et dimensionem sterni et muniri iussit; curante R. Saxatello Imolen. Gubernatore, an. 1573.

129    Xisto Quinto Piceno Pont. Max.: quod incomparabili iustitia et animi fortitudine sublatis undique improbis quietem provinciae comparaverit, quod populum arctiori defatigatum annona rerum copiam suppeditando levaverit, quod provinciam adauctis ampliatisque civitatibus decoraverit, Piccnae legationis populi memori animo d. d., pontificatus sui anno tertio MDLXXXVIII, Iulio Sclaf. Med. Preside.

130    Illotus timeat quicumque intrare sacellum /
Interius. Nullum sanctius orbis habet.

Declarantur excommunicati ingredientes sine licentia. Ill. Rmi. Dni. Gubr.

131    Templa alibi posuere patres, sed sanctius istud; /
Angelica hic turma, Virgo Deusque locant.

132    Serenissimus Archidux Austriae Ferdin. optimae ac religiosissimae matris suae imitatus pietatem, tantam sacrae Lauretanae aedis fabricae elargitus est lignorum copiam, ut sibi benefactori munifico iure optimo aeternitatis hoc promeruerit monumentum. Ant. Mar. Cur. Gatas Prol. Enge. Cura., an. MDCXV.

133    Ave Maria Dei Patris, ave Maria Dei Filii, ave Sponsa SS., ave templum totius Trinitatis. P. noster. Ave Maria.

Ecclesia S. Mariae de Laureto veterum testimoniis piorumque relationibus sedes Mariae Virginis fuisse creditur, in qua nata atque alita fuerit et sub angelicam salutationem Deum conceperit atque educaverit. Hanc Apostoli a Christi ascensione peractis sacris Dei Genetrici ecclesiam dicarunt riteque consecrarunt. Accessit ad ornamentum ecclesiae vera Virginis imago, opus Lucae.

135     E. x. s. c. schola Aug. colleg. fabror., tignuar. impendis ipsorum ab <u>inchoatu</u> exstructa, solo dato ab T. Furio primigenio, qui et dedic. eius HS X. N. ded., ex cuius summ. redit. omnib. annis XII. K. August., die natalis sui epulentur.

    Clemen. XI. P.M. ruinosi montis latus quinque muror. superstructione munivit viam, quae ad aedem Lauretanam negligentia temporum corruptam magnificentius struxit, curante Joseph. Rom. imper. S.R.E. Card. et Praef. Congregationi boni regiminis an. sal. 1708, pont. VIII.

137     Divum hic ossa cole, hic Mariae venerare capillos, /
Et crucis hic lignum spinasque Tonantis adora!

139     Petrus Lopis Ciarrus Iberus, defuncta iam Gentilesca Romana ex maximorum gente orta, dulcissima coniuge, solus deflens communi filio pientiss. sedente Innocentio Octavo 1485 d. 26 Nov. sacru. Mariao posuit. Vixit an.$^s$ XIII, m. III, d. I.

    Clementi VIII P.O.M., qui octo praecipuis S.R.E. Card. comitatus pontis molem super Tiberim inter Veyentes et Sabinos, a Sixto V Ie. Rec. olim delibatam, modo suo iussu et aere constructam oculata fide exploraturus, ad Veios divertit et in arce a Petro Aldobrandino eiusdem S.$^{mi}$ ex fratre nepote, Card. ampliss, eiusdem civitatis gub., splendidissime receptus, semel et iterum tranquille pernoctavit. Interea cum summa lenitate magistratus ad iustitiam colendam patritiosque rite et recte vivendum adhortatus, proventibus ex archivi et damni dati nuncupat, officys comunitati condonatis pia loca elaemosinis fovit, superque nonnullos cives carceribus et exilio in caput mancipatos paterne misertus, omnes libertate facile donavit. Cathedralem porro ecclesiam re sacra ad aram maiorem mira cum pietate peracta illustravit et plenaria indulg. in festo D. Georgy adventus sui dies auspicatissima quotannis comulatissimine ditavit. Populum tandem pre illius recessu maestum et solicitum pia cum benedictione complexus, itinere in pace sumpto felix recessit. Anno Dni. MDXCVII, Sim. Petronio S.V.D. Io. D. Bv. et Bla. Gaio conservatoribus curan.

140     Lucas armipotens Sabellus egit: arx, pons, ianua sitque bina moles, ut sit tuta biformis ara Iani. An. Dn. 1500.

143     Fabritio Taleacotii Marsorumque Duci, ab anno MDCXXXXII complurium regum in exercitu legato, Neapolitani regni comestabili strenuissimo imperatori, oppidum eiusdem sedem Philippus Dux VII et comestabilis bellicae virtutis monumentum abavo suo dicat.

144     Praeclaram Columnensis heroris memoriam, temporum injuria pene deletam, Laurentis Oruphruis Dux et comestabilis et lux non minus quam suorum gloriae sollicitus, transtulit atque restauravit an. 1681.

    Optimo principi Urbano VIII Pontifici Maximo, Veliternorum civitas: ob ditionem Ecclesiae monumentis ubique firmatam, armentariis instructam, opificiis auctam, provincias annonae penuria contagionis et belli periculo liberatas, publicae in Italia tranquillitatis studium; quod eius cives affectu praecipuo foverit, honoribus extulerit, in primis Martium Ginnettum ob eximia virtutis merita ordini purpuratorum adscripserit, Vicarium Urbis legerit, ad pacem inter Christianae reip. prin. conciliandam allegarit, urbem hanc Augusto et maioribus olim inclytam novo tantae dignitatis splendore decoraverit: aere publico, communibus votis, privata singulorum acclamatione, aeterna grati animi significatione posuit. Anno salutis MDCXXXVII.

146 Ti. Iulio Augusto l. Optato Pontiano, Procuratori et Praefect. classis, Ti. Iulius Ti. f. Fab. Optatus IIvir.

147 D.M. Valeriae Sex. f. Victoriae, quae vixit annis XIIX, Valerii Neptunalis et Harmonia filiae piissimae fecerunt.

148 Benedictus XIII P.M. viam in subiecta prius planitie ad Amasini fluminis ripas iacentem, frequentibus alluvionibus obnoxiam, superata collium asperitate publica commoditatis et securitatis causa editiori loco construxit pontibus munivit. A.D. 1723, Franc. Riccio viarum Praes.

Philippo II Carolo regni Praef. Alex. Dux pro rege rivo alto pontem altum in omnibus rebus alta quadam mente praeditus addidit.

Huius monimenti ius, qua maceria clusum est cum taberna et cenacul., hered. non sequetur neque intra maceria humari quemquam licet.

152 D.O.M. Anonymorum cineres Sanctorum, qui in veteris eversione templi sub infima altaris maximi basi pluribus in urnulis conditi deprehendebantur, capaciori hac urna clausit Nicol. Card. Caracciolus eosdemque exstructa novi templi mole ac substructa S.$^{ti}$ sepulcri aede, sub huius hypogei ara ad publicam venerationem, ad perennem memoriam reposuit, an. Dom. 1722.

156 Nata eheu miserum misero mihi nata parenti,/Unicus ut fieres, unica nata, dolor,/Nam tibi dumque virum, tedas thalamumque parabam,/Funera et inferias anxius ecce paro./Debuimus tecum poni materque paterque,/Ut tribus haec miseris urna parata foret. (...)

Antonio Epicuro, Musarum alumno, Bernardinus Rota primis in annis studiorum socio posuit. Mortuus octuagenarius unico sepulto filio, MDLV. I nunc et diu vivere miser cura!

Hic inter prudentes virgines voce, voltu, angelica spectabili immaculata, tricurides quinque inchoarat et ad beati beantis D. Beatrix Rossa visionem evolavit, d. I Iulii 1696.

Quisquis ades, magnum decus in hoc Mascambrunae familiae sacello intuere! Ipsa namque e Sicone Longobardo Beneventi Principe per Sichelennam filiam descendit, cuius frater, Princeps Sicardus, Divi Bartolomei corpus ab Lipara insula Beneventum transtulit, quod Mascambrunis, ex sorore descendentibus, servandum reliquit, clave tradita Sacri sepulcri, quam ipsi plura secula huc usque tenuere in gentis testimonium ac ius. Ne omittas ipsorum cineres hic quiescentes venerari!

Anno sub Domini millemo Virgine nati/Et tricenteno coniuncto cum quadrageno/Octavo cursu currens indictio stabat/Praelati multi sacrarunt, hic numertai:/G. Pius hoc sacrat Brundusi Metropolita,/R. Bari Praesul B. sacrat et ipse Tranensis/L. dedit Amalfa dignum dat Contia Petrum,/Pq. maris castrum Vicus I.G. datque Miletum/G. Baianum murum fert n. venerandum.

157 Inclyta Parthenopes iacet hic Regina Ioanna/Prima, prius felix, mox miseranda nimis,/Quam Carolo genitam mulctavit Carolus Alter,/Qua morte illa virum sustulit ante suum. – MCCCLXXII, 22 Maii, V indict.

Templum hoc ab Adriano Augusto extructum, a Magno Constantino et Constantia Christiano cultu Silvestro Pontifice inaugurante DD. Io. Baptistae et Luciae Martyri dicatum, antiquitate semirutum, Martius

S.R.E. Card. Ginettus Veliternus SS.D.N. Papae in Urbe Vicarius eiusque templi commendatarius posteritati instauravit.

S. - Onustus aevo Ianus hic Anisius quaerens melius iter reliquit sarcinam, qua praegravato nulla concessa est quies. - S. - Tum si qua fulsit, cum Cameonis haec stetit, quae mox facessivere plus negoti. H. m. h. n. s. Hoc de suo sumpsit. Sacrum est, ne tangito!

Mors, tumulum si queris, habes; si corpora poscis et contumulanda, domus pinea multa dabit.

Triste hoc mortis suburbium virgini huic auxiliare devotum; accolas habet vita functos.

158     D.O.M. Thomas Filomarinus, Castri Comes ac Roccae Princeps, maiorum pietatem felici ausu aemulatus templum hoc extruxit. MDCXIII.

Caesaris de Ponte filii gymnasium a fundamentis ad culmen bonis paternis extruxerunt M.D.C.V. Societas Iesu grati animi monumentum posuit.

159     Ter caput attollens feretro defunctus aperto / Se addictum aeternis ignibus ore refert. / Quo viso attonitus redit ad cor Bruno petensque / Desertum carni et daemoni bella movet.

Brunonem et socios ut septem sydera noctu / Per nemus Hugo sibi pandere cernit iter. / Mane illos blande recipit largitur eremum. / Cartusiae primam condit ibique domum.

161     Viator huc ingrediens, siste gradum atque venerare hanc imaginem et cathedram, in qua sedens Mag. ille Thomas de Aquino de Neapoli cum frequenti, ut par erat, auditorum concursu et illius saeculi felicitate caeteros quam plurimos admirabili doctrina theologiam docebat, accersitus iam a Rege Carolo I constituta illa mercede unius unciae auri per singulos menses. R. f. v. c. in an. 1272 d. s. s. f. f.

Pietati et memoriae perpetuae sacrum, honestae militiae continuo comes victoria fulgere, coelum datum est virtutis praemio bonis, utraque prospecta est constructa vita sacello.

Vivit adhuc, quamvis defunctum ostendat imago. /

Discat quisque suum vivere post tumulum.

Sceptra ligonibus aequat. Memoriae Regum Neapolitanorum Aragonensium, temporis iniuria consumpta, pietate Catholici Regis Philippi, Ioanne a Stunica Mirandae Comite et in regno Neap. Prorege curante, sepulcra instaurata anno Dom. 1594.

162     Nimbifer ille deus mihi sacrum invidit Osirim. / Imbre tulit mundi corpora mersa freto. / Invida dira minus patimur, fusamque sub axe / Progeniem caveas Troiugenamque trucem. / Voce precor superas auras et lumina coelum / Crimine deposito posse parare viam; / Sol veluti iaculis iterum radiantibus undas / Si penetrat gelidas, ignibus aret aquas.

Ne mireris, viator, si columnae truncus ipse hic locatus fuerim. Quum Servatoris imago ab Imperatore Constantinopolitano Archiep.o Neapolitano dono missa fuerit, baiuli honere defessi sup. me deposuerunt; quae quum tolleret., nullis viribus eripi potuit. Hoc itaque miraculo eius imago sup. altare Divi Marcellini divinitus collocatur, quod Silvester suis literis comprobavit, quam plurimas concendens indugetias. MCCLXXXII.

Improba mors, hominum heu semper obvia rebus,/Dum Rex magnanimus totum spe concipit orbem,/En moritur, saxo tegitur Rex inclytus isto;/Libera sidereum mens ipsa petivit Olympum.

Qui populos belli tumidos, qui clade tyrannos/Perculit intrepidos, victor terraque marique,/Lux Italum, regni splendor, clarissimus hic est/Rex Ladislaus, decus altum et gloria regum./Cui tanto heu lacrymae soror illustrissima fratri/Defuncto pulchrum dedit hoc Regina Ioanna./Utraque sculpta sedens maiestas ultima Regum/Francorum, soboles Caroli sub origine Primi.

163  Miraris niveis pendentia saxa columnis,/Hospes, et hunc, acri qui sedet altus equo./Quid, si animos roburque ducis praeclaraque nosses/Pectora et invictas dura per arma manus?/Hic Capitolinis deiecit sedibus hostes/Bisque triumphata victor ab urbe redit/ Italiamque omnem bello concussit et armis,/Intulit Hetrusco signa tremenda mari./Neve foret Latio tantum diademate felix,/Ante suos vidit Gallia sceptra pedes,/Quam rebellantem pressisset pontibus Arnum,/mox vetuit sextam claudere Olympiadem./I nunc, regna para, fastusque attolli superbos;/Mors etiam magnos obruit atra deos.

Nil mihi ni titulus summo de culmine deerat,/Regina morbis invalida et senio./Foecunda populos proceresque in pace tuebar,/Pro dominae imperio nullius arma timens./Sed me idem livor, qui te, fortissime Caesar,/Sopitum extinxit nocte iuvante dolos./Non me, sed totum laceras manus impia regnum/Parthenopeque suum perdidit alma decus. – (...)

D.O.M. et memoriae Equitis Ioannis Baptistae Marini, poetae incomparabilis, quem ob summam in condendo omnis generis carmine felicitatem reges et viri principes cohonestarunt omnesque Musarum amici suspexere, Ioannes Baptista Mansus Villae Marchio, dum praeclaris favet ingeniis, ut posteros ad celebrandam illius immortalem gloriam excitaret, monumentum extruendum legavit, quod Montis Mansi Rectores ad praescripti formam exegere; anno MDCLXXXIII.

164  Anno Dom. MCCC, regnante Carlo Secundo, sacra haec imago crucefixi, dum pro mutuata pecunia compatres, invicem altercarentur, divino splendore fulgente verbo facti veritatem aperuit. Quod alter indigne ferens debitorem se ipse negavit durissimaque petra imaginis faciem continuo percussit, quae statim livore conspersa miraculum omnibus enituit, atque sacrilegus ipse, tanto crimine immobilis factus, creditoris precibus Deo fusis, iterum incolumis redactus, quamdiu vixit, penitentiam egit.

165  Lac pueris, dotem innuptis, velumque pudicis/Datque medelam aegris haec opulenta domus./Hinc merito sacra est illi, quae nupta, pudica/Et lactans orbis vera medela fuit.

169  Carolo I Andegavensi, templi huius extructori, Carolo Martello Hungariae Regi et Clementiae, eius uxori, Rodulphi I Caes. f.: ne Regis Neapolitani eiusque nepotis et Austriaci sanguinis Reginae debito sine honore iacerent ossa, Henricus Gusmanus Olivarensium Comes, Philippi III Austriaci regias in hoc regno vices gerens, pietatis ergo posuit anno Domini M.D.IC.

Conditur hac parva Carolus Rex Primus in urna,/Parthenopes Galli sanguinis altus honos,/Cui sceptrum et vitam sors abstulit invida, quando/Illius famam perdere non potuit.

Andreae, Caroli Uberti Pannoniae Regis f., Neapolitanorum Regi, Ioannae uxoris dolo et laqueo necato, Ursi Minutuli pietate hic recondito, ne Regis corpus insepultum sepultumve facinus posteris remaneret, Franciscus Buardi f. Capycius sepulcrum, titulum nomenque p. mortuo annorum XIX, MCCCLV, XIV Kal. Octobr.

Divo Ianuario, patriae regnique praesentissimo Tutelari, grata Neapolis, civ. opt. mer.

170 D.O.M. Paulo de Sangro, Castrinovi Marchioni turris maioris Duci, Sancti Severi principi, maiorum imaginum admirabili exemplo, vel in iuventae primordiis per Belgas, per Italos, per Germanos peditum equitumque ductori, largitate, strenuitate, fidelitate optime promerito, a Philippo IV Acestrio Max. Rege aureo vellere aureaque clavi insignito, maiora demum in dies merendo maximaque minando, prospera nimium morte ab humanis erepto, repetentique caelo feliciter reddito, condito a virtute sepulcro, marmor hoc vitae thalamum, mortis tumulum, amoris monumentum Ioannes Franciscus filius heres p., an. sal. hum. M.D.CXXXXII.

Tiberius Iulius Tarsus Iovis filiis et civitati templum et quae sunt in templo, Augusti libertus et marium Procurator, ex propriis condidit et consecravit.

171 D.O.M. Iohannes Baptista Marinus Neapolitanus, inclytus Musarum Genius elegantiarum parens h.s.e. Natura factus ad lyram, hausto e Permessi unda volucri quodam igne poeseos, grandiore ingenii vena efferbuit. In una Italica dialecto Graecam Latinam ad miraculum usque miscuit Musam. Egregias priscorum poetarum animas expressit ipse omnes; ipsum expresserat nemo praeter omnes. Cecinit aequa laude sacra prophana, diviso in bicipiti Parnasso ingenio utroque eo vertice sublimior. Extorris diu patria rediit Parthenopem Siren peregrina, ut propior esset Maroni Marinus. Nunc laureato cineri marmor hoc plaudit, ut accinit ad aeternam citharam famae concentus.

Mors, quae perpetuo cunctos absorbet hiatu,/ Parcere dum nescit, saepius inde fabet./ Felix, qui affectus potuit demittere tutos,/ Mortalem moriens non timet ille viam./ Candida praesenti tegitur matrona sepulcro/ Moribus ingenio et gravitate nitens,/ Cui dulcis remanens coniunx natusque superstes;/ Ex fructu mater noscitur in subole./ Hoc precibus semper, lacrimosa hoc voce petivit,/ Cuius nunc meritum vota secuta probant./ Quamvis cuncta domus nunquam te flere quiescat,/ Felicem fateor sic meruisse mori. – Hic requiescit in pace Candida C. f., quae vixit pl. m. ann. L, dp. die III Id. Sept., Imp. Dn. n. Mauritio PP. Aug., anno IIII pc. eiusd. ann. III, in. quarta.

172 Hic duo sancta simul divinaque corpora patres/
Sosius unanimes et Severinus habent.

Siste fidelis et priusquam templum ingrediaris, Petrum sacrificantem venerare! Hic enim primo, mox Romae filios per Evangelium genuit paneque illo suavissimo cibavit.

173 Asturis ungue leo pullum rapiens Aquilinum/
Hic deplumavit acephalumque dedit.

174 Alphonso Aragoneo II, Regi iustiss., invictiss., munificentiss., Olivetanus Ordo ob singularem erga se beneficentiam, qui cum sic coniunctissi-

mus ac humanissimus vixit, ut regia majestate deposita cum eis una cibum caperet, ministris deinde ministraret lecitaretque, f. c.

175 Qui legis haec, submissius legas, ne dormientem excites: Rege Ferdinando orta Maria Aragona hic clausa est. Nupsit Antonio Piccolomineo, Amalphiae Duci strenuo, cui reliquit tres filios, pignus amoris mutui. Puellam quiescere credibile est, quae mori digna non fuit. Vix. an. XX, ann. Domini MCCCCLX.XX.

Petrus Toletus, Friderici Ducis Alve filius, Marchio Ville Franche, Reg. Neap. Prorex, Turcar. hostiumque omnium spe sublata, restituta iustitia, urbe meniis, arce foroque aucta, munita et exornata, denique toto reg. divitiis et hilari securitate repleto, monumentum vivens in ecclesia dotata et a fundamentis erecta pon. mon. Vixit ann. LXXIII, rexit XXI, ob. MDLIII, VII Kl. Februarii. Marie Osorio Pimentel coniugis claris. imago Garsia Reg. Sicilie Prorex marisque Prefectus parentib. opt. p. MDLXX.

178 T. Vestorius Zelotus post adsignationem aedis Fortunae signum Pantheum sua pecunia d.d.

181 Divo Ianuario, Diocletiani scelere obtruncato: ne quod sacri corporis sanguine maduerat, solum sine honore diutius maneret, Neapol. civitas p.p. aere publ. f. an. 1580.

182 Divo Ianuario, supremo regni Neapolitani patrono, hic loci ante XIV secula sanguine e caesis cervicibus in sacrum iuxta lapidem guttis adhuc recentibus aspersum effuso, ampullisque vineis Neapoli summa religione servato, atque ad perennem Catholicae fidei testimonium, cum capite concretus occurrit, mira ebullitione liquescente, una cum SS. sociis martyrii lauream adepto, Iacobus Cardinalis Cantelmus, Archiepiscopus Neapolitanus, anno MDC.XLVII.

185 In hoc amphitheatro quod quaeritur non est, quod non est quaerebatur, ut fideles inveniant. F. Dominicus Maria Marchesius, Ordin. Praed. Put. Antistes, carcerem pervetustum Beatorum MM. Ianuarii, Proculi et sociorum antiquitate clausum devotioni aperuit. Meliora non est passa antiquitas nec melius martyres invenerunt. Deficeret Puteoli antiquitati, si sacra occlusa non patefierent. Religiosus Episcopus pro religione hoc debuit. Dum gentilium fragmenta extant, sacra integra perseverant. Venerare sacram antiquitatem noviter inventam, indulgentiam 40 dierum ab eodem antistite auctam MDCLXXXIX.

192 1) Temnos Cibyra Myrina Ephesos Apollonidea Hurca*nia*. – 2) Philadelphea Tmolus Cyme. – 3) Mostene *Aec*ae *Hieroc*aesarea (...). – 4) Ti. Caesari Divi Augusti f. Divi Iuli n. Augusto Pontif. Maximo, Cos. IIII (...).

Mavortii. – Q. Flavio Maesio Egnatio Lolliano C.v., Q.k., Praetori urbano, Auguri publico populi Romani quiritium, Cons. Albei Tiberis et cloacarum, Cons. operum publicum, Cons. aquarum, Cons. camp., Comiti Flaviali, Comiti orientis Comitis primi ordinis, et proconsuli provinciae Africae, colligeus Decatressium patrono dignissimo posuerunt.

193 D.O.M. Hanc Flavii Senatoris statuam, multis abhinc saeculis ruderibus obrutam ac denique an. D. 1704 ex ipsis, quae pro Divi Iosephi sacello extruebantur, fundamentis effossam, Magistratus Puteolanus, Octavius de Traga Magister iuratus, Nicolaus Carese Syndicus, Joseph Rusto, Nicolaus Rocca, Alphonsius de Traga, electi ex parte nobilium

nob.ˢ, Nicolaus Lanzetta, Alph.ˢ Antonius Ausanti, nob. Iacobus Ant. Ragnisco, electi ex parte populi, erigendam curaverunt.

Imp. Caesar Divi Hadriani fil. Divi Traiani Parthici nepos Divi Nervae pronepos P. Aelius Hadrianus Antoninus Aug. Pius Pont. Max., Trib. Pot. II, Cos. II, desig. III, P. P., opus pilarum vi maris collapsum, a Divo patre suo promissum restituit. – Quem lapidem Antoninus Imp. statuerat, vetustas deiecerat, mare et arena obduxerant, Franciscus Murillus, regiae classis Curator, sua impensa eductum, Puteolanis municipib. pari studio restituit, anno Dni. 1575.

D.O.M. Retenta in vetustatis memoriam externa dumtaxat templi Calphurniani facie, explicataque ad formam sacrae aedis, inaugurata olim Divo Proculo tutelari arca, templum hoc a fundamentis excitavit, concinnavit et consecravit D. Fr. Martinus de Leon et Cardenas Hispanus, ex Sac. Eremitarum D. Augustini relig., Episcopus Puteolanus, inter Papae Assistentes et regios Consiliarios cooptatus, anno salutis humanae MDCXXXIV.

Urbis liberatori patronoque amantissimo, Divo Ianuario, qui postquam in eodem sui martyrii loco dicatum sibi templum fuit, publici memor obsequii, suos Puteolos a sepulcralibus flammis assiduisque telluris motibus ardente adhuc Vesuvio MDCXXXI servavit immunes. Noluit enim tremeret solum suo firmatum sanguine, noluit flagraret hospitium sui triumphi laurea decoratum. Grati animi ergo hoc in sua cathedrali monumentum erexit idem D. Fr. Martinus de Leon et Cardenas, Summi Pontificis Assistens atque Catholicae maiestatis a latere status Consiliarius, secunda huius instauratione basilicae, Idibus Octobris M.DC.XLVII.

Posteri, posteri, vestra res agitur. Dies facem praefert diei, nudius perendino. Advertite: vicies ab satu solis, ni fabulatur historia, arsit Vesuvius immani semper clade haesitantium. Ne posthac incertos occupet, moneo. Uterum gerit mons hic bitumine, alumine, ferro, sulphure, auro, argento, nitro, aquarum fontibus gravem. Serius ocius ignescet pelagoque influente pariet, sed ante parturit. Concutitur concutitque solum, fumigat, coruscat, flammigerat, quatit aerem, horrendum immugit, boat, tonat, arcet finibus accolas. Emigra, dum licet! Iam iam enititur, erumpit, mixtum igne lacum evomit, praecipiti ruit ille lapsu seramque fugam praevertit. Si corripit, actum est, periisti. Anno sal. M.DC.XXXI, Kal. Ian., Philippo IV. Rege, Emanuele Fonseca et Zunica Comite, montis regii Prorege (repetita superiorum temporum calamitate subsidiisque calamitatis humanius quo magnificentius) formidatus servavit, spretus oppressit incautos et avidos, quibus lar et suppellex vita potior. Tum tu, si sapis, audi clamantem lapidem! Sperne larem, sperne sarcinulas, mora nulla, fuge! Antonio Suares Messia Marchione Vici, Praefecto viarum.

Philippo IV Rege, viam ab Daunia Apulia Iapygia ora Adriatici et Ionici Neapolim, belli pacisque opportunitatibus celebrem, alluvionibus missam an. 1631, multis locis nec equo nec lintre superabilem, quod incrustati Vesuviano cinere montesque collesque aquam celestem diu creberrimam illibatam rejicerent, bellicis quamquam intintus apparatibus, cum tota furens Mars impius Europa nequaquam sui muneris partem omitteret exhaustis aquis, repletis hiatibus, tutamentis regni et annonae celebriorem reddidit Emauel Fonseca e Zunica Comes, montis regii Prorex, Praef. viarum Antonio Suares Messia March. Vici.

208 Philippo Regum optimo regnante, D. Io. Cruiga Mirandae Com. Prorege annuente, aream hanc, quo bellicae rei ludorumque spectaculis stratam civis milesque haberet, urbanarum viarum Praefecti lateribus lapillisque publico aere integrandam exornandamque curarunt, a.D. M.D.XC.

Carolo Secundo Austriaco Rege, ut longe lateque procurrentis litoris amoenitati fida demum navigiorum statio et tutus navigantium responderet appulsus, Petrus Anton. Arragon, huius regni Prorex, opus nomini et avitae munificentiae haud impar aggressus, vallo primum firmissimo allegato mari, scaturientium deinde aquarum affluentia cohibita et occurrentium scopulorum pertinacia superata, huc tandem inter furentis pelagi fluctus, arte et natura vicissim reluctantibus, exoptatam diu navibus securitatem invenit, an. a partu Virginis MDCLXVIII.

209 Philippo IV Reg. Max., Don Antonio Alvarez e Toledo Albae Duce Prorege, Pharus incendio collapsa, ut nunc commodius navigantibus preluceat, in meliorem formam restituta, Don Franc$^{co}$ marrique thriremium Guber. curante, anno salutis MDCXXVI.

Vetustissimam Nili statuam ab Alexandrinis olim, ut fama est, in proximo habitantibus velut patris numini positam, deinde temporum iniuria corruptam capiteque truncatam, Aediles quidem an. M.DC.LXVII, ne quae huic regioni celebre nomen fecit, sine honore iaceret, restituendam collocandamque, – Aediles vero anni MDCCXXXIV fulciendam novoque epigrammate ornandam curavere, Placido Princ. Dentice Praef., Ferdinandus Sanfelicius, Marcellus Caracciolus, Petrus Princ. de Cardenas Princ. Cassan. Dux Carinar., Augustinus Viventius, Antonius Gratiosus, Agnellus Vasallus Seg.

210 Carolus utriusque Siciliae Rex, pulsis hostibus, constitutis legibus magistratibus, ornatis literis, artibus excitatis, orbe pacato, theatrum, quo se populus delectaret, edendum censuit, an. reg. IV, Chr. M.DCC.XXVII.

221 Hospes, disce novum mortis genus: improba felis,/Dum trahitur, digitum mordet et intereo. – Franciscus Tovar Vallisoletanus i.v.d. filio dilecto.

222 Septimus Auratu. Clemens gestabat Hetruscus/Sorte pedum huc saliit, quom vagus usque Tyber.,/Quippe memor capi, quem non coluere priores,/Amnibus epotis in nova tecta ruit,/Utque foret spacii implacabilis ultor adempti,/Et Cererem Bacchum sustulit atque Lares. – Restagnavit VIII Id. Oct. a.D. MDXXX.

Imp. Caesar Divi f. Augustus Pontifex Maximus, Imp. $\overline{XII}$, Cos. $\overline{XI}$, Trib. Pot. XIV, Aegypto in potestatem populi Romani redacta, Soli donum dedit.

Sixtus V Pont. Max. obeliscum hunc, a Caes. Aug. Soli in Circo Max. ritu dicatum impio, miseranda ruina fractum obrutumque, erui, transferri, formae suae reddi, crucique invictiss. dedicari iussit, a. M.D. LXXXIX, pont. IV.

Ante sacram illius aedem augustior laetiorque surgo, cuius ex utero virginali Aug. imperante sol iustitiae exortus est.

223 Virgineam vicini hausi sitiensque viator,/
Magnanimi Pauli vos quoque dona iuvant.

224  D.O.M. Benedicto Gastaldo, patricio Genuensi, Marchioni Serrae Novae et Carovinei, eius inde cineribus huc translatis tumulum suo ipsius tumulo proximum Hieronimus S.R.E. Presb. Cardinalis, Archiep.us Benevent. et Bononiae, a latere Legatus, fratri optimo posuit, an. salut. M.DCLXXXI.

225  Metellus Varus et Paulus Castellanus Romani Martiae Portiae testam.[to] hoc altare erexerunt cum tertia parte impensarum et dotis, quam Metellus de suo supplens Deo Opt. Max. dicavit.

228  Imp. Caes. L. Septimius Severus Pius Pertinax Aug. Arabicus Adiabenicus Parthicus Maximus Pontif. Max., Trib. Potest. X, Imp. XI, Cos. III, P. P., Procos.; et (...)

(... et) Imp. Caes. M. Aurelius Antoninus Pius Felix Aug., Trib. Potestat. V, Cos., Procos.: Pantheum vetustate corruptum cum omni cultu restituerunt.

Pantheon, aedificium toto terrarum orbe celeberrimum, ab Agrippa Augusti genero impie Iovi ceterisque mendacibus diis, a Bonifacio IIII Pontifice Deiparae et Sanctis Christi Martyribus pie dicatum, Urbanus VIII Pont. Max. binis ad campani aeris usum turribus exornavit et bona contignatione munivit, anno Domini MDCXXXII, pontif. IX.

Urbanus VIII Pont. Max. vetustas ahenei lacunaris reliquias in Vaticanas columnas et bellica tormenta conflavit, ut decora inutilia et ipsi prope famae ignota fierent in Vaticano templo Apostolici sepulcri ornamenta, in Hadriana arce instrumenta publicae securitatis. Anno Domini MDCXXXII, pont. IX.

Laus eius in ecclesia Sanctorum, laudate Dominum in Sanctis eius!

Raphaeli Sanctio, Iann. f., Urbinati pictori eminentissimo veterumque aemulo, cuius spiranteis prope imagines si contemplere, naturae atque artis foedus facile inspexeris. Iulii II et Leonis X Pontt. Maxx. picturae et architect. operibus gloriam auxit. V.a. XXXVII integer integros; quo die natus est, eo esse desiit, VIII Id. April. MD.XX.

229  Ille hic est Raphael; timuit quo sospite vinci /
Rerum magna parens et moriente mori.
Quem cernis, lapis hic loquitur: Rusconus hic ille, /
Qui nos aeternum vivere posse dedit. (– ...)

232  Imp. Caes. M. Antonio *Gordiano* Pio Felic. Aug. P. M., Trib. Pot. II, Cos., P.P. Cornelia Praetextata (...).

234  Urbanus VIII P.M. Summorum Pontificum commoditati, oblectationi et securitati viridariis spatium ampliore protendit accessione quam complanavit. Hinc vallis imae superficiem attolens, inde summitatem deprimens, arcas additas apte distinxit, irrigavit fontibus, decenter excoluit in angulo orientali domum, curarum intermissioni recessum, constituit excubiis militum Helvetiorum contubernia, construxit et deposuit hortos, ambitu parietum undequaque conduxit, an. sal. 1628, pont. sui VI.

236  Imp. Caes. Fl. Constantino Maximo P. F. Augusto, S.P.Q.R., quod instinctu divinitatis, mentis magnitudine cum exercitu suo tam de tyranno quam de omni eius factione uno tempore iustis rempublicam ultus est armis, arcum triumphis insignem dicavit.

Clementi XII Pont. Max., quod arcum Imp. Constantino Magno erectum ob relatam salutari crucis signo praeclaram de Maxentio victoriam,

iam temporum iniuria fatiscentem, veteribus redditis ornamentis restituerit, anno M.D.CC.XXXIII, pont. III, S.P.Q.R. optimo principi ac pristinae maiestatis urbis adsertori pos.

Imp. Caes. Lucio Septimio M. fil. Severo Pio Pertinaci Aug. Patri Patriae Parthico Arabico et Adiabenico Pontifici Maximo, Tribunic. Potest. XI, Imp. XI, Cos. III, Procos.; et Imp. Caes. M. Aurelio L. fil. Antonino Aug. Pio Felici, Tribunic. Potest. VI, Cos., Procos., P. P.; optimis fortissimisque principibus, ob rem publicam restitutam imperiumque populi Romani propagatum, insignibus virtutibus eorum domi forisque, S.P.Q.R.

Aulam Palatinam, domus Caesarum Tiberianae incendiis pluribus deformatam, sub Nerone, Vitellio ac Tito et a Domitiano restitutam auctamque magnificis ornamentis peregrini marmoris columnis porphyreticis Thebaicis, Lucullanis, vicenum tricenum et duodequadragenum pedum epistiliis, Zophiris coronis, basibus omnium elaboratissimis instructam, additis e basaltide Aethiopico ingentibus colossis, amplo in vestigio nuper detecto iussu et impensa serenissimi Francisci Primi Parmae et Placentiae Ducis, spectandam exhibent horti Farnesiani an. MDCCXXVI.

Leges Arcadum. I Penes commune summa potestas esto, ad idem cuilibet provocare ius esto. II Custos rebus gerundis et procurandis singulis Olympiad. a communi creator minusque idoneus removetor. III Custodi Vicarius et collegae duodecim adsunto. Eorum singulis annis custos consulto universo coetu novos sex in orbem eligito, sex veterum retineto, administros sibi duos adsumito. Praeter haec alia munera publica ne sunto, patronus nullus esto. IV Suffragia secreta sunto eaque in custode creando aut removendo trifariam dividuntor iustusque numerus duae partes sunto. Caeteris in rebus bifariam dispertiuntor, quique partem dimidiam exsuperat, numerus iustus esto. Si paria fuant, iterantor, deinceps res sorti committitor. V Quicquid per collegium de rebus communibus actum gestumve fuat, quo perpetuo ratum siet, per custodem ad commune refertor. VI Coetus universus relationibus audiundis actisque cognoscundis hyeme saltem bis in aedibus, carminibus autem aut orationibus pronunciandis, praesentium quidem pastorum per annum sexies, absentium semel vernis et aestivis feriis in nemus Parrhasium per custodem sub dio convocator. VII Mala carmina et famosa, obscoena, superstitiosa, impiave scripta ne pronunciantor. VIII In coetu et rebus Arcadicis pastoritius mos perpetuo, in carminibus autem et orationibus, quantum res fert, adhibetor. IX Arcadico nomine typis iniussu publico nequid editor. X Quod praediorum Arcadicorum tituli, totidem pastores pastorumque nomina sunto, inque mortui aut expuncti locum alius sufficitor. – Sanctio. Si quis adversus h. l. facit, faxit, fecerit quique facit, faxit feceritque, quominus quis secundum h. l. faceret fecissetve facturusve siet, confestim exarcas esto eiusque nomen coram collegio per Custodem inducitor. – Si quid in his legibus obscurum perplexumve siet sive comprehensum non siet, communi Arcadum consultis peritioribus inter pastores more maiorum interpretandi supplendique ius esto. – Quodque decretum iudicatumve siet penes Custodem, adservator, in legum tabulas ne redigitor. – Nulli novas leges ferre fas esto. (...) Olympiad. II, an. II, (...).

Urbanus VIII Pont. Max. templum geminis urbis conditoribus superstitiose dicatum, a Felice III Sanctis Cosmae et Damiano fratribus pie consecratum, vetustate labefactatum, deiectis lateribus parietibus totius superioris basilicae a se exaedificatae excitatis, fornice mediae inter inferiorem et hanc extructo, novo imposito laqueari, area denique complanata, in splendidiorem formam redegit, an. sal. MDCXXXIII, pont. X.

239 In honorem Dei et ecclesiae ornamentum, intactas SS. Petri et Pauli carcere scalas et fornicem S. Iosephi carpentariorum Archiconfraternitas restauravit, anno iubilei MDCXXV.

241 In honorem Principis Apostolorum, Paulus V Borghesius Romanus Pont. Max. an. MDCXII, pont. VII.

Benedictus XIII Pont. Max. portam auream reseratam ab Innoc. XII Pont. Max., clausam a Clem. X P.M. anno iubilei MDCC, aperuit et clausit anno iub. M.DCCXXV.

Super isto lapide multa corpora Sanctorum Martyrum caesa sunt. Erat in veteri basilica ad laevam portae iuxta sacellum Sanctissimi sudarii, anno MDCVI.

243 Fragmentum donationis Comitissae Mathildis an. 1631 hic positum Urban. VIII.

Huc mulieribus ingredi non licet, nisi unico die lunae post Pentecosten, quo vicissim ingredi prohibentur mares. Qui secus faxint, anathema sunto.

Gregorio XIII Pont. Max., iustitiae custodi, pietatis cultori, religionis vindici et propugnatori, in utroque orbe munificentissimo, Iacobus tit. S. Mariae in Via, Presb. S.R.E. Card. Boncompagnus, Archiepiscopus Bononiae, abnepos posuit, ann. sal. MDCCXXIII.

244 Patruo magno, Alexandro VIII Otthobono Veneto P.O.M., Petrus Card., Epis. Sabin., S.R.E. Vic. Canc., anno iub. MDCCXXV.

246 Alexander VII Pont. Max. monetariam officinam, in qua novo artificio praecipitis aquae impulso versatis rotis magno temporis operaeve compendio nummi affabre celeriterque signentur, publicae utilitati construxit, anno sal. MDCLXV. – Alexander VII Pont. Max., ne argentariorum soro cedentium codices in posterum aut lateant aut dissipentur, tabulario constituto, ubi publice asservati omnibus sint in promptum creditorum securitati, hac in parte prospexit, a.s. MDCLXI, p. VI.

Baltasaris Castellionis Cleopatra. – Marmore quisquis in hoc saevis in morsu colubris/Brachia et aeterna torpentia lumina nocte/Aspicis, invitam ne crede occumbere leto./Victores vetuere diu me abrumpere vitam,/Regina ut veherer celebri captiva triumpho,/Scilicet, ut nuribus parerem serva Latinis:/Illa ego progenies tot ducta ab origine regum,/Quam Pharii coluit gens fortunata Canopi/Deliciis fovitque suis Aegyptia tellus/Atque oriens omnis divum dignatus honore est./Sed virtus pulchraeque necis generosa cupido/Vicit vitae ignominiam insidiasque tyranni;/Libertas nam parta nece est nec vincula sensi./Umbraque Tartareas descendi libera ad undas,/Quod licuisse mihi indignatus perfidus hostis/Saevitiae insanis stimulis exarsit et ira./Namque triumphali invectus Capitolia curru/Insignes inter titulos gentesque subactas/Extinctae infelix simulacrum duxit et amens/Spectaclo explevit crudelia lumina inani./Neu longaeva vetustas facti famam aboleret,/Aut feris mea sors ignota nepotibus esset, / Effigiem excudi spiranti e marmore iussit / Testari et casus fatum miserabile nostri. / Quam deinde, ingenium artificis miratus Iulus / Egregium, celebri visenda sede locavit. / Signa inter veterum heroum saxoque perennes / Supposuit lacrimas aegrae solatia mentis; / Optatae non ut deflerem gaudia mortis / — Nam mihi nec lacrimas letali vipera morsu / Excussit, nec mors ullum intulit ipsa timorem — / Sed caro ut cineri et dilecti coniugis umbrae / Aeternas lacrimas, aeterni pignus amoris, / Moesta darem inferiasque inopes et tristia dona. / Has etiam tamen infensi rapuere quirites. / At tu, magne Leo, divum genus, aurea sub quo / Saecula et antiquae redierunt laudis honores, / Si te praesidium miserereis mortalibus ipse / Omnipotens pater aetherio demisit Olympo, / Et tua si immensae virtuti est aequa potestas / Munificaque manu dispensas dona deorum, / Annue supplicibus votis, nec vana precari / Me sine! Parva peto: lacrimas, Pater Optime, redde! / Redde, oro, fletum, fletus mihi muneris instar, / Improba quando aliud nil iam fortuna reliquit. / At Niobe ausa deos scelerata incessere lingua, / Induerit licet in durum praecordia marmor, / Flet tamen, assiduusque liquor de marmore manat. / Vita mihi dispar, vixi sine crimine, si non / Crimen amare vocas. Fletus solamen amantum est. / Adde, quod afflictis nostrae iucunda voluptas / Sunt lacrimae dulcesque invitant murmure somnos. / Et cum exusta siti Icarius canis arva perurit, / Huc potum veniunt volucres circumque supraque / Frondibus insultant, tenero cum gramine laeta / Terra viret rutilantque suis poma aurea ramis, / Hic ubi odoratum surgens densa nemus umbra / Hesperidum dites truncos non invidet hortis.

Augustini Favoriti Cleopatra in hortis Vaticanis, ad Christianam Suecorum, Gothorum, Vandalorum Reginam. — Si te spectaculum infelix, si tristia tangunt / Fata meae duro bene sculptae in marmore sortis, / O nostros, dignata, lares invisere mundi / Cardine ab extremo patria regnoque relictis, / Regina, heroum nulli virtute secunda, / Aurea quos olim tulit aetas maxima, Olympi / Numina cum humanos non dedignantia coetus / Tecta frequentabant, mortalia castaque gentis / Pectora non falsae complebant laudis amore, / Huc ades. Illa ego sum Latiis celeberrima fastis / Foemina; nosti angues animumque in morte ferocem. / Quo properas? Saltem alloquio solare dolentem / Reginam, regina! Nec est indigna videri / Forma loci et sacris regio gratissima Musis, / Quae nemus hoc fontesque colunt iugaque alta viretis, / Cirrhae posthabitis et verticibus Parnassi; / Hic, ubi Graiorum artificum miranda videbis / Signa antiqua, tuae gentis quibus ira pepercit / Abstinuitque manus artem mirata vetustam. / Ut de me sileam, viden' hos, qui robore multo / Luctantem ingratosque deos arasque vocantem, / Arrecti miserum spiris ingentibus hydri / Laocoonta ligant? Ut anhelat! Ut ore supremum / Ingemit! Ut sonos implorat opusque propinqui / Herculis! Ipse quidem casum dolet et cupit angues / Elisisse manu ac primos iterare labores, / Phidiacus labor Alcides; sed enim aspera Iuno / Heroa immeritum, dum grandine pulsat et imbri, / Non tantum orbavit clava exuviisque leonis, / Verum et poplitibus nervos humerisque torosa / Brachia divellit fecitque ex Hercule monstrum / Informe ignaraeque — nefas! — ludibria turbae. / Ast illum informem licet et sine nomine truncum / Miratum huc Ararim veniunt Rhenumque bibentes / Et vivos illinc discunt effingere vultus. / Cetera quid memorem? Nilum Tibrimque parentem / Spirantes docto in silice Eridanumque Tagumque / Nativo fulgentem auro Gangemque superbum / Eois opibus, quos omnes Daedala et ipsi / Aemula naturae finxit manus? Hic habitant dei; / Aurato hic Phoebus percurrit pectine chordas; / Hic gelidam fundit proles Semeleia lympham, / Pocula deliciasque tuas, hic otia degunt / Mercuriusque minaxque rubenti casside Mavors / Et magni Aeneae genetrix et, candide Phoebe, / Omnes aut divi aut divum genus, unaque deerat, / quam studiis vultuque refers factisque Minerva. / Huc et Alexander – Fabium tunc nomine dici / Audieram –, indocti fugeret cum murmura vulgi, / Nobiliumque manus iuvenum comitata solebant / Ferre pedem, hic tristes animo deponere curas / Dulcia securae ducentes gaudia mentis. / Vidi ego et in cubitum surrexi oblita doloris / Incessumque viri observans et lumina dixi: / Aut Babylon ignara futuri, aut hic erit, hic vir, / Olim qui Latium regnando restituat rem, / Qui veteres artes et saecula prisca reducat / Iratasque pio componat foedere gentes, / Quamquam animi flecti indociles et vulnera tactu / Crudescant medicamque manum impacata recusent. / Quo properas? Ne, diva, oculis te subtrahe nostris: / Namque ego te rerum seriem eventusque docebo, / Qui super heroum sedes, super aethera tollent / Nomen Alexandri, sub mortem plurima quando / Et longe faciem venientis cernimus aevi. / An te proxima silva trahit studiumque ferarum? / Non ibi torvus aper, non duris unguibus ursi, / Quos iaculo cecidisse tuo saepe horruit Arctos, / Utraque sed cervi imbelles capreasque fugaces / Pictarumque cohors non invadenda volucrum. / Quin etiam casus et mors ingloria ab altis / Imminet arboribus: nam quae nux pinea curvo / Strata iacet campo, satyros quam ludere circum / Metirique vides thyrso, sua ab arbore nuper / Decidit et magno tellurem perculit ictu. / Adde, quod inclusus Boreas Eurusque Notusque, / Et quotquot saevis agitant plangoribus aequor, / Illa turre fremunt eversuri omnia late. / Quamvis sub tanto cohiberi principi venti / Non indignentur veniantque ad iussa volentes, / Iamque parent iterum Scythicas illidere puppes / Leucatae. Ah, diram Leucatam et conscia luctus / Saxa mei! Heu dolor, heu cladis monumenta nefandae!

247  *Divo* Traiano Parthico et *Divae* | *Plotinae Di*vi Traiani Parthici *uxori,* | *Imp. Caes. Traia*nus Hadrianus Au*gustus* | *P.M., Trib. Pot. .... Cos.* III, parenti*bus suis.*

Statua Hippolyti Portuensis Episcopi, qui vixit Alexandro Div. Imperator., ex urbis ruinis effossa, a Pio IV Medici P.M. restituta.

249  Clemens XI Pont. Max. Bibliothecam Vaticanam refectis picturis prope vanescentibus in pristinum splendorem restitutam, vetustissimis codicibus manuscriptis, Syriacis praesertim et Arabicis, ex interiori Aegypto conquisitis et avectis, aliaque literaria supellectile locupletatam, Asbestina rarae magnitudinis sindone, insigni priscorum temporum monumento, una cum urna marmorea, in qua combustis cineribus circumiecta latuerat, ex antiquis urbis ruinis effossa donavit, anno Domini MDCCXV, pontificatus sui XV.

Urbanus VIII Pont. Max. complura Palatinae bibliothecae volumina, nobiles Heidelbergicae victoriae manubias, Gregorio XV et Apostolicae sedi a Maximil. Bavariae Duce donata, Romam advexit, opportunis armariis in Vaticano conclusit, locum rudem antea atque informem in hanc speciem redegit et perspicuo specularium nitore exornavit, anno Domini MDCXXIV, pont. primo.

Theca, quam aspicis, inclusam diu habuit sacram cathedram, in qua D.P. Apostolorum Princeps Romae primum sedit, quousque scilicet cathedra ipsa in infimo sacello sinistrae navis basilicae Vaticanae asservata fuit. Unde illam postmodum Alex. VII P.M. ad eiusdem basilicae apsidem transferri curavit, ne tanti depositi diuturna custos neglecta periret. Hic collocata simulque in eam verae cathedrae exemplar simile elaboratum, ut piis a fidelibus commodius spectari possit, immissum fuit, an. sal. MDCCV.

250 Cathedra Antiochena ibi a Petro fundata, ubi primum discipuli cognominati sunt Christiani; Phoenicas, Syros, Arabas, Caldaeos, olim literarum magistros ac docendi exempla late efferentibus, cum Stephano Protomartyre, ex Syria et Palestina Ignatio, Lustino, Pamphilo, Luciano, disertissimis testibus veritatis.

Thronus Alexandrinus, iubente Apostolorum Principe ac Marco Evangelista, eius discipulo et interprete, constitutus, sapientiae Christianae leges non Aegyptiis modo ac Thebaicis, verum et Brachmanis et Indis per Pontanum edicit, Clemente, Origine, Hammonio, Hercule, Dionysio, Pierio aliisque viris doctissimis in schola cathecheseon suffectis.

251 S.P.Q.R. Sanctio ad Rubiconis pontem. – Iussu mandatuve P.R., cos., imp., trib., mil., tyron., commilitonum armate, quisquis es, manipularisve centurione turmae vel legionarie, hic sistito, vexillum sinito, arma deponito, nec citra hunc amnem Rubiconem signa, ductum exercitum commeatumve traducito! Si quis huius iussionis ergo adversus precepta ierit feceritve, adiudicatus esto hostis patriae S.P.R., ac si contra patriam arma tulerit penatesque ex sacris penetralibus asportaverit. S.P.Q.R. sanctio plebisciti S. ve. C. – Ultra hos fines arma ac signa proferre liceat nemini.

252 Pius IIII Medices Mediolanen. Pont. Max. hanc in nemore palatii Apostolici aream porticum, fontem aedificiumque constituit usuique suo et succedentium sibi pontificum dedicavit, anno sal. M.D.LXI.

257 Apostolorum Principis martyrio sacrum, Ferdinandus Hispaniarum Rex et Elisabeth Regina Catholici, post erectam ab eisdem poss., ann. salutis Christianae MD.

258 Hinc ad Tarpeiam sedem et Capitolia ducit / Pervia nunc, olim silvestribus horrida dumis. – Greg. XIII P.M. viam Tarpejam aperuit.

259 Sixtus V. Pont. Max. Picenus aquam ex agro Columnae via Praenest. sinistrorsum multar. collectione venarum, ductu sinuoso a receptaculo mil. XX a capite XXII adduxit Felicemque de nomine ante pont. dixit. Coepit pont. an. I, absolvit III, MDLXXXVII.

DD. NN. Diocletianus et Maximianus, invicti seniores Augg., Patres, Impp. et Caess; et DD. NN. Constantinus et Maximianus, invicti Augg.; et Severus et Maximinus, nobilissimi Caesares: thermas Felices *D*iocletianas, quas Maximianus Aug. *redien*s ex Africa sub *pr*aesentia maie*st*atis disposuit ac *f*ieri iussit et Diocletiani Aug., fratris sui, nomini consecravit, coemptis aedificiis pro tanti operis magnitudine, omni cultu perfectas Romanis suis dedicaverunt.

Fridericus Christianus, Augusti III Poloniae Regis filius, Princeps Electoralis haereditarius Saxoniae, lineam hanc VIII Id. Xbris 11. 22. 38 anni MDCCXXXVIII fomahant. culminante signavit.

L. 30. Linea sesqui altera unius ex partibus decies ac tercentenis millibus totius terrae ambitus seu circuli in terra maximi grad. 0, min. 0, sect. I, tert. 30.

Maria Casimira Poloniae Regina uxor, periodo decemnovennali absoluta restitutisque solis ac lunae motibus, Romae signavit anno MDCCII, Clement. XI secundo.

261 S.P.Q.R. columnam milliariam, primi ab urbe lapidis indicem, ab Impp. Vespasiano et Nerva restitutam, de ruinis suburbanis viae Appiae in Capitolium transtulit anno M.DLXXXIV, auctoribus Antonio Macarotio de Leonibus; Iulio Gualterio, Vincentio Capocio, Horatio Mutio Priore Coss.

Imp. Caesari Divi Antonini f., Divi Hadriani nepoti, Divi Traiani Parthici pronepoti, Divi Nervae abnepoti, M. Aurelio Antonino Pio Aug. Germ. Pann. Pont. Max., Trib. Pot. XXVII, Imp. VI, Cos. III, P.P., S.P.Q.R.

Paulus III Pont. Max. statuam aeneam equestrem, a S.P.Q.R. M. Antonino Pio etiam tum viventi statutam, variis dein urbis casib. eversam et a Syxto IIII Pont. Max. ad Lateran. basilicam repositam, ut memoriae opt. Principis consuleret patriaeque decora atque ornamenta restitueret, ex humiliori loco in aream Capitolinam transtulit atque dicavit, ann. sal. M.DXXXVIII.

262 S.P.Q.R. monumenta sepulcralia Alexandri Severi Imp. et Iuliae Mammee matris, Sabinarum etiam raptu ob pacem de novo initam marmore insculpta ornataque, in agro Fabritii Lazari extra portam Labienam reperta, in Capitolio poni iussit (...) M.D.XC.

Pan, rusticum olim numen, ab inculto situ ad cultiorem restituitur. (...)

Scipionem Africanum cum hisce tropaeorum reliquiis et Pallade conciliata comite triumphantem, ad Capitolium in imagine hac veluti umbra reducem, e museo suo exhibuit Franciscus Gualdus Arimin. Eques S. Stephani, anno MDCLV.

Marmoreae quas utrinque spectas imagines, altera Marci Aurelii populum alloquentis, altera Faustinae veteri superstitione inter divas ad coelum elatae, ex recentiori arcu diruto vulgo Portugalliae, qui viam Flaminiam urbis Hippodromum impediebat, novis Conservatorum Aedibus exornandis sub Alexandro VII Pont. Max. ad Capitolium translatae, vetustate squalentes hic recenti nitore praefulgent. Quarum ne memoria excideret, lapidem posuere (...).

S.P.Q.R. signum Aventini herois, quem superstitiosa veterum aetas Herculis filium dixit, ruderibus in Aventino monte egestis repertum in Capitolio posuit, curantibus (...).

263 Aerei colossi fragmentum, Commodi Imperatoris effigiem repraesentans, antiquae Romanorum magnificentiae indagatoribus restitutum.

... Secestanosque ... op | sidioned exemet lecionesque Cartaciniensis omnis | maximosque macistratos luci palam post dies | novem castreis exfociont, Macelamque opidom | pucnandod cepet. Enque eodem maci-

*stratud bene* | rem navebos marid consol primos *ceset copiasque* | *c*lasesque navales primos ornavet pa*ravetque* | cumque eis navebos claseis Poenicas omn*is, item ma* | *x*umas copias Cartaciniensis praesented *Hannibaled* | dictatored olorom (...).

265     C. Calpetanus Statius, Sex. Metrovius, M. Perpenna Lurco, T. Sartius Decianus Curatores Tabulariorum Publicorum fac. cur.

267     Hic situs est Victor, fidens remeare sepultos, / Laetior in caelum superam qui surgat ad auram, / Immaculata piae conservans foedera mentis, / Concilio splendens, prudens et in urbe Senator, / Inlustres merito cepit venerandus honores, / Sublimisque Comes notus virtutibus aulae, / Vividus annonam rexit canonemque probavit.

Visitet haec pia mens Sanctorum busta frequenter, /

In Christo quorum gloria perpes erit.

Hoc est coemeterium B. Callisti Papae et martyris inclyti. Quicumque illud contritus et confessus ingressus fuerit, plenam remissionem omnium peccatorum suorum obtinebit, per merita gloriosa centum septuaginta quatuor millium Sanctorum martyrum, quorum ibi corpora in pace sepulta sunt, una cum quadraginta sex Summis Pontificibus Beatiss., qui omnes ex magna tribulatione venerunt et, ut heredes in domo Domini fierent, mortis supplicium pro Christi nomine pertulerunt.

In hoc loco, qui dicitur ad Catacumbas, corpora SS. Apost. Petri et Pauli in puteo sub altari aliquamdiu iacuerunt. Ob quorum venerationem eadem singulis diebus concessa est indulgentia, quam S. Silvester Papa in ecclesiis ipsorum Apostolorum est elargitus, eandemque successores eius in festis duplicibus et in quadragesima duplicarunt.

Hic quondam reconditum fuit corpus Beatae Caeciliae virginis et martyris. Hoc opus fecit fieri reverendissimus Pater Dominus Gulielmus Archiepiscopus Bituricensis, anno Domini MCCCC nono.

268     Deo. — Altobellus d. Ense domo Montiscorvini, Acernen. medicus, XXXVI am. annis urbis incola, corporumque morbos curando mortem tolli non posse expertus, sepulcrum sibi hoc loco apud pestilentiae depulsorem S. Sebastianum vivens elegit, an. Christi MDCXV, aetatis L. – Nemo me lacrymis decoret nec funera fletu; / Vivite, felices animae, mors omnibus instat.

273     Simulacrum hoc bucca veritatis nuncupatum in templo Iovi Ammonio ab Hercule dicato prope aram maximam, in qua ritu Graeco vana gentilitas sacrificia peragebat, fuisse dicitur. Tractu temporis in tali habitum veneratione, ut si quis maximum requireret iuramentum, manu intra os eius imposita solemniter iurare cogeretur. Impiis superstitionibus deorum gentilium sublatis sic iacuit deiectum, ut eius falsa religio prostrata in templo iam Pudicitiae patriciae priscis temporibus constructo aspiciatur; in quo post generis humani reparationem sub titulo S. Mariae in Cosmedin, quod sacerdotum ornamentum sonat, Deiparae semper Virginis memoria colitur atque veneratur.

274     Sedente Benedicto XIII Pontifice Maximo Fabritius S.R.E. Cardinalis Paulutius, Episcopus Portuensis aperuit, mox Ostiensis et Sac. Collegii Decanus clausit, anno iubilaei MDCCXXV.

Opus absolutum ex testamento diebus CCCXXX arbitratu Ponti P. f., E. Cla. Melae heredis et Pothi l.

277   Excommunicamus et anathematizamus ex parte Dei omnip.ⁱˢ Patris, Filii et Spiritus Sancti, auctoritate quoque Beatorum Apostolorum Petri et Pauli ac nostra: quoscumque Hussitas, Wiclephitas, Lutheranos, Zwinglianos, Calvinistas, Ugenottos, Anabaptistas, Trinitarios et a Christiana fide Apostatas ac omnes et singulos alios Haereticos, quocumque nomine censeantur, et cuiuscumque sectae existant; ac eorum credentes, receptatores, fautores et generaliter quoslibet illorum defensores ac eorundem libros haeresim continentes vel de religione tractantes sine auctoritate nostra et sedis Apostolicae scientes, legentes aut retinentes, imprimentes seu quo modo libet defendentes, ex quavis causa publice vel occulte, quovis ingenio vel colore; nec non Schismaticos et eos, qui se a nostra et Romani Pontificis pro tempore existentis oboedientia pertinaciter subtrahunt vel recedunt. – Praedixit hoc fieri Christus apud Ioannem Evangelist., cap. XVI, p. 2.

282   Gallieno Clementissimo Principi, cuius invicta virtus sola pietate superata est, et Saloninae Sanctissimae Aug., Aurelius Victor v.e., dicatissimus numini maiestatique eorum.

Villae ianuam tranando recludens Jason obtinet locuples Vilbius Arednae 1680 palumbaria.

284   Sic premia serves, Vespasiane dire; premiatus es morte, Gaudenti, letare: civitas, ubi glorie tue autori promisit iste, dat Kristus omnia tibi, qui alium paravit theatrum in celo.

285   Martyrii gestans virgo Martina coronam, /
Eiecto hinc Martis numine templa tenet.

286   Sixtus V Pont. Max. columnam hanc ab omni impietate expurgatam S. Paulo Apostolo aenea eius statua inaurata in summo vertice posita d.d., a. M.D.LXXXIX., pont. IV.

Sixtus V Pont. Max. columnam hanc cochlidem, Imp. Antonino dicatam, misere laceram ruinosamque primae formae restituit, an. M.D.LXXXIX, pont. IV.

M. Aurelius Imp. Armenis, Parthis Germanisque bello maximo devictis, triumphalem hanc columnam rebus gestis insignem Imp. Antonino Pio patri dicavit.

Triumphalis et sacra nunc sum, Christi vere pium discipulumque ferens, qui per crucis praedicationem de Romanis barbarisque triumphavit.

287   Senatus populusque Romanus Imp. Caesari, Divi Nervae f., Nervae Traiano Aug. Germ. Dacico Pontif. Maximo, Trib. Pot. XVII, Imp. VI, Cos. VI, P. P. ad declarandum, quantae altitudinis mons et locus tantis operibus sit egestus.

Eques Dominicus Fontana architect. instaurabat, Carolo Materno, eius ex sorore nepote, operis executore, 1589.

289   Dum tenet emeritus miles, sum magna taberna; / Sed dum Virgo tenet me, maior nuncupor et sum. / Tunc oleum fluo signans magnificam pietatem / Christi nascentis, nunc trado petentibus ipsam.

291   Serenissimo Principi Mauritio a Sabaudia, huius tit. Diac. Card., qui regum satu ortus, regia liberalitate princeps et absque exemplo pretiosissima sacrarium supellectile instruxit et ecclesiae maiora in dies ornamenta meditatur, Canonici aeternum statuunt gratiae et honoris monimentum, anno salutis M.DC.XXXVII.

| | |
|---|---|
| 296 | Thessala quid Tempe, quid quaeris Adonidis hortos?/<br>Haec tibi pro cunctis Villa Draconis erit.<br>Hesperidum nostris quantum viridaria cedunt,/<br>Custos est tanto mitior ore draco.<br>Hac subit, impositi ponit cum pondera mundi/Paulus, ab accessu subtrahe, Cura, pedem! (...) – Prosipicis hinc Tibur, colles et rura Catonis;/<br>Pulchrior aspectu quae tibi scena subit? |
| 297 | Huc ego migravi, Musis comitatus Apollo;/<br>Hic Delphi, hic Helicon, hic mihi Delos erit. |
| 298 | Regios Estensium Principum hortos, immenso Card. Hippolyti sumptu praeruptae rupis asperrimis cautibus in mollissimi clivi pensiles ambulationes conversis ac terebrati per montis viscera ductis ex Aniene innumeris fontibus admirandos, ab Aloysio et Alexandro Cardinalibus magna splendidi cultus accessione nobilitatos. |
| 299 | M. Plautius, M.f., A.n. Silvanus, Cos., VIIvir epulon.; huic senatus triumphalia ornamenta decrevit ob res in Illyrico bene gestas; Lartia Cn. f. uxor; A. Plautius M.f. Urgulanius vixit ann. IX. |
| 302 | Antonius sibi et Antoniae Arete, contubernali suae, nutricii M. Antoni Flori. |
| 318 | Hanc Fanum, Arbanum, Vetulonia, Longula, quondam/<br>Oppida, dant urbem; prima elementa F. A. U. L.<br>Aeternae memoriae inclytae Mathildis, quae ob praestabile religionis studium ac pietatem sedi Pontificiae suum hoc patrimonium, Divi Petri in Thuscia dein nuncupatum elargitur, et in veterem urbis huius splendorem intuens Pascalis II Bleden. Pont. Max. eius metropolim ut antea Viterbium constituit, sal. ann. MCXIII. |
| 319 | Est Est Est, propter nimium Est Ioannes de Fuccer dominus meus mortuus est. |
| 320 | Omnia dic lacta cvcniant ut fausta, viator,/<br>Gregorio, tutum qui tibi reddit iter. |
| 324 | Fulgurantibus pro Iesu vocibus, quas admirante patria coelesti misit ex ore Bernhardinus, suggestum hoc olim resonans, spectator, si pius, recolenti animo venerare!<br>D.O.M. Antonius Eques Ugolini, magni huius xenodochii Rector: quod in aegrorum allevamento, in subditorum cura, in census augendi solertia totos annos viginti se patrem ostenderit; quod supremis tabulis ecclesiam binis perpetuis sacrificiis auxerit, arae maximae frontem argento vestiendam nobilique pictura sacram hanc aedem iusserit exornandam; quod demum haeredem ex asse piam domum instituerit; religiosae mentis Curatores tantae vigilantiae dum viveret, perennis beneficentiae post mortem monumentum posuere. Obiit anno aetatis LXXI, salutis MDCCXXX.<br>Vina dabant vitam, mortem mihi vina dedere,/Sobrius auroram cernere non potui./Ossa merum sitiunt, vino consperge sepulcrum/Et calice epoto, chare viator, abi! – Valete potatores! |
| 325 | Suevia me genuit, Senae rapuere, sed ossa/Et cineres claudunt haec monumenta meos./Spiritus ad superos habitans foelicior arces/Perfruitur vultu, laetus ovansque dei. (...) |
| 329 | Mercatores huc alacres convolate: hic sacer annonae copiaeque locus |

commoditate ac decore vos allicit, atque hisce in aedibus habitans comiter invitat Etrusca felicitas. – Cosmus III M. D. Etr. VI aedes salarias a Ferd. I, proavo suo conditas, aucta a se munitaque urbe laxiores ut essent magnificentioresque, a fundamentis erexit, a.s. M.D.C.C.XV.

330 Ne quid in hoc mediterraneo emporio aut subditorum indigentiae aut mercatorum commoditati deesset, Cosmus III Magnus Etruriae Dux publica olei receptacula Princeps providentissimus magnifice extrui iussit, anno salut. MDCCV.

332 Ferdinando II Mag. Duce Hetruriae, pacis ac iustitiae studio, magnanimitate et clementia inclyto, VIII lustris regnante, ab orbe restituto a. MDCLX.

En moles, olim lapidea vix aetatem ferens, nunc marmorea pulchrior et firmior stat, simulato Marte virtutis verae specimen saepe datura.

334 D.O.M. Philippus Decius (...) hoc sepulcrum sibi fabricari curavit, ne posteris suis crederet.

338 O quisquis legis, lapis es, nisi lapis hic te moveat in admirationem et cultum D. Frediani, qui templo huic construendo molem hanc in montibus ad quartum lapidem nactus, viribus impar, sed spiritu fervens, mira facilitate manibus humerisque suis et Canonicorum in plaustrum binis indomitis vacculis trahendum impositum, sexto salutis saeculo hac in aede statuit sacrum monumentum.

339 Octavius Guido Mansi, Eques Hierosolimitanus, ex rudi solo aere proprio MDCCXXVII. (...)

(...) Felix horti positio est, cui leniter inclinata planities: Palladius, de re rustica L.1, tit. XXXIII.

O lux et gloria Pistoiae, o nostrum singulare praesidium et decus, SS$^{me}$ Iacobe, qui redemptorem nostrum in divinitatis suae gloria transfiguratum videre meruisti et primus inter Apostolos martyrii palma fuisti coronatus, intercede pro nobis ad dominum, qui te leget!

347 Quae pietas quantum est, quantum prudentia vivens/
Moribus expressit, nunc lapis iste refert.

Deo praesidibusque familiae Divis Clemens VII Medices Pont. Max., libris opt. studio maiorum et suo undique conquisitis, bibliothecam ad ornamentum patriae ac civium suor. utilitatem d.d. – Bibliothecam hanc Cos. Med. Tuscorum Magnus Dux I perficiendam curavit, anno Dni. MDLXX, III Id. Iun.

348 Cosmo Medici, Magno Etruriae Duci Primo, pio, felici, invicto, iusto, clementi, sacrae militiae pacisque in Etruria authori, patri et Principi optimo, Ferdinandus f. Mag. Dux III erexit an. M.D.LXXXX.IIII.

354 Postquam Leonardus e vita migravit, Historia luget, Eloquentia muta est ferturque Musas tum Graecas, tum Latinas lacrimas tenere non potuisse.

355 Siste, vides magnum quae servant marmora vatem,/Ingenio cuius non satis orbis erat;/Quae natura, polus, quae mos ferat, omnia novit:/ Karolus aetatis gloria magna suae./Ausoniae et Graiae crines nunc solvite, Musae!/Occidit heu vestri fama decusque chori.

D. S. – Quantum Philippus architectus arte Daedalea valuit, cum huius celeberrimi templi mira testudo, tum plures machinae divino ingenio ab eo adinventae documento esse possunt. Qua propter, ob eximias sui animi dotes singularesque virtutes XV Kal. Maias, anno MCCCCXLVI eius b. m. corpus in hoc humo supposita grata patria sepeliri iussit.

356 Americo Vespuccio Patricio Florentino, ob repertam Americam sui et patriae nominis illustratori, amplificatori orbis terrarum, in hac olim Vespuccia domo a tanto domino habitata patres Sancti Ioannis a Deo gratae memoriae causa p.c., a.s. M.D.CC.XIX.

357 Cosmus Medices Floren. Dux II publicae magnificentiae et salubritatis ergo porticum transverso columnarum ordine undique permeabilem, adversus omnem coeli contumeliam negotiantibus in foro civibus suis extruxit MDXLVIII.

369 D.O.M. Catharinae Corneliae, Cypri, Hyerosolismorum ac Armeniae Reginae cineres.

Franciscus Venerius Princeps, priscae maiorum virtutis ac disciplinae vere imitator, nullo nec adumbratae laudis stimulo nec privatae utilitatis errore unquam permotus, in regen. populis summae continentiae, in dicunda sententia senatoriae gravitatis, pacis et concordiae amantiss., in omni sermone sapientiss., semper in principatu nihil praeter ornamentum Principis, quod est iustum imperium, pulcherrimum liberis civibus exemplum. Vix. an. LXVII, dies IIII, in principatu an. I, men. XI, dies XXII. Obiit III No. Junii M.D.LVI.

370 Cathedram hanc Antiochie sedit D. Petrus annos VII, Michael orientis Imperator, Theophili filius, Petro I Gradonico Veneto Duci don. a.D. MCCCX.

Ossa Helenae Capellae, omnigenis virtutibus insignitae matronae, Francisci Maroceni D. M. P. coniugis praedilectae, genere forma venustate Graecam, fide pudore pietate Romanam Helenam referentis, in hoc postremo humanitatis domicilio requiescunt.

373 D.O.M. Jacobo Foscareno D. Marci Procuratori: ob civilem sententiam, rei militaris scientiam et magnam animi celsitatem universus Venetor. consensus in gravioribus reip. negotiis primas semper detulit partes; hinc ad maximos Europae principes Legatus missus, fidei et eloquentiae, Dux ad Illyricos fines tuendos electus, vigilantiae et fortitudinis, bis maritimae classis Imperator dictus, providi et excelsi animi, Cretae insulae Provisor rectius Dictator factus, studii et sapientiae, semper et ubique, domi foris, pace bello, togatus armatus, iustitiae, prudentiae, pietatis et virtutum omnium egregium exemplar sese exhibuit; tot igitur tantisque encomiis clarus coelum petiit anno 1602. Io. Baptista fil., D. Marci Procur., ad paternae gloriae metam propius adspirans posteror. incitamento p.

375 Bessarionis Card. ex leg., senatus iussu, Procuratorum Divi Marci cura, Philippi Trono, Antonii Capello, Andreae Leono, Victoris Grimano, Joannis a lege Eq. bibliotheca instructa et erecta, M. Antonio Trivisano Principe, ab urbe condita M.C.XXXIII.

379 (...) Patroclus secutus pietatem Col. Cent. hortos cum aedificio (...) iunctos vivus donavit, ut ex reditu eor. largius rosae et escae patrono suo et quandoque sibi ponerentur.

380 D.O.M. Catholicae veritati asserendae, virtutibus promovendis vitiisque profligandis haec rostra, e quibus sacrorum rhetorum clarius detonet eloquentia, Ligure constructa marmore Jo. Ant. (...) M.D.C.LXXVII.

390  Novum viridarii aditum pandit Io. Aloysius Valmarana Comes, paterni propagator splendoris. Siste gradum, hospes, et oblectare illic Mavortis, hic Florae campos, hilaris utriusque aspectus, tutior ad haec accessus.

391  Advena civis amice, qui loci amoenitate cupis oblectari, securus huc ingredere teque largiter recrea! Nullus intus canis, nullus draco, nullus falce minaci deus, omnia sed tuta benigneque exposita. Sic voluit Leonardus Valmarana, hortorum dominus, modestiam quod tuam et continentiam custodem fore fidat optimum.

Petro Paulo Bissario Comiti Commendatorio, cuius in ornando facundiam adversarius exhorruit, Princeps exaudivit, Syrenes Adriatici vel miraculum suspexere, et Alphonso Comiti de Luschis pro vigesima fisci multarum impetranda, legatis suis Olympicorum Academia posuit, a. Dn. MDCXI.

393  Marchioni Scipioni Maffei viventi Academia Philarmonica decreto et aere publico, anno MDCCXXVI.

394  ... Factionis ve... | Appio Annio Ga... | L. Verulano Sevei. ... | X. K. Septembres vic. | quadri XLVII secund. CX ... | tertias CXLVII bigas vic. ... | VIIII secundas IIX terti IIX | argente quadrig. vicit II | revocatus II instauratiam | tertias I ad honore veni | CCCLIIII. Vixit annis XXV. | Fecit | Crispina Meroe.

Sum Petrus Martyr, nutritus et editus infans /
His domibus fiat testis imago mea. – 1457.

Numini sancto propitiato Divi Georgii, pollentis potentis invicti, pie rite sollemnitus sacrum dicatum esto.

395  Ossa Lucii III Pont. Max., cui Roma ob invidiam pulso Verona tutiss. et gratiss. perfugium fuit, ubi conventu Christianorum acto, dum praeclara multa molitur, e vita excessit.

Lucius est piscis, rex atque tyrannus aquarum; / A quo discordat Lucius iste parum: / Devorat ille homines, hic piscibus insidiatur; / Esurit hic semper, ille aliquando satur. / Amborum vitam si laus aequata notaret, / Plus rationis habet, qui ratione caret.

396  D. M. Ipsithillae dulcissimae C. Valerius Catullus, leporibus suis moerens.

Sine me laetum nihil exoritur. Statua in viridario mihi posita est, ut in venere Venus esset.

Ambulator, ne trepides: Bachum amatorem, non bellatorem ad genium loci dominus p.

397  V. Dis Manibus f. Curtiae C. f. Procillae, patronae optimae, P. Alfio Alennio Maximo Curtio Valeriano, filio Procillae, Curtia Callipolis lib., et sibi et lib. suis utriusque sexus.

403  Inspice, lege, defle! Catharina Martinella Romana, quae vocis modulatione et flexu Sirenum cantus facile orbiumque coelestium melos praecellebat, insigni ea virtute, morum suavitate, forma, lepore ac venustate sereniss. Vinc. Duci Mant. apprime cara, acerba eheu morte sublata, hoc tumulo beneficentissimi Principis iussu repentino adhuc casu moerentis aeternum quiescit. Nomen mundo, Deo vivat anima. Obiit adolescentiae suae anno XVIII, die VIIII Martii MDCVIII.

411  Erigendae templi huius fronti atque ornandae Io. Petrus Carcanus

Mediolanensis CCXXX aureorum millia legavit. Fabricae Curatores pio et munifico viro ex testamento p.p.

412 Bernhardus civilitate mirabilis ceterisque piis virtutibus inclytus Rex hic requiescit, regni anno IV, mense V, obiit XV Kal. Maii indictione X. Filius piae m.p.

415 Hannibali Fontanae Mediolanensi, sculptori summo, qui vel marmora stupente natura in homines mutavit, vel hominum simulacra in marmoribus spirare iussit, fabricae templi huius Praefecti, quod ille sculptilibus signis mirabiliter ornavit, b.m. posuerunt. Vixit annos XXXXVII, obiit anno MDXXXVII.

416 (...) Procul hinc, procul ergo boni cives, ne vos infelix, infame solum commaculet! M.D.C.XXX Kal. Augusti (...)

427 D.O.M. Deiparae patibulato filio commorientis piis cultoribus, sepulcrum virgineo hoc in solo effossum, ut mortui aeque ac viventes misericordiae matrem sentiant, sacelli huius Curatores p.p., ann. MDCLXXXIX.

438 Ferdinandus Magn. Dux Etr. V, vix. an. LIX, ob. IX. Kal. Iun. M.D.CLXX.

439 Cosmus Magn. Dux Etr. IV, vix. ann. XXX, ob. XXVIII. Febr. M.D.C.XX.

Ferdinandus Magn. Dux Etr. III, vix. ann. LX, ob. VII. Id. Febr. M.DC.IX.

440 Cosmus Magn. Dux Etr. I, vix. ann. LV, ob. XI Kal. Maii. M.D. LXXIIII.

Franciscus Magn. Dux Etr. II, vix. ann. XLVI, ob. XIX Octob. M.D.LXXXVII.

Cosmus Magn. Dux Etr. VI, vix. an. LXXXI, ob. XXXI Oct. M.DCCXXIII.

443 Heroibus bene merentibus Casinutes propriae pietatis argumentum, monimentum alienae, 1646.

# PERSONENREGISTER

Das Personenregister verzeichnet alle im italienischen Text erwähnten historischen Personen, sofern deren Lebensdaten ermittelt werden konnten; Personen, die nur in den lateinischen Zitaten vorkommen, wurden nicht aufgenommen. Bei Personen, die für Goethe von besonderer Bedeutung sind, werden auch indirekte Erwähnungen berücksichtigt (z.B. »der König von Neapel« = Karl VII.). Bei eindeutig belegbaren Irrtümern Goethes wird nur der im übersetzten Text erscheinende Name verzeichnet (vgl. z.B. S. 414, wo Goethe anstelle des hl. Augustinus den hl. Ambrosius nennt) – die Richtigstellung findet sich in diesen Fällen im Kommentar. In Anlehnung an die von den modernen Lexika befolgten Konventionen werden Namen von gekrönten Häuptern eingedeutscht; im Alphabet erscheinen sie unter ihrem Vornamen (z.B. Carlo = Karl).

Addison, Joseph (1672–1719), engl. Schriftsteller und Politiker 449

Adelheid Henriette Maria (1636–1676), Kurfürstin von Bayern 128

Agasias Dositheos (1. Jh. v. Chr.), griech. Bildhauer 300

Agnes (gest. um 258 oder 304), Hl. und Märtyrerin 229, 289

Agrippa, Marcus Vipsanius (64/63–12 v. Chr.), röm. Staatsmann und Feldherr 189, 227

Agrippina, Julia d. J. (15–59), Mutter Neros 177, 188, 238, 254, 263

Aguirre, Francesco d' (1682–um 1753), ital. Graf und Quästor von Mailand 408

Albrizzi, Giovanni Battista (1698–1777), ital. Buchhändler und Verleger 49 f., 386

Aleandro, Girolamo (1480–1542), ital. Kardinal und Humanist 375

Alexander der Große (356–323 v. Chr.), König von Makedonien 233, 302

Alexander III. (Bandinelli, Orlando; gest. 1181), Papst 323, 365

Alexander IV. (Segni, Rinaldo Graf von; gest. 1261), Papst 161, 173

Alexander VI. (Borja, Rodrigo; um 1431–1503), Papst 291, 354

Alexander VII. (Chigi, Fabio; 1599–1667), Papst 96, 244, 246, 323

Alexander VIII. (Ottoboni, Pietro; 1610–1691), Papst 79, 244

Alexander Severus (208–235), röm. Kaiser 261 f.

Alfons I. (1396–1458), König von Neapel und Sizilien 161, 212

Alfons II. von Aragon (1448–1495), König von Neapel 174

Allacci, Leone (Allatius; 1586–1669), griech.-ital. Bibliothekar und Gelehrter 249

Ambrogio da Fossano (il Bergognone; gest. nach 1522), ital. Maler 344

Ambrosius (um 340–397), Hl., Kirchenlehrer und Bischof von Mailand 410 ff., 414

Amelot de la Houssaye, Abraham-Nicolas (1634–1706), franz. Historiker und Übersetzer 61, 367

Andrea del Sarto (Agnolo, Andrea d'; 1486–1530), ital. Maler 344

Andreas von Ungarn (1327–1345), König von Neapel 157, 169 f.

Anicetus (gest. 62), röm. Soldat 189

Anisio, Giano (um 1470–nach 1540), ital. Humanist 157

Annio da Viterbo (Nanni, Giovanni; 1432–1502), ital. Mönch und Schriftsteller 318

Antinoos (110–130), Günstling Hadrians 296

Antoninus Pius (86–161), röm. Kaiser 91, 285 f.
Antonius, Marcus (um 82–30 v. Chr.), röm. Staatsmann 148
Antonius von Padua (1195–1231), Hl., Kirchenlehrer und Volksprediger 82 f., 110 f., 357, 367
Apelles (4. Jh. v. Chr.), griech. Maler 324
Apion (1. Jh. v. Chr.), griech. Grammatiker 188
Apollonios (1. Jh. v. Chr.), griech. Bildhauer 254
Archinto, Carlo d' (1670–1732), ital. Graf und Politiker 408
Aretino, Pietro (1492–1556), ital. Dichter 370 f.
Argelati, Filippo (1685–1755), ital. Buchhändler und Gelehrter 425
Aringhi, Paolo (gest. 1676), ital. Mönch und Theologe 268
Ariost (Ariosto, Ludovico; 1474–1533), ital. Dichter 93, 95, 370
Arrigo Fiammingo (Hendrik van den Broeck; um 1519–1597), niederl. Maler 249
Attila (Etzel; gest. 453), Hunnenkönig 33, 368, 379
Augustinus, Aurelius (354–430), Hl., Kirchenlehrer und Bischof von Hippo 224, 380
Augustus, Gaius Octavianus (63 v. Chr.–19 n. Chr.), röm. Kaiser 112, 144, 188 f., 222, 227, 261, 263, 265 f., 272, 284, 289, 293 f., 313, 398

Baglioni, Cavaliere Giovanni (um 1573–1644), ital. Maler 257
Balbi, Costantino (1676–um 1741), Doge von Genua 433 f.
Balestra, Antonio (1666–1740), ital. Maler und Kupferstecher 395
Baptista Mantuanus (Spagnoli, Giovan Battista; 1448–1516), ital. Mönch und Gelehrter 403
Barbarossa (Cheir-ed-Din; um 1467–1546), türk. Admiral und Pirat 143, 147

Barocci, Federico (Fiori da Urbino; 1535–1612), ital. Maler 114
Barthel, Melchior (Ungaro, Michele; 1625–1672), dt. Bildhauer 370
Bartolo da Sassoferrato (1313/14–um 1359), ital. Jurist 332
Bassano, Francesco, der Jüngere (Ponte, Francesco da; 1549–1592), ital. Maler 38
Baudet, Etienne (1643–1716), franz. Kupferstecher 259
Beatrix (um 1015–1076), röm.-dt. Kaiserin und Markgräfin von Tuszien 333
Beauvau, Marc Antoine de (1679–1754), franz. Fürst von Craon und Politiker 305
Beda (Venerabilis; 672/73–735), Hl., angelsächs. Theologe und Historiker 413
Belisario, s. Corenzio
Bellarmino, Roberto (1542–1621), Hl., ital. Kardinal, Erzbischof und Theologe 321
Belli, Onorio (Bellus, Honorius; 1. Hälfte 16. Jh.–1604), ital. Mediziner und Botaniker 268
Bembo, Pietro (1470–1547), ital. Kardinal und Humanist 229, 350
Benedikt XIV. (Lambertini, Prospero; 1675–1758), Papst 443
Benedikt von Nursia (480–547), Hl. und Ordensgründer 21, 23, 143, 146, 220, 274, 372, 380, 394, 397, 442
Bentivoglio, Guido (1579–1644), ital. Bischof, Kardinal und Historiker 344
Bergamini, Giovanni Maria (um 1600), ital. Waffenschmied 33
Berger, Johann August von (1702–1770), dt. Jurist 365
Bergognone, s. Ambrogio da Fossano
Bernhard (um 797–818), König von Italien 412
Bernhard von Clairvaux (1091–1153), Hl. und Ordensgründer 271, 433 f.
Bernhard von Montepulciano (14. Jh.), ital. Mönch 322

Bernhardin (Albizzeschi, Bernardo; 1380–1444), Hl., Mönch und Volksprediger 324

Bernini, Gian Lorenzo (1598–1680), ital. Bildhauer, Architekt und Maler 144, 229f., 239, 241ff., 258, 265, 301, 303f., 323, 346

Berossos (um 340 v.Chr.), babylon. Priester und Schriftsteller 313

Berrettini da Cortona, Pietro (Cortona, Pietro da; 1596–1669), ital. Maler und Architekt 344

Bessarione (1403–1472), ital. Kardinal, Theologe und Humanist 375

Bielke, Nils B. (1706–1765), schwed. Graf und Senator von Rom 311

Birgitta von Schweden (1303–1374), Hl. und Ordensgründerin 273

Blaer, Johannes Diestimius (um 1500), ital. Mönch 320

Boccaccio, Giovanni (1313–1375), ital. Dichter und Humanist 356

Bombergo, Daniele (1483–1553), niederl.-ital. Buchdrucker 47f.

Bonanno (12. Jh.), ital. Architekt und Bildhauer 335

Bonifacio, Giovanni (1547–1635), ital. Jurist und Historiker 88

Bonifaz IV. (gest. 615), Papst 228

Bonifaz VIII. (Caetani, Benedetto; um 1235–1303), Papst 127, 431

Bononi, Carlo (1569–1632), ital. Maler 96f.

Borghese, Scipione Caffarelli (1576–1633), ital. Fürst und Kardinal 300f.

Borromeo, Federico (1564–1631), ital. Kardinal und Erzbischof 408

Borso d'Este (1413–1471), Herzog von Modena, Reggio und Ferrara 93, 96

Bosca, Pietro Paolo (1632–1699), ital. Gelehrter und Bibliothekar 408

Boscovich, Ruggero Giuseppe (1711–1787), dalmat.-ital. Mathematiker, Astronom und Jesuit 253, 256

Boulogne, Jean de, s. Giambologna

Bourbon-Montpensier, Karl von (1490–1527), franz. Connétable und Gouverneur von Mailand 151

Brahe, Tycho (1546–1601), dän. Astronom 351

Brenkmann, Hendrik (1680–1736), niederl. Jurist 348

Brissonius (Brisson, Barnabé; 1531–1591), franz. Jurist und Politiker 83

Brizio, Francesco (um 1574–1623), ital. Maler 103

Bronzino (Tori, Agnolo; 1503–1573[?]), ital. Maler und Dichter 339, 354

Brulle, Albert van den (Mitte 16. Jh.), niederl. Holzschnitzer 23

Brun, Franz (2. Hälfte 16. Jh.), dt. Kupferstecher 259

Brutus, Lucius Iunius (um 500 v.Chr.), röm. Staatsmann 263


Caecilia Metella (gest. 53 v.Chr.) 253, 268

Caesar, Gaius Iulius (100–44 v.Chr.), röm. Staatsmann, Feldherr und Schriftsteller 127, 218f., 240, 250, 260, 302

Calabrese, s. Preti, Mattia

Caligula (Germanicus, Gaius Iulius Caesar; 12–41), röm. Kaiser 177, 191, 242

Calixtus I. (gest. 222), Hl., Papst und Märtyrer 267

Calvin, Johannes (Cauvin, Jean; 1509–1564), franz.-schweiz. Reformator 60

Camillus, Marcus Furius (gest. um 365 v.Chr.), röm. Staatsmann und Feldherr 264

Candida (Mitte 1. Jh.), Hl. 171

Capaccio, Giulio Cesare (1560–1631), ital. Gelehrter 177

Capece, Girolamo (gest. 1576), ital. Maler und Bildhauer 161

Capponi, Alessandro Gregorio (1683–1746), ital. Fürst 223

Caracalla (Bassianus, Marcus Aurelius Antoninus; 186–217), röm. Kaiser 253, 266, 302

Caracciolo, Gianni (um 1372–1431), ital. Politiker 163

Caracciolo, Giovanni Battista (um 1575–1635), ital. Maler 296

Carafa, Diomede (um 1406–1487), ital. Politiker und Gelehrter 161

Carafa, Giovanni (gest. 1561), ital. Kardinal 270

Caravaggio (Merisi, Michelangelo; 1573–1610), ital. Maler 271, 302

Carcano, Pietro (2. Hälfte 15. Jh. – vor 1516), ital. Geistlicher 411

Caroto, Giovanni (1488–um 1565), ital. Maler 398

Carracci, Annibale (1560–1609), ital. Maler und Kupferstecher 344, 402

Carrara, Francesco da, il Novello (1359–1406), Beherrscher Paduas 34

Carriera, Rosalba (1675–1757), ital. Malerin 285, 385

Casanate, Girolamo (1620–1700), ital. Kardinal 225

Casaubon, Isaak (1559–1614), franz. Philologe 395

Cassini, Giovanni Domenico (1625–1712), ital. Astronom und Gelehrter 100, 102

Cassiodorus, Flavius Magnus Aurelius (um 485–um 580), röm. Staatsmann und Gelehrter 340

Caterina Cornaro (1454–1510), Königin von Zypern 369

Catilina, Lucius Sergius (um 108–62 v. Chr.), röm. Staatsmann und Feldherr 263, 340

Catull (Catullus, Gaius Valerius; um 84–um 47 v. Chr.), röm. Dichter 395

Celio, s. Ricchieri, Ludovico

Cellarius, Christoph (1638–1707), dt. Gelehrter 203

Cenci, röm. Adelsfamilie
–, Beatrice (1577–1599) 296f.
–, Francesco (1549–1598) 296f.
–, Lucrezia Petroni (gest. 1599) 296f.

Cervelli, Federigo (1638–1668), ital. Maler 23

Cesari d'Arpino (Cavaliere d'Arpino, Giuseppe Cesari; 1568–1640), ital. Maler 109, 271, 283

Cestius, Gaius Epulo (gest. vor 12 v. Chr.), röm. Staatsmann 253, 274

Cestius, Lucius (1. Jh. v. Chr.), röm. Staatsmann und Münzmeister 274

Chigi, Agostino, il Magnifico (1465–1520), ital. Bankier und päpstlicher Kämmerer 221

Christina von Lothringen (1565–1637), Großherzogin von Toskana 437

Christophorus (gest. um 250 [?]), Hl. und Märtyrer 39

Christus 38, 80, 83, 101, 109, 114, 129, 133, 150, 152, 160, 163, 169ff., 187, 191, 217, 221, 230, 234, 266, 272, 275ff., 279–284, 289f., 292, 301f., 315, 326f., 334, 358, 377, 390, 396f., 402, 409, 415, 422, 429

Cibo Malaspina, Alderano (1613–1700), ital. Bischof und Kardinal 221

Cicero, Marcus Tullius (106–43 v. Chr.), röm. Staatsmann, Redner und Philosoph 143, 146, 148, 180, 192f., 263, 265, 275, 295, 299

Cignani, Carlo (1628–1719), ital. Maler 402

Claudius, Appius Caecus (um 300 v. Chr.), röm. Zensor und Staatsmann 220, 257

Claudius, Tiberius Nero Germanicus (10 v. Chr.–54 n. Chr.), röm. Kaiser 181, 251, 260, 302, 352

Clemens I. Romanus (gest. um 97), Hl. und Papst 285

Clemens IV. (Fulconii, Guido; gest. 1268), Papst 173

Clemens VI. (Beaufort, Pierre Roger de; 1291/92–1352), Papst 79

Clemens VII. (Medici, Giulio de'; 1478–1534), Papst 101, 246

Clemens VIII. (Mun/5oz, Gil Sánchez; um 1380–1445), Gegenpapst 110

Clemens VIII. (Aldobrandini, Ippolito; 1536–1605), Papst 139, 233

Clemens X. (Altieri, Emilio; 1590–1676), Papst 244
Clemens XI. (Albani, Gian Francesco; 1649–1721), Papst 135
Clemens XII. (Corsini, Lorenzo; 1652–1740), Papst 120, 122, 233 f., 249, 279, 305 f.
Cletus (Anacletus I.; gest. 88), Hl. und Papst 242
Clovio, Giulio (1498–1578), ital. Miniaturmaler 248
Cocceius, Lucius Nerva (1. Jh. v. Chr.), röm. Architekt 178
Collatinus, s. Tarquinius Collatinus, Lucius
Colleoni, Bartolomeo (1400–1475), ital. Condottiere 51
Colonna, Francesco (gest. 1636), ital. Fürst 283
Colonna, Giovanni (gest. 1245), ital. Kardinal 283
Colonna, Marcantonio (1535–1584), ital. Admiral und Vizekönig von Sizilien 288
Columella, Lucius Iunius Moderatus (1. Jh.), röm. Schriftsteller 104
Commodus, Marcus Aurelius Antoninus (161–192), röm. Kaiser 263, 303
Conca, Sebastiano (um 1680–1764), ital. Maler 324
Conradi, Franz Karl (1701–1748), dt. Hofrat und Jurist 48
Corbellini, Sebastiano (17. Jh.), ital. Maler 229
Corenzio, Belisario (1558–nach 1640), griech.-ital. Maler 164
Corinna (6.–5. Jh. v. Chr.), griech. Dichterin 297
Cornacchini, Agostino (1686–1754), ital. Bildhauer 241
Cornaro, Federico (gest. 1653), ital. Kardinal 258
Cornelio, Tomaso (1614–1684), ital. Gelehrter 163
Corner, Flaminio (Cornaro, Flaminio; 1693–1778), ital. Nobile und Gelehrter 364
Correr, Francesco Antonio (1676–1741), ital. Prälat und Patriarch von Venedig 384
Cosimo I. von Medici (1519–1574), Großherzog von Toskana 333, 347
Cosimo II. von Medici (1590–1621), Großherzog von Toskana 439
Cosimo III. von Medici (1639–1723), Großherzog von Toskana 330
Craon, s. Beauvau, Marc-Antoine de
Crassus, Marcus Licinius (um 115–53 v. Chr.), röm. Staatsmann 269
Crispina, Bruttia (gest. 192), Gattin des Commodus 303
Curtius, Quintus Rufus (1. Jh.), röm. Historiker 347

Damian (gest. um 305), Hl. und Märtyrer 238
Damiano da Bergamo (Zambelli, Damiano; um 1490–1549), ital. Intarsiator 103
Dandolo, Enrico (um 1107–1205), Doge von Venedig 34
Davia, Giovanni Antonio (1660–1740), ital. Kardinal 254
Decio, Filippo (1454–um 1536), ital. Jurist 334
Decius, Gaius Messius Quintus Traianus (um 195–251), röm. Kaiser 266
Didier, s. Limojon de Saint-Didier, Alexandre-Toussaint
Diogenes von Sinope, der Kyniker (um 400–um 325 v. Chr.), griech. Philosoph 42, 301
Diokletian (Diocletianus, Gaius Aurelius Valerius; um 240–313), röm. Kaiser 253, 259, 266
Dionysius (gest. 268), Hl. und Papst 273 f.
Diziani, Gaspare (1689–1767), ital. Maler und Kupferstecher 378
Domenichino (Zampieri, Domenico; 1581–1641), ital. Maler 271
Dominikus (Guzmán, Domenico di; 1170–1221), Hl. und Ordensgründer 103, 161, 224, 326
Domitian, Titus Flavius (51–96), röm. Kaiser 190

Donati, Vitaliano (1717–1762), ital. Gelehrter 446
Donatus, Aelius (um 350), röm. Grammatiker 449
Dondi dall'Orologio, Lucrezia (1612–1654) 81, 84, 446
Dürer, Albrecht (1471–1528), ital. Maler und Kupferstecher 33

Elagabal (Heliogabalus, Marcus Aurelius Antoninus; 204–222), röm. Kaiser 266
Elisabeth von Bayern (gest. 1273), röm.-dt. Kaiserin 173
Elisabeth von Spanien (Isabella I., die Katholische; 1451–1504), Königin von Kastilien-León und Spanien 256
Elisabeth Theresia von Lothringen (1711–1741), Königin von Sardinien 422
Enzio (um 1220–1272), König von Sardinien 100, 102
Ephoros von Kyme (4. Jh. v. Chr.), griech. Historiker 187
Epicuro, Marc' Antonio (1472–1555), ital. Humanist und Dichter 156
Epiphanius (438–496), Hl. und Bischof von Pavia 413
Eugen IV. (Condulmer, Gabriele; 1383–1447), Papst 225
Eugen von Savoyen-Carignan (1663–1736), franz.-österr. Prinz, Feldherr und Politiker 404, 422
Eustorgius (4. Jh.), Hl. und Bischof von Mailand 413

Faliero, Marino (1274–1355), Doge von Venedig 61
Fanzago, Cosmo (1593–1678), ital. Architekt und Bildhauer 159
Farnese, Alessandro s. Paul III.
Farnese, Alessandro (1520–1589), ital. Bischof und Kardinal 231
Farnese, Giulia (1474–1524), ital. Adelige 354
Faustina, Annia Galeria (104–141), Gattin von Antoninus Pius 91, 296, 303
Faustina, Annia Galeria (gest. 176), Gattin von Marcus Aurelius Antoninus 238, 262, 300
Federico da Montefeltro (1422–1482), Herzog von Urbino 248
Ferdinand II. (1578–1637), röm.-dt. Kaiser und Erzherzog von Tirol 132
Ferdinand V., der Katholische (1452–1516), König von Aragonien, Sizilien und Kastilien-León 256
Ferdinand I. von Medici (1549–1609), Großherzog von Toskana 346, 437, 439
Ferdinand II. von Medici (1610–1670), Großherzog von Toskana 332, 438
Ferdinand Karl von Gonzaga (1652–1708), Herzog von Mantua und Monferrato 400 f.
Ferrante I. (Ferdinand I. von Aragonien; um 1431–1494), König von Neapel 161, 175
Ferrante II. (Ferdinand II. von Aragonien; 1467–1496), König von Neapel 161
Ferri, Ciro (1634–1689), ital. Maler 229
Flaminius, Gaius (3. Jh. v. Chr.), röm. Staatsmann 251
Florus, Lucius Annaeus (2. Jh.), röm. Historiker 151
Fontana, Annibale (1540–1587), ital. Bildhauer 415
Fontana, Domenico (1543–1607), ital. Architekt 222, 240
Fontebasso, Francesco (1709–1769), ital. Maler 378 f.
Fontenelle, Bernard Le Bovier de (1657–1757), franz. Gelehrter 147
Foscarini, Giacomo (gest. 1602), ital. Diplomat und Offizier 373
Fracastoro, Girolamo (1478–1553), ital. Humanist und Arzt 395
Francesco Farnese (1678–1727), Herzog von Parma und Piacenza 237
Franz I. Stephan (1708–1765), Herzog von Lothringen und Großherzog von Toskana (später: Franz I., röm.-dt. Kaiser) 321

Franziska von Rom (Francesca Romana; 1384–1440), Hl. und Mystikerin 232
Franziskus (Franz von Assisi; 1181/1182–1226), Hl. und Ordensgründer 140, 150, 327, 380
Friedrich I. Barbarossa (1122–1190), röm.-dt. Kaiser 365, 395, 411
Friedrich II. (1194–1250), röm.-dt. Kaiser 102, 172
Friedrich I. von Baden (1249–1268), Herzog von Österreich 173
Friedrich Christian (1722–1763), Kurprinz (später: Kurfürst) von Sachsen 27f., 31, 41, 64, 71ff., 76, 128, 367, 386
Friedrich Wilhelm I. (1688–1740), König von Preußen 449
Fumagallo, Catarina (um 1740), ital. Sängerin 25

Galilei, Galileo (1564–1642), ital. Naturwissenschaftler und Philosoph 354
Gallienus, Publius Licinius Egnatius (um 218–268), röm. Kaiser 278, 282
Gellius, Aulus (um 150), röm. Schriftsteller 188, 265
Gentileschi, Orazio (Lomi, Orazio; um 1563–um 1639), ital. Maler 257, 303
Georg (gest. um 305), Hl., röm. Soldat und Märtyrer 22, 302
Germanus von Auxerre (um 378–448), Hl. und Bischof von Auxerre 177
Gessi, Giovanni Francesco (1588–1649), ital. Maler 101
Giambologna (Boulogne, Jehan; 1529–1608), niederl.-ital. Bildhauer 101, 347, 441
Gian Gastone von Medici (1671–1737), Großherzog von Toskana 444
Giannone, Pietro (1676–1748), ital. Jurist und Gelehrter 214
Ginetti, Marzio (1585–1671), ital. Kardinal 157
Giordano, Luca (1632–1705), ital. Maler und Radierer 160, 164
Giovanni da Nola (Nola, Giovanni Marigliano da; 1488–1558), ital. Bildhauer, Holzschnitzer und Architekt 156, 164
Giulio Romano (Pippi, Giulio; 1492 od. 1499–1546), ital. Maler und Architekt 283, 402
Giustinian, Marcantonio (gest. 1688), Doge von Venedig 383
Gonzaga, Giulia (1513–1566), ital. Gräfin 147
Gordianus III., Marcus Antonius (225–244), röm. Kaiser 291
Gori, Anton Francesco (1691–1757), ital. Geistlicher, Archäologe und Etruskologe 355
Graziani, Giovanni (um 1670–um 1730), ital. Gelehrter 384
Gregor I., der Große (um 540–604), Papst 291, 390
Gregor VII. (Hildebrand; 1020/25–1085), Hl. und Papst 443
Gregor XI. (Beaufort, Pierre Roger de; 1329–1378), Papst 278
Gregor XII. (Correr, Angelo; um 1325–1417), Papst 135
Gregor XIII. (Boncompagni, Ugo; 1502–1585), Papst 126, 231, 233, 243, 251, 257, 292f.
Gregor XV. (Ludovisi, Alessandro; 1554–1623), Papst 230f.
Grimani, Domenico (um 1461–1523), ital. Kardinal und Humanist 375
Grosley, Pierre-Jean (1718–1785), franz. Gelehrter 442
Guarini, Battista (1538–1612), ital. Dichter 463
Guido, s. Reni, Guido

Hadrian (Hadrianus, Publius Aelius; 76–138), röm. Kaiser 157, 218, 252, 263, 269f., 298
Haloander, Gregor (1501–1531), dt. Jurist 46, 48
Hamberger, Georg Christoph (1726–1773), dt. Gelehrter und Bibliothekar 220

Hasse, Johann Adolf Peter (1699–1783), dt. Komponist und Sänger 375

Heinrich VII. (um 1275–1313), röm.-dt. Kaiser 322

Heinrich VIII. (1491–1547), König von England 248

Heinrich III. von Valois (1551–1589), König von Frankreich 107

Heinrich IV. von Navarra (1553–1610), König von Frankreich und Navarra 34, 279

Helena, Flavia Julia (um 257–336), Hl. und röm. Kaiserin 284

Herennius (1. Jh. v. Chr.), röm. Soldat 148

Hesiodos (7. Jh. v. Chr.), griech. Dichter 187

Heyn, Johann (1709–1746), dt. Prediger und Gelehrter 245

Hieronymus, Sophronius Eusebius (um 347–419/20), Hl. und Kirchenlehrer 413, 449

Homer (8./7. Jh. v. Chr.), griech. Dichter 288

Honorius III. (Savelli, Cencio; um 1150–1227), Papst 293

Horaz (Horatius, Quintus Flaccus; 65–8 v. Chr.), röm. Dichter 219, 313, 349

Hortensius, Quintus Hortalus (114–50 v. Chr.), röm. Redner und Staatsmann 192

Ignatius von Loyola (1491–1556), Hl. und span. Ordensgründer 230 f., 292, 429, 443

Imhoff, Andreas (1590–1610), dt. Student 325

Innozenz III. (Segni, Lotario Graf von; 1160/61–1216), Papst 290

Innozenz VIII. (Cibo, Giovanni Battista; 1432–1492), Papst 291

Innozenz XII. (Pignatelli, Antonio; 1615–1700), Papst 281

Isabella von Aragon (1470–1524), Herzogin von Mailand 161

Jakob (Jakobus; gest. 44), Hl. und Märtyrer 339

Januarius (gest. 305), Hl., Bischof von Neapel und Märtyrer 163, 167 ff., 177, 181 ff., 185, 193, 202, 210, 448

Jesus Christus, s. Christus

Johanna (2. Hälfte 9. Jh.), Päpstin 280, 323

Johanna I. von Anjou (um 1326–1382), Königin von Neapel 157, 169

Johanna II. (1371–1435), Königin von Neapel 163 f., 206

Johannes (gest. um 100), Hl., Apostel und Evangelist 281, 326 f., 441

Johannes der Täufer (1. Jh.), Hl., Prophet und Märtyrer 157, 160, 301 f., 433

Jolanda von Flandern (gest. 1219), oström. Kaiserin 293

Joseph (gest. 1. Jh.), Hl. und Nährvater Christi 129, 137, 285, 294

Julia (um 76–54 v. Chr.), Gattin des Pompeius 303

Julia Augusta (39 v. Chr.–14 n. Chr.), Tochter von Augustus 302

Juliana von Lüttich (Johanna von Cornillon; um 1192–1258), Hl. und fläm. Nonne 320

Julius II. (Rovere, Giuliano della; 1443–1513), Papst 79

Julius III. (Monte, Giovanni Maria Ciocchi del; 1487–1555), Papst 292

Justina (gest. um 304), Hl. und Märtyrerin 86

Juvenalis, Decimus Iunius (um 100), röm. Satiriker 90, 147, 190

Karl I., der Große (742–814), röm. Kaiser 100, 241, 412

Karl V. (1500–1558), röm.-dt. Kaiser 100 f., 325, 391

Karl VI. (1685–1740), röm.-dt. Kaiser 43, 405

Karl IX. (1550–1574), König von Frankreich 107

Karl I. von Anjou (1226–1285), König von Neapel 161, 167, 169, 173

Karl II. von Anjou, der Lahme (1248–1309), König von Neapel 162, 167

Karl III. von Anjou-Durazzo (1345–1386), König von Neapel und Sizilien 157

Karl VII. von Bourbon (1716–1788), König von Neapel und Sizilien 88, 112, 201, 204–207, 210

Karl XII. (1682–1718), König von Schweden 125 f.

Karl von Anjou (gest. 1348), Herzog von Durazzo 169

Karl Borromäus (1538–1584), Hl., ital. Graf und Erzbischof von Mailand 100 f., 223, 283, 409 f.

Karl Emanuel III. von Savoyen (1701–1773), König von Sardinien 421 ff., 427

Katharina von Bologna (Vigri, Caterina; 1413–1463), Hl. und Äbtissin 107

Katharina von Siena (Benincasa, Caterina; um 1347–1380), Hl. 325 ff., 357

Keyßler, Johann Georg (1693–1743), dt. Gelehrter und Reiseschriftsteller 348, 352, 378, 398, 418, 431

Kleopatra (69–30 v. Chr.), Königin von Ägypten 235, 246

Konradin (Konrad II.; 1252–1268), Herzog von Schwaben und König von Sizilien und Jerusalem 172 f.

Konstantin I., der Große (um 280–337), röm.-byzant. Kaiser 139, 157, 172, 233, 235, 241 f., 248, 259, 261, 267, 273, 279 ff., 284, 288, 290, 293, 303

Konstantius Caesar (Konstantin II., 316/17–340), röm.-byzant. Kaiser 261, 281

Konstanze (geb. um 320), Tochter Konstantins I. 157

Kopernikus, Nikolaus (1473–1543), dt. Astronom und Philosoph 351

Kosmas (gest. um 305), Hl. und Märtyrer 238

Ladislaus von Anjou-Durazzo (1377–1414), König von Neapel 162 f.

La Feuillade, Louis (1673–1725), Herzog von Aubusson und franz. Marschall 426

Lambertini, Prospero (1675–1758), Kardinal und Erzbischof von Bologna 101

Lanfranco, Giovanni (1582–1647), ital. Maler 155, 159, 164

Laurentius (gest. 258), Hl. und Märtyrer 293, 433

Lavaur, Guillaume de (1653–1730), franz. Politiker und Gelehrter 186

Lazzarini, Gregorio (1655–1730), ital. Maler 23, 40

Leo X. (Medici, Giovanni de'; 1475–1521), Papst 79, 133, 292

Leonardo da Vinci (1452–1519), ital. Maler, Bildhauer, Architekt und Naturforscher 344, 415

Leopardus (331/32–365), Hl. und Märtyrer 160

Liberi, Pietro (1614–1687), ital. Maler 22

Limojon de Saint-Didier, Alexandre-Toussaint (um 1630–1689), franz. Schriftsteller 446

Livius, Titus (59 v. Chr.–17 n. Chr.), röm. Historiker 81, 84 ff., 347

Lomazzo, Giovanni Paolo (1538–1600), ital. Maler und Kunstschriftsteller 416

Longhi, Onorio (um 1569–1619), ital. Architekt 271

Loredano, Gian Francesco (1606–1661), ital. Politiker und Gelehrter 244

Lorenzino da Bologna (Sabbatini, Lorenzo; um 1530–1576), ital. Maler 302

Lucchese (Greco, Michele; 16. Jh.), ital. Maler, Kupferstecher und Verleger 256

Lucina die Jüngere (Mitte 3. Jh.), Hl. 267

Lucius III. (Allucingoli, Ubaldo; gest. 1185), Papst 395

Lucretia (um 509 v. Chr.), Gattin des Tarquinius Collatinus 84, 271, 446

Mabillon, Jean (1632–1707), franz. Mönch und Historiker 180, 323
Macer, Aemilius (gest. 16 v.Chr.), röm. Dichter 395
Machiavelli, Niccolò (1469–1527), ital. Politiker und Schriftsteller 89
Maecenas, Gaius (um 70–8 v.Chr.), röm. Ritter 312f.
Maffei, Bartolomeo (um 1740), ital. Kardinal und Erzbischof von Ancona 124
Maffei, Francesco Scipione (1675–1755), ital. Gelehrter und Dichter 388, 392f., 398, 423
Malatesta, Sigismondo Pandolfo (1417–1468), Herrscher von Rimini 106, 111
Manlio, Ferdinando (gest. um 1570), ital. Architekt 164
Manlius, Marcus (gest. 385), röm. Politiker 258
Manuzio, Aldo (1547–1597), ital. Gelehrter und Buchdrucker 47
Manuzio, Aldo Pio (1449–1515), ital. Gelehrter, Buchdrucker und Verleger 47f.
Maratti, Carlo (1625–1713), ital. Maler 223, 260
Marcellus, Claudius (42–23 v.Chr.), röm. Staatsmann und Feldherr 272
Marco da Siena (Pino, Marco dal; um 1525–um 1587), ital. Maler und Architekt 164
Marcus Aurelius (Marcus Annius Verus; 121–180), röm. Kaiser 227f., 238, 254, 261f., 286, 300
Maria, Jungfrau 39, 85, 89, 108, 122, 126–129, 131f., 135, 137, 158, 160, 164, 167, 175, 178, 221, 224, 228, 238, 271, 276, 279, 283, 285, 290, 294, 301f., 312, 325ff., 340, 354, 357, 377, 379, 390, 415, 427, 441
Maria von Aragon (1367–1402), Königin von Sizilien 175
Maria von Ungarn (um 1247–1323), Königin von Sizilien 162
Maria Amalia (1724–1760), Königin von Neapel 88, 111, 128, 206f.
Maria Clementina Sobieski (1701–1735), Königin von England 243
Maria Magdalena (1. Jh.), Hl. 224
Marino, Giambattista (1569–1625), ital. Dichter 163, 171
Marius, Gaius (um 158/57–86 v.Chr.), röm. Staatsmann und Feldherr 190, 261
Markus (gest. um 67), Hl., Evangelist und Märtyrer 34, 114
Marsili, Luigi Ferdinando (1658–1730), ital. Gelehrter und Politiker 362
Marsuppini, Carlo (1398–1453), ital. Humanist 355
Martial, Marcus Valerius (um 40–um 103), röm. Dichter 180, 190
Martin von Tours (316/17–397), Hl., röm. Soldat, Mönch und Klostergründer 377f.
Martina (gest. 230), Hl. und Märtyrerin 284
Martinelli, Caterina (1589/90–1608), ital. Sängerin 403
Mastelletta (Donducci, Giovanni Andrea; 1575–1655), ital. Maler und Radierer 302
Mathilde (1046–1115), Markgräfin von Tuszien 243, 318, 333
Maxentius, Marcus Aurelius Valerius (um 279–312), röm. Kaiser 139, 235, 303
Maximianus, Herculius (um 240–310), röm. Kaiser 270
Medici, Anna Maria Luisa de' (1667–1743), ital. Fürstin 342, 346
Medici, Cosimo de', der Ältere (1389–1464), ital. Bankier und Politiker 357
Medici, Leopoldo de' (1617–1675), ital. Kardinal 350
Merula, Giorgio (1430/31–1494), ital. Historiker und Humanist 414
Metellus, Quintus Caecilius (1. Jh. v.Chr.), röm. Staatsmann und Feldherr 268
Michelangelo Buonarroti (1475–1564), ital. Maler, Bildhauer und

Architekt 225, 230, 261, 263, 344, 352, 354, 441
Misson, François-Maximilien (um 1650–1722), franz. Schriftsteller 19, 24, 127, 130, 139, 146, 151, 162, 172, 179, 185f., 192, 323, 354, 378, 392f., 396, 410, 431
Mithridates VI. (um 132–63 v.Chr.), König von Pontos 264
Modestinus (Anfang 3. Jh.), röm. Jurist 31
Mohammed (um 570–632), Religionsstifter 42
Montelatici, Domenico (um 1700), ital. Gelehrter 304
Montenari, Giovanni (1698–1767), ital. Graf und Schriftsteller 391
Mora, Gian Giacomo (gest. 1630), ital. Barbier 416
Morosini, Francesco (1619–1694), Doge von Venedig 33, 373, 383f.
Moscardo, Ludovico (17. Jh.), ital. Graf und Schriftsteller 392
Muratori, Ludovico Antonio (1672–1750), ital. Historiker, Geistlicher und Bibliothekar 150
Muselli, Jacopo (1697–1768), ital. Archäologe und Numismatiker 388, 394

Nemeitz, Joachim Christoph (1679–1753), dt. Hofrat und Schriftsteller 8, 85, 95, 102, 112, 118, 138, 178, 191, 209, 230, 247, 325, 332, 338f., 350, 376
Nepos, Cornelius (um 100–um 25 v.Chr.), röm. Historiker und Biograph 395
Neri, Filippo (1515–1595), ital. Mönch und Ordensgründer 95
Nero (Nero Claudius Drusus Germanicus Caesar; 37–68), röm. Kaiser 187, 189f., 221, 232, 236ff., 240, 242, 263, 302, 352
Nerva, Marcus Cocceius (30–98), röm. Kaiser 233
Niccolò III. d'Este (1393/94–1441), Herrscher von Ferrara 96

Nicolio, Andrea (1536–1587), ital. Schriftsteller 88
Nigetti, Matteo (1560–1649), ital. Architekt und Bildhauer 441
Nikodemus (1. Jh.), Hl., Pharisäer und Schriftgelehrter 337
Nikolaus IV. (Masci, Girolamo; um 1230–1292), Papst 165
Nikolaus V. (Parentucelli, Tommaso; 1397–1455), Papst 225
Nikolaus von Myra (gest. um 350), Hl. und Bischof von Myra 257, 330
Nostradamus (Notredame, Michel de; 1503–1566), franz. Mathematiker, Astrologe und Mediziner 179
Numa Pompilius (gest. 672 v.Chr.), König von Rom 138, 231f., 263

Octavia (um 70–11 v.Chr.), Schwester von Augustus 272
Olivieri, Pietro Paolo (1551–1599), ital. Bildhauer und Architekt 232
Öttingen, Anton Ernst (1712–1768), dt. Graf und Politiker 388, 392, 398f.
Otto I. von Burgund (1167–1200), dt. Pfalzgraf 365
Ovid (Ovidius Publius Naso; 43 v.Chr.–16/17 n.Chr.), röm. Dichter 262

Palladio, Andrea (Pietro, Andrea di; 1508–1580), ital. Architekt 391
Palma, Jacopo, der Ältere (Nigretti, Jacopo; um 1480–1528), ital. Maler 344, 370, 382
Palma, Jacopo, der Jüngere (1544–1628), ital. Maler und Radierer 22
Paré, Ambroise (1517–1590), franz. Arzt 107
Paschalis II. (Bieda, Ranieri di; gest. 1118), Papst 221
Pasinello, Angelo (um 1740), ital. Buchhändler in Venedig 50
Passarotti, Bartolomeo (1529–1592), ital. Maler und Radierer 301
Patrizia (gest. um 665), Hl. 171

Paul (10. Jh.), Bischof von Adria 88
Paul II. (Barbo, Pietro; 1417–1471), Papst 96
Paul III. (Farnese, Alessandro; 1468–1549), Papst 244, 254, 261
Paul IV. (Carafa, Gian Pietro; 1476–1559), Papst 252, 323
Paul V. (Borghese, Camillo; 1552–1621), Papst 233, 240, 246, 249, 283, 297, 301
Paulus (um 10 v. Chr.–67 n. Chr.), Hl., Apostel und Märtyrer 105, 145, 193, 238f., 243, 267, 273f., 286, 289, 291, 326, 415
Pellegrini, Giovanni Antonio (1675–1741), ital. Maler 37
Perin del Vaga (Buonaccorsi, Pietro; 1501–1547), ital. Maler 285
Persius, Aules Flaccus (34–62), röm. Satiriker 90
Pertusati, Carlo (1674–1755), Herzog von Castelferro, ital. Politiker 408
Perugino, Pietro (Vannucci, Pietro; um 1450–1523), ital. Maler 223, 296
Peter II. von Courtenay (1167–1217), oström. Kaiser 293
Petrarca, Francesco (1304–1374), ital. Dichter und Humanist 87, 92, 179, 375, 450
Petrus (gest. um 65), Hl., Apostel und Märtyrer 109, 118, 123, 137, 171f., 232, 238f., 242ff., 249f., 256, 267, 273f., 279f., 287, 370, 377
Petrus Martyr (Peter von Verona; um 1205–1252), Hl. und ital. Mönch 394f., 413
Phidias (5. Jh. v. Chr.), griech. Bildhauer 233
Phokas (um 547–610), byzant. Kaiser 228
Piazzetta, Giovanni Battista (1682–1754), ital. Maler 50
Pietri, Francesco de (17. Jh.), ital. Jurist und Dichter 168
Pilatus, Pontius (gest. 39), röm. Statthalter von Judäa 280f.
Pinturicchio, Bernardino (um 1454–1513), ital. Maler 354

Pippin (777–810), König von Italien 406, 412
Pisani, Alvise (1663–1741), Doge von Venedig 42, 58f., 363f.
Pisano, Nicola (um 1220–um 1280), ital. Bildhauer und Architekt 334
Pitti, Lucca (1394–1472), ital. Politiker 343
Pius II. (Piccolomini, Enea Silvio; 1405–1464), Papst 324
Pius III. (Todeschini-Piccolomini, Francesco; um 1440–1503), Papst 323
Pius IV. (Medici, Giovanni Angelo de'; 1499–1565), Papst 270, 323, 447
Pius V. (Ghislieri, Antonio Michele; 1504–1572), Papst 244, 300, 315, 431
Plantino (Plantin, Christophe; 1520–1589), niederl.-ital. Buchdrucker 47f.
Plinius der Ältere, Gaius Secundus (23/24–79), röm. Schriftsteller und Historiker 189, 194, 198, 201, 220, 248, 320, 355, 395
Plinius der Jüngere, Gaius Caecilius Secundus (61/62–113), röm. Redner und Schriftsteller 179, 188, 198
Plotina, Pompeia (gest. 122), Gattin Trajans 263
Podestà, Giovanni Andrea (um 1630–1674), ital. Maler und Radierer 259
Poliziano (Ambrogini, Agnolo; 1454–1494), ital. Dichter und Humanist 321
Polybios (2. Jh. v. Chr.), griech. Historiker 151
Pomarancio, Niccolo (Circignani, Niccolo; nach 1516–nach 1596), ital. Maler 285
Pompeius, Gnaeus Magnus (106–48 v. Chr.), röm. Feldherr und Staatsmann 190, 225, 303
Pomponius (1. Hälfte 6. Jh.), Bischof von Neapel 158
Pomponius, Sextus (Mitte 2. Jh.), röm. Jurist 220
Ponce de Leon, Emanuel Peter (1705–1789), ital. Graf und Kastellan zu Mailand 407, 424

Ponte, Antonio da (um 1512–1597), ital. Architekt 368

Popillius, Gaius Laenas (1. Jh. v. Chr.), röm. Soldat 148

Pozzo, Andrea (1642–1709), ital. Maler und Architekt 231

Praxiteles (4. Jh. v. Chr.), griech. Bildhauer 233, 352

Preti, Mattia (il Cavalier Calabrese; 1613–1699), ital. Maler 323

Priuli, Girolamo (gest. 1567), Doge von Venedig 369

Priuli, Lorenzo (gest. 1559), Doge von Venedig 369

Procaccini, Giulio Cesare (um 1570–1625), ital. Bildhauer, Maler und Radierer 429

Proculus (gest. 305), Hl., Diakon und Märtyrer 193

Ptolemaios, Klaudios (um 100–nach 160), griech. Mathematiker und Astronom 351

Ptolemaios Soter (367/66–283/82 v. Chr.), König von Makedonien und Feldherr 250

Pufendorf, Samuel Freiherr von (Severinus de Monzambano; 1632–1694), dt. Jurist und Historiker 395


Raffael (Santi, Raffaello; 1483–1520), ital. Maler und Architekt 133, 228, 256, 285, 298, 324, 344, 415

Rangoni, Tommaso (um 1493–um 1577), ital. Arzt 382

Reni, Guido (1575–1642), ital. Maler 101, 103, 105, 160

Riccardi, Riccardo Romolo (1558–1612), ital. Dichter und Gelehrter 355

Ricchieri, Ludovico (Celio Rodigino; 1469–1525), ital. Philosoph und Humanist 88

Riccoboni, Antonio (1541–1599), ital. Gelehrter 88

Ridolfi, Carlo (1594–1658), ital. Maler, Kupferstecher und Malerbiograph 52

Rivautella, Antonio (1708–1753), ital. Jesuit, Archäologe und Bibliothekar 423

Robert I. von Anjou, der Weise (1278–1343), König von Neapel 156

Rolli, Antonio (1643–1696), ital. Maler 105

Rolli, Giuseppe Maria (1645–1727), ital. Maler und Radierer 105

Rosa, Salvator (1615–1673), ital. Maler und Radierer 260, 344

Rosalba, s. Carriera, Rosalba

Rossi, Pasquale de' (1641–1725), ital. Maler 223

Rotari, Pietro Antonio (1707–1762), ital. Maler und Radierer 395

Roverella, Bartolomeo (gest. 1476), ital. Kardinal 285

Rubens, Peter Paul (1577–1640), fläm. Maler 344, 429


Salomon (um 965–926 v. Chr.), König von Juda und Israel 150, 156, 235, 239, 243

Salviati, Cecchino (Rossi, Francesco de'; 1510–1563), ital. Maler 302

Sammacchini, Orazio (1532–1577), ital. Maler und Kupferstecher 105

Sannazaro, Jacopo (um 1456–1530), ital. Dichter 163, 177, 181, 373, 385

Sannuto, Matteo (um 1600), Bischof von Concordia 23

Santacroce, Girolamo (um 1502–um 1537), ital. Bildhauer 164

Santa Croce, Scipione di (18. Jh.), ital. Fürst und kaiserlicher Sonderbotschafter in Rom 295, 304

Sappho (geb. um 630 v. Chr.), griech. Dichterin 265, 297

Sarnelli, Pompeo (1649–1724), ital. Bischof und Schriftsteller 179, 184, 192, 449

Sassi, Giuseppe Antonio (1672–1751), ital. Gelehrter und Bibliothekar 408

Savoia, Maurizio di (1593–1657), ital. Kardinal und Politiker 291

Scaliger, Joseph Justus (1540–1609), ital.-franz. Gelehrter 395

Scaliger, Julius Cäsar (1484–1558), ital. Gelehrter und Dichter 395

Scanderbeg, Giorgio Castriota (1403–1468), König von Albanien und Epiro 33

Schulenberg, Matthias Johann Reichsgraf von der (1661–1747), dt. Reichsgraf und Generalfeldmarschall der Republik Venedig 59

Scipio Africanus, der Jüngere (um 185–129 v.Chr.), röm. Feldherr und Staatsmann 252, 262f., 350

Sebastian (gest. um 305), Hl. und Märtyrer 105, 265–268, 337

Sebastiano del Piombo (Luciani, Sebastiano; 1485–1547), ital. Maler 256

Seckendorff, Friedrich Heinrich (1673–1763), dt. Reichsgraf und kaiserlicher Feldmarschall 256

Seneca, Lucius Annaeus (um 4 v.Chr.–65 n.Chr.), röm. Politiker, Philosoph und Dichter 181, 450

Seripando, Gerolamo (1493–1563), ital. Gelehrter und Kardinal 213

Serra, Niccolò (1706–1767), ital. Prälat und Kardinal 124

Severin von Norikum (gest. 482), Hl. und Mönch 161, 172

Severus (um 362–408), Hl. und Bischof von Neapel 216

Severus, Septimus Lucius (146–211), röm. Kaiser 227, 235f., 260, 284

Silius Italicus, Tiberius Catius Asconius (um 35–um 100), röm. Dichter 179f.

Silvester I. (gest. 335), Papst 243, 284

Silvestri, Camillo (1645–1719), ital. Graf und Archäologe 90f.

Silvestri, Carlo (um 1740), ital. Graf 87, 90f.

Simonetta, Antonio (gest. 1759), ital. Graf 406f., 425

Simon Magus (1.Jh.), Zauberer 232, 256

Sixtus V. (Peretti-Montalto, Felice; 1521–1590), Papst 222, 233, 240, 246, 262, 281, 284, 286f., 315

Sodoma (Bazzi, Giovanni Antonio; 1477–1549), ital. Maler 327

Sosius (gest. 305), Hl., Diakon von Pozzuoli und Märtyrer 172

Spagnoletto (Ribera, Jusepe de; 1588–1652), span. Maler und Radierer 160, 344

Spence, Joseph (1699–1768), engl. Schriftsteller und Gelehrter 449

Spinola, Giulio (gest. 1691), ital. Kardinal 271

Stanislaus Kostka (1550–1568), poln. Hl. 271

Statius, Publius Papinius (um 40–um 96), röm. Dichter 179

Stella, Claudine (Bouzonnet, Claudine; 1636–1697), franz. Kupferstecherin 259

Stephanus (1.Jh.), Hl. und Erzmärtyrer 22, 285, 293, 332

Sueton (Suetonius, Gaius Tranquillus; um 70–um 140), röm. Schriftsteller und Biograph 191

Sulaiman I., der Große (1495–1566), türk. Sultan 147

Susanna (gest. 3./4.Jh.), Hl. und Märtyrerin 270


Tacitus, Publius Cornelius (um 55–116), röm. Historiker 342

Tancredi da Bologna (1180/90–1236), ital. Jurist 101

Tarquinius Collatinus, Lucius (um 509 v.Chr.), röm. Staatsmann 84

Tarquinius Priscus, Lucius (gest. 578 v.Chr.), König von Rom 266

Tarquinius Superbus, Lucius (um 533–um 509 v.Chr.), König von Rom 84, 310

Tasso, Bernardo (1493–1569), ital. Dichter 402

Tasso, Torquato (1544–1595), ital. Dichter 49, 248, 402

Tauriskos (1.Jh. v.Chr.), griech. Bildhauer 254

Tavernier, Jean Baptiste (1605–1689), franz.-schweiz. Kaufmann 352

Terenz (Terentius, Publius Afer; um 185–um 159 v. Chr.), röm. Dichter 248

Theodor von Euchaita (gest. 306), Hl. und Märtyrer 275

Theodosius I., der Große (347–395), röm. Kaiser 412

Theodosius II. (401–450), röm. Kaiser 100, 266

Theresia von Avila (1515–1582), Hl. und span. Nonne 116

Thomas (1. Jh.), Hl. und Apostel 284

Thomas von Aquin (1225/26–1274), Hl., Theologe und Philosoph 143, 146, 161, 327

Tiberius, Caesar Augustus (42 v. Chr.–37 n. Chr.), röm. Kaiser 112, 159, 170, 236, 302, 342, 352

Tiepolo, Giambattista (1696–1770), ital. Maler und Radierer 38, 379

Tilli, Michelangelo (18. Jh.), ital. Botaniker 335

Tintoretto, Jacopo (Robusti, Jacopo; 1518–1594), ital. Maler 22, 37, 301, 337, 370

Titus, Flavius Vespasianus (39–81), röm. Kaiser 201, 235

Tizian (Vecellio, Tiziano; um 1477–1576), ital. Maler 22, 91, 108, 296, 301, 344, 402

Toledo, Garcia de (1514–1578), span. Admiral und Vizekönig von Sizilien 175

Toledo, Pedro de (1484–1553), span. Politiker, Vizekönig von Neapel und Statthalter Karls V. 167, 175, 184

Torelli, Jacopo (1608–1678), ital. Nobile 117

Trajan (Traianus, Marcus Ulpius; 53–117), röm. Kaiser 122, 204, 263, 266, 286

Trevisani, Francesco (1656–1746), ital. Maler 323

Ulpian, Domitius (um 170–um 228), röm. Jurist 259

Ungaro, Michele, s. Barthel, Melchior

Urban IV. (Pantaléon, Jacques; um 1200–1264), Papst 320

Urban VIII. (Barberini, Maffeo; 1568–1644), Papst 114, 144, 228 f., 233, 236, 242, 252, 281

Ursula (gest. um 304), Hl. und Märtyrerin 123


Valerius, Publius Publicola (gest. 503 v. Chr.), röm. Staatsmann 232

Valla, Lorenzo (1407–1457), ital. Humanist und Gelehrter 163

Vallarsi, Domenico (1702–1771), ital. Gelehrter 394

Valle, Teodoro (gest. 1652), ital. Mönch und Gelehrter 144, 146

Vanni, Francesco (1563–1610), ital. Maler und Radierer 327

Varrentrapp, Franz (1706–1814), dt. Buchhändler 49

Vendramino, Francesco (gest. 1619), ital. Kardinal und Patriarch von Venedig 370

Venier, Francesco (1490–1556), Doge von Venedig 369

Vergil (Vergilius, Publius Maro; 70–19 v. Chr.), röm. Dichter 151, 153, 177, 179 f., 187, 219, 248, 265, 401, 449 f.

Veronese, Paolo (Caliari, Paolo; 1528–1588), ital. Maler 23, 302, 344, 382, 390, 395, 402

Veronika (1. Jh.), Hl. 38

Verus, Lucius Aurelius (130–169), röm. Kaiser 301, 411

Vespasianus, Titus Flavius (9–79), röm. Kaiser 235 f.

Vespucci, Amerigo (1454–1512), ital. Seefahrer 356

Vignola, Jacopo Barozzi (1507–1573), ital. Architekt 296

Viktor Amadeus II. von Savoyen (1666–1732), König von Sizilien und Sardinien 426

Villeroi, François (1644–1730), franz. Marschall und Herzog von Neufville 404

Vinzenz I. Gonzaga (1562–1612), Herzog von Mantua und Monferrato 402

Visconti, Annibale (1660–1747), ital. Graf und Gouverneur von Mailand 407

Vitruv (Vitruvius Pollio; 1. Jh. v. Chr.), röm. Architekt und Kunstschriftsteller 189, 272, 395

Vittoria, Alessandro (1525–1608), ital. Bildhauer und Medailleur 372

Wachtendonck, Karl Franz Freiherr von (gest. 1740), Kommandant des Kastells von Livorno 330

Wolff, Christian Freiherr von (1679–1754), dt. Philosoph 41, 43 f., 46, 49

Wolff, Johann Christoph (1683–1739), dt. Pastor und Gelehrter 49

Zanchi, Antonio (1631–1722), ital. Maler 40

Zanetti, Anton Mari (1706–1778), ital. Bibliothekar und Schriftsteller 23, 374

Zeno, Apostolo (1668–1750), ital. Dichter und Gelehrter 41, 43 f., 49, 384

Zuccari, Federico (1540–1609), ital. Maler 133, 271, 283

Zumbo, Don Giulio Gaetano (1656–1701), ital. Geistlicher und Wachsbossierer 351

# ORTSREGISTER

Das Ortsregister verzeichnet alle von Goethe erwähnten Orte, soweit sie historisch identifiziert werden konnten. Bei eindeutigen Versehen Goethes wird der korrekte Name verzeichnet.

Acquapendente 317, 320f.
Acqui Terme 426
Adria 88
Agnano 177, 185
Aigai 238
Albano 314
Alessandria 427, 435
Alexandria 170, 250
Amsterdam 362
Ancona 113, 119ff., 123ff.
Antiochia 291
Aquileia 34
Arezzo 440
Ariano 161
Arquà Petrarca 87, 92
Arquà Polesine 92
Asti 426
Athen 42
Aversa 157, 170
Avignon 278

Badia Polesine 88
Baia 177, 187f., 190f., 449f.
Belforte del Chiente 134f.
Bethlehem 283
Bisceglie 179
Bologna 80f., 87, 93, 100–108, 259, 358f., 361
Bolsena 317, 320
Bozen 392
Bozzolo 388, 403
Bracciano 317f.
Buonconvento 317, 322
Burano 378

Capocolle 106, 108
Capri 159
Capua, s. Santa Maria Capua Vetere
Castellana, s. Civita Castellana
Castiglione di Garfagnana 328

Cattolica 109, 113, 251
Cesena 106, 109, 251
Chioggia 363, 380
Chiusi 438
Civita Castellana 134, 139, 251
Concordia 379
Cortona 440
Cremona 388, 403
Cuma 183, 186, 192, 449
Cumae (Kyme) 187

Damaskus 415
Delphi 294

Ephesos 300

Faenza 106, 108, 120, 251
Fano 113f., 116, 119
Ferrara 11, 92–99, 358, 363, 400
Fiesole 439
Firenzuola 358, 361
Florenz 317f., 335, 340–343, 346, 356, 358f., 361, 439, 444
Folgaria 134, 139
Foligno 134, 136ff.
Fondi 143, 146f.
Forlì 251
Frankfurt am Main 67, 145, 366, 436, 462, 464, 474, 477
Frascati 295ff., 314

Gaeta 143, 148–151
Genua 413, 425–429, 431ff., 436, 464, 474f., 477, 479
Görz 19
Göttingen 220
Graz 256
Grosseto 439
Guastalla 403

Hamburg 49
Helmstedt 48
Heraklion 54
Herculaneum 194, 201, 203 ff.

Ilium, s. Troja
Imola 106, 108, 120, 251
Istri 143, 147

Jerusalem 38, 235, 243, 283, 290, 334, 397, 439

Karthago 151
Köln 123, 413
Korfu 54

Leipzig 76, 179, 366, 376
Lendinara 88
Linterno 192
Livorno 317, 328f., 331
Lodi 388, 404
London 449
Loreto 125–135, 141
Lucca 317, 336–339
Lüttich 320

Macerata 134f.
Mailand 223, 388, 404–410, 412f., 419, 424f., 427, 451, 453f., 456, 458f., 461f., 464, 466, 468, 471–478, 481, 483
Mantua 388, 399–403
Marino 143
Marseille 179, 425, 436, 474, 477
Massa 439
Mestre 381
Minturno 148
Miseno 189, 191, 449
Modena 96
Mola, s. Gaeta
Monselice 87f.
Montalcino 438
Monte Cassino 164, 220, 442f.
Montefiascone 317–320
Montepulciano 317, 320, 440
Monterosi 317f.
Monte Sant' Angelo 157
Muccia 136
Murano 27, 29, 36, 39, 364

Narni 134, 138, 261
Nauplia 384
Nazareth 126, 132
Neapel 141 ff., 152–178, 193 ff., 199, 203, 208, 210–218, 312, 369, 448 ff.
Novara 419 f.
Novi 426 f.
Nürnberg 150

Olmo 113, 120
Ostia 218, 314
Otricoli 134, 139

Padua 34, 54, 77, 81–87, 90, 101, 367, 379, 384, 388 f., 446
Palestrina 314
Palmada, s. Palmanova
Palmanova 13–16, 19 f., 121
Parma 129, 237
Pavia 413, 466
Pellestrina 363
Perugia 321
Pesaro 113 f., 119
Piacenza 129
Piave 99
Pienza 438
Pietole 401
Piperno, s. Priverno
Pisa 135, 317, 331 ff., 336, 439
Pistoia 317, 339 f., 440
Pizzighettone 388, 404
Poggibonsi 328
Pompeji 201
Pontebba 16
Ponte la Trave 136
Portici 194 f., 204 ff.
Porto Romano 314
Pozzuoli 167, 177 f., 183, 187–193, 449
Priverno 143, 145

Radicofani 317, 321
Recanati 134 f.
Regensburg 323
Resina 194 f., 198, 203 f., 206
Riccione 251
Rignano 134, 139 f.
Rimini 106, 110–113, 117, 140, 251

630

Rom 10, 12f., 60, 73, 77, 100, 119, 126, 134, 139–144, 148, 151, 153, 155, 172, 188, 216ff., 220–296, 298–317, 327, 333, 342ff., 350, 354, 369, 394f., 398, 409ff., 422, 447ff.
Ronciglione 317f.
Rovigo 87–92, 141

Sabina 314
Samaria 281
San Sepolcro 440
Santa Fiora 321
Sant'Agata 143, 151
Santa Maria Capua Vetere 143, 151f., 220
San Vito di Rimini 251
Sarzana 328
Savana 438
Savignano 106, 110, 251
Scala 328
Seleukia 286
Senigallia 113, 118f., 121
Sermoneta 143f.
Sestri Levante 432f.
Siena 317, 322f., 325, 327f., 331, 333, 348, 357, 439
Sirolo 125
Sora 144
Split 54
Spoleto 134, 137f.
Storta 317
Straßburg 480

Tarent 215
Terni 134, 138
Terracina 143, 145f., 218
Tersatto 126
Thessalonike 412
Tivoli 295, 297ff.
Tolentino 134f.
Torcello 368f., 379
Troja 85, 91, 187, 394
Turin 419–424, 426, 464, 473f.

Udine 17
Urbino 228, 248f.
Utrecht 105

Valcimarra 136
Velletri 143f., 218, 220, 314
Venedig 13, 17–81, 88, 114, 117, 141, 163, 180, 271, 285, 312, 330, 358f., 363, 368f., 373, 375f., 379, 383–390, 392, 408, 434f., 445, 447
Vercelli 419f.
Verona 16, 388, 392–399, 403
Vesuv 11, 159, 177, 182, 194–205, 211, 449
Vicenza 388–392, 399
Viterbo 317ff.
Volterra 440

Wien 13, 19, 22, 207, 247

Zadar 54

# INHALT

### Reise durch Italien im Jahre 1740

Vorrede zu nachstehenden Briefen . . . . . . . . . . . . . . . . . .   7

    I. Brief: Venedig . . . . . . . . . . . . . . . . . . . . . . . .  19
   II. Brief: Venedig . . . . . . . . . . . . . . . . . . . . . . . .  24
  III. Brief: Venedig . . . . . . . . . . . . . . . . . . . . . . . .  27
  IV. Brief: Venedig . . . . . . . . . . . . . . . . . . . . . . . .  30
    V. Brief: Venedig . . . . . . . . . . . . . . . . . . . . . . . .  36
  VI. Brief: Venedig . . . . . . . . . . . . . . . . . . . . . . . .  41
 VII. Brief: Venedig . . . . . . . . . . . . . . . . . . . . . . . .  46
VIII. Brief: Venedig . . . . . . . . . . . . . . . . . . . . . . . .  51
  IX. Brief: Venedig . . . . . . . . . . . . . . . . . . . . . . . .  54
   X. Brief: Venedig . . . . . . . . . . . . . . . . . . . . . . . .  58
  XI. Brief: Venedig . . . . . . . . . . . . . . . . . . . . . . . .  62
 XII. Brief: Venedig . . . . . . . . . . . . . . . . . . . . . . . .  68
XIII. Brief: Venedig . . . . . . . . . . . . . . . . . . . . . . . .  71
XIV. Brief: Venedig . . . . . . . . . . . . . . . . . . . . . . . .  77
 XV. Brief: Padua . . . . . . . . . . . . . . . . . . . . . . . . . .  81
XVI. Brief: Bologna . . . . . . . . . . . . . . . . . . . . . . . .  87
XVII. Brief: Bologna . . . . . . . . . . . . . . . . . . . . . . . .  93
XVIII. Brief: Bologna . . . . . . . . . . . . . . . . . . . . . . . 100
XIX. Brief: Rimini . . . . . . . . . . . . . . . . . . . . . . . . . 106
XX. Brief: Ancona . . . . . . . . . . . . . . . . . . . . . . . . . 113
XXI. Brief: Loreto . . . . . . . . . . . . . . . . . . . . . . . . . 125
XXII. Brief: Rom . . . . . . . . . . . . . . . . . . . . . . . . . . 134
XXIII. Brief: Neapel . . . . . . . . . . . . . . . . . . . . . . . . 143
XXIV. Brief: Neapel . . . . . . . . . . . . . . . . . . . . . . . . 153
XXV. Brief: Neapel . . . . . . . . . . . . . . . . . . . . . . . . 167
XXVI. Brief: Neapel . . . . . . . . . . . . . . . . . . . . . . . . 177
XXVII. Brief: Neapel . . . . . . . . . . . . . . . . . . . . . . . . 194
XXVIII. Brief: Neapel . . . . . . . . . . . . . . . . . . . . . . . 208
XXIX. Brief: Rom . . . . . . . . . . . . . . . . . . . . . . . . . . 218

| XXX. Brief: Rom | 235 |
| XXXI. Brief: Rom | 253 |
| XXXII. Brief: Rom | 278 |
| XXXIII. Brief: Rom | 295 |
| XXXIV. Brief: Florenz | 317 |
| XXXV. Brief: Florenz | 341 |
| XXXVI. Brief: Venedig | 358 |
| XXXVII. Brief: Venedig | 373 |
| XXXVIII. Brief: Mailand | 388 |
| XXXIX. Brief: Mailand | 406 |
| XL. Brief: Turin | 419 |
| XLI. Brief: Genua | 426 |
| XLII. Brief: Genua | 432 |
| 1. Appendix | 437 |
| 2. Appendix | 442 |
| 3. Appendix | 444 |
| 4. Appendix | 445 |
| 5. Appendix (Briefwechsel) | 451 |

## Anhang

| Nachwort | 487 |
| Zeittafel | 500 |
| Zu dieser Ausgabe | 502 |
| Zu den lateinischen Originaltexten | 504 |
| Anmerkungen | 507 |
| Literaturverzeichnis | 577 |
| Inschriften | 581 |
| Personenregister | 613 |
| Ortsregister | 629 |